Das Buch

»Auch wenn wir euch den Rücken zukehrten, durchbohrten eure Blicke unsere Nacken. Unwillkürlich nahmen wir eine heroische, also verführerische Pose ein. Beine, Schenkel, Oberkörper, Hals, alles sollte bestechen. Nicht, daß wir es darauf angelegt hätten, nein, es war nur deshalb, weil eure Blicke uns herausforderten...« 1970 war Jean Genet nach Jordanien gereist, um sich ein paar Wochen lang bei den Fedajin umzusehen, ist dann aber zwei Jahre geblieben. Zehn Jahre später fuhr er auf Bitten der PLO in den Libanon, wurde Augenzeuge des Exodus der Palästinenser und besuchte die Lager Sabra und Chatila, in denen christliche Falangisten unter den Augen der israelischen Besatzungsmacht ein Blutbad angerichtet hatten. Genet zog es zu den Palästinensern, weil er in ihnen die Ausgestoßenen, an den Rand Gedrängten, Unerwünschten sah, also Brüder im Geist. Seine sehr persönliche Reportage, die so präzis und dicht geschrieben ist wie ein Roman, gibt zwar tiefe Einblicke in das Fühlen und Denken der Fedajin, enthält aber letztlich keine politische, sondern eine ästhetische und menschliche Aussage. Es ist die Ästhetik der Rebellion und des bewaffneten Aufstands, die Genet fasziniert. Und damit l-i einen wesentlichen Beitrag zur Psychologie des I-l-

Der Autor

»Ich wurde am 19. Dezember 1910 in ̤ geboren. Als Zögling der öffentlichen Fürsorge war es mir unmöglich, mehr über meine Herkunft zu erfahren. Mit einundzwanzig erhielt ich eine Geburtsurkunde. Meine Mutter hieß Gabrielle Genet. Mein Vater war unbekannt«, schrieb Genet 1948 in seinem ›Tagebuch eines Diebes‹. Aus dem Fürsorgezögling wurde ein Fremdenlegionär, der alsbald desertierte. Er lebte vom Betteln, Stehlen, der Prostitution, wurde wiederholt straffällig, mehrere Gefängnisaufenthalte, schließlich verurteilt zu lebenslänglicher Haft. Im Gefängnis begann er zu schreiben. Es entstanden Romane (›Notre-Dame des Fleurs‹, ›Querelle‹) und Theaterstücke (›Unter Aufsicht‹, ›Die Zofen‹, ›Der Balkon‹, ›Die Wände‹). 1947 erreichten Sartre, Cocteau, Mauriac und Gide seine Begnadigung und Entlassung. Seitdem lebte Genet, meist ohne festen Wohnsitz, auf Reisen. Jean Genet starb über den Korrekturarbeiten zu ›Ein verliebter Gefangener‹ am 15. April 1986 in einem Pariser Hotel.

Jean Genet:
Ein verliebter Gefangener
Palästinensische Erinnerungen

Deutsch von Thomas Dobberkau

Deutscher
Taschenbuch
Verlag

Ungekürzte Ausgabe
Dezember 1990
Deutscher Taschenbuch Verlag GmbH & Co. KG,
München
© 1986 Éditions Gallimard
Titel der französischen Originalausgabe:
›Un captif amoureux‹
© 1988 der deutschsprachigen Ausgabe:
Verlag Kiepenheuer & Witsch, Köln
ISBN 3-462-01835-x
Umschlaggestaltung: Celestino Piatti
Gesamtherstellung: C.H. Beck'sche Buchdruckerei,
Nördlingen
Printed in Germany · ISBN 3-423-11324-3

»*Alle Bilder der Sprache bergen
und sie gebrauchen, denn sie sind
in der Wüste, wo wir sie suchen
müssen.*«

                        Jean Genet

(Handschriftliche Anmerkung am
Anfang der letzten Korrekturfahnen
dieses Buches)

Erinnerungen I

Die Seite, die erst weiß war, ist jetzt von oben bis unten mit winzigen schwarzen Zeichen bedeckt, mit Buchstaben, Wörtern, Kommas, Ausrufezeichen, was zur Folge hat, daß diese Seite, wie man sagt, lesbar ist. Doch verursacht es auch eine gewisse Unruhe des Geistes, ein an Übelkeit grenzendes Unbehagen, ein Schwebezustand, der mich beim Schreiben zögern läßt... Ist die Gesamtheit dieser schwarzen Zeichen die Wirklichkeit? Das Weiß ist hier ein Kunstgriff, der die Transparenz des Pergamins, das geritzte Ocker der Tontafeln und jenes erhabene Ocker ersetzen soll, zumal die Transparenz und das Weiß weit mehr Wirklichkeit zu besitzen scheinen als die Zeichen, die sie entstellen. Wurde die palästinensische Revolution ins Nichts geschrieben? Ist sie ein Kunstgriff im Nichts? Und ist das weiße Blatt wie auch jeder kleinste Abstand, der zwischen zwei Wörtern erscheint, wirklicher als die schwarzen Zeichen? Zwischen den Zeilen lesen ist eine seichte Kunst, zwischen den Wörtern lesen, eine tiefgründige. Ließe sich die in der Nähe der Palästinenser – und nicht mit ihnen – verbrachte Zeit an einem Ort festsetzen, sie bliebe zwischen den Wörtern, die diese Wirklichkeit zu widerspiegeln suchen, erhalten, aber so duckt sie sich bis zur Verschmelzung mit sich selbst, eingestanzt oder vielmehr sehr präzise eingefangen zwischen den Wörtern, auf diesem Zwischenraum weißen Papiers und nicht in den Wörtern, die geschrieben wurden, damit diese Wirklichkeit erlischt. Oder anders ausgedrückt: Der zwischen den Worten abgesteckte Raum umfaßt weit mehr Wirklichkeit als die Zeit, die man braucht, um sie zu lesen. Doch vielleicht umspannt er jene dichte und reale Zeit, die sich zwischen den Schriftzeichen der hebräischen Sprache drängt; als ich die Beobachtung machte, daß die Schwarzen die Buchstaben auf dem weißen Blatt Amerikas sind, da war dies wohl eine zu simple Metapher, denn die Wirklichkeit liegt vor allem in dem, was ich nie bis ins letzte kennen werde, in der dramatischen Begegnung zweier sich liebender

Amerikaner verschiedener Hautfarbe. Sollte ich die palästinensische Revolution nicht begriffen haben? Ganz und gar nicht. Ich glaubte sie begriffen zu haben, als Leila mir einmal den Rat gab, nach Transjordanien zu reisen. Ich lehnte ab, weil das, was in den besetzten Gebieten geschah, nur ein Drama war, das Sekunde um Sekunde von den Besetzern und vom Besatzer erlitten wurde. Ihre Wirklichkeit war das fruchtbare Ineinandergreifen von Haß und Liebe im Alltag der Menschen, eine gleichsam transparente Wirklichkeit, eine von Wörtern und Sätzen zerhackte Stille.

In Palästina mehr noch als anderswo schienen mir die Frauen im Vergleich zu den Männern eine zusätzliche Eigenschaft zu besitzen. So mutig, so tapfer, so hilfreich anderen gegenüber ein Mann auch sein konnte, er wurde durch seine Tugenden begrenzt. Die Frauen, die zu den Stützpunkten keinen Zutritt hatten, jedoch für die Feldarbeit verantwortlich waren, fügten den ihren stets eine Dimension hinzu, die stillschweigend ein gewaltiges Gelächter zu enthalten schien. In der Komödie, die sie einmal spielten, um einen Pfarrer zu schützen, hätte es den Männern einfach an Überzeugungskraft gefehlt. Möglicherweise wurde das Frauengemach von den Frauen erfunden und nicht von den Männern. Unser leichtes Mittagsmahl war gegen halb eins beendet. Die Sonne schien senkrecht auf Jerash herab, die Männer hielten Mittagsschlaf. Nabila und ich waren die einzigen, die wach geblieben waren und den Schatten mieden; wir beschlossen, zum nahe gelegenen Lager von Baqa zu gehen. Damals war Nabila noch Amerikanerin, sie ließ sich erst später scheiden, um bei den Palästinensern zu bleiben. Sie war dreißig Jahre alt und schön wie eine Westernheldin: Jeans, eine Jacke aus dem gleichen blauen Stoff, gelöstes, schwarzes Haar, das ihr bis zur Taille fiel, und Ponyfransen über der Stirn; so war sie zu jener Stunde auf den Straßen des Lagers eine einzige Provokation. Palästinenserinnen in nationaler Tracht sprachen sie an und waren sicherlich erstaunt, diese burschikos gekleidete Frau wie eine Araberin mit palästinensischem Akzent antworten zu hören. Wenn drei Frauen miteinander reden, kommen nach zwei oder drei Höflichkeitsfloskeln fünf weitere Frauen dazu, dann nochmal sieben oder acht. Ich stand neben Nabila, man hatte mich vergessen oder vielmehr links liegen gelassen. Fünf Minuten später wurden wir von einer Palästinenserin zum Tee eingeladen – ein Vorwand, um die Plauderei im Schatten eines kühlen Raumes fortzusetzen. Sie breiteten für uns beide eine Decke aus, legten ein paar Kissen dazu, blieben selbst aber stehen und bereiteten den Tee oder den Kaffee zu. Niemand kümmerte sich um mich, außer Nabila, die sich meiner wieder erinnerte und mir ein kleines Glas reichte. Die Unterhaltung fand in Arabisch statt. Meine einzigen Gesprächspartner waren die vier Wände und die gekalkte Decke des Raumes. Eine innere Stimme sagte mir, daß meine Lage mit dem, was ich über den Orient gelernt hatte, nicht übereinstimmte. Ich befand mich als Mann ganz allein in einer Gruppe arabischer Frauen. Alles schien auf jenen Orient zu deuten, den ich in seiner Umkehrung noch erleben sollte, denn bis auf drei von ihnen waren diese Frauen alle verheiratet, und jede sicher nur mit einem Mann. So vor ihnen als Pascha auf Kissen gelümmelt, kam mir meine Lage überaus fragwürdig vor. Ich unterbrach ihren Redeschwall und bat Nabila, für mich zu übersetzen: »Ihr seid doch alle verheiratet, und wo sind eure Männer?«

»In den Bergen!«

»Sie sind im Krieg!«

»Meiner arbeitet im Lager.«

»Meiner auch.«

»Was würden sie sagen, wenn sie wüßten, daß ein Mann hier bei euch auf ihren Kissen und Decken liegt?«

Sie brachen in lautes Gelächter aus, und eine von ihnen sagte zu mir: »Aber sie werden es wissen. Wir werden es ihnen selbst sagen und unseren Spaß haben, wenn es sie in Verlegenheit bringt. Wir werden über unsere Krieger gehörig lachen. Aus Ärger werden sie vielleicht so tun, als wollten sie nur mit den Kindern spielen.«

Die Frauen taten aber nicht nur das, das heißt nichts mit vielen Worten: Jede kümmerte sich um ein oder zwei männliche Wesen, die sie auf die Welt gebracht hatten, die sie trockenlegten, an der Brust säugten oder denen sie die Flasche gaben, damit sie wachsen, Helden werden und mit zwanzig sterben, nicht im gelobten Land, aber dafür. Das sagten sie mir.

Das war Ende 1970 im Lager von Baqa.

Der Ruhm der Helden verdankt nur wenig der Größe der Eroberungen, aber alles dem Gelingen der ihnen gewidmeten Werke: Der *Ilias* mehr als Agamemnons Kriegskunst: den chaldäischen Stelen mehr als den Armeen Ninives; der Trajanssäule; dem *Rolandslied*, dem Wandbild vom Untergang der Armada; der Vendôme-Säule und allen Gemälden, die nach den Schlachten dank der Kriegsbeute, dem Können der Künstler und unter Mißachtung der Aufstände und Regenfälle geschaffen wurden. Uns sind allein die mehr oder weniger genauen, aber stets erregenden Zeugnisse geblieben, die die Eroberer der Nachwelt hinterlassen haben.

Ohne jede Vorwarnung gerieten wir in Alarmbereitschaft. Europa schreckte auf, und ich staune noch heute darüber. Drei Jahre zuvor stand zu lesen: *»Filmemacher aus Tel Aviv verstreuten auf ihrem Strand alte Schuhe, Helme, Gewehre, Bajonette, Fußspuren im Sand, um ein von Hollywood inszeniertes Debakel zu simulieren.«* Die bildliche Darstellung von Siegen und Niederlagen war nichts Neues; da jedes Lager seine Listen und Trümpfe hatte sowie Künstler, die bei jedem Ägyptenfeldzug im Troß der Truppe mitreisten, konnten die Zeichner und Maler nach der Natur gestalten, was der Sieger übriggelassen hatte. Im Jahr 1967 plante, inszenierte und realisierte Israel, wie man mir sagte, die ägyptische Schlappe und zeigte sie am siebten Tag den Fernsehanstalten der Welt, die sie gleichzeitig mit der Bekundung ihres Sieges über die Araber ausstrahlten. Unvermittelt starb Nasser, und angesichts des Glanzes seiner Beisetzung vergaß man, daß er gestorben war. Die Wiege oder der Ball, der Sarg, wenn man will, schwankte, tanzte, flog fast auf über den offensichtlich erzürnten, aber durch das Spiel vielleicht auch belustigten Köpfen. Husain, Boumedienne, Kossygin, Chaban-Delmas, Haile Selassie The Lion of Judah und weitere Staats- oder Regierungschefs wurden von fünfzehn Kilo schweren Fäusten aus Fleisch und Knochen, von Schultern, die sich Kiste um Kiste an den vereinigten Laderampen Kairos und an den Montagebändern der LKW-Fabrik abgeschunden hatten, davongetragen und behutsam, wie ein Seidenstrumpf zwischen Zeigefinger und Daumen, auf dem Sofa abgesetzt. Ägyptens harte Männer beanspruchten für sich den Sarg.

Nach diesem gelungenen Auftakt verschwand der Rugbyball im Gedränge und kam in der anderen Ecke des Bildschirms wieder zum Vorschein. Mehrere Spieler wollten ihn sich streitig machen. Welcher wütende Fußtritt wird ihn wohl in die Unsterblichkeit befördern? Immer schneller liefen die Träger, und ihr wahnsinniges Tempo zwang den Koran, volltrunken hinterherzutaumeln. Füße, Beine, Hälse und Sarg, alles wurde mitgerissen. Gewitzter als die All Blacks umdrängten die Träger den Sarg. Die Menge hatte ihn verschluckt. Die ganze Welt verfolgte dieses Match am Bildschirm und sah, wie er von Bein zu Bein, von Faust zu Schulter, zwischen Schenkeln und Haaren hindurch über den ägyptischen Boden glitt, und als alles verschwunden war, Volksmenge, Träger, Koransänger, Sarg, Rugbyspieler, blieb allein die atemlose Hast, die sich bis zum Grab stetig weiter steigerte. Die Böllerschüsse verhalten, als die Erde des Vergehens geschaufelt wurde. Trotz Wachen tanzten zwei- bis dreitausend wirbelnde Füße auf dem Grab bis zum nächsten Morgen. Sie bewegten sich mit Höchstgeschwindigkeit, zweifellos mit der des Einen Gottes. Ich konnte nicht anders, als an einen Weltcup der orientalischen Beerdigungen denken, bei dem diese eine als Siegerin hervorgegangen wäre.

Kurze Zeit danach, es war im September 1970, rief König Husain von Jordanien, von den Fedajin in die Enge getrieben, Amerika zu Hilfe. Da weder Nassers Moral noch sein Herz standgehalten hatten, wurde das seelenvolle, mannhafte Rugbyspiel, das wir im Fernsehen miterlebten, zu einem feierlichen Akt, der das Debakel von 1967 tilgen und jene verschleiern sollte, die sich 1970 schon abzeichneten. Versteckt sich jener, der aus dem Leben geht? Die Urwüchsigkeit dieses Bildschirmspektakels erinnerte an die Lauterkeit der Küsse, die auf den Mund, das Haar, das Goldkettchen, den Ohrring und die Augenlieder des Torschützen gedrückt werden. Bejubelt das vor Begeisterung tobende Stadion das erzielte Tor oder den Kußabtausch? Ist von den zehn in Schweiß gebadeten Bengeln einer verschwunden? Versteckt er sich? Der Körper des Ráis war im Nichts versunken. Jener, der einst die Sonne eines Volkes war, wird eins werden mit dem Zedernholz seines Sargs, und die Zeit wird allem seinen Stempel aufdrücken. Das Zeitalter der Nationen ist auch über das arabische Volk hereingebrochen. Die Vaterländer werden unruhig... Neue Kriege werden sein. Durch Comic strips verklärt, wird Nasser erneut zu Diensten stehen.

Bevor ich eintraf, wußte ich, daß meine Anwesenheit auf den palästinensischen Stützpunkten an den Ufern des Jordan niemals klar ausgesprochen würde: Ich hatte diesen Aufstand in der Weise begrüßt, wie ein musikalisches Ohr den richtigen Ton heraushört. Oft schlief ich nicht im Zelt, sondern im Freien unter den Bäumen, und ich blickte auf die Milchstraße, die hinter den Ästen zum Greifen nahe war. Bei ihren nächtlichen Rundgängen schritten die bewaffneten Posten lautlos übers Gras und über die Blätter. Ihre Silhouetten schienen mit den Baumstämmen zu verschmelzen. Sie, die Posten, lauschten.
Die Milchstraße, die in den Lichtern Galiläas ihren Ursprung hatte, bildete ein Gewölbe, das sich über mich spannte und damit das gesamte Jordantal überspannte und über der saudischen Wüste auseinanderfloß. Eingerollt in meine Decke genoß ich dieses Schauspiel sicher weit mehr als die Palästinenser, für die der Himmel ein Gemeinplatz war. Wenn ich mir, so gut ich konnte, ihre Träumereien ausmalte, denn sie hatten welche, wußte ich wohl, daß mein in Langeweile verbrachtes Leben mich von ihnen trennte. Da die Wörter Wiege und Unschuld so keusch miteinander verbunden waren, wagten die Palästinenser wahrscheinlich nicht, den Kopf zu heben, um weder das eine noch das andere zu verderben: Nachts sahen sie nicht, daß die Schönheit des Himmels ihre Quelle, ihre Wiege in den bewegten Lichtern Israels hatte. In einer Tragödie Shakespeares schießen Bogenschützen Pfeile gen Himmel, und es hätte mich nicht überrascht, wenn die Fedajin, lotrecht auf ihren gespreizten Beinen stehend und aufgebracht über so viel Schönheit, die wie ein Bogen vom Lande Israel emporstieg, angelegt und mit Kugeln auf die Milchstraße geschossen hätten, zumal China und die sozialistischen Länder ihnen genug Munition lieferten, um die Hälfte des Firmaments herunter-

zuholen. Aber warum mit Gewehren auf Sterne schießen, die aus ihrer eigenen Wiege – Palästina – steigen?

»Es gab nur einen Umzug, den meinen: Es war am Karfreitag, und ich ging im weißen Chorhemd und schwarzen Mantel voran. Ich habe aber keine Zeit, länger mit Ihnen zu reden«, sagte der Pfarrer, der vor Zorn ganz rot war.

»Ich habe zwei Umzüge gesehen. Die Fahne der Heiligen Jungfrau...«

»Nein, das, was Sie einen zweiten Umzug nennen, und die Heilige Jungfrau, die hat es nicht gegeben. Es waren Strolche, die im Gleichschritt daherkamen und in die Trompete bliesen! Irgendwelche Fischer, die besser ihres Weges gegangen wären. Die sind ja nur auf Skandale aus.«

Dennoch waren zwei Umzüge vor meinen Augen vorübergezogen: Der erste wurde vom libanesischen Pfarrer angeführt; an der Spitze des zweiten wehte eine weiß-blaue Fahne der Heiligen, und er setzte sich nach Meinung des erbosten Pfarrers aus Männern, Strolchen und Matrosen zusammen, die im Gleichschritt und recht schnell zum Hafen hinunterliefen. Das wurde mir später von einem Benediktiner bestätigt. Es hatte also zwei Umzüge gegeben. Der erste bewegte sich trotz der Musik langsam voran, in steifer Feierlichkeit. Ein Orchester und ein gemischter Chor spielten ein *Requiem,* das eigentlich recht fröhlich war. Und diese in Tränen zerfließende Prozession wurde von einem anderen Zug regelrecht durchtrennt, der sich aus jungen, überaus heiteren Männern zusammensetzte, die im Sturmschritt liefen und dabei in Trompeten bliesen. Vorneweg trug ein stämmiger Bursche hochgereckt eine Fahne mit dem Bild der Jungfrau. Ich erkannte sie an ihren gefalteten Händen, den weiß geränderten Wolken auf blauem Grund und den goldenen Sternen um ihr Haupt, ganz so, wie man das auf Gemälden von Murillo sehen kann, während die Fußzehen auf einer Mondsichel ruhten, die von schneidender Schärfe zu sein schien. Die Sterne, das Blau des Himmels, der Gleichschritt, die Trompeten, die vergnügliche Stimmung, die Gummistiefel, die Sweaters der Seeleute, die Tatsache, daß es nur Männer waren, das alles hätte mir die Augen öffnen müssen, vor allem aber – wie der Pfarrer meinte – die Sterne und der Mond: Obwohl sie einen vollkommenen Kreis um die Heilige bildeten, entsprach ihre Zahl der des kleinen Bären, war der Himmel blau wie das Meer, waren die Wolken umsäumt und die Wellen kaum gekräuselt; der Halbmond des Islam; die Trompeten spielten eine heitere Melodie, denn sie zogen in die richtige Richtung und schnitten den Trauerzug buchstäblich in der Mitte durch; die rauhen Burschen in ihren Gummistiefeln waren allem Anschein nach Fischer, und die Frau auf dem Bild – sie war übrigens nicht von einem Heiligenschein umgeben wie sonst die Köpfe der Jungfrau Maria – symbolisierte den Polarstern. Das war der Anfang der Rede, die mir der Benediktiner hielt. Er sagte mir auch, daß das Bild besagter Dame weder jungfräulich noch christlich war, sondern schon von den vorislamischen Völkern des Meeres verehrt wurde. Es war heidnischen Ursprungs. Die Seeleute widmeten ihr seit Jahrtausenden einen Kult; selbst in den sehr trüben Nächten zeigte ihnen dieser Stern unwandelbar den Norden; auch Boote mit einer mangelhaften Takelage fanden mit seiner Hilfe sicher an Land, aber der Pater konnte mir nicht sagen, warum dieser Umzug so fröhlich war an jenem Todestag des Herrn, der eine sechzehnjährige Mutter hinterließ, ähnlich jenem weiblichen Konterfei, das die Kirchenfahne zierte. Da er nicht weiter darüber nachdenken wollte, zog ich selbst wortlos den Schluß, daß der Jubel der Trompeten an diesem Freitag vielleicht nur den Sieg des Paganismus über die Religion des Heilands verkünden sollte.

In jener Nacht von Ajlun sah ich den Polarstern rechts über mir im Sternbild des kleinen Bären, und angesichts der über der arabischen Wüste breit zerfließenden Milchstraße erfaßte mich ein kosmischer Taumel bei dem Gedanken, daß ich nun hier in mohammedanischem Land weilte, in dem die Frau, wie ich damals glaubte, ein fernes Wesen ist, das in meinem Halbschlaf einen Umzug von scheinbar ledigen Männern heraufbeschwor, die – durch einen neuerlichen Raub – das *Bild* einer sehr schönen Frau an sich gebracht hatten, wobei diese Frau den unendlich weit entfernten und im Äther für alle Zeit feststehenden Polarstern darstellte und jede Frau* einem anderen Sternbild angehörte; die Fischer waren eher Masturbatoren als liebende Ehemänner, und das Beiwort Polar bezeichnete sowohl den Stern als die Frau. Obwohl ich mich, in meine Decken gehüllt, die Nase zum Himmel gereckt und vom Licht geleitet, nicht rührte, wurde ich von einem Strudel erfaßt und von kräftigen, beruhigenden Armen gewiegt. In der Nacht hörte ich, ein paar Schritte weiter, die Wasser des Jordan fließen. Mich fror.

Obwohl ich mehr aus Spaß als aus Überzeugung der Einladung, einige Tage bei Palästinensern zu verbringen, gefolgt war, blieb ich doch insgesamt fast zwei Jahre bei ihnen, lag Nacht für Nacht wach, halbtot harrend auf die einschläfernde Wirkung der Nembutal-Kapsel, mit offenen Augen jedoch und mit klarem Verstand, keineswegs erstaunt oder erschreckt, aber sicherlich vergnügt darüber, daß ich nun hier war, wo dies- und jenseits des Flusses Männer und Frauen seit langem schon auf der Lauer lagen – also warum nicht auch ich.

So arm ich einst auch gewesen sein mag, ich war ein Mensch, dem das Privileg zuteil wurde, in der Hauptstadt eines Reiches zur Welt zu kommen, das so groß war, daß es den ganzen Globus umspannte, währenddessen man die Palästinenser aus ihrem Land, ihren Häusern und Betten vertrieb. Doch haben sie seitdem einen weiten Weg zurückgelegt:
»Wir waren Stars, richtige Stars. In Japan, in Norwegen, in Düsseldorf, in den Vereinigten Staaten, in Holland, und wundere dich nicht, wenn ich mit Fingern mitzähle, in England, in Belgien, in Korea, in Schweden, in Ländern, von denen wir nicht einmal den Namen oder die geographische Lage kannten; man kam, um uns zu filmen, zu photografieren, fürs Fernsehen aufzunehmen, zu interviewen. ›Kamera‹ im Lager, ›Traveling‹, ›Stimme aus dem off‹ – die Fedajin verschwanden allmählich von der Bildfläche, sie lernten, daß man ›aus dem off‹ spricht. Ein Journalist, den Khaled

---

* Palästinenser, die oft nach China eingeladen wurden, zitierten mir Maos Sprüche, auf die ich nichts zu erwidern wußte, vor allem jenen über die Frauen, die er »die Hälfte des Firmaments« nannte.

Abu Khaled drei Meter weit begleitet hatte, konnte sich damit brüsten, ein Freund Palästinas zu sein; wir lernten die Namen unvorstellbarer Städte, verstanden es, mit nie gesehenen Apparaten umzugehen, aber auf den Stützpunkten und in den Lagern hat niemand je einen Film, ein Foto, eine Fernsehsendung gesehen oder eine ausländische Zeitung gelesen, in denen von uns die Rede war; es gab uns, wir machten wirklich erstaunliche Dinge, da man von so weit her kam, um uns zu sehen, aber wo war dieses weither? Die Journalisten blieben zwei Stunden bei uns: Sie mußten noch das Flugzeug in Amman erreichen, um sechs Stunden später in London dem Umzug des Lord Maire beizuwohnen. Die meisten glaubten, daß Abu Ammar und Jasir Arafat die Namen von zwei verschiedenen Männern waren, von Gegnern vielleicht. Jene, die Bescheid wußten, irrten ebenfalls, wenn sie die Zahlen der PLO oder der Al Fatah (die Anzahl der Namen und Vornamen, die jeder trug) mal drei oder vier multiplizierten und uns damit für drei- oder viermal so zahlreich hielten. Man bewunderte uns so lange, wie unser Kampf sich in den Grenzen hielt, die der Westen für die arabische Welt abgesteckt hatte. Heute führt kein Weg mehr nach München, Amsterdam, Bangkok oder Oslo – wir waren bis nach Oslo vorgedrungen, wo es so sehr schneite, daß man den Schnee gleich aufheben und zu Kugeln formen konnte, die man sich gegenseitig an den Kopf warf. In unserer Sandwüste und auf unseren Hügeln waren wir Fabelwesen. War der nächtliche Ausflug in die Schlucht des Jordan, wo wir Minen legten, um dann am Morgen heimzukehren, ein Aufstieg aus der Hölle und ein Abstieg vom Himmel? Wenn eine Europäerin oder ein Europäer uns zuschaute...«

Dieser Bericht wurde durch einen Dolmetscher-Kämpfer übersetzt, aber der Fidai, der ihn erfand, machte den Eindruck, als habe er ihn schon oft aufgesagt, denn die Worte hatten ihren rechten Platz und waren so genau in den Satz eingefügt, daß ich ihn verstand, noch bevor er übersetzt wurde. Hatte der Fidai dies an meinem Blick erraten? Er wandte sich direkt an mich:

»Die Kämpfer meines Alters waren sich alle gleich; so wie ich. Die Blicke der Europäer glänzten – heute weiß ich, warum und wie sie glänzten: vor Verlangen, denn sie wirkten auf unsere

Körper, bevor uns das selbst richtig klar wurde. Auch wenn wir euch den Rücken zukehrten, durchbohrten eure Blicke unsere Nacken. Unwillkürlich nahmen wir eine heroische, also verführerische Pose ein. Beine, Schenkel, Oberkörper, Hals, alles sollte bestechen. Nicht, daß wir es darauf angelegt hätten, nein, es war nur deshalb, weil eure Blicke uns herausforderten und weil wir so darauf antworteten, wie ihr es wolltet, denn ihr hattet Stars aus uns gemacht. Und Monster. Ihr habt uns ›Terroristen‹ genannt! Wir waren Star-Terroristen. Welcher Journalist hätte nicht gern Carlos einen mehrstelligen Scheck ausgestellt, um zwei, drei oder zehn Whiskys an seinem Tisch zu trinken, um sich mit ihm zu betrinken und dann von ihm geduzt zu werden. Und wenn nicht von Carlos, dann von Abu El-Az.«

»Wer ist das?«

1971 wurde der Ministerpräsident Husains, Wasfi Tell, in Kairo, glaube ich, von einem Palästinenser ermordet, niedergemetzelt; er tauchte seine Hände in sein Blut und trank auch davon. Er heißt Abu El-Az und sitzt in einem Gefängnis der Kataeb in Libanon. Der Fidai, mit dem ich sprach, war einer seiner Mitstreiter. Ich werde seinen Namen verschweigen. Bei den Worten »ich habe sein Blut getrunken«, die von den europäischen Journalisten mit offensichtlichem Ekel zitiert wurden, mußte ich erst an eine rhetorische Floskel denken, die so viel heißen sollte wie »ich habe ihn getötet«. Seinem Gefährten zufolge hatte er wirklich von Wasfi Tells Blut getrunken.

»Israel behandelt alle Verantwortlichen und die Fedajin der PLO als Terroristen. Nichts deutet auf die Bewunderung, die es für euch hegen müßte.«

»Auf diesem Gebiet sind wir ganz sicher Zwerge im Vergleich zu den Amerikanern und den Europäern. Wenn die gesamte Erde heute ein Feld des Terrors ist, so wissen wir doch, wem wir das zu verdanken haben; ihr verbreitet den Terror und bleibt dabei in Deckung. Die Terroristen von heute und die, von denen ich rede, setzen ihr eigenes Leben aufs Spiel. Das ist der ganze Unterschied.«

Nach den Verträgen von 1970, als Patrouillen der Fedajin und der Beduinen, oft als gemischte Abteilungen, in den Straßen von

Amman für Ruhe und Ordnung sorgten, lasen und verstanden die Fedajin mit spöttischer Gelassenheit die Embleme und Symbole eines jeden Landes und entzifferten mühelos die Reisepässe, die von den Beduinen mit ihren schlanken Aristokratenfingern stets behutsam hin und her gewendet wurden. Ohne ein Lächeln gaben sie die Aufenthaltserlaubnisse, Bescheinigungen, Geleitbriefe, Führerscheine und Zulassungspapiere zurück – verkehrt herum. Ihre Hilflosigkeit war offensichtlich. Im Jahr 1970 wurden sie gedemütigt, im Juni 1971 brachten sie dann mit dem größten Vergnügen die Palästinenser um. Das war sicher nicht der Grund für das Gemetzel, aber wohl für das Vergnügen, das sie daran fanden.

Heute gleicht Amman fast völlig dem Stadtteil, der den Namen Jebel Amman trägt und noch immer das eleganteste Wohnviertel der Hauptstadt ist. Die Fassaden der Villen waren auf der Vorderseite mit bossierten Quadern verziert, manchmal sogar mit sogenannten »Diamantfriesen«. Im Jahre 1970 bildete dieses Luxusviertel mit seinem Gewicht, seiner Dichte einen krassen Gegensatz zu den Zeltbahnen und dem Wellblech der Lager. Wenn auch die Planen immer wieder mit Stoffstücken ausgebessert worden waren, sie leuchteten in tausend Farben, und das gefiel dem Auge, vor allem dem des westlichen Besuchers. Schaute man an einem dunstigen Tag aus der Ferne auf die Lager, konnte man den Eindruck gewinnen, in ihnen wohne das Glück, so sehr schien jeder bunte Flicken mit den Farben der anderen abgestimmt zu sein, und diese Harmonie der Farben konnte nur ein fröhliches Volk beherbergen, das es verstanden hatte, sein Lager zu einer Augenweide zu gestalten.

Wird sich jener, der in der Mitte des Jahres 1984 diese Seiten liest, die Frage stellen, ob der volkstümliche Ausdruck »ins Kraut schießen« nicht gerade auf die palästinensischen Lager zutrifft? Wie vor viertausend Jahren oder mehr scheinen sie an vielen Orten der Welt wie Pilze aus dem Boden zu schießen: Afghanistan, Marokko, Algerien, Äthiopien, Eyrithrea, Mauritanien... ganze Völker, die wieder zu Nomaden werden, doch nicht aus eigenem Antrieb oder weil sie Hummeln im Hintern hätten, wie wir aus der Luft durch das Bullauge eines Flugzeugs sehen können oder beim Blättern eines Luxusmagazins mit seinen Hochglanzbildern, die den Camps einen Anschein von tiefem Frieden geben, der bis hinauf in das Flugzeug spürbar wird, wiewohl sie nur der Auswurf der »etablierten« Nationen sind, die, nicht wissend, was sie mit »ihren Abwässern« machen sollten, sie in einem Tal oder über dem Hang eines Hügels ausgossen, vorzugsweise zwischen den Tropen und dem Äquator.

Aus großer Höhe, in klimatisierter Luft, erkennen wir wohl, daß die gefestigten und wie Gulliver an die Erde gefesselten Städte und Nationen, wenn sie sich ihrer Nomaden, Freibeuter, Seefahrer, Magellans, Gamas, Battutas, Forscher, Zenturionen und Landvermesser bedienten, das stets mit Verachtung taten. Und das Wetter wurde immer schöner, immer heißer in der Nähe der Banken, im Schutz der Goldbestände in den Kellern, als das Geld dank der ausgestellten Wechsel »in Umlauf kam«.

Wir mußten uns zur Wehr setzen gegen diese Eleganz, die uns einzureden suchte, das Glück liege hier, in all diesem Einfallsreichtum, währenddessen es darauf ankam, die Bilder der sonnendurchfluteten Lager auf Hochglanzpapier in den Luxusmagazinen mit Argwohn zu betrachten. Ein Windstoß wirbelte alles durch die Luft: Zeltbahnen, Planen, Zinkblech, Wellblech, und ich sah das Unglück zutage liegen.

Die Schaffung neuer Wörter, wie sie die Seefahrer benutzten, geschah wahrscheinlich auf eine sehr einfache Weise, doch welche Sprache sprach man einst, wenn man sich verirrt hatte, als es noch keine dichtenden Landbewohner gab, die auf festem Boden wandelten und rasteten und wohl Zeit und Muße hatten, sich die Grenzenlosigkeit der Meere und deren Abgründe und Tromben auszumalen, sondern Seefahrer, die auf große Fahrt gingen und, abgesehen von einem himmlischen und mütterlichen Eingriff, auf eine wenig wahrscheinliche Rückkehr ins vertraute Land, an den heimischen Herd kaum hoffen durften; welche Worte riefen sie, um einen Strand zu benennen oder ein Stück Holz, ein Vorderkastel, eine Deckplanke, ein dreieckiges Stück vom Bramsegel? Was verwundert, ist nicht die Tatsache, daß diese Worte in irgendeinem Wahn aufblitzen, sondern daß sie in unserer Sprache noch so lebendig sind und in den großen Stürmen nicht untergingen. Sie wurden auf Irrfahrten und in der Einsamkeit, das heißt in der Angst geboren, und ihr Stampfen in unserem Wortschatz bringt uns manchmal noch zum Kentern.

Von Klagenfurt nach München fährt ein kleiner Zug, dümpelt Windung um Windung durchs Hügelland, und der österreichische Schaffner geht mit wiegendem Schritt durch die Gänge wie ein Matrose auf Deck bei stürmischer See. In den Alpen ist das die einzige Erinnerung an das Meer, alles, was von einem terrestrischen und maritimen Kaiserreich geblieben ist, über dessen Ländern und Meeren die Sonne niemals unterging; der schaukelnde Gang im Zug blieb Maximilian und Charlotte allerdings nicht erspart, als sie nach Mexiko aufbrachen. »Die tiefen Gründe« klingt als Redewendung ebenso schwülstig wie die meisten anderen Ausdrücke aus der Seefahrt, die sehr alt sind, doch nie in Vergessenheit gerieten. Wenn Seeleute auf ihren Irrfahrten durch Einsamkeit, Nebel, Wasser und ewiges Schwanken vom Kurs abkamen – möglicherweise in der Hoffnung, sich zu verirren –, gerieten sie auch in ihren Sprachschöpfungen auf Abwege: Klippen, Landesende, Sturzseen, Völkerschaften, Affenbrotbäume, Niagarafälle, Hundshaie... Mit einem Wortschatz, den ihre mit einem Holzschuhmacher wiederverheirateten Witwen kaum kannten, berichteten sie von Reisen, die niemand ohne Lust und Schaudern erleben darf. Das Wasser der »tiefen Gründe« ist vielleicht ebenso undurchdringlich wie die schwärzeste Finsternis, und kein Auge vermochte durch die tausenden und abertausenden Wände hindurchzuschauen, wodurch die unmöglich werdenden Farben unnütz wurden. Um die Hauptstadt Amman zu beschreiben, werde ich auf diese Wendung zurückgreifen, denn als Pendant zu den sieben Hügeln der Stadt zähle ich sieben Täler, Klüfte, die weder die Banken noch die Moscheen werden ausfüllen können, und wer von den vornehmen Vierteln kommt – will sagen, von den höher gelegenen, den wohlhabenderen Villenvierteln –, der steigt hinab in die tiefen Gründe, der wundert sich, daß es auch ohne Taucheranzug geht, und merkt dies an folgendem: flinker bewegen sich die Beine, geschmeidiger die Kniescheiben, und das Herz schlägt ruhiger, aber das Geschrei der Passanten und der Lärm der Autos – manchmal der eines Feuergefechts – scheinen sich wie zwei gegnerische Mannschaften einer neuen Sportart gegenseitig zurückzudrängen, wobei mal das Geschrei, mal der Lärm kurzzeitig die Oberhand gewinnt – ein Tohuwabohu, aus dem nichts Deutliches herauszuhören ist, ein Getöse, das sonderbarerweise dumpf genannt wird, obwohl es jedes Ohr betäubt; soviel über die Wahrnehmungen des Ohres. Der Blick wandert indessen über gleichförmig graue Schaufenster, die in den »tiefen Gründen« die Straßen säumen. Zweifellos war der Staub arabischer und die Ware japanischer Herkunft, aber diese gleichmäßige Staubschicht – so weich für das Auge wie die Haare im Innern eines Eselsohres –, die sich auf die aus Tokio importierten Geräte legte, war schon eine Art Nacht, doch keine absolute, denn sie wurde vom grauen Staub erhellt, von dem man sagen kann, daß er aus Amman eine Stadt der tiefen Gründe machte. Was sollte man von der Weichheit halten, die sich auf die neuesten Produkte der japanischen Elektronik, des meistbesuchten Archipels der Welt, niedersenkte? Verschüttung ohne Widerruf? Sinnbild der absoluten Zukunft, in der alles möglich sein wird? Sanftheit, durch die auch das furchtbarste Gerät ein gefälliges Aussehen bekommt?

Wäre die Astronomie heute eine ebenso nichtssagende Wissenschaft wie die Theologie, wenn die Seefahrer in ihrer Furcht vor den tiefen Gründen und den Klippen den Himmel und seine Sternbilder nicht beschworen hätten?

Von Amman, Stadt des Königs David, der Nabatäer, der Römer, der Araber, gegründet in uralten Zeiten, stieg ein alluvialer Gestank herauf.

Da wir von der Vorsehung, die uns an die Hand nimmt, nichts mehr wissen wollten, mußten wir uns dem Zufall anvertrauen. Durch ihn entdeckte ich die beiden Wege, auf denen junge Männer aus dem Maghreb, die entschlossen waren, für Al Fatah zu sterben – einzige Organisation, deren Namen im Jahr 1968 allen Arabern bekannt war –, nach Ägypten gelangten. Bourguiba gab gegenüber dem Krieg der Diplomatie den Vorzug und hatte deshalb den Freiwilligen den Transit durch sein Land untersagt. Er fand trotzdem statt. Drückte Bourguiba beide Augen zu? Ließ ihn die nahende Altersschwäche allzuoft Siesta halten?

Manche Wörter, mehr noch als andere, die ebenso unbekannt sind, verlangen nach einer Entschlüsselung. Selbst, wenn man sie nur einmal hört, ihr Klang prägt sich ein: Fedajin gehörte zu diesen Wörtern. Im Zug von Sousse nach Sfax machte ich die Bekanntschaft einer Gruppe von sechs jungen Männern, die lachend Ölsardinen und Käse verzehrten. Sie waren in so ausgelassener Stimmung, weil die Musterungskommission sie für wehrdienstuntauglich erklärt hatte. Wie sie mir sagten, hatten sie Schwachsinn, geistige Umnachtung und auch Masturbation vorgetäuscht, die bekanntlich Taubheit zur Folge hat. Sie waren vielleicht zwanzig Jahre alt. In Sfax nahm ich von ihnen Abschied und stieg aus dem Zug. Ein paar Stunden später traf ich sie wieder vor einem Brunnen, wo sie Konserven aßen, aber anstatt meinen Gruß zu erwidern, wandten sich einige von ihnen verlegen ab und senkten die Blicke, um die Löcher in ihrem Emmentaler genauer zu betrachten, während die anderen, die mich wiedererkannt hatten, sich sehr leise, aber lebhaft miteinander unterhielten. So viel ich verstehen konnte – es sei denn, man hat es mir später erzählt –, waren sie auf der Schienenseite aus dem Zug gestiegen, um dem Bahnhofsvorsteher von Sfax nicht unter die Augen zu geraten. Am nächsten Tag brachte sie ein LKW nach Médenine, wo sie in einem kleinen Hotel abstiegen. In der Nacht überschritten sie die Grenze nach Libyen.

Dies hatte sich am Anfang des Sommers 1968 zugetragen. Ich fuhr damals oft nach Sfax. Ein Zimmerkellner fragte mich, ob Tunesien mir gefiele – eine Liebschaft wird nach dem ersten gewechselten Blick stets auf diese Weise begonnen. Ich verneinte.

»Sehen wir uns heute abend?«

Wir trafen uns in der Nähe einer Buchhandlung.

»Ich werde Ihnen etwas vorlesen und dann übersetzen, was ich gelesen habe.«

Unter einem Bücherstapel, den er für ein gutes Versteck hielt, holte der Buchhändler mehrere Gedichtbändchen hervor und reichte sie uns. Er öffnete eine Tür und bat uns, in einen kleinen Raum einzutreten. Der junge Mann las die ersten Gedichte vor, die Al Fatah und den Fedajin gewidmet waren. Mit fielen vor allem die kunstvollen Illuminierungen auf der rechten Seite am Anfang eines jeden Verses auf.

»Warum versteckt er sie?«

»Die Polizei will nicht, daß sie verbreitet werden. Du weißt doch, daß amerikanische und vietnamesische Ingenieure aus Saigon den Süden Tunesiens erschließen. Bourguiba möchte mit Amerika und Israel keinen Ärger kriegen. Unsere Regierung hat Saigon anerkannt. Komm doch morgen mit uns mit. Wir sind zu dritt und fahren vierzig Kilometer weit. Mit dem Auto.«

»Was habt ihr vor?«

»Du wirst schon sehen. Und hören.«

Die Gedichte – ihre Übersetzung jedenfalls – berührten mich nur durch die Schönheit der kalligraphischen Verzierungen. Von Kämpfen und von Unheil war darin die Rede, und die Metaphern blieben mir ein Rätsel: Taube, Verlobte, Honig. Am nächsten Tag nahmen mich die jungen Leute gegen fünf Uhr abends mit in die Wüste. Um sechs Uhr hörten wir gemeinsam eine Rundfunksendung. Es war eine Rede Bourguibas in arabischer Sprache. Ab und zu wurden die jungen Männer ungeduldig, machten spöttische Bemerkungen. Als die Rede vorüber war, fuhren wir zurück nach Sfax.

»Wozu sind wir hierher gefahren?«

»Seit zwei Jahren machen wir uns einen Spaß daraus, Bourguiba als Prediger in der Wüste zu hören.«

Doch dann wurden sie ernst und zeigten mir zwei Pisten, die im Sand zusammenliefen: Die eine durchquerte das Land im Süden und wurde von Kamelzügen begangen, die andere verlief im Norden Tunesiens. Beide führten von Mauretanien, Marokko, und Algerien, über Tripolis und Kairo, zu den palästinensischen Lagern. Jene, die über die Nordstrecke kamen, fuhren per Anhalter oder mogelten sich als Schwarzfahrer durch, wobei die Zugschaffner meist ein Auge zudrückten, wie mir später ein Schaffner selbst erzählte. Die anderen, die die Südroute nahmen, schlossen sich meist irgendwelchen Beduinenkarawanen an. An der Grenze zu König Idris' Libyen ließ man sie anstandslos passieren. Nach einer mehrwöchigen militärischen Ausbildung ging es dann von Tripolis per Zug weiter nach Kairo und von Kairo nach Damaskus oder Amman, ich weiß nicht mehr wie.

Ich will damit nicht sagen, daß sich über diese Schleichwege eine Flut von potentiellen Kämpfern und Helfern aus vier oder fünf Ländern des Maghreb über die Palästinenserlager ergoß. Auf diese Weise erfuhr ich lediglich von den Aufrufen, vom Widerhall und von der unmittelbaren Resonanz auf den palästinensischen Widerstand in der arabischen Welt; alle arabischen Völker waren bemüht, sich von alten Zwängen zu befreien: Algerien, Tunesien, Marokko hatten sich gereckt und die Franzosen abgeschüttelt, die sich in ihrem Pelz versteckt hielten; Kuba tat das gleiche mit den Amerikanern, in Südvietnam hingen diese nur noch an einem seidenen Faden; das unbedeutende Mekka zog damals nur sehr wenige Pilger an.

In jener Zeit bereicherte der Minister Ben Salah die Sprache der Tunesier mit zwei Zahlen: 49 und 51, das heißt einundfünfzig Prozent für die Regierung und 49 als Gewinn für den einfachen Bürger; die Zahl 51 stand auch für die Männer und 49 für die Frauen. Vielleicht hatte Ben Salah nur aus Spaß den Händlern die Flügel gestutzt, was eine Auslichtung der Basare zur Folge hatte: Le Nôtres Bäume und die Teppichhändler, ihrer Flügel beschnitten und abgemagert, schlugen die Augen zu Boden, als suchten sie ihre amputierten Glieder. Das himmelblaue Auge Bourguibas blickte unbeirrt auf Washington. In jedem Küstendorf, im Norden wie im Süden, drehten tunesische Töpfer gleichsam unverdrossen Millionen von mehrtausendjährigen Amphoren – wie jene immer wieder von Schwammtauchern am Meeresgrund gefundenen und seit der Zeit der Karthager im Schlamm aufbewahrten Ölbehälter –, und schufen sie jeden Morgen gleichsam von neuem oder holten sie noch warm aus dem Ofen, in dem das Feuer gerade ausgegangen war. Auf diese Weise sah ich Tunesien schrumpfen – ein einziger Lehmklumpen, der tagsüber zu Amphoren geformt und den Töchtern Norwegens verkauft wurde. Dieses Tunesien wird eines Tages ganz verschwinden, dachte ich mir.

Ein paar Wochen später, etwa Mitte Mai 1968, sah ich die gleichen arabischen, zum Ruhme Al Fatahs verfaßten Gedichtbändchen wieder, doch ohne Illuminierungen, auf dem Hof der Sorbonne in Paris; der Stand, an dem sie verkauft wurden, befand sich in der Nachbarschaft von Mao Tse-tung, glaube ich, und im August machte die Sowjetunion mit dem Prager Frühling kurzen Prozeß.

Die jungen Tunesier, denen ich damals im Süden des Landes begegnete, waren achtzehn bis zwanzig Jahre alt: Das ist das Alter der Brunst, der Verführung um der Verführung willen, der Verführung um der Brunst willen, der verspotteten Elternmoral, prahlerisch markiert, aber keinesfalls erlebt. Die Jugend gab sich um so zügelloser, um so dreister sogar, als Nasser sie zum Aufruhr ermutigte und man anderswo sich vorbereitete, zu sterben. So war damals die tunesische Jugend, und man wird schon verstanden haben, daß ein Teil von ihr wirklich so war, wie ich sie beschrieben habe, während der andere sich anschickte, ein Volk von Kellnern, Servierern, Demichefs und Chefs de rang zu werden. Zimmerkellner war die höchste Stufe auf der Himmelsleiter: die schönen, halbnackten Zimmerkellner, manchmal waren sie verheiratet, verließen Tunesien in einem Abteil erster Klasse, in Begleitung eines Schweizer Bankiers, seltener in der einer Bankiersfrau, und 1968 ging zu Ende. In Amman schwelte schon der Kampf der Palästinenser gegen König Husain und spitzte sich bald immer mehr zu.

Mich zwiebeln da ein paar Gedanken über die Amphoren, die ich loswerden möchte. Ich habe gesehen, wie sie hergestellt werden. Der Tonklumpen lag auf der Scheibe, der Töpfer trieb sie mit dem Fuß an – er erinnerte mich dabei an eine Bäuerin, die ihre Singer-Nähmaschine tritt –, und als die Amphora fast fertig geformt war, hob er sie von der Scheibe und warf sie in eine Kiste, wo sie entzweiging. Ein Gehilfe knetete die noch feuchten Tonbrocken wieder zu einem kompakten Klumpen, der dann in den gebrauchsfertigen Ton wieder eingearbeitet wurde. Ganz zum Schluß hatte der Töpfer einen irreparablen Fehler gemacht. Mit einem Finger, dem Daumen wahrscheinlich oder einem anderen Finger, hatte er, vor Ermüdung vielleicht oder auch aus einem anderen Grund, zu fest gedrückt und die Wand durchstoßen oder einen ähnlichen Fehler gemacht. So mußte er die ganze Arbeit von vorne beginnen, die Amphore hätte ihr dreitausendjähriges Bestehen sonst nicht bewiesen. Auch heute noch spielen die japanischen Töpfer – sie werden wohl nie aussterben – mit dem Zufall. Ob er nun aus der Beschaffenheit des Tons, der Töpferscheibe, des Brennofens oder der Glasur entspringt, sie lauern auf den Zufall, manchmal um seine Wirkung zu verstärken, jedenfalls um sich auf ein neues Abenteuer einzulassen, wenn das überlieferte, zuweilen klassische Muster oder auch die Glasur durch einen Kratzer mit dem Fingernagel oder eine zu starke oder zu schwache Ofenhitze lädiert wird; dann stellen sie diesem Fehler nach, stürzen sich auf ihn, setzen ihm zu, aus Liebe zu ihm, bis er zur Absicht, zum Ausdruck ihres eigenen gestalterischen Willens wird. Und wenn ihnen das gelingt, sind sie überglücklich: Das Ergebnis ist modern. Bei den Tunesiern nie, aber dafür gibt es nur wenige Schweizer Bankiers, die sich in japanische Töpfer verlieben. Ergänzend zu den Gründen, die ich schon anführte – die aktive Jugend schließt sich dem Kampf der Palästinenser an, – muß man wohl auch den Horror vor den jahrtausendealten Amphoren nennen.

Die jungen Tunesier, von denen hier die Rede ist, sahen sich in ihrem Land um und fanden leichte Beute: wenig redegewandte Fellachen aus einem vom Regen nicht verwöhnten Kaff im Süden des Landes oder französische Touristen, denen mit kohlrabenschwarzen Blicken ebenso beizukommen war wie mit einem losen Mundwerk. Die Zungenfertigkeit schien eine Folge des Gebrauchs von Amphetaminen zu sein, währenddessen diese zwiespältige Jugend eigentlich nur die Zeit totschlug, zumal die französischen Fernsehmoderatoren ihre einzigen Lehrmeister waren: *»Nach Beseitigung der sozialen Ursachen und der galoppierenden Kriminalität wird der Erfolg auf allen Ebenen nur noch an uns liegen, um Höchstleistungen in der Herstellung von Luxusartikeln zu erzielen, selbst wenn die Entstehung neuer Zweige den Einsatz höchstentwickelter Geräte der letzten Generation erfordern sollte«*, aber außerhalb von Tunesien hielten die Klugscheißer die Klappe, die arabischen wie die französischen, denn hier waren Taten angesagt, dreiste Taten, aber die Siesta beginnt um zwei Uhr nachmittags. Auf dem Rücken ausgestreckt war Bourguiba eingeschlafen.

Es war so schön, von diesen Palästinensern zu träumen, und niemand – ausgenommen in Israel – wußte damals schon, daß alle arabischen Länder Asiens sie davonjagen würden; niemand wußte es, und doch wünschte sich ein jeder schon ihren Weggang und bereitete ihn arglistig vor. Ein einziger Palästinenser bedeutete schon Aufruhr. Ihre Ankunft in Tunesien im Jahr 1982 versetzte dieses träge, ein bißchen türkische, ein bißchen itakische, ein bißchen bretonische Volk der Tunesier in Unruhe. Über tausend Palästinenser – und in ihrer Mitte Arafat höchstpersönlich.

An dieser Stelle – nicht früher und nicht später – werde ich erklären müssen, was die Al Fatah war. Schon die Schöpfer der verschiedenen Namen der palästinensischen Organisationen bedienten sich der arabischen Sprache, wie Kinder und Philologen es getan hätten. So kann ich zwar versuchen, das Wort Fatah zu deuten, doch tue ich es mit der Gewißheit, daß ich den ganzen Reichtum dieses Namens nie werde aufzeigen können.

F.T.H. – drei Konsonanten, die in dieser Zusammensetzung ein dreibuchstabiges Stammwort bilden, das Riß, Spalt, Öffnung bedeutet und sogar Einleitung eines nahen Sieges, eines gottgewollten Sieges. Fatah heißt auch das Schloß, das auf das Wort Schlüssel verweist, *meftah* im Arabischen, in dem wir dieselben Grundbuchstaben wiederfinden, mit der Vorsilbe *me*. Von diesem dreibuchstabigen Stamm leitet sich ebenfalls *Fatiha* (die Öffnende) ab, die erste Sure am Anfang des Korans. Sie beginnt mit dem Wort Bismillah... Nun hat jeder verstanden, daß Fatah oder vielmehr F.T.H. die drei Anfangsbuchstaben des Namens Falästine Tharir (Befreiung) Haka (Bewegung) sind. Aber um F.H.T. zu ergeben, müssen sie umgestellt werden.

Hier haben große Kinder sich einen Spaß erlaubt.

Ich setze FA (für Falästine = Palästina)
  Th (für Tharir = Befreiung)
  HA (für Haka = Bewegung)

In der richtigen Reihenfolge würden sie Hathfa ergeben. Was dieses Wort auch immer bedeuten mag, es ergibt keinen Sinn.

In den drei Wörtern: Fatah, Meftah und Fatiha entdecke ich, im verborgenen, folgende drei Bedeutungen:

Fatah, der Spalt, der Riß, die Öffnung, also Erwartung, gottgewollte Erwartung eines Sieges, eine passive Erwartung gewissermaßen;

Meftah, der Schlüssel, deutet augenscheinlich auf den Schlüssel im Schlitz oder im Schloß hin;

Fatiha, das dritte Wort, das aus dieser Wurzel hervorging, heißt gleichfalls Öffnung, aber im koranischen Sinne: Erstes Kapitel des Korans, das auf eine religiöse Bedeutung hinweist. Hinter diesen drei Wörtern, die auf das Stammwort für Fatah zurückgehen, erahne ich drei Begriffe: Kampf (der zum Sieg führt), sexuelle Gewalt (Meftah, der Schlüssel im Schloß) und die durch Gottes Gnade gewonnene Schlacht.

Diese längere Darlegung sollte man wie eine Art Scharade lesen, aber die Wahl und die Anordnung des Wortes haben mich doch so sehr beschäftigt, daß ich die drei Bedeutungen – die ich wohl selbst hineingedichtet habe – darin suchte. Noch dreimal findet man das Wort Fatah im Koran.

Dieses Bild des Fidai wird immer unauslöschlicher. Er hat sich abgewandt und entfernt sich auf dem Pfad; ich werde sein Gesicht nicht mehr sehen, nur noch seinen Rücken und seinen Schatten. Später, wenn ich nicht mehr mit ihm reden kann, wenn ich ihn nicht mehr hören werde, wird in mir der Wunsch aufkommen, über ihn zu reden.

Mir scheint, daß mit der Entfernung nicht nur das Vergessen wächst, sondern auch das Bedürfnis, diesem Vergessen durch etwas anderes, vielleicht durch das Gegenteil dessen, was es auslöscht, entgegenzuwirken. Es ist, als gäbe es dort, wo der Fidai verschwindet, ein Loch, als wollten ihn die Zeichnung, die Fotografie, das Porträt im weitesten Sinn des Wortes zurückrufen. Und sie rufen den Fidai von weit her zurück – im weitesten Sinn dieses Ausdrucks. Wollte er entschwinden, damit das Porträt erscheinen könne?

Um Mitternacht konnte Giacometti am besten malen. Tagsüber hatte er mit unverwandter Eindringlichkeit geschaut – doch will ich damit nicht sagen, daß die Züge des Modells in ihm waren, das ist etwas anderes –, und jeden Tag schaute Alberto zum letzten mal, er nahm das letzte Bild der Welt in sich auf. Ich lernte die Palästinenser im Jahr 1970 kennen, einige gereizte Führer drangen darauf, daß dieses Buch abgeschlossen werde. Mir schwante, sein Abschluß könnte mit dem Ende des Widerstands zusammenfallen. Nicht, daß mein Buch aufzeigen sollte, was er gewesen war. Was aber, wenn der Entschluß, die im Zentrum des Widerstands verbrachten Jahre publik zu machen, darauf deutete, daß er sich erschöpft hatte? Denn ein undefinierbares Gefühl warnte mich: Der Aufstand verblaßt, ermattet, wendet sich ab auf dem Pfad und wird verschwinden. Man wird ihn zu heroischen Liedern umdichten. Ich habe den Widerstandskampf angeschaut, als könnte er am nächsten Tag verschwinden.

Wer die Palästinenser im Fernsehen erlebte oder ihr Bild in einer Zeitschrift sah, der konnte den Eindruck gewinnen, sie hasteten so schnell um den Erdball, daß sie gleichzeitig hier und dort waren, aber sie selbst wußten, daß sie in allen Welten eingefangen und von diesen durchdrungen waren; befinden wir uns – sie und wir – im Irrtum oder an der Scheidelinie zwischen einer alten Täuschung und einer neuen Wahrheit, wie einst, als die ptolemäische Täuschung mit der neuen, gewiß nur vorübergehenden kopernikanischen Wahrheit zusammenprallte? Die Palästinenser wähnten sich vom Zionismus, vom Imperialismus und vom Amerikanismus verfolgt. In den ruhigen Stunden des Tages, also am Abend, diktierte mir einst Alfredo Briefe im Schutz der Steinmauern unserer Wohnung im Gebäude des palästinensischen Roten Halbmonds, in Amman, als ein Schrei oder eher noch ein Gebrüll die Abendstille zerriß. Die fünfzigjährige Dame hatte soeben gebrüllt. Diese Palästinenserin war in jungen Jahren nach Nebraska ausgewandert und dort zu Vermögen gekommen. In Erinnerung geblieben ist mir ihr Gesicht, ihr amerikanischer Akzent* und ihre stets schwarze Kleidung; ob sie nun Blusen trug und enge oder weite Röcke, lange Pluderhosen oder einen gefütterten oder mit schwarzem Pelz besetzten Mantel aus leichtem oder aus schwerem Stoff, sie war von Kopf bis Fuß in Schwarz gekleidet: Schuhe, Strümpfe, Jett-Halsband, Haar und Kopftuch, alles war schwarz. Sie hatte ein strenges Gesicht, ihre Sprache war knapp und rauh, die Stimme kehlig. Der Präsident des palästinensischen Roten Halbmondes, der ihr ein Zimmer zur Verfügung gestellt und die Benutzung des Salons angeboten hatte, erzählte uns damals folgende Begebenheit: Als sie eines Tages zu Hause in Nebraska vor ihrem Fernseher saß, sah sie Bilder vom Blutbad, das Beduinen des Königs Husain unter den Palästinensern angerichtet hatten. Sie schaltete sofort das Gerät aus, stellte den Stromzähler auf ›Minimum‹, nahm Handtasche, Paß und Scheckheft, schloß ihre Wohnungstür mit den zahlreichen Riegeln, ging bei ihrer Bank vorbei, buchte beim Reisebüro einen Flug nach Amman, stieg am Ammaner Flughafen in ein Taxi und fuhr zum Sitz des Roten Halbmondes, wo man einigermaßen ratlos war, denn außer Schecks unterschreiben – was sie bis zu ihrem Bankrott betrieb – wußte diese steinreiche Palästinenserin nichts anderes mit sich anzufangen, als sich, auch ohne Komfort, vor ihren Fernsehapparat zu setzen und amerikanische Filme anzusehen.

Wir unterhielten uns nur wenig mit ihr. Sie sprach amerikanisch und kaum arabisch, aber ihr Schrei, dessen Grund wir etwas später begriffen, klärte uns über die Bestürzung der Palästinenser auf, als die plötzliche Erkenntnis sie traf, daß alle Nationen der Welt ihnen an den Fersen hingen. Sie suchte aufs Geratewohl nach einem Programm, mit dem sie sich die Zeit vertreiben konnte, drückte nacheinander auf alle Knöpfe, fand Dialoge in arabischer Sprache. Sie wurde von der Langeweile des hereinbrechenden Abends, des Schweigens zwischen mir und Alfredo, des dumpfen, fernen Lärms von Amman erlöst, als eine der miteinander sprechenden Personen einen vollständigen Satz im Brookliner Slang

---

* Als junge Auswanderin hatte sie nur Amerikanisch gelernt, und so etwas kann wirklich nur den Palästinensern aus Nebraska passieren.

sagte; doch die zweite Person – und das war dann der Grund für den Schrei – antwortete der ersten mit einem Satz in Hebräisch: Das Fernsehen von Amman hatte soeben eine Sendung aus Tel Aviv empfangen. Zitternd vor Wut hatte die Palästinenserin den hebräischen Satz durch einen Knopfdruck mittendrin unterbrochen. Stille war wieder eingetreten. Auch wenn sie in einem Zuge nach Oslo und weiter nach Lissabon reisten, wußten die Palästinenser doch, daß man sich in dieser verhaßten Sprache über ihre Reiseroute verständigte.

Die Zimmer in den Villen von Jebel Amman waren groß: vier Salons, Louis-quinze, Directoire, orientalischer Stil, Art Deco, bisweilen Art Nouveau; das Kinderzimmer mit Perkal tapeziert, das Zimmer der Miss (Kindermädchen) mit Kretonne. Das Hauspersonal, die Köchinnen, Gärtner, Kammerdiener und Gehilfen aller Art fuhren abends nach Hause in die Ammaner Vorstadt, ins Lager von Baqa. Busse brachten die Dienerschaft am Abend, stehend und schon schlafend, an ihre Wohnorte und holten sie, unausgeschlafen und stehend, am nächsten Morgen wieder ab. Ein Nachtwächter blieb im Haus, um die Brioches und den Tee für das Frühstück der Herrschaften zu bereiten. In dieser Welt der Flüchtlinge waren Herren und Diener also gleich. Die Bezeichnung Flüchtling, die später zum Titel wurde, erwies sich als ein Besitztitel für die Bewohner der aus Naturstein gebauten Villen, die allen Winden trotzten, und als ein vorerst nur wenig verfängliches Prädikat für die der zusammengeflickten Zeltlager.

»Wir sind alle gleich, ich bin ein Flüchtling, ich bin dein Vorgesetzter, mein Haus ist aus Natursteinen gebaut. Tu mir nichts zuleide, ich bin ein Flüchtling und, wie du, ein Moslem.«

Obwohl sie im Hin und Her – im Hin und im Her, sagte einer von ihnen – gefangen waren, schienen die Hausangestellten ihre unwürdige Lage mit Stolz zu ertragen. Das Jahr 1970 brachte alle durcheinander. Reiche Palästinenser stellten ihren Dienern zeitweilig Zimmer zur Verfügung. Andere begnügten sich eine Weile mit Nahrung aus dem Vorratsraum. Fast über Nacht, im Monat September, wurde die Demokratie gesellschaftsfähig. Erst heimlich und bald offen machten die jungen Mädchen selber ihr Bett und gingen sogar so weit, die Aschenbecher im Salon zu leeren. Denn die männlichen Hausangestellten hatten zur Waffe gegriffen und hielten sich bereit für den Kampf um Amman. Sie wurden zu Helden, oder zu Toten, was noch besser war, denn damit waren sie Märtyrer. Aus verschiedenen Gründen ging diese Zeit als der Schwarze September in die Annalen ein.

Viele deutsche Familien baten darum, verwundete Fedajin bei sich aufnehmen zu dürfen, Männer, die in fliegenden Krankenhäusern behandelt wurden, unter anderem in dem von Doktor Dieter, über den ich nur so viel sagen werde, daß er 1971 im Lager von Ghaza eine Schule für Krankenschwestern aufbaute. Ich betrat mit ihm das einzige Zimmer einer Lagerunterkunft. Uns empfingen der politische Verantwortliche und die Eltern – Vater und Mutter – eines jeden Mädchens, das bereit war, das Elementarwissen einer Krankenschwester zu erwerben.

Es wurde natürlich Tee getrunken. Dieter stellte sich an eine Wandtafel und begann seinen Unterricht, indem er in großen Zügen einen männlichen Körper zeichnete, mit allen seinen Geschlechtsmerkmalen. Es wurde weder gelächelt noch gelacht, im Gegenteil, eine feierliche Stille trat ein. Der Dolmetscher war ein Libanese. Mit farbiger Kreide verdeutlichte Dieter den Blutkreislauf. Er zeichnete die Venen und die Arterien, die einen blau, die anderen rot. Dann skizzierte er das Herz, die Lungen, die lebenswichtigen Organe, und zeigte, an welchen Stellen und womit Notaderpressen anzulegen seien. Vom Herz über das Gehirn, über Lunge, Aorta, Arterien und Oberschenkel näherte er sich dem Geschlechtsteil des Mannes:

»Die Kugel oder der Granatsplitter kann auch hier steckenbleiben.«

Er zeichnete eine Kugel nahe beim Geschlechtsteil. Er kaschierte nichts, weder mit der Hand noch mit der Stimme oder mit seinen Worten. Diese Offenheit wurde, wie ich weiß, vom Verantwortlichen wie von den Eltern geschätzt. Dieters Hauptsorge war der Mangel an Ärzten und Sanitätern – auch an Krankenschwestern – in den Lagern.

»Nach zwanzig Unterrichtsstunden werden sie das Wichtigste wissen, ich werde ihnen aber keine Zeugnisse ausstellen: Darauf haben die politischen und militärischen Führer bestanden. Sie werden mit den Fedajin mitziehen und die Verwundeten pflegen. Sie werden nicht nach Amman gehen, um Tabletten zu verabreichen oder den Millionärsfrauen von Jebel Amman Fußbäder zu bereiten.«

Im Rheinland leben viele Palästinenser. Sie arbeiten in Fabriken, sprechen ein gutes Deutsch, in dem das Verb immer am Ende des Satzes zu stehen hat. Junge Palästinenser, die eine deutsche Mutter haben, lernen Arabisch und die Geschichte Palästinas und sagen Husain zu allen Düsseldorfer Metzgern, die ochsenblutrote Schürzen tragen.

Gleich nach meiner Ankunft in den Lagern von Ajlun war mir ein Unteroffizier aufgefallen, ein sehr dunkler Palästinenser, dem die Fedajin zwar nicht geringschätzig, aber doch etwas spöttisch begegneten. Lag es an seiner Hautfarbe? Ein Fidai, der französisch sprach, meinte, dem sei nicht so, doch lächelte er dabei. Als der Fastenmonat Ramadan begann, stellte ich fest, daß die Soldaten sich in Strenggläubige, weniger Fromme und Gleichgültige einteilen ließen, wobei letztere nicht fasteten. Wohl wissend, daß ich christlichen Glaubens war, breitete der Unteroffizier eines Abends ein Tuch auf dem Gras aus, stellte eine Schüssel und einen Gemüsetopf darauf und forderte mich auf, zu Abend zu essen, wobei er selbst stehenblieb und sich an die Regeln des Koran hielt. Ich mußte mich sehr schnell entscheiden: Ablehnen hieß, einen Schwarzen brüskieren, annehmen dagegen, der Gefälligkeit eine zu große Bedeutung beizumessen; ein wenig nur essen, hielt ich für einen eleganten Kompromiß. Im übrigen genügten mir ein paar Brocken Brot, die ich in die Brühe tunkte. Hinter mir standen zwei Soldaten. Als ich glaubte, daß ich der Höflichkeit Genüge getan hatte, stand ich auf, und der Unteroffizier forderte die beiden Soldaten auf, die Suppe aufzuessen. Als ich die Hitze auf meinen Wangen spürte, wußte ich, daß ich rot geworden war. Dem Unteroffizier sagen, daß die Fedajin mit mir, aber nicht nach mir und vor allem nicht meine Reste essen sollten – das lag mir auf der Zunge, aber konnte ich es einem Schwarzen sagen? Ich durfte dem Vorfall nur nicht zu viel Bedeutung beimessen. Ich schwieg.

Sollte ich mich zu den Fedajin setzen und sie um ein Stück Brot bitten? Die Fedajin hatten alles begriffen, der schwarze Unteroffizier nichts, wie mir schien.

Sehen sich die Palästinenser, wenn sie sich erinnern, mit den Gesichtszügen, den Gebärden, den Körperhaltungen und in der Montur von vor fünfzehn Jahren? Sehen sie sich von hinten, zum Beispiel, oder im Profil? Ist es eine Hinter- oder eine Vorderansicht, die sie von sich haben, nur in jünger, mitten in einem Geschehen, das sie sich ins Gedächtnis zurückrufen?
  Welcher von ihnen wird sich wohl, unter den Bäumen von Ajlun, an die Szene erinnern, die ich ein paar Tage nach den Kämpfen von Amman miterlebte? Die Fedajin hatten eine mit Blättern bedeckte kleine Laube gebaut und darunter einen Tisch aufgestellt, das heißt drei wackelige Bretter auf vier in die Erde gerammte Pfähle – vier gleich lange, von den Zweigen befreite Äste – sowie vier aus dem gleichen Material gefertigte, feststehende Bänke, eine für jede Tischseite. Der Ramadan bescherte uns die vorhersehbare Überraschung einer im Westen aufgegangenen Mondsichel. Wir hatten gerade zu Abend gegessen und saßen gesättigt auf dem Moos neben der Laube, im Kreise um das warme, aber leere Becken, und lauschten den Koransuren. Es war also gegen acht Uhr abends.
  »Dieser Mann ist ein Ungeheuer«, sagte Mahjub zu mir; von uns allen hatte er heute abend sicher den größten Heißhunger gehabt. »Seit Nero ist er der erste Staatschef, der seine eigene Hauptstadt in Brand steckt.«
  Mit dem mir übriggebliebenen Rest von Nationalstolz entgegnete ich ihm:
  »Verzeihen Sie, Doktor Mahjub, lange vor Husain haben wir das gleiche geleistet wie Nero. Als Adolphe Thiers vor hundert Jahren die preußischen Offiziere bat, Paris und seine Einwohnerschaft von Versailles aus zu beschießen, übertraf er sogar die Gewalttätigkeit Ihres Königs und war dabei ebenso winzig.«
  Der Abendstern war aufgegangen, etwas verwirrt ging Mahjub in seinen Unterstand schlafen. Zehn bis zwölf fünfzehn- bis dreiundzwanzigjährige Kämpfer hielten sich schon unter der fast

überfüllten Laube auf, wo man mir einen Platz freimachte. Ein Fidai blieb als Wache vor dem Eingang stehen. Zwei Männer, Kämpfer natürlich, Kinder noch, die den starken Mann markierten, denn sie hatten schon etwas Flaum unter der Nase, traten vor. Wie man so sagt: Sie maßen einander mit den Blicken, und jeder versuchte den anderen einzuschüchtern. Als sie vor dem Tisch standen, entschieden sie, einander gegenüber Platz zu nehmen und setzten sich in steifer Zwanglosigkeit auf die Bank, schoben die Hosenbeine hoch, um die nicht vorhandene Bügelfalte zu schonen. Ich selbst saß auf der dritten Bank, stumm und aufmerksam, so wie man mich geheißen hatte. Neben mir holte ein Soldat aus der linken Hosentasche seines Tarnanzugs, in einer sehr menschlichen Geste, die nur zu feierlichen Anlässen üblich war, ein kleines Paket mit fünfzig Karten hervor, reichte sie seinem Nebenmann, der sie abhob. Dann breitete er die Karten fächerförmig vor den beiden Spielern aus. Einer der beiden nahm sie auf und fügte sie zu einem Parallelotop. Nachdem er die Karten geprüft und vorschriftsmäßig gemischt hatte, teilte er seinem Mitspieler und sich selbst aus, wobei der eine wie der andere sehr ernst dreinschaute, fast bleich vor gegenseitigem Argwohn, mit zusammengepreßten Lippen, mahlenden Kinnladen und in einer Stille, die mir heute noch in den Ohren klingt. Die Verantwortlichen hatten das Kartenspiel auf den Stützpunkten verboten – ein »bürgerliches Spiel für Bürgerliche«, hatte mich Mahjub belehrt. Die erste Partie begann. Spiel und Einsatz ließen die Augen der Spieler vor Habgier aufleuchten; der Einsatz wurde mal von dem einen, mal von dem anderen eingestrichen, beide waren clevere Spieler. Um die beiden Helden herum waren alle Augenpaare auf die Stelle des aufgefächerten Spiels gerichtet, wo es für einen sehr kurzen Augenblick einzusehen war. Obwohl es gegen die Regeln verstieß, setzten die Zuschauer im Hintergrund vielsagende Mienen auf, und der ihnen gegenüber sitzende Spieler heuchelte völliges Desinteresse. Ich glaube, es handelte sich bei diesem Spiel um eine Art Mogel-Poker. Mich faszinierte die Intensität des Blickes, mit dem jeder Kontrahent auf sein eigenes Spiel starrte, wobei er sich bemühte, seine Erregung und seine Beklommenheit nicht zu zeigen; auch die Behendigkeit der mageren Fingerglieder, die so fein waren, daß sie hätten zerbrechen können, wenn der Gewinner die Karten umwendete, um sie an sich zu bringen. Einer der Spieler ließ eine Karte fallen und hob sie mit einer solchen Gelassenheit vom Boden auf, daß ich an eine Zeitlupenaufnahme denken mußte, und der geringschätzige Blick, mit der er die Figur auf dem Blatt ansah, ließ nur den Schluß zu, daß er eben ein As aufgehoben hatte.

Er hat sicher gemogelt, wird man denken, indem er eine eingeübte Scheinbewegung machte, die allen Moglern bekannt ist. Mein dürftiges Arabisch setzte sich vor allem aus Flüchen und Drohworten zusammen. Die Worte:

»Scharmuta«

»Hattai«,

die beide Spieler im sichtbaren Speichel zwischen den Zähnen murmelten, hatte ich mir schnell gemerkt.

Beide Spieler erhoben sich, reichten sich ohne ein Lächeln wortlos die Hand über dem Tisch. Allenfalls in europäischen oder libanesischen Spielkasinos wird man ebenso düstere Zeremonien erleben können. Ein Lächeln kommt manchmal über die Lippen eines jener gut gekleideten Ganoven, die die Spielkarten der Länge nach knicken. Jede dieser Karten kann – nach innen oder nach außen gewölbt und entsprechend ihrer Lage auf dem Tisch – das Boot sein, mit dem sich der Mogler am Strand davonstiehlt, oder die eine Hälfte des »zweihöckrigen Tiers«* oder die am Strand hingestreckte, breit dargebotene Frau. Wenn er es merkt, ist dies das einzige Lächeln während dieses Spiels mit dem geknickten Blatt; dann bringt der Croupier ein neues Kartenspiel, mit abwesendem Blick und einem Gesichtsausdruck wie jemand, der sich in aller Öffentlichkeit wieder zuknöpft.

Obon ist der Name, den die Japaner einem anderen Kartenspiel geben. Es ist das Fest der Toten, die für eine Dauer von dreimal vierundzwanzig Stunden unter die Lebenden zurückkehren. Der Tote, der aus seinem Grab steigt, ist einzig in den bewußt ungeschickten Bewegungen der Lebenden anwesend, eine Ungeschicklichkeit, die ich so deute: »Wir sind lebendig, wir lachen über

---

* nach Rabelais, 16. Jhdt., Missionarstellung beim Liebesakt

unsere Toten, sie können keinen Anstoß daran nehmen, sie bleiben Skelette in ihrem tiefen Loch«, und es ist nur ihre Abwesenheit, die von den Kindern, diesen Feierlichkeits-Verderbern, nach oben getragen werden und in ihren Zimmern einen Platz bekommen. »Wir selbst bleiben auf dem Friedhof, wir werden niemanden belästigen. Unsere Gegenwart wird durch eure Ungeschicklichkeiten sichtbar werden.« Die unsichtbaren Toten werden auf die schönsten Kissen gesetzt, man reicht ihnen die besten Speisen, Zigaretten mit Goldmundstück wie jene der Liane de Pougy, als sie dreiundzwanzig wurde. Die Bengel hinkten absichtlich. Man nimmt an, daß sie einen Monat lang vor dem Obon das Hinken übten, um den abwesenden Leichnam im Rinnstein, wo der Lauf begann und plötzlich endete, besser abwerfen zu können: Schienbein, Schädel, Schenkelknochen, Fingerglieder fielen hinein, und alle Lebenden lachten darüber. Eine spöttische, liebevolle Geste hatte genügt, damit der Tote einen Hauch von Leben zu spüren bekommt. Das Kartenspiel, das einzig durch die anstößig realistischen Gebärden der Fedajin existiert hatte – sie hatten das Spiel fingiert, ohne Karten, ohne Asse und ohne Buben, ohne Zepter, ohne Schwerter, ohne Damen und ohne Könige –, dieses Kartenspiel erinnerte mich daran, daß alles Tun der Palästinenser dem Obon-Fest glich, bei dem allein jener fehlte – Feierlichkeiten gebietend und nur im Lächeln sichtbar –, der nicht erscheinen darf.

Offenbar war die Kunst des Schreiens in der arabischen Welt fast ebenso verbreitet wie die Kunst, im Stehen zu gebären, wobei die Frau mit gespreizten Beinen dastand und sich an einem von der Decke herabhängenden Seil festhielt.

»Hast du die Frau gehört, Jean? Sie ist sicher eine Araberin. Das war genau derselbe Schrei, den meine Großmutter ausstieß, als sie meinen Vater um sein Erbe brachte.«

»Was war denn das Erbe?«

»Ein Achtel Olivenbaum.«

»Was heißt das?«

»Dreieinhalb Kilo Oliven.«

Mohamed brauchte nur wenige Worte, um seine Armut, seine Abhängigkeit vom Vater zu schildern, oder den Schrei der alten

Araberin, einen spontanen Schrei wahrscheinlich, dessen Tonhöhe aber von Kindesbeinen gelernt worden war. Dem Nachtwächter R'Guiba braucht niemand den Alarmruf beizubringen, er lernt ihn in jungen Jahren, wenn seine Stimme noch hell ist; er kommt ihm dann wie von selbst, wenn er Wache hält, wenn er seinen Stimmwechsel hatte und wenn Gefahr droht. Auch wenn sie sehr vorsichtig waren, entschlüpfte den Syrern oft der gleiche Schrei wie den fintenreichen Palästinensern, sobald ein Schwert oder die Schwerter-Serie auftauchte; diese Figuren waren, bis auf die mit den sieben Schwertern, stets ein böses Omen: Ein einziges Schwert bedeutet Übermaß; zwei Schwerter, Sanftheit; drei Schwerter, Abstand; vier Schwerter, Abwesenheit oder Einsamkeit; fünf Schwerter, Niederlage; sechs Schwerter, Unternehmen; sieben Schwerter – die berühmten Sieben Schwerter*, Hoffnung, einziges Blatt, das mit Küssen angenommen wurde; acht Schwerter, Trostlosigkeit, Tränen, Wehklagen, und der Schrei, der eher beklommen klang als bedrohlich, ähnelte nicht dem Ruf, mit dem man die Zepter, Sinnbilder des Glücks, begrüßte.

Die Erniedrigten im Lager von Baqa übten Rache. Als erste kamen Japaner, Franzosen, Deutsche und Norweger: Kameraleute, Fotografen, Tontechniker. Die Luft von Baqa, die früher leicht gewesen war, wurde schwer. Jene, denen niemand befahl zu posieren und die mit der Großaufnahme einer Feldwache groß herauskommen wollten – und hier war jeder Palästinenser im Tarnanzug und mit seiner Kalaschnikow eine solche wert –, ließen ihre Beute nicht mehr los. Mit der angeborenen Reizbarkeit aller Inselbewohner drohten die Japaner auf Englisch, sie würden ohne Fotos nach Tokio zurückfliegen und somit Japan über die palästinensische Revolution in Unkenntnis lassen, nicht wissend allerdings, daß zehn Kilometer weiter die berüchtigten Terroristen von Lodz trainierten und in den Hosen-Faltentaschen ihrer Tarnanzüge Karten von Israel und Pläne des Flughafens trugen; zwölfmal mußte ein Fidai vor den Franzosen die Pose ändern. Mit ein paar

---

* Maria von den Sieben Schwertern, Schwiegertochter von Doña Musique (*Der seidene Schuh*, Paul Claudel)

scharfen Worten bereitete Doktor Alfredo dieser Komödie ein Ende. Um zu beweisen, daß sie die Kunst der Fotografie aus der Froschperspektive beherrschten, befahlen die Italiener den Kämpfern – nachdem diese die Kugeln herausgenommen hatten – anzulegen, warfen sich dann blitzschnell auf den Boden und schossen ihre Bilder von den Fedajin; ein gewisser Geist der Vergeltung schuf ein fröhliches Durcheinander. Der Fotograf wird selten fotografiert, der Fidai oft, doch wenn er posiert, wird ihn eher die Langeweile übermannen als die Müdigkeit. Manche Künstler glauben, den fotografierten Menschen umgebe wie die Großen eine Aura von Einsamkeit, währenddessen sie nur angegriffen und ermattet aussehen und den Tanz der Fotografen über sich ergehen lassen. Mußte es denn sein, daß ein Schweizer den Schönsten unter den Fedajin auf einen umgestülpten Kübel steigen ließ, um ihn auf dem Hintergrund der untergehenden Sonne ablichten zu können?

Das, was auch Ordnung genannt wird, die physische und psychische Erschöpfung, stellt sich von alleine ein, wenn jener Zustand herrscht, den man etymologisch Mittelmäßigkeit nennen muß.

Verrat hat seinen Ursprung sowohl in der Neugierde als auch im Schwindel.

Wenn es nun aber zutrifft, daß das geschriebene Wort eine Lüge ist? Könnte es dazu dienen, das Gewesene zu verschleiern, und wäre dann das Mitgeteilte nur eine optische Täuschung? Obgleich das geschriebene Wort nicht genau das Gegenteil dessen aussagt, was war, gibt es doch nur die sichtbare Seite davon wider, die annehmbare, gewissermaßen stumme Seite, denn es fehlen ihm die Mittel, das zu zeigen, was in Wahrheit dahinter liegt. Die einzelnen Szenen, in denen Hamzas Mutter in Erscheinung tritt, wirken irgendwie *flächig*, sie triefen von Liebe, Freundschaft und Mitleid, aber wie könnte man im selben Atemzug die widersprüchliche Wirkung deuten, die von den verschiedenen Zeugen dieser Szenen ausging? Diese Frage stellt sich auf jeder Seite dieses Buches, in dem eine einzige Stimme zu Wort kommt. Wie jede andere Stimme ist auch die meine verfälscht, und obwohl man die Verfälschung erahnen kann, wird der Leser über die Art dieser Verfälschung nicht aufgeklärt. Hier nenne ich die einzigen wahren Dinge, die mich zum Schreiben dieses Buches angeregt haben: Die Haselnüsse, die ich von den Sträuchern in Ajlun pflückte. Aber dieser Satz versucht, das Buch zu verdecken, wie jeder Satz den vorangehenden verdeckt, um nur einen Fehler auf der Seite zu lassen, was in gewisser Weise oft geschah und was ich nie mit Subtilität zu beschreiben wußte und jetzt auf subtile Weise zu begreifen aufhöre. Hicham wurde von niemandem geschätzt, weder von den älteren noch von den jüngeren. Nicht etwa, weil er ein Nichts war; aber da er nichts tat, nahm man von ihm keine Notiz. Eines Tages, als er in einem Knie Schmerzen spürte, ließ er sich für die Arztsprechstunde am nächsten Tag eintragen; er kam und erhielt die Nummer vierzehn, die fünfzehn hatte ein leitender Fidai, ein Kommandeur bekommen. Nach dem dreizehnten Patienten las Doktor Dieter Hichams Namen und rief ihn mit der laufenden Nummer auf. Dieser horchte auf, doch er war so sehr von der Tatsache verwirrt, daß ein Doktor seinen Namen nannte, daß er kaum begriff, daß er gemeint war. Er berührte mit dem Finger den leitenden Fidai, der die Nummer fünfzehn hatte und damit nach ihm kam.

»Nein, du bist jetzt dran«, sagte Dieter, »dein Knie tut dir weh.«

Durch ein Zeichen gab der Kommandeur Hicham zu verstehen, daß er vor ihm gehen solle. Was Hicham dann auch tat. Und man erzählte mir, daß seit diesem Tag, seitdem ein deutscher Doktor ihn vor einem Verantwortlichen behandelt hatte, Hicham sich behauptet. Nicht etwa, daß er sich einen höheren Dienstrang herausnimmt, aber der Vortritt, den ihm der Vorgesetzte momentan eingeräumt hatte, hatte sein Selbstgefühl gehoben. Einige Zeit danach wurde er wieder bescheidener, denn die Verantwortlichen vergaßen, seinen Gruß zu erwidern. Hochmut wurde im Camp von Baqa nicht beobachtet.

Gleichgültig gegenüber dem Spiel warteten etwa zehn Fedajin unter den Bäumen vor der Laube auf ihre Rasur. Ich sah, daß sie abgespannt, aber auch etwas entspannt waren. Das lange Ritual des Barbierens hatte begonnen. Erst mußte ein jeder einen kleinen

Stoß trockene Äste herbeischaffen. Mit ein paar Blättern wurde ein Feuer angezündet und Wasser in einer leeren Konservenbüchse zum Kochen gebracht. Das kameradschaftliche Verhältnis unter den Männern war so gut, daß ein jeder sich selbst hätte rasieren können, auch wenn man davon ausging, daß die ganze Abteilung mit einem einzigen Spiegel auskommen mußte, doch der Spiegel paßte gerade in eine Handfläche, und in der Abendstunde war es eine zusätzliche Erholung, seinen Bart und sein Gesicht den Händen eines einzigen Fidais anzuvertrauen, den alle Barbier nannten. Die streichelnde Berührung einer gleichgültigen oder befreundeten Hand, die nicht die eigene war und über Wangen und Kinn fuhr, um verbliebene Stoppeln aufzuspüren, löste einen Schauer aus, der bis in die müden Zehen hinunterlief, nachdem er alle anderen Organe des ruhenden Körpers besänftigt hatte. Es wurde der Reihe nach barbiert. Die Sitzungen fanden meist zwischen acht und zehn Uhr abends statt und dreimal in der Woche.

Aber warum das Kartenspiel?

»Ich lasse den Kämpfern jede Freiheit.«

Es war Nacht, und ich ging mit Mahjub unter den Bäumen spazieren.

»Freiheit – das will ich hoffen.«

»Ich verbiete nur das Kartenspiel.«

»Aber warum die Karten?«

»Das palästinensische Volk wollte die Revolution. Wenn es erfährt, daß die Lager am Jordan Spielhöllen sind, wird es sich denken, daß die Bordelle bald folgen werden.«

Ich trat, so gut ich konnte, für Spiele ein, die mir nicht sonderlich gefielen, und bedauerte lediglich, daß Mahjub ganz allein die Entscheidung traf, diesen Zeitvertreib zu verbieten.

»Beim Spiel kommt es oft zu Schlägereien.«

Es war ein leichtes, das Schachspiel als Beispiel für den unerbittlichen Kampf zwischen der UdSSR und den westlichen Staaten anzuführen. Mahjub verabschiedete sich mit einem knappen Gruß. Er wolle schlafen gehen. Die Fedajin bekamen Wind davon. Das Spektakel, das sie für mich aufführten, zeigte ihre Enttäuschung, denn ein Spiel, das sich allein auf Gebärden beschränkt, während es einen danach verlangt, Könige, Damen und Buben, diese Machtsymbole, durch die Finger gleiten zu lassen, gab einem ein Gefühl von Selbstbetrug und grenzte schon an Schizophrenie. Jede Nacht Karten spielen ohne Karten – eine trockene Masturbation.

An dieser Stelle muß ich den Leser darüber aufklären, daß meine Erinnerungen hinsichtlich der Fakten, Ereignisse und Daten genau stimmen, daß die Gespräche aber rekonstruiert sind. Vor weniger als einem Jahrhundert war es noch üblich, Rede und Gegenrede zu gestalten, ich habe auf dieses alte Stilmittel zurückgegriffen. Die Dialoge, die Sie lesen werden, sind in der Tat Rekonstruktionen, und ich hoffe, daß sie auch wahrheitsgetreu sind, obwohl ich weiß, daß sie niemals die Unmittelbarkeit einer wirklichen Wechselrede haben werden, denn ein mehr oder weniger geschickter Viollet-le-Duc* war hier am Werk. Glauben Sie dennoch nicht, daß ich es gegenüber den Fedajin an Achtung mangeln lasse. Ich habe mich redlich bemüht, den Klang, die Eigenart ihrer Stimmen einzufangen und die tatsächlich gesprochenen Worte in Erinnerung zu bringen: Dieses Gespräch zwischen Mahjub und mir hat tatsächlich stattgefunden, es entspricht ebenso der Wahrheit wie das Kartenspiel, bei dem es keine Karten gab, wiewohl das Spiel selbst durch die Präzision der Hände, der Finger, der Fingerglieder lebendig wurde.

Ist es die Gnade meines Alters oder eine schlechte Eigenschaft, die mich dazu verführt – sobald ich über ein Ereignis nachdachte –, mich nicht so zu sehen, wie ich bin, sondern so, wie ich war? Von außen, als ein Fremder, den ich anschaue oder vielmehr aufmerksam und neugierig betrachte, wie man in seinem Inneren jene betrachtet, die in einem bestimmten Alter gestorben sind, in diesem Alter also oder im Alter, das sie zur Zeit des evozierten Ereignisses hatten? Ist es das Privileg meines Alters oder das Verhängnis eines ganzen Lebens, daß ich mich stets von hinten sah, während ich jeden Augenblick mit dem Rücken an der Wand stand?

---

* Viollet-le-Duc, 1814–1879, Architekt und Vertreter des Historismus, bedeutsam durch Restaurierung romanischer und gotischer Bauten

Möglicherweise begreife ich heute manche Handlung und Gebärde besser, die mich an den Ufern des Jordan, im Angesicht Israels, noch befremdete: Einzelne Handlungen oder Gebärden im wahren Sinn des Wortes, und damit ebensoviele unzugängliche kleine Inseln, deren Gestalt mich verwirrte, die mir heute aber wie ein Archipel von leuchtender Klarheit erscheinen. In Damaskus war ich achtzehn Jahre alt.

Das arabische Kartenspiel unterscheidet sich wesentlich von denen der Franzosen und der Engländer. Das arabische von heute ist eher mit dem spanischen verwandt, das der Islam hinterließ und das sich zwischen den Fingern der Ronda spielenden Kinder bis heute erhalten hat. Mahjub in Jordanien und der einarmige General Gouraud in Damaskus haben das Kartenspiel aus Gründen verboten, die sie jeweils nicht für die gleichen hielten. Die illegalen und daher antifranzösischen Zusammenkünfte haben Gouraud damals sicher Sorgen bereitet. Nachts, in den kleinen Moscheen von Damaskus, beim Licht eines Kerzenstummels oder eines in Öl getauchten Dochts, spielten die Syrer Karten. Das Bild des kleinen französischen Soldaten, der neben ihnen hockte, steigt wieder vor mir auf. Meine Anwesenheit bedeutete zweifellos Sicherheit für sie. Hätte sie eine in den Gassen verirrte und durch das Licht angelockte Patrouille der Pioniere dabei überrascht, hätte ich sagen können, daß wir hier saßen, um andächtig für Frankreich zu beten. Um sicher zu gehen, daß ich sie nach dem Kartenspiel nicht vergessen werde, zeigten mir die Syrer die von Gouraud, dem großen Chef, zweifellos gewollten Trümmer, die allerdings nicht beseitigt werden durften, damit jeder Damazener für alle Zeit vor Angst bebe. Morgens, zum Frühgebet, gingen die Spieler nach Hause und hielten sich dabei am kleinen Finger oder am Zeigefinger. Ich sehe wieder die Schwerter und die sieben Schwerter.

In dem sehr kleinen Teil der Al Fatah, den ich kennenlernte, hatte ich damals sieben Chaled Chaled gezählt, eine beeindruckende Zahl von Decknamen. Ursprünglich sollten die falschen Namen dem Krieger Schutz bieten, nun zierten sie ihn. Die Wahl des Tarnnamens hätte sicherlich über die Phantasien des Trägers Aufschluß gegeben, denn sie lauteten Chevara – Zusammenziehung von Che Guevara –, Castro, Lumumba, Hadj Mohammed.

Jeder Name war eine Maske aus hauchdünnem, manchmal durchsichtigem Stoff, unter dem sich ein weiterer Name – eine weitere Maske aus einem anderen Stoff oder aus demselben, aber in einer anderen Farbe verbarg, durch den man einen dritten Namen hindurchschimmern sah. Chaled vermochte kaum einen Miludi zu verdecken, der sich über ein Abu Bakr legte, ohne ihn allzusehr zu verbergen, und wiederum von einem Kader verdeckt wurde. Diese Überlagerungen von Beinamen entsprachen Persönlichkeitsüberlagerungen, hinter denen sich selten ein einfacher, eher ein vielschichtiger, lebensmüder Mensch versteckte. In diesem Falle ließ sich der Name vielleicht mit einer Tat in Verbindung bringen, die hier als redlich und woanders als strafbar galt. In meiner Unkenntnis akzeptierte ich den Schein ebenso bereitwillig wie die Wirklichkeit, und wenn ich schließlich den ersten Namen erfuhr, spürte ich in mir eine gewisse Irritation. Über die beiden Worte Wirklichkeit und Schein ließe sich so viel sagen! Von diesen zuweilen frei erfundenen oder in der verzerrten Erinnerung an einen amerikanischen Film geschöpften Namen, mit dem das verschleiert werden sollte, was an die schandbare Tat noch erinnern konnte, glaubte ich einen Widerhall oder eine Entsprechung in der Ausdrucksweise oder in den Schreien zu entdecken, die auf parodistische Weise endgültig klangen und Gestalten zugeschrieben wurden, die in der Vorstellung rebellischer Völker weiterleben. Von wem stammen die Aussprüche:

»Ich würde mich mit dem Teufel verbünden, um gegen euch Krieg zu führen.«

»Wenn du zum Teufel essen gehst, vergiß den langen Löffel nicht.«

»Man bittet nicht um Freiheit, man entreißt sie.«

»Wir werden zwei, drei, vier, fünf, zehn Vietnam schaffen.«

»Wir haben eine Schlacht verloren, aber nicht den Krieg.«

»Ich verwechsle nicht das amerikanische Volk, das ich liebe und bewundere, mit der reaktionären Regierung dieses Volkes.«

Diese Sprüche haben eine recht gut versteckte Vaterschaft. Der vierte soll von Che Guevara sein; die Väter des dritten heißen Abd el-Kader, Abd el-Krim; die Urheber des zweiten könnten Churchill, Stalin und Roosevelt gewesen sein. Der Vater des ersten, heißt es, sei Lumumba gewesen, doch wurde er später durch Arafat legitimiert, was wiederum Chaled zu folgendem Ausspruch anregte:

»Und Israel ist der Teufel, mit dem wir uns verbinden müssen, um Israel zu besiegen.«

Der Satz war, wie mir schien, in einem Atemzug gesprochen worden, ohne Punkt und Komma, wobei Chaled erst am Satzende Luft holte, im Gelächter, das ihn abschloß. Man nehme ihn, wie er sich gibt und wie man will.

Ein überaus herkömmliches Bild drängte sich mir in der abgedroschenen Art der Pariser Metrowerbungen auf. Hier ist es:

»Rufe, Decknamen und Lieder erklangen von einem Lagerfeuer zum anderen. Wer damals zwanzig Jahre zählte, sah, wie die Erde von Feuerfunken verzehrt oder zumindest übersprüht wurde, so wie der Buchstabe R von Revolution, ohne zu verbrennen, durch die ewig lodernden Flammen verschlungen wurde.«

Mir war zunächst aufgefallen, daß »jedes Volk«, um seinen Aufruhr noch besser zu begründen, in der Tiefe der Zeit nach seiner Einmaligkeit forschte; in jedem Aufruhr fanden sich genealogische Tiefen, deren Kraft nicht in ihren erst im Ansatz vorhandenen Ästen saß, sondern in den Wurzeln, so daß der an vielen Punkten der Erde losbrechende Aufruhr eine Art gewaltigen Totenkult zu feiern schien. Es wurden Worte, Sätze, ganze Sprachen aus der Versenkung gehoben. Ein Libanese, dem ich in Beirut eine gefällige Antwort gegeben hatte, sagte zu mir, lächelnd und fast zärtlich:

»Jetzt sind sie ein richtiger Phönizier.«

»Warum Phönizier? Möchten Sie nicht, daß ich ein Araber bin?«

»Nein, nie wieder Araber. Seit der Invasion der Syrer in Libanon (1976) sind wir es nicht mehr. Die Syrer sind Araber. Die christlichen Libanesen sind ›Phönizier‹.«

Die jüngere Generation setzte sich aus Maulwurfmenschen zusammen. Nach zweitausend an der Oberfläche des Erdballs verbrachten Jahren, nach langen Wanderungen zu Pferd, zu Fuß, über die Meere und durch unterirdische Gänge wieder an einen Ort zurückzukehren, wo hier und da Maulwurfhügel aus der

Erde hervorbrechen, und die Reste eines Tempels zu suchen und zu finden – welch eine Leistung! Die Stillosigkeit nicht nur der Suche nach, sondern auch der Identifizierung eines Volkes mit einem anderen, mit dessen Wurzeln und Zweigen, erschien mir – neben der Ungewißheit des Erfolgs natürlich – von einer pariserischen, mondänen Vulgarität. Denn nur aus einer gewissen Trägheit heraus wird man die Ansicht vertreten, der Adel liege in der adligen Abstammung. Als ich die Palästinenser kennenlernte, waren sie von diesem Übel frei. Die Gefahr bestand vielmehr darin, daß sie Israel als ihr Über-Ich betrachteten.

Im Jahr 1972 fand die Schlacht der Syrer um die Besetzung des palästinensischen Lagers von Tal-el-Zaatar nicht statt. Sie wurde erst im Jahr 1976 geschlagen, aber oberhalb des Lagers zeigten mir die Palästinenser die Unterkünfte der Falangisten. Die Teile dieses Buches tragen als Titel die Worte Erinnerungen; ich werde den Leser einem ständigen Hin und Her in der Zeit und auch im Raum aussetzen. Die Erde wird der Raum und die Jahre zwischen 1970 und 1984 werden die Zeit sein.

Die Miliz von Pierre Gemayel, die nach dem Vorbild der nationalsozialistischen SA und etwa zur gleichen Zeit aufgestellt worden war, nannte sich Falange: Kataeb in Arabisch. Schwarze Hemden, braune Hemden, blaue Hemden – die berühmte »Legion Azul«, die in den märchenhaften Schneelandschaften von Weißrußland erfror –, grüne Hemden, graue Hemden, Hemden aus Eisen... Aus »Die Falten der meditierenden Fahne« wurde für mich »Die Felder der...«. Wie große Kinder, die sie waren, marschierten die Falangisten 1970 im Gleichschritt, und als gute Krieger sangen sie Hymnen zu Ehren der Unbefleckten Empfängnis. Ich fand sie entzückend. Ihre Dummheit ließ mich ihre Grausamkeit erahnen. Für diese Soldaten, halb Ganoven, halb Mönche, gab es nur das eine: vorgestrecktes Kinn, Märsche, Lieder (ein sanfter Musiker hatte deren Takt geändert, um jene Feierlichkeit zu erzielen, die für jeden unerbittlichen Vorstoß in die Unsterblichkeit angemessen ist). Über ihre wulstigen, etwas negroiden Lippen kamen geziert dümmliche Lieder. Die Heilige Jungfrau im Himmel hatte wohl die massive und baldige Ankunft von unzähligen noch jugendlichen Toten zu gewärtigen. Tragisch war auch die scheinbare Mannhaftigkeit dieser jungen Männer, wenn sie die Sanftmut einer unsichtbaren Göttin oder einer aufgeweckten Jungfer besangen, die unter dem Schutz der weißen Rosenkränze hin und her schwankte. Unwirklich erschienen sie mir, diese im Gleichschritt marschierenden Kraftprotze, als wären sie schon im Himmelreich, in das sie auch bald kommen sollten.

»Sie hatten einen kriegerischen Gang.« Man zieht nicht in den Krieg mit kriegerischem Gang, es ist sogar wahrscheinlich, daß es einzig den Kriegern nie gelang, im Gleichschritt zu marschieren. Mit meinem Satz wollte ich den sehr schweren, etwas theatralischen Gang – wie in der Oper von Beirut – der Kataeb würdigen, den ihr Befehlshaber von ihnen verlangte, weil ihm nach antiquiertem Theater gelüstete, denn obwohl er selbst nie marschierte, dachte er im Zweivierteltakt, also im Gleichschritt.

Schüchtern gaben mir die beiden Söhne des Zeitungsverkäufers Antwort. Sie waren Falangisten, und während sie mit mir sprachen, berührten sie oder vielmehr umklammerten sie die Goldmedaille mit dem Bild der Jungfrau von Lourdes – der Malinese, den ich am Niger traf, berührte auf die gleiche Weise sein Amulett (ein paar Zauberworte, in Arabisch auf hauchdünnes Papier geschrieben, vielleicht auf ein Riz-Lacroix, das in einem kleinen roten Wollbeutel steckte).

»Warum berührst du sie?«

»Damit ich an mein Morgengebet denke.«

Das Kreuz und das Bild der Heiligen Jungfrau also, besonders, wenn sie graviert sind, und noch mehr, wenn sie plastisch sind, und in Gold – aber berühren die Falangisten das Kreuz, die Jungfrau, das Gold oder das Geschlecht der Welt, um sich ihrer Kraft zu versichern? Kein Mensch tötet – wenn er tötet – aus eigenem Antrieb, sondern nur auf Befehl Gottes, der seine Mutter, seinen Sohn und das Gold beschützt, Geschenk eines der drei heiligen Könige, des Gottes der Armee, die uns zu Hilfe eilt, um den Anderen zu bekämpfen, der ihn bedroht: Allah. Vor meinen Augen küßte 1970 ein Kataeb eine junge Libanesin. Zwischen ihren gebräunten Brüsten – die Bräunung deutete darauf, daß sie, um sich zu sonnen, die Brüste entblößte – funkelte, von Diamanten und Rubinen gespickt, der kleine goldene Galgen, aber an der Stelle des Gekreuzigten war eine ovale schwarze Perle eingeschraubt. Der Mund des jungen Mannes schien den Schmuck zu verschlucken, seine Zunge die Haut der Brust zu liebkosen. Das junge Mädchen lachte. Nacheinander neigten die drei Falangisten ihre Köpfe über dieses Abendmahl. Zufrieden sagte dann das junge Mädchen zu ihnen:

»Jesus beschützt euch, und seine Mutter bringt uns den Sieg.«
Nach diesen segnenden Worten entfernte sie sich keusch.

Francisco Franco regierte. Auf dem Weg zur Abtei von Montserrat kam ich durch ein Land von Felsen, Felswänden und reifen Getreidefeldern. Von den Säulen der Kapelle hingen die Banner aus kirschfarbener Seide herab, goldbestickt oder mit schillernden Fäden durchwirkt, die heutzutage den Eindruck von Gold vermitteln sollen; Rot ist allerdings die Farbe der kirchlichen Pfingstornamente, und die Messe wurde zelebriert. Nachdem ich, nicht ohne Rührung – man wird weiter unten den Sinn dieser Rührung vor dem Treffen mit Hamza und seiner Mutter verstehen –, die schwarze Madonna mit ihrem Sohn gesehen hatte – auf dem Bild zeigt der Bengel seinen Phallus, der schwarz sein soll, also die schwarze Madonna, die ihren schwarzen Bengel hochhält –, suchte ich mir einen freien Platz auf einer der Bänke. Die Kirche war mit Männern und Frauen in Trauerkleidung gefüllt. Die Mehrzahl der Gläubigen war ziemlich jung. Der Abt und seine beiden Ministranten, Nachkommen des Jimenes Cisneros, trugen den Chormantel aus kirschroter Seide. Etwas unreife Kinderstimmen, Stimmen so zerbrechlich wie Kristalle, sangen eine Messe von Palestrina, und während des gesamten Vortrags mußte ich immerzu an diesen Namen denken, dessen Buchstaben auch das Wort Palästina (in Franz. Palestine) bilden. Dann kam der Augenblick des Friedenskusses: Nach der Erhebung der Hostie gab der Abt jedem der Ministranten einen Kuß auf beide Wangen, und diese gaben sie an jeden Mönch im Chorgestühl weiter. Zwei Chorknaben öffneten das Gitter, und Ehrwürden stieg zu seinen Gläubigen hinab. Er küßte einige von uns, auch ich gehörte zu denen, die sich küssen ließen, doch gab ich die Liebkosung an meinen Nachbarn nicht weiter, so daß die Kette der Brüderlichkeit durch mich unterbrochen wurde. Die vom Chorraum kommende Geistlichkeit bewegte sich durch das Mittelschiff auf den Ausgang zu. Die Gläubigen, Männer und Frauen durcheinander, folgten ihnen, und ich ging mit. Da geschah, ganz allein für mich, eine Art Wunder: Die Türen öffneten sich wie von selbst, wobei es schien, als würden die Türflügel von außen aufgestoßen, und das war gewissermaßen das Gegenteil dessen, was am Palmsonntag geschieht, wenn die Geistlichkeit, nachdem sie durch eine Tür der Sakristei hinausgegangen ist, dreimal gegen die große Tür schlägt – Reminiszens an den Einzug des Messias in Jerusalem – und somit um Einlaß in das Mittelschiff bittet. Hier, an diesem Pfingstsonntag, öffnete sich die Tür von außen nach innen, während der Abt mit seinem Krummstab und der ganzen Geistlichkeit im Innern der erleuchteten Kapelle darauf wartete, hinausgehen zu dürfen. Gleich nach dem Portal begann das freie Feld. Unter den Klängen einer Siegeshymne zog die Prozession zwischen Weizen und Roggen zu den Felswänden, auf die die ersten Sarazenen Spaniens sich um das Jahr 730 nicht hinaufgewagt hatten. Seit einer Weile schon wurde das *Veni creator spiritus* gesungen. Da erinnerte ich mich ganz allein daran, wie ich vermutete, daß der Hymnus *Veni creator spiritus* nicht nur zu Pfingsten, sondern auch bei kirchlichen Trauungen gesungen wird. Die Erde wurde von den Mönchen und Ministranten mit Weihwasser besprengt. In der Absicht, sie zu besänftigen, segnete der Abt die Erde mit einer Hand nur, aber mit erhobenem Zeige- und Mittelfinger. Er sang aus vollem Halse. Ich dachte, er sei wahnsinnig geworden. Die Menge war wahnsinnig, dem Delirium nahe. Ein bißchen Regen, ein paar Tropfen nur, hätte uns gutgetan. Das katalanische Land lag da, geschwungen wie alles, was sich in Spanien bewegt. Als Gott die Welt schuf, muß es ihm ein besonderes Vergnügen bereitet haben, diese roten, phallischen Felsen zu formen, auf denen, ungeachtet aller Überlieferung, die Araber sich wahrscheinlich niederließen, als sie einst auftauchten, die der Abt aber ebenso segnete wie die Getreidefelder. Die Sonne sengte. Es war Mittag. Plötzlich kehrten wir dieser Natur, über der und für die sich ein lateinisches und gregorisches Hochzeitslied erhoben hatte, den Rücken zu und ließen uns von unserem Hirten zur Kirche zurückführen, und der Wiedereintritt in diesen Schatten war, mehr noch als die Rückkehr zum Tempel, wie das Eintauchen in die Dunkelheit des Waldes, wenn Hochwald, Unterholz und Lichtungen uns bei Mondschein erwarten. Wenn nun junge Männer und junge Mädchen um Mitternacht mitten im Wald und unterm Mond einen Kreis bilden, tun sie es dann, um zu beten oder um alle ihre Kraft zu einer Verwünschung zu vereinen, während der gesamte Islam den Mondzyklen unterliegt? Ist es christlich, die Füße des Brautpaars auf das Innere eines Halbmondes zu setzen? Womit hätte ich meine Erregung vergleichen können. Ein anderer als der Ewige war zugegen. Welch ein Schrecken ließe sich mit diesen vergleichen: »Der Montblanc kommt auf mich zu?« »Der Clown Grock betritt die Manege und zieht aus seiner Hose eine Kindergeige?« »Die Hand eines Polizisten legt sich auf meine Schulter. Und die Hand spricht leise zu mir: ›Du bist erledigt‹.«

Das Wort Paganismus klingt wie eine Herausforderung an die gesamte Gesellschaft. Dem Wesen nach ist das Wort Atheist allzu nahe mit dem christlichen Moralismus verwandt, also christlich im Sinne eines Christus, dem ein einziger Dorn seiner königlichen, göttlichen Krone geblieben wäre; der Paganismus taucht den Heiden in eine ferne Vergangenheit, der man den schnurrigen Beinamen »graue Vorzeit« gegeben hat, eine Zeit, in der Gott noch nicht war. Eine Art Trunkenheit und Großzügigkeit erlaubt es dem Heiden, allen Dingen gleich ehrfurchtsvoll zu begegnen, wie sich selbst auch, und ohne sich zu erniedrigen. Begegnen. Vielleicht betrachten. Wahrscheinlich bewerte ich den Paganismus höher, als ihm gebührt, und in den Ebenen darüber verwechsle ich ihn wohl mit dem Animismus. Ich habe diese Kulthandlung erwähnt, um zu sagen, aus welcher Höhle ich gekommen bin, in welche Höhle ich mich manchmal für eine vorübergehende Rührung zurückversetze.

In der *Revue d'Etudes palestiniennes* wollte ich vor Augen führen, was von Chatila und von Sabra übriggeblieben war, nachdem die Falangisten dort drei Nächte verbracht hatten. Eine Frau wurde von ihnen lebendig gekreuzigt. Ich sah ihren Körper, die ausgebreiteten Arme, die überall mit Fliegen bedeckt waren, und wie diese vor allem an den zehn Enden der beiden Hände saßen: denn sie waren mit zehn Klümpchen geronnenen Blutes geschwärzt; man hatte ihr die Fingerglieder abgeschnitten, die Phalangen – kam daher ihr Name? fragte ich mich. Im ersten Moment und an jenem Ort namens Chatila, am 19. September 1982, dachte ich erst, daß es sich bei dieser Tat um ein Spiel gehandelt habe. Jemandem mit einer Baumschere die Finger abschneiden – ich denke dabei an einen Gärtner, der eine Eibe ausästet –, das hieß doch, daß diese Witzbolde von Falangisten lediglich fröhliche Gärtner waren, die aus einem englischen Park einen Park à la française machen wollten. Als dieser erste Eindruck nach ein paar Tagen Ruhe sich verflüchtigt hatte, sah ich vor dem inneren Auge eine andere Szene. Ohne Grund schneidet man weder Äste noch Finger ab. Als die Frauen durch die geschlossenen Fenster mit den zerbrochenen Scheiben die Schüsse hörten und die Leuchtraketen über dem Lager sahen, wußten sie, daß sie in der Falle saßen. Die Schatullen mit den Ringen wurden über dem Tisch ausgekippt. So wie man sich rasch Handschuhe überstreift, bevor man zu einem Fest eilt, so steckte sich jede Frau Ringe an alle zehn Finger – auch den Daumen – einer jeden Hand, vielleicht bis zu fünf oder sechs Ringe je Finger. Versuchten sie, so mit Gold beladen, zu fliehen? Eine von ihnen, die vielleicht glaubte, sie könne das Mitleid eines trunkenen Soldaten erkaufen, zog vom Zeigefinger einen armseligen Ring mit dem unechten Saphir. Der betrunkene, aber vor allem vom Anblick der Kostbarkeiten berauschte Falangist nahm sein Messer (oder die neben dem Haus gefundene Baumschere) und schnitt bis zum ersten Glied alle Finger ab und steckte Grundglieder und Endglieder in seine Hosentasche.

Pierre Gemayel wurde in Berlin von Adolf Hitler empfangen. Was er dort sah – die jungen, kräftigen blonden Männer in ihren Braunhemden –, ließ einen Entschluß in ihm reifen: Er würde seine Miliz haben, zusammengesetzt aus einer Fußballmannschaft. Da er Christ war, aber auch Libanese, machten sich jene Christen über ihn lustig, die Kraft nur als Finanzkraft verstanden. Die

Spötteleien der Maroniten veranlaßten Pierre und seinen Sohn Béchir dazu, sich mit den Israelis zu verbünden, und die Falangisten, sich der Grausamkeit zu bedienen, die der Kraft gleicht, aber hier wirksamer ist als die Kraft selbst. Weder Pierre noch sein Sohn hätte sich an der Macht halten können, wenn der Schirmherr Israel ihnen nicht den Rücken gestärkt hätte, denn auch Israels Grausamkeit hatte einen Schirmherr: die USA.

So durchschaute ich die Falangisten, die das goldene Kreuz in der Mulde eines Busens küßten, sich mit dem Mund an den Marienmedaillen festsaugten, an goldenen Kettchen hingen, deren wulstigen Lippen auf der Hand des Patriarchen verweilten, der seinerseits den Schaft seines goldenen Bischofsstabs andächtig masturbierte.

Ich hatte die Augen und die Lider weit gehoben, um die »Tatsächliche Gegenwart« in der Monstranz zu erschauen, da wo sich luxuriös, demütig, aber kühn »das Brot« zeigte. Wie viele gescheiterte Einzelexistenzen, die Kirche...

Streitrosse, mohamedanische Pferde galoppierten: Flohen sie? Wir waren hinter dem Abt in die Kapelle getreten. Die schwarze Madonna und ihr schwarzes Jesukind hatten ihre Pose wieder eingenommen; hätte aber die Erregung, die mich an diesem Pfingstsonntag erfaßt hatte, so lange angehalten, wenn der zwanzigjährige Marokkaner, der in Barcelona in mein Taxi stieg, nicht bis zum Schluß der Kulthandlungen bei mir geblieben wäre? Dieser anfängliche Kuß, den der Abt im Chorraum der Kapelle gab, der sich vermehrte wie die vom Nazarener am Seeufer verteilten Brote, der erste Kuß, den man als eine Blumenkrone verstehen kann, die ihre Blütenblätter entfaltet, von denen jedes wie ein erster Kuß war, erinnern mich an die Küsse, die der Häuptling des falschen Stammes der Reihe nach den sechzehn Notabeln gab.

»Jedem nach seinem Verdienst.« Und der Vornehmste unter den sechzehn war vielleicht jener, der einen einzigen Kuß bekam. Da ich gar nichts wußte, wußte ich auch nicht, wie die Reihenfolge war: war ein einziger Kuß vielleicht der Ausdruck höchster Verehrung, die, beginnend mit der Zahl sechzehn, vom Niedrigsten bis zum Einzigartigen führte?

In der Nacht, kurz vor Tagesanbruch, im Januar 1971, also vier Monate nach dem Schwarzen September, erklang von Hügel zu Hügel der Wechselgesang dreier Fedajin-Gruppen, die auf dem Weg zu einem neuen Stützpunkt ihren langen Marsch unterbrochen hatten. Jedesmal, wenn der Gesang verstummte, lauschte ich in die morgendliche Stille, die sich aus all den noch gedämpften Geräuschen des Tages zusammensetzte. Ich befand mich in der Gruppe, die dem Jordan am nächsten lag. In der Hocke am Boden sitzend schlürfte ich meinen Tee, recht geräuschvoll übrigens, denn er war heiß, und es war hier Sitte, die Freude des Gaumens und der Zunge laut mitzuteilen, und aß Oliven und Brot ohne Hefe. Die Fedajin unterhielten sich in Arabisch und lachten, nicht wissend, daß unweit von dieser Stelle Johannes der Täufer Christus getauft hatte.

Die drei füreinander unsichtbaren Anhöhen gaben sich abwechselnd Antwort – damals oder etwas später schrieb Boulez wohl seine Komposition *Repons*. Die Sonne war noch nicht aufgegangen, doch schon färbte sie im Osten den schwarzen Himmel blau. Auch die noch grünen Stimmen der vierzehnjährigen Jungen übten sich in den tiefen Lagen, der ästhetischen Wirkung wegen und um die polyphone Klangfarbe des Vortrags zu heben, zumal sie meist einstimmig sangen, aber auch, um in allem ihre Reife zu beweisen, ihren Kampfgeist, ihre Tapferkeit, ihren Heldenmut, vielleicht ihre Liebe für die Helden, denen sie verschämt zu verstehen gaben, daß sie ihnen in nichts nachstanden. Wenn eine Gruppe verstummte, wartete sie auf die ebenfalls einstimmige Antwort der anderen Sänger, die jedoch für sie unsichtbar blieben, wobei jede der drei Gruppen in einer anderen Tonart sang. Einstimmig bis auf jene Stellen, wo ein Kämpfer-Knabe zwei oder zweieinhalb Töne höher sang, auf einer den Trillern vorbehaltenen Tonhöhe und nur an den Stellen, die er selbst bestimmte; dann verstummten die Chorsänger, so wie man beiseite tritt, um einem Ahnen den Weg freizugeben. Der Kontrast der Stimmen betonte den Gegensatz zwischen dem irdischen Reich des Staates Israel und dem Land ohne Land, das keine andere Stütze besaß als die Stimmübungen der Soldaten von Palästina.

»Diese Bengel waren also jene Kämpfer, Soldaten, Fedajin und

Terroristen, die bis ans Ende der Welt zogen, um nachts, im Morgengrauen oder am hellichten Tag heimlich Bomben zu legen?«

Die Stille, die zwischen den einzelnen Strophen von einem Hügel zum anderen herrschte, erschien mir vollkommen. Aber bei der zweiten und der vierten Strophe konnte ich ganz in der Nähe oder weit weg – was ich nie erfahren sollte – das Gemurmel eines Baches vernehmen; diese Stimme, das heißt das Wasser, das, wie mir schien, hell und ungehindert zwischen zwei Hügeln und zwei Chören plätscherte, bahnte sich sehr unauffällig seinen Weg. Erst zwischen der fünften und sechsten Strophe hob der Bach seine Stimme weiter an und erfüllte das Tal. Es war, als würde der Wortsinn, vom Rinnsal zur zarten Stimme sich wandelnd, heiser werden und anschwellen, bald gebieterisch und kraftvoll die kindlichen und ernsten Stimmen übertönend, bis er schließlich recht zornig rauschte. Ich konnte mir absolut nicht denken, daß dieser Tyrann die Verliebten zum Schweigen bringen würde, und wahrscheinlich haben sie weder diesen reißenden Strom noch den Bach je gehört.

Die Nacht war nicht sehr dunkel: Ich konnte die Umrisse von Bäumen, Säcken und Gewehren mit dem Auge wahrnehmen. Sobald sich das Auge an eine zu dunkle Masse gewöhnt hatte, erkannte ich nach längerem Hinsehen, da, wo sich ein Fleck befand, einen sehr langen und sehr finsteren Gang und am Ende des Ganges eine Art Kreuzweg, von dem zwei weitere, noch dunklere Gänge ausgingen. Das Liebeswerben ging weder von den Stimmen noch von den Dingen aus, wahrscheinlich auch nicht von mir, sondern von der Gliederung der Natur in der Nacht, so wie eine bestimmte Landschaft am Tage selbst die Weisung gibt, zu lieben.

Da die vom Knaben selbst bestimmten und improvisierten, konsonantenlosen Vokalisen – die anderen Teile des Gesangs wurden ebenfalls improvisiert – meist sehr hoch angestimmt wurden, entstand der Eindruck, als hätten drei flaumbärtige Königinnen der Nacht im Tarnanzug, einsam und verlassen, in der Morgendämmerung und im Vibrato zueinandergefunden, mit der Selbstsicherheit, der Leichtfertigkeit und der Gleichgültigkeit von

Opernköniginnen, ihre Waffen, ihre Kleidung, ihren Soldatenstand vergessend, während ein Überfall aus Jordanien durch einen gezielten Beschuß, der genauer wäre und ebenso wohlklingend wie ihr Gesang, sie für alle Zeit zum Schweigen bringen konnte. Glaubten diese Königinnen vielleicht, daß sie, kraft ihrer Tarnanzüge, lautlos sangen oder in einer Sprache und Tonart, deren Schwingungen unterhalb des Hörbereichs lagen?

Versunken in den Überlieferungen des Antar-Romans konnte der vorislamische Held aber jeden Augenblick wieder auferstehen: In seinen Steigbügeln hoch aufgerichtet sang einst der achtzigjährige Reiter Antar von seiner Liebe zur verstorbenen Frau, der Zierde seines Heims. Ein Blinder, der seinen Bogen spannte und sich allein von der Stimme leiten ließ, tötete ihn mit einem Pfeil in die Weiche. Antars Stimme hatte ihm das verlorene Augenlicht ersetzt und dem Pfeil den Weg gewiesen.

Diese Stimmen waren – zumindest an diesem Morgen – ebenso klar wie der Klang der Oboe, der Flöte, des Flageoletts, und so wahr, daß man den Geruch des Holzes, aus dem diese Instrumente gebaut werden, mit der Nase einatmen und sogar die Faserrichtung des Holzes erfühlen konnte; es waren ebenso wahre Töne wie die der Instrumente in der *Geschichte vom Soldaten*, die ich in der brüchigen und dem Ohr so gefälligen Stimme Strawinskys selbst erkannt hatte. Ich glaube mich zu erinnern, daß die vernehmliche Rauhheit der kehlig genannten arabischen Konsonanten durch Zusammenziehung, durch Elision oder im Gegenteil durch Dehnung zur samtigen Stimme wurde.

Große Helligkeit im Osten: Noch vor dem Aufgang der Sonne brach über den Hügeln der Tag an. Ich stand am Fuße alter Ölbäume, die mir vertraut waren.

Wieder umwanderten wir einen Hügel, immer nur den einen, obwohl ich den Eindruck hatte, auf mehrere von ihnen zuzugehen. Es handelte sich um eine klägliche Kriegslist, um dem Gegner vorzuspiegeln, die Palästinenser seien allgegenwärtig. Auf diese Weise haben die Palästinenser fast zehn Jahre lang, ungeachtet der hochempfindlichen Ortungsgeräte der Israelis, völlig wirkungslose, aber vergnügliche, mitunter poetische und gefährliche Listen angewandt.

Auf meine Frage: »Was für ein Lied habt ihr da gesungen?« antwortete mir Chaleb:

»Jeder erfindet seine eigene Antwort. Das Thema wird von der ersten Gruppe vorgegeben; zweite ist diejenige, die am ehesten darauf antwortet, und die dritte richtet ihre Antwort und Frage wieder an die erste, und so weiter.«

»Und worum geht es dabei?«

»Na... um Liebe natürlich, und ein bißchen um die Revolution.«

Ich machte eine weitere Entdeckung: Die Stimmen und Modulationen des Vierteltonsystems waren mir vertraut. Zum erstenmal in meinem Leben hatte ich einen frei vorgetragenen arabischen Gesang gehört, der aus Kehlen und Lungen kam und von einem lebendigen Geist getragen wurde, den Maschinen – Schallplatten, Kassetten, Rundfunk – schon beim ersten Ton erdrosselten.

Im Morgengrauen, frei von der Sorge um den allerorts lauernden Tod (den Tod der Sänger, der Krieger-Künstler, deren Körper Gefahr liefen, schon in der Mittagssonne zu verwesen), hatte ich eine große, auf den Gebirgswegen und in der Gefahr improvisierte Tondichtung vernommen.

Die hinlänglich bekannte Tatsache, daß die Erinnerung trügt, können wir geflissentlich übergehen. Ohne jede Arglist modifiziert sie die Ereignisse, löscht die Daten, schafft ihre eigene Chronologie, ignoriert oder verändert die erzählende oder vortragende Gegenwart. Sie verherrlicht hingegen die Belanglosigkeit. Für jeden Menschen ist es erregender, der Zeuge seltener, noch nie überlieferter Ereignisse gewesen zu sein. Wer je einen ungewöhnlichen, einzigartigen Vorfall miterlebte, wurde selbst zu einem Teil dieser ungewöhnlichen Einzigartigkeit. Jeder Chronist möchte seiner einmal getroffenen Wahl treu bleiben. So weit gekommen zu sein, um schließlich festzustellen, daß man jenseits der Horizontlinie die gleiche Banalität finden wird wie diesseits! Der Chronist will das zum Ausdruck bringen, was kein anderer in dieser Banalität zu entdecken vermochte. Doch da wir selbstgefällig sind, liegt es ganz in unserem Sinn zu behaupten, unsere Reise von gestern sei ebensogut gewesen wie das, was wir heute nacht darüber schreiben. Spontan musikalische Völker sind eine Seltenheit. Da jedes Volk, jede Familie ihren Barden hat, ist der Chronist bestrebt – ohne es sich wirklich einzugestehen –, sein eigener Barde zu sein, und so vollzieht sich in ihm selbst das unendlich kleine und niemals endende Drama: Hätte Homer die *Ilias* ohne den zornigen Achill erzählt oder niedergeschrieben? Und was wüßten wir vom Zorn des Achill, hätte es Homer nicht gegeben? Was wäre jenes glorreiche, eher kurze als lange, aber geruhsame Leben, das Zeus anpreist, schon wert, hätte ein unbedeutender Dichter die Taten des Achill besungen? Englische Aristokraten und Automechaniker können Vivaldi ebensogut pfeifen, wie sie alle Vogelstimmen Englands nachahmen. Die Palästinenser erfanden Lieder, die gleichsam vergessen waren, sie holten sie aus der inneren Versenkung hervor, wo sie sich verborgen hielten, bevor sie ihnen über die Lippen kamen, und in diesem Sinne scheint mir jede Musik, selbst die neueste, nicht Entdeckung zu sein, sondern Wiederbelebung eines Wissens, das tief eingraviert im Gedächtnis ruht – vor allem die Melodie –, unhörbar noch und wie eingegraben in eine Furche des Körpers; so bringt mir der neue Komponist jenes Lied zu Gehör, das ich schon immer, still, in mir trug.

Einige Tage nach diesem Erlebnis sah ich Chaled wieder. Ich hatte gemeint, aus einer der drei Sängergruppen auf den Hügeln seine Stimme herauszuhören. Welche Themen hatten sie in ihrem Gesang behandelt? Lächelnd antwortete er mir:

»Da ich in einem Monat heiraten werde, haben sich die Sänger auf den beiden anderen Hügeln über meine Verlobte lustig gemacht. Sie haben sie als häßlich, ungebildet, dumm, bucklig beschrieben, und ich mußte sie verteidigen; wenn die Revolution gesiegt hat, werde ich sie alle ins Gefängnis stecken lassen.«

Er nahm seinen Karabiner von der Schulter und stellte ihn in die Gewehrpyramide, den Kolben im Gras. Unter seinem Schnurrbart schimmerte das Weiß seiner Zähne.

Ich schreibe dies im Februar 1984, also vierzehn Jahre nach jenem Wechselgesang auf den Hügeln. Auf den Straßen, den Wegen, den Stützpunkten und auch anderswo wurden zu keiner Zeit je Aufzeichnungen gemacht. Ich selbst kann über das Ereignis berichten, weil ich es als Zeuge miterlebte und weil es so nachhaltig auf mich einwirkte, daß ich es wohl nie vergessen werde: Mein Leben erscheint mir wie ein Gewebe von nachhaltigen Erlebnissen wie diesem und noch stärkeren.

»Warum nicht schon heute?«

»Du weißt doch, daß wir keine Gefängnisse haben.«

»Ein Gefängnis auf Rädern.«

»Du solltest uns einen Entwurf vorlegen.«

»Und dann?«

»Dann haben sie mir geantwortet, und die Sonne ist aufgegangen, und nachdem wir das Morgengebet gesungen hatten, haben sie zu mir gesagt: Und du, was hast du heimlich getrieben mit König Husain und mit der Golda...«

»Ja und?«

»Ich habe die Gefängnisstrafen verdoppelt.«

»Und weiter?«

»Sie haben geantwortet, sie hätten in ihrem Gesang nur ihren Hügel beschrieben, der den Namen ›Die Verlobte‹ (arab.: *Laroussi*) trägt.«

Er schwieg eine Weile, ein feines Lächeln auf den Lippen, und fragte mich dann etwas befangen:

»Es war doch ein schönes Lied, nicht?«

Als ich seine Hand betrachtete, die kräftige Handfläche und den rauhen Daumen, da glaubte ich die Kraft seines Gesangs und seines ganzen Wesens zu begreifen.

»Du hast wahrscheinlich einige Worte nicht verstanden? An einer Stelle habe ich singend alle Städte Europas aufgezählt, in denen wir Aktionen durchgeführt haben, und ich habe sie alle beschrieben. Hast du gehört, wie ich München auf Deutsch und in verschiedenen Tonlagen besungen habe?«

»Hast du die Stadt beschrieben?«

»Ja, jede einzelne Straße.«

»Kennst du München?«

»Da ich es so oft besungen habe, kenne ich es jetzt bis ins letzte.«

Er erklärte mir auch, noch immer lächelnd, seine Auffassung von der Kunst des Gesangs und fügte sehr ernst hinzu:

»Der Bach hat uns ziemlich gestört.«

»Warum?«

»Als er das Wort ergriff, wollte er es nicht wieder hergeben.«

So hatte auch er diese Stimme wahrgenommen, die mir erst so unaufdringlich vorgekommen war, so unauffällig gar, daß kein anderes Ohr als meines sie hätte hören dürfen.

Wenn nun aber derart flüchtige Wahrnehmungen auch auf andere Sinnesorgane als die meinen einzuwirken vermögen, ist dann das, was ich für meine ureigenste Erfahrung hielt, letztlich nur Allgemeinbesitz, und gibt es somit für mich kein geheimes Leben?

Eines Abends – am Abend vor allem ruhten sich die Fedajin von ihrer täglichen Arbeit aus: Truppenverpflegung, Bewachung des Stützpunkts, seines Zentrums und der Antennenmasten um das Zentrum, der verschiedenen Geschützstände für Waffen mittleren Kalibers, Bewachung der Funk- und Fernsprechanlagen sowie aller Einrichtungen, die der Sicherheit der Palästinenser dienten, um angesichts der gegenüberliegenden jordanischen Dörfer, die jederzeit eine Gefahr darstellten, eine ständige Alarmbereitschaft zu vermeiden – eines Abends wollte Chaled Abu Chaled von mir wissen, wie die Black Panther kämpften.

Wegen der Dürftigkeit meines arabischen Vokabulars wurde es ein langer, stockender Bericht. Der Guerillakampf in den Städten überraschte ihn:

»Warum tun sie das alles, gibt es denn keine Berge in Amerika?«

Da es der Panther-Bewegung vielleicht an scheinbarer Tiefe mangelte, schlossen sich ihr vor allem Schwarze und junge Weiße an, die den Schneid der aktiven Mitglieder und der Funktionäre bewunderten und die von ihrer entschieden streitbaren Symbolik begeistert waren. Diese Symbolik – Afro-Look, Eisenkamm, Händedruck – pflegten auch andere schwarzamerikanische Bewegungen, doch waren diese stärker auf Afrika ausgerichtet, auf ein imaginäres Afrika, in dem Islam und Animismus miteinander verschmolzen. Die schwarzen Panther lehnten diese Sinnbilder nicht ab, aber sie fügten ihnen neue hinzu: »All Power to the People«, schwarze Panther auf blauem Grund, Lederjacke, Baskenmütze und vor allem ihre unsichtbaren, ostentativ sichtbaren Waffen. Der Einwand, wonach die Partei keine Ideologie besaß, weil ihr »Zehn Punkte«-Programm verschwommen oder widerspruchsvoll und ihr Marxismus-Leninismus fragwürdig war, besagt nicht viel, wenn man bedenkt, daß eine Revolution vor allem die Befreiung des Menschen zum Ziel hat – in diesem Fall die des schwarzen Amerikaners – und nicht die korrekte Auslegung und die praktische Umsetzung einer Lehre, die sich nachgerade als transzendentale Wahrheit gibt. Der Marxismus-Leninismus ist seinem Wesen nach atheistisch, und dies trifft für die revolutionären Bewegungen der Black Panther und der Palästinenser anscheinend nicht zu: Wahrscheinlich haben sie sich mehr oder weniger zum Ziel gesetzt, Gott allmählich zu verschleißen, ihn abzuflachen, auszuzehren, auszubleichen und bis zur völligen Auslöschung aus dem Bewußtsein zu tilgen. Das ist auch eine Taktik, eine langsame, aber zweifellos wirksame Taktik. Das ganze Wirken der Black Panther war indes auf die Befreiung der Schwarzen gerichtet. Indem sie bestechende Bilder ersannen, die Anklang fanden, machten sie »Black is Beautiful« zur populären Losung, die selbst den schwarzen Bullen und den Onkel Toms Bewunderung abnötigte. Durch die Staatsmacht noch vorangetrieben, ging die Bewegung über das von den Machthabern gedachte Ziel hinaus.

Sie wurde spröde, sie bekam die Sprödigkeit der Mode, blieb aber hart, weil sie Bullen abknallte und selbst abgeknallt wurde.

Spröde wurde sie durch die schon erwähnten schillernden Randgruppen, durch die Art der Finanzierung der Bewegung, durch die unzähligen, notgedrungenen nur flüchtigen Fernsehbilder, durch die zugleich gewalttätige und sanfte Rhetorik, die sich nicht auf eine strenge interne Meinungsbildung gründete, durch eine unbeständige Dramaturgie – Dramaturgie an sich –, durch allzu schnell abgenutzte Symbole.

Noch einmal von vorne: Die schillernden Randgruppen. Zweifelsohne bildeten sie eine Art Schranke zwischen den Weißen und den Black Panther, aber abgesehen davon, daß diese Schranke wenig zu bedeuten hatte, kam es auch zu einer wechselseitigen Durchdringung zwischen ihr und den Black Panther.

Die Art der Finanzierung: Die reiche und vornehme Bohème, Schwarze wie Weiße, hatte schnell Feuer gefangen. Es gingen zahlreiche Spenden ein, Jazzmusiker und Theaterschauspieler überwiesen die Gagen von mehreren Veranstaltungen. Bald kamen die Black Panther in die Versuchung, dieses Geld für Anwälte, Prozesse und unvermeidliche Auslagen auszugeben. Groß war auch die Versuchung, es zu verschwenden, und sie gaben der Versuchung nach.

Die Fernsehbilder: Bewegliche Bilder, aber zweidimensionale Bilder, die eher in den Bereich der Phantasie, der Träumerei gehören als in den der ungeschminkten Sachlichkeit.

Die Rhetorik der Black Panther: Sie begeisterte die jungen Weißen und Schwarzen, die sie nachahmten. Doch Worte wie »Folken«, »A man« und »All Power to the People« wurden bald zu Schlagwörtern, die ihr Urteilsvermögen vernebelten.

Die Dramaturgie, wie auch das Fernsehen, versetzt in das Reich der Phantasie, nur mit den Mitteln der Ritualisierung.

Da sich die Symbolik mühelos entschlüsseln ließ, konnte sie nicht lange bestehen. Sie wurde zwar sofort akzeptiert, aber bald wieder verworfen, da sie zu schnell zu durchschauen war. Dennoch – und weil ihr Einfluß fraglich war – wurde sie umgehend angenommen, erst von den jungen Schwarzen, die vom Marihuana auf provokatorische Haarkünste umstiegen, dann auch von den jungen Weißen, die sich ihrer noch viktorianischen Sprache entledigten und jedesmal hämisch lachten, wenn Johnson und später Nixon öffentlich als Arschlöcher tituliert wurden; sie versuchten, den Panthern nachzueifern und traten auch für sie ein, weil ihre Bewegung *in* war. Aber die Schwarzen waren nicht mehr jene fügsamen Opfer, für deren Rechte man sich einsetzte, sondern plötzlich erbitterte, unberechenbare Angreifer, die bereit waren, sich bis in den Tod für ihre Sache aufzuopfern, das heißt für die Rechte der schwarzen Bevölkerung.

Wahrscheinlich wurde diese explosive Entwicklung durch den Vietnamkrieg und den Widerstand der Vietnamesen gegen die Amis begünstigt. Als man den Führern der Black Panther auf den Kundgebungen gegen den Vietnamkrieg das Wort erteilte – oder nicht verwehrte –, räumte man ihnen gewissermaßen das Mitspracherecht über die Angelegenheiten des Landes ein. Hinzu kam, und das sollte nicht unterschätzt werden, daß einige Schwarze, die in Vietnam gekämpft hatten, nach ihrer Rückkehr, mit all ihrem Zorn, ihrem Ungestüm und ihrer Kenntnis der Waffentechnik der Party beitraten.

Der wichtigste Erfolg der Black Panther Party war zweifellos, daß es ihr gelungen war, die Existenz der Schwarzen Amerikas ans Licht zu bringen. Ich konnte mich davon überzeugen: Im Jahr 1968, beim Kongreß der Demokraten in Chicago, waren die Schwarzen zwar nicht mehr schüchtern aber noch sehr zurückhaltend. Sie fürchteten das Sonnenlicht und die Anerkennung. Politisch blieben sie im Hintergrund. Doch schon 1970 trugen sie den Kopf höher und waren wie elektrisch geladen. Die effektive und gewiß auch tiefgreifende Aktion der Black Panther war fast vorüber. Als die Regierung sich dem Glauben hingab, sie könne sie wie ein Luftballon aufpusten und platzen lassen, wurde sie bald eines besseren belehrt: Die Black Panther nutzten die Zeit der Inflation zu neuen Handlungen, zu einer neuen Gestik, die zu Bildern wurden, die um so stärker wirkten, als es schwache Bilder waren, das heißt, Bilder, die von den jungen Schwarzen und Weißen sofort angenommen wurden: Ein gewaltiger Wind fegte durch das Ghetto und trieb die Schmach, die Unsichtbarkeit und die vierhundertjährige Demut ins Freie hinaus, und als dieser Wind sich gelegt hatte, sah man, daß es nur ein Hauch von Wind gewesen war, ein fast zärtlicher, freundlicher Hauch.

Jedes beliebige Wort kann die Bildung und das Erscheinen eines beliebigen Bildes ankündigen, aber das Bild, das ich hier festhalten werde, kristallisierte sich aus einer Fülle anderer Bilder heraus, deren Glanz, Kraft und Geltung in dem Maße nachließen, wie mein Entschluß zu schreiben in mir heranreifte und ich allein dieses eine Bild festhielt: die Polarnacht. Die am Abend des 21. Dezember 1967 in Hamburg gestartete Maschine der Deutschen Lufthansa hielt erst einmal Kurs auf Kopenhagen. Ein Defekt der Navigationsinstrumente zwang uns zur Rückkehr nach Frankfurt. Wir starteten erneut am Morgen des 22. Außer drei Amerikanern, fünf Deutschen und mir, waren nur schweigsame

Japaner an Bord gekommen. Bis Anchorage ereignete sich nichts Erwähnenswertes, doch kurz vor der Landung sprach eine Stewardeß in Englisch und in Deutsch ein paar freundliche Floskeln und dann dieses Wort: »Sayonara.« War es das helle Timbre der Stimme, die Eigenart dieser Klangfarbe, auf die ich schon lange gefaßt war, die Reinheit der Vokale, die von den Konsonanten kaum getragen wurden, oder einfach nur dieses in die Nacht gesprochene Wort, während das Flugzeug gerade den letzten westlichen Längengrad überflog. – Mich überkam in diesem Augenblick jenes Gefühl von großer Frische, das man Vorahnung nennt.

Das Flugzeug war wieder in der Luft. Oder nicht? Die Motoren liefen, aber ich hatte nicht den leichten oder heftigen Ruck der abhebenden Maschine gespürt, und die Nacht war so undurchdringlich, daß ich nicht wußte, ob wir uns noch am Boden befanden. Die Passagiere schwiegen, schliefen oder fühlten sich selbst den Puls. Durch die Fensterluke konnte ich nur ein Positionslicht an der Flügelspitze erkennen. Eine Stewardeß sagte mir, wir hätten den Pol in weitem Bogen überflogen und würden nun auf der östlichen Seite der Erde »hinabfliegen«. Die Anstrengung der Reise, die geänderte Flugroute, das Umherirren in der Nacht, das scheinbar erst über Japan zu Ende ging, die Vorstellung, schon östlich von der Erde zu sein, und die Sorge, das Unheil könnte jeden Augenblick hereinbrechen, obgleich jeder Augenblick den Beweis erbrachte, daß es noch nicht stattgefunden hatte, und der Nachklang des Wortes »Sayonara« in mir, das alles hinderte mich am Einschlafen. Von diesem Moment an achtete ich auf die Art und Weise, wie sich die schwarze und sicher sehr zähe jüdisch-christliche Moral in Fetzen von mir löste, und drohte, mich nackt und weiß zurückzulassen. Meine Passivität überraschte mich. Der Vorgang vollzog sich an mir, ich selbst war Zeuge, empfand das Ganze als wohltuend und war dennoch nicht daran beteiligt. Ich mußte sogar vorsichtig sein: Die Operation würde nur dann ganz gelingen, wenn ich mich selbst passiv verhielt. Die empfundene Erleichterung war ergaunert. Vielleicht belauerte mich jemand. Ich hatte mich so lange schon gegen diese Moral gewehrt, daß mein Kampf mir grotesk erschien. Und vergeblich. Ein japanisches Wort, das von der geschmeidigen Stimme eines jungen Mädchens ausgesprochene Wort, hatte den Stein ins Rollen gebracht. Merkwürdigerweise hatte ich auch das Gefühl, daß ich in meinen vergangenen Kämpfen nicht imstande gewesen wäre, weder durch Raten noch durch Erlernen der japanischen Sprache dieses einfache, etwas lustige Wort zu finden, dessen banaler Sinn mir noch unbekannt war. Ich war durch die reinigende, heilsame Kraft eines einfachen, zufällig gehörten Wortes überrascht und sehr neugierig geworden. Etwas später schien mir dieses »Sayonara« – im Japanischen gibt es kein »r«, deshalb wurde das Wort so ausgesprochen: »Sayonala« – auf meinem beklagenswerten Körper – beklagenswert, weil er eine erniedrigende Belagerung gegen die jüdisch-christliche Moral ertragen mußte – wie der erste Wattetupfer, der mich völlig abschminken und, wie ich schon sagte, weiß und nackt zurücklassen würde. Diese Befreiung, die ich als einen langwierigen, langsamen, zermürbenden und tiefgreifenden (also wie mit dem Skalpell vollzogenen) Prozeß erwartet hatte, begann mit einer Art Spiel, mit einem wenig bekannten Wort, das zum Spaß nach zwei englischen/deutschen Worten gesprochen wurde, und dieses Wort, ein Willkommensgruß an alle Passagiere, erwies sich als der leichte Anfang einer Säuberung, die ich zwar nur an der Oberfläche vornahm, die mich aber dennoch von dieser eher klebrigen als ätzenden Moral befreien sollte. Ich hatte nicht so sehr an einen chirurgischen Eingriff gedacht, der stets etwas Feierliches an sich hat, sondern daran, daß sich die Sache durch eine stark reinigende Seife abwaschen ließe. Nichts davon war innerlich. Ich erhob mich jedoch, um im hinteren Teil des Flugzeugs scheißen zu gehen, in der Hoffnung, auf diese Weise einen dreitausend Jahre langen Bandwurm loszuwerden. Die Erleichterung trat fast augenblicklich ein: Daß die Befreiung mit einem Affront gegen die Schicklichkeit begann, stimmte mich zuversichtlich. Unter dem Eindruck einer verfeinerten Ästhetik zerbröckelte eine grobschrötige Moral. Ich wußte nichts von Zen und weiß nicht, warum ich diesen Satz schreibe. Die Maschine setzte ihren Nachtflug fort, doch zweifelte ich nicht daran, daß ich bei der Ankunft in Tokio nackt sein würde, lächelnd, und imstande, den ersten oder zweiten Zöllner zu enthaupten – oder drauf zu pfeifen. Das kleine japanische Mädchen, dessen Tod ich befürchtete und erhofft hatte, wurde von den Zöllnern keines Blickes gewürdigt. Ihre Knochen dünkten mich so zerbrechlich, ihre Gesichtszüge so flächig schon, daß sie ein Zermalmen geradezu herauszufordern schienen. Im übrigen stimmten die klobigen Stiefel der deutschen Mannschaft mit ihren muskulösen Oberschenkeln und Gesäßen, mit dem Umfang der Oberkörper, den Halssehnen und der Härte des Blickes überein.

»Soviel Zerbrechlichkeit ist eine Aggression, die es zu bekämpfen gilt.«

Wahrscheinlich habe ich dies mit anderen Worten gedacht, bedrängt von Bildern nackter oder fast nackter, abgezehrter Juden in Konzentrationslagern, wo ihre Schwäche eine Provokation war.

»So zerbrechlich, so zerdrückt auszusehen, ist so etwas wie eine Bitte, zerdrückt zu werden. Wer würde es schon erfahren, wenn sie zerdrückt würde? Heute zählen wir mehr als einhundert Millionen lebender Japaner.«

Sie lebte, und sie sprach Japanisch.

Jede Entscheidung wird auf gut Glück getroffen. Wenn selbst ein persönliches Urteil zur Folge gehabt hätte, daß nach dem Urteilsspruch die Richter kraft- und saftlos, die Beisitzer völlig aufgelöst und die Öffentlichkeit fassungslos gewesen wären, dann wäre der Wahn die gemeinsame Wurzel von Freiheit und Urteil gewesen. Ein Urteil mit der gleichen Sorgfalt verfassen wie ein Idiot ein Gedicht verfaßt – was wäre das für eine Sache! Wo finden wir schon einen Menschen, der entschlossen ist, nicht zu urteilen, um seinen Lebensunterhalt zu verdienen? Welche Männer würden die Wandelgänge des Rechts verlassen, um sich in der Urteilsfindung zu verirren und dabei vielleicht die Entdeckung zu machen, daß die allzu minutiöse Vorbereitung einer Missetat wie eine Inszenierung ist, die ihr Gelingen vereitelt? In der Geborgenheit seiner Anonymität trägt der Richter nur den Titel seines Amtes. Bei Nennung seines Namens durch den Richter steht der Verbrecher auf. Da sie auf der Stelle durch eine biologische Eigenart miteinander verbunden sind, die den Richter zum Gegner, aber auch zum ergänzenden Pol macht, kann der Verbrecher ohne ihn nicht sein. Wer von beiden ist der Schatten und wer ist die Sonne? Man weiß, daß es große Verbrecher gegeben hat.

Alles wird auf nachtdunklem Hintergrund geschehen: Kurz vor seinem Tode und trotz des geringen Gewichts dieser Worte, ihrer schwachen Substanz und der Belanglosigkeit des Ereignisses möchte der Verurteilte immer noch selbst den Sinn seines Lebens bestimmen, das auf nachtdunklem Hintergrund ablief, das er nur verdichten und nicht erhellen wollte.

Stony-Brook ist eine Universität und liegt sechzig Kilometer von New York entfernt. Die Gebäude, Villen der Professoren und die der Studenten stehen mitten im Wald. Ich sollte dort mit den Black Panther Vorträge halten, den einen vor den Studenten, den anderen vor dem Lehrkörper. Thema: Bobby Seale, seine Inhaftierung und die ihm angedrohte Todesstrafe; auch über Nixons Pläne zur Zerschlagung der Black Panther Party sprechen; über die Lage der Schwarzen im allgemeinen; die Wochenschrift der Partei verkaufen; zwei Schecks für die Vorträge entgegennehmen: den einen von den Professoren – über 500 Dollar –, den anderen von den Studenten – über 1000 Dollar; eine Sammlung veranstalten; versuchen, neue Anhänger unter den wenigen schwarzen Studenten zu gewinnen... Bevor ich vor dem Sitz der Partei in der Bronx in den Wagen stieg, fragte ich David Hilliard:
»Fährst du mit?«
Er lächelte sanft, sagte nein und gab dazu einen Kommentar, der mir rätselhaft erschien:
»Noch stehen zu viele Bäume.«
Ich fuhr mit Zaid und Nappier. Während der Fahrt ging mir dieser Satz: »Noch stehen zu viele Bäume« immer wieder durch den Sinn. Auch heute ist für einen knapp dreißigjährigen Schwarzen ein Baum nicht dasselbe wie für einen Weißen, nämlich kein buntes Gewirr von Laub, Vögeln, Nestern, eingeritzten Herzen und miteinander verschlungenen Namen. Er ist ein Galgen. Der Anblick eines Baumes weckt noch nicht vergessene Schrecken, dörrt die Kehle aus und macht den Gebrauch der Stimmbänder fast überflüssig: Ein Weißer, rittlings auf dem Hauptast sitzend,

hält in der Hand den Strick mit der schon geknüpften Schlinge – das allein sah der Neger, der gelyncht werden sollte, und so trennt uns heute von den Schwarzen nicht so sehr die Farbe der Haut oder der Haarschnitt, als diese von Ängsten gequälte Psyche, welche wir niemals erleben werden, es sei denn, ein Schwarzer spricht auf eine spaßige und zugleich geheimnisvolle Weise einen Satz, der uns rätselhaft erscheint. Er ist es. Im übrigen haben die Schwarzen sich ein leicht abrufbares Gewirr von Schreckbildern bewahrt. Aus ihren Nöten haben sie einen Reichtum gemacht.

Die Professoren von Stony-Brook gaben sich sehr locker. Wir wurden ausgesprochen herzlich empfangen. Doch wollten sie nicht recht verstehen, warum ich mich nicht durch eine weniger gewalttätige Sprache von den Black Panther abgrenzte. Ich hätte die Verantwortlichen etwas dämpfen, ihnen erklären sollen... Beide Schecks wurden auf meinen Namen ausgestellt und den Black Panther überreicht. Dieses Feingefühl berührte mich. Eine blonde Dame, Professorin, sagte zu mir:

»Wir müssen gegen das Gemetzel unter den Panthern protestieren, denn wenn es so weiter geht, werden wir, nach ihnen, um unsere Söhne bangen müssen.«

Nach einiger Überlegung möchte ich folgendes festhalten: Seit ihrer Gründung im Oktober 1966 ist die Black Panther Party durch eine fast ununterbrochene Flut von Bildern, von den Anfängen bis Ende 1970, immer wieder über sich selbst hinausgewachsen. Noch im April 1970 war die Kraft der Panther so ungebrochen, daß die Professoren an den Hochschulen ihr nichts entgegenzusetzen hatten, und der Aufstand der Schwarzen hatte so augenscheinliche, unwiderlegbare Ursachen, daß die weißen Akademiker oder Nicht-Akademiker sich nur noch mit Beschwörungsformeln zu helfen wußten. Einige unter ihnen riefen die Polizei zu Hilfe. Die fröhlich pathetische Panther-Bewegung war allerdings zu keiner Zeit eine Massenbewegung. Sie forderte volle Opferbereitschaft, befürwortete den Gebrauch von Waffen und animierte zu Sprachschöpfungen, zu Verbalinjurien, mit denen der weiße Mann gegeißelt wurde. Ihre Gewalt schöpfte sie allein im Elend des Ghettodaseins. Ihre große innere Freiheit bewahrte sie sich durch den Krieg, den Polizei, Regierung, weiße Bevölkerung und ein Teil der schwarzen Bourgeoisie gegen sie führten. Wie eine zu oft geschärfte Klinge wurde die Bewegung bald stumpf. Doch funkelnd und knisternd brachte sie noch die Schwarze Frage ans Tageslicht und schließlich zum Leuchten.

Nur wenige amerikanische Intellektuelle haben damals begriffen, warum die Argumente der Black Panther, die sie nicht aus dem allgemeinen Gedankengut der amerikanischen Demokratie schöpften, diese ungebildet oder urtümlich erscheinen ließen. Auf ihrer damaligen Stufe lag die Wirkung dessen, was man die Sprachgewalt oder Rhetorik der Black Panther nannte, nicht in der Form der Rede, sondern in der Kraft der Bejahung – oder der Verneinung –, im zornigen Tonfall oder im Klang der Stimme. Da dieser Zorn Handlungen zur Folge hatte, blieben Schwulst und hohle Phrasen aus. Wer politische Wortgefechte zwischen den Weißen je erlebt hat, beispielsweise während des Kongresses der Demokraten im August 1968 in Chicago, möge selbst vergleichen: poetischer Erfindungsreichtum ist nicht die Stärke der Weißen.

Nun ist klar geworden, daß die Panther-Party den jungen Schwarzen nicht nur bunt gefärbte Stoffe und Haarfrisuren bescherte: Die Weißen wußten, daß diese dreiste Herausforderung ihnen gegenüber zugleich Ausdruck eines Lebenswillens war, der auch das höchste Opfer einschloß – das Leben. Die exzentrischen jungen Schwarzen von San Francisco, von Harlem oder von Berkeley verbargen und zeigten zugleich die auf die Weißen gerichtete Waffe. Den Black Panther war es zu verdanken, daß jene Schwarzen, die man noch die Onkel Toms nannte, die in der Verwaltung Posten innehatten, die in den großen Städten mit schwarzer Mehrheit Richter oder Bürgermeister waren, die zwar nur für die Fassade gewählt und ernannt wurden, aber jetzt von den Weißen »gesehen«, »beachtet«, »angehört« wurden. Nicht etwa, weil sie den Black Panther folgten oder weil diese ihr Werkzeug gewesen wären, sondern nur weil man die Black Panther fürchtete. Für die Gettobevölkerung hatte dies mitunter ungute Folgen: Schwarze »Honoratioren«, denen die Weißen ihr Ohr liehen, erlagen der Versuchung, ihre Macht auszudehnen und den Widerstand der

Schwarzen zu brechen, doch nicht um der Gerechtigkeit willen, sondern aus Machtwillen. Diese Schwarzen setzten die amerikanische Politik von Recht und Ordnung fort. Von 1966 bis 1971 aber führten sich die Black Panther wie junge Barbaren auf, die die Gesetze und Künste bedrohten, sich auf eine marxistisch-leninistische Religion beriefen, die mit Marx und Lenin so verwandt war wie Dubuffet mit Cranach. Es war Zeit, schlafen zu gehen, nicht wahr? Wenn nach all den Debatten, den Auseinandersetzungen, den Whiskys und dem Marihuana die Nacht zu Ende geht, muß man sich schlafen legen. Viele Black Panther hatten Magengeschwüre.

Jenen jungen Schwarzen, der ins Gefängnis kam, weil er gehascht, gestohlen, vergewaltigt oder einen Weißen verprügelt hatte, hielten alle für den Sohn eines höflichen schwarzen Bürgers, der die Gesetze der Kirche und des Staates respektiert; in Wirklichkeit ist dieser junge Schwarze – und das weiß er selbst sehr gut – seit dreihundert Jahren jener, der einen Weißen getötet hat, der wegen Diebstahl und Plünderung immer wieder, von Hunden gehetzt, fliehen muß, weil er eine Weiße verführte und vergewaltigte, und den man ohne Gerichtsurteil henkte; er ist einer der Anführer des Aufstands von 1804, trägt Ketten an den Füßen, die in der Mauer seiner Zelle fest verankert sind; er ist jener, der sich beugt und sich nicht beugen will. Die Regierung der Weißen hat ihm einen Vater geliehen, den er nicht kennt, der ebenso schwarz ist wie er selbst, der aber vielleicht dazu bestimmt war, den Bruch zwischen dem Ur-Neger, der sich fortpflanzte, und sich selbst zu besiegeln – eine Methode, die dem Weißen von Nutzen ist und zugleich zum Schaden gereicht: Sie nützt ihm, weil der Staatsapparat einzelne treffen oder töten kann, ohne sich selbst diese Tötung anlasten zu müssen; sie schadet dem Weißen, weil die Verantwortung für die »Verbrechen« des Schwarzen auf den Einzelnen beschränkt bliebe und nicht der schwarzen Gemeinschaft angelastet werden könnte, und um ihn zu verderben, könnte man ihn durch seine Verurteilung als Einzelnen in das System der amerikanischen Demokratie einfügen. Aus diesem Grunde sind die Weißen sehr unglücklich: Sollte man nun den Neger oder einen Schwarzen verurteilen? Wegen der Black Panther gab es auch sehr gute, auf den rechten Weg geführte Schwarze, doch durch ihr Wirken haben die Panther klar bewiesen, daß ein Neger ein Neger bleibt.

Aber eine Spur Knoblauch, zum Glück...

Junge Löwen nannte man in den palästinensischen Lagern die sieben- bis fünfzehnjährigen Kinder, die zu Soldaten ausgebildet wurden. Die Kritik einer solchen Einrichtung ist leicht. Psychologisch gesehen war ihr Nutzen nur gering. Das Stählen von Körper und Geist hätte man auch durch harte, vielseitige Sportarten erreichen können, deren Ziel es ist, den einzelnen im Kampf gegen Kälte, Hitze, Hunger, Angst, Schrecken und Überraschung zu schnellen Entschlüssen zu befähigen. Doch selbst harte Trainingsbedingungen werden niemals die Situation von Soldaten im Kampf gegen die Listen feindlicher Soldaten simulieren können, die Mord im Schilde führen, sogar Mord an Kindern. Wohl wissend, daß sie Kinder ausbildeten, legten die Anführer der jungen Löwen selbst in ihre strengsten Befehle eine fast mütterliche Sanftheit.

»Von zehn Jahren an kann jeder Palästinenser schießen«, sagte Leila triumphierend zu mir. Sie glaubte noch, schießen hieße anlegen und auf den Abzug drücken; gut schießen hieße auf den Feind zielen und ihn töten. Diese Kinder benutzen längst überholte Waffenmodelle, wie auch die Fedajin. Wohin schießen? Auf wen? Unter welchen Bedingungen vor allem? Auf diesem mikroskopischen Übungsfeld der jungen Löwen, das eher einem Spielplatz als einem Kampfplatz ähnelte, herrschte eine Atmosphäre kindlicher Geborgenheit und niemals unerträgliche Grausamkeit, und der Schrecken wurde nicht durch das hervorgerufen, was *man über den Feind nie erfahren wird*. Die Kinder bekamen eine Grundausbildung im Guerillakampf. Ich habe sie so oft und immer wieder durch dieselben Stacheldrahtverhaue kriechen gesehen, ohne jede neue Aufgabenstellung, ohne daß sie mit einer überraschenden und gefährlichen Situation hätten fertig werden müssen, die in den israelischen Gehirnwindungen ausgeheckt worden wären, daß diese Kinder mir die gleiche Aufgabe zu erfüllen schienen wie potemkinsche Stützpunkte. Den Journalisten aus aller Welt, die in Gruppen durch die Lager der jungen Löwen geführt wurden, sollte gezeigt werden, daß neue Generationen, die Waffe in der Hand, das Auge an Kimme und Korn und die Rückeroberung der verlorenen Gebiete im Herzen, geboren werden. Bis auf die Journalisten der kommunistischen Länder schien sich keiner etwas vormachen zu lassen.

In seinen Erklärungen hat Israel (auf den Landkarten begrenzt das Weiß im Norden das Blau des Mittelmeeres, im Osten den Libanon, und im Süden umfaßt das Königreich Jordanien ein Gebiet, das noch im Jahr 1948 Palästina genannt wurde. Es könnte das ausradieren, was die Vereinten Nationen heute Israel nennen) diesem Haß, der nie erlöschen wird, einen besonderen Stellenwert gegeben. Die Fotos der Junglöwen in ihren Lagern hätten an sich genügt, um die Verwundbarkeit des Staates oder zumindest die ständige Gefahr, die ihm drohte, zu verdeutlichen, wenngleich die Vorbereitungen und Unternehmungen Israels in keinem Verhältnis standen zu diesen Kinderausbildungslagern, in denen jeden Morgen die dreieckige Fahne gehißt wurde. Ich habe einigemal diesen Fahnenappellen beigewohnt: Die Flagge war der Größe der Kinder angepaßt, also klein; daß Schulkinder bei der Vorbeifahrt einer Königin Papierfähnchen schwenken, wundert niemanden, das Lächeln der Herrscherin entspricht, im kleinen, dem der Kleinsten: In den Lagern der Junglöwen war das Wahrzeichen der Heimat klein und schwach, und ich würde sagen, daß die Symbole mit den Jahren wuchsen. Wurde das Ausbildungslager plötzlich in Rauch gehüllt, zeigten sich die Kinder weder erschrocken noch überrascht, das war ein geplantes Geschehen, doch welch ein Aufsehen, wenn mitten am Tag die Nacht hereinbrach, weil Israel die Sonne auslöschte! Was bedeutet der Satz »aber eine Spur Knoblauch, zum Glück...?« Ein fades Gericht läßt sich durch eine Spur Knoblauch geschmacklich verfeinern; die etwas älteren Junglöwen, die boshafter waren als die Ausbilder, würzten das Reglement der Kinder mit einer Prise sadistischem Vergnügen, und diese gewiß bösartige Zutat hatte eine stimulierende Wirkung.

Den Palästinensern ist Reinlichkeit eine Tugend, erst nach gründlichem Waschen und Scheuern dürfen sie zu den Toten gehen.

Auch diesmal war es Chaled, der mich auf die Sache aufmerksam machte: zwei zwanzigjährige Kämpfer – von denen, die mit ihm auf den Hügeln gesungen hatten – waren gerade dabei, sich abseits von den anderen, mitten in der Natur, einer gründlichen Reinigung zu unterziehen. Die anderen Fedajin schienen sie nicht zu beachten – nur nicht hinschauen. Wenn ich Waschen und Scheuern sage, meine ich die fast pedantische Genauigkeit der vorgenommenen Körperpflege, aber auch die Handlung an sich, die heilig zu sein schien wie ein Dienst, den man vor allem sich selbst erweist. Sie rieben sich erst mit dem Handtuch und dann mit den Händen ab, fuhren mehrmals mit den Fingern zwischen die Zehen, um auch jede Spur von Dreck zu entfernen. Dann kamen die Geschlechtsteile dran, der Brustkorb, die Achseln. Die beiden Soldaten halfen sich gegenseitig; wenn der eine sich eingeseift hatte, spülte der andere mit sauberem Wasser nach. Sie hatten sich nur ein paar Schritte von den anderen entfernt, und ihre Einsamkeit kam von dieser Beschäftigung selbst, die sie für immer von den anderen Soldaten absonderte, zur Größe von Bergen anwachsen ließ und zugleich uns allen entrückte, als wären sie Ameisen geworden. Ich habe »Scheuern« gesagt, und das Wort scheint mir die Sache zu treffen: Jeder der beiden wusch seinen Körper so, wie eine Hausfrau ihre Kochtöpfe mit Ata scheuert und zum Glänzen bringt, und dies schien mir etwas anderes zu sein als die übliche moslemische Waschung. Gehorsam brachte ich mein Verhalten mit dem der Fedajin in Einklang und überließ die beiden jungen Männer ihrer Einsamkeit, an der wir nicht teilhatten, und ihrer Arbeit, an der wir ebensowenig beteiligt waren. Zudem fing der eine von ihnen an, ein Lied zu summen, und der zweite stimmte mit ein. Der erste nahm dann einen kleinen Beutel, der neben ihm lag, öffnete dessen Reißverschluß, entnahm ihm eine spitze Schneiderschere und begann, singend und wie improvisierend, sorgfältig seine Fußnägel zu schneiden, vor allem die Ecken, deren scharfe Kanten Löcher in die Socken reißen; dann nahm er sich die Fingernägel vor, die er singend wusch, so wie er auch das Gesicht und das Geschlechtsteil mit der rasierten Scham wusch, wobei er nach Worten suchte, die er prompt fand und mit denen er das Land Palästina besang. Ich weiß nicht, warum sie in dieser Nacht nicht nach Israel hinabstiegen. Die Reinigung für das Totenreich hatte sie wohl nicht geweiht. Sie wurden wieder zu einfachen Fedajin wie all die anderen. Sollten sie noch einmal ernannt werden, würde alles von vorn beginnen müssen.

Aus voller Kehle lachend, damit man die gleiche venezianische Halskette an ihr bewundern konnte, die auch Lannia Solha trug, schilderte mir Nabila das Ende einer achtzigjährigen Palästinenserin. Da diese sehr mager war, konnte sie ihren Bauch mit einem Korsett umgürten, das mit vier Reihen Splittergranaten bestückt war. Frauen ihres Alters und auch jüngere, die mit ihrem Geschlecht, mit ihrer Magerkeit und ihrer weißen Haut vertraut waren, haben ihr wahrscheinlich dabei geholfen; dann hatte sie sich, echte Tränen weinend, einer Gruppe von Amal-Milizionären genähert, die sich gerade lachend von einem ihrer Einsätze gegen die Palästinenser erholten. Die Alte weinte sehr herzergreifend und klagte laut ihr Leid. Die Amal-Milizionäre gingen freundlich auf sie zu, um sie zu trösten. Doch sie weinte und weinte und murmelte dabei Worte in Arabisch, die die Schiiten nicht verstanden; so mußten sie sehr nahe an sie herantreten. Wenn ich heute in einer Zeitung lese, daß eine sechzehnjährige Jungfrau sich mitten in einer Gruppe israelischer Soldaten selbst in die Luft sprengte, überrascht mich das keineswegs. Dabei interessieren mich vor allem die tödlichen und fröhlichen Einzelheiten: An welcher Schnur hatte die Alte oder das junge Mädchen gezogen, um die Handgranate zu entsichern? War das Korsett so geschnürt, daß der Körper der Jungfrau seine weibliche und aufreizende Geschmeidigkeit behielt, wodurch sie nicht das Mißtrauen jener Soldaten erregte, die für ihren Scharfsinn allgemein bekannt sind?

Einen Walkman am Ohr lag ich lauschend in einem Hotelzimmer – doch stelle man sich eine wirkliche kirchliche Beerdigung vor, mit einem von Blumengebinden, Kränzen und acht Kerzen umrahmten Sarg, mit einem richtigen Toten in seinem geschlossenen Sarg – und auf mich herab senkte sich, mit Chor und Orchester, das *Requiem*. Durch die Musik ersteht das Leben neu, nicht der Tod, das Leben der anwesenden oder abwesenden Leiche, für die die Messe gesungen wird. Gemäß der römischen Liturgie und den lateinischen Worten, denen ich unbeholfen folgte, bat Mozart um die ewige Ruhe oder vielmehr um ein anderes Leben, da aber keine Feier stattfand, da ich vor mir keine Kirchentür erblickte, keinen Friedhof, keinen Pfarrer, keinen Kniefall und kein Weihrauchfaß, vernahm ich mit den ersten Takten des *Kyrie eleison* ein wahrhaft heidnisches Delirium. Die Höhlenbewohner kamen tanzend aus ihren Höhlen heraus, um die Tote zu empfangen, doch nicht unter der Sonne oder unter dem Mond, sondern in einem milchigen Nebel, der allein aus sich heraus leuchtete. Die Höhlen ähnelten ziemlich den Löchern in einer riesigen Scheibe Schweizerkäse, und die Höhlenwesen, die nicht menschlicher Art waren, sondern lachende, ausgelassene Spukgestalten, wimmelten hervor, tanzten, um eine neue Tote zu begrüßen, die *junge Tote* also – wie alt sie auch war –, damit sie sich reibungslos an das Überleben gewöhnen könne, damit sie den Tod oder das neue ewige Leben wie eine fröhliche Gabe empfangen möge, glücklich und stolz, sich vom Diesseits losgerissen zu haben; die Tage des Zorns, die Tuben, das Zittern der Könige, das war keine Messe, sondern die gesungene Geschichte einer Oper, die nicht länger als eine Stunde währte, für *die Dauer einer Agonie*, erlebt und gespielt in der Furcht, die Welt aufzugeben, doch um in welche hinüberzuwechseln? In welcher Gestalt? Der Weg durch unterirdische Gänge, die entsetzliche Angst vor dem Grab, der Grabplatte, aber vor allem die Fröhlichkeit, diese über der Angst flatternde Heiterkeit, die Behendigkeit, mit der die Sterbende das diesseitige Leben verläßt und sich beeilt, uns den unerfreulichen Gefälligkeiten des Alltags zu überlassen, um selbst hinaufzusteigen, hinauf und nicht hinab, zum Licht, lachend und, wer weiß, vielleicht auch niesend – solches habe ich gesehen vom **Dies Irae** bis zum berühmten achten Takt der *Lacrimoso*, den ich noch nie von den anschließenden Takten zu unterscheiden vermochte, wobei ich mir eine Heiterkeit vorstellte, das heißt eine *Freiheit*, die alles wagt. Wenn der Jüngling nach vielen Tagen der Unruhe und des Zweifelns beschließt, im Sinne des ziemlich gräßlichen Wortes Transsexualität zum anderen Geschlecht überzuwechseln, wenn also sein Entschluß feststeht, dann überkommt ihn eine große Freude bei dem Gedanken an sein neues Geschlecht, an die beiden Brüste, die er mit seinen zu kleinen und feuchten Händen wird streicheln können, und an die Epilation; aber vor allem wird er – in dem Maße, wie sein altes Geschlecht verwelken und, wie er hofft, abfallen wird, weil unbrauchbar geworden – eine fast an Wahn grenzende Freude empfinden, wenn er von sich selbst sprechend nicht mehr »er«, sondern »sie« sagen und dabei begreifen wird, daß auch die Grammatik zweigeteilt ist und, um sich selbst sich drehend, mit einer Hälfte, der weiblichen, sich auf ihn bezieht, während die andere Hälfte der Sprache aufgezwungen war. Der Übergang von der einen zur nicht behaarten Hälfte muß köstlich und schrecklich sein. »Deine Freude überflutet mich...« »Leb wohl, geliebte Hälfte, ich sterbe für mich selber...« Wenn jemand den verhaßten, wenngleich vertrauten männlichen Gang aufgibt, dann ist das wie der Verzicht auf die Welt zugunsten des Karmel-Ordens oder einer Leprastation, der Wechsel von der Welt der langen Hose in die des Büstenhalters, dann ist es wie der erwartete, jedoch gefürchtete Tod – und ist es nicht auch wie ein Selbstmord, damit die Chöre dabei das *Tuba mirum* singen? Der Transsexuelle wird also ein Ungeheuer sein und ein Held, ein Engel auch, denn ich weiß nicht, ob irgendein Mann sich ein einziges Mal dieses künstlichen Geschlechtsteils bedienen wird, es sei denn, der ganze Körper und seine neue Bestimmung würden zu einem einzigen, gewaltigen weiblichen Geschlechtsteil, nachdem das männliche Glied verwelkt, abgefallen oder schlimmer noch: gesunken wäre. Schrecklich ist nur der Widerstand der Füße, die sich weigern werden, kleiner zu werden: Damenschuhe Größe 43–44 mit Pfennigabsatz sind selten, aber die Freude wird alles aufwiegen, sie und die Heiterkeit. Das *Requiem* sagte mir dies. Die Freude und die Furcht. So haben die Palästinenser, die Schiiten, Gottes Irren, die lachend auf die alten Höhlenbewohner und die vergoldeten Schuhe Größe 43–44 losstürmten, sich selbst in einem homerischen Gelächter vorpreschen gesehen, das sich mit dem unerbittlichen Rückzug der Posaunen verband. Durch das Glücksgefühl im Tod oder vielmehr im neuen, das im Widerspruch zu diesem Leben steht, und trotz Trauer wußten die moralischen Instanzen sich nicht zu helfen. Freude des Transsexuellen, Freude des *Requiem*, Freude des Kamikaze... Freude des Helden.

Im Gegensatz zum unschönen Brauch, Ihre abendländischen Hände unter der Öffnung eines Heißluftapparats zu trocknen, zumal Ihr Vergnügen nicht so sehr darin besteht, sie zu trocknen, als ein frisches Handtuch naß zu machen, haben auch Sie, vor allem als Kind, das Glück erlebt, im Regen, in einem Schauer stehenzubleiben, besonders im Sommer, wenn das Wasser, das auf Sie herabströmt und Sie durchnäßt, warm ist. Mir ist es nie gelungen, mit erhobenem, nassem Zeigefinger die Windrichtung zu bestimmen, ebensowenig die Richtung des fallenden Regens, es sei denn, er ging schräg nieder wie die letzten Strahlen der sinkenden Sonne, und als ich beim ersten Feuerstoß begriff, daß ich genau auf die Kugeln zulief, lachte ich wie ein erstauntes Kind. Wie ein Tölpel rettete ich mich in den Schutz einer Mauer und verspürte ein Glücksgefühl, das mit der Gewißheit meiner Sicherheit plötzlich in mir aufkam, während zwei Meter weiter, auf der anderen Seite der Mauer, der sichere Tod lauerte: Ich fühlte mich wie im Himmel. Es gab keine Angst. Der Tod, wie auch der Platzregen von Stahl und Blei neben uns, war ein Bestandteil unseres Lebens. Nur glückliches Lächeln und Ruhe sah ich in den Gesichtern der Fedajin, vielleicht auch etwas Blasiertheit. Abu Ghassam, der Fidai, der mich kräftig am Ärmel gepackt und in einem toten Winkel in Sicherheit gezogen hatte, sah verstimmt und erleichtert aus.

Artilleriebeschuß ohne Vorwarnung, und dann dieser Europäer, der beschützt werden muß – so hat er sicher gedacht; da er Französisch sprach, hatte man ihn für mich verantwortlich gemacht. Mir fiel auf, daß die schwerbewaffneten und mit Munition beladenen Soldaten – die Patronengurte trugen sie über Kreuz auf Schultern und Brustkorb – keinerlei Anstalten machten, in den Gebäuden Stellung zu beziehen, um zurückzuschießen oder um die Bewohner der Häuser zu beschützen. Sie waren alle ziemlich jung und wenig kampferprobt; hier paßt das Wort. Ein Gefühl der Niedergeschlagenheit, das anderswo und von anderen »Defätismus« genannt würde, hatte mich beschlichen. Das berühmte Schlußwort: »Es ist vollbracht« dürfte meine Empfindungen treffend wiedergeben. Bei Jerash wurde nicht einmal mehr gekämpft. Die Tempelsäulen, die die Römer noch stehen ließen, waren wohl genug. Die Kugeln schlugen in die Vorderfront des Hauses ein, aber da wir uns hinter einer im rechten Winkel zu ihm stehenden Mauer befanden, konnte uns nichts passieren. Der Tod nebenan wurde in Schach gehalten. Zwei Meter weiter hätte es mich erwischt, und so habe ich an diesem Ort viel stärker als anderswo den lockenden Ruf dieses horizontalen Abgrunds erlebt, der besser geeignet war, mich für die Ewigkeit zu empfangen als ein Schlund, der meinen Namen brüllte. Es wurde auch an diesem Tag viel geschossen. Die jungen Fedajin lachten. Außer Abu Ghassam konnte keiner von ihnen Französisch, aber ihre Augen sprachen Bände. Hätte Hamlet ohne Zuschauer und ohne Nebenrolle das beglückende Gefühl seines selbstmörderischen Taumels je erlebt?

Aber warum war diese Stimme des Baches in der Nacht so laut geworden, daß sie mir schließlich lästig wurde? Hatten sich die Sänger und die Hügel dem Wasser unmerklich genähert? Ich glaube vielmehr, daß die Sänger des Singens müde waren und selbst schon der Stimme des Wildbaches lauschten, sich von ihr verzaubern ließen oder sie als ein lästiges Geräusch wahrnahmen.

Um Ihnen besser von der Erinnerung erzählen zu können, muß ich auf zwei Bilder zurückgreifen. Zuerst auf das mit den weißen Wolken. Was ich in Jordanien und im Libanon auch erlebte, es bleibt in sehr dichte Wolken gehüllt, die noch immer auf mich zujagen. Ich glaube, ich könnte sie zum Platzen bringen, wenn ich mich blindlings auf die Suche nach einem Bild mache, doch weiß ich nicht nach welchem. Es müßte mir wieder so frisch erscheinen, wie ich es als Handelnder oder als Zeuge zum erstenmal gesehen hatte; beispielsweise das Bild von vier Händen, die auf dem Holz trommeln, die immer fröhlichere Rhythmen auf den Brettern eines Sarges erfinden; dann weicht der Nebel, schlagartig oder langsam wie ein sich hebender Theatervorhang, und das, was diese vier rhythmisch erfindungsreichen Hände umgab, erscheint dann so klar wie einst, als ich das Bild empfing. Ich sehe sehr deutlich fast jedes Härchen der beiden schwarzen Schnurrbärte, die weißen Zähne, das Lächeln, das vergeht, um danach noch stärker wiederzukehren.

Das zweite Bild zeigt mir eine riesige Verpackungskiste. Ich öffne sie und finde darin nur Späne und Kleie; meine Hände durchwühlen das Sägemehl, ich bin fast verzweifelt bei dem Gedanken, daß ich nichts anderes darin finden werde, obwohl ich genau weiß, daß dieses Sägemehl eigentlich wertvolle Gegenstände schützen soll. Meine Hand stößt auf einen harten Gegenstand, meine Finger erkennen tastend den Kopf eines Fauns, das heißt den Henkel der silbernen Teekanne, den die Kleie und die Späne schützen und zugleich verbergen, behüten: Ich mußte lange in dieser labyrinthischen Verpackung suchen, bis ich die Teekanne unversehrt in meinen Händen hielt. Mit Teekanne meine ich eines der palästinensischen Erlebnisse, das ich für verschüttet hielt, verloren in den Sägespänen und den Wolken, das aber in seiner morgendlichen Frische erhalten geblieben war, als habe es jemand – mein Verleger vielleicht? – verpackt, bewahrt, damit ich es so beschreiben kann, wie es sich zugetragen hatte.

Aus diesem Grunde kann ich schreiben: die Wolken sind nahrhaft.

Doch wie auch immer, mein Staunen ist mir in Erinnerung geblieben: – ›Wenn sie mit ihren Sinnen all das aufnehmen, was ich allein aufzunehmen glaube, muß ich meine Empfindungen darüber verbergen, denn nicht selten fühle ich mich durch sie vor den Kopf gestoßen. Verbergen ist dann nicht mehr nur eine Frage der Höflichkeit, sondern der Vorsicht.‹ – Trotz der Offenheit der Gesichter und Gesten, der Handlungen, trotz ihrer Durchsichtigkeit, erfuhr ich bald, daß man über mich ebenso staunte, vielleicht sogar mehr, als ich selbst erstaunt war. Wenn so viele Dinge nur da sind, um gesehen zu werden, dann kann man sie mit keinem Wort beschreiben. Der Ausschnitt einer Hand auf dem Ausschnitt eines Astes, ein Auge, das sie nicht sah, aber mich sah, verstand. Jeder wußte, daß ich um meine Bewachung wußte.

›Heucheln sie Freundschaft, Kameradschaft? Bin ich sichtbar oder durchsichtig? Sichtbar weil durchsichtig?‹

›Bestimmt durchsichtig, weil allzu sichtbar, ein Stein, ein Moos, doch keiner der ihren. Mir schien, daß ich viel zu verbergen hatte, denn sie musterten mich mit dem Blick des Jägers: mißtrauisch, verstehend.‹

›Wer kein Palästinenser ist, der wird für Palästina nicht viel tun: Er kann kommen und gehen, wie er will, und sich in einer ruhigeren Gegend niederlassen, in der Côte-d'Or, zum Beispiel, bei Dijon. Der Fidai aber muß siegen, sterben oder Verrat üben.‹ Eine Grundwahrheit, die man sich merken sollte. Ein einziger Jude, der ehemalige Israeli Illan Halery, ist Mitglied der Führungsgruppe der PLO. Die PLO und die Palästinenser haben von ihm nichts zu befürchten, denn er hat dem Zionismus endgültig den Rücken gekehrt.

Oder der Palästinenser fällt und stirbt; wenn er überlebt, kommt er in ein Gefängnis, um ein paarmal gefoltert zu werden. Danach geht es zurück in die Wüste, und er wird in eines der Lager von Zarkat gesperrt. Wir werden noch erfahren, was die »Sauregurkenzeiten« der Fedajin waren. Ein Team deutscher Ärzte – die überall dorthin reisen, wo gefoltert wird – läßt sich gewiß auch von kommerziellen Gesichtspunkten leiten: die Lager werden mit Folterinstrumenten versorgt, man verkauft den Ärzten Medikamente und die neuesten Wundermittel der körperlichen Rehabilitation und erwirkt schließlich die Freilassung und Ausreise von Gefolterten, die sich widerspenstig zeigen. Sie werden in einem Krankenhaus aufgenommen, in Düsseldorf, Köln oder Hamburg, und behandelt. Nach ihrer Entlassung lernen sie Deutsch und den Schnee und die winterliche Kälte kennen, suchen sich eine Arbeit und heiraten manchmal eine einzige Frau.

Das sei auch Hamzas Schicksal gewesen, sagte man mir. Diese Hypothese wurde von einigen palästinensischen Führern vertreten. Seit Dezember 1971 habe ich keinen einzigen Menschen getroffen, der mir bestätigen konnte, daß Hamza noch am Leben ist.

Was sind aber die »Sauregurkenzeiten«? Dieser Ausdruck verbirgt vielleicht das meist gehütete Geheimnis eines palästinensischen Soldaten. Woraus bestehen die Träume eines Revolutionärs, der in der Wüste rebelliert, ohne vom Abendland und von seinem Schlagschatten, dem Morgenland, je etwas erfahren zu haben? Wo finden sie ihre falschen Namen? Wie wirkt auf sie das Neue? Zum Beispiel.

Das Sinnbild wurde schnell entschlüsselt: eine Königskrone aus vergoldetem Aluminium im Königreich Jordanien. Wie läßt sich sagen, wer dieser König war? Auf einem Thron, mit dem, was Glubb Pacha da hinterließ. Im Jahr 1984 stellt man sich Fragen über den so bezeichneten Mann:
›Wie geht es dem *Herrscher*?‹
›Der *Herrscher* – was macht der *Herrscher*?‹
›Was denkt der *Herrscher*?‹
›Wohin ist der *Herrscher* gegangen?‹
›Der *Herrscher* war guter Laune.‹
›Der *Herrscher* pinkelt im Stehen. Hält er sich für Bismarck?‹
In den palästinensischen Lagern, in Privatgesprächen, wenn man sich vor dem Mukabarats* sicher fühlen konnte, und in den Ländern Europas, in denen ehmalige Fedajin Zuflucht fanden, würde niemand außer den Kindern alter Fedajin auf den Gedanken kommen, einfach nur der »Schlächter von Amman« zu sagen.
›Das ist eine Beleidigung. Der Arme liebt Blondinen und wird ganz geil, wenn er von seinem Fenster aus den von ihm bestellten Massakern zuschaut. Und während er seinen Blondinen was geigt und orgelt, geht das Gemetzel draußen weiter. Dafür hat er seine Tscherkessen, seine Mukabarats und seine Beduinen.‹
›Die Schlichtheit Seiner Majestät ist rührend. Ich besuche sie häufig. Sie setzt sich oder läßt sich nieder, setzt sich mit einer Backe nur – sehen Sie, wie schüchtern sie ist – auf den Rand des Sessels – sehen Sie, wie liebenswürdig sie ist dank der Erziehung, die sie in England genossen hat. Eine Weile lauscht sie den Worten, steht auf und geht. Sie sagt ein paar Worte in Englisch, genauso schlicht wie ein königlicher Prinz. Im übrigen ist er ein Beduine.‹ –
– ›Ihr größter Stolz: ein Beduine von Hedjaz und nur dies zu sein. Sie tritt ein. Alle Kronleuchter im Salon gehen aus. Sie kommt näher – eine kleine Petroleum-Lampe mit einem fliederfarbenem Seidenschirm, die ihre Hand zum Kuß hinhält.‹ –
– ›König Husain stützt sich ganz auf folgende Rechtfertigung:

---

* Geheimpolizei im Königreich Jordanien

Hätte er die Palästinenser nicht an die Kandare genommen, wäre Tsahal heute in Riad.‹ –

›Er hat in seinem Leben einfach kein Glück gehabt. Rücken Sie etwas näher mit Ihrem Stuhl, denn die Wände haben Ohren, und hören Sie gut zu:

Sein Großvater, König Abdullah wird ermordet, als er die Moschee von Jerusalem verläßt. Blut.

Sein Vater wird wahnsinnig. Blut.

Sein Vormund, Glubb Pacha, wird ihm entrissen. Blut.

Sein Vater, König Tallal, stirbt geistig umnachtet in der Schweiz. Blut.

Die Palästinenser. Blut

Sein Premierminister Mohamed Daoud wird von seiner sechzehnjährigen Tochter geohrfeigt. Blut.

Sein nächster Premierminister, Wasfi Tall, wird in Kairo ermordet. Blut.

Armer König Husain, so viele Tote in seinen kleinen Armen.‹

Dies Lied trällerte man im Juli 1984 in Amman.

Eine bestimmte prismatische Sicht auf die Dinge könnte uns aufklären – doch worüber? Vor ein paar Jahren konnte man in verschiedenen Teilen der arabischen Welt eine sehr gutherzige Lehrerin antreffen, die sich in selbstloser Weise für die Ärmsten einsetzte. Sie blieb stets die gleiche gegenüber jedermann, Mann, Frau und Kind jeden Standes: Denn von Geburt war sie eine Prinzessin von Orleans. Bei so viel Erhabenheit wurde Geringschätzung, wenn vorhanden, unsichtbar und von niemandem bemerkt, weder von Emiren noch von arabischen Bettlern, zudem wußte sie sich als Prinzessin mit den Herrscherhäusern Europas verwandt und war dennoch voller Anteilnahme für die Hungersnot in einem Dorf oder für die Vetternschaft eines Scheichs mit dem Propheten.

Wer aber oder was veranlaßte mich, in dieses Haus zurückzukehren? Der Wunsch, Hamza nach vierzehn Jahren wiederzusehen? Seine Mutter, die ich mir, auch ohne diese Reise zu machen, gealtert und abgemagert vorstellen konnte? Oder das Bedürfnis, mir selbst zu beweisen, daß ich – *obwohl ich ein ganzer Kerl war* –

der verfluchten, aber heimlich ersehnten Kaste angehören wollte, jener Kaste, die außerhalb von ihr die Glorreichen von den Niedrigsten nicht zu unterscheiden vermag? Oder auch die unsichtbaren Bande, die ohne unser Wissen geknüpft wurden und die uns alle miteinander verbinden? Sie hätte sich über Husain nicht lustig gemacht: Er entstammte nicht dem Hause Orleans.

Das Elendsviertel im Königreich. In einem zerbrochenen Spiegel sehen sie ihr Gesicht und Ausschnitte ihres Körpers, die darin entdeckte Majestät verwirklicht sich vor ihnen in einer Art Halbschlaf; und stets geht dieser Schlaf bis zuletzt dem Tod voraus. Ein jeder bereitet sich für den Palast vor, und ab dreizehn Jahren tragen sie alle in Frankreich gewebte seidene Tücher, die speziell für die Elendsviertel des Königreiches zugeschnitten und genäht wurden, denn man muß sie genau kennen, die Farben und Dessins, die ebenso ins Auge fallen wie Schmachtlocken. Ein gewisser Austausch findet also statt zwischen den Elendsvierteln und der Außenwelt, doch beschränkt er sich auf den Kauf von Halstüchern, Brillantine, Parfums, Manschettenknöpfe aus Plastik und falschen Armbanduhren aus einer falschen Schweiz im Tausch gegen das, was das Bordell zu bieten hat: Sex. Die maschinenbestickten Halstücher müssen aber schick sein, das heißt, sie sollen die netten Fratzen der kleinen Luden zur Geltung bringen. Halstücher, Hemden und Uhren haben einen Sinn: Sie sollen eine Haltung ermöglichen. Durch diese Symbole begreifen die Geheimboten des Palastes und Polizeiwerber jene, die sie rufen, erkennen sie an ihren verdeckten oder augenscheinlichen Merkmalen. So ist der eine gewillt, sein Leben aufs Spiel zu setzen, und der andere, seine Mutter, seine Schwester oder beide zusammen herzugeben; ein dritter verschenkt sein Geschlecht, zum Einsatz in Europa, ein vierter hat eine Kommandostimme zu bieten oder Arsch, Auge, verliebtes Flüstern im Ohr, und keiner bindet sich ein Tuch um den Hals, das nicht seine wesenseigene Kraft zum Ausdruck bringen würde. Hervorgegangen aus einer Zufallskopulation und ausgebrütet unter dem rostfarbenen Himmel des Elendsviertels sind sie allesamt schön. Ihre Väter kamen aus dem Süden. Die jungen Burschen zeigen bald die Frechheit von Männern, die später außerhalb des Slums und des Königreichs Arbeit suchen und ihr Glück finden werden. Einige unter ihnen sind blond: aufreizende Schönheiten, Provokationen, die zwei Jahre noch zu Fuß gehen werden.

›Aber nicht unsere Augen, unsere Locken, unsere Hälse, unsere Schenkel. Man könnte meinen, Jean, daß du vom Glanz unserer Schenkel nichts weißt!‹

Ob nun der Palast des Königs ein Abgrund sei, in den sich das Elendsviertel zu stürzen drohte, oder das Elendsviertel ein Abgrund, der den Palast mit Mann und Maus verschlingen könnte, man fragt sich: Was ist Wirklichkeit und was ist Widerschein? Es mag das eine oder das andere sein, der Palast der Widerschein, das Elendsviertel die Wirklichkeit, die widerscheinende Wirklichkeit war allein im Palast und umgekehrt. Es reicht, wenn man erst den Palast besucht und danach die Elendsviertel. Ein so dichtes Kräftespiel, daß man sich fragen muß, ob die Faszination, von der oft die Rede ist, nicht von diesem vertraulichen, eitlen und haßerfüllten Gegeneinander ausgeht, das beide Paläste miteinander verbindet, wobei der des Königs neidvoll auf die Not der Männer und Frauen blickt, die verzweifelt ums Überleben kämpfen und von Verrat träumen – aber an wem? –, von vornherein wissend, daß Besitz und Luxus hoch hinausgehen, wenn sie der Versuchung der totalen Not erliegen. Welcher geniale Fußtritt hat dem nackten Kind, das der Atem eines Ochsen wärmte, das Verrat und bronzene Nägel ans Kreuz schlugen, zu unsterblichem Ruhm verholfen? Ist der Verräter nur ein Mensch, der zum Feind überläuft? Er ist auch das. Petrus der Ehrwürdige, Abt von Cluny, beschloß, den Koran übersetzen zu lassen, damit er ihn besser studieren könne. Abgesehen davon, daß bei der Übersetzung eines heiligen Werkes von einer Sprache in eine andere nur das übertragen wird, was problemlos von der einen Sprache in die andere hinübergelangt, das heißt alles, ausgenommen das Heilige, ließ sich Petrus wahrscheinlich ebenso von einem heimlichen Wunsch nach Verrat leiten (der sich in einer Art Tanz auf der Stelle äußert, wie wenn jemandem die Blase drückt) wie von dem davor erwähnten Anliegen. Die Versuchung, auf die

»andere Seite« hinüberzuwechseln, ist schon Ausdruck der Sorge, daß man lediglich im Besitz einer einzigen eindimensionalen Gewißheit ist, einer ungewissen Gewißheit also. Die Kenntnis des anderen, den man für böse hält, zumal er der Feind ist, ermöglicht den Kampf, aber auch die lebhafte Umschlingung der Körper der Kämpfenden und der beiden Lehren, so daß die eine bald der Schatten der anderen, bald ihre Entsprechung, mal Subjekt, mal Gegenstand neuer Träumereien und vielschichtiger Gedankengänge ist. Unentwirrbar? Man wird hinter der Notwendigkeit zu »übersetzen«, die noch durchsichtige Notwendigkeit, »Verrat« zu üben, erkennen, und in dieser Versuchung des Verrats wird man einen Segen finden, vergleichbar vielleicht mit dem erotischen Rausch: Wer nie den Rausch des Verrats erlebte, weiß nicht, was Ekstase ist.

Der Verräter ist nicht draußen, sondern in jedem drin. Seine Soldaten, Denunzianten und Nutten rekrutierte der Palast in dem begehrenswerten Teil einer auf dem Rücken liegenden Bevölkerung, und das Elendsviertel antwortete darauf mit Spott und Witzeleien. Ein von Ungeheuern bewohntes Dickicht von Not und Elend, so sah man das Elendsviertel vom Palast aus, und so wie es gesehen wurde, kannte es Genüsse, die woanders unbekannt waren. Was sich dort auf zwei Beinen und einem Rumpf bewegte, der Dämmerung entgegen – und die Dämmerung wandelt dort von früh bis spät auf zwei Beinen –, ein Rumpf, der einen Arm ausstreckt, an dessen Ende sich eine Hand öffnet, so groß wie ein Suppenteller, ein Napf aus rohem Fleisch, der mit drei transparenten Fingern den Obulus verlangt. Das Handgelenk steckt überdies in verschlissenen, schmutzigen amerikanischen Lumpen, die mit dem Dreck und der Scheiße eins werden, bevor sie als Lumpen, als Dreck und als Mist verkauft werden. Etwas weiter weg nähert sich, ebenfalls auf Beinen, ein nacktes, rasiertes weibliches Geschlecht, das bebend und feucht sich an mich pressen will; anderswo: ein einziges Auge, hüllenlos, starr, blicklos, dann wieder stechend schauend, aufgehangen an einem himmelblauen Wollfaden; anderswo: ein Arsch und ein müder, entblößter Schwanz, der zwischen zwei kümmerlichen Schenkeln baumelt. Der Verrat ist überall. Jeder Junge, der mich belauerte, versuchte

seinen Vater oder seine Mutter zu verkaufen, und der Vater seine
Tochter. Schönes Wetter. Die Welt löst sich auf. Der Himmel war
woanders, aber hier, wo es nur noch Verrichtungen gab, herrschte
eine unerklärliche Ruhe. Unter den Blechdächern war graues
Dämmerlicht, und die Nacht blieb sich stets gleich. Es kam ein
nach der amerikanischen Filmmode der dreißiger Jahre gekleideter
Zuhälter daher. Sein Gesicht sah gespannt aus, und um gelöst zu
wirken, pfiff er ein Lied wie jemand, der nachts durch den Wald
geht. Hier befand sich das Zentrum des Bordells, das den herun-
tergekommenen Sidis* offenstand. Hölle oder Zentrum der Hölle,
Stätte der totalen Verzweiflung oder Ort der Ruhe, so wie man
stilles Örtchen sagt – durch einen höchst unbegreiflichen Umstand
sorgte an diesem Ort der Verdammnis der Bordellbetrieb dafür,
daß das Elendsviertel nicht noch tiefer sank und sich mit dem
Lehm vermengte, auf den es fast behutsam hingesetzt worden war.
Er verband auf geruhsame Weise das Elendsviertel mit dem Rest
der Welt, also auch mit dem Palast. Hier wurde Sex gemacht, und
die Luden, Puffmütter, Nutten und Kunden achteten auch darauf,
indem sie normalen, also unvollkommenen Sex trieben. Doch
keinen Arschfick, keinen Mundverkehr, sondern paralleles
Vögeln, liegend oder stehend, zwischen Tür und Angel, ohne
Schnäbeln und Abschmatzen von Möse, Schwanz und Arschloch,
sondern altväterlich, altfränkisch, wie die Schweizer Gebirgler.
Exquisitere, raffiniertere Liebespraktiken pflegte man in den Räumen und Gängen des königlichen Palastes, wo Spiegel, ganze
Spiegelwände selbst die kleinste Liebkosung unzählige Male
zurückwarfen, bis ins Unendliche, wo das Auge die Einzelheiten
eines winzig klein gewordenen Schlußbildes aus einem völlig
unerwartetem, aber erhofftem Blickwinkel zu erfassen vermag,
um zu guter Letzt das erwünschte Bild genau einzustellen: das
Elendsviertel. Oder an anderen Orten. Muß hier gesagt werden,
daß die Bewohner des Palastes abgefeimter waren als die des
Elendsviertels? Und wußten die vom Elendsviertel, daß es sie in
den Köpfen der Palastbewohner gab und daß sie dort für Unterhaltung sorgten?

* abwertend für Araber

Jeder, der hier der Verderbnis anheimfiel, fühlte sich erleichtert und zufrieden, von moralischen und ästhetischen Zwängen befreit zu sein, die Bordelle sahen lediglich ein Knäuel rasch befriedigter Gelüste auf sich zukommen. Wer ins Bordell geht, schleppt sich wie ein Tausendfüßler, den Bauch im Lehm und auf der Suche nach dem bebenden, feuchten Loch, in dem er nach fünf Sekunden und fünf Stößen die Erregung einer Woche loswerden kann. Wenn der Fremde – Araber oder nicht – bis hierher kommen könnte, würde er sehen, daß im Bordell eine wohlbehütete Zivilisation fortbesteht, der vertraute, fast ehrfürchtige Kontakt mit dem Auswurf, den man in Europa das Schmutzige nennt. Es gab stets einen aufgezogenen Wecker. Nach fünf Minuten nur hatte sich der Kunde seiner Träume befreit. Der achtzehnjährige Bursche, der in die königliche Marine oder in die Gemeinschaft der Polizeispitzel eintreten will, muß jedoch befürchten, daß er vielleicht seinen Vater beim Scheißen überrascht: Der angehende Schiffsjunge tritt mit dem Absatz dem kauernden Vater ins Gesicht oder behauptet, dieser Mann komme aus Norwegen. Die Sittenlosigkeit erschreckt, erregt aber keinen Abscheu. Exkremente haben etwas Tröstliches, sie finden ihre Entsprechung in unserer Seele, in der wir es uns gemütlich machen, und sie hindern uns daran, aus der Welt zu scheiden. Ein Arsch geht, er strebt danach, seine Funktion zu erfüllen. Um es so weit zu bringen, daß man einen Namen, einen Vornamen, eine Herkunft, eine Heimat, eine Ideologie, eine Partei, einen Sarg hat, daß zwei Daten auf dem Sarg stehen werden – zufällige Geburt, zufälliger Tod –, diese absolute Transzendenz, die im Islam Himmel und Erde beherrscht, kann man kaum »Zufall« nennen. Zwischen Palast, König, Hof, Ställen, Pferden, Offizieren, Dienerschaft, Panzerwagen und Elendsviertel findet zweifellos ein vielseitiger, wenn auch wenig sichtbarer Verkehr statt, wodurch die Balance zwischen beiden Orten erhalten bleibt. Alles geschieht ohne Schroffheit auf folgende Weise: Der Palast hat seine Herrlichkeit, und diese ist ein Elend. Die Befehle des Sonnenkönigs und seiner Kurtisanen sind mythologischer Art. Die rohe Willkür der Polizei rührt daher, daß sie meist zu rasch und zu gut gehorcht. Das Elendsviertel dämpft, relativiert diese Raschheit im bedingungslosen Gehorchen. Die sehr schönen Kinder, Produkte einmaliger Begattungen, durchziehen die Freudenhäuser, in denen das, was war, Körper und Gesichter erleuchtet. Ihre Schönheit paart sich mit dreister Geringschätzung. Wenn der Mann stark ist, bleibt er wenn nicht König, so doch aufrecht. Um seine Macht zu erhalten, braucht der Palast die Kraft, die nachts aus dem Elendsviertel hervorbricht.

›Ich bin die Kraft. Der Gepanzerte.‹

An dieser Stelle meiner Eingebungen frage ich mich, wer deren Urheber war: Ein Gott, doch nicht irgendwelcher, sondern der eine, wird, auf Esels- und Kuhmist geboren, nicht wieder erstehen, er wird die Welt der Hurenhäuser wie auch immer durchziehen, sich durchhungern, am Kreuze sterben und zur Kraft werden.

»Würdest du deine Mutter verkaufen?«

»Ich habe es getan. Wenn du auf allen vieren aus einem Arsch gekrochen kamst, fällt es dir nicht schwer, Ärsche zu verkaufen.«

»Und die Sonne?«

»Derzeit sind wir noch Brüder.«

Die Armut der Dörfer beschert der Hauptstadt, das heißt, dem rostigen Wellblech-Himmel, Auswürfe, deren einzige Funktion darin besteht, ein paar schöne Knaben zu gebären. Der Palast verbraucht Jugend en masse.

›So wird eine entweder schlammige oder von der Sonne zerpflügte Ordnung erhalten.‹

Welcher Art ist nun die Schönheit dieser aus dem Elendsviertel hervorgegangenen Jünglinge? In jungen Jahren hat ihnen eine Mutter oder eine Nutte eine Spiegelscherbe gegeben, und mit ihr fingen sie die Sonne ein und lenkten ihre Strahlen in ein Fenster des Palastes; angesichts dieses geöffneten Fensters entdeckten sie an sich – scheibchenweise in ihrem Spiegel – alle Teile des Gesichts und des Körpers.

Als Beduinen-Truppen die zwischen Ajlun und der syrischen Grenze gefallenen Fedajin ausgruben, um sie ein zweites Mal zu töten – mit dem rituellen Spruch: »Hundert überschüssige Kugeln loswerden« –, weilte der König gerade in Paris. Hatte er seine Blutbäder für drei Tage verlassen, um das neueste Modell von Lamborghini zu testen? Als Regent des Königreiches war sein

Bruder in Amman geblieben. Keine zwanzig Kilometer von der Hauptstadt wurde das Lager von Baqa in einer Blitzaktion lückenlos von drei Reihen Panzerfahrzeugen umstellt. Das Palaver zwischen den Frauen des Lagers und den jordanischen Offizieren dauerte zwei Tage und zwei Nächte. Die Älteren erregten Mitleid, die anderen Verlangen, und alle trugen sie sehr hoch, was die Militärs noch rühren konnte: Kinder, Brüste, Augen, Runzeln. Von diesem Akt heiliger Prostitution schienen die Männer des Lagers keine Notiz zu nehmen. Sie drehten dem Geschehen den Rücken zu und spazierten zu dritt oder zu fünft schweigend durch die schlammigen Gassen. Sie rauchten, zählten die Bernsteinkügelchen ihrer Gebetsschnüre. Man stelle sich die Millionen Zigaretten mit hellem Tabak und kurzem goldenem Mundstück vor, die angezündet und sogleich wieder weggeworfen wurden. Die Emirate spendeten Zigaretten, damit die Palästinenser die Geographie des Golfes kennenlernen. Die Männer lehnten ein Verhandeln mit den Offizieren des Königs Husain ab. Ich glaube, die Fedajin (alle Männer des Lagers waren Fedajin) hatten mit den Frauen, den jungen wie den alten, ein Abkommen getroffen: Sie sollten reden, die Männer würden schweigen, um die jordanische Armee durch eine tatsächliche oder gespielte Entschlossenheit zu beeindrucken. Heute glaube ich, sagen zu können, daß sie gespielt war, aber die Beduinen-Offiziere wußten damals nicht, daß sie an einer Theatervorstellung teilnahmen, die eine Rettungsaktion kaschieren sollte. Um die Jordanier am Eindringen in das Lager zu hindern, mußten die Palästinenser noch einen Tag und eine Nacht durchhalten. Die Frauen schrien laut und die Kinder, die sie auf dem Rücken trugen oder an der Hand hielten und die sich bedroht fühlten, schrien noch lauter. Mit Wagen voller Kinder, Reissäcke, Kartoffeln und Linsen, die sie vor sich herschoben, überschritten sie die Stacheldrahtsperre. Die Männer schwiegen und zählten die Kügelchen ihrer Gebetsschnüre.

»Wir wollen nach Hause.«

Sie standen auf der Straße, die zum Jordan führt. Unter den Offizieren herrschte Ratlosigkeit.

»Können wir auf Frauen und mit Kindern beladene Wagen schießen?«

»Wir gehen nach Hause.«

»Nach welchem Zuhause?«

»Nach Palästina. Zu Fuß. Wir werden den Jordan überqueren. Die Juden sind menschlicher als die Jordanier.«

Die tscherkessischen Offiziere waren einen Augenblick versucht, auf sie und ihre Bälger zu schießen, als sie sich auf den Weg zu diesem vierzig Kilometer entfernten Jordan machten.

»Einen Rat, Majestät: Schießen Sie nicht.«

Diese Worte soll Pompidou zu Husain gesagt haben.

Wenn auch der französische Botschafter in Amman recht einfältig war, so hatte Pompidou durch seine Spitzel dennoch vom Aufstand der Frauen erfahren. Ein Priester, dessen Namen ich vergessen habe, da er am Leben blieb, fungierte als »Briefkasten« zwischen einigen palästinensischen Verantwortlichen und dem, was man damals die französische Linke nannte, die mit der vatikanischen Linken verbündet war, und als die jordanischen Behörden von seiner Anwesenheit im Lager erfahren hatten, hatten sie den politischen und militärischen Führern den Befehl gegeben, ihn der königlichen Polizei auszuliefern.

Der Brüsseler Justizpalast, das Victoria and Albert Monument in London, der Altare della patria in Rom und die Pariser Oper gelten als die vier häßlichsten Bauwerke Europas. Das eine wurde durch eine Grazie etwas leichter. Wenn man mit dem Auto, von den Portalen des Louvre kommend, in die Avenue de l'Opera einbiegt, dann erblickt man an dessen Ende die Oper von Paris, auch Palais Garnier genannt. Das Bauwerk wird durch eine mit Grünspan überzogene Zwiebelhaube gekrönt, die, wie ich glaube, einem zuerst ins Auge fällt. Als die Frauen von Baqa unter dem schon erwähnten Vorwand, sie wollten nach Palästina heimkehren, das Lager verließen, befand sich der König Husain gerade auf dem Weg zum Mittagessen im Elysee und mußte zu diesem Zweck einen Teil der Avenue de l'Opera hinauffahren. Die grünspanfarbene Zwiebelhaube war, wie man mir sagte, vielleicht das einzige, was er sah, und somit auch den in weißen Großbuchstaben darauf geschriebenen Spruch: PALÄSTINA WIRD SIEGEN. Tänzer, Tänzerinnen und Bühnentechniker der Oper waren in der Nacht davor auf das Dach gestiegen und hatten die Botschaft darauf gemalt. Der König las sie. Kein Punkt der Welt schien vor den Terroristen sicher zu sein, und dieses Pariser Opernhaus, in dem einst Fantomas gegeistert war und in dessen Kellern das Gespenst der Oper seinen Spuk getrieben hatte, wurde in seinem Dachstuhl von den Fedjin heimgesucht. Die mahnenden Worte waren noch lange auf der Kuppel zu lesen, trotz Regengüsse und Sonne und trotz der Weisungen Pompidous – der sicher darüber lachte.

Aber zu diesem PALÄSTINA WIRD SIEGEN konnte ich zwanzigmal und mehr in der Umgebung der Oper und anderswo die auf die grauen Wände von Paris gesprühte, unauffällige, fast scheue israelische Entgegnung lesen: *Israel wird leben,* zwei oder drei Tage nach dem, was ich in meiner Erinnerung noch immer den letzten Ball der Palästinenser von Baqa nenne. Die außerordentliche Wirkung dieser Antwort – und nicht Erwiderung – zeigte sich in der fast zeitlosen Aussagekraft von *wird leben* im Vergleich zur begrenzten Aussage von *wird siegen*. Auf dem sehr einfachen Gebiet der Rhetorik ging Israel, wie ich schon sagte, in der Pariser Halb-Nacht mit seinen heimlich gesprayten Sprüchen außerordentlich weit.

Man kann verstehen, daß ein Volk bereit ist, für sein Territorium zu sterben, so die Algerier, oder auch für seine Sprache, so die belgischen Flamen und die Nordiren, und man muß akzeptieren, daß die Palästinenser gegen die Emire und für ihr angestammtes Land, für ihren Akzent kämpfen. In den einundzwanzig Ländern der arabischen Liga wird arabisch gesprochen, die Palästinenser machen da keine Ausnahme, und auch wenn ein ungeübtes Ohr ihn nur schwer herauszuhören vermag, es gibt ihn, den Akzent. Die Gliederung der palästinensischen Lager nach Wohnvierteln, denen jeweils ein Dorf in Palästina entsprach und mit denen eine Geographie im Maßstab eins zu eins erhalten blieb, war für sie nicht wichtiger als die Erhaltung eines Akzents.

Das etwa sagte mir Mubarak im Jahr 1971. Als ich einem Araber das Angebot machte, ihn im Auto einhundertfünfzig Kilometer weit in seine Richtung mitzunehmen, rannte er los, nachdem er mich gebeten hatte, auf ihn zu warten. In weniger als einer

Viertelstunde schaffte er zwei Kilometer hin und zurück und kehrte mit dem einzigen Schatz zurück, den er besaß: ein etwas abgetragenes, in Zeitungspapier eingewickeltes Hemd. *Filium que,* und eine neue Religion ereifert sich. Liegt die Betonung auf der ersten Silbe eines Wortes oder auf der vorletzten, schon wollen zwei Völker sich nicht mehr verstehen. Der Schatz, der uns wertlos erschien, wird zum einzigen Gut, das unter Einsatz des Lebens erhalten werden muß.

Abgesehen vom Akzent konnte das Vergessen oder Verschlukken eines Buchstabens, der einem Wort hinzugefügt war, tragische Folgen haben. Während des Krieges von 1982 waren die Lastwagenfahrer Libanesen oder Palästinenser. Ein bewaffneter Phalangist machte die Hand auf, fragte:

»Was ist das?«

Eine Kugel im Kopf oder ein Wink mit der Hand. Im libanesischen Arabisch heißt Tomate Banaduran, die Palästinenser sagen Bandura dazu. Ein Buchstabe mehr oder weniger konnte über Leben und Tod entscheiden. Jedes Wohnviertel im Lager war gewissermaßen eine Nachbildung eines aufgegebenen Dorfes in Palästina, das wahrscheinlich einem Kraftwerk hatte weichen müssen. Die Alten aus dem Dorf, die sich miteinander unterhielten, hatten bei ihrer Flucht den Akzent mitgenommen, bisweilen auch alte Fehden, Zwiste. Hier lag Nazareth, ein paar Gassen weiter Nablus und Haifa. Dann kam der kupferne Wasserhahn: rechter Hand lag Hebron, linker Hand ein Viertel des alten El Kods (Jerusalem). Vor allem im näheren Umkreis des Wasserhahns begrüßten die Frauen einander in ihren Dialekten und mit ihrem jeweiligen Akzent und signalisierten damit ihre mundartliche Herkunft. Ein paar Moscheen, deren runde Minarette, zwei oder drei Kuppeln. Als ich dort war, wurden die Toten in Amman noch seitlich liegend und mit dem Gesicht gen Mekka bestattet. Ich habe mehrere Beerdigungen erlebt und weiß, daß in Thiais, wie auch im Père-Lachaise, ein Kompaß die Richtung nach Mekka anzeigt, aber das Grab, daß heißt, die Zelle, glich einem schmalen Rohr, und die Anwesenden mußten manchmal die Erde über den Toten stampfen, damit er einschlafe.

Wortspiele oder auch Betonungsspiele waren zu allen Zeiten

und in der ganzen Welt Anlässe zu mitunter grausamen Kämpfen. Alle Diebe haben mit Richtern zu tun gehabt, die einem gehörig übers Maul fahren. Wenn sie im Gerichtssaal das Strafregister verlasen, verstanden sie es, ihre Simme und den Klang der Worte zu nuancieren. Triumphierend:
»Diebstahl!«
»Diebstahl!«
Stille, und dann sagten sie plötzlich mit sehr sanfter Stimme und jede Silbe betonend, um uns auf der Bank für alle Zeit unsere Schuld einzuhämmern:
»D—ie—b—st—ääh—le!«
»Diebstääähle.« Pause. »Diebstääähle, und damit basta.«

Einmal mehr in der Geschichte der Rebellion dienten die Frauen als Lockmittel. Wichtiges Gebot: Den christlichen Priester nicht ausliefern; ebenso wichtiges Gebot: Das Lager retten. Fluchtromantik, Schauspielerei, Verkleidungen, stimmliche wie gestische Verstellung – die Frauen gerieten vor Freude aus dem Häuschen, währenddessen die Rolle der Männer darin bestand, feige zu erscheinen, sich aufzuplustern. Das Thema war vorgegeben: »Vortäuschung gekränkter Ehre, weil die Beduinen sich an unseren Frauen vergreifen wollen.« Letztere ersannen ein gewagtes Szenarium und führten es aus:
Der Regent telefonierte mit Husain. Darauf folgte Pompidous berühmter Ausspruch. Dann kam die Nacht, so wie sie immer kommt. Wie es sich gehört, wurden die fünf Fahnen, die von rechts nach links den Vater, das Schaf, das Kreuz, die Jungfrau und das Kind darstellten, vor den jordanischen Panzern zur Schau getragen. Es kamen auch junge Burschen, die, mit roten Roben und langen, weißen Spitzenblusen bekleidet, eine Art goldene Sonne trugen. Sie liefen auf die drei Panzerreihen zu. Wahrscheinlich sang die Prozession auf Griechisch. Jeder jordanische Soldat hatte indessen die Aufgabe, Augen und Ohren aufzusperren, um den französischen Priester tot oder lebendig zu ergreifen. Ähnliche Rituale hatten sie, baß erstaunt, vor der kleinen griechischen Kirche Ammans wiederholt erlebt. So erkannten sie nicht an seiner Stelle einen anderen alten Bauern in Samthosen, der ein rotes

Halstuch trug und ganz allein über den Stacheldraht stieg. Die Frauen, die neben den Panzern mit ihren schlafenden Kindern wachten, blieben die Nacht außerhalb des Lagers. Der Morgen kam: Mit heiterem Lächeln, amüsiert, nahmen die Frauen die jordanischen Männer an die Hand und führten sie in sämtliche Häuser des Lagers, öffneten sogar vor ihren Augen Streichholzschachteln, Packungen mit feinem und mit grobem Salz, um zu zeigen, daß sich wirklich kein Pfarrer darin versteckte. Acht Tage nach Husains Rückkehr fand zwischen der Beduinen-Armee (auf glänzende Weise hereingelegt von Frauen und Männern, die wieder hemmungslos reden und lächeln konnten) und den Fedajin ein Versöhnungsakt statt, eine Zeremonie wie im Lager vom Goldenen Tuch oder im mittelalterlichen Abendland, wo die Königsbrüder sich so fest umarmten, daß man sehen konnte, wer den anderen ersticken würde, oder, wenn man so will, wie die Versöhnungsfeierlichkeiten zwischen China und Japan, zwischen den beiden deutschen Staaten, zwischen Frankreich und Algerien, Marokko-Libyen, de Gaulle-Adenauer, Arafat-Husain, und ich sehe kein Ende dieser heuchlerischen Küsse. Wir harrten auf das Fest, es kam.

Husain hatte Körbe und Kisten voller Obst schicken lassen, Arafat Kästen mit Flaschen, die vom Golf kamen: Kokosmilch, Aprikosen- und Mangosaft und was weiß ich noch, ausgeschenkt auf diesem Erddamm vor dem Lager, auf dem die Frauen mit ihren plärrenden Kindern Wache gehalten hatten. Trug sich alles so zu, wie ich es erzähle?

Ein paar Monate zuvor waren eine Handvoll Soldaten und noch weniger Offiziere der Beduinen-Armee fahnenflüchtig geworden. Ich traf einige von ihnen, unter anderen einen jungen, sehr blonden Leutnant mit blauen Augen. Wenn ich ihn frage, woher er sein blondes Haar und den azurnen Blick hat, wird er mir sicher antworten: Von den Getreidefeldern der Beauce und das Blau von den Franken, die den ersten Kreuzzug unternahmen, »denn ich stamme wie die anderen auch von fränkischen Kreuzrittern ab«. Durfte er als Araber blond sein? Ich sagte laut:

»Woher hast du deine blonden Haare?«

»Von meiner Mutter: Jugoslawin«, antwortete er in akzentfreiem Französisch.

Offiziere, die Husain gegenüber »loyal« geblieben waren, hatten sich jedoch abgewendet, um nicht zu sehen, wie der gesuchte Priester das Lager verließ. Der Pater ging gemächlich vorüber, er trug eine grünliche Joppe, einen roten, wollenen Schal, eine Mütze der Manufacture d'Armes et de Cycles Saint-Etienne (Loire). Im Schutze dieser Nacht geleiteten palästinensische Männer den Pater nach Syrien, wo er das Flugzeug nach Vietnam bestieg.

Um das Geschehen aus der Nähe verfolgen zu können, war ich schon am frühen Morgen mit einem ägyptischen Freund hergekommen. Auf den mit weißen Tüchern bedeckten Holztischen sah ich zuerst Berge von Apfelsinen und die Flaschen mit dem Obstsaft. Die Menge war früher aufgestanden als ich: Ein Beduinen-Bataillon aus der Wüste, über Brust und Schulter die Patronengurte gespannt, zwei Gruppen Fedajin, unbewaffnet, internationale Fotografen, Journalisten, Filmleute aus arabischen oder moslemischen Ländern. Der Tanz der Beduinen ist insofern keusch, als nur Männer ihn tanzen und sich dabei die meiste Zeit untergehakt oder an den Fingern halten. Er ist insofern erotisch, als er nur von Männern getanzt wird; und er ist es deshalb, weil er vor den Damen ausgeführt wird. Wer oder welches Geschlecht wird von Begierde entbrennen und ein Zusammentreffen ersehnen, zu dem es nie kommen wird?

Ist ein Fest ohne Trunkenheit eigentlich denkbar? Wenn es nicht die Aufgabe des Festes ist, Trunkenheit hervorzurufen, dann müßte man betrunken hinkommen. Ist ein Fest ohne Übertretung des Verbots denkbar? Jenes der *Humanité* in La Courneuve? Da alkoholische Getränke nach dem Koran eine Sünde sind, kam die Trunkenheit an diesem Morgen vom Gesang, von den Schmähungen und vom Tanz oder wenn man so will von den Schmähungen, die in Gesang und Tanz zum Ausdruck kommen. Ich stand unterhalb des Erddammes und sah ihn aus der Froschperspektive. Gleich neben mir hatten die Tänzer Aufstellung genommen, gegenüber den Fedajin, die zivile Kleidung trugen, sich nicht regten, sogar recht steif dastanden. Die Beduinen begannen zu tanzen, einzig begleitet von ihren Rufen und Schreien und vom Wirbeln ihrer nackten Füße auf Beton. Um bequemer tanzen zu können, hatten sie ihre Schuhe ausgezogen, den unteren Teil ihrer

Wickelgamaschen jedoch anbehalten. Ich begriff sofort, daß die Beduinen entschlossen waren, den Tanz so einzusetzen, wie die Palästinenser eine Woche zuvor ihre Frauen eingesetzt hatten, zumal dieser Tanz mir wie die Bloßlegung, fast wie das Eingeständnis einer gewissen Feminität erschien, ein kontrastreiches Pendant zu den ungeschlachten Brustkörben, über die sich Patronengurte spannten, die so voll waren, daß die Explosion einer einzigen Patrone das gesamte Beduinen-Bataillon in die Luft gesprengt hätte; und diese von vornherein in Kauf genommene, vielleicht sogar gewünschte Auslöschung war wohl der Motor ihrer Männlichkeit oder zumindest ihrer Tapferkeit.

Nun zu ihrer Art zu tanzen: Erst bewegten sie sich in einer einzigen Reihe, dann teilten sie sich. In Gruppen von zehn, zwölf oder vierzehn Soldaten, die sich wie bretonische Brautleute an den Armen festhielten; dann kam eine zweite Reihe von zwölf Tänzern dazu, die sich gleichfalls untergehakt hielten und ihre langen Waffenröcke bis zu den Waden – den Wadenwicklern – zugeknöpft hatten. Nicht wegzudenken waren der Turban und der Schnurrbart, aber darunter sah man keine Zähne aufblitzen; da sie sich an diesem Tag siegreich wähnten, wollten die Beduinen nicht lächeln. Aber die Obersten lächelten. Ihre Soldaten waren zu schüchtern und wußten wahrscheinlich auch, daß mit dem Lächeln jeder Zorn verrinnt. Im schweren Zweivierteltakt, ähnlich dem Tanzschritt der Auvergnaten, hoben die Beduinen die Knie weit in die Höhe und riefen:

»*Ya ya El Malik!*« (Es lebe der König!)

Etwas weiter weg ahmten die Palästinenser in Zivil den Tanz der Beduinen nach und antworteten ihnen lachend:

»Abu Amar!« (Jasir Arafat!)

Der Rhythmus war auf beiden Seiten derselbe, denn *Ya ya El Malik* wird wie »Yayal malik« ausgesprochen: Vier Silben bei den Jordaniern und ebenfalls vier Silben bei den Palästinensern, gleicher Rhythmus und fast der gleiche Tanz, denn er war nur noch ein Überbleibsel, das Rudiment eines Tanzes, der schwache Abglanz vergessener Tanzschritte, verdrängt durch Büroordnungen und schlecht geknüpfte Krawatten, und nichts war geblieben vom feierlich düsteren Gestus der Beduinen, die nun fast drohend

vorrückten, mit ihnen und um sie herum ihre Komplizin, die sie beschützende Wüste. Ihr »Yaya« war weniger eine Huldigung ihres Königs als eine gegen die Palästinenser geschleuderte Schmähung, die durch ihren unbeholfenen Auftritt – ihre Unterlegenheit – in immer größere Verwirrung gerieten. Die Beduinen tanzten umgeben von Wüste und grauer Vorzeit. Und ich frage mich heute noch, ob der Tanz der pulver- und kugelbewehrten Beduinen, der von Mal zu Mal kraftvoller und strenger wurde, eines Tages nicht die Macht besitzen wird, das zu zerschlagen, was er zu beschützen vorgab: die Monarchie der Haschemiten; und jenseits davon, Amerika, die Erstürmung des Himmels, wo sie den Fedajin begegnen würden, die ihre Sprache sprachen. Sprache ist möglicherweise ein leicht erlernbares Instrument zur Mitteilung von Gedanken, doch ist Sprache auch noch etwas anderes, Kindheitserinnerungen, Worte und Sätze, die einem in den ersten Jahren eingegeben werden, schneller noch als der erste Wortschatz: Steinchen, Stroh, Gräsernamen, Namen der Wasserläufe, der Kaulquappen, der Elritzen, Namen und Wechsel der Jahreszeiten, Namen der Krankheiten – eine Frau, »die an der Brust schwindet«, daneben sind Worte wie Tuberkulose und galoppierende Schwindsucht abgedroschen –, Schreie und Klagen, die man in der Liebe erfindet, indem man in die Kindheit zurückkehrt, unser Staunen, unser blitzartiges Begreifen...
»Du bist ja rot wie ein Krebs!«
Welch eine Verblüffung! Der Krebs ist grau bis schwarz. Das Tier läuft rückwärts, das sahen wir im Wasser des Baches. Grau ist es, aber wenn man sich geduldete, dann sah man, wie der Krebs, den man essen wollte, im siedenden Wasser rot und tot wurde. Beduinen und Fedajin sprachen die gleiche Sprache. Für die einen wie die anderen wäre »rot wie ein Krebs« rätselhaft geblieben. Die immer schlechter tanzenden Palästinenser waren nahe dran zusammenzubrechen. Ein kurzer Pfiff: Der militärische Leiter des Lagers hatte begriffen und mit dem Arm auf die Tische mit dem Obst gewiesen. Gerettet! Hier bedeutete Rettung »das Gesicht wahren«, so heuchelten die in Schweiß gebadeten Tänzer einen gewaltigen Durst und stürzten

sich auf Flaschen und Apfelsinen. Kein einziges Mal sprachen Beduinen und Palästinenser miteinander.

Selbst der künstlich geschürte Haß zwischen den Stämmen kann die Hölle auf Erden sein. Wiederum Zahlen: Die Beduinen-Armee zählte insgesamt 75 000 Soldaten, die aus 75 000 Familien stammten, was eine Gesamtzahl von 750 000 Menschen ergab. Das war die offizielle Zahl der »rein« jordanischen Bevölkerung. In ihrer eigenwilligen Art, auf die Fragen zu antworten, die ich mir seit ein paar Tagen stellte, hatten die Beduinen gesiegt – mit den Mitteln des Tanzes.

Durch dieses urmännliche Verhalten in die Isolation gedrängt, ließen die Palästinenser die Beduinen und ihre obskuren Privilegien weit hinter sich, doch ohne damit Israel zu imponieren, währenddessen jedes Leben – einziges Gut der einen wie der anderen – in seiner einzigartigen Herrlichkeit gelebt würde und wird.

Die genannten Zahlen sind aus dem Jahr 1970.

Kurz nach Sonnenaufgang, unweit von Ajlun und noch immer im Wald:

»Du mußt sie unbedingt sehen. Komm mit uns, wir werden für dich übersetzen.«

Es war sechs Uhr früh, und ich war ziemlich wütend über die dreizehn oder vierzehn Bengel, die mich geweckt hatten.

»Hier, trink, wir haben Tee gemacht.«

Sie schlugen meine Decke zurück und zogen mich aus dem Zelt. Wenn ich sie auf einem Weg von zwei Kilometern zwischen den Haselsträuchern begleite, werde ich den Hof und die Bäuerin zu sehen bekommen. Die Hügellandschaft von Ajlun, südlich des Jordan, ähnelt der Landschaft des Morvan. Hier und da ein blühender Fingerhut, ein Geißblatt, aber weniger Traktoren auf den Wiesen und keine einzige Kuh.

Mir fiel sofort auf, daß die Umgebung des Anwesens gepflegt war. In einem kleinen Gemüsegarten vor dem Haus wuchsen Petersilie, Zucchini, Schalotten, Rhabarber, schwarze Bohnen und eine kriechende Weinrebe, deren helle Trauben von der Morgensonne bestrahlt wurden. Die Bäuerin stand auf der Türschwelle unter einem romanischen Rundbogen und blickte auf die kleine Schar von Jungen, die einen Greis mit sich führten. Nach den Runzeln und den grauen Haarsträhnen zu urteilen, die unter ihrem schwarzen Kopftuch hervorschauten, war sie vielleicht sechzig Jahre alt. Später werde ich schreiben, daß sie im Jahre 1970 fünfzig war, und als ich sie 1984 wiedersah, war ihr Gesicht das einer Achtzigjährigen. Ich habe es vermieden zu sagen:»schien« sie achtzigjährig, denn durch den Gebrauch all der Salben, Cremes, Massagen, Glättungen und Straffungen der Falten und Behandlungen gegen Zellulitis hatte ich den stetig voranschreitenden Prozeß des Verfalls vergessen, den Prozeß, der rasch zum Tode führt, zum Vergessen; vergessen ist in Europa, wie das Gesicht einer Bäuerin unter der Einwirkung von Sonne, Frost, Anstrengung, Not und Verzweiflung zerfällt, und unversehens, kurz bevor sie aufgibt, welch ein kindlicher Schalk, wie ein letzter Leckerbissen.

Sie reichte mir die Hand und begrüßte mich ohne zu lächeln, führte aber den Finger, der meine Hand berührt hatte, an ihre Lippen. Ich begrüßte sie auf dieselbe Weise, die sie bei jedem Fidai wiederholte, höflich, aber reserviert, gleichsam auf der Hut. Sie war Jordanierin, weder stolz noch befangen, es zu sein, doch sagte sie, daß sie es sei. Da sie im Haus allein war, war Fremden das Betreten des Wohnraumes untersagt. Außerdem...

»Wir haben kaum Platz für fünf Leute, und fünfzehn...«

Sie sprach ganz ungezwungen. Später erfuhr ich, daß ihr Arabisch so schön war wie das eines Professors. Barfuß im Stroh. Nur selten las sie die Zeitung. Der einzige freie Raum, der uns alle aufnehmen konnte, war der ans Haus grenzende kreisrunde Schafstall.

»Wo ist die Herde?«

»Einer meiner Söhne ist dort mit ihr. Mein Mann ist unterwegs mit dem Maulesel, zum Berg.«

Der jordanische Bauer, den ich jeden Morgen gedankenlos grüßte, war also ihr Mann. Er lieh seinen Maulesel den Fedajin, die jeden Tag mehrere Fässer zu einem Felsen hinauf transportierten, von dem aus Soldaten die stillen Dörfer beobachteten. Doch Stille herrschte überall. Die jordanischen Bauern zeigten sich nie. Gelegentlich erblickte ich durch den Feldstecher eine Bäuerin mit schwarzem Kopftuch, die ihren Hühnern Futter gab oder eine Ziege melkte und gleich danach ins Haus hineinging und die Tür hinter sich schloß.

Sicher lauerten dahinter die Männer, ein Gewehr im Anschlag, und richteten Kimme und Korn mal hierhin, mal dorthin, daß heißt auf die palästinensischen Stützpunkte oder Patrouillen.

Am Tage vor unserem Gang zum Gehöft hatten zwei Fedajin lächelnd den Hof eines Hauses betreten, in dem eine Hochzeit gefeiert wurde, denn es ist ein alter Brauch, jedem Besucher, ja selbst Vorübergehenden Essen und Trinken anzubieten. Jeder lächelte jedem zu, nur nicht den Palästinensern, vor ihnen erstarb das Lächeln; tief gekränkt gingen sie hinaus. Die Bäuerin bot uns Kaffee an. Sie ging ins Haus, um ihn im Hauptraum, der vielleicht der einzige war, zuzubereiten. Der Schafstall war ein kreisförmiger Raum, dessen Boden mit Stroh bedeckt war. Um die innere Wand herum lief ein gemauerter Sims, der als steinerne Bank diente. Wir setzten uns, die Jungen scherzten, die Bäuerin kehrte mit einem Tablett zurück, auf dem eine Kaffekanne und fünfzehn ineinandergestapelte Gläser standen. Wir halfen ihr.

»Wir sind aber sechzehn!«

Ich dachte schon, ich hätte mich verhört. Eine Frau allein würde sich niemals zu uns setzen, doch alle meinten, sie solle die sechzehnte sein. Ohne eine Miene zu verziehen und ohne Ziererei lehnte sie jedoch ab. Allerdings war sie bereit, sich für eine Weile auf die etwas erhöhte Schwelle des Schafstalles zu setzen. Kein Haar schaute jetzt mehr unter ihrem Tuch hervor, also hatte sie, während der Kaffee durchlief, vor einem Spiegel ihr Äußeres geordnet. Ich saß ihr gegenüber, ihre Silhouette hob sich im Gegenlicht ab. Mir fielen ihre großen, nackten Füße auf, die bronzefarben unter ihrem weiten schwarzen Faltenrock herausragten: Der Wagenlenker von Delphi hatte sich im Schafstall niedergelassen. Auf Fragen antwortete sie, beziehungsweise äußerte sie sich mit klarer, wohlklingender Stimme. Ein Freischärler, der Französisch konnte, übersetzte aus einem Arabisch, das – wie er mir zuflüsterte – eines der schönsten sei, das er je gehört hatte.

»Mein Mann und ich sind uns vollkommen einig darin, daß die

beiden Hälften unseres Volkes nur in einem Land wohnen sollten, in diesem. Wir waren eins, als die Türken das Reich gründeten. Wir waren eins, bevor die Franzosen und Engländer mit dem Lineal geometrische Figuren über uns zeichneten, die wir nicht verstehen. Palästina blieb englisches Mandat, heute heißt es Israel, und man gab uns einen Emir von Hidjas, dessen Urenkel Husain ist. Ihr seid mit einem Christen zu mir gekommen, sagt ihm, daß ich ihn als Freund begrüße. Sagt ihm, daß ihr unsere Brüder seid und daß es uns schmerzt, wenn ihr in Zeltlagern und wir in Häusern wohnen. Auf den, der sich König nennt, und auf seine Familie können wir gut verzichten. Anstatt seinen Vater in seinem Palast zu pflegen, hat er ihn in einem Gefängnis für Verrückte sterben lassen.«

Im allgemeinen ist Patriotismus der Ausdruck eines überspitzten Souveränitätswillens oder einer vermeintlichen Überlegenheit. Bei nochmaligem Lesen des Geschriebenen glaube ich sagen zu können, daß die Worte der Bäuerin mich überzeugten, oder vielmehr, daß sie mich rührten wie jedes Gebet in einer zu weiträumigen Kirche. Ich hatte wohl eher eine Art Gesang gehört, der von den Sehnsüchten eines Volkes erzählte. Wenn wir von den Palästinensern sprechen, müssen wir uns stets vergegenwärtigen, daß sie nichts besitzen: Keinen Paß, keine Nation, kein Staatsgebiet, und wenn sie von alledem singen, sich danach sehnen, dann deshalb, weil sie nur die Schemen davon sehen. Der Gesang der jordanischen Bäuerin war frei von Geschwätzigkeit und Trivialität. Was so stark und so musikalisch zum Ausdruck kam, war keine Leier, keine Deklaration, sondern die fast lapidare Mitteilung – im richtigen Ton – einer evidenten Tatsache.

»Husain ist ein Moslem, so wie du eine Moslime bist«, sagte frech und lachend einer der Bengel.

»Wie ich mag er vielleicht auch den Geruch der Resede: Nur darin sind wir uns ähnlich.«

Eine Stunde lang sprach sie weiter in diesem ruhigen furchtlosen Ton und blieb auf der Türschwelle sitzen. Dann erhob sie sich, streckte sich und gab uns zu verstehen, daß nun ihre Arbeit auf dem Hof begann.

Ich ging zu ihr und lobte ihren Garten.

»Wir stammen aus dem Süden. Mein Vater war Soldat bei den Beduinen. Den Hof hat er ein paar Wochen vor seinem Tod geschenkt bekommen.«

Ohne jeden Dünkel, ohne Demut oder Unmut in der Stimme antwortete sie geduldig und höflich auf jede unserer Fragen und Bemerkungen.

»Wissen Sie, wer uns gezeigt hat, wie man den Boden bebaut? Die Palästinenser, 1949. Sie haben uns beigebracht, wie man den Boden umpflügt, welche Saat man nimmt, wann man bewässert...«

»Mir ist ihre schöne Rebe aufgefallen, aber sie kriecht am Boden...«

Zum erstenmal lächelte sie, sehr breit.

»Ich weiß, daß die Rebstöcke in Algerien und in Frankreich gestützt werden und wie Bohnen hochranken. Sie machen Wein daraus. Für uns wäre das eine Sünde. Wir essen die Trauben. Wenn die Weintrauben bis zur Reife direkt auf dem Boden in der Sonne liegen, bekommen sie einen besseren Geschmack.«

Sie berührte jedem von uns die Fingerspitzen, und wir berührten die ihren. Als wir gingen, sah sie uns hinterher.

Es ist nicht auszuschließen, daß jeder Palästinenser in seinem Innern das Land Palästina beschuldigt, es habe sich zu schnell hingelegt und dem starken und schlauen Feind unterworfen.

»Daß es sich nicht umgedreht, nicht aufgelehnt hat! Vulkane hätten grollen und speien müssen, Blitze niedergehen und Brände legen...«

»Blitze niedergehen? Der Himmel ist mit den Juden, wußten Sie das nicht?«

»Sich aber hinlegen! Warum hat es keine Erdstöße gegeben...?«

Selbst dieser nicht nur verbale Zorn, der vielmehr vom Schmerz herrührte, verstärkte noch die Entschlossenheit zu kämpfen.

»Der Westen hält sich zugute, daß er Israel unterstützt...«

»Die Arroganz der Mächtigen wird die Gewalttaten der Schwachen herausfordern...«

»Auch blindwütige?«

»Auch blindwütige. Blindwütig zu guter Letzt und weitsichtig.«

»Was willst du damit sagen?«

»Nichts. Ich bin in Zorn geraten.«
Keiner der Fedajin hatte seine Waffe aus der Hand gelegt, sie hing entweder quer über Brust und Schulter oder lag waagerecht auf ihren Knien, senkrecht zwischen ihnen, wobei sie nicht ahnten, daß diese Lage in sich eine erotische oder tödliche Bedrohung oder beides zugleich darstellte. Auf keinem der Stützpunkte sah ich je, daß ein Fidai sich von seinem Gewehr getrennt hätte, außer während des Schlafs. Ob er nun kochte, seine Decken ausschüttelte oder Briefe las, die Waffe an ihm war fast lebendiger als er selbst. Ich frage mich sogar, ob die Bäuerin, wenn unbewaffnete Kinder zu ihr gekommen wären, sich nicht sogleich in ihr Haus zurückgezogen hätte, gröblich beleidigt durch den Anblick nackter Jünglinge. Sie war aber nicht überrascht: Soldaten umgaben sie.

Wir hatten den Heimweg angetreten, und als die Fedajin an der nächsten Wegebiegung den kleinen Haselnußhain erblickten, rannten sie los und ließen mich allein auf dem Weg zurück. Sie liefen in das Wäldchen hinein, wo jeder sich ein stilles Plätzchen suchte, an dem er sich, ungesehen von den anderen – die ich alle jedoch hier und da an den Schößen ihrer weißen Hemden ausmachen konnte –, gemütlich wie ein Kind auf dem Topf niederhockte und sein Geschäft verrichtete. Ich nehme an, daß sie sich den Hintern mit Blättern abwischten, die sie von den niedrigen Ästen pflückten; dann kehrten sie, ordentlich zugeknöpft und die Waffe geschultert, in Reih und Glied auf den Weg zurück, noch immer ihr improvisiertes Marschlied singend. Gleich nach unserer Heimkehr wurde Tee zubereitet.

Wenn ich an diese Bäuerin zurückdachte, erschien sie mir meist als eine sehr mutige und sehr kluge Frau, doch bisweilen konnte ich nicht umhin, in ihr auch ein Beispiel perfekter Verstellung zu sehen. Spielten sie und ihr Mann, in stillem Einvernehmen mit der gesamten Bevölkerung von Ajlun, eine abgefeimte Komödie? Er, in dem er sich bis zur Unterwürfigkeit als Freund der Palästinenser ausgab, und sie, indem sie mit Scharfsinn argumentierte und politischen Verstand bewies? Waren sie Kollaborateure, vergleichbar etwa mit jenen Franzosen, die sich den Deutschen angedient hatten, oder ein Paar, dessen Aufgabe es war, Sympathien vorzutäuschen, um auf diese Weise die jordanische Armee besser mit Nachrichten versorgen zu können? Wenn dies zutraf, dann haben sie vielleicht entscheidende Einzelheiten geliefert, die das Massaker an den Fedajin im Juni 1971 ermöglichten. Denn noch heute frage ich mich, warum diese Bäuerin sich gegen Husain derart ereifert hatte? Hatte sie Verwandte unter den Palästinensern? Gab es da eine alte Rechnung zu begleichen? War es Dankbarkeit, weil Palästinenser ihr geholfen hatten? Noch heute frage ich mich das.

So viele Täuschungen, Irrtümer und Vorspiegelungen waren für Journalisten, sympathisierende oder solche, die vom Glanz, der jeden Aufstand umgibt, geblendet wurden, leicht zu durchschauen, und ihre Einfalt hätte sie eigentlich warnen müssen; ich kann mich jedoch an keinen Zeitungsbericht erinnern, in dem ein Journalist über die Trivialität, die Albernheit solcher Vorspiegelungen sein Befremden geäußert hätte. Die Zeitung, die sie so weit hinausschickte und dafür tief in die Tasche greifen mußte, erwartete tragische Ereignisse, die eine Entsendung von Fotografen, Kameraleuten und Reportern auch rechtfertigen. Der berühmte Satz: »Weitergehen, hier gibt's nichts zu sehen«, der den Pariser Ordnungshütern zugeschrieben wird, war hierbei sicher nicht das entscheidende Moment: Da Journalisten lange vor dem Eingang zu den Stützpunkten aufgehalten wurden – stop secret défense –, hatten die Stützpunkte jene Sperrgebiete zu sein, die niemand betreten durfte, wobei jederman vielleicht ahnte, ohne es auszusprechen, daß es *nichts zu sehen gab*. Und dieses Buch, das ich wie eine Reminiszenz kostbarer Erlebnisse niederschreibe, ist – soll ich es sagen? – die Summe aller Erlebnisse, mit denen dieses eine große Wunder verdunkelt werden soll: *»Es gab weder etwas zu sehen noch zu hören.«* Ist es dann eine Art Barrikade, die errichtet wird, um dieses Vakuum zu verdecken, das Aneinanderfügen einiger wahrer Einzelheiten, die den anderen, sozusagen per Ansteckung, mehr Wahrscheinlichkeit verleihen sollen? Obwohl ich selbst zu dieser trivialen Art der Wahrung militärischer Geheimnisse keine Entgegnung fand, beschlich mich Unbehagen: Die PLO bediente sich der gleichen zynischen Methoden der Bemäntelung wie etablierte Staaten.

Ich habe in der Tat nichts gesehen und nichts gehört, was eine Erwähnung verdiente, doch lag dies wohl an meiner großen Naivität, an meiner Zerstreutheit – die mich beispielsweise dazu verführte, auf einem Stützpunkt mit wachsendem Staunen die Wege und Züge einer Prozessionsspinnerkolonie zu verfolgen, die ihrerseits nichts davon ahnte, daß die Fedajin gleich daneben immer mehr hungerten und froren. Sah Abu Omar in mir einen Verbündeten von frivoler Gesinnung oder den Greis, dem es an Scharfsinn fehlte und der, welche gravierenden Ereignisse auch stattfinden würden, ihnen nicht mehr Bedeutung beimessen würde als den Umzügen jener Raupen?

Der Fidai, der für mich das Arabisch der Bäuerin so gut übersetzt hatte, hob recht unvermittelt die Distanz auf, die, gegen seinen und meinen Willen, zwischen uns entstanden war. Ich wurde durch einen ehemaligen türkischen Offizier, seinen Vater, zum Geburtstagsessen eingeladen.

Bis vor kurzem noch, jedenfalls bis 1970 etwa, wohlbehütet in der staubigen Mittelmäßigkeit eines Beduinen-Marktfleckens, wie viele andere Hauptstädte der arabischen Welt, fiel Amman jetzt zunehmend dem Ruin anheim. Nach den zahlreichen Wirbelstürmen, die über Beirut hinweggegangen sind, steht diese Stadt heute kurz vor dem Kollaps. Mit leiser Stimme erst hat der Bach anklingen lassen, daß alle arabischen Nationen den Palästinensern mißtrauten, daß keine unter ihnen bereit war, einem derart gepeinigten Volk zu helfen – gepeinigt durch den israelischen Feind, durch revolutionäre und politische Differenzen, durch die innere Zerrissenheit eines jeden einzelnen Menschen. Das Volk ohne Land, fürchtete man, bedrohte alle Länder.

Libanon, »die kleine Schweiz des Nahen Ostens«, wird untergehen, wenn Beirut unter den Bomben untergehen wird. Das von der Presse und vom Rundfunk überstrapazierte Wort vom »Bombenteppich« paßt hier jedoch: Bombenteppiche wurden über Beirut ausgebreitet und verwüsteten die Stadt; je mehr sie in sich zusammenfiel und ihre Häuser unter Krämpfen zerbarsten, um so mehr setzte Amman Muskeln und Speck an, verfettete nachgerade.

Steigt man in die Altstadt hinab, fallen einem die vielen Wechselstuben ins Auge, Wand an Wand, Tür an Tür, eng aneinandergeschmiegt und mit direktem Draht nach London, zur City. Wenn die Sonne zu hoch am Himmel steht, lassen die schnurrbärtigen fröhlichen Geldwechsler die eisernen Vorhänge herunter. Sie gehen, schweißtriefend in ihren Polohemden, zu ihren klimatisierten Mercedes-Limousinen. In ihren Villen am Jebel Amman halten sie Siesta. Die meisten von ihnen sind Palästinenser, und ihre Frauen – im Plural – sind fett. Sie lesen *Vogue*, *Maison et jardins*, essen Konfekt und lauschen den *Vier Jahreszeiten* auf Kassette. Als ich im Juli 1984 dort eintraf, war Vivaldi groß in Mode; als ich wieder abreiste, war Mahler gerade im Kommen. Die antiken Ruinen haben ein Wunder vollbracht: Aus dem, was sie immer weiter zerstört, ziehen sie ihren ewigen Glanz. Eine beschädigte Säule oder ein schadhaftes Kapitell läßt sich ausbessern, und aus Ruine wird Restauration. Mit seinem Staub, seinem Dreck und seinen römischen Ruinen sah Amman einfach fabelhaft aus. Ich lief also in der Nähe von Aschrafieh durch einen recht großen Obstgarten. Der Dolmetscher-Fidai erwartete mich schon. Beschreibung: Dieses Haus, das dem der Nashashibi recht ähnlich war, hatte nur ein Stockwerk. Das große Empfangszimmer lag auf gleicher Ebene wie der Aprikosenhain. Omars Vater saß in einem Sessel und rauchte seine Wasserpfeife. Der Teppich in dem Zimmer war so breit, so dick, so groß und das Muster darauf so schön, daß ich die Schuhe ausziehen wollte.

Meine ungewaschenen Füße, meine Briefträgerfüße, die mich viele Kilometer getragen haben, werden riechen...

Auf dem Teppich stand ein rundes Tischchen, beladen mit Honiggebäck.

»Für den Gaumen, orientalisches Gebäck ist etwas für den Gaumen.«

Omars Vater war groß und dürr, anscheinend von strengem Wesen. Sein Haar und sein Schnurrbart waren weiß und ziemlich kurzgeschnitten.

»Ja, orientalisch. Nehmen Sie sich vor meinem Sohn in acht, er hat beschlossen, solches Gebäck nicht zu mögen, weil seine Zusammensetzung und die Art der Herstellung nichts darüber aussagen, ob sie auch marxistisch-leninistisch-wissenschaftlich sind. Machen Sie es sich bequem, Monsieur.«

Als ich die Kissen, also das Ende des Teppichs erreichte, legte ich mich nieder und stützte mich mit dem Ellbogen auf. Omar, sein Vater und Mahmoud, ein zweiter Fidai, saßen alle drei in Socken in der Hocke, die Schuhe hatten sie am Teppichrand auf den Marmorfliesen abgestellt. Zum Glück lachte ich, als ich sah, wie im Glasgefäß der Wasserpfeife Blasen aufstiegen.

»Sie wundern sich darüber und finden es lustig«, sagte zu mir der ehemalige türkische Offizier.

»Ich hatte gerade die komische Vorstellung, ich sehe meinen Bauch, gefüllt mit einem Viertelliter Perrier.«

Omar und Mahmoud verzogen die Lippen zu einem sehr dünnen Lächeln. Wirklich sehr dünn, fast unsichtbar.

»Im Grunde wollen Sie mit Ihren Gedanken vielleicht folgendes sagen: Ihr Bauch befindet sich Ihnen gegenüber und mein Mund löst den Sturm aus.«

Diese Bemerkung traf schon den Grund, doch nicht den meines Gedankens, sondern eines Gefühls, das sich hier, auf diesem Teppich, unter dem Kronleuchter aus Murano, vor dem Offizier, unmöglich in Worte fassen ließ. Ich erfuhr, daß er achtzig Jahre alt war.

Die Grenzen der Konventionen, über die man sich in einer Unterhaltung einigt, sind ziemlich fließend, ebenso fließend vielleicht wie Staatsgrenzen, und wie bei diesen muß es zu einem Krieg kommen, mit seinen überlebenden Helden, seinen Verletzten und seinen Gefallenen, um sie zu verändern. Und wenn sie sich verändern, dann entstehen neue Grenzen mit ebenso vielen versteckten Fallen. So weiß ich heute noch immer nicht allzuviel über die Moslembruderschaft.

»Im vergangenen Jahr bat mich ein Schriftsteller in Kairo, einen seiner in Französisch geschriebenen Artikel zu korrigieren. Es waren fast vierzig Seiten. Ich habe ihn gelesen, und nach der zweiten Seite bin ich fast daran erstickt. Im ganzen Artikel wimmelt es nur so von Haßtiraden... In der Art wie diese: ›*Wir müssen uns gegen alles bewaffnen, was nicht moslemisch ist... so der gegenwärtige Hungerstreik. Nichts gefällt Gott mehr – was unerträglich ist für jeden Menschen, aber eine Wonne für Gott – als der Geruch, der nach dem zehnten Tag aus dem Mund des Bruders kommt, der sich im Hungerstreik befindet, und auch aus dem Mund des Nichtgläubigen, der Hunger leidet.‹«*

Als der marokkanische Rechtsgelehrte mir dies sagte, verzog er sein Gesicht zu einer solchen Grimasse des Ekels, daß diese mir noch grotesker vorkam als die Tiraden des Kairoers. Er hatte es abgelehnt, diesen französischen Text zu redigieren. Da jeder Moslembruder wußte, daß er mit einem Franzosen sprach, achtete er darauf, die gewohnte Grenze des Gesprächs nicht zu übertreten. Deshalb lernte ich nie die Hölle der Moslembrüder kennen, so wie man früher Zugang zur Hölle der Bibliothèque Nationale erhielt. Dem türkischen Offizier schienen Anstößigkeiten nichts auszumachen. Hier wie auch später bei Omar und Mubarak muß mir eine scheinbare Fälscherleistung gelingen, und so werde ich durch Hinzufügungen die Lücken in der Rede von Mustafa füllen, da ich sonst nur einen unverständlichen, aus Bruchstücken – und Nacht – bestehenden Entwurf vorzuschlagen hätte. Dem Inhalt bleibe ich treu. Wenn bestimmte Personen noch am Leben sind, habe ich die Namen, Beinamen und die Anfangsbuchstaben der Namen geändert.

»In Konstantinopel fing ich an, Ihre Sprache zu lernen. Ich hoffe, daß ich darin kein Stümper geblieben bin. Geboren bin ich in Nablus, und der Name unserer Familie ist Nabulsi. Wir gehören einem berühmten Geschlecht an, und seit heute früh acht Uhr bin ich achtzig Jahre alt. Im Jahr 1912 war ich Offizier der osmanischen Armee und studierte in Berlin unter Wilhelm II. Zu Beginn des Krieges, 1915, als Sie, wie ich glaube, noch ein Kind, aber schon mein Feind waren (er lächelte liebevoll wie eine Heilige oder wie ein Baby), standen wir – nein, verzeihen Sie, dieses Wort verbindet Sie nicht mit mir, es schließt Sie aus, mit wir meine ich die Deutschen und die Türken –, da standen wir unter dem Befehl des Kaisers Wilhelm II., Oberleutnant. Wir hatten es damals noch nicht mit Ihrem Marschall Franchet d'Esperey zu tun. Der kam später. Ich spreche fließend türkisch, meine erste Sprache; und arabisch; Sie können am besten beurteilen, wie gut mein Französisch ist; außerdem noch englisch und deutsch. Haben Sie bitte Nachsehen mit mir, heute abend, wenn ich so viel von mir spreche, aber bis Mitternacht habe ich Geburtstag. 1916 wurde ich im Nachrichtendienst aufgenommen.«

Ein Satz, der vom nächsten schon verschlungen wurde, verschluckte selbst und ebenso rasch den vorhergehenden. Mir blieb nichts weiter übrig, als zuzuhören.

»Dieser Krieg, den ihr Europäer für beendet erklärtet, sollte noch lange dauern. Ich war Moslem und blieb es auch im Reich, obwohl wir wußten, daß ein transzendentaler Gott nicht dem Zeitgeschmack entsprach, aber heißt denn heute Moslem sein etwas anderes als sich Moslem nennen? Für Araber und Moslems bin ich noch immer ein Araber und Moslem. Als Türke war ich Palästinenser, heute bin ich nichts mehr oder nur noch sehr wenig. Vielleicht durch meinen jüngsten Sohn Omar? Ich bleibe ein Palästinenser durch den, der für Marx den Islam verraten hat. Wie Sie glaube auch ich an die Kraft des Verrats, doch glaube ich weit mehr – leider sehr diffus – an die Treue. Wie Sie sehen können, läßt man mich in meinem Ammaner Haus in Ruhe, aber jetzt bin ich ein Jordanier; ein unaufhörlicher Niedergang, wie Sie feststellen werden, vom Khedive zu Husain, vom Reich zur Provinz.«

»Sie sind doch noch türkischer Offizier?«

»Gewissermaßen. Aus Höflichkeit nennt man mich Oberst. Das wiegt für mich ebensoviel wie der Titel Herzog der SFIO oder Fürst von Air-Inter, den mir Monsieur Pompidou verliehen hätte. Theoretisch bin ich ein Untertan des letzten Abkömmlings – ich könnte ebensogut Sproß oder Ableger sagen – eines Haschemiten-Geschlechts im Hidjas, das heißt, so ist es seit 1917 – nein, ich irre mich – seit 1922, denn damals hatte sich Atatürk Europa angenähert, er verhandelte mit Europa...«

»Sie mögen Kemal Atatürk nicht?«

»Der Vorfall ist nicht echt... dieser berühmte Auftritt, bei dem Atatürk von der Tribüne einen Koran in den Saal des Hohen Hauses geworfen haben soll. Er hätte so etwas nie gewagt, denn im Saal saßen unzählige moslemische Abgeordnete. Er hat uns allerdings später bewiesen, daß er uns haßte.«

»Gegen Ende seines Lebens, hat er die Angliederung von Alexandrette und Antiochia an die Türkei erwirkt.«

»Die Franzosen haben sie der Türkei geschenkt. Das war nicht recht. Es ist arabischer Boden. Dort wird noch arabisch gesprochen. Aber ich sagte Ihnen schon, seit 1922 mußte ich gehorchen, aber nicht mehr den Osmanen, den Engländern, Abdullah und auch nicht dem Glubb Pascha, der mir meinen Offiziersrang aberkannte, weil ich unter Atatürk gedient hatte. Glubb hat das getan, weil ich in Deutschland eine militärische Ausbildung bekommen hatte.«

»In Frankreich gab es die ›verlorenen Soldaten‹.«

»Welch ein schöner Titel: Doch alle Soldaten sind verloren. Es ist gerade erst zehn Uhr. Ich habe noch Zeit bis Mitternacht. Als ich nach Amman zurückkehrte, daselbst wo ich für die Engländer unter dem Befehl von Allenby gekämpft hatte, hat mein ältester Sohn Ibrahim – dessen Mutter, meine erste Frau, eine Deutsche ist – mich freigekauft, denn ich mußte unser Haus auslösen. Es war in einem Café in der Nähe Ihres Hotels – des Hotels Salaheddine, glaube ich –, ich spielte gerade Tricktrack, als man mich erkannte. Ich blieb fünf Monate im Gefängnis. Sie hatten mehr Glück als ich, da Sie mit Nabila Nashashibi nur ein paar Stunden in Haft waren – ich habe es von einem ihrer Brüder erfahren. Dann war ich frei. Aber was heißt hier frei! Ich hatte die Freiheit, nicht über diesen Jordan zu dürfen und nie wieder Nablus wiederzusehen. Worauf ich gern verzichte, nicht wahr.«

Er führte erneut das Mundstück des Nargilehs zu den Lippen. Feige genoß ich diese kurze Ruhepause.

»Sie sind aber noch türkischer Offizier.«

»Aus dem Offizierskorps ausgeschlossen, wie man so schön sagt, und seit langem schon. Mit einem Feind wie Ismet Iönü, weniger brutal, aber gehässiger als Kemal. Vor dreißig Jahren, bei seinem Begräbnis in Ankara, habe ich die türkische Uniform das letztemal in der Öffentlichkeit getragen. Sie ist jetzt im Besitz meiner ersten Frau, die mit meinem Sohn Ibrahim in Bremen lebt.«

Er verfiel in einen leisen Singsang:

»Vor dreißig Jahren, bei seinem Begräbnis in Ankara, habe ich die türkische Uniform das letztemal in der Öffentlichkeit getragen.«

Dann, in einem anderen Rhythmus:
»Vor dreißig Jahren,
bei
seinem Begräbnis
in Ankara, habe ich, Kara,
das letztemal die türkische Uniform
in der Öffentlichkeit getragen.«

»Was Sie eben gehört haben, diese Melodie, die mir immer wieder einfällt und mir nie aus dem Sinn geht, das ist eine Art Kavatine, die von der Spieldose im Untersetzer auf unserem Tisch zu Hause in Konstantinopel, Istanbul für Sie, gespielt wurde.«

»Als Sie in den Reihen der türkischen Armee gegen die Engländer kämpften, hatten Sie dabei das Gefühl, sie kämpften gegen die Araber der Armeen von Allenby und von Lawrence?«

»Das Gefühl? Na, Sie gehen aber ran! Wenn man Soldat ist, wenn man gern kommandiert, Befehle ausführt, Gehorsam findet, ah! ja, Gehorsam, und wenn man die Orden der siegreichen Nation liebt, dann, lieber Monsieur Genet, spielt das Gefühl doch keine Rolle, glauben Sie nicht auch?«

Wir lachten beide ein bißchen, er und ich, aber höflich, verhalten. Omar und Mahmoud blieben ernst.

»Aber die Geschehnisse waren nicht so eindeutig und klar, wie es dieser kleine und unbescheidene Archäologe behauptet: Lawrence hat alles verschönert, sogar seine Arschfickerei schildert er als eine Heldentat. Sehen Sie mal, was sich derzeit in Amman und in Zarkat abspielt: Soldaten und Offiziere palästinensischer Herkunft haben über verschiedene Kanäle den Befehl oder zumindest den dringenden Rat bekommen, die jordanische Armee, die sich aus übriggebliebenen Banden der arabischen Legion von Glubb, aus jungen Beduinen und Palästinensern zusammensetzt, zu desertieren und sich der PLA* anzuschließen. Wieviele sind diesem Appell gefolgt?«**

---

* Palästinensische Befreiungsarmee; nicht zu verwechseln mit der PLO, der von Jasir Arafat geführten Palästinensischen Befreiungsfront.
** Im Gegensatz zu Mahmud Am Chari meinte Leila, daß zahlreiche Soldaten und Offiziere desertiert seien. Aber wie viele?

»Wenige.«

»Sehr wenige. Und warum? War es Verrat am palästinensischen Vaterland? War es Feigheit? Oder wollten sie nicht gegen ihre ehemaligen Waffenbrüder kämpfen? Wollten sie dem König Husain die Treue halten? Als alter Soldat weiß ich, wie sehr das alles zählt. Ich war Offizier der osmanischen Armee, arabischer Offizier. Eure Historiker schreiben, in der arabischen Welt habe auf Betreiben von Lawrence eine allgemeine Erhebung stattgefunden, dabei war es das Gold, es waren Kisten voller Gold, die Seine Majestät Georg V. schicken ließ. Es hat ernsthafte Debatten gegeben, in denen manche versuchten, ihre Ambitionen durch schöne Worte über Freiheit, Unabhängigkeit, Patriotismus und Edelmut zu bemänteln; und obwohl sie vorsichtig zu Werke gingen, wurden die Ambitionen zu einem grotesken Streben nach Posten, Dienstsrängen, Pfründen, Reisen und anderem mehr, das ich vergessen habe, aber nicht nach Gold. Mit meinen blauen Augen habe ich es berührt, auch mit den Händen. Die Debatten – Geplänkel! Ums Gold ging es! Um die Goldmünzen, mit denen man sich die Taschen füllt. Mein Sohn hat mir von Ihrem Besuch letzte Woche bei einer Bäuerin erzählt, bei der Tochter eines Beduinen-Offiziers, glaube ich, der sich vom Glanz des britischen Goldes hatte blenden lassen. Bei ihm war es das Gold, bei unseren Emiren ebenfalls, aber auch Orden, der Hosenbandorden, Bänder und Schleifen – Medaillen für die strammen Brüste der Beduinen, die sich am Klang einer ›Lebel‹ berauschen. Sehen Sie mich an oder schließen Sie die Augen. Vor dem, was um Sie herum passiert und in dem Sie nur Poesie erblicken: Omar ist Mitglied der Fatah; glauben Sie, daß die alle aus reiner Menschenliebe dort hinströmen?«

Mit matter Stimme rief er: »Omar! Omar und Mahmoud, heute abend dürft ihr vor mir rauchen«, und an mich gewandt fügte er hinzu, während er sich in seinen bestickten Seidenkissen aufstützte: »So lange ich liege, würden sie es nie wagen, vor meinem greisen Haupt zu rauchen.« Geflissentlich überging er seinen Versprecher oder hielt es nicht für angebracht, auf ihn aufmerksam zu machen, indem er sich dafür entschuldigte, und auch ich zog es vor, weiterhin in ihm den alten Osmanen zu sehen, der sich lieber liegend als lebend sah, versonnen und gelassen auf seine Zeit als Wesir zurückblickend, und so schwiegen wir.

In den Taschen spielten die Finger schon mit dem Feuerzeug und den hellen Zigaretten.

»Eines Tages werden Sie begreifen, wer die Engländer waren. Denken Sie nur an die Tscherkessen. Wir wollen ihnen ein paar Gedanken widmen: Abd ül-Hamid brauchte ein sicheres Heer (ein moslemisches, kein arabisches), um gegen die rebellierenden Beduinen vorzugehen. Er dachte dabei an die Zirkassier aus dem russischen Reich. Der Khedive schenkte ihnen das fruchtbarste Land in diesem Gebiet – das heutige Jordanien und ein Teil Syriens –, ein Land, in dem die Quellen selten aber ergiebig sind, und wenn sie den Juden jene vom Golan (er sagte Sholan) überlassen haben, so gehören ihnen aber noch die bei ihren Dörfern in der Umgebung von Amman. Wer waren die Tscherkessen? Eine Art moslemische Kosaken, die Beduinen abmetzelten. Heute sind sie deren Generäle, Minister, Botschafter, Postdirektoren, sie dienen Husain und beschützen ihn vor den Palästinensern.«

Um zu rauchen, begaben sich die beiden jungen Männer hinter einen Pfeiler. Diese Ehrerbietung vor der arabischen Aristokratie, oder was sich als solches gab, hatte ich stets den Gesichtern, den Worten und den Gesten der Fedajin entnommen, aber auch bemerkt, als Samia Solh die Halle des Hotels *Strand* in Beirut betrat. Die Beschreibung dieses Abends kann warten. Der Osmane hatte einen Zahn zugelegt:

»In unseren Offizierskasinos – anstandshalber mußten wir schließlich den Krieg verlieren bei all unseren Gelagen, den Bergen von Matzen und den vielen Gläsern Arrak – wären unsere Debatten leeres Geschwätz geblieben, hätte es da nicht einen festen Punkt gegeben – den Morgenstern –, der uns leitete: Das Gold, Monsieur. In unseren Debatten ging es um folgendes: Sollten wir, die arabischen Offiziere der türkischen Armee, die Schwächung des Reiches und den Sieg der Engländer und Franzosen wünschen und uns daran beteiligen? Ich gebe nur das zu, was in unseren Absichten lauter war, edel also, und behalte für mich die häßlichen Ambitionen, die wir für den Fall hegten, daß Ludendorff euch an der Somme geschlagen hätte. Schon zur Zeit Mohammed Alis verachteten uns die Engländer; und die Franzosen in Algerien, in Tunesien, wo man während des ganzen Krieges von 1914-18 in den Moscheen für unseren Sieg betete, vielleicht wegen des Begs türkischer Herkunft, doch schließlich erflehten die tunesischen Gebete den Sieg Deutschlands und der Türkei über ihre Länder; die Italiener verachteten uns seit 1896 in Erythrea. Konnte uns der Erfolg all dieser Christen am Herzen liegen?«

»Die Deutschen waren auch Christen.«

Ein paar Sekunden lang sprach Mustafa nicht weiter, sondern pfiff seine Melodie vom Spieldosen-Untersetzer.

»Kein arabisches Land wurde je zur deutschen Kolonie. Teutonische Ingenieure haben uns Straßen und Eisenbahnlinien gebaut. Haben Sie die im Hidjas gesehen?«

»Dieser Tage nicht, aber als ich achtzehn war. Ich habe meinen Militärdienst in Damaskus gemacht.«

»In Damaskus! Das müssen Sie mir erzählen. Ich welchem Jahr?«

»1928 oder 1929.«

Ist es Ihnen in guter Erinnerung geblieben...? Nein, nein, sagen Sie mir nichts über dieses Land, und nichts über Sie und Ihre Liebschaften. Ich weiß Bescheid. Kommen wir zu unseren Debatten zurück, in denen sich unsere arabischen Gemüter Tag und Nacht bis zur Weißglut erhitzten. Mein respektvolles Gedenken für Atatürk ist ziemlich gedämpft. Er mochte nicht sonderlich die Araber, deren Sprache er fast nicht beherrschte* aber er hat, so gut er konnte, die osmanische Welt vor dem Verfall gerettet. Wie konnte man nur das Reich so demütigen, wie Sie es getan haben, so daß der letzte Kalif sich auf ein englisches Schiff retten mußte – gefangen und abtrünnig, so wie ihr mit Abd el-Kader umgegangen seid. Und die Engländer hier

---

* Ist dies eine Legende? Atatürk geriet um ein Haar in Gefangenschaft, weil er schlecht arabisch sprach. Er soll diese Sprache auch nicht besonders gut verstanden haben.

mit Glubb, und Samuel in Palästina, Frangie im Libanon, Aflak und sein lächerlicher Baas in Syrien, Ibn Seoud in Arabien...«

»Was hätte man in der Zeit von 1914 bis 18 sein sollen?«

Der Vater von Omar erhob sich unter dem Kronleuchter aus Murano, stand vor mir auf dem Teppich aus Izmir.

»Vor 1917, lange vor der Balfour-Erklärung, wußten wir, daß reiche Grundbesitzer...«

Zum erstenmal erwähnte er mir gegenüber den Namen dieser Familie Sursok.

»...schon Kontakte aufgenommen hatten, um den Juden ganze Dörfer zu verkaufen, mit gutem wie auch schlechtem Ackerland. Wir kennen die Namen der arabischen Familien, die davon profitieren...«

»Sie hatten Helfer bei der Hohen Pforte...«

»Zweifellos. Und die Engländer, die Antisemiten, aber Realisten sind, setzten sich für eine europäische Kolonie unweit vom Suez-Kanal ein, um den Osten von Aden zu kontrollieren und um ihn sich zu erhalten.«

Die Uhr aus Ebenholz und Perlmutt schlug Mitternacht. Für den türkischen Offizier hatte die sechzehnte Stunde seiner achtzig Jahre begonnen. Omar fragte ihn respektvoll, ob er nicht befürchtete, den Fremden gekränkt zu haben. Ich glaube, der Alte blickte mich wohlwollend an.

»Keinen Augenblick. Sie kommen aus einem Land, das auch nach meinem Tod in meinem Herzen sein wird: Aus dem Land von Claude Farrère und Pierre Loti.«

Jeden Tag, jede Nacht schickte der Tod seine Boten: Daher diese stets trippelnde Eleganz, neben der ein mit Beifall bedachter Tanz am Boden schwerfällig wirkt. Und mit ihnen wurden alle Dinge – von den Tieren weiß ich es nicht – vertrauter.

Bei Zahlen, die von zehn bis zu zehntausend reichten, spielte ein Toter keine Rolle mehr, zumal man keinen doppelten, dreifachen, vierfachen Schmerz empfinden konnte, wenn statt des einen gleich vier Freunde starben; es gab keinen hundertfachen Schmerz, wenn es ihrer hundert waren. Merkwürdigerweise rückte der Tod eines besonders beliebten Fidais diesen wieder stärker ins Bewußtsein, brachte Einzelheiten ans Licht, die früher nie beachtet worden waren, ließ ihn mit uns reden und mit einer für uns neuen Eindringlichkeit antworten. Für eine recht kurze Zeit bekam das Leben, das einzige Leben eines gefallenen Fidais eine Dichte, die es nie zuvor gehabt hatte. Hatte er sich in seinem Leben als zwanzigjähriger Fidai ein paar einfache Aufgaben vorgenommen – Hände waschen, einen geschriebenen Brief aufgeben –, so schien mir, daß sich mit diesen unerledigten Aufgaben der üble Geruch der Luft vermischte, in der sie sich zersetzten: Denn die verfaulenden Vorhaben eines Toten haben einen üblen Geruch.

Wozu aber konnte ihnen dieser weiße Kopf, mit seiner weißen Haut, seinen weißen Haaren, seinem unrasierten, weißen, rosigen und runden und unter ihnen stets gegenwärtigen Bart von Nutzen sein? Mein Körper zählte nicht: Er trug lediglich meinen runden, weißen Kopf.

Es war an sich viel einfacher: Die Schwarzen Panther hatten statt eines Kindes einen verlassenen Greis gefunden, und dieser Greis war ein Weißer. Ahnungslos wie ein Kind auf allen Gebieten, wußte ich so wenig von der amerikanischen Politik, daß ich erst sehr spät begriff, daß der Senator Wallace ein Rassist war. Auf diese Weise verwirklichte ich vermutlich einen sehr alten Kindertraum, wonach Fremde – die mir aber im Grunde näherstanden als meine Landsleute – mir zu einem neuen Leben verhelfen würden. In diesen kindhaften, fast unschuldsvollen Zustand war ich durch die Sanftheit der Black Panther versetzt worden, durch eine Sanftheit, die mir nicht wie ein Privileg gewährt wurde, von der ich jedoch profitierte, da sie, wie mir schien, das Wesen selbst der Panther bestimmte. Als Greis nun wieder zum adoptierten Kind zu werden, war sehr angenehm, zumal mir dadurch ein wirklicher Schutz und eine liebevolle Erziehung zuteil wurden; so konnte man die Panther auch an ihren pädagogischen Fähigkeiten erkennen.

Dieser Schutz durch die Panther war so umfassend, daß ich während meiner Zeit in Amerika niemals Angst hatte – höchstens ihretwegen. Wie durch ein Wunder bekam ich auch nie Ärger mit der Polizei. In der allerersten Zeit, bevor sich David Hilliard meiner annahm, begleitete mich fast immer jemand, wenn ich Harlem besuchen wollte, bis zu dem Tag, an dem ich allein in eine Kneipe ging, in der nur Schwarze bedient wurden; wahrscheinlich war es eine Art Vorbordell, denn hier verkehrten hübsche Mädchen mit ihren Louis. Ich bestellte eine Coca-Cola. Mein Akzent und die Konstruktion meines Satzes lösten ein allgemeines Gelächter aus. Zwei Panther, die man auf die Suche geschickt hatte, fanden mich dann mitten in einem Gespräch mit einem Zuhälter und dem Wirt »im Dschungel der Stadt«.

Das Erschrecken der Weißen vor den Waffen, den Lederjacken, dem nicht minder rebellischen Haar, den Worten und selbst vor dem ebenso boshaften wie zärtlichen Tonfall – war von den Black Panther beabsichtigt. Dieses gewissermaßen bühnenwirksame, dramatische Bild war gewollt. Es war Theater mit dem Ziel, das Drama aufzuführen und auszulöschen. Ein düsteres Drama, das sie vor sich selbst und den Weißen inszenierten. Mit seiner Aufführung in der Presse und auf dem Bildschirm erreichten sie, daß die Weißen sich von diesem Bild verfolgt fühlten, und diese Bedrohung brachte ihnen den Erfolg, denn das Bild wurde durch wirkliche Tote untermalt, die sämtlich durch die sabotierten Waffen der Panther verursacht wurden: Diese schossen, und der Anblick der Waffen, die auf eine Zielscheibe gerichtet waren, ließ die Polizisten zurückschießen. Die Behauptung, wonach »das Scheitern der Panther auf die Tatsache zurückzuführen sei, daß sie sich ein ›Markenzeichen‹ zulegten, bevor sie reale Aktionen durchführten, die ein solches Image rechtfertigen würden« (ich fasse in etwa eine Frage zusammen, die mir einmal von der Zeitung *Rempart* gestellt wurde), soll mit mehreren Bemerkungen unterstrichen werden. Zum einen ist es die, daß die Welt durch andere Mittel verändert werden kann als durch einen Krieg, in dem gestorben wird. »Die Macht steckt in den Gewehren«, gewiß, aber manchmal steckt sie im Schatten oder im Bild von einem Gewehr. Die von den Panthern in ihren »zehn Punkten« formulierten Forderungen sind zugleich essentiell und in sich widersprüchlich. Sie sind vielleicht nur eine Kaschierung, hinter der ein anderes Geschehen abläuft als das klar beschriebene. Statt einer wirklichen territorialen, politischen, administrativen und polizeilichen Unabhängigkeit, die eine Konfrontation mit der weißen Macht erfordert hätte, kam es zu einer Metamorphose des Schwarzen. Der Unsichtbare wurde sichtbar. Diese Sichtbarwerdung erfolgte auf verschiedenen Ebenen. Schwarz ist keine Farbe: Ausgehend von der mehr oder weniger dichten Pigmentierung seiner Haut kann der Schwarze die Farben seiner Kleidung zu wahren Festen fürs Auge fügen, zu einem wirkungsvollen Arrangement von Gold-, Blau-, Rosa- und Lilatönen auf mehr oder minder dunklem Grund, was eine Kombination von weichen und grellen Farben voraussetzt, die jedenfalls die Blicke auf sich ziehen, doch kann diese Aufmachung das dahinter sich abspielende Drama nicht verdecken, denn die darin funkelnden Augen sprechen eine erschreckend beredte Sprache.

Ist diese Metamorphose eine Veränderung?

»Ja, denn wenn die Weißen von dieser Metamorphose berührt werden, müssen auch sie sich ändern. Die Weißen änderten sich, weil ihre Ängste nicht mehr dieselben waren wie früher.«

Es gab Tote und Überfälle, die bewiesen, daß die Schwarzen immer gefährlicher wurden und sich durch die Weißen immer weniger beeindrucken ließen. Dann spürten die Weißen undeutlich, daß neben ihnen eine richtige Gesellschaft entstand. Auch früher hatte es sie gegeben, eine furchtsame, erschlichene Nachahmung der weißen Gesellschaft, und mit einem Mal setzte sie sich von dieser ab und weigerte sich, deren Kopie zu sein: Im Alltag, aber auch in den heimlichen Winkeln seiner mythischen Genese: Malcolm X, selbst King und N'krumah waren ihre Vorbilder.

Es steht fest, die Panther hatten gesiegt und zwar mit Hilfe eines lächerlichen Kunstgriffs – mittels Seiden- und Samtstoffen, verwegener Frisuren und Bilder, die den Schwarzen verwandelten, veränderten. Diese Methode war – vorerst – die des klassischen Kampfes, des Ringens zwischen den Nationen, der nationalen Befreiungsbewegungen und vielleicht auch des Klassenkampfs.

»War es Theater?«

»So, wie Theater landläufig verstanden wird, setzt es einen szenischen Raum, ein Publikum und Probenarbeit voraus. Mit ihrem Spiel traten die Panther aber nicht auf einer Bühne auf. Ihr

Publikum war niemals passiv: war es schwarz, wurde es zu dem, was es war, oder es pfiff sie aus; war es weiß, erlitt es schmerzliche Verletzungen. Mit der Annahme, ein idealer Vorhang werde sich nach jeder Vorstellung senken, befindet man sich auf dem Holzweg: Die ausschweifende Ausstattung, die zügellose Sprache und Gestik verleiteten die Panther zu immer größeren Exzessen. Vielleicht sollte man jetzt über das fehlende Land sprechen. Was nun folgt, ist lediglich ein Deutungsversuch.

Für alle Völker, die als Nationen klar definiert sind – aber auch für Hirtenvölker, die nicht ziellos ihr Weideland durchwandern –, bildet das Land die Basis einer Heimat. Sie ist aber nicht nur das. Dies Land oder das Territorium erweist sich als die Materie selbst, als jener Raum, in dem eine Strategie sich entfalten kann. Unabhängig davon, ob es unberührt bleibt oder bebaut oder industrialisiert wurde, es ist der Raum, von dem aus ein Krieg geführt werden kann oder der als strategisches Rückzugsgebiet dient. Man kann es heilig nennen oder nicht; primitive Kulte, mit denen es dem Profanen entzogen werden soll, taugen nicht viel: vor allem ist es der Ort, von dem aus ein Krieg geführt oder ein Rückzug vollzogen wird. Die Schwarzen wie auch die Palästinenser sind ein Volk ohne Land. Ihre jeweilige Lage – die der Schwarzen Amerikas und die der Palästinenser – ist nicht in allen Punkten die gleiche, aber wohl darin, daß die einen wie die anderen kein Land ihr eigen nennen. Auf welchem Territorium werden sie, die immer wieder unterdrückt wurden, ihren Aufstand vorbereiten? Im Getto. Aber in ihm können sie sich nicht verschanzen – dazu wären Schutzwehren, Barrikaden, Unterstände, Waffen und Munition vonnöten, sowie der uneingeschränkte Rückhalt in der Bevölkerung –, und sie können nicht aus ihm ausbrechen, um den Krieg auf dem Territorium der Weißen zu führen: Das gesamte Staatsgebiet der USA gehört den weißen Amerikanern. So werden die Schwarzen auf andere Weise und anderswo Subversion in den Köpfen betreiben. Wo sie auch immer stehen, über ihnen stehen Herrscher. Die Taktik der Panther wird darin bestehen, die Herrscher zu terrorisieren, und zwar mit den einzigen Mitteln, über die sie verfügen: der Zurschaustellung. Und die Zurschaustellung wird ihre Wirkung tun, weil sie aus der Verzweiflung heraus geboren wird, und sie werden sie dank des Pathos ihrer Lage – Todesgefahr, realer Tod, Schrecken des Körpers und der Nerven – auf die Spitze treiben.

Die Zurschaustellung ist das, was sie ist, mit ihr verbindet sich die Gefahr der Verirrung in die reine Phantasie, in ein buntes Karnevalspektakel, und darauf haben es die Panther ankommen lassen. Hatten sie die Wahl? Als Herrscher – oder als souveräne Eigentümer eines Territoriums hätten sie wahrscheinlich eine Regierung gebildet: Präsident, Kriegsminister, Bildungsminister, Field-marshal, und gleich nach seiner Entlassung aus dem Gefängnis »supreme Commander« Newton.

Die wenigen Weißen, die mit den Panthern sympathisierten, ermüdeten bald. Sie vermochten ihnen nur in das Reich der Ideen zu folgen und nicht in die Bruchbuden, in denen die Schwarzen sich verschanzten und daran gingen, eine Strategie zu entwickeln und anzuwenden, die ihre Kraft aus der Phantasie schöpfte.

Der Weg der Panther führte entweder in den Wahn oder in die Verwandlung der schwarzen Gemeinschaft, entweder in den Tod oder ins Gefängnis. Die Unternehmung mündete in alledem, aber die Verwandlung wog schwerer als das andere, und darum kann man sagen, daß die Panther dank der Poesie gesiegt haben.

Ich kehrte auf der Straße von Salt zu den Zelten von Ajlun zurück. Abu Kassem stand da mit gestreckten Armen, und diese sah ich zuerst. Er hing seine Wäsche an einer Leine auf, die von einem Baum zum anderen gespannt war. Gleich daneben war die Wasserstelle. Vor dem Massaker von Amman waren die Diener der jordanischen Minister hierhergekommen, um ihre Pferde zu tränken. Die Fedajin bewohnten nun die fünf oder sechs Villen, die für die Minister bestimmt waren. Wo hatte Abu Kassem die Wäscheklammern aufgetrieben? Und wozu diese Wäsche? Ohne zu lachen oder zu lächeln, antwortete er mir mit einem Satz aus seinem Katechismus:

»Ein Fidai findet immer und ganz allein das, was er braucht. Die Klammern liegen da. Wenn du Wäsche aufhängen möchtest, dann nimm diese, andere wirst du nicht finden, du bist kein Fidai.«

»Danke, ich wasche mich nie. Du machst Späße, Kassem, aber alles an dir spricht von Trauer.«

»M'hamed geht heute Nacht ins Ghor (das Jordantal).«
»Ist er dein Freund?«
»Ja.«
»Seit wann weißt du, daß er gehen wird?«
»Seit zwanzig Minuten.«
»Ist das seine Wäsche?«
»Seine und meine. Wir müssen heute Nacht sauber sein.«
»Machst du dir Sorgen, Kassem?«
»Ich bin sehr besorgt, und ich werde es sein, bis er wieder hier ist oder bis zu dem Moment, wo es keine Hoffnung mehr gibt.«
»Du bist ein Revolutionär und hast M'hamed so gern?«
»Wenn du selber Revolutionär sein wirst, wirst du das verstehen. Ich bin neunzehn Jahre alt, ich liebe die Revolution, ich setze mein Leben für sie ein und hoffe, es noch lange tun zu können. Aber hier waren wir ein bißchen in Ruhestellung. Wir sind Revolutionäre und Menschen. Ich mag alle Fedajin, und ich mag dich auch; aber unter den Bäumen, in der Nacht oder am Tag, kann ich, wenn ich will, meine Zuneigung vor allen anderen aus dem Kommando dem einen geben; ich kann eine Tafel Schokolade in zwei teilen, aber nicht in sechzehn, und ich gebe die Hälfte, wem ich will. Ich treffe die Wahl.«
»Ihr seid alle Revolutionäre, aber einer von ihnen ist dir lieber?«
»Und wir sind alle Palästinenser. Und am meisten liebe ich Al Fatah. Hast du nie darüber nachgedacht, daß Revolution und Freundschaft miteinander vereinbar sind?«
»Ich schon, aber deine Chefs?«
»Wenn sie Revolutionäre sind, sind sie so wie ich, mit ihren Vorlieben.«
»Würdest du zu der Freundschaft, von der du sprachst, Liebe sagen?«
»Ja. Es ist Liebe. Du glaubst vielleicht, daß ich in diesem Augenblick, in diesen Minuten Angst vor Worten habe? Freundschaft, Liebe? Eines steht fest, wenn er heute nacht stirbt, wird für immer ein Loch neben mir sein, ein Loch, in das ich nicht hineinfallen darf. Meine Chefs? Als ich siebzehn war, haben sie mich vernünftig genug gefunden, um mich in der Fatah aufzunehmen. Al Fatah hat mich behalten, als meine Mutter mich brauchte.

Jetzt bin ich neunzehn und denke immer noch so. Als Revolutionär widme ich mich in Zeiten der Ruhe der Freundschaft, die auch ruht. Heute nacht werde ich in Sorge sein, aber meine Arbeit tun. Alles, was ich zu tun habe, wenn ich zum Jordan hinabsteigen werde, habe ich vor zwei Jahren gelernt und nicht vergessen. Laß mich bitte das letzte Unterhemd aufhängen.«

In Jordanien gab es zehn bis zwölf Flüchtlingslager. Ich kann sie nennen: Jebel Husain, Wahadat, Baqa, Ghaza-Camp, Irbid, die mir am besten bekannt sind. Das Leben dort war weniger vornehm, will sagen, nicht so verfeinert wie auf den Stützpunkten. Nicht so flüchtig. In ihrer stillen Heiterkeit zeigten alle Frauen, selbst die magerste, eine gewisse weibliche Schwere, doch meine ich damit nicht die Schwere des Körpers, Brüste, Hüfte, Becken, sondern das Gewicht ihrer Frauengebärden, die Gewißheit und Ruhe ausstrahlten. Viele Ausländer, das heißt Nicht-Palästinenser, hielten sich nur in den Lagern auf, und es klingt komisch, wenn man sagt, sie stiegen zu den »Stützpunkten« hinauf, die auf den Höhen der Berge mit ihren Waffen das Jordantal beherrschten. Die Fedajin kamen in die Lager, um sich zu erholen – die Franzosen sagen: »Eine Nummer schieben« – oder um sich die dafür nötigen Medikamente zu besorgen.

In fast jedem Lager gab es eine winzige Apotheke, in deren Enge sich alte Schachteln mit fragwürdigen, nicht identifizierten Medikamenten aus Deutschland, Frankreich, Italien, Spanien, Skandinavien stapelten, und deren Waschzettel, Gebrauchsanweisungen und Beschriftungen niemand entziffern konnte.

Als im Camp von Baqa mehrere Zelte abbrannten, kamen eines Tages Wellblechhäuser, ein Geschenk Saudi-Arabiens, das von Riad per Flugzeug auf direktem Wege hierher transportiert wurde, und als die Fracht im Lager eintraf, bereiteten ihr die alten Frauen einen Empfang, der sonst nur Prinzen und königlichen Hoheiten vorbehalten war: eine Art improvisierter Tanz, mit jenem vergleichbar, den Azeddin zu Ehren seines ersten Fahrrads erfand und vor diesem aufführte. Die Häuser aus Wellblech – oder Aluminiumplatten – blitzten in der Sonne und reflektierten das gleißende Licht. Nun stelle man sich einen über dem Boden offenen Würfel vor, in dem man auf einer Seite eine Tür eingelassen hatte. Im Inneren dieses in der Mittagsglut abgestellten Kastens hätte man wohl ein achtzigjähriges Ehepaar rösten können; in den Winternächten wären die beiden erfroren. Einige Palästinenser kamen auf die Idee, die Vertiefungen des Wellblechs mit schwarzer Erde aufzufüllen, sowohl auf dem Dach als an den Seiten, wo sie durch Maschendraht festgehalten wurde. Sie säten über diesem Minibeet einen Rasen aus, der jeden Abend besprengt wurde und bald, zusammen mit Blumen wie Klatsch- oder Schlafmohn, keimte und gedieh. Das Haus aus Wellblech wurde zu einer im Winter wie im Sommer gastlichen Grotte, aber die ländlichen Hügelgärten fanden nur wenige Nachahmer.

Was tun nach den Feuer- und Stahlgewittern? Verbrennen, brüllen, wie ein Reisigbündel, wie eine Strohfackel auflodern, schwarz werden, verkohlter Rest sein, sich langsam mit Staub bedecken und dann mit Erde, Samen, Moos, nur noch Kinnlade mit Zähnen sein, bis man schließlich zu einem kleinen Erdhügel wird, der zwar noch blüht, aber nichts mehr umschließt.

Betrachtete ich die palästinensische Revolution von einer Warte höher noch als ich selbst, erschien sie mir niemals wie ein Streben nach Territorien, fast verlorenen Gebieten, Gemüse- und Obstgärten ohne Zaun, sondern wie eine große Rebellion, die alle Grenzziehungen bis an den Rand der moslemischen Welt und nicht nur Ländergrenzen in Frage stellt, Revision und vermutlich auch Negierung einer Theologie, die ebenso einschläfernd ist wie eine bretonische Wiege. Der Traum, aber nicht die Entschlossenheit der Fedajin, konnte wohl die zweiundzwanzig arabischen Völker dazu hinreißen, sich noch stärker einzusetzen, was allen ein erst beifälliges und bald darauf verstörtes Lächeln entlockte. Die Munition der Fedajin ging zur Neige. Die USA, gegen die sich der Angriff vor allem richtete, vollbrachte wahre Wunder. Die palästinensische Revolution glaubte noch, sie schreite mit stolzem Haupt voran, dabei ging sie unter wie ein Stein. Das sich üben in der Hingabe an die Sache – denn N war die Rückkehr nach Europa verwehrt – ist ein geradezu schwindelerregendes Unternehmen, das diese Hingabe – die selbstlos sein sollte – unmöglich macht und einen vielmehr in den Abgrund zieht, aber nicht, um zu helfen, sondern um jenen zu folgen, die, weil sie sich in ihn stürzten, daran krepieren und dies um so mehr, als man nicht mit klarem Verstand, sondern mit Schrecken die künftige Vernichtung erkannte.

Weiter oben habe ich in bezug auf die in Wort, Tonfall und Gestik bis zur Unterwürfigkeit gehende Ehrerbietung der Fedajin gegenüber Vertretern des palästinensischen Geld- oder Erbadels gesagt, ich würde noch einmal auf Samia Solh zu sprechen kommen.

In einem südlibanesischen Krankenhaus hatte ich Gelegenheit, verwundete Freischärler zu besuchen; in weiße Laken gebettet lagen sie da, eingeschüchtert durch ein paar alte Frauen, die an Augen, Lippen und Wangen stark geschminkt waren und, was sie auch taten, wie Tamburine in allen Tönen klapperten und klirrten, als läuteten sie die Totenglocke mit ihren unzähligen goldenen Armreifen, goldenen, massiven oder hohlen Gliederarmbändern, goldenen Halsketten, goldenen oder vergoldeten Ohrgehängen!

»Euer Geklingel wird sie aufwecken oder töten«, sagte ich zu einer von ihnen.

»Wo denkst du hin! Wie alle Romaninnen machen wir viele Gesten. So ist nun mal unser mediterranes Wesen, denn wir sind Maroniten und Phönizierinnen. Wir geben uns Mühe und sind bestrebt, so rücksichtsvoll wie möglich zu sein, aber vor so viel Leid können wir unsere Gesten des Mitgefühls einfach nicht zügeln, und eben deshalb klappert unser Schmuck. Nebenbei gesagt, unsere Märtyrer sind davon ganz entzückt. Einige von ihnen haben mir sogar gesagt, daß sie noch nie aus der Nähe so viele wertvolle und schöne Dinge gesehen haben. Ihre kranken Augen sollen sich wenigstens mit Glück füllen.«

»Du sollst mit einem Ausländer nicht diskutieren, Mathilde. Gehen wir zu den anderen Amputierten.«

Später bekam ich noch allzuoft die Gelegenheit, jene alten Damen der letzten vornehmen palästinensischen Familien aus der Nähe zu betrachten.

Ist Gänseragout vielleicht die Metapher, mit der sich eine hübsche alte Palästinenserin am ehesten beschreiben ließe? Nun, das Gesicht wie auch das Benehmen der reichen Damen erinnerte jedenfalls daran, daß ein zu starkes und vor allem zu langes Garkochen auf kleiner Flamme die Bäckchen gerundet und die rosige Farbe der Haut erhalten hatte; die von ihrem Volk erlittene Not betonte und milderte zugleich die Züge dieser im Unglück gesottenen Damen – wie auch die Gans, im eigenen Saft gebraten, saftig bleibt. So waren sie – vor allem eine von ihnen – auf köstliche und eigennützige Weise sanft, daß heißt, ihre Sanftheit diente dem Zweck, ein allzu bitteres Elend auf Abstand zu halten. Auf kleiner Flamme langsam gargekocht wie ein köstliches Gericht. Sie wußten über die Leiden von Schatila ebensogut Bescheid wie über den Goldpreis und den Dollarkurs, und in beiden Fällen sahen sie durch die Stiche einer Stickerei, die Knoten eines Woll- oder Seidenteppiches hindurch; das Leid wurde erkannt, aber gefiltert durch ein Kissen oder ein hundert bis hundertzwanzig Jahre altes Kleid, bestickt von toten Fingern und unter blinden Augen. Sie kultivierten die Höflichkeit, um sich damit zu schmücken. Wenn sie geistvoll plaudernd zufällig über Venedig sprachen, wäre ihnen niemals der Name Diaghilev über die Lippen gekommen, im Gegenteil, voller Takt hätten sie das Gespräch auf die Lagune, den Canale Grande, das Tafelglas aus Murano und die Gondelbestattungen gelenkt ...

»Diaghilev, sagten Sie.«

»Ich sah ihn vorübergehen, von der Balustrade des Danieli.«

Von ihrem Prunkbett aus betrachten sie das Volk durch ein mit Perlmutt gefaßtes Fernrohr. Von diesem Bett aus und von ihren Fenstern schauen die Prinzessinnen, deren Handgelenke kräftig genug sind, um Goldketten zu tragen, auf die Kämpfe, und die Traurigkeit ihrer Blicke verstärkt noch ihre Geziertheit. Vom Fenster eines transportablen Hauses blickte ich auf das Meer, in der Ferne lag Zypern, und ich wartete auf den Beginn der Kämpfe, aber nicht, um selbst zu einer alten Prinzessin von köstlichem Fleisch zu werden. Diese Ähnlichkeit hat mich noch nie bekümmert; weder die salbungsvolle Art noch die Geziertheit, die jene aristokratische Nachkommenschaft Alis zur Schau trug, sind je nach meinem Geschmack gewesen; dennoch habe ich wie sie, von einem Fenster oder einer Loge aus, gleichsam durch ein Opernglas aus Perlmutt dem Aufstand der Palästinenser zugeschaut. Wie fern war ich von ihnen – zum Beispiel beim Schreiben dieses Buches –, denn auch mitten unter den Fedajin stand ich auf der anderen Seite einer Grenzlinie und blieb verschont, jedoch nicht dank meines keltischen Aussehens, nicht durch eine Umhüllung aus Gänseschmalz, sondern durch eine Panzerung, die weit mehr glänzte und besseren Schutz bot: meine Nichtzugehörigkeit zu einer Nation, einer Bewegung, mit der ich niemals verschmolz. Ich war mit dem Herzen dabei, mit dem Körper und mit dem Geist. Mal mit dem einen, mal mit dem anderen; der Glaube war nie vollkommen und ich selbst niemals ganz dabei.

Es gibt so viele Arten, verheiratet zu sein. Was mich aber am meisten befremdete, das war der sonderbare Ritus, der sich jeden Tag – Tag und Nacht –, Stunde für Stunde und jede Sekunde unter den Bäumen vollzog: Die Vermählung des Koran mit dem Marxismus. Theoretisch widersprachen sie einander in allem: Koran und *Kapital* haßten sich, und doch schien aus diesen zwei Antagonismen eine Harmonie hervorzugehen, die jedem ins Auge fiel. Wer großzügig andere beschenkte, schien dies der Gerechtigkeit willen zu tun, nach aufmerksamer Lektüre des deutschen Buches. Wir dümpelten im totalen Wahn, schnell und langsam, ein Gott stieß mit der Stirn gegen die gewölbte Stirn von Marx, der ihn verneinte. Allah war überall und nirgends, ungeachtet der nach Mekka gerichteten Gebete. Louis Jouvet war im Frankreich der vierziger Jahre ein bekannter Schauspieler. Mit derselben Gelassenheit wie er sagte ich ja zu seinem Angebot, als er mich bat, ein Zwei- oder Drei-Personen-Stück zu schreiben. Ich hatte begriffen, daß er den geradezu provokanten Vorschlag nur aus Höflichkeit gemacht hatte, und die gleiche Höflichkeit klang aus der Stimme Arafats, als dieser zu mir sagte:

»Und warum nicht ein Buch?«

»Ja, sicher.«

Da wir nur Freundlichkeiten austauschten, fühlten wir uns durch nichts an irgendwelche Versprechen gebunden, die ohnehin vergessen waren, bevor sie ausgesprochen wurden. Die Gewißheit, daß die Frage Arafats ebensowenig ernst gemeint war wie meine Antwort, war vielleicht der wahre Grund, der mich Papier und Feder vergessen ließ. Ich glaube nicht an das Zustandekommen dieses Buches – keines Buches – und widmete somit meine ganze Aufmerksamkeit dem, was ich sah und hörte. Ich verliebte mich ebensosehr in meine eigene Neugierde wie in die Dinge, auf die ich sie richtete. Ohne daß ich es recht merkte, prägte sich jedes Ereignis und jedes Wort in mein Gedächtnis ein. Ich hatte nichts weiter zu tun, als zu schauen und zu horchen, eine Beschäftigung, die man ungern zugibt. Neugierig und unschlüssig blieb ich also da, und so ganz allmählich, wie bei alten Paaren, die sich anfangs noch gleichgültig sind, hielten mich meine Liebe zu den Palästinensern und ihre Zuneigung zu mir in Ajlun immer stärker fest.

Die Politik der Supermächte und die Beziehungen der PLO zu diesen, nötigten der palästinensischen Revolution eine Art transzendentalen Schutz auf, der uns zugute kam; ein unmerkliches Rauschen, das vielleicht von Moskau, Genf oder Tel-Aviv seinen Ausgang nahm, durchlief Amman und gelangte, unter den Bäumen hindurch und über die Berge, in gekräuselten Wellen bis nach Jerash und Ajlun.
   Parallel dazu – und, wie ich einen Augenblick lang glaubte, dieses moderne Machtstreben überlagernd – wirkten die jahrtausendealten und so vielschichtigen arabischen und palästinensischen Adelsfamilien an ihrer Seite mit.
   Der palästinensische Patriotismus in Ajlun glich der »Freiheit...« von Delacroix auf den Barrikaden. Von weitem gesehen verklärte er sich durch eine bekannte optische Täuschung zum Erhabenen. Sein Ursprung liegt jedoch im Dunkeln und wird ungern zugegeben. Einst befand sich fast die gesamte arabische Halbinsel unter osmanischer Herrschaft, milde für die einen, streng für viele andere. Historisch konsequent und plump versprachen die Engländer – mit Hilfe von Kisten voller Goldmünzen – den Arabern die Unabhängigkeit und die Schaffung eines arabischen Königreichs, wenn das – arabisch sprechende – Volk sich gegen die Osmanen und gegen die Deutschen in den Jahren 1916,

17, 18 erheben würde. Aber schon damals führten die Rivalitäten zwischen den palästinensischen, libanesischen, syrischen und hidjasinischen Adelsfamilien zu wechselnden Allianzen mit den Türken oder den Engländern, jedoch nicht mit dem Ziel, mehr Freiheiten für die neue Nation zu erwirken, die vielleicht gerade im Entstehen begriffen und noch nicht geboren war, sondern um ihre Macht zu erhalten und eine jener einflußreichen Familien zu bleiben, deren Namen für sich allein sprechen: Husseini, Jusi, N'seybi, Naschaschibi und andere, die entweder den Sieg des Emirs Faisal ersehnten oder dagegen intrigierten.

Nichts wurde klar ausgesprochen: Keine der vornehmen palästinensischen Familien erhob die Stimme, und jede hatte ihren Vertreter in dem einen wie dem anderen Lager: bei den Osmanen, den Franzosen, den Engländern.

Diese grobe Zersplitterung herrschte schon im Jahr 1914.

Mit Ausnahme einiger reicher syrischer und libanesischer Familien – der Sursok zum Beispiel – und der außerordentlichen Nachkommenschaft Abd el-Kaders standen alle »Großen Familien« des palästinensischen Erbadels an der vordersten Linie im Kampf für Palästina, sowohl gegen die Engländer als auch gegen Israel, und somit an der Spitze der vaterländischen Bewegung. In der Familie Husseini* – Söhne, Enkelkinder, Neffen, Großneffen des Großmuftis von Jerusalem – gab es zahlreiche Märtyrer für die Sache Palästinas. (Wenn ich zuweilen Wörter wie Märtyrer benutze, so identifiziere ich mich keineswegs mit dieser Art der emphatischen Verherrlichung, der sich die Palästinenser mit Eifer hingeben. Aus einer etwas spaßigen Distanz heraus habe ich hier und da einen Begriff aus ihrem Wortschatz übernommen. Das ist alles. Auf die dabei getroffene Wahl werde ich noch zurückkommen.)

Mit Stolz, wie mir schien, erzählte mir eines Tages Frau Shahid (»Märtyrer« im Arabischen), geborene Husseini, Nichte des

---

* Diese Familie, die auch heute noch zahlreiche Mitglieder zählt, ist keineswegs oder wenn, dann nur sehr entfernt mit dem gegenwärtigen König Husain von Jordanien verwandt, aber möglicherweise doch in einer weit zurückliegenden Zeit, da beide Familien – die von Hidjas und die von Palästina – Dschorfa, also Nachfolger des Propheten sind

Großmuftis, wie der Vizekönig von Konstantinopel einst eine wichtige Entscheidung traf:

»Es herrschte ein solches Durcheinander im christlichen Rummel um das Heilige Grab, es wurden so heimtückische, gemeine und kleinliche Streitigkeiten ausgetragen (wer darf die meisten Messen in der Kirche abhalten; wer wird die Kirche am längsten mit Beschlag belegen: römische Katholiken, russisch-orthodoxe, griechisch-orthodoxe, behaarte oder kahlköpfige Maroniten – zwischen französischen, italienischen, griechischen und russischen Popen, die alle in ihrer jeweiligen Sprache zelebrieren wollten), daß die Vizekönige beschlossen, zwei oder drei moslemische Familien sollten fortan die Schlüssel zum Heiligen Grab und zur Grabeskirche in ihrem Teil Jerusalems aufbewahren. Ich erinnere mich noch an das Rattern der Karrosse auf dem Pflaster, als mein Vater mit dem Schlüssel für das Grab Christi zurückkehrte, und an die Freude meiner Mutter, als sie ihren Mann unversehrt zurückbekam.«

Die »Großen Familien« blieben weiterhin am Kampf beteiligt. Nicht alle anerkannten Mitglieder dieser Familien sind gleichermaßen der Sache ergeben, und manche, die sie sich zunutze machen, entfernen sich von ihr oder nähern sich ihr wieder an, je nach ihrer Interessenlage. In der Familie Husseini hat es viele Helden gegeben, bei den Naschaschibi – die unter den Osmanen ihre Gegner waren – ebenso.

Die Vertreter der Adelsfamilien schonten einander überhaupt nicht; sie hielten es für ihr Vorrecht, das, was ihren Gegnern, die ihresgleichen waren, schadete, mal falsch, mal richtig auszulegen. Doch eine Sache konnte ich mir nicht erklären: die Beschimpfungen unter Fedajin selbst. Lag es an meiner mangelnden Beherrschung ihrer Sprache? Dabei habe ich so manche Schmähung gegen die militärischen Vorgesetzten gehört. Die Kämpfer hielten mit ihrer Geringschätzung nicht hinter dem Berg. Von ihren Anführern sprachen sie bisweilen voller Verachtung, von ihresgleichen aber nie. Das war wohl das Zünglein an der Waage: Das Gewicht blieb unausgesprochen, stand aber genau fest.

Fremd war den Fedajin auch das gefällige Flitterwerk, mit dem die vornehmen Familien von Generation zu Generation das moslemische Epos weiter ausschmückten. Keiner von ihnen hätte mir dieses Märchen erzählen können, das ich Frau Shahid verdanke:

»Als der Sultan (dessen Name mir entfallen ist) in die Stadt Jerusalem kam, beschloß er, vor den feierlichen Handlungen sein Gebet zu verrichten. Damals gab es in Jerusalem noch keine islamische Kultstätte. Die Bevölkerung schlug dem Sultan vor, für das Gebet in eine christliche Kirche zu gehen. Das lehnte er aber ab: ›Wenn ich dies mitten unter den Statthaltern tue, die mir folgen werden, könnte einer von ihnen meine Geste als Vorwand nehmen, um diese Kirche an sich zu bringen, da in ihr ein Gebet an Allah gerichtet wurde.‹ So betete er im Freien, und an diesem Ort wurde später vom Islam die Moschee vom Felsendom errichtet.«

Diese arabische Erzählung entspricht in ihrer Genauigkeit der Legende des französischen Königs Saint Louis, der unter einer Eiche Recht sprach und die Eicheln segnete.

Mit ihren feingewobenen Märchen strickte die Palästinenserin Shahid an der Legende eines toleranten Islam und sorgte sich gleichzeitig, so wie man auf englischen Friedhöfen das Grab eines Verblichenen pflegt, um das stetig wachsende Ansehen eines Sultans, der vor fünfzehnhundert Jahren vielleicht zu ihrer Familie gehört hatte, in direkter Linie oder als Nebenzweig. Den Fedajin waren solche Märchen unbekannt.

Die Schaffung eines arabischen Königreiches war ein Versprechen, das Lawrence dem König Faisal gegeben hatte und das England nicht hielt. Durch einen Beschluß des Völkerbundes wurden Libanon und Syrien zu französischen Mandatsgebieten, während die Treuhandschaft für Palästina, Irak und Transjordanien an England ging. Das Gegeneinander der »großen Familien« wandelte sich in Patriotismus. Ihre zu militärischen Führern ernannten Familienoberhäupter wurden von England und Frankreich als Bandenchefs beschimpft, 1933 sogar als Lakaien Hitlers im Nahen Osten. Der palästinensische Widerstand erwachte.

Eines Tages, als ich mich mit dem Hausmeister eines Hotels unterhielt, erzählte mir dieser, daß er auf eine Antwort aus Kanada wartete, wo er sich eine Anstellung in einem Luxushotel erhoffte, »anstatt hier ohne Zukunftsperspektiven weiter zu verkümmern«.

In diesem Augenblick ging hinter ihm ein alter Hoteldiener vorbei, gebeugt, verbraucht, traurig, und verschwand in der Hotelküche.

»Das ist meine Perspektive, wenn ich hierbleibe. Sechzig Dienstjahre«, sagte der Hausmeister voller Verachtung.

»Und niemals aufbegehren.«

Wütend schlug er mit der flachen Hand auf das Mahagoni des Empfangstisches:

»Ja, Monsieur, so ist es, sechzig Jahre und kein einziges Mal aufbegehren. Deshalb würde ich überall hingehen.«

Führende Vertreter der PLA und der PLO, Politiker aller Nationen, die sich mit Arafat treffen wollten, Journalisten, mehr oder weniger befreundet oder von der Widerstandsbewegung akzeptiert, und ein paar deutsche Schriftsteller, die sich für sie engagierten, waren Gäste des Strand-Hotels in Beirut. In den Salons des Hotels konnte man ein oder zwei Whiskys mit den Leibwächtern von Kadumi trinken. Samia Solh trat ein und wurde vom Hoteldirektor persönlich begrüßt. Bevor sie ihren Sessel erreichte, ließ die Schwägerin des Prinzen Abdallah von Marokko ihren mit weißer Seide gefütterten Nerzmantel, der ihr bis zu den Füßen reichte, einfach fallen. Er glitt an ihrem Körper herunter und bildete eine Sekunde lang einen Wall aus Pelz, über den sie hinwegstieg. Ein Page hob ihn auf und trug ihn mit ausgestreckten Armen zur Garderobe.

Ich war achtzehn Jahre alt, als man mir damals, hier in Beirut auf dem Kanonenplatz, vier Gehenkte zeigte (angeblich »Diebe«, doch heute glaube ich, daß es aufständische Drusen waren), die noch am Galgen hingen; mit ebenso raschem Blick wie die Gäste des Strand-Hotels suchte ich und fand den Hosenschlitz der Gehenkten; im »Strand« fielen die Augen erst auf das erlauchte Hinterteil, wanderten dann zu dem als flink gerühmten Mundwerk dieser so schönen und so dämlichen Samia hinauf.

»Wir haben uns sofort gut verstanden. Vor einer Woche erst war ich mit Muamar in Tripolis zusammen.«

Die palästinensischen Offiziere – sie ahnten nicht, daß die PLO zehn Jahre später in Libyen verboten und ihre Vertretung in

Tripolis geschlossen würde – waren gerührt und lauschten ihr so andächtig, daß, je länger sie sprach – leise gemurmelte Erklärungen, wie manche meinten –, ihre Stimme in der erwartungsvollen Stille zu einer Feierlichkeit anschwoll, wie man sie nur während der Vorlesung eines hochgeschätzten Professors am Collège de France erlebte: ein Referat, das die Vortragende immer wieder durch ihr schallendes Gelächter unterbrach, welches aus ihrer Kehle drang und jeden der Anwesenden daran erinnerte, daß er diesen mit der Venuskette dreifach umschlungenen Hals zu bewundern hatte, während sie ihr Lachen, das aber ziemlich feist klang, wenn sie Gadhafis Vornamen aussprach, perlen ließ.

Ein Gespräch mit ihr fand nicht statt. Nur der Vertreter einer Rundfunkstation wagte es, sie anzusprechen, und kommentierte ohne Furcht das jüngste Blutbad an den Ufern des Jordan und die Flucht der Fedajin und wie sie von den israelischen Soldaten ohne Aufsehen eingesammelt wurden. Hintern, Busen, Hals und Mund wurden nicht berührt. Angesichts solcher weiblichen Reize, die mittels Kosmetik, Massage, Zellulitis-Knetkuren, Löwenzahnmilch, Weiselfuttersaft, Gelée royale und Spezialbehandlungen durch dreiste Chemiker erhalten bleiben, kann ich heute gut verstehen, daß ein Fedajin einen Steifen kriegt, was ich mich damals noch fragte. Der Eifer, den sie an diesem Abend an den Tag legten, öffnete mir die Augen. Ihre Ehrerbietung galt nicht dem Teufelsweib, das unablässig mit dem Hintern wackelte, sondern der Geschichte, die mit ihr den Betonbau des Strand-Hotels betreten hatte. Nun weilten sie hier, die führenden Funktionäre der PLO, Kamal Adouan, Kamal Nasser, Abu Jussef Nedjar, deren Tod durch Israelis, die Schwule mimten, ich noch schildern werde. Diese Toten waren möglicherweise eine Antwort auf die Attentate von München 1972, während der Olympischen Spiele.

»Verdun ist eine wohlgeordnete Anlage. (Ich sage nicht Gewirr von Kreuzen und Mondsicheln, die einen riesigen Friedhof bilden.) Ein Gemetzel fand hier statt, das Gott selbst anrichtete, denn Senegalesen, Madegassen, Tunesier, Marokkaner, Mauritier, Neukaledonier, Korsen, Pikarden, Annamiten, Reunioner traten in todbringenden Kolonnen gegen die ebenso todbringenden Kolonnen der Ulanen, Pommern, Preußen, Westfalen, Bulgaren,

Türken, Serben, Kroaten und Togolesen an; tausende Bauern, die zum Sterben aus allen Himmelsrichtungen hierhergekommen waren, haben sich gegenseitig im Schlamm zerfleischt. Sie brachten den anderen den Tod so, wie sie ihn selbst erlitten. Und sie taten das mit solchem Ingrimm und in so großer Zahl, daß einige Dichter, denn nur Dichter kommen auf solche Gedanken, diesen Ort mit einem Magnetblock verglichen, der Männer von überallher anzog, Soldaten aller Herren Länder und Weltregionen, und sie zwang, hier zu sterben; ein Magnetblock, der auf einen anderen Polarstern gerichtet ist und durch eine andere Frau, eine andere Jungfrau symbolisiert wird.

Unsere palästinensischen Gräber sind vom Flugzeug auf die ganze Welt gefallen, gestorben wurde überall und kein Heldenfriedhof gibt davon Zeugnis. Von einem einzigen Punkt des arabischen Volkes sind unsere Toten aufgebrochen, um einen idealen Kontinent zu schaffen. Wären wir denn weniger wirklich, wenn Palästina niemals vom Himmelreich zur Erde hinabstiege?« –
singt ein Fidai in Arabisch.

»Der schmähende Peitschenhieb tat not. Nun sind wir eine himmlische Nation, die sich beharrlich verschleißt, mitunter kurz vor dem Landen, mit dem Gewicht des Fürstentums von Monaco.« –
antwortet ein zweiter Fidai in Arabisch.

»Wir Bauerntölpel unsere Friedhöfe in den Himmel setzen, wir unsere augenblickliche Beweglichkeit betonen, ein immaterielles Reich bauen, mit Bangkok an dem einen Ende und Lissabon am anderen, und die Hauptstadt ist hier, hier oder da, ein Garten mit künstlichen Blumen, eine Leihgabe von Bahrain oder Kuwait; wir die Welt terrorisieren, wir die Flughäfen zwingen, für uns Triumphbögen zu bauen mit Klingeln wie die Türen von Krämerläden, das ist Wirklichkeit, von der die Kiffer nur träumen. Aber welche Dynastie hat nicht ihre tausendjährige Herrschaft auf einer Fälschung gegründet?«
– sagt ein dritter Fidai.

Überall war Obon, der inexistente japanische Tote, und das Kartenspiel ohne Karten.

Ein Nachmittag unter den Bäumen.
»Wickeln wir uns ein bißchen mehr in unsere Decken ein. Schlafen wir. Morgen werden wir aufwachen und ein Duplikat der jüdischen Welt sein. Wir werden einen palästinensischen Gott – keinen arabischen – geschaffen haben, einen palästinensischen Adam, eine Eva, einen Abel, einen Kain ...«
»Wie weit bist du mit deinem Satz?«
»Bei Duplikat.«
»Mit Gott, dem Buch, der Zerstörung des Tempels und dem anderen?«
»New-Israel, aber in Rumänien. Wir werden Rumänien oder auch Nebraska besetzen und dort palästinensisch sprechen.«
»Wenn man Sklave war, ist es gut zur Abwechslung mal ein Mistkerl zu sein. Ein Palo*, der zum Tiger wird.«
»Werden die einstigen Sklaven nach dem Erwachen gnadenlose Herren sein?«
»Bald. In zweitausend Jahren. Wenn ich dich vergesse, El Kods.**«
Die beiden Fedajin riefen einander von einem Ende des Lagers zum anderen Ungehörigkeiten zu. Dabei lächelten sie in einem fort, fuhren mit Daumen, Zeigefinger oder Zunge über ihre Schnurrbärte, entblößten alle ihre Zähne, gaben sich gegenseitig Feuer. Feuer geben, das brennende Feuerzeug hinhalten, mit der hohlen Hand die Flamme abschirmen, sie an das zu entzündende Ende heranführen, mit einer ungeschickten Bewegung die Flamme löschen, erneut das Rädchen durchdrehen – solches gestische Getue wird weit höher geschätzt als das banale Anbieten einer jener Zigaretten, die von den Emiren millionenfach über ihnen ausgeschüttet werden. Solche schlichten, skurrilen Gesten bedeuten Achtung oder wirkliche Freundschaft, der man durch ein Lächeln, einen geliehenen Kamm, durch das Angebot, dem ande-

---

* Palästinenser
** El Kods: Jerusalem in Arabisch

ren die Haare zu kämmen, oder einen einfachen Blick in einen winzigen Spiegel Nachdruck verlieh. Das Grün um uns herum war aber so gegenwärtig, so aufdringlich fast, daß ich mich regelrecht nach einem Geruch von Rindsbouillon zurücksehnte.

Bäume, lese ich bei mir nach, werden oft genannt. Denn sie sind weit weg: Fünfzehn Jahre – und heute wahrscheinlich zersägt. Die gelb gewordenen Blätter fielen selbst im Winter nicht. Fand dieses Wunder woanders statt? War es überhaupt ein Wunder? Wenn ich von den Bäumen spreche, dann wisset, daß der Friede darunter wandelte. Ein bewaffneter Frieden, denn hier waren Waffen und Kugeln in den Gewehrläufen, ein Frieden jedoch, den ich nirgendwo sonst so tief empfunden habe. Um uns herum war Krieg: Israel wachte, gleichfalls bewaffnet; die jordanische Armee war eine ständige Bedrohung, jeder Fidai wußte genau, was er zu tun hatte, und jeder Wunsch wurde durch den so starken Freiheitswillen verdrängt: Gewehre, Maschinengewehre, Katiuscha, alle diese Waffen und ihre Ziele waren da und, unter den vergoldeten Bäumen, der Frieden. Diese Bäume kehren stetig wieder: ich sagte nicht, ihre Zerbrechlichkeit. Alles war Baum und Holz, mit gelben Blättern, die mit ihren sehr feinen, aber wahren Stielen an den Zweigen hingen, und doch war der Wald von Ajlun so zerbrechlich, daß er mir wie jene Armierungen vorkam, die verschwinden, sobald die Mauern des Hauses errichtet sind. So unkörperlich wie er mir erschien, war er eher die Andeutung eines Waldes, ein mit irgendwelchem Blattwerk improvisierter Wald, durch den Soldaten liefen, die so schön waren, daß sie den Frieden mit sich führten. Die meisten von ihnen starben oder wurden gefangengenommen und gefoltert.

Ferrajs Gruppe, die sich aus etwa zwanzig Fedajin zusammensetzte, lag in einiger Entfernung von der Straße von Jerash nach Ajlun im Wald. Er saß im niedrigen Gras, als Abu Omar und ich dort eintrafen. Abu Hani war der kommandierende Oberst des ganzen Sektors, das heißt, eines Gebietes von sechzig mal vierzig Kilometer etwa, auf zwei Seiten durch den Jordan begrenzt, auf der anderen durch Syrien. Das erste, was die seltenen Besucher vom Oberst erfuhren, war sein Dienstgrad. In meiner Erinnerung sehe ich ihn als einen betreßten Uniformträger mit kurzen Pfoten, die Reitgerte unterm Arm, Sterne auf den Schulterklappen, darüber ein hochrotes Gesicht, das eher cholerisch wirkte als herrschsüchtig und ziemlich dumm aussah. Seine Miene, nicht die Statur, erinnerte mich an ein Porträt des französischen Königs Karl X. Ferraj war dreiundzwanzig Jahre alt. Unser Gespräch nahm bald die von ihm gewünschte Wendung.

»Bist du ein Marxist?«

Die Frage überraschte mich, aber da ich ihr ebensowenig Bedeutung beimaß wie meiner Antwort, sagte ich:

»Ja.«

»Und warum?«

Auch diese Frage ließ mich gleichgültig. Sein junges, unschuldig wirkendes Gesicht, in dem ich weder Tücke noch Hinterlist entdecken konnte, lächelte mich an und wartete gespannt auf meine Antwort, die ein wenig auf sich warten ließ und mir dann auch ziemlich unbedacht über die Lippen kam:

»Vielleicht, weil ich nicht an Gott glaube.«

Abu Omar übersetzte sofort und sehr genau. Der Oberst sprang auf, das heißt, da er wie wir alle auf dem Moos oder im Gras saß, erhob er sich mit einem Sprung und brüllte:

»Genug!« Das galt mir und den Fedajin. »Hier können Sie über alles reden. Über absolut alles. Aber die Existenz Gottes dürfen Sie nicht in Frage stellen. Gotteslästerung wird hier nicht geduldet. Der Westen wird uns keine Lektion mehr erteilen.«

Noch immer sehr gefaßt übersetzte Abu Omar, der selbst ein gläubiger Christ war, ruhig, aber doch etwas gereizt weiter. Ferraj, dessen Blick auf mir ruhte und der nicht zum Oberst hochgeschaut hatte, antwortete, ohne die Stimme zu heben, aber, wie mir schien etwas ironisch und in sanftem Ton, so wie man mit einem ungefährlichen Irren spricht:

»Du brauchst nicht hinzuhören, und das dürfte dir leichtfallen. Deine Befehlsstelle ist dort, keine zwei Kilometer von hier. Wenn du langsam gehst, bist du in einer Viertelstunde da. Und du wirst nichts hören. Wir werden aber den Franzosen bis fünf Uhr früh hierbehalten. Wir werden ihm zuhören und ihm antworten. Er ist frei zu antworten, was er will, so wie wir mit unseren Fragen frei sind.«

Heute nacht würde man mir also mein Aufnahmezeugnis geben oder verweigern.

Abu Hani verabschiedete sich, nachdem er verlangt hatte, daß man ihm noch in dieser Nacht über meine Äußerungen Bericht erstattet.

»Ich trage die Verantwortung für die Lagerdisziplin.«

Am nächsten Morgen erschien er wieder auf Ferrajs Stützpunkt und drückte mir die Hand. Er wisse, was gesagt worden ist, meinte er.

Unser Gespräch unter einem Zelt, das selbst unter Bäumen stand, dauerte bis spät in die Nacht. Jeder Fidai stellte mir einige Fragen, während er gleichzeitig Tee, Kaffee zu- oder seine Argumente vorbereitete.

»Jetzt seid ihr an der Reihe. Erklärt mir zum Beispiel, was ihr unter Revolution versteht und wie ihr es anstellen wollt, um sie zum Erfolg zu führen.«

Vielleicht hatte die frühe Morgenstunde sie etwas erhitzt, oder auch die Zeit, die immer mehr durcheinandergeriet, diese Zeit außerhalb des Raums, die die inneren Uhren des Gedächtnisses benebelt und verstellt und dem gesprochenen Wort jede Freiheit zu gewähren scheint. Wenn in den Städten ein Lokal seine Türen schließt, hört man auf einmal sehr deutlich das Klappern der Spielautomaten, irgend etwas schärft unsere Sinne aufs höchste, und wir möchten die Diskussion nicht abbrechen, führen sie draußen fort, denn die Kellner sind müde. Hinter den Zeltbahnen hörten wir den Schrei der Schakale. Unser Ort hatte sich aus dem Zeit- und Raumgefüge gelöst – oder lag es an unserer Müdigkeit? –, und die Fedajin, mitgerissen vom jugendlichen Schwung ihrer Rede, die ihr großes Vergnügen zu bereiten schien, sprachen unentwegt weiter, und Abu Omar dolmetschte:

»Wenn Al Fatah der Anfang einer Revolution und nicht nur ein Befreiungskrieg ist, werden wir die ersten Akte der Gewalt dazu benutzen, um die Privilegierten zu vernichten, vor allem Husain, die Beduinen und die Tscherkessen.«

»Aber wie wollt ihr das anstellen?«

»Das Erdöl gehört den Völkern und nicht den Emiren.«

Ich erinnere mich sehr klar an diesen Satz, und eher arglos als hämisch dachte ich mir, sowohl einer spielerischen Eingebung als auch meiner Überzeugung folgend, daß ein Volk, so arm es auch sein mochte, sich in seiner Verelendung den Luxus leisten sollte, über sich dickbäuchige Emire zu halten, die ihr Fett durch das Unsichtbare und die Frische der Gärten spazierenführen, denn manche Armen sparen für Weihnachten, ruinieren sich fürs Weihnachtsfest, und andere, die noch ärmer sind, um über sich eine Fettpflanze zu hegen und zu pflegen. Es gibt Völker, die sich nachts von den Läusen und am Tage von den Fliegen auffressen lassen, um ganze Herden frommer Monarchen zu mästen. Dieser Gedanke wäre in dieser Nacht zu peinlich gewesen, so behielt ich ihn für mich. Der Rauch des Orienttabaks stieg aus unseren Mündern und Nasenlöchern.

»Wir müssen Husain abschütteln, auch Amerika, die Engländer, Israel, den Islam.«

»Aber warum den Islam?«

Schon bei unserer Ankunft war mir der große schwarze Bart aufgefallen, der stechende Blick, das glänzende schwarze Haar, die dunkelbraune Haut und das Schweigen, das um so schwerer wog, als der Mann es gebrochen hatte. Er hatte die Frage gestellt: »Aber warum den Islam?« Mit seiner weichen, festen, aber wegen ihrer Klarheit fast transparenten Stimme sagte er:

»Warum den Islam abschütteln? Und wie? Gott abschütteln?«

Er sprach vor allem zu mir und fuhr fort:

»Du bist hier nicht nur in einem arabischen Land, nicht nur in Jordanien und an den Ufern des Jordan, sondern bei den Fedajin, also bist du ein Freund. Um hier zu sein« – er lächelte –, »bist du aus Frankreich gekommen und ich aus Syrien, und du hast zu uns gesagt, daß du nicht an Gott glaubst, aber ich meine, daß du nicht gekommen wärst, wenn du nicht an Gott glauben würdest.«

Sein Lächeln blieb.

»Ich bemühe mich, ein guter Moslem zu sein. Wenn du willst, werden wir beide miteinander diskutieren, vor all den anderen. Willst du?«

»Ja.«

»Dann steh auf, lege die Hälfte des Weges zurück, und ich die andere Hälfte. Wir werden uns umarmen. Möge die Freundschaft während und nach der Diskussion erhalten bleiben, aber bevor wir damit beginnen, erst die Freundschaft. Vor einem Jahr wurde ich ernannt und für drei Monate nach China geschickt. Von den Gedanken Maos habe ich folgendes behalten: Vor der Diskussion kommt die Freundschaft und ihr Beweis: zwei Küsse auf die Wangen.«

Er sprach sehr frei. Auch wenn er durch seine überaus persönliche Stellungnahme etwas verunsichert war, spürte man die Bestimmtheit seiner Worte angesichts der Gottheit, die dies von ihm verlangte. Das Schweigen der Fedajin war vollkommen, als wir uns erhoben, in der Mitte des Zeltes umarmten und wieder an unsere Plätze zurückkehrten. Die Diskussion wurde auf diese Weise fortgeführt:

»Wir werden uns auf jeden Fall um die Erdölförderung kümmern müssen.«

Zweifellos. Ein oder mehrere Fachleute werden sich der Sache annehmen müssen. An diesem Morgen aber schienen die Fedajin zu glauben, das Erdöl sprudle aus einem einzigen Brunnen ohne Boden, einem Faß der Danaiden, vergleichbar etwa mit der englischen Kiste voller Goldstücke, die trotz der vollen Taschen, Säcke und Kästen, der Pistolentaschen der arabisch-türkischen Offiziere nie leer wurde. Da sprach Abu Gamal, der Syrer:

»Wenn es Gott nicht gäbe, würdest du nicht hier sein. Dann hätte sich die Welt selbst erschaffen und die Welt wäre Gott. Die Welt wäre gut. Sie ist nicht Gott. Die Welt ist unvollkommen, was Gott nicht ist.«

Abu Omar übersetzte ins Französische. Ziemlich unbefangen, aber müde, von meiner Müdigkeit berauscht, erwiderte ich:

»Wenn Er, Gott, die Welt erschaffen hat, dann hat er sie in schlechtem Zustand erschaffen, was auf das gleiche hinausläuft. Und Gott ist verantwortlich für den schlechten Zustand der Welt.«

»Wir sind hier, um diesem Übel abzuhelfen. Wir sind frei in der Wahl unserer Heilmittel und unserer Leiden.«

Ich konnte schon erkennen, daß die Erde flach war und daß Lothringen noch Lotharingien hieß und einem gewissen Lothar gehörte. Den heiligen Thomas von Aquino zu Hilfe rufen. Abu Gamal und ich führten unser Wortgefecht fort, und weder der eine noch der andere ahnte, daß wir dabei unweigerlich in die Ketzerei abdrifteten. Aber nicht das eine oder andere Argument war mir wirklich wertvoll, sondern eine gewisse Herzlichkeit und Festigkeit und nicht unser Streitgespräch an sich, das von einer Art anämischen Scholastik getragen wurde, eine Herzlichkeit, eine überzeugte Gegensätzlichkeit, an der unsere Umgebung teilnahm. Wir waren frei in der Tat, frei zu sagen, was uns beliebte. Auch wenn wir nicht total betrunken waren, so hatten wir doch abgehoben, denn wir wußten ja, daß Abu Hani zwei Kilometer weiter vermutlich allein den Schlaf der Gerechten schlief.

Fast rücksichtslos unterbrach ich einen Satz von Ferraj und sagte zu Abu Gamal:

»Wenn du das Gespräch gleich zu Anfang und fast fordernd unter Gottes Autorität stellst, nimmst du mir den Wind aus den Segeln, ich berufe mich auf nichts so Großes – das um so größer ist, als du dessen Dimensionen nach Belieben veränderst. Du wolltest das Gespräch im Zeichen der Freundschaft führen, weil du als Moslem der Freundschaft mehr traust als Gott. Hier sind wir, bewaffnet, ein Ungläubiger unter Gläubigen, ein Ungläubiger, der trotzdem euer Freund ist.«

»Wer schenkt uns die Freundschaft, wenn nicht Gott? Dir, mir, uns allen hier an diesem Morgen. Wärest du ein Freund, wenn Gott nicht freundschaftliche Gefühle in dir für uns und in uns für dich erweckt hätte?«

»Warum erweckt er solche nicht in Israel?«

»Er wird es tun, wenn er es will. Und ich glaube, daß er es tun wird.«

Wir sprachen abwechselnd über die Möglichkeiten, die Wüste zu bewässern.

»Wir werden uns der Emire entledigen müssen, denn sie besitzen die Wüste. Und wir werden uns mit der Wissenschaft des Wassers befassen müssen. Ärgerlich ist nur die Tatsache, daß unsere Emire Nachfolger des Propheten sind«, sagte Ferraj.

»Wir werden ihnen beweisen, daß sie wie wir auch nur die Söhne Adams sind.«

Das hatte Abu Gamal gesagt. Dann wandte er sich an mich:

»Wenn ein jordanischer Soldat, also ein Moslem, dich bedrohen würde, würde ich ihn töten.«

»Ich würde versuchen, ebenso zu handeln, wenn er dich bedrohen würde.«

»Wenn er dich töten würde, würde ich dich rächen, indem ich ihn töte«, sagte er lachend.

»Es muß schwer sein, Moslem zu bleiben. Ich achte dich, weil du den Glauben hast.«

»Danke.«

»Achte mich dafür, daß ich ohne ihn auskomme.«

Mir hier zu folgen, war gefährlich. Er zögerte – und entschied sich schließlich dagegen.

»Ich werde zu Gott beten, damit er dir den Glauben *zurückgibt*.«

Wir alle brachen unterm Zeltdach in schallendes Gelächter aus, selbst Abu Omar und Abu Gamal lachten. Es war fast vier Uhr früh.

Diese Sitzung wurde zweifellos verzaubert durch die Gegenwart einer Tee und Orangensaft trinkenden Jugend, die einem alten Franzosen zuhörte und Unterricht erteilte, der sich unversehens unter den Zweigen eines Winters, der im Schwarzen September begann, niedergelassen hatte, mitten unter vergnügten, spöttischen, aber nicht zynischen Terroristen, die zwar zu dreisten Wortschöpfungen fähig waren, sich aber so viel Zurückhaltung auferlegten wie siebzehnjährige Seminaristen – Terroristen, bei deren Erwähnung die Boulevardblätter wie Espenlaub zitterten. Ihre Taten zu Lande und in der Luft wurden darin mit Schrecken und Abscheu, mit einem recht gut gespielten Abscheu im Gesicht und in den Worten, ausführlich beschrieben. Moralische Gemeinplätze, die in ihrer Gegenwart ausgesprochen wurden, beunruhigten sie kaum. In dieser Nacht, zwischen Abend und Morgengrauen ...

Seit meiner Ankunft in Ajlun hatte sich die Zeit auf eine

merkwürdige Weise verändert. Jeder Augenblick war »*kostbar*« geworden, von so kostbarem Glanz, daß man dessen Splitter hätte auflesen sollen: Der Zeit des Sammelns folgte nun das Sammeln der Zeit.

Es gelang mir, sie in Erstaunen zu versetzen, indem ich acht Kapseln Nembutal heruntergeschluckte. In dem in die Erde gegrabenen Unterstand direkt unterm Zelt fiel ich in tiefen Schlaf. Den schwarzen Amerikanern der Black Panther galt meine ganze Sympathie, und wenn damals meine Einreise in die USA unter recht burlesken Umständen erfolgte, nachdem der amerikanische Konsul in Paris mir das Einreisevisum verweigert hatte, so war es noch viel komischer, hier zu sein, ruhig zu schlafen in der Geborgenheit dieses wilden Gleichheitsstrebens, das auf ungestüme Weise erlernt und in die Tat umgesetzt wurde: Das Ereignis erschien mir nie so wichtig, ich fand es weder zum Lachen noch zum Weinen, noch heroisch; die sanften Terroristen hätten auf dem Champ-de-Mars biwakieren können, und wir hätten sie mit dem Fernglas von weitem beobachtet, aus Angst, naß zu werden, denn sie pißten sehr hoch und sehr weit. Kurz bevor ich mich unter den Decken ausstreckte, die sie mir im Unterstand zeigten, reckten die fünfzehn bis zwanzig Terroristen die Hälse, den Blick auf das Fläschchen gerichtet, fasziniert von den vielen Kapseln Nembutal und der Gelöstheit meiner Gesichtszüge, und sahen meinen Adamsapfel auf und ab hüpfen, während ich das Gift schluckte. In ihren Augen lag so viel Staunen, vielleicht so viel Bewunderung, daß ich ihre Gedanken erraten konnte:

»Das scheinbar furchtlose Herunterschlucken einer solchen Dosis ist wahrscheinlich die Tapferkeit der Franzosen. Heute Nacht haben wir einen Helden zu Gast.«

Diese mit Diskussionen und freundschaftlichen Debatten verbrachten Stunden, die langen Nächte der idiotischen Anstrengung und der gegenseitigen Zähmung steigen wieder in mir auf: Ein nichtssagendes Geplapper, das ich schreibend rekonstruiere.

Jede noch so kleine Moschee besaß ihre Quelle: ein kümmerliches Rinnsal, ein sumpfiger Tümpel oder ein Wasserbecken, die eine schützende Mauer umgab und an denen die rituelle Waschung vorgenommen wurde. Im Wald baute der sechzehn- bis neunzehnjährige Fidai, sei es für die Rasur seiner Schamhaare oder für die Vorbereitung auf das Gebet, aus den Ästen von Laubbäumen und einem grünen Plastikeimer einen Ganges en miniature, einen sehr kleinen, aber individuellen Benares unter einem Feigenbaum – Buche oder Korkeiche –, wo er sich mit Wasser besprengte und reinigte. Die Ähnlichkeit mit Indien war so groß, daß ich, wenn ich an einer solchen Stätte des Gebets vorbeiging, den stehenden Moslem, der beide Hände wie Muscheln schützend vor sich hielt, murmeln hörte: *Oum mani Pad me Oum*. Der mohammedanische Wald war von stehenden Buddhas bevölkert.

Es sei denn:
Wo nur etwas Wasser floß oder hervorsickerte, gab es eine Quelle, und wenn die Nacht kam, stand der Islam davor und stieß hier, weniger als in Marokko, auf Schritt und Tritt mit dem Heidentum zusammen. An diesem Ort, an dem christlicher Glaube einer Gotteslästerung gleichkommt, bringt der Paganismus, einsam wie das gleichnamige Laster, ein wenig Nacht in den hellen Tag, Sonne in die Dunkelheit, etwas Moos und, durch das Kapillarsystem etwas Feuchtigkeit vom Jordan herauf – Ursache des Heuschnupfens jener Fee, die mit dem Zauberstab in der Hand wacht und hustet. Feuchtigkeit, in der die Spur eines Menschenfußes erhalten bleibt.

Da die Fedajin nie etwas besessen haben, da sie nicht wußten, was dieser Luxus ist, von dem sie die Welt säubern wollten, malten sie ihn sich aus. Die »Sauregurkenzeiten«, von denen ich weiter oben sprach, sind das, was ich nennen und verbergen wollte: Jene Träumereien, von denen man sich befreien muß, wenn man weder die Kraft noch die Möglichkeit hat, sie zu leben. Dann erfindet man dieses Spiel: die Revolution, denn die Revolte nimmt diesen Namen an, sobald sie eine Weile andauert, Gestalt annimmt und aufhört, nur eine poetische Absage zu sein, um zu einem politischen Glaubensbekenntnis zu werden.

Damit diese geistige Arbeit auch von Nutzen war, mußte sie

sein wie das Futter in einem westlichen Kleidungsstück, doch scheint man inzwischen immer mehr darauf verzichten zu wollen. Die rein abstrakte Beschäftigung mit Reichtum und Macht ermöglichte es – welche Schimäre! –, jene Waffen zu schmieden, mit denen wir den wirklichen Reichtum und die wirkliche Macht zerstören werden, sobald wir ihnen begegnen. Abgesehen von dem verschlissenen Plüschkissen auf einer Ottomane irgendwo in einem alten türkischen Haus ist roter Samt in Jordanien eine absolute Seltenheit. Für die Fedajin mußte der rote Samt notgedrungen eine außerordentliche Bedeutung erlangen – aber warum gerade dieser Stoff und diese Farbe? Besteht zwischen ihnen und der Macht ein besonderer Zusammenhang? Man könnte es meinen. Die Prachtentfaltung einer fast absoluten Herrschaft wie die des »Sonnenkönigs« verlangte geradezu nach rotem Samt; bei der Krönung des ersten französischen Kaisers und auch der des zweiten mußten rote Samtdrapierungen herhalten. Andere Stoffe werden bei weitem nicht als so bedrückend empfunden, und ihre Farben tun dem Auge wohl. Aber roter Samt! Die ziemlich weichen Naturwerksteine, aus denen die Villen von Amman und vor allem von Jebel Amman gebaut sind, lasteten nicht so sehr auf den Untergrundkämpfern als auf den Frauen und Alten, die in den Zelten der Flüchtlingslager hausen mußten. Jedesmal, wenn ich nach Amman komme, führe ich das Leben eines lebendig Begrabenen.

»Sie ist unheimlich und erhaben. Dabei muß sie wohl so unheimlich sein, damit ihre Poesie voll zur Geltung kommt: Nur arme Leute verirren sich hierher.« (El Katrani über die Parkanlage der Tuilerien in Paris bei Nacht)

Marx lesen? Einige Fedajin hatten mich gebeten, von meiner Reise nach Damaskus Marx' Werke mitzubringen, vor allem *Das Kapital*. Sie wußten nicht, daß Marx, als er es schrieb, mit dem Arsch auf einem rosafarbenen Samtkissen saß, daß er damit gegen die Weichheit der rosaroten Seide anschrieb und somit gegen die lilafarbene Seide, gegen die Salontischchen, die Vasen, die Kronleuchter, die Lüster, gegen das Schweigen der Diener und gegen die Korpulenz der Kommoden im Regence-Stil. In Jordanien sahen wir Säulen, meist liegende, umgestürzte römische Säulen, wieder aufgerichtete und erneut gestürzte Säulen, die das Gegenteil von Luxus sind, denn sie sind Geschichte.

Hier, in aufsteigender Folge, die Feinde der Palästinenser: Beduinen, Tscherkessen, König Husain, arabische Großgrundbesitzer, islamischer Glaube, Israel, Europa, Amerika, die Weltbank. Der Sieg gebührte Jordanien und damit all den anderen, von den Beduinen bis zur Weltbank.

In einer Dezembernacht des Jahres 1970 fand unter der Leitung von Mahjub eine Versammlung in einer Höhle statt. Und Mahjub sagte zu den Fedajin:

»Ihr werdet den Waffenstillstand einhalten. Das muß ich euch offiziell mitteilen, was damit geschehen ist. Ihr seid Kämpfer, seid also geschickt. Eure Schwestern und Kusinen sind mit Jordaniern verheiratet. Seht zu, daß ihr bei der Kontrolle das Gewehr eines Schwagers oder eines angeheirateten Vetters vorführt. Etwas anderes ist mir nicht eingefallen. Seid findiger als ich. Husains Regierung wird keine Operationen mehr von den Stützpunkten aus gegen Israel erlauben, auch nicht in den besetzten Gebieten.*«

Mahjubs Rat wurde schlecht aufgenommen. Jeder Fidai hatte seine guten Gründe, und es waren immer dieselben: »Was ist ein Soldat ohne seine Waffe schon wert?« oder gar: »Was heißt das: Ein entwaffneter Soldat?« Was unterscheidet einen nackten Mann von einem Entmannten? Diese Belehrung in der Höhle, die niemanden überzeugte, dauerte drei Stunden im spärlichen Licht von Taschenlampen und Feuerzeugen, mit denen die Orientzigaretten angezündet wurden. Als ich aus der Grotte ins Freie trat, war ich wahrscheinlich der einzige, den die Reinheit der Nacht ergriff, es sei denn, die Fedajin spürten, angesichts der Schönheit des Himmels und des gelobten Landes, noch schmerzlicher die ihnen zugefügte Kränkung.

---

* Die PLO hatte sich mit Husain darin geeinigt, daß die palästinensische Miliz erhalten blieb, doch sollte man ihre Waffen nicht sehen. Wir hatten uns in einer Höhle versammelt, damit Mahjub den starrköpfigen Fedajin, für die eine nicht demonstrativ gezeigte Waffe wertlos war, diese Einsicht einschärfen konnte. Man hätte ebensogut von ihnen verlangen können, daß sie sich die Schnurrbärte abrasieren.

Sie sollten alle ihre Waffen am übernächsten Tag abgeben. Die Verstecke waren gut vorbereitet. Wenn aber der Kampf noch lange auf sich warten ließ, würden die in ihre Einzelteile zerlegten und gut eingefetteten Waffen überholt sein.

Einem Protokoll zufolge war es allen Fedajin in Jordanien erlaubt, weiterhin wachsam zu bleiben, aber nur innerhalb jenes Gebietes, das auf der einen Seite durch den Jordan und die Straße von Salt nach Irbib und auf der anderen durch Syrien und die Straße von Salt zum Jordan begrenzt wurde. Irgendwo dazwischen lag Ajlun.

In uns selbst ging dieses vor: Irgendein Organ war gestört und störte uns oder: Plötzlich sahen wir die Welt, das heißt, wir glaubten sie zu sehen. Dann einen Ort, einen öden Ort meist ohne Mensch und ohne Tier, nicht einmal eine Raupe, aber Moose waren da und Steine, Kräuter und auf der Flucht zertretene Gräser; auf einmal waren alle Dinge wie magnetisch geladen, und der Ort vibrierte in seiner Reglosigkeit. Er hatte sich erotisiert. So geschah es mit den Wiesen von Ajlun. Sie warteten nur auf ein Signal. Aber von wem?

Still und leise und verträumt, aber bewaffnet, manchmal unbewaffnet, aber wachsam und verstohlen gingen die Fedajin oft von einem Strauch zum anderen, zwischen denen ein Kommando seine Zelte aufgeschlagen hatte. Sie trugen eine Kiste mit Handgranaten, reinigten einen Revolver.

Husain und seinen Beduinen hatten sie gehörig zugesetzt und damit Ruhm erworben – und jetzt diese schmähliche Niederlage. Sie haben über der Wüste Flugzeuge der El Al und der Swissair entführt, den Tod so vieler Kameraden durch den lauernden israelischen Feind jenseits des Jordan erlebt, der bedrohlichen Stille über den jordanischen Dörfern gelauscht und vielleicht auch die Gedanken der Frauen und Kinder aufgefangen, die in den Lagern geblieben waren; noch quälte sie die Scham, weil sie, ohne auf die Reifen zu schießen, den weißen, chromblitzenden, innen mit rotem Chagrinleder bezogenen Cadillac durch das sakrosankte Gebiet hatten fahren lassen. Der Chauffeur, ein Beduine mit der rot-weißen Kaffija auf dem Kopf, war brüllend und mit aufgeblendeten Scheinwerfern an den Soldaten vorbeigerast, die zurückwichen.

»Ich bin der Chauffeur des Emir Jaber und komme, um mich nach dem Befinden des Neffen der Sekretärin seiner Hoheit zu erkundigen«; der Schluß des Satzes ging im Kreischen der Reifen und im Geheul des Motors unter.

Durch den Sicherheitsdienst, der mitten in der Nacht, wenn auch unauffällig, neue Stellungen bezogen hatte, erfuhren wir von der Ankunft des sowjetischen Botschafters in Kairo und von seinem Treffen mit Arafat an einem noch geheim gehaltenen Ort in den Bergen von Ajlun. Er wurde mit dem Hubschrauber eingeflogen. Der unverhoffte Besuch überraschte uns kaum: Die palästinensische Frage hatte aufgehört, von nur regionaler Bedeutung zu sein. Das Interesse der Großmächte für diese noch unbedeutende, vor kurzem erst gegründete PLO war erwacht.

Wir sollten diesen Besuch zum Anlaß nehmen, um die Dinge aus einer gewissen Höhe zu betrachten, obgleich es uns kaum gelingen wird, urplötzlich zum Senkrechtstarter zu werden. Jeder Fidai glaubte frei zu sein auf diesem Gebiet, das er zu Fuß oder im Auto durchkreuzte, ohne sich je von der Oberfläche zu lösen. Es war eine von uns besetzte Fläche, deren Relief wir auf unseren Märschen erkundet hatten. Der Horizont eines jeden Fidais, sein Gesichtssinn und seine mehr oder weniger kräftigen Beine klärten ihn darüber auf. Blickte er nach vorn oder drehte er sich um, er wußte immer, wohin er ging oder woher er kam. Weder Rundfunk noch Zeitungen verbanden ihn mit dem Rest der Revolution, allenfalls ein ihm übertragener Sonderauftrag. Groß war die Verwirrung unter den Fedajin – auch unter den Verantwortlichen –, als ich ihnen mitteilte, daß ich in Kuwait an einer Tagung teilnehmen sollte.

»Was willst du denn in Kuwait? Bleib doch bei uns. Und überhaupt: Wer fährt schon nach Kuwait? Vor allem Europäer. Dort wird man nur englisch sprechen, und du verstehst kein Englisch.«

»In meinem Paß habe ich schon das Einreisevisum für Kuwait.

Man hat mir ein Zimmer reserviert, und hier ist auch die Einladung.«

»Du bist ein Dickkopf. Wir werden dich mit dem Wagen nach Deraa fahren, und zwei Fedajin werden dich begleiten.«

»Warum zwei?«

»Wir gehen immer zu zweit, denn wir müssen vorsichtig sein. Seht zu, wie ihr in Deraa über die Grenze kommt. Von dort aus werden dich zwei andere Fedajin nach Damaskus führen. Dann steigst du in das Flugzeug und fliegst nach Kuwait. Bei deiner Rückkehr von dieser Konferenz in Kuwait wird am Flughafen von Damaskus ein Wagen auf dich warten und dich nach Deraa fahren. In Deraa wirst du auch erwartet, und zwei Fedajin werden dich hierher zurückbringen.«

Es wurde beschlossen, daß ich mich nicht mehr von Ajlun entfernen sollte.

Aber über uns entfaltete die PLO eine rege diplomatische Tätigkeit, wenn auch von Husain darin behindert, der sich bei der amerikanischen Botschaft Rat holte, deren Diplomaten dem Vernehmen nach – Einzelheiten erfuhr man nicht – geschäftig zwischen Amman, Tel Aviv und Washington hin und her reisten. Obwohl wir uns in dem schon erwähnten Raum frei glaubten, in dem wir aus Gründen der Sicherheit ständig den Standort wechselten, ohne jedoch den Boden zu verlassen, befolgten wir doch die Befehle von Offizieren, deren oberste Höhenlinie durch ihre Generalstabskarten bestimmt wurde, die aus der waagerechten Lage eines Tisches in die Senkrechte befördert und an eine ziemlich hohe Wand geheftet worden waren, wodurch man wohl oder übel zu einem Stock greifen mußte, um auf den äußersten Norden zu zeigen: der Jordan und die ersten Städte in den besetzten Gebieten. Waren sich die Palästinenser darüber im klaren, daß sie, indem sie die Geographie und den Namen Israels auf den Landkarten tilgten, damit auch Palästina zum Verschwinden brachten? Malten sie Israel blau an, versank es im blauen Meer; schwarz übertüncht wurde es zu jenem *Ort der Finsternis, in dem die Schatten wohnen,* wie die Griechen glaubten.

Arafat und die gesamte PLO, die ihre Verträge mitsamt ihrer Zwistigkeiten im Gepäck mitführten, gewannen rasch an Höhe und jetteten im Düsenclipper von einer Hauptstadt zur anderen. Für sie hatte Palästina als Territorium vielleicht aufgehört zu sein. Seine Wirklichkeit war nun Teil eines gewichtigeren Kalküls: ein Blatt unter anderen im Poker zwischen Ost und West. Doch jeder von uns ahnte dunkel, daß wir den Frieden, der uns beschieden war, den wir erlebten, der PLO zu verdanken hatten.

Kissingers Reise nach Peking und auch seine Rückkehr über Pakistan am Tag darauf waren uns vollkommen entgangen. Wie hätten wir da wissen sollen, hier am Rande unseres Steilhanges, daß die der PLO von China gewährte Hilfe gekürzt worden war? Und was war schon China von unserer Warte aus? Vor allem ein Name: Mao. Zahlreiche Palästinenser, einfache Fedajin und wichtige Führungskader, waren Einladungen nach Peking – und nach Moskau – gefolgt. Ich bin auch heute noch davon überzeugt, daß sie China mit den aufgebotenen Menschenmassen und den mitreißenden Kundgebungen verwechselten, von denen sie, neben ihren Berichten vom paradiesischen Alltag, Bilder mitgebracht hatten. Mindestens vierzigmal hörte ich von den Chinareisenden, wie schön die alten Männer waren, die jeden Morgen, schweigend, lächelnd oder auch nicht lächelnd, auf dem Platz T'ien an Men ihre Gymnastikübungen vollführten. Sie erzählten von den langen dünnen Bärten der greisen Sportler, denn hierzulande schmückt der Bart.

Vielleicht werde ich niemals wissen, ob man Palästinensischer *Widerstand* oder Palästinensische *Revolution* schreiben soll. Wird es mit Großbuchstaben geschrieben? In der arabischen Sprache gibt es keine Großbuchstaben.

Am Anfang dieses Buches habe ich versucht, ein Kartenspiel in einer Laube zu beschreiben. Wie schon gesagt, alle Gesten waren echt, nur die Karten fehlten. Nicht allein, daß sie gar nicht ausgespielt wurden, es gab sie nicht einmal, und das Kartenspiel war gar kein Kartenspiel. Die Spielkarten waren weder da noch waren sie nicht da; so wie es Gott für mich nicht gibt, gab es auch die Karten nicht. Kann man sich vorstellen, was ein solches Tun, das nur aus Täuschungen besteht – die an mich gerichtete Einladung, die Vorbereitungen, die Darbietung an sich, die angestrengte Mimik, durch die mir etwas nicht Vorhandenes vor Augen geführt werden sollte –, was diese Täuschung um der Täuschung willen in jenen bewirkt, die sich ihr jeden Abend hingeben? Spielkarten, die, wie beim Kiffer ohne Stoff, als Entzug empfunden werden. Der Schluß des Spiels war dessen Beginn: nichts am Anfang und nichts am Ende. Im Grunde hatten meine Augen auf nicht vorhandene Bilder geschaut: Gewehrkugeln, Reiter, zwei Schwerter, drei Schwerter, fünf, sechs, sieben Schwerter – kannte Claudel das spanisch-maurische Kartenspiel?

Als die neuen Bewohner Palästinas die alteingesessenen aus diesem Land vertrieben, wußten sie da nicht, hatte die Gnosis sie darüber nicht aufgeklärt, was mit dem vertriebenen Volk geschehen würde? Wenn es sich nicht selbst vernichtete, blieb ihm keine andere Wahl, als den Lebensraum eines anderen Volkes zu besetzen.

»Warum ist es nicht mit ihm verschmolzen?«

Darauf kann man nur antworten:

»Kann ein Volk auf der Wanderschaft mit einem anderen verschmelzen? In welchem Land hat dies je stattgefunden? An welchen Orten? Mit Hilfe welcher Vorrichtungen?«

Ich weiß noch immer nicht, was die Fedajin in ihrem Innersten empfanden, aber für mich war ihr Land – Palästina – nicht nur etwas Unerreichbares; wenn sie es auch herbeisehnten wie die Spieler die Karten oder Gott die Atheisten, es hatte dieses Land nie gegeben. Es waren Spuren davon geblieben, aber so sehr verzerrt im Gedächtnis der Alten, daß die Vorstellung der Dinge, an die sie sich erinnerten, diese kleiner machte, als sie tatsächlich waren. Je älter wir werden, um so kleiner werden die Dinge, schrumpfen gleichsam zusammen oder erscheinen uns, durch unsere Erinnerung verklärt, entschieden größer. Selten nur bleiben uns die wahren Dimensionen so im Gedächtnis erhalten, wie wir sie einmal in uns aufgenommen haben. Bodenerhebungen, Senken und deren Namen, alles hatte sich geändert: Abgeweidet der kleinste Zweig, aufgezehrt der Wald, Tag für Tag zu Papier, zu Zeitungen und zu Büchern verarbeitet. Das Ziel, das den Fedajin vorschwebte, war in eine unvorstellbare Ferne gerückt. Ihr Handeln drohte aufgrund eines ehernen Gesetzes der Bühnenkunst wirkungslos zu werden: Die wiederholten Proben für die Vorstellung. So selbstsicher die Kartenspieler sich auch gaben, so schön sie auch waren mit ihren Händen voller Schemen, sie wußten doch, daß sie mit ihren Gesten für alle Zeit – auch im Sinne einer lebenslänglichen Strafe – eine Partie ohne Anfang und Ende spielten. In den Händen hielten sie das gleiche Nichts, auf das die Fedajin ihre Füße setzten.

»Offenkundig träumte ein Teil der Offiziere von schweren Waffen, von stählernen Panzerungen und Kampfmitteln, deren Handhabung auf den großen Militärakademien Europas und Amerikas oder auch der UdSSR gelehrt wird. Sie hüteten sich vor dem Wort Guerilla, das Kleinkrieg bedeutet, vor jener Kampfweise also, in der man sich mit dem Nebel, der Feuchtigkeit, dem Hochwasser, dem Monsun, dem mannshohen Gras, dem Ruf der Nachteule, dem Stand der Sonne und dem des Mondes verbünden muß. Sie wußten von der Wirkung des Kommandos ›stillgestanden!‹ und daß man nur einem stillstehenden Soldaten befehlen kann. Auf den meisten Militärschulen wird einem gewiß nicht beigebracht, wie man diese mit Federn geschmückten Wesen, diese possenreißenden Araber, die mit den Moosen und Flechten im Bunde sind, zu Disziplin, Gehorsam und damit zum Siegen erzieht. Kein Offizier, der eine Militärschule absolviert hatte, wäre imstande gewesen, von einem Baum zum anderen zu schleichen, zwischen Felsen hindurchzuschlüpfen und beim geringsten Laut, der wie ein Seufzer klingt, regungslos stehenzubleiben.«

Was ich eben niedergeschrieben habe, ist auch die Meinung der Palästinenser, die einem listenreichen und fairen Kampf nachtrauern, vielleicht sogar manchmal einer Art Waffenbrüderschaft.

»Die Beduinen auf der einen Seite und die Israelis auf der anderen töten massenweise auch die zivile Bevölkerung mit ihren Flugzeugen und Panzern. Wenn es hundert Freischärlern gelingt, mit List und Tücke die Grenze nach Israel zu überqueren, dann werden im Gegenzug Bombenangriffe auf palästinensische Flüchtlingslager geflogen. In der *Königlichen* – sie wissen doch, was ich meine, in der ehemaligen Königlichen Marine, der Königlichen Marine von Marokko – bezeichnet man auch heute noch als »Admirale« syphilitische Matrosen, auf deren Krankenkarte Kreuze – oder Sterne – eingetragen sind. Das erste Kreuz als Nachweis für eine Lues wird mit einem Begeisterungsausbruch begrüßt, der an die Umarmungen im Fußballstadion erinnert – erzieltes Tor! Der Männlichkeitsbeweis, die Weihe durch den ersten Schanker.

Arzt, Pfleger und Koch, das ganze Personal kümmerte sich um uns. Ich war Vierkreuzeadmiral oder, wenn man so will, Viersterneadmiral. Fünf, das war das Höchste. Und der Tod. Der berühmte leprakranke König, den man sogar in der Welt des Islams kannte, hatte zwei Weihen erhalten: die der königlichen Salbung und die der Lepra. Ich frage mich, ob die grimmigsten Offiziere, die nach schweren Waffen, Panzern, Kanonen und sogar nach der Atombombe lechzten und für eine konventionelle Kriegsführung eintraten, nicht gar davon träumten, Admirale zu werden, vielleicht auch für das Vaterland zu sterben, jedoch mit der Gewißheit, ein Staatsbegräbnis zu kriegen, kurz: als ganze Männer zu sterben.

Nicht nur den Saint-Cyrianern dünkten die Guerilla nicht erhaben genug, auch die Sowjetunion weigerte sich, jenes Phänomen ernst zu nehmen, das sie Terrorismus nannte. Wenn die palästinensische Armee siegen wolle, müsse sie erst zu einer schweren Maschinerie und die Brust eines jeden palästinensischen Obersten zum Träger und Schaubrett der vierzig bis fünfzig Orden werden, des Lamettas aller wohlgeborenen Nationen.

Am Abend des Fastenbrechens im Ramadan gaben zwei Verantwortliche an einer Wasserstelle unweit des Jordan ein Fest, das sich allerdings auf ein zusätzliches Stück Honigkuchen und ein etwas herzhafteres Lachen beschränkte. Zur Begrüßung umarmten sie einen jungen Mann, dem das Haar bis zum Rücken reichte: Ismael. Ich hatte schon zu viele Bei- und Decknamen gehört, um mich über diesen hier zu wundern (in der Nähe dieser Wasserstelle, unweit von dem Ort, wo – zwischen der Brücke von Damia und der Allenby Bridge – Johannes Christus getauft hatte, hatten die Fedajin beschlossen, mir einen neuen Vornamen zu geben: Ali). Langes dunkles, glattes Haar à la Bonaparte bedeckte Ismaels Schultern.

»Er ist Palästinenser und macht seinen Militärdienst in der israelischen Armee. Er spricht fließend Hebräisch.«

Zu dem Verantwortlichen sagte ich, der junge Mann habe eher ein jüdisches als ein arabisches Profil.

»Er ist Druse, aber erwähne das bloß nicht. Als er dich gesehen hat und erfuhr, daß du Franzose bist, hat sich sein Gesichtsausdruck verändert (Den Sinn dieses Satzes habe ich bis heute nicht begriffen). Er riskiert sehr viel, um uns Nachrichten zu überbringen.«

Lachend und essend bat ich Ismael auf Französisch:

»Sing uns die israelische Hymne.«

Sein Blick verriet mir, daß er mich anscheinend verstanden hatte. Er war zwar überrascht, hatte aber die Geistesgegenwart, um eine Übersetzung meiner Frage ins Arabische zu bitten, obwohl er selbst auf eine Bemerkung von Mahjub auf Englisch geantwortet hatte:

»*Classic war, I don't know. Classic war or romantic war.*«

Diese Antwort schien mir vor allem literarischer Art zu sein.

Als er sich bei Einbruch der Nacht auf den Weg machte, um unbemerkt von den jüdischen Posten nach Israel zurückzukehren, umarmte er jeden außer mir.

Da die Verantwortlichen diesen Araber kannten, wußte er vielleicht, was aus Pater Huc geworden war, der nach einem vierzigjährigen Aufenthalt in Tibet Schlitzaugen bekommen hatte. Das Profil des Arabers war hebräisch, sein Rhythmus, westlich.

Kurz zuvor hatte sich ein sudanesischer Oberleutnant gewundert, einen Mann französisch sprechen zu hören und daß Abu Omar ihm in dieser Sprache antwortete.

»Alles, was hier passiert, habt ihr uns eingebrockt. Für die Regierung Pompidou seid ihr verantwortlich...«

Dies sagte er zu mir und noch vieles mehr, das ich vergessen habe, aber vergessen werde ich niemals dieses schwarze Gesicht mit den leuchtenden Augen und den tiefen Stammeskerben auf den

Wangen, und wie er mich nicht nur in Französisch ansprach, sondern im Argot der Pariser Vorstadt, der Sprache von Maurice Chevalier selbst. Während er mit mir sprach, steckte er ostentativ beide Hände in seine Hosentaschen. Und was er sagte, hörte sich so an:

»*Tout c' qui s' passe ici c't' encore à cause de vous. V'z'êtes responsable du gouvern'ment d' Pompidou* ...«

Abu Omar erklärte ihm auf Arabisch, daß ich mit der französischen Regierung nichts zu tun habe. Er beruhigte sich, und wir wurden gute Freunde: Jedesmal, wenn ich ihn traf, begrüßte er mich mit einem Lächeln. Ich wußte, daß er sich, für mich allein, eine neue Anekdote ausgedacht hatte.

»Ein Glück, daß wir uns verständigen können. Hätte es uns Sudanesen nicht gegeben, würdest du nicht Französisch sprechen, sondern irgendein Kauderwelsch aus dem Morvan.«

»Erklärt mir das.«

»Jede französische Provinz hatte ihren Jargon, denn ihr wart Barbaren. Als ihr mächtig genug geworden wart, um bei uns einzufallen, da wart ihr aber nur ein sprachliches Geduldsspiel. Um uns zu erobern, brauchtet ihr eine gemeinsame Sprache. Der baskische Soldat sprach baskisch, der Korse korsisch; der Elsäßer, der Bretone, der Nizzaner, der Pikarde, der Morvaner und der Artesianer, die man nach Madagaskar, Indochina oder Sudan verschifft hatte, mußten die Sprache ihrer Offiziere aus Saint-Cyr lernen, das Pariser Französisch. Die Gefahren, die auf zwei Soldaten lauerten, die sich in den Hüttensiedlungen verirrt hatten, zwangen sie dazu, sich wenigstens ein paar wichtige Sprüche zu merken:

›Zu Hilfe, Legion!‹

›Hierher, Leute!‹

›Zwei Mann in Gefahr!‹

›Barras ade!‹

›Ran, ihr Freunde der Zuaven!‹.«

Ein amüsanter, zutreffender oder auch nichtzutreffender Deutungsversuch – auch wenn der damalige Unterrichtsminister und Kolonialist, Jules Ferry, das sicher anders sah. Diese leichte und geschmeidige französische Sprache, die sich Zug um Zug in ganz

Frankreich ausgebreitet hatte, wurde vielleicht wirklich aus dem Angstzittern jener kleinen bretonischen, korsischen und baskischen Soldaten geboren, als sie neue Gebiete eroberten, in den Kolonien ihr Leben ließen und ihrem Mutterland eine fertige Sprache vererbten. Die Dialekte mußten weichen, damit diese fast vollkommene, jenseits der Ozeane entstandene Sprache nach Frankreich heimkehren konnte. Ein Kontrapunkt zu diesem Geschehen, ein Pendant zu dieser heroischen Leistung ist vielleicht diese Mitteilung, so wie sie uns 1917 aus Marokko erreichte:

»Das waren Mordskerle! Und sie wollten's wissen! Als ich zu ihnen sagte, daß ich Waffen und Munition an sie verteilen werde, hätten sie mich glatt vergöttert, wenn ich ihnen erlaubt hätte, mir die Hand zu lecken. Aber ich behalte immer einen kühlen Kopf. Der Kerl, der mich um den Finger wickelt, ist noch lange nicht geboren, ja nicht einmal gezeugt. Ihr liebt den Kampf, Männer? Ihr sollt ihn haben! Sie verlangten nach Säbeln, ich gab ihnen Gewehre: Sie wollten das ganze Teutonenpack über den Haufen schießen. Mit klingendem Spiel zogen sie bis zur Somme.« Das sind die hehren Passagen aus einer Rede, die einst in *L'Illustration* gedruckt erschien. Und »sie« zogen bis zur Somme. »Sie« stiegen aus dem Zug. Schweigend marschierten »sie« zweihundert Meter weit und atmeten tief durch. »Sie«, das waren ungefähr tausend Mann. Die erste Welle legte sich nieder, wortlos, dann die zweite und die dritte. »Sie« starben im Zeitlupentempo. Ein Windstoß voller Gas hatte ihnen die Sprache verschlagen. Nördlich von Abbeville lag bald ein riesiger, weit gedehnter, filzig grauer Berberteppich überm Land.

Das alles erzählte mir Mubarak, sudanesischer Offizier und Bewunderer Gaddaffis. Ich sollte lange Zeit nichts mehr von ihm hören. Denn von ihm, wie auch von Hamza, habe ich nur den Vornamen gekannt. Er hatte sich nach einigem Zögern für Habasch und nicht für Arafat entschieden. Ich werde noch von seiner Schönheit, seiner Sanftmut und seinen mit künstlichen Narben gekerbten Wangen sprechen.

Die Entführung von drei Flugzeugen, die zur Landung auf dem Flughafen von Zarkat gezwungen wurden, ging auf das Konto der

PFLP* Mit ihren Fluggästen, Männern und Frauen, blieben sie drei Tage in der Sonne stehen.

Nach einem zweiwöchigen Aufenthalt in Damaskus kehrte ich zu den Stützpunkten der Fedajin zurück und fand sie derart gelichtet vor und so weit auseinander liegend, daß ich augenblicklich die Verwundbarkeit dieser neuen Ordnung erkannte. War dies das Werk eines Dummkopfes, eines Anfängers, eines Dickkopfs, eines schlechten palästinensischen Strategen und Taktikers? Sogleich drängte sich mir dieses Bild auf: »Eine Mauer aus nassem Papier.« Welche Hilfe konnten sechs bis sieben Mann mit ebensovielen Schußwaffen schon erwarten, wenn ihnen niemand gegenüberstand, nicht einmal der leibhaftige Feind, der sich einen Kilometer jenseits der Zone, die man den Fedajin überlassen hatte, verschanzte, frisch und mit schweren Waffen ausgerüstet, die von Ballistikern bedient wurden? Ein Gerücht ging um, wonach Husains Soldaten von amerikanischen und israelischen Offizieren Hilfe bekamen (1984 haben es mir Palästinenser erneut bestätigt, einige jordanische Offiziere leugneten es süffisant).

Ich mußte noch einmal nach Damaskus fahren. An die Neuordnung der Stützpunkte wurde ich aber vierzehn Jahre später erinnert, als Jacqueline mir im zerbombten Beirut von ihrer Fahrt in den Süden von Libanon erzählte.

»Palästinensische Zivilisten und Soldaten wurden nach den Massakern von Sabra und Schatila für mehrere Stunden in Zellen oder in Hotelzimmer in Saida und in Tyr gesperrt. Aber zuvor hatte in diesen Städten und in einigen Küstendörfern das Spektakel mit dem Kapuzenmann stattgefunden. Es spielte sich wie folgt ab: Israelische Soldaten und Offiziere ließen die Bevölkerung des Dorfes oder des Wohnviertels vor einem Mann antreten, der auf dem Kopf eine Kapuze trug. Das ganze Dorf mußte an ihm vorbeimarschieren. Aber der Spitzel sagte kein Wort, um nicht erkannt zu werden; er zeigte nur mit dem behandschuhten Finger auf die Schuldigen. Was warf man ihnen vor? Palästinenser zu sein oder daß sie als Libanesen mit Palästinensern befreundet waren

---

* Volksfront für die Befreiung Palästinas, unter Habasch

oder daß sie es noch werden konnten, oder daß sie imstande waren, mit Sprengstoff umzugehen?«

»Wurde einer der unter der Kapuze versteckten Männer erkannt?«

»Nein, keiner. Es ging aber das Gerücht, daß es sich um einen palästinensischen Verräter handelte, der mit dem Finger auf die Anstifter von Gewaltakten zeigte. Ein paar Tage später haben wir die Wahrheit erfahren oder das, was als solche gelten könnte: Unter der Kapuze befand sich ein israelischer Soldat. Er hob jedesmal den Finger aufs Geratewohl, zeigte mal auf den, mal auf jenen. Da die Familienmitglieder des Toten ohnehin verdächtig waren, schwiegen sie. Und als bekannt wurde, daß ein Israeli die Rolle des palästinensischen Verräters spielte, war der Schaden schon angerichtet. Denn niemand traute sich, den wahren Sachverhalt aufzudecken, da man noch immer befürchten mußte, daß sich vielleicht doch ein befreundeter oder verwandter Palästinenser unter der Kapuze verbarg.«

»Ging das Theater noch lange so weiter?«

»Zwei, drei Wochen. Das reichte. Das Mißtrauen hatte alle erfaßt. Darauf folgte dann das Theater mit den Zimmern.«

Ich habe es von einer Libanesin erfahren. Frauen, Soldaten und Zivilisten wurden in eine Zelle oder in ein Zimmer gesperrt. Plötzlich drangen durch die Zimmerwände Entsetzensschreie und Wehklagen in Arabisch, Geheul, Geröchel und mitten im Geschrei Stimmen, die sich auf Arabisch der schrecklichsten Verbrechen bezichtigten und gegen andere Araber oder gegen Verwandte Rache schworen. Es waren Fedajin, die ihre Offiziere beschuldigten, Kampfgefährten verrieten, Geheimnisse, vor allem militärische Geheimnisse preisgaben ... Was ich hier aufgezählt habe, hatten aber israelische Soldaten, die fließend arabisch sprachen, eingeübt, geprobt und auf Tonband aufgenommen, um es schließlich der Bevölkerung vorzuspielen, erst in den besagten Zimmern, gewissermaßen im intimen Kreise, denn bei jedem eingestandenen Verrat konnte man wie eine Hintergrundmusik das belustigte, ironische oder Abscheu mimende Lachen der israelischen Offiziere hören, die auf Hebräisch die Geständnisse kommentierten. Am nächsten und übernächsten Tag wurde dieselbe Aufnahme in voller Lautstärke über Lautsprecher auf den Dorfplätzen ausgestrahlt. Dieses ganze Theater der Militärs hatte einen einzigen Zweck: die libanesische, schiitische oder nicht schiitische Bevölkerung und vor allem die Palästinenser in Schrecken zu versetzen. Das war im September 1982. Dieser Riesenbluff, der vielleicht in den Rundfunkstudios von Tel Aviv produziert worden war, höhnte so in Arabisch: »Erinnert euch an *Der Yassin!*«

In Erinnerung an diese Tonmontage äußerte später ein Franzose: »Die große Demonstration, die 1982 in Israel gegen den Krieg in Libanon stattfand, war geplant, und zwar lange bevor die Invasion begann. Man hatte an alles gedacht: Erst die Invasion, dann die Bombardierung von Beirut, die Ermordung Bechir Gemayels, schließlich das Gemetzel von Schatila und die offensichtliche Entrüstung der Medien in aller Welt; man hatte an alles gedacht, sogar an diesen Schauder, der die Weltöffentlichkeit überfiel; und zuletzt hieß es Schwamm drüber, und zur Imagepflege des beschmutzten Israels mußte eine Protestkundgebung herhalten.«

Was Frau »Sh...« zu dieser Äußerung veranlaßt: »Mit einem Lastwagen und einem Lautsprecher haben sie uns aus *Der Yassin* in die Flucht getrieben.«

Ich gestehe, daß ich von jenem Regisseur oder Dirigenten – einem Unteroffizier aus Tsahal vermutlich – geträumt habe, und auch wie er einen Schrei, ein Röcheln, das nicht echt klang, immer wieder aufnehmen ließ; daß ich von Probeaufnahmen geträumt habe, bei denen die Akteure arabische Kostüme trugen, um noch ausdrucksvollere Seufzer und Wehklagen ausstoßen zu können. Vielleicht ein hervorragender Regisseur des Theaters Habima in Tel Aviv?

Kehren wir ins Jahr 1971 zurück. In Ajlun und Umgebung, überall, wo die Fedajin Stützpunkte errichtet hatten – ich habe schon gesagt, daß diese mangelhaft angelegten Stützpunkte so gut wie keinen Schutz boten, zumal die jordanischen Stäbe über jeden Standort genauestens Bescheid wußten –, hatten die tscherkessischen Offiziere, unterstützt von ihren Handlangern, den Beduinen, folgende Tat vollbracht: Im Schutz der Nacht aufgestellte

Lautsprecher übertrugen aus einer bestimmten Entfernung die oft undeutlichen Stimmen von Führern der Widerstandsbewegung:

»Wir sind umzingelt, ergebt euch. Überreicht eure Waffen den Offizieren der königlichen Armee. Wir haben das Versprechen des Königs, daß jeder Fidai, der sich unbewaffnet ergibt, am nächsten Tag seine Waffe zurückbekommen wird. Der Kampf ist beendet. Niemand wird mißhandelt werden. Ich spreche im Namen des Königs und von Abu Amar.« (Jasir Arafat).

Man stelle sich die Wirkung dieser Stimmen – auf meist sehr junge Soldaten – vor, die zugleich fern und nah waren und zwischen zehn Uhr und Mitternacht erschallten gewaltige Stimmen, die in der Dunkelheit die Stimme des Waldes und der Berge übertönten, die Stimme der Berge selbst, hörbar noch am anderen Ufer des Jordan und so verzerrt durch die schlechten Lautsprecher, daß man die Sprecher nicht erkennen konnte.

Im Juni und Juli 1971 wurden die Fedajin durch die Truppen Husains weiträumig umzingelt, und offiziellen Angaben zufolge wurden drei- bis vierhundert von ihnen getötet, während die Gefangenen zu Tausenden in die Gefängnisse des Königreichs und ins Lager von Zarqa wanderten; den anderen gelang die Flucht nach Syrien nördlich von Irbid. Einige überquerten den Jordan, wurden entwaffnet, aber von den israelischen Soldaten und Offizieren sehr freundlich behandelt. Wenn auch der angenommene Verrat ihrer Führer sie zur Flucht verführt hatte, in Israel erlebten sie, mutterseelenallein, ihren eigenen Verrat angesichts des Feindes. Zwei Franzosen, die auf die gleiche Weise wie die Fedajin und mit ihnen kämpften, kamen nur bis Irbid. Dort ruhen sie auf dem Irbider Friedhof, zusammen mit palästinensischen Märtyrern. Weit mehr als nur Feigheit sehe ich in der Flucht etwas sehr Großes, das noch stärker ist als der Schrecken. Die palästinensischen Soldaten flohen vor dem plötzlichen Auftauchen des Unerwarteten. Der Tod, der erwartete Tod kam nicht. Die Kugeln, die in Aussicht gestellten Leiden, das Sterben, die Verwundungen – darauf waren sie gefaßt gewesen, aber nicht auf jenes Getöse um Mitternacht, das, wie man später erfuhr, von den Motoren und den Drehflügeln der am Boden stehenden Hubschrauber stammte, zehnfach verstärkt allerdings und überlagert von Kanonenschüssen, Maschinengewehrsalven, doch ohne Granaten und Kugeln, und dann diese Stille, die plötzlich eintrat und in der sie den Verrat ihrer Führer vernahmen, die sie zum Verrat aufriefen. Panik ist das Wort, das ich sofort niederschreiben möchte, denn durch sie kommt es wohl, daß die Beine sich wie von selbst in Bewegung setzen, doch nicht, um vor dem Tod zu fliehen, sondern vor dem Unerwarteten (und vielleicht hat mich gerade dies so betroffen gemacht, als ich zum erstenmal die *Aschebal*, die »Junglöwen«, beim Training erlebte. Der Umgang mit dem Unfaßbaren läßt sich nicht trainieren), keine Flucht vor der jordanischen Armee also, sondern Flucht nach Israel – so wie man Selbstmord begeht.

»Gegen ihn würde ich mich mit dem Teufel verbünden.«

Hier zeigte er sich gleich zweimal: Die Stimme der Führer, die den Kämpfer zum Verrat aufrufen, und der tatsächliche Bund mit dem Teufel: Israel.

Als sie vor der Stimme davonliefen, hofften sie da, eine Zuflucht zu finden, und da sie nicht wußten, daß sie sich schon in Israel befanden, glaubten sie sich da in Palästina, auf dessen Boden sie im Grunde standen? Wenn ich Panik sage, weiß ich nicht, ob der Gott Pan gefürchtet wird und ob seine Flöte mit den ungleichen Rohrpfeifen uns mit so lieblichen Tönen lockt, daß jeder, der sie vernimmt und auf ihn zuzugehen glaubt, sich ins Ungewisse stürzt. Rauch ist aufgestiegen und hat den Mond verschleiert. Wenn die Stimme, die von einem Berg zum anderen hallte, Gottes Stimme war, dann rannten die Fedajin davon – nichts ahnend von den Wundern der Elektroakustik –, um im Schoß des großen Gottes Schutz zu suchen. Die Redewendung »jouer des flûtes«* hat vielleicht ihren Ursprung in diesem an und für sich göttlichen Flötenspiel.

Auch wenn Körper und Glieder davon nichts spürten, der Schrecken hatte schon den Atlantik überquert. In Amman, wohin ich öfter fuhr, kam ich auf dem Weg zu meinem Hotel an den mit Waffen beladenen Boeing-Maschinen vorbei: Geschenke der USA an König Husain.

---

* Im Französischen ist *flûte* nicht nur die »Flöte«, sondern auch, umgangssprachlich, das »Bein«, und »jouer des flûtes« hieße so viel wie »die Beine unter den Arm nehmen«

Die jungen Franzosen, beide trugen sie den Vornamen Guy, wurden zusammen mit anderen Kämpfern in Irbid begraben. Ihre französische Freundin war bei ihnen. Sie hatten den Palästinensern geholfen, eingestürzte Mauern wieder zu errichten, und auf diese Weise Mauern und zugleich Arabisch gelernt. Diese beiden Guy, die ich in Wahadat kennenlernte, kamen mir wie zwei Kinder des Mai '68 vor, sowohl emanzipiert als auch voller vorgefaßter Meinungen, aber zeitgemäß.

»Man müßte Husain an die Wand stellen, denn er ist ein Faschist, und an seiner Stelle eine revolutionäre, nicht sowjetische Regierung einsetzen.«

»Was für eine?«

»Zum Beispiel eine unter der Führung der Situ*.«

Eine Berichterstattung über den Widerstand, wie ich sie hier versuche, verrät nicht viel über dessen Kontinuität, die fröhlich und jung war. Wenn ein einziges Bild es verdeutlichen kann, dann möchte ich dieses vorschlagen: »Keine Folge von Erdstößen, sondern ein fast unmerkliches, nahezu unbewegliches Zittern durchlief das gesamte Land« oder auch: »Das gewaltige, nahezu stumme Gelächter eines ganzen Volkes, das sich stillvergnügt vor lachen bog, aber auf den Knien lag, als Leila Chaled, eine scharf gemachte Handgranate in der Hand, in der El-Al-Maschine der jüdischen Besatzung den Befehl gab, in Damaskus weich zu landen. Was auch geschah. Später landeten hier auch drei Maschinen der Swissair, glaube ich, und blieben auf Habaschs Befehl nebeneinander auf dem Rollfeld von Zarkat stehen, in der Sonne, wie ich schon sagte.«

Ein paar Tage danach kam es zum Aufstand der Kinder, denn so sollte man ihn nennen: Palästinensische Jungen und Mädchen sowie mehrere sechzehnjährige Jordanier und Jordanierinnen näherten sich lächelnd, lachend und mit dem Ruf: »Yaya! El Malek!« (Es lebe der König!) den jordanischen Panzern auf den Hauptstraßen von Amman und schenkten den Mannschaften Blumensträuße. Verwundert, aber auch erfreut öffneten die Männer die Luke des Panzerturms und streckten strahlend die Arme aus:

---

* Situ: ein jordanischer Stamm

Der Panzer wurde auseinandergesprengt, wenn es dem jungen Mädchen, das die Blumen hochreichte, gelang, die versteckte Handgranate der Mannschaft im Innern vor die Füße zu werfen. Das Mädchen tauchte augenblicklich zwischen ihren Mitstreitern unter, wurde rasch in eine Seitengasse geschoben, wo sie wieder Atem schöpfte und darauf wartete, daß man ihr einen neuen Blumenstrauß mitsamt Handgranate brachte, und so weiter. Dies wurde mir freilich in Amman erzählt. Schmückte sich der Widerstand mit erträumten Grausamkeiten? Bereitete sich ein offizieller Volksaufstand vor? Hatten diese Vorfälle tatsächlich stattgefunden? Wie auch immer, die von der Tochter des Königs Husain seinem Ministerpräsidenten verabreichte Ohrfeige hallte vernehmlich wider.

Denke ich an diese Kinder, sehe ich einen Fuchs, der ein Küken verschlingt. Das Maul des Fuchses ist blutverschmiert. Er hebt den Kopf, zeigt seine glänzenden, spitzen und makellos weißen Zähne; es fehlt nicht viel, und seine Lefzen verziehen sich zu einem kindlichen Lächeln. Ein altes Volk, das seine Jugend in der Revolte und die Revolte in seiner Jugend wiederfindet, kommt mir irgendwie unheimlich vor, denn der alte Kauz, der ich bin, erinnert sich. Das Erinnern kommt in »bruchstückhaften Bildern«, der Mensch, der dieses Buch schreibt, sieht sich selbst in weiter Ferne, gleichsam im verkleinerten Maßstab eines Zwerges, der sich immer mehr dem Blick entzieht, da er immer älter wird. Dieser letzte Satz ist keine Klage, er soll lediglich eine gewisse Vorstellung vom Alter, von der ihm gemäßen Poesie verdeutlichen, und zeigen, wie ich mich selbst schrumpfen und die Horizontlinie in Windeseile auf mich zukommen sehe, jene Linie, hinter der ich, mit ihr verschmelzend, verschwinden werde. Ich werde nicht mehr wiederkehren.

Nach meiner Rückkehr aus Damaskus fuhr ich nach Jerasch, um den deutschen Arzt Dieter wiederzusehen, der im Lager von Gaza ein kleines Krankenhaus aufgebaut hatte. Ein anderer Arzt, ein Libanese mit sanften Gesichtszügen, empfing mich und sagte:

»Doktor Dieter ist nicht mehr hier. Er ist in Deutschland. Sie waren ein Freund von Dieter, ich werde Ihnen erzählen, was passiert ist. Er wurde verhaftet und gefoltert. Der deutsche Botschafter konnte schließlich seine Repatriierung erwirken. Die jordanische Armee war in das Lager von Gaza eingedrungen, hatte es unter ihre Gewalt gebracht und suchte wohl auch nach Fedajin, die sich im Lager versteckt hielten. Sie verprügelten Kinder und Frauen, alles, was lebte und ihnen über den Weg lief. Dieter hatte von den Verwundeten gehört und war mit der deutschen Ordensschwester und einem deutschen Pfleger nach Gaza gefahren und hatte Behandlungsinstrumente und Medikamente mitgenommen, Alkohol, Verbandszeug, das Wichtigste für Notbehandlungen. Sie waren gerade dabei, den Verwundeten erste Hilfe zu leisten, als Soldaten sie umstellten. Die Jordanier haben zugeschlagen, und Sie wissen ja, wie sie zuschlagen können. Dieter, der Pfleger und die Schwester kamen ins Gefängnis, in dem auch Sie mit Nabila Naschaschibi und dem Doktor Alfredo schon inhaftiert waren. Ich rate Ihnen, sich in Amman so unauffällig wie möglich zu verhalten.«

Hätte er doch Widerstand geleistet... aber Dieter war ein dünnhäutiger Deutscher, ganz den Kranken ergeben und zu großen Leistungen und Anstrengungen fähig; oft blieb er bis tief in die Nacht auf und leistete den Patienten Gesellschaft, die ihn am Abend besuchten, um nicht allein zu sein; er munterte sie mit ein paar Worten auf oder mit einer Schmerztablette. Er war blond, unbeugsam, aber schwach.

In Damaskus erfuhr ich, daß die Beduinen gesiegt hatten. Dem Bericht des libanesischen Arztes hatte ich etwas anderes entnommen: Die Palästinenser hatten verloren.

Der Leiter des Lagers von Baqa, ein hundertjähriger Araber, unternahm noch immer in aller Frühe seine Gesundheitsspaziergänge. Barfuß, angetan mit seiner weißen *Abaya* (langes Kleid) und um seinen runzligen Kopf ein weißes Tuch gebunden, zog er im Morgengrauen und oft noch vor Tagesanbruch davon. Sein erstes Gebet sprach er unterwegs. Er verfiel in den Schritt des Hadj*, marschierte langsam, aber unbeirrt auf die Stellungen der jordanischen Armee zu, durchlief sie, ohne sie zu sehen. Alle

* Hadj: Mekka-Pilger

Soldaten und Offiziere grüßten den noch rüstigen Hundertjährigen. Er selbst erwiderte die Grüße erst auf seinem Rückweg, wenn er ein zweites Mal, in der entgegengesetzten Richtung, durch die Linien der Beduinen-Soldaten kam.

»Ich lasse mich von ihnen zu einem Täßchen Kaffee einladen. Einer ihrer Offiziere hat mal in Tunesien gelebt. Er weiß, wie man den Kaffee mit Orangenwasser serviert. Ich mag ihn sehr.«

»Den Offizier?«

»Den Kaffee. Er stärkt mich für den Rückweg.«

Bei sinkender Sonne kehrte der Alte seelenruhig ins Lager zurück. Man konnte die aufrechte, weiße Silhouette, die sich auf keinen Stock stützte, in der fernen Dämmerung erblicken, bis auch der sehr lange Schatten hinter ihm verschwand.

Er hatte auf dem Hinweg seine Schritte gezählt. Auf dem Rückweg zählte er sie genau nach. Ein stiller, lächelnder Widerstand machte seine ersten behutsamen Schritte. Die Entfernung zu den ersten jordanischen Linien wurde im Handumdrehen berechnet, die Visiervorrichtungen der Waffen wurden danach eingestellt. Die Fedajin brachten dem Hundertjährigen einen Eßnapf mit Suppe, und dieser lauschte manchmal den ersten Feuerstößen. Dann legte er sich schlafen in seinem winzigen Zimmer.

Eines Tages wollte ich in Erfahrung bringen, ob er richtig gezählt hatte oder ob das ganze nicht eine Erfindung war. Diese Frage stellte ich Karim, mit dem er sich öfters unterhielt. Der alte Lagerleiter war nicht hundert, sondern nur sechzig Jahre alt. Sein von Falten zerfurchtes Gesicht, der Schnurrbart und die weißen Augenbrauen ließen ihn älter erscheinen, und so hatte er die Runzeln in seiner Haut benutzt wie die Fedajin die Schluchten und ihre Schatten benutzen. Nichts war ihm auf seinen Ausflügen entgangen: Von der Bewaffnung der Jordanier über die Farbe der Schuhe, den genauen Stand eines Strauchs oder einer schemenhaften Palme, bis hin zum Panzertyp hatte er alles gesehen, sich alles eingeprägt: Die Zeit, die Stunden, die Minuten, er konnte alles aufzählen. In einem geräumigen Zelt am anderen Ende des Lagers lebten seine beiden Frauen, und auf den Stützpunkten seine Söhne: sieben Fedajin.

Die Ehrenlegion trägt man links, glaube ich. Niemand war aufgefallen, daß er sie neben den anderen Auszeichnungen auf der rechten Brust trug. Riskierte er viel, wenn er sie in der Wüste trug? Wie ist er gestorben? An Altersschwäche? An seiner Gebrechlichkeit oder von einer Kugel getroffen? Aber ist er überhaupt gestorben? Er war selbst darüber erstaunt, daß er sein Spiel nur so wenig zu verbergen brauchte.

Jedesmal, wenn er mich sah, lachten seine Augen: Ich war wie er ein Betrüger. Da ich weder Bleistift noch Papier bei mir trug, schrieb ich auch nichts auf; vielleicht hatte er mich beobachtet und durchschaut?

Die beiden ersten Silben würden mich wer weiß wohin führen. Der Name allein – Palästinenser – vermag sie zu beschreiben. Vier Silben, deren Geheimnis wahrscheinlich vom nächtlichen Teil ihrer teuersten Feinde herrührte. Der 28. September 1970 war ein Punkt nur auf der geraden Zeitlinie eures Gregorianischen Kalenders, »September 70« wurde zu einem mit Emotionen beladenen Losungswort, das von hundert Millionen Menschen aufgegriffen wurde.

In ihrer Jugend war Golda Meir zur Miß Palästina gewählt worden. Die »Flestini« sagen übrigens »Flastin« zu Palästina. Diese Zeilen, das ganze Buch, sind nur ein Zeitvertreib, bei dem uns ein jäher, schnell vorübergehender Schwindel erfaßt. Auch bei den Wörtern »Islam« und »Moslem« schwindelte mir.

Auf dem Weg von Baqa zum Jordan führt die Straße nach Ajlun an der amerikanischen Satelliten-Überwachungsstation vorbei. Einen Monat nach der Schlacht war alles, was an die Palästinenser erinnerte, bis auf leere oder halbleere Zigarettenschachteln, verbrannt, begraben oder einfach nur fortgetragen, bis auf die verkohlten Sträucher. Die Fedajin waren entweder getötet, gefangengenommen oder in die Wüste an die saudische Grenze verschleppt worden, doch zuvor hatten sie die Gefängnisse des Königreichs kennengelernt, in denen man besser folterte, als es die Wüste vermochte. Die Experten des FBI fühlten sich hier wohler, damals leider noch ohne Klimaanlage. Die Schlacht hatte das Korn, den

Roggen und die Gerste auf den Feldern zerhackt. Erst die Ereignisse von 1976 und 1982 in Beirut bescherten uns wieder, vor allem in der Umgebung von Schatila, jenen Anblick einer geschundenen und bis ins Mark verkohlten Natur; ich erfuhr, daß das Mark der Tannen und Kiefern schwarz war. Am Ort eines Verbrechens, so habe ich gelesen, finden sich oft ein paar Spuren, die Signalwert besitzen. Im Jahr 1972 konnte ich in einem kleinen tscherkessischen Dorf an den Hängen der Golanhöhen, nach sechs Jahren israelischer Besatzung, drei Fragmente von Briefen (in Arabisch natürlich) einsammeln, die in Damaskus aufgegeben worden waren. Alle drei stammten vom selben syrischen Soldaten, der nach Damaskus geflohen war, und außer zahlreichen Koranzitaten, aus denen scheinbar hervorging, daß Gott ihn am Leben erhalten hatte, damit ein Soldat Seine Barmherzigkeit besinge, stand nichts in diesen Briefen. Die Empfänger, die Familie, waren tot oder hatten die Briefe nicht rechtzeitig bekommen. Israelische Soldaten waren wohl die ersten Leser der Briefe gewesen; sie nahmen sie nicht mit. Die vier kleinen Häuser des tscherkessischen Weilers standen verlassen da mit ihren grünen Läden und roten Ziegeldächern, Türen und Fenster weit geöffnet. Nach der alliierten Landung bei Avranche konnte man in der Normandie einige Dörfer sehen, die auf die gleiche Weise durch die Amis geplündert worden waren.

Es gab aber etwas, das man in Ajlun nicht hatte beseitigen können: die in die Erde gegrabenen Löcher, und so sah ich die drei kleinen Unterstände wieder, in denen ich als Gast der Fedajin geschlafen hatte. Wände und Decken waren rauchgeschwärzt. Hier und da lagen ein paar zerfetzte braune Decken zwischen den Toten. Ich erkannte es an einem Stein, der eine Tapete hielt, manchmal durch einen kunststoffbeschichteten Ausweis, jene länglichen Kennkarten mit den vier abgerundeten Ecken und dem Paßbild des Fidais in der rechten Ecke, vor allem durch den arabisch geschriebenen Decknamen. Als ich durch das Dorf ging und noch bevor ich die Bauern und ihre Frauen sah, fiel mir auf, daß die Stille verschwunden war: Der Ort lärmte, gackerte, wieherte, raunte. Die Einwohner erwiderten meinen Gruß nicht, aber niemand machte eine schroffe Geste oder eine unfreundliche

Bemerkung. Ich kam vom palästinensischen Feind, wie man aus dem Reich der Toten emporsteigt.

Als ich in Amman eintraf, befand sich die gesamte palästinensische Widerstandsbewegung in völliger Auflösung. Der Schein von Einheit, den die PLO einige Zeit später zu erwecken suchte, entsprach nicht den Realitäten, im Gegenteil: Zwietracht, Mißgunst, ja sogar Haß prägten in höchstem Grade das Verhältnis zwischen den elf Organisationen der Bewegung. Al Fatah, die weder von Kritik noch von inneren Rivalitäten verschont geblieben war, zeigte als einzige Gruppierung eine gewisse Geschlossenheit; das gelang ihr aber nur, indem sie die anderen Teile der Bewegung anprangerte.

Noch heute staune ich über das, was ab Juli 1971, also nach den Gefechten von Ajlun, Jerasch und Irbid, geschah. Das Verhältnis der Fedajin untereinander wurde durch eine gewisse Verbitterung geprägt. Ich war Zeuge folgender Begebenheit: Ich kannte zwei etwa zwanzigjährige Fedajin. Sie waren miteinander befreundet und lebten auf demselben Stützpunkt am Jordan. Der eine war ein einfacher Fidai geblieben, während der andere in einen etwas höheren Rang aufrückte. Eines Tages bat der einfache Fidai in meiner Gegenwart um Urlaub, um seine kranke Frau in Amman (zwanzig Kilometer weiter) zu besuchen. Folgender Dialog, nach dem Gedächtnis rekonstruiert, fand zwischen den beiden statt:

»*Salam Allah alaikum.*«

»... *kum salam.*«

»Ali, kannst du mir einen Tag Urlaub geben, meine Frau ist schwanger?«

»Meine auch. Und ich bleibe hier. Du hast heute abend Wachdienst.«

»Ich werde jemand finden, der mich vertritt.«

»Hast du Wachdienst oder deine Vertretung?«

»Zwei, drei Freunde haben sich dazu bereit erklärt.«

»Nein.«

In dem Maße, wie der Ton gereizter wurde, wobei der eine demütig seine Bitte vortrug, schlug der andere den Tonfall des kleinen Vorgesetzten an, als wäre dies eine normale, logische, notwendige Wandlung im pathologischen Sinn des Wortes. Es ging nicht mehr um Disziplin und auch nicht um die Sicherheit des Lagers, es war das alltägliche Gegeneinander von Spieß und Muschkote. Zwei aufeinanderprallende Männer, die für dasselbe, noch sehr ferne Vaterland kämpften.

Später erfuhr ich, daß sich der an diesem Tag zwischen ihnen aufgebrochene Haß bis heute erhalten hat. Da beide aber – so sagt man – perfekt englisch sprechen, veröffentlichen sie in englischsprachigen Zeitungen Erklärungen, in denen dieser noch immer lebendige Haß mitschwingt. War der Haß zuerst da und brauchte er, um zu gedeihen, die Freundschaft der beiden?

Alles, was palästinensischer Herkunft oder mit Palästinensern verwandt war, ging außer Landes. Vor allem nach Syrien, und ich glaube, daß damals auch die zweite heimliche Einwanderung palästinensischer Fedajin nach dem Libanon begonnen hat. Andere, die vielleicht gewitzter waren und einen jordanischen Schwiegervater oder Schwager hatten, kauften mit deren Hilfe Grundstücke in der Umgebung von Amman. Es heißt, sie seien die reichsten Männer des haschemitischen Königreiches. Aus ihrer wirklich revolutionären Phase – von 1968 bis 1971 – sind ihnen ein paar Worte erhalten geblieben, und wenn man mit ihnen allein ist, entschlüpfen sie ihnen manchmal wie einem ehemaligen Bauern, der in Paris Unternehmer geworden ist, der Dialekt seiner Jugend. Sie halten dich für einen Gleichgesinnten von einst, und da sie fürchten, du könntest es heute nicht mehr sein, legt sich ein Schleier über ihre Röte. Obwohl sie dazu nicht aufgefordert wurden, beeilten sie sich, den Preis ihres Hauses in Jebel Amman zu nennen, im »nobelsten Wohnviertel der Stadt«.

Ich brauchte mehrere Jahre, um zu begreifen, auf welche Weise manche Führer, und ich spreche von bekannten Führern, deren Namen in den westlichen Zeitungen standen, Millionäre werden konnten. Man wußte – ohne es wirklich zu wissen, da man ein Auge zudrückte – nicht etwa nur von der Existenz einiger Oasen im Meer des Widerstands, sondern von der Existenz eines richtigen Tresorraumes, in dem dieser und jener, mit Wissen der anderen, sein Schließfach oder seine Schließfächer hatte. Die Nachweise seines Vermögens bewahrte er in der Schweiz oder anderswo auf. Er wußte auch, wieviel die anderen besaßen, denn oft war dieses Vermögen nichts anderes als eine gemeinsam geteilte Beute.

Das alles war den Freischärlern gut bekannt. Wertpapiere lassen sich besser verstecken als ein Wald, eine Villa oder Grundbucheintragungen. Auch das Oberkommando war darüber informiert. Machte es von diesem Wissen Gebrauch? Es gab niemand in der Patriotischen Befreiungsbewegung, der nicht über Abu Hassan Bescheid gewußt hätte, über seine Sportwagen und die hübschen Mädchen, die samt und sonders von Bochassi beschrieben wurden (als *beaux châssi*, schöne Fahrgestelle, nehme ich an, da man ihm diesen Spitznamen gegeben hatte); ich bin ihm zwei- oder dreimal begegnet, das erste Mal unter Umständen, die ihn aus der Fassung brachten, denn ich mußte ihn einmal in Anwesenheit amüsierter Fedajin bitten, sich auszuweisen. Etwas gereizt, aber auch belustigt kramte er in seinen Taschen und zog mit leicht geröteten Wangen aus seiner Tasche die smaragdgrüne Karte, die ein jeder Fidai bei sich trägt. Dieser sehnige, sehr sportliche Mann war der allmächtige Organisator des Schwarzen Septembers, für die er alle Einsätze vorbereitet hatte. Es hieß, Arafat habe sich seine Eitelkeit zum Vorteil der Organisation zunutze gemacht. Von seinem Tod und dem Budias – durch eine Bombe, die seinen Wagen zerriß – erfuhr ich, so wie man eine Niederlage zur Kenntnis nimmt. Durch eine langsame, aber sichere Verschiebung der Perspektive erkannte ich die wahren Zusammenhänge. Ich dachte mir folgendes:

Es ist nur zu natürlich, daß den Freischärlern die Augen übergehen, wenn sie in eine luxuriöse Wohnung gewaltsam eindringen und vor allem, daß Korruption einsetzt bei einigen Verantwortlichen, denen neue, grüne Hundert-Dollar-Scheine pfundweise durch die Hände gehen. Sobald sich in einer revolutionären Bewegung die ersten Erfolge einstellen, wird die Opferbereitschaft zum Beweis für die Mitgliedschaft der ersten Stunde. Aber kann man die selbstlose Hingabe eines Einzelnen überhaupt von seinem Drängen nach einem Posten, seinem ehrgeizigen Streben nach einer – wirtschaftlich oder machtpolitisch – einflußreichen Stellung unterscheiden? Es ist entweder das eine oder das andere, zumal wenn der ehrgeizige Karrierist verkündet, daß »er sich voll und ganz für das öffentliche Wohl und für die Revolution einsetzt«. Ich zitiere hier wortgetreu und in Anführungszeichen den Satz, mit dem ein führender Vertreter der Organisation im Gespräch mit mir seinen Reichtum zu rechtfertigen suchte (Juli 1984).

Die Nachzügler letztlich, die Revolutionäre der dreizehnten Stunde, die im Trott angezockelt kommen, wenn die Revolution sich zum Staat gemausert hat, die werden mit bloßen Händen gegen jene antreten müssen, die während des »langen Marsches« den süßen Geschmack der Macht schätzen lernten.

Nach der Ermordung des obersten Führers der Saika, Zouher Monschen, in einem Luxushotel in Cannes ging mir ein Licht auf, ein so helles allerdings, daß ich befürchten mußte, selbst zur Leuchtreklame zu werden, die die Veruntreuung der Gelder für die Bewaffnung und Versorgung der Fedajin an den Tag bringen könnte, und diese Erkenntnis kam so unvermittelt, daß ich eine Weile glaubte – nur kurz allerdings –, daß ich allein diese Entdeckung gemacht hatte. In Rom und in Paris brachten mich verantwortliche Vertreter der PLO erneut aus der Fassung, indem sie, verschmitzt lachend und feinste Zigarren der Spitzenklasse paffend – Marke »*must*«, glaube ich –, gestanden:

»Aber das haben wir doch alle gewußt. Unter uns hieß er der ›Orientteppich‹.«

Wenn alle es wußten, was wußte dann Monschen, damit alle schwiegen, solange er noch lebte?

Beim Durchlesen des eben Geschriebenen fällt mir auf, daß ich in einen polemischen Ton verfallen bin. In weiter Ferne liegt noch der dramatische Schiffbruch, bei dem mir das Wasser nur bis zum Kinn stehen würde.

Hitler betrachtete es als seine vordringliche, alltägliche und unerläßliche Aufgabe, für das morgendliche Erwachen seine Ähnlichkeit mit sich selbst zu sichern und zu pflegen: die fast waagerecht gestutzte Schnurrbartbürste, die ihm Haar für Haar aus den Nasenlöchern zu wachsen schien, die blanke schwarze Haarsträhne, die ebensowenig auf die falsche Seite der eisigen Stirn gekämmt werden durfte, wie es dem Hakenkreuz erlaubt war, seine Balken linksherum zu drehen, der cholerische oder schmeichlerische Glanz seiner Augen, das unverwechselbare Timbre seiner Stimme und all das, was nicht gesagt werden kann. Was wäre wohl geschehen, wenn er vor den Würdenträgern des Reiches, den Botschaftern der Achse eines Morgens als blonder, bartloser junger Finne aus dem Bett gestiegen wäre?

So verhielt es sich wohl auch, wenn, von oben bis unten, von der Doppelsohle bis zum Hutfutter, von den Socken des Negus bis zu seinem Sonnenschirm, von der bodenlangen Kette bis zur Zigarettenspitze der Marlene Dietrich, eine Persönlichkeit zum Wahrzeichen wurde. Ist Churchill denkbar ohne seine Zigarre? Die Zigarre vorstellbar ohne Churchill? Kann ein Kaffija sich um einen anderen Kopf wickeln als um den von Arafat? Wie jeden anderen bedachte er auch mich mit einem neuen Kaffija und meinte: »Tun Sie es in *Erinnerung* an mich.« Ihm fehlte die Gelassenheit des Schauspielers, der seine Fotos signiert, deshalb verschenkte er ein Stück von sich selbst. Für den Westen bleibt Arafat ein schlecht rasierter Mann mit Kaffija. Ich staunte nicht wenig, als ich ihn zum ersten Mal sah; von vorn ähnelte er seinem Bild, doch als er den Kopf etwas drehte, während er mir antwortete, zeigte er mir sein linkes Profil, und ich sah einen anderen Menschen. Das rechte war hart, das linke sehr weich, das Lächeln wirkte fast weiblich, was durch eine gewisse Nervosität noch verstärkt wurde, zumal er ständig mit den Fransen seines schwarzweiß-karierten Kaffiya spielte. Die Fransen und Bommeln schlugen ihm gegen den Hals, fielen ihm über die Augen, so wie einem gereizten Jugendlichen die Haare in die Stirn fallen. Als ich diesen so freundlichen und, wenn er keinen Kaffee trank, so weitblickenden Mann anderthalb Meter vor mir sah, mußte ich an die Anstrengungen denken, die nötig sind – blindlings sozusagen und im Dunkel des Körpers –, um vor sich selbst und vor den anderen immer wieder seinem Ebenbild zu gleichen. Was wäre, wenn der Frosch einschliefe und als Gimpel aufwachte? Entspräche der veränderte Arafat vielleicht dem denkenden Arafat? Nicht ihm allein verdankten die Fedajin jene ruhigen, fast festlichen Tage, die ich gern beschrieben hätte; nicht ihm allein – aber er allein war Schuld an der Niederlage.

War seine Unbeweglichkeit wohlüberlegt und somit ein ununterbrochenes Handeln? Arbeitete diese große Spinne im stillen, geiferte sie wortlos, fast ohne das mattschimmernde Netz zu bewegen, dessen Fläche ständig wuchs, indem er, wie er glaubte, einen Kaffee nach dem anderen trank, mich sprechen hörte, ohne mir zuzuhören, den Blick in die Ferne gerichtet und die andere große Spinne belauernd: Golda Meir, die geifernd ihren Faden spann und die reale Fläche ihres Netzes vergrößerte? Arafat gab ein paar Worte von sich wie eine Fliege, die sich gemessenen Schrittes über das Netz bewegt. War er das? Oder trieb er ein ähnliches Spiel wie der Marschall Tlass in Syrien?

»Vor allem die Blumen Syriens, von dem gemeinsten Vergißmeinnicht bis zum Edelweiß, und dann auch unbekannte Blumen, die er Assadia und Talarnia nannte; außerdem achtzehn unerreichbare Frauen: Caroline von Monaco, Lady Di, Miß World 83, Lady X, Louise Brooks Loulou und andere sowie über jede von ihnen ein Gedicht, gedruckt und herausgegeben im eigenen Verlag.«

So reden die Palästinenser über Marschall Tlass, der trotz seiner dicken Ringe, im *Play Boy* blätternd, onaniert, wie mir lachend ein Verantwortlicher sagte.

Hier nun die Porträts einiger PLO-Führer.

Über Abu Ali Iyad kann ich nichts sagen. Oder fast nichts. Fotografien von ihm findet man neben denen von Arafat auf allen Wänden der PLO und in allen palästinensischen Wohnungen. Im Juni 1976 hatte er den Oberbefehl über die Region von Jerasch. Die jordanische Armee beschoß die eingekesselten Palästinenser. Es wurde ein beiderseitiger Waffenstillstand vereinbart. Durch Arafats Vermittlung hatte man Abu Ali Iyad folgendes mitgeteilt: Unter Berücksichtigung seiner starken Sehschwäche, seines Hinkens und der Tatsache, daß er sich nur langsam und mühsam fortbewegen konnte und auch dies nur mit Hilfe eines Stocks, sichere ihm Husain den freien Abzug zu, wenn er bereit sei, seine Waffengefährten, die Fedajin, im Stich zu lassen. Er blieb. Bis auf den letzten Mann wurden alle getötet. Die Morgenländer wissen nichts vom edlen Ritter Bayard, die Abendländer ebensowenig.

Sterben allein ist also nicht genug. Alle Palästinenser verehren Abu Ali Iyad, doch sollten wir folgendes bedenken: Hat Arafat im Augenblick der Umarmung mit Husain daran gedacht, daß dieser den Palästinensern eine neue Falle stellte? Sein Angebot, dem einen das Leben zu schenken, besagte doch nur dies:

»Ich biete Ihnen die Möglichkeit, wie ein Feigling zu handeln. Nehmen Sie an, und ich werde in Zukunft alle Palästinenser damit beschämen und ihre Vergangenheit zunichte machen.«

Darauf konnte Abu Ali Iyad nur mit einem unversöhnlichen Nein antworten.

Was den Tod angeht, den man für eine Sache erleidet, so fragt man sich zuweilen, ob es denn lohne, an die Ewigkeit, an die Unvergänglichkeit der Werte dieser Sache zu glauben. Kann man sagen: Ich sterbe ... für etwas? Oder vielmehr: Ich sterbe für jemand, zumal diese Werte nicht nur stumpfsinnig weitergegeben werden, sondern die Grundlage für eine neue Lebenshoffnung bilden?

Für heute abend lautet meine Antwort nein. Heroismus ist unnütz, denn er könnte ansteckend sein. Sterben darf man, um einen Befehl zu verweigern oder um einer Versuchung zu widerstehen.

Über Abu Ali Iyad werde ich nichts weiter sagen.

Liegt es an der geistigen Trägheit der Franzosen, am Wohlklang des Wortes Million oder weil die alte Währung scheinbar dem Urfranken zugeordnet wurde oder sich gar, über den Louisdor und die alten Sous, von diesem »herleitete«, daß die »schweren« Francs erst nach langer Zeit im täglichen Gebrauch angenommen wurden? Auch hier waren es die Söhne, die den neuen Francs den Vorzug gaben. Gewohnheiten, Sklerose: Synonymische Wörter? Bis 1968/69 wurde weder Al Fatah noch eine andere palästinensische Organisation ernst genommen. Dieser Name war sogar unbekannt. Für viele Franzosen war Palästina der Name des Landes der fleißigen Juden, die wohl seit der Erschaffung der Welt in diesem Land gelebt hatten.

Die Juden waren also »dort seit Abraham und seit den Pharaonen«. Die Kraft der Al Fatah, die Kraft ihrer Präsenz in den

Flüchtlingslagern, die Hoffnung, die sie den Palästinensern gab, ihr Widerstand gegen Husain und gegen die jordanische Bevölkerung, Nassers Unterstützung, die aufrichtige Hilfe von König Feisal von Arabien, der zaghafte Beistand der anderen arabischen Nationen sowie die Persönlichkeit ihrer Anführer machten aus der PLO und den Palästinensern eine politische Kraft – so gewichtig wie ein Staat mit Hoheitsgebiet – innerhalb der Arabischen Liga, deren Mitglied die PLO bald wurde. Da ich mich nicht zum Sprachrohr der Debatten, Dispute und Richtungskämpfe machen möchte, die in jeder Widerstandsbewegung stattfinden, werde ich lediglich anmerken, daß die PLO sich seit ihrer Gründung so eindeutig auf die Seite der Sowjetunion gestellt hatte, daß Israel alles daran setzte, in Wort und Schrift, die PLO als eine Schöpfung, ja sogar als einen direkten Ableger der UdSSR hinzustellen. Eine solche Auffassung kam dem amerikanischen Dualismus von Gut und Böse sehr zupaß. Auch dem der Europäer. Die Frage müßte eingehend behandelt werden. Eine Anschauungsweise wie diese kam auch der Sowjetunion gelegen, die es verstand, aus allem Nutzen zu ziehen.

Da eine Auflistung aller Namen unmöglich und allein schon die Vorstellung davon unerträglich ist, werden wir uns mit einem kurzen Exkurs begnügen. Die selbstlose Hingabe an eine Sache, sei es, weil sie uns heilig ist oder weil sie uns durch die Ferne so verklärt erscheint, daß wir sie niemals mit unseren alltäglichen Beschäftigungen in Einklang bringen könnten, das, was man landläufig die »Etappe« nennt, ist nicht nur das Gebiet »fernab vom Kriegsschauplatz«, es sei denn, diese »Ferne« wird durch die Worte geschaffen, mit denen Journalisten, zu unserem Vergnügen, die Blutbäder beschreiben (Berichte von der »Etappe«, die mit dem Teleobjektiv aufgenommen und im Studio aufbereitet oder in der Presseabteilung einer Botschaft niedergeschrieben werden, Kriegsszenen mit Verwundeten und Toten, die hinstürzen, Kämpfende, die stehend, kniend oder liegend schießen – Katastrophen führt man sich am besten in einem bequemen Sessel zu Gemüte); die »Etappe« ist auch der Ort, an dem man frei von Angst schauen kann, indem man sich, ohne sich zu schämen, Zeit läßt, die Zeitung aufzuschlagen, die Asien-Seite zu überblättern, den Börsenbericht zu lesen, das Radio einzuschalten, eine Reportage anzuhören; der Ausdruck »sich Zeit lassen« heißt so viel wie »es sich gut sein lassen«. Der Kämpfende, der stirbt, sobald er seinen Granattrichter verläßt, derjenige, der den Atem anhält und sich unter den Toten tot stellt, um nicht bemerkt zu werden, und jene, die töten, sind von der »Etappe« abgeschnitten, sie haben keine Wahl mehr, sie können sich keine »Zeit lassen«. Wenn wir an die toten oder sterbenden Helden denken, wenn wir träumen, Vermutungen anstellen, mitleiden, uns gar identifizieren und vor allem rühren lassen, so doch nur, weil wir Zeit und Muße haben, es zu tun. »Möge sie kommen und mich verzaubern, die heilige Sache, für die ein anderer sterben wird.« Die selbstlose Hingabe ist ein sehr komplexes Phänomen. Es sei noch einmal deutlich gesagt, der Heroismus der Palästinenser ist bewundernswert. Bisweilen ist er das Resultat einer ziemlich trivialen Geometrie, der Knotenpunkt komplizierter Berechnungen, bei denen man nur um Haaresbreite oder spielend, wenn man so will, dem Tod entgeht, so präzise war die Bewegung, mit der wir ihn fast berührten, wie eine *capa* vor den gesenkten Hörnern eines Stiers, eine Wanderung am Rand des Abgrunds, ein Angriff mit dem blank gezogenen Säbel, eine Provokation, eine Finte. Und die Nähe ist jedesmal so groß, daß der Held folgenden Tod erblickt: Einen gewaltigen Geldschrank, in dem Millionen Dollars verschlossen sind. Plötzlich weiß der Held auch die Geheimnummer. Wenn sich der Geldschrank öffnet, verwandeln sich die Geldscheine in Edelsteine, Pelze, Zigarren, Mercedes, Maserati, Marilyn, und alles ist in bester Ordnung. Auch wenn der Held nicht den Ruhm eines Abu Ali Iyad oder Kawasmeh erntet, er hat das Gold und den Wunsch, noch mehr davon zu besitzen.

»Wenn mir weder Ruhm noch Tod beschieden ist, warum sollte ich auf ihren Ersatz als Belohnung verzichten?«

»Wie viele Schlösser und Juwelen einer auch besitzen mag...«
»Nenne mir zwei oder drei Namen.«
»Ich kenne einige mehr. Du auch. Nenne sie.«
»Nenne du einen einzigen.«
»Er war drauf und dran, Arafat fallen zu lassen, als Syrien...«

»Seinen Namen?«
»Nein.«

Es fällt schwer, hier zu improvisieren: Wie konnten sich vulgäre Gelüste oder Träume von Orgien in hehre Hingabe wandeln? Ebenso schwer zu verstehen ist die Tatsache, daß großartige Taten entschlossene, starke und schöne Männer zu Geizkragen machten, die beim Anblick einer Marmorsäule von blinder Gier erfaßt wurden? Man greife wahllos den einen oder anderen heraus, prüfe auf Herz, Nieren und Gedärm und untersuche deren Absonderungen (daran muß man sich gewöhnen, das Auge und die Nase, unser empfindlichstes Sinnesorgan damit vertraut machen), denn darauf beruhte unsere Freiheit in der Jordan-Ebene. Die verzauberten Tage und Nächte verdankten wir wahrscheinlich einem Kuhhandel, den Machenschaften der Führer und ihrer Schläue. In welchen inneren Kloaken mußten sie um ihre Interessen kämpfen, von denen auch die Freiheit Ajluns abhing? Gefolgt von seinen Ministern zog der König eines Tages im Jahr 1968, glaube ich, durch die Hauptstraßen von Amman und rief:

»Es leben die Fedajin! Ich bin der erste Fidai!«

Seine Spontaneität als junger Monarch hatte ihm dieses Bekenntnis eingegeben, eine Spontaneität und Demagogie, die völlig unbrauchbar waren.

Dezember 1984. Ermordung von Kawasmeh

Unter ihrer transparenten Oberhaut erkennen wir besser, wie blutleer die Widerstandsbewegung ist. Im weitverzweigten Kanalisationsnetz ergoß sich ein Schlamm, der sich allmählich klärte, während sich in anderen Kanälen eine klare Flüssigkeit zunehmend trübte, und so merkwürdig es auch erscheinen mag, der Tod brachte die reinsten Gefäße zum Bersten. Hier gab es keine wirkliche Hölle, ebensowenig wie im Elendsviertel.

Als Arafat mir im November 1970 die Schriftstücke in die Hände gab, die mir den freien Zugang zu den Flüchtlingslagern und Stützpunkten erlaubten, ging er damit kein sehr großes Risiko ein.

Wußte er, daß Journalisten aus Ost und West, ja selbst die borniertesten unter ihnen, die »Potemkinschen« Stützpunkte längst aufgespürt hatten? Ein paar Einzelheiten genügten schon, um den Schwindel aufzudecken. Die Palästinenser vertrauten denen, die am ehesten ins Auge fielen: Die ostentative Mühe, die sich Studenten aus Montpellier, Oxford, Stuttgart, Livorno, Barcelona, Löwen, Utrecht, Göteborg oder Osaka gaben, um andere davon zu überzeugen, daß die Palästinenser mit ihrem Krieg gegen das Haschemiten-Regime recht hatten. Die Berichterstatter wußten das. Sie sahen vor allem auch, daß die Palästinenser die Kunst der Vortäuschung eines echten Stützpunktes durch einen falschen mitnichten beherrschten. Eine Tradition der Fälschung gab es bei ihnen nicht: Keinen falschen Marmor statt des echten, keinen falschen Pathos, der Schmerz vortäuscht, keine theatralischen Auftritte und Inszenierungen. Nichts, was sich mit den berühmten »mit Kübelpalmen bepflanzten Alleen« vergleichen ließe, die von einem Heer als Gärtner verkleideter Polizisten nachts von einem Ort zum anderen transportiert wurden, damit Bourguiba in jeder Stadt um elf Uhr vormittags im offenen Wagen seinen feierlichen Einzug halten konnte, auf einer schattigen Allee, deren Kübelpalmen über Nacht und ohne Regen wie Pilze aus der Erde geschossen waren. Nach Bourguibas Ankunft in der Stadt und seinem Empfang bei den Honoratioren wurden die Palmen am Abend vor die Tore einer weiter südlich gelegenen Stadt verfrachtet, wo sie ihn am nächsten Tag wieder begrüßten. Es war eine festgelegte, aber geheime Route, die das blaue, keineswegs blindgläubige Auge guthieß. Die ganze Bedeutung des Betrugs ermessend, identifizierte der Diktator die Bäume, und jeder hatte einen Namen, den Bourguiba kannte und den er im Vorüberfahren laut rief:

»Rocroy! Waterloo! Fachoda! Seid gegrüßt!«

Wenn auf den palästinensischen Stützpunkten die Studenten mit der sanften Sprache – englisch, deutsch, französisch, spanisch –, sich bereitwillig für ein Foto in Pose warfen, in beharrlicher Lockerheit immer wieder das gleiche müde Lächeln zeigten, das sie zwanzig- bis fünfundzwanzigmal für eine einzige Zeitung aufsetzten, wenn sie Freude oder Zorn heuchelten, das passende

Klischee oder den richtigen Gemeinplatz für die eine oder andere Zeitung von sich gaben – war dies eine vergebliche Liebesmüh, denn die Journalisten, Fotografen und Fernsehreporter hatten den Fehler, die Kleinigkeit, die den Stützpunkt als faulen Zauber entlarvte, längst entdeckt: Den wortreichen Jüngling, der zu reden, aber nicht zu kämpfen weiß.

Hätte man diese Studenten in den Krieg schicken sollen, damit sie kämpfen lernen? Lebte also in diesem Alter die uralte Kontroverse wieder auf:

»Homer sticht sich die Augen aus, weil er nicht Achill ist; sollte man nach einem kurzen Leben sterben oder für die Ewigkeit dichten?«

Journalisten kennen den Unterschied zwischen dem Sprung in die Rauchwolke einer Nebelbombe und dem Abstieg zum Jordan unter MG-Beschuß. Auch die Fedajin und die »Junglöwen«.

Trotz ihrer koreanischen Zurückhaltung – Nordkorea – konnten sich die Schwarzen Panther einer Sache nicht entwöhnen: Sie zogen sich dermaßen gegenseitig an, daß die Black-Panther-Bewegung aus magnetischen Körpern bestand, die einander magnetisierten.

Die Fedajin gehorchten einer heiteren Strenge. Erotik war spürbar. Ich konnte ihre Schwingungen wahrnehmen, doch verwirrten sie mich nicht. Erinnern wir uns an die drei Reihen von Panzerfahrzeugen um das Lager von Baqa, an den Aufbruch der Palästinenserinnen, die beschlossen hatten, mit ihren Kindern zu Fuß nach Hause, nach Palästina zu gehen. Mit ihrem Ausfall sollte die – gelungene – Flucht eines christlichen und französischen Geistlichen bemäntelt werden. Dieser Sieg verstimmte die Beduinen-Soldaten, die sich mit ihrem Tanz vor den politischen und militärischen Führern revanchierten. Der Männlichkeitsbeweis ist hier schwer zu führen, doch noch schwerer ist es, sich ihm zu entziehen. Vielleicht sollte man ihn einfach gelten lassen. Die Beduinen tanzten, und ihr Tanz verhöhnte die Bürokraten der PLO. Sie tanzten großartig. Ihr Tanz war tadellos, da niemand es wagte, ihn anzufechten. Dank der Trockenheit der Wüste, die ihre choreographische Kunst zwei- oder dreitausend Jahre lang unberührt von allen verfälschenden Einflüssen bewahrt hatte, führten sie den beschämten Fedajin einen jungen, frischen und schönen Tanz vor. Vielleicht bereuten die Palästinenser, daß sie eine so alte Tradition leichtfertig herausgefordert hatten, in deren Licht die neue Welt nicht alt, aber doch verbraucht und zerknittert erschien, während die der Wüste makellos geblieben war.

Drei Monate nach diesem Ereignis heiratete ein führender Palästinenser. Mit zahlreichen anderen Gästen wurde ich nicht zur Trauung selbst, sondern zu einem Essen danach eingeladen. Der Jungvermählte hatte einem Gastmahl bei Abu Omar zugestimmt, zu dem ich mit einigen Fedajin in Zivil erschien.

»Wirst du deine Frau Krankenschwester werden lassen?«
»Niemals! Ich will eine Jungfrau heiraten.«
»Du bestehst also darauf, daß sie Jungfrau bleibt?«

Es wurde ein bißchen gelacht, aber der angehende Ehemann verzog keine Miene.

»Es soll eine richtige Hochzeit sein. Meine Frau wird nicht als Krankenschwester arbeiten.«
»Hast du etwas gegen Krankenschwestern?«
»Nein, nicht, wenn es Fremde sind. Meine Frau ist eine Moslime.«

Der Witz war uralt, aber man erzählte ihn noch einmal: »Auf die Wüste bauen, dort liegen unsere Quellen.«

Aber ich frage mich, ob man diesen komischen Sinnspruch nicht so ergänzen sollte:

»Lassen wir uns durch Marx über die Ursachen und Fehlschläge der industriellen Revolution in England aufklären und verlassen wir uns auf die Wüste und darauf, daß sie unsere Quellen erhalte.«

So wie er ihre mannhaften, ausschweifenden oder betörenden Tänze bewahrte, so wird der Wüstensand vielleicht auch die arabische Welt erhalten: Zelte, Karawanen, Kamele ...

Zelt: Klimaanlage.
Reise: ohne Kreuzschmerzen.
Kamel: Mercedes.   } Traum vom Orient
Tanzen: wie die Alten,   und Beduinen-Traum
im Smurf.
Männlichkeit: Farid el Atrasch.

Fast ein ganzes Jahr lang, von Ende 1970 bis 1971, hatte die Enthaltung gegenüber jeder Art von internationaler Politik den Eindruck aufkommen lassen, die Palästinenser seien unabhängig, ausgenommen ihre politischen Führer. Man erinnere sich an die Antwort, die Jasir Arafat einem Fidai der Fatah gab:

»Wie können wir wissen, ob die Russen oder die Amerikaner einverstanden sein werden? Vor fünf Jahren konnten wir noch überall für die Revolution kämpfen oder was anderes tun, ohne jemanden nach seiner Meinung zu fragen.«

»Niemand kümmerte sich um uns. Heute sind wir ein Problem: Man läßt Probleme nicht einfach so umherwandern, da sie alle lösbar sind.«

Wie schon im Jahr 1910 lebten die Palästinenser auch 1917, ohne es zu wissen, in den Wachträumen der polnischen, ukrainischen Juden, die über Palästina wahrscheinlich nur sehr wenig wußten oder nur soviel, daß es das gelobte Land sei, darin Milch und Honig fließt, wobei niemandem in den Sinn kam, daß seine Einwohner erst vertrieben werden müßten. Da es nur ein Traumland war, in dem alles erst aufgebaut werden mußte, erträumten es die Juden von 1910 als einen leeren Raum, den allenfalls formlose Schatten ohne Eigenleben bewohnten. Kein Palästinenser wußte, daß sein Garten ein leerer Raum und als Garten ausgelöscht war, ein Gelände, auf dem, hunderte Kilometer weiter, im Traum eines anderen ein Laboratorium entstand, während er selbst, der Besitzer des Gartens, in diesem Garten nur ein flüchtiger Schatten war, der hundert Kilometer von dort allein in Träumen existierte.

Wie aber die Eier zerquetschen? Wie unzählige Läuse und ebensoviele Läuseeier wimmelte es von Amphoren-Fabriken. Nahm die Zahl der Norweger, die in arabischen Ländern Urlaub machten, ständig zu? In Algerien, Marokko, Tunesien, Ägypten,

Syrien, Jordanien stieg die Kaufkraft der skandinavischen Währungen, in winzigen Werkstätten wurden jahrtausendealte Amphoren hergestellt.

Auf diese Weise etwa lebten um 1970–1971 auch die Palästinenser, mehr oder weniger bekannt unter der Bezeichnung »Flüchtlinge«, nicht einmal in den Träumen anderer, sondern nur ausgewiesen durch Hilfsgüter, die einmal im Jahr von der UNRWA in einigen Lagern an eine Masse verteilt wurden, in der es keine Personen mit Namen gab. Ab 1970 mußte man aber einen Namen zur Kenntnis nehmen, der lange Zeit aus dem politischen Vokabular verschwunden war: Palästinenser, palästinensisch. Ob männlich, weiblich, in der Einzahl oder in der Mehrzahl, diese Wörter bezeichneten weder Männer noch Frauen, diese bewaffneten Wörter waren eine Revolution, und die Supermächte, die sonst nichts wußten, waren sich noch nicht schlüssig, ob sie diese zerschlagen oder kontrollieren sollten. Als anarchisches Phänomen geisterten die scheinbar noch freien Palästinenser seit 1966 durch ein paar politische Köpfe, doch blieben sie recht lange noch eher Traumgebilde als gedachte Wirklichkeit.

Die Wohnwagen standen am Eingang oder, wenn man so will, am Ausgang des Dorfes, genaugenommen neben dem Müllplatz, der Kippe, ein Wort, das an den Fingern und den Laken klebt, Produkt, Zeugnis eines großen Glücks oder des kleinen Todes, Abfallgrube der Haushalte, Gewirr leerer, mit dem Dosenöffner geöffneter Dosen, alter Matratzen und zerbrochener Teller, in dem die barfüßigen Kinder der Wanderlager die Kippe schufen und auseinandernahmen. Die Frauen gingen in ihren mit Taftvolants besetzten Kleidern wahrsagen, und die Männer flochten Körbe: Kleinheit, träge Flinkheit der braunen Männerhände. Die Hühnerdiebe machten einen Bogen um das Land der Bauern, Bälger und Weiber zogen bettelnd, stehlend, lügend durch die Dörfer, wandelnde Inkarnationen aller Laster, paradiesische Hölle, die man in den Gemeinden kommen und gehen sah. Die wirklichen Fedajin kannten das Gesetz und befolgten es, doch vor welchem Publikum traten die Palästinenser und die Wanderlager auf? Vor der ganzen Welt? Vor Gott? Vor ihnen selbst? Darauf achtend, daß sie auch gut spielten? Das Gegenteil von sich selbst waren?

Das letzte Lager nomadischer Zigeuner habe ich in Serbien gesehen, natürlich am Eingang, sprich Ausgang des Dorfes Oujitse-Pojega, unmittelbar neben einer Müllhalde. Ihre Wohnwagen waren noch aus bunten Brettern gefügt und wurden von Pferden gezogen, doch ausgespannt an diesem Morgen. Als die fast nackten Kinder mich erblickten, liefen sie zu den Frauen, um sie zu warnen, und die Frauen verständigten die Männer mit dem fettigen Haar. Diese zeigten sich nur im Viertelprofil und darin ein einziges Auge, das auf mich gerichtet war, doch kein bißchen mehr als nötig. Diese Gesichtsausschnitte verschwanden wieder. Kurze Zeit danach tauchten zwei schöne, vielleicht sechzehnjährige Frauen auf und gingen auf einer schrägen, scheinbar indirekten Linie auf mich zu, die ebenso einstudiert war wie der Schwung ihrer Hüften, wobei der ganze dreiste Auftritt darauf abzielte, mich zu provozieren. Sie blieben unweit von mir im Schutz einer Hauswand stehen, etwas abseits vom Lager, wo man sie aber sicher im Auge behielt, sie hoben sehr langsam ihre langen Volantröcke, den grünen und den schwarzen mit den roten Blumen, bis zur Taille hoch und entblößten das behaarte Geschlecht. Der innerhalb der arabischen Welt umherirrende Wandertrabant Palästina, jener Scheinstamm, Untersatellit von Palästina, kreiste um dieses herum, ohne je darauf hinabzustürzen. Dieses Überbleibsel eines Stammes hielt sich auf seiner Umlaufbahn wie einst die Zigeunerlager in Serbien, die ihrer Bräuche und ihrer Moral wegen oder weil sie selbst es so wollten, von den Serben auf Abstand gehalten wurden, denn das war ihre Art zu überleben. Wenn es den kosmischen Gesetzen zufolge Sonnen gibt, um die Himmelskörper kreisen, so erscheint mir die gesellschaftliche Ordnung auf ähnliche Weise beschaffen; jede Sonne bleibt im geometrischen Sinne des Wortes auf Distanz. Diese kosmologische Gesetzmäßigkeit der sozialen Verhältnisse ist schon uralt! Auch die zahlreichen Zwischenfälle, die ihr zuwiderlaufen: Geldheirat, wilde Leidenschaft, Sieg einer winzigen Dynastie über eine Rivalin, verhängnisvolle Spekulationen der Lazard-Bank und deren Folgen, das wirbelnde Kreisen der himmlischen und irdischen Körper, setzten für die Dauer einiger Sekunden einen anderen Maßstab für das Verständnis der palästinensischen Revolution.

Israel war die Sonne, die auf ihrer Einzigartigkeit besteht, wenn sie schon nicht die hellste und fernste im Kosmos sein kann, die erstgeborene im expandierenden Universum, der erste Stern sozusagen nach dem Urknall.

Als Syrien zur osmanischen Provinz wurde, hielt es sich für das Mutterland von Palästina, das jedoch nicht aufgehört hatte, ein fester Bestandteil des türkischen Reiches zu sein. Dieses Land war vielmehr der Raum, in dem sich die Großen Familien bewegten, aber alle mehr oder weniger im Gravitationsfeld der Hohen Pforte gefangen, wobei jede Familie bestrebt war, die anderen von sich zu stoßen. Als im September 1982 die israelische Armee von Beirut-Ost in den Westen der Stadt vorstieß, mußte Nabila Naschaschibi wegen ihres Gesichts und ihres palästinensischen Akzents um ihre Sicherheit fürchten, denn sie war die leitende Ärztin des Krankenhauses von Akka am Rande des Lagers von Schatila. Zusammen mit ihrem Mann suchte sie Zuflucht in der Wohnung von Leila, eine der letzten Nachkommen der Familie Husseini. Ich sagte zu ihr:

»Erzähle mir von Palästina unter den Osmanen.«

Wir saßen im luxuriösen Salon von Leilas Mutter. Nabila begann zu erzählen:

»Unter osmanischer Herrschaft gab es in Palästina zwei berühmte Familien, die Husseini und die Naschaschibi. Sie führten ständig Krieg gegeneinander, und Palästina war ihr Spielplatz.«

Sie blickte um sich, sah die bestickten Kissen, die Kunstgegenstände, den Schmuck und die Menschen um uns herum.

»Würdest du mich zur französischen Botschaft fahren? Ich fühle mich hier nicht wohl. Der Ort ist nicht sicher.«

Neben dem Einvernehmen und der Gastlichkeit dieser alten Familien, die alle miteinander verbündet und zerstritten waren, beruhte ihr Prestige auf einer anderthalb Jahrtausend alten Verwandtschaft: ihre direkte Abkunft, über Ali und Fatima, vom

Propheten Mohammed einerseits; andererseits, was in moslemischen Ländern selten ist, ihre Öffnung nach dem Abendland durch den Besuch europäischer Schulen in Palästina und in Libanon. Ich ahnte einiges von Al Fatahs Winkelzügen, insbesondere von Arafats heimlichem Wirken, der sich dieser Familien bediente, wie sie sich ihrerseits in gewisser Weise seiner bedienten.

Durch welche Fügungen, in denen auch Liebe und Geld eine Rolle spielten, sind heute zwei Familien, die scheinbar das ganze Gegenteil voneinander waren und deren Namen ich nicht nennen kann, durch Heirat miteinander verbunden?

Ich schreibe dies, weil der Leser sich wenigstens für die Dauer des Lesens darüber im klaren sein sollte, daß Palästina der Schauplatz eines komplizierten geschichtlichen Prozesses war, der durch ein vielfältiges Machtstreben geprägt wurde. In diesem Raum herrschte kein Vakuum. Die großen Familien, vor allem jene, die einst Grund und Boden besaßen und durch Israel enteignet wurden, zehren heute noch, in den Augen ihrer bäuerlichen Klientel, vom Prestige, Nachfolger des Propheten zu sein.

Das Volk war palästinensisch, lange bevor es »fedajin« wurde, das heißt, seine Basis wurde durch das gebildet, was von einem zerstörten Wald übrigblieb, der in zwei Dutzend Stammbäumen weiterlebt, deren letzten Zweige noch grün sind, derweilen die ersten Äste mindestens eintausendfünfhundert Jahre alt oder gar älter sind, am Anfang jüdisch, später christlich und monphysitisch und schließlich moslemisch waren.

Jene sehr alten, mit dem Zynismus, dem Betrug und der Fälschung vertrauten Familien fürchteten sich nicht vor großen Umwälzungen in der Welt, aber die Klasse unmittelbar unter ihnen mußte darüber in Panik geraten. Dies wurde mir klar, als mir der Direktor einer Beiruter Zeitung mit Schrecken gestand, wie er auf die schiefe Bahn geraten war:

»Mein Sohn kam wiederholt mit sehr frischem Obst nach Hause. Beim erstenmal habe ich mich geweigert, davon zu essen, da mir die Herkunft des Obstes zweifelhaft erschien. Beim zweitenmal habe ich davon gegessen, ich hatte zu großen Hunger. Später habe ich immer darauf gewartet, daß mein Sohn damit nach Hause kommt, und mit der Zeit wurde ich zu seinem Lehrmeister in dieser Kunst: dem Diebstahl. Gestohlenes Obst, gestohlenes Erdöl oder Mehl ... Es ist nicht schlimm, daß wir zu Dieben wurden, viel schlimmer ist die Tatsache, daß wir zu Lügnern geworden sind. Die Invasion hat aus uns gemeine Verbrecher gemacht. Aber vor allem Lügner, und nur daran ist unsere zeitweilig verhüllte Moral zerbrochen.«

Während ich ihm zuhörte, sah ich vor mir den zerfaserten Werdegang des Doktor Mahjub.

Ein konventioneller, aber nachhaltiger Moralismus verursachte einer Bourgeoisie, die an die von den Patres der Ecole Saint-Joseph gelehrten Tugenden noch glaubte, wirkliche Schmerzen. Diese Bourgeoisie stand sozial direkt unter den großen Familien, deren kriegerische und ungenierte Aristokratie sie vor zu vielen Skrupeln bewahrte. Hier, wie in allen adligen Kreisen, handelte man lächelnd nach dem Grundsatz: »Stehlen heißt, einen Gegenstand an einen anderen Platz stellen.«

Es ist schon merkwürdig, daß unweit von Amman, also von der haschemitischen Verwaltung und den palästinensischen Lagerrevolten, ein kleiner, falscher Wanderstamm von vielleicht fünfhundert Personen lebte, die, von Tal zu Tal ziehend, sich meist von kleinen Diebstählen oder einer noch weniger ergiebigen Bettelei ernährten und in Zelten hausten, die noch ärger zusammengeflickt waren als die der Palästinenser. Ich habe diesen Stamm kennengelernt, und das ist seine Geschichte – wenn die Männer der kleinen Gruppe mich nicht belogen haben: Doktor Alfredo fragte mich eines Tages, was wir für diese Vagabundenschar tun könnten, die den anderen, den registrierten Vagabunden unbekannt war. Obwohl diese Menschen eine in sich geschlossene Familie bildeten, besaßen sie kein eigenes Siedlungsland, nicht einmal einen Lagerplatz, sie wurden aus den Lagern, Dörfern und Distrikten, in denen sie sich niederließen, immer wieder vertrieben. Meist schlugen sie ihre Zelte auf abgeernteten Roggenfeldern auf. Da die UNO sie nicht einmal als »Vertriebene« anerkannt hatte, gewährte sie ihnen auch keinen Schutz. Da sie nichts besonderes konnten, und Arbeit ihnen, wie mir schien, zuwider war, lebten sie von kleinen Raubzügen und vom Betteln. Dieser Mini- und Pseudostamm war jedoch hierarchisch gegliedert und setzte sich an der Basis aus allen Frauen, kleinen Mädchen und Knaben zusammen sowie aus einigen kräftigen Männern, die von einer Gruppe von sechzehn bärtigen Greisen mit einem Chef an der Spitze angeführt wurden, die ich zwar zu Gesicht bekam, aber nicht kennenlernte; ihr Chef schien mir auch der älteste des Stammes zu sein oder vielmehr der mit der größten Macht und den sanftesten und distanziertesten Umgangsformen zugleich.

Das Arabisch, das sie sprachen, war, wie man mir sagte, vor allem in der Gegend des syrischen Hafens Latakia verbreitet. Ihre Wanderung war vielleicht diese gewesen, zumal keiner der Befragten eine Antwort gab, die mit denen der anderen übereinstimmte: 1948 haben sie sich auf den Weg gemacht, von den Israelis aus Palästina vertrieben. Von dort gelangten sie in den Negev, wo sie sich über ein Jahr lang aufhielten. Danach zogen sie in den Sinai, kehrten nach Palästina zurück, das damals schon Israel hieß, schlüpften durch die felsigen Passagen von Petra nach Jordanien; wanderten von Lagerplatz zu Lagerplatz nach Norden und dann nach Osten, ohne sich je fest niederzulassen, auch nicht in der Umgebung von Amman, wo Alfredo, Nabila Naschaschibi und ich ihre Bekanntschaft machten, und scheinbar ohne sich jemandem anzuschließen, da sie niemandem trauten. Die Gruppe, deren in Endogamie lebende Bevölkerung sich seit dem Exodus kaum geändert hatte, hatte ihren Bestand durch das gesichert, was die Kirche seit jeher streng bekämpft: Inzest.

Zu viert: Alfredo, Nabila, ein Fidai namens Schiran und ich, statteten wir ihnen einen Besuch ab, einerseits, um sie zu zählen, andererseits, um zu erfahren, woran es ihnen mangelte. Schiran war unser Dolmetscher.

»Wir kommen übermorgen wieder. Wir haben dreiundzwanzig Zelte gezählt. Wir werden euch für jedes Zelt acht Decken bringen. Streichhölzer. Kisten mit Zigaretten. Seife. Hundert Büchsen Cornedbeef. Zweihundert Büchsen Sardinen.«

Alle oder fast alle Bewohner des Lagers hatten sich um uns versammelt. Sie waren sichtlich enttäuscht, als wir ihnen nicht gleich etwas geben wollten. Mit einem nahezu kollektiven Achselzucken quittierten sie unsere Ansprache. Diese Leute lebten von der Hand in den Mund und waren anscheinend nicht in der Lage, sich eine Zukunft vorzustellen, die von heute bis übermorgen reichte. Ich könnte übrigens kaum noch sagen, welche Besonderheit oder Eigentümlichkeit mich darauf brachte, daß wir es eher mit einer Gruppe zu tun hatten, die sich selbst zur Minderheit deklassiert hatte – möglicherweise einer Bande, die von den Palästinensern, die sich selbst an Recht und Gesetz hielten, für vogelfrei erklärt worden war –, als mit dem Überbleibsel eines Stammes, der durch endlose Märsche, Entbehrungen, Not und Tod allmählich eingegangen war. Wäre dieser vom Schicksal geschlagene Scheinstamm auch in der größten Not Teil einer Gemeinschaft geblieben, er wäre nicht auf Abwege geraten, zumindest glaubten wir das. Uns verwirrte vor allem die Tatsache, daß ungeachtet der drängenden Fragen Nabilas und Schirans niemand uns seinen eigenen Namen und auch nicht den ihres unechten Stammes sagen wollte; als wir, ohne ihn beim Namen nennen zu können, von den Bedürfnissen des Stammes sprachen, glaubten die palästinensischen Führer, wir sprechen von hungernden und frierenden Gespenstern, und lehnten es ab, uns zu helfen, oder lachten nur, vor allem über uns. Wir entwendeten die Decken und Konserven aus drei oder vier Verpflegungslagern in Baqa, deren Verantwortliche weder hartherzig noch mitleidslos waren, sondern eher amüsiert. Am übernächsten Tag fuhren wir los mit einem Lieferwagen voller Geschenke.

In Jordanien ist das Kamel auch heute noch ein Wohlstandssymbol. Wir zählen ein Kamel, vier Pferde und eine Ziegenherde. Dieser Viehbestand gehörte allein dem Stammesführer, den keiner von uns bisher gesehen hatte.

Als wir den Männern und Frauen des Stammes sagten, daß wir in zwei Tagen wiederkommen würden, haben sicher nicht alle geglaubt, wir würden für immer wegfahren, aber unsere Rückkehr schien ihnen in so weite Ferne gerückt, daß sie der Wiederkehr eines Kometen gleichkam, dessen Bahn mit Hilfe komplizierter Berechnungen ermittelt wird, währenddessen die nachfolgenden Generationen sich nur noch schwach und in Form mythologischer Überlieferungen an die Schrecken des letzten Durchgangs erinnern. In gewisser Hinsicht machte unsere Rückkehr aus ihnen für sie selbst ihre eigenen Nachfahren. Wenn jemand nach zweitausend Jahren und zudem mit Geschenken beladen zurückkehrt, ist dies wohl ein Fest wert. Es wurde ein großes, schmales, aber sehr langes Zelt errichtet, und alles was Beine hatte, strömte herbei. Wir stellten den Lieferwagen dicht bei dem Zelt ab, ließen ihn aber von zwei Fedajin bewachen. Es herrschte eine fast vollkommene Stille, die nur von den Begrüßungsworten Nabilas und einiger Frauen unterbrochen wurde. Eine Zeltbahn wurde angehoben, und wir gingen hinein. Die sechzehn ranghöchsten Oberhäupter saßen in der Hocke auf Decken an dem einen Ende des Zeltes, wir setzten uns auf ebensolche Decken am anderen Ende. Frauen servierten den Anwesenden Tee, doch zuerst den Oberhäuptern. Dann kamen sie mit den Teekannen herüber und bedienten auch uns, mich als ersten, wegen meines Alters. Zu hören war nur noch das laute Schlürfen der Münder, die den heißen Tee tranken, ein Geräusch, das bei den Engländern Anstoß erregt, das aber zwischen den bärtigen Lippen und im Wüstensand überaus freundlich klingt!

Im hinteren Teil des Zeltes, da wo sich die Oberhäupter aufhielten, wurde eine Plane angehoben: Es erschien das Oberhaupt der sechzehn Oberhäupter. Er würdigte uns keines Blickes. Die sechzehn waren aufgestanden, wir ebenfalls, und keiner rührte sich von der Stelle. Da gab das Oberhaupt dem ersten der sechzehn Männer sechzehn Küsse auf die rechte Wange, der zweite bekam auf die rechte Wange fünfzehn Küsse, die wir deutlich hörten, und ich glaube sogar, daß der schnalzende Laut der Lippen auf der Haut als eine zusätzliche Gunst zu verstehen war; der dritte erhielt vierzehn ziemlich gedämpfte Küsse, der vierte dreizehn, der fünfte zwölf, der sechste elf, der siebte zehn, der achte neun Küsse. Das Oberhaupt schöpfte Atem und sammelte etwas Speichel. Er war bärtig und von vornehmer Gestalt; hätte an seiner Seite ein Knabe seinen schwarzen Wollumhang angehoben oder einen Kniefall getan, ich hätte kaum noch daran gezweifelt, daß in diesem Scheinstamm, wie im Vatikan, das Byzantinische Hofzeremoniell Urständ feierte. Das Oberhaupt setzte seine Arbeit fort: Der neunte bekam von ihm acht Küsse auf die Wangenhaut, der zehnte sieben Küsse, der elfte sechs, der zwölfte fünf, der dreizehnte vier, der vierzehnte drei, der fünfzehnte zwei, der sechzehnte einen einzigen, den letzten. Nachdem er vor uns dieses Wunder – die stillschweigende Enthüllung des Stammesrituals – vollbracht hatte, drehte er uns den Rücken zu und ging, ohne uns anzusehen, hinaus. Einer der sechzehn Oberhäupter löste sich aus der Gruppe und teilte uns auf Arabisch und sehr freundlich mit, sein Chef nehme das Geschenk dankend an, und er selbst werde es entgegennehmen.

Woher kamen diese so sparsam, aber nicht ohne Bedacht ausgeteilten Küsse? Weder in einem islamischen Land noch anderswo hatte ich jemals erlebt, daß ein Würdenträger auf diese Weise küßt, mit einer so verhaltenen Herzlichkeit, als klebte er oder vielmehr heftete er auf jede Wange einen ganzen Satz klingender Orden, wobei Lippen und Wangen aufeinanderklatschten und sich mit demselben schmatzenden Laut wieder lösten, wie die Lippen und Zungen, die den heißen Tee schlürften. Oder waren es auf die Wangen geklebte Briefmarken? Worauf ging dieser Brauch zurück? Ging er überhaupt auf »etwas« zurück? Oder war es nur ein erfundenes Ritual, um diesen Pseudostamm besser zu isolieren und zu kennzeichnen? Eine neue Hierarchie hatte sich herausgebildet, und sie setzte neue Prioritäten; würden die Kinder der kommenden Generationen diese Art der Gunstbezeigung weiter pflegen und dabei glauben, sie wäre älter als alle anderen auf der Welt?

Nabila, Schiran, Alfredo, die zwei Fedajin und ich verständigten uns durch Augenzwinkern: Wir würden selbst die Spenden verteilen oder mit dem vollbeladenen Lieferwagen wieder abfahren. Ohne zu protestieren und ohne ein Lächeln entfernten sich die sechzehn alten Männer. Wir sahen uns im Lager um: Hier standen nicht dreiundzwanzig, sondern siebenundachtzig Zelte. Ein jedes bestand aus einer einzigen Zeltbahn, die durch einen Ast gestützt und jeweils von einer einzelnen Frau oder einem einzelnen Jungen bewohnt wurde, in einem Fall sogar von einem jungen Mädchen, einem kleinen Mädchen und einem Jungen, alle drei schmutzig und abgerissen. Da wir acht Decken je Zelt versprochen hatten, einigten wir uns, weitere vierhundert zu beschaffen. Am Abend des nächsten Tages erschienen die Frauen am Eingang des

Lagers von Ghaza und verkauften ungefähr vierhundert Decken oder tauschten sie gegen weitere Büchsen Sardinen ein.

»An ihrer Stelle hätte ich dasselbe getan«, sagte Alfredo zu mir.

»Ich auch«, sagte Nabila.

»Ich auch«, sagte ich. Aber uns das anzutun, ist doch ein starkes Stück, dachten wir alle drei.

Das hatte sich im Winter 1970/71 zugetragen. Von mal zu mal magerer und blasser unter seiner Bräune, schlanker und grauhaariger begrüßte mich Doktor Mahjub bei jedem meiner Besuche auf den Stützpunkten von Ajlun, stets lächelnd, obwohl ihn sein Rückenleiden immer stärker plagte und ihn, auf seinen Stock gestützt, immer älter und gebeugter erscheinen ließ. Im Dezember sagte er zu mir:

»Wenn es uns nur gelingt, über den Winter zu kommen!«

Und im Januar:

»Die Kälte macht uns sehr zu schaffen. Vor allem der Wind und der Schnee. Wenn das schlechte Wetter vorbei ist, wird alles wieder gut.«

Im Februar versicherte er mir:

»In Amman sollten sie versuchen, uns noch ein paar Lebensmittel zu schicken. Sie gehen uns bald aus. Sehen Sie sich die Fedajin an, wie entkräftet sie sind. Viele von ihnen husten schon. Das ist schlimm. Aber wenn die Sonne wieder scheint, wird alles besser.«

Was Mahjub nicht sehen konnte, wenngleich er es wußte, das war das blühende Aussehen der jordanischen Soldaten; sie lebten in gut beheizten Unterkünften, aßen Hammelfleisch und Hähnchen. Im März bekam er einen neuen Anfall von Zuversicht:

»Jean, die Sonne kehrt wieder. Noch einen etwas kalten Monat, und alles wird besser. Gott sei dank. Wir haben kaum noch Medikamente.«

Mahjub hatte von den Geschehnissen in Zarkat erfahren. Ein paar Kilometer weiter hatte man mit Hilfe irakischer Mittel ein Krankenhaus gebaut. Das Internationale Rote Kreuz, der Arzt und die Krankenschwester, die dort ein paar Fedajin pflegten, sollten in zwei bis drei Tagen das Krankenhaus verlassen, das dann in den Besitz der jordanischen Regierung übergehen sollte. Ich glaube, die Idee und ihre Ausführung stammten von Dr. Alfredo, er jedenfalls weihte mich ein:

»Bist du einverstanden? Du kommst mit uns. Wir werden nachsehen, was in diesem irakischen Krankenhaus los ist. Nabila ist auch dabei. Ferraj wird den Lieferwagen fahren. Ein Freund von ihm kommt mit.«

Nur ein paar Bemerkungen über Alfredo. In Kuba groß geworden, wo er sein Medizinstudium absolvierte, der Sache der Palästinenser treu ergeben, sprach er außer spanisch noch englisch und französisch. Er war Kubaner, aber, wie man mir sagte, in Spanien als Sohn einer kastilischen Gräfin geboren. Zur Politik Castros vertrat er damals schon eine sehr kritische Meinung.

Alfredo mißtraute dem Roten Kreuz, das während der Schlacht von Amman dem palästinensischen Roten Halbmond jede Hilfe verweigert hatte. Ich war mir sicher, daß Alfredo als Arzt und als Kubaner den Schwindel der westlichen Medizin kennen mußte. Für den in Kuba erzogenen, einst in Havanna praktizierenden Arzt war dies vielleicht eine geistreiche Pointe:

»Palästina oder Katmandu? Ich habe mich noch nicht entschieden. Was meinst du?«

Der bewaffnete Wachtposten am Eingang des irakischen Krankenhauses ließ uns passieren. In der Vorhalle standen, übereinandergestapelt, vernagelte und beschriftete Kisten: Chirurgisches Gerät und Medikamente, Spenden aus Nationalchina oder Taiwan und aus verschiedenen europäischen Ländern. Außer dem Posten, der überdies rauchend seinen Dienst versah, war niemand da. Auch nicht im ersten Stock. Dieser Etage schloß sich eine Terrasse an. Nabila, Alfredo, Ferraj und ich traten ins Freie. Ein sehr schöner blonder und ziemlich junger Mann lag völlig nackt auf Badetüchern und streichelte eine Blonde, die ebenso nackt auf denselben Badetüchern lag, weder er noch sie lauschten der Platte, die sich neben ihnen auf dem Plattenspieler drehte. Wir platzten in ihr Schäferstündchen hinein. Ferraj und der andere Fidai machten auf der Stelle kehrt.

Der schwedische Arzt und die holländische Krankenschwester zogen sich wieder an. Alfredo sagte zu mir:

»Stauch sie ein bißchen zusammen, auf Französisch. Nabila

wird es ins Englische übersetzen. Nimm dir Zeit dafür, ich mache inzwischen einen Rundgang und sehe mir die Verwundeten an.«

So entrüstet die palästinensische Ärztin Nabila Naschaschibi auch war, sie hätte, wie ich übrigens auch, am liebsten gelacht, aber wir spielten beide die zutiefst Entrüsteten.

»Im ersten Stock liegen zwanzig Verwundete, und niemand kümmert sich um sie«, teilte uns Alfredo mit. Auch er machte dem schwedischen Arzt und der Krankenschwester Vorhaltungen, und beide waren sichtbar verängstigt. An mich gerichtet sagte er auf Französisch:

»Beschäftige sie noch eine Weile.«

Nabila dolmetschte für den ziemlich betretenen schwedischen Arzt meine unaufrichtigen Vorwürfe. Alfredo kam zurück:

»Laß es gut sein. Wir gehen.«

Zwei Stunden später wurde der Inhalt der Kisten mit den Medikamenten und chirurgischen Geräten, die Ferraj und sein Freund, der Fidai, während wir dem Schweden und der Holländerin die Leviten lasen, aufgeladen hatten, an die Krankenstationen der palästinensischen Lager verteilt.

Am Tag darauf wurden Nabila, Alfredo, ein italienischer Arzt und ich aus Gründen, die mit diesem Diebstahl nichts zu tun hatten, in der Nähe von Amman von jordanischen Soldaten festgenommen, der Polizei übergeben und ins Gefängnis überführt, aber bald wieder freigelassen. Als Abu Omar von dieser Verhaftung erfuhr, bestand er darauf, daß ich mich den Fedajin am Jordan anschließe und unter ihrer Bewachung dort bleibe. Ich sollte künftig nicht mehr nach Amman fahren. Er fürchtete, ich könnte wieder verhaftet werden. In Ajlun sah ich den sudanesischen Offizier Oberleutnant Mubarak wieder.

Unvermittelt taucht vor mir der keß in die Stirn geschobene Strohhut von Maurice Chevalier auf. Mit vorstädtischem Akzent spricht schon seit Jahren niemand mehr in Belleville, Menilmontant oder Pantin. Diese drei Namen stehen für zwei ehemalige Forts und jetzige Stadtviertel an der Peripherie von Paris, wo man heute ein grammatikalisch korrektes und ebenso reines Französisch spricht wie im Rundfunk oder Fernsehen, wenn auch ohne

Pariser Akzent, ohne das (breit gesprochene) *r*, das in der Kehle so sehr akzentuiert wird, daß es mitunter wie ein spanisches Jota klingt, wodurch der Satz »il va pleuvoir« (Es wird regnen) sich so anhört, als spräche ihn ein »Chtimi« aus Nordfrankreich: »Y va pleuvouère«; um 1943 konnte ich erleben, wie ein Pariser Stukkateur, die Mütze schief in die Stirn gedrückt, einem Polizisten, der vermutlich aus dem Poitou stammte, angesichts eines drohenden Regenschauers umgangssprachlichen Nachhilfeunterricht gab:

»Man könnte meinen, es regnet«, hatte der Gendarm laut und, wie er glaubte, besonders gewählt gesagt.

»Du hast keine Ahnung. Man sagt: ›Sieht nach Regen aus‹; oder ganz klar: ›Heut wird's noch schiffen‹.«

Der alte Pariser Akzent ist dahin, und vergessen sind die derb poetischen Wortschöpfungen des Argots mit ihrem gelinden Duft von Hosenschlitz und Hosenboden, aber hier und da sind noch immer Wörter in Gebrauch, die man in meiner Jugend erfand. Wer jedoch wirkliche sprachakrobatische Kunststücke erleben will, muß schon einen Ausflug in die Umgebung von Rouen, Le Havre, Grand- oder Petit-Quevilly, Beauvais, Sens, Joigny oder Troyes unternehmen, wo das Leben im Knast die Jugend zu etwas mehr Findigkeit zwingt. Höchst unwahrscheinlich ist allerdings, daß der zungenfertige Witzbold noch immer jener junge Spund in der zu langen Hose ist. Ein Erzbischof aus Paris – mit dem vorstädtischen Akzent – ist an seine Stelle getreten, aber der Charme seiner Gestik ging verloren. Hier nun eine jener schlagfertigen Antworten, von denen ich sprach: Es war im Jahr 1950, ich winkte ein Taxi herbei. Der Chauffeur, ein Mann um die Sechzig, mit einem dicken, fast weißen Schnurrbart, zögerte einen Augenblick, musterte mich und sagte schließlich:

»Einverstanden, s'ist meine Richtung; ich fahr zur Garage.«

Ich stieg hinten ein und flachste:

»Na, dann geht die Fahrt ja auf Ihre Rechnung?«

Er drehte ganz sachte den Kopf, sah mich über die Schulter an, und ließ dann, so wie man kleine Sünden vergibt, diese Bemerkung auf mich fallen:

»Wird gemacht, Kumpel, wie gehabt, und mit Sahne!«
Da war alles dran: die übertrieben kehlige Aussprache des Parisers; die Treffsicherheit und Schlagfertigkeit der Antwort; die zweifellos spöttische Art, mich prüfend zu mustern, mich zu verstehen und für die Entgegnung den richtigen Ton zu finden, der in diesem Fall sehr mild zu sein hatte – ein Kleinod, ein kostbares Kunstwerk, das mir um ein Uhr früh an der Place de la Republique in Paris dargebracht wurde. Der Mutterwitz, sagte ich, hatte sich anscheinend über die Vorortzüge ausgebreitet, die von den fünf Pariser Hauptbahnhöfen nach provisorischen Endstationen fuhren. Während in den Mittelgängen der Zweite-Klasse-Wagen Männer und Frauen, die auf dem kurvenreichen Gleis hin- und hergeschaukelt wurden, einander Witzeleien zuwarfen, strömten aus den Bahnhöfen von Deuil oder Meulan noch schüchterne Halb-Senegalesen, Viertel-Araber und ganze Guadeloupaner auf die Straße und stiegen behutsam und ohne sie je zu berühren über die französischen Geranientöpfe; und mit einem Mal wurde der Bahnhof von Deuil im Schein des endlich aus den Wolken hervortretenden Halbmondes ein ebenso internationaler Ort wie der Flughafen von Karatschi. Die um Hintern und Schenkeln sich schmiegenden Jeans der jungen Kerle waren erotisch und keusch zugleich, so sehr harmonierte die Schönheit der Linien mit dem Dunkel der Nacht; sie waren alle nackt. Aber kaum war das in unzähligen Tonarten gesprochene »Tschau« verklungen, trat wieder Stille ein. Stumme Schatten entfernten sich mit langen Schritten. Der Großstadtjargon war aus der Mode gekommen, und kein Franzose hätte es gewagt, sich in Jordanien einer solchen Sprache zu bedienen, zumal man sie hier als ebenso anstößig empfunden hätte wie das den Arabern so verhaßte Furzen. Früher wurden, der französischen Mode folgend, statt eines ganzen Wortes zuweilen nur die ersten zwei oder drei Silben gesprochen. Angler pflegen aus Gründen der Sparsamkeit ihre Würmer mit dem Fingernagel in sieben oder acht kleine Abschnitte zu zerteilen, die sie als Köder benutzen, und die Sätze aus jener Zeit setzten sich aus solchen Bruchstücken zusammen, die allein der Eingeweihte verstand.

Beispiel: »J' mont' en vit' l'escal' t'es pal' où ou' c'est ou' t'es? C't' aprem',«*

Vor Arabern hätten sich die beiden, Guy genannten Franzosen eine solche Ausdrucksweise niemals erlaubt, die sie übrigens selbst albern fanden. Ich bewunderte ihr Taktgefühl, aber den wahren Grund erfuhr ich erst später von Omar: Eine Sprache im Telegrammstil hätte sie verdächtig gemacht.

»Wenn man sein Französisch im Ausland so verstümmelt, dann redet man eine Geheimsprache. Wegen weniger kann man da schon an die Wand gestellt werden«, sagte mir Guy II.

»Wir arbeiten an der Basis ...«

Er wollte weiterreden, aber Guy II fuhr ihm über den offenstehenden Mund:

»Es gibt keine gemeine Arbeit.«

Und Guy I ergänzte den Gedanken:

»Es gibt nur gemeine Leute.«

»Sind doch Menschen wie wir, die Palästinenser«, sagte Guy II.

»Warum sollten wir ihnen nicht helfen? Sie haben ein Recht auf Heimat.«

Da dieses Wort so ganz allein am Satzende stand, fügte Guy I etwas unsicher hinzu:

»Sie wollen eine Demokratie, das kannst du in ihrem Programm nachlesen.«

»Wenn Pompidou uns daran gehindert hätte, hierher zu kommen, hätten wir ihm was gegeigt«, sagte Guy II und sah mich, wie die Zeitungen schreiben, kaltlächelnd an.

»Ich sehe nicht ein, warum wir nicht alle Brüder sein sollten«, sagte Guy I.

»Wir möchten weder, daß sie von Amerika noch von der Sowjetunion vereinnahmt werden. Frankreich sollte ihnen aber unter die Arme greifen. Und da Husain ein Fascho ist, müssen wir ihn zum Teufel jagen, nicht?«

Sie kamen natürlich aus Paris und nicht aus der Vorstadt, wie man an ihrer Aussprache hörte. Sie waren vielmehr einer Metrostation an der Place de la Bastille entstiegen. Die Palästinenser, die

---

* (»Ich geh ma rasch nach ob'n 'bist nich da wo biste denn? bis dann!«).

den drei Franzosen und zwei Französinnen Gesellschaft leisteten, schauten ihnen wortlos zu, nicht ahnend, daß sie in diesem Ammaner Zimmer einer französischen Renkontre auf überseeischem Gebiet beiwohnten und daß der Ort sich in ein Pariser Bistrot verwandelt hatte. Die beiden, zweifellos edelmütigen, zwanzigjährigen Burschen waren über Italien, Jugoslawien, Griechenland, Türkei und Syrien die weite Strecke bis hierher getrampt, um den Einwohnern von Wahadat beim Errichten neuer Mauern zu helfen, noch im unklaren darüber, ob sie – die Mauern und die Maurer – von Husains Beduinen nicht niedergeschossen würden. Das Gespräch, das sie miteinander führten, habe ich ziemlich genau wiedergegeben. Wir haben wohl vor den Fedajin keine sehr gute Figur gemacht.

Ohne mich mit Wörtern wie *edelmütig* und *Edelmut*, die ich eigentlich nur auf Höflichkeit ihnen gegenüber gebrauche, zufriedenzugeben, fragte ich mich, welchen Verlockungen sie wohl damals erlagen, um eine so abenteuerlich weite Reise zu unternehmen. Der Zauber des vorderen Orients, wie er beispielsweise in »einsamer Orient«, »der Glanz dieser Perle« oder in Pierre Lotis Haus »in Lorient« mitschwingt, war sicher nicht der Grund, der sie dazu bewog, auf den Spuren Marco Polos nach Osten zu ziehen. Begann alles mit einer Kurzschlußhandlung auf ebenso rätselhafte Weise wie der Urknall, von dem niemand weiß, wodurch er ausgelöst wurde und ob er überhaupt stattgefunden hat? Im übrigen mußte dieser plötzliche Entschluß, der – falls es ihn gegeben hat – alles ins Rollen brachte, ohne Präzedenz gewesen sein, während es für die Reise der beiden Guy *nur* Präzedenzien gab. Waren sie nach dem Mai '68 nach Katmandu aufgebrochen, und hatten sie unterwegs die Flüchtlingslager der Palästinenser entdeckt? Hatte das Wort Fedajin, als sie vor ihrer Abreise in einer linken Broschüre blätterten, die Sätze zum Leuchten gebracht, und hatte die Überzeugungskraft dieser Sätze sie zum Aufbruch gedrängt? Warum sind sie überhaupt fortgegangen? Bleiben ist verständlich: Der Reiz der Verhältnisse. Aber weggehen? Hatten sie sich auch über ihren Reiseweg, über die Gefahren und vor allem über das zu erreichende Ziel hinreichend informiert? Vielleicht waren sie einigermaßen erstaunt, als sie sich plötzlich als Maurerlehrlinge wiederfanden, nicht ahnend, daß dieser Beruf ein letztes Zwischenspiel sein würde. Danach kam der Soldatentod.

»Wir sind alle Brüder.«

Ich erkannte die weltumspannende Gabe des Franzosen: Wir haben ihnen alles gebracht, die Kunst des Betonierens, die Höflichkeit, die Befreiung der Frau, die Rockmusik, die Kunst der Fuge, die Brüderlichkeit, und in dieser weltumspannenden französischen Gabe erkannte ich mich selbst wieder und den vielleicht winzigen, aber aufgeblähten Platz, den ich einnahm.

»Wenn die in diesem Ton weiterreden, dann platzt mein letzter Rest von Nationalgefühl.« Ich schwieg. Wir stellten fest, daß sie für den Transit durch die genannten Länder nur für zwei davon, für Syrien und Jordanien, Visen bei den Botschaften in Paris hatten beantragen müssen, weil sie Franzosen waren.

Beide hörten sie auf den Vornamen Guy, aber sie redeten einander so an:

»Du, hör mal?«

»Ja, was denn?«

»Hast du was gesagt?«

»Nein, nichts. Und du?«

»Ich denke so wie du.«

Guy I lachte, dann lachte Guy II, schließlich lachten auch die beiden Frauen. Für sie und ihre Freundinnen war Europa ein nichtssagender geographischer Begriff, aber Frankreich hat schließlich eine lange Geschichte, in der Jeanne d'Arc mit Mendès-France Zwiesprache hält. Den Palästinensern brachten sie den Abglanz eines an den Ufern der Seine gewachsenen Edelmuts. Dank Omars, des dolmetschenden Sohns von M. Mustapha, wurden die Fedajin über die Mai-Ereignisse 1968 aufgeklärt und auch darüber, wie die 68er-Jugend die ausgebeuteten, aber vor allem exotischen Völker entdeckte. Wir befanden uns in einem Nebengebäude der Fatah-Vertretung, und der Raum erinnerte mich an eine Theaterkulisse, hinter der mehrere Nijinskijs in gefleckten und mit dürren Blättern oder Moos bedruckten Anzügen neben fünf Pariser Requisiteuren auf ihren Auftritt im *Präludium zum Nachmittag eines Fauns* warteten.

Da sie an der Basis arbeiteten und davon überzeugt waren, daß Schmutz adelt und folglich als ein Beweis proletarischer Gesinnung gilt, waren die vier auf ihre ungewaschenen Hälse, Gesichter, Hände und Kleider sichtbar stolz.

Guy II gab mir den Rest mit dieser eher beiläufigen Bemerkung: »Um bei den Unterentwickelten die Revolution mitzumachen, hast du dich aber in Schale geworfen: Weißes Seidenhemd, Kaschmirschal.«

Wir wechselten noch ein paar belanglose Worte. Außer den Palästinensern waren alle Anwesenden der Meinung, ich verhöhnte die Revolution, als ich ihnen erzählte, daß ich in Kairo einen Zwischenaufenthalt einlegte, um in der aufgehenden Sonne noch einmal die über den Nebeln des Nils rosa gefärbten Pyramiden zu sehen.

»Seid ihr auch in Istanbul gewesen? Und habt ihr die Hagia Sophia besucht?«

»Die Weiber wollten hin.«

Irgend etwas, das ich nicht nennen konnte, sagte mir, daß die beiden Franzosen den Eigennamen Araber mit einem Kleinbuchstaben versahen. Ihre Sprache war nicht in jeder Hinsicht korrekt, doch ihre Manieren waren besser: Die Franzosen begrüßten die Araber so wie Ludwig XIV. seine Stallknechte, so sehr fieberten sie danach, Pompidou zu kränken; deshalb hatten sie, besser, als ich es je konnte, gelernt, mit den Fingern zu essen. Und sehr huldvoll.

Zu dieser ziemlich ausführlichen Vorstellung der Franzosen wurde ich vermutlich durch meine ungestillte Sehnsucht nach dem Pariser Straßenjargon verleitet, der mich einst so verzaubert hatte. Heute hört man ihn höchstens noch bei den Benutzern der Vorortzüge, und ich fahre nur selten in die Vororte von Paris.

Da sie davon überzeugt waren, sie kämen zu einem Volk von bärtigen Männern – wahrscheinlich hatten sie alte Nummern der Zeitschrift *Illustration* gelesen, die während der Herrschaft Abd ül-Hamids in Frankreich erschien –, hatten sie sich während der ganzen Reise und vielleicht schon in der Zeit davor zwar noch recht jugendliche, aber schon recht üppige Bärte wachsen lassen; die jungen Palästinenser aber trugen nur sehr kurze und akkurat geschnittene Schnurrbärte. Die einzigen Bärtigen, die ihnen auf der Straße und so gut wie nie bei Al Fatah begegneten, waren Moslem-Brüder. So mußten die beiden Guy eines Tages ihre Bärte abrasieren, und Omar erzählte mir, wie es dazu kam:

»Als sie hier eintrafen, hatten sie gewaltige Köpfe, und da ich mich als einziger mit ihnen verständigen konnte, habe ich sie einfach die zwei ›Schnüffler‹ genannt. Als ich sie nach ihrem Besuch beim Friseur wiedersah, hatten sie so kleine Gesichter, wie Babys fast, daß ich ihnen am liebsten die Brust gegeben hätte.«

»Canaille have, Jean!«
Sein dunkler Teint, seine Blöße, der samtene Glanz seiner Haut, seine Muskeln, seine Geschmeidigkeit, die Sanftheit und die fast unerträgliche Lieblichkeit seiner Gesichtszüge – trotz der Ritualkerben seines Stammes, die ihn zum gebrannten Tier machten, zu einem Fabelwesen, einem Herdentier jedenfalls, also zum verkäuflichen Vieh –, das alles wäre nichts Außergewöhnliches gewesen ohne jene Traurigkeit, die von ihm ausging und ihn in einen sichtbaren, düsteren Schleier zu hüllen schien, und dies nicht nur, wenn er allein war, sondern auch in Gegenwart anderer. Man stellte ihm Fragen, er antwortete. Die Antworten waren präzis, oft sehr ausführlich und verwickelt, was die Vermutung nahelegte, daß er die Frage in seinem Innern schon ventiliert hatte, noch bevor sie ihm gestellt worden war. Doch woher kam Mubaraks Stimme? Zunächst hatte ich in meiner Einfalt die Mutmaßung angestellt, sein Ursprungsland liege in irgendeiner Zauberwelt und nicht im Bereich einer fehlerfreien Geographie, und sei folglich von seltsamen Wesen bewohnt, die eher miteinander kläffen, als daß sie eine wohlartikulierte Sprache benutzen. Eingedenk der Tatsache, daß Menschenraub und Sklavenhandel, Kauf, Verkauf und Verschleppung reale Handlungen waren – und noch sind –, denen sich gleichermaßen Bankleute und Händler widmeten und in denen der Kurs des Gulden ebenso schwer wog wie das Schwingen der Peitschen, Handlungen also, über die genauso Buch geführt wurde wie heute über Abbau und Nutzung von Uran, Kupfer, Wolfram oder Gold, dann war sein Französisch nicht nur verständlich und grammatikalisch einwandfrei; er hatte

sich zudem den Luxus geleistet, es mit allerlei vorstädtischen Ausdrücken auszuschmücken, die ich seit langem schon suchte und mit einem Jargon, den ich für unauffindbar und ausgestorben gehalten hatte, wie eine Sprache, die zu sterben versteht. Lächeln mußte ich auch bei dem Gedanken, daß ein sudanesischer Neger – aus dem ehemals englisch-ägyptischen Sudan – zu einer Art Georges Dumezil, zum Hüter einer mundartlichen Seltenheit geworden war, ganz so wie dieser Dumezil, der sich der Pflege einiger toter Sprachen angenommen hatte. Doch Mundarten sind noch flüchtiger als Sprachen, sie vergehen in Windeseile. So geschah es, daß ich in Damaskus ganz unverhofft auf einem französischen Apparat Radio Tel Aviv empfing und die Stimme eines Reporters mit dem schnoddrigen Tonfall der Pariser Vorstadt hörte.

Lachend hatte Mubarak in fließendem Englisch folgendes zu mir gesagt: »*Can I have*«, und zwar so, daß ich »*Canaille have*« verstehen mußte. Er war offenbar imstande, seine Traurigkeit mit einem Streich zu vertreiben, nur kehrte diese stets zurück, und dagegen war er allem Anschein nach machtlos.

Im Alter von fünfzehn Jahren, erzählte er mir, verliebte er sich in Maurice Chevalier, von dem er zwei Chansons auf einer Schallplatte gehört hatte: *Prosper* ... und *Valentine*. Er liebte diesen Jargon, eine Art Parodie der Gossensprache von Paris-Menilmontant, und nahm ihn prompt an. Mubarak war entzückt, als ich ihm erklärte, daß Menilmontant umgangssprachlich früher *Menilmuche* hieß.

Nun, alle Schwarzafrikaner, die ich kennenlernte und die etwa Mubaraks Alter hatten, waren ausgesprochen fröhlich, selbst wenn sie einsam waren. Daher vermutete ich, daß Mubarak in seinem Herzen eine tiefe Wunde trug, so gut verborgen allerdings, daß ich sie nie werde nennen können und nie erfahren werde, wo er sie in seinem Körper oder seiner Seele verwahrte. Dem natürlichen Charme Mubaraks fügte diese Wunde, wie mir schien, einen weiteren hinzu: das einschmeichelnde Wesen der jungen Schwarzen. Manche Burschen haben eine so leise Stimme, daß man die Ohren spitzen oder sie bitten muß, das Gesagte zu wiederholen. Aus Gründen, die sie selbst nicht kennen, verdüstert sich manchmal ihr Gesicht, dann trauern sie – wie Zwillinge, die ihren Zwillingsbruder überlebt haben, der zehn oder zwanzig Tage nach der Geburt gestorben war.

»*Canaille ...*«

Er lächelte über meine Verwunderung, und manchmal frage ich mich, ob er nicht aus einem gewissen Snobismus heraus sein Französisch mit englischen Worten vermischte.

»Die Klientel des Jet-sets, das bin ich ganz allein.«

Er entschwand in seiner Düsternis, und von dort erreichte mich in irgendeiner Sprache – Arabisch, Englisch, Französisch – dieser Satz, den ich oft von müden Fedajin hörte: »Wir haben die Ewigkeit vor uns, um uns auszuruhen.«

Es war eines jener geflügelten Worte, deren Ursprung ungewiß und deren Urheberschaft so vielfältig war, daß die Freischärler sie aufs Geratewohl mal Abd el-Kader oder Abd el-Karim, mal Mao Tse-tung oder Che Guevara in den Mund legten. Ich glaube, einen mir vertrauten Tonfall zu erkennen, und sagte es Mubarak. Mich traf sein ironischer Blick ebenso beiläufig wie die Bemerkung:

»Sicher ein Franzose, denn die Welt habt ihr ja erschaffen.«

Ich murmelte:

»Die Ewigkeit erschien mir nicht zu lang, um mich in ihr auszuruhen.«

»Dieser Spruch ist besser; von wem ist der?«

»Von Benjamin Constant, aus *Cecile* oder aus *Le Cahier rouge*; ich hab's vergessen.«

Fast hätte ihn das aus der Fassung gebracht.

»Noch so ein Impotenter.«

Er ging innerlich auf Abstand, bis er nur noch ein an meine Fersen gehefteter Spaniel war.

»Weißt du, Jean, ich bin ein Afrikaner in Asien. Die Palästinenser verwirren mich.«

»Palästina ist aber das Land, das Afrika am nächsten liegt.«

»Für mich liegen die Pyramiden schon in Asien. Die Pharaonen, Nebukadnezar, David, Salomon, Tamerlan, Palmyra, Zarathustra, Jesus, Buddha und Mohammed – an denen ist überhaupt nichts Afrikanisches.«

»Und wen siehst du neben dir?«

»Napoleon, Isabella von Kastilien, Elisabeth I., Hitler. Und selbst die: Uns trennen Welten, weite Räume, zwischen uns liegt eine sprachliche Distanz, eine hochmütige Distanz.«

Viel später, erst nach seinem Tod, glaube ich, erfuhr ich, daß er in seinem Leben niemals Verkehr hatte, wie das allgemein üblich ist. Auch nicht mit einem Mann. Sein Sperma wurde scheinbar durch das gutturale Timbre seiner Stimme übertragen und an den oder die weitergegeben, die ihm zuhörten. Nicht etwa, daß er erotische Zoten erzählt hätte – derbe Details schienen ihm nicht zu behagen –, aber die Wärme seiner Stimme besaß die gebieterische und zugleich verhaltene Sicherheit eines erigierten Gliedes, das eine geliebte Wange kost. Auch darin war er für mich der offenkundige Erbe der Straßenjungen aus den alten Pariser Vororten.

Ahmte er diesen Vorstadtjargon bewußt nach? Ich habe ihn jedenfalls nie bei irgendeiner Nachlässigkeit ertappt, die auf ein solches Nachäffen schließen ließ. Wer kennt nicht jene Wechselfälle des Lebens, die das Fortbestehen einer Mundart auf einem nicht dazu passenden Gesicht ermöglichen: Ein Flieger aus Martinique, der auf der Durchreise in Dijon seiner Geliebten einer Nacht einen burgundischen Krauskopf hinterläßt; eine junge Hamburgerin, die ein ansonsten sehr gepflegtes Französisch spricht, aber mit Redensarten wie diese plötzlich aus der Rolle fällt: »Und dann hat er mir vor den Koffer geschissen« oder: »War ich blöd! Der hat mich sauber aufs Kreuz gelegt...«, die ihr völlig arglos über die Lippen kommen und sie keineswegs vor Scham erröten lassen. Ihr Geliebter, ein Arbeiter aus den Vogesen, der drei Jahre in deutscher Kriegsgefangenschaft verbracht hatte und einfach so sprach, wie ihm der Schnabel gewachsen war, ahnte nichts von der Anstößigkeit solcher Redensarten und wußte vor allem nicht, daß Ausdrücke wie diese sich nicht so ohne weiteres in die französische Sprache einfügen lassen. Vielleicht hatte ein in Paris-Pantin geborener Unteroffizier in Djibouti den jungen Mubarak kennengelernt und ihm dieses kleine Geschenk gemacht: die richtige Aussprache. Darüber hat Mubarak mit mir aber nie gesprochen, er vertraute mir nur an, daß er sich damals die Chansons *Prosper* und *Valentine* hundertmal und mehr auf dem Plattenspieler angehört hatte und die bisweilen heisere Stimme von Maurice Chevalier anbetete.

Das Zusammenspiel des blauen Himmels mit dem Grün der Palmen und dem Ocker der Erde, jene in der Dämmerung ruhende Landschaft erinnerte mich daran, daß auch die Palästinenser sich mit ihr in Einklang befanden, denn Himmel, Palmen, Erde, das umliegende Land und die Freischärler waren einander völlig gleichgültig. Ein Jahr lang hatte ich nichts anderes als das Rattern von Feuerwaffen und das Brummen der Flugzeuge und Hubschrauber gehört, so daß ich erst nach der Schlacht von Ajlun gewahr wurde, daß die Hühner nicht aufgehört hatten zu gackern und die Kühe zu muhen, denn nun vernahm ich wieder ihre Stimmen.

Die soeben geschriebenen Sätze sollen den Augenblick hinauszögern, da ich mir folgende Frage stellen werde: Hätte mich die palästinensische Revolution mit solcher Macht angezogen, wenn sie nicht gegen jenes Volk gerichtet gewesen wäre, das mir zutiefst unergründlich erschien, das seinen Ursprung in den Uranfängen sah, das von sich behauptete, der ewige Ursprung aller Dinge zu sein, jenes Volk, das sich selbst als Inbegriff der grauen Vorzeit bezeichnete? In der Frage, die ich mir stelle, ist die Antwort wohl schon erhalten. Da sich die palästinensische Revolution auf dem Hintergrund grauer Uranfänge entfaltete – und zwar für alle Zeiten –, war sie nicht mehr nur ein gewöhnliches Ringen um geraubtes Land, sondern ein metaphysischer Kampf. Indem der Staat Israel der ganzen Welt seine Moral und seine Mythen aufzwang, erhob er sich selbst zur einzigen Macht. Er war die Macht. Allein der Anblick der armseligen Gewehre der Fedajin offenbarte das ungeheure Gefälle in der Bewaffnung auf beiden Seiten: Auf der einen, wenige Tote nur und kaum Schwerverwundete; auf der anderen, eine von den europäischen und arabischen Nationen hingenommene und gewollte Vernichtung.

Die endlosen Elegien über Israel; die an die einzige Demokratie im Nahen Osten gerichteten Glückwünsche; die bewässerte, zur Schau gestellte Wüste, in der jeder Apfelbaum, jede Birke einen Namen trägt; die unerbittlichen, aber höflichen Auseinandersetzungen zwischen den Aschkenasim und den Sephardim; die wissenschaftlichen, archäologischen und biologischen Entdeckungen dieses Landes, das sich nicht Staat hatte nennen dürfen; im Jahr 1970 erreichte uns hier keine Nachricht, die nicht durch die besetzten Gebiete, also durch eine Art Zensur gegangen wäre, die uns den jüdischen Staat absichtlich wie in einem Zerrspiegel erscheinen ließ. Israel sprach niemals direkt zu uns, wir hörten es nicht: es erreichte uns über die besetzten Araber.

Der israelische Staat im Nahen Osten ist ein blauer Fleck, eine blutunterlaufene Stelle auf der moslemischen Schulter, ein Fleck, der nicht nur seit dem letzten Biß – von 1967 – nicht mehr weichen will, sondern zur Folge hatte, daß bald nach der Verhaftung und dem Tod durch Erhängen von Elie Cohen jeder Palästinenser und sogar jeder Araber sich durch den jüdischen Geheimdienst bedroht fühlte; die Infiltration war möglich, die Infiltration war gewiß. Vor ein paar Tagen (1985) erzählte mir J., der Mossad verteile im Süd-Libanon Opium und Haschisch unter der Jugend.

»Der amerikanischen Polizei wurde auch vorgeworfen, sie habe Drogen unter die jungen Schwarzen gebracht.«

»Ich weiß. Der Mossad schickt seine Leute auf Lehrgänge in die Vereinigten Staaten. Die Ziele sind verschieden, denn die Lage ist jeweils eine andere, aber die Methoden sind die gleichen. Hier geht es den Leuten vom Mossad darum, den Willen der jungen Leute zu lähmen, damit sie in ihrer Euphorie die Waffenverstecke und die Fedajin selbst verraten.« Mit Hilfe von Presse und Rundfunk und durch eine scheinbar diskrete, aber gezielte Flüsterpropaganda hatten die Israelis ihren Nachrichtendienst derart hochstilisiert, daß die Araber in panische Furcht gerieten und völlig kopflos waren. Manche haben den Mann, von dem ich jetzt erzählen werde, gekannt. In Beirut, das heißt, in dem Teil der Stadt, der zu Beirut-West wurde und dessen Bevölkerung überwiegend moslemisch ist und fast hundertprozentig pro-palästinensisch war, tauchte eines Tages ein Mann auf. Niemand kann sich aber recht daran erinnern, wann das genau war. Er war mit einem Mal da, ohne daß jemand sein Kommen bemerkt hätte. Der Mann sprach arabisch mit palästinensischem Akzent; er tauchte urplötzlich auf so wie jene Götter, die eine Weile unerkannt auf der Erde leben wollen. Er fiel vor allem durch sein närrisches Benehmen auf. Von den Kindern, die ihn hänselten, und von den Eltern, die Mitleid mit ihm hatten, übernahm man den Namen, mit dem er angesprochen wurde: Der Verrückte. Da es zu allen Zeiten Verrückte gegeben hatte, nahm niemand daran Anstoß, daß gerade dieser hier war, hätte er doch auch woanders sein können, wo er zuweilen in theatralischer Gestalt auftritt. Da jeder Mensch wohl ein Fünkchen Irrsinn in sich hat, konnte sich dieser sanfte Irre allerlei Wunderlichkeiten erlauben; so tauchte er manchmal mitten in der Nacht auf, richtete seine Taschenlampe auf die Leute und redete zu ihnen in einem völlig unverständlichen Singsang.

»Das ist der Verrückte«, sagten die Leute und zuckten mit den Achseln. Und sie schenkten ihm ein mitleidiges Lächeln.

Niemand wagte sich zu nahe an ihn heran, denn er stank aus allen Poren: An den Füßen, den Händen, aus Hintern und Geschlecht und – besonders gräßlich – aus dem Mund.

Eingewickelt in eine einzige Decke schlief er da, wo es sich gerade ergab, wenn es nur eine windgeschützte Stelle war. Er bettelte, und wenn er mal fluchte, ließ er kein gutes Haar an den Israelis.

Am frühen Morgen des 15. September rollten die israelischen Panzer durch Beirut-West. Als sie nahe genug waren, sah ich den ersten und dann die folgenden, und als sie an der französischen Botschaft vorüberfuhren, sah ich außer den Israelis darauf nichts außergewöhnliches, aber die Beiruter sahen auf dem ersten Panzer – den Verrückten. Sein Gesicht war hart diesmal. Und er sang nicht. Er trug die Uniform eines Oberst der israelischen Armee.

Mehr weiß ich über ihn nicht zu sagen, doch bin ich mir sicher, daß der üble Geruch, der ihm anhaftete, eine List gewesen war, ein kluger Einfall, damit niemand auf den Gedanken kam, sich ihm allzusehr zu nähern.

In jener Zeit, von 1970 bis zur Überquerung des Suez-Kanals durch Sadat im Jahr 1973, hörte Israel auf zu existieren; aus den besetzten Gebieten erreichten uns manchmal noch Schreie und Wehklagen, eher noch epische Gesänge als wirkliches Wehgeschrei, die aber die Ruhe in den Flüchtlingslagern und auf den Stützpunkten nicht zu stören vermochten. Wenn auf der anderen

Seite des Jordan Menschen starben oder litten, wurde nur im Rahmen der Familien getrauert; man war aber voller Sorge und wußte nur zu gut, was gespielt wurde, weshalb sich niemand auch über die Tatsache hinwegtäuschte, daß König Husain Israel Schützenhilfe leistete, indem er die Besetzung Jordaniens fortdauern ließ; wir wußten auch, wie sehr der rege diplomatische Verkehr die Bedeutung dieser Orte unterstrich, an denen wir bedeutungslos waren.

Zuweilen näherte sich gegen Abend ein Araber in seiner Djellabah dem Lager. Er trank eine Tasse Tee oder Kaffee, aß ein bißchen Reis, nahm dann mit sanfter Stimme von uns Abschied und entfernte sich. »Weißt du, warum er stehengeblieben ist?« fragte mich Ferraj. »Er konnte sich nicht hinsetzen, denn unter seiner Djellabah trug er ein Gewehr, festgebunden am Bein. Er geht nach Israel. Dort wird er seine ganze Munition verschießen, und wenn er es schafft, wird um Mitternacht oder morgen früh ein Israeli krepiert sein.«

Die folgenden Absätze sollen vor allem dazu dienen, den Unterschied zwischen Stützpunkt und Lager deutlich zu machen. Natürlich sind diese Erläuterungen für europäische Leser bestimmt, denn die Araber wissen darüber hinlänglich Bescheid. Daß man hier anders darüber denkt als dort, versteht sich von selbst.

Bis 1971 hatten die Stützpunkte am Ostufer des Jordan die Aufgabe, die besetzten Gebiete sowie die Teile von Palästina zu überwachen, denen die UNO den Namen Israel gegeben hatte.

Diese Stützpunkte waren ziemlich leichte militärische Anlagen und als solche mit zwanzig bis dreißig palästinensischen Soldaten besetzt, die in Zelten wohnten und in der ersten Zeit mit einfachen Gewehren bewaffnet waren, zu denen sie später ein oder zwei Maschinengewehre dazubekamen.

Diese Stützpunkte waren in mehreren Linien gestaffelt. Die ersten lagen am vordersten Rand der Felsenklippen, an deren Fuß der Jordan fließt. Einige hundert Meter dahinter sicherten weitere Stützpunkte die ersten ab und lagen wie diese in ständiger Alarmbereitschaft. Diesem zweiten Halbkreis schloß sich ein dritter an und schließlich noch ein vierter. Wie mir schien, bildeten die vier Verteidigungslinien ein Zickzackmuster. Der Teil der Anlagen, der sich am Flußlauf des Jordan entlangzog, war weitgehend ungedeckt, da das Ufer nur wenige Unebenheiten aufwies, weniger jedenfalls als der Abschnitt, der zur Straße von Jerasch nach Amman führte, die auch der »Asphalt« genannt wurde.

Diese Anlagen wurden von der jordanischen Armee bewacht, die mehr oder weniger geheime Kontakte zur Bevölkerung der jordanischen Dörfer unterhielt, die sich in der unmittelbaren Nachbarschaft zu den Stützpunkten befanden. Es sei gleich darauf hingewiesen, daß die Bevölkerung sich auf dem weitläufigen Abschnitt zwischen dem »Asphalt« und dem Jordan recht frei bewegen konnte. Die Frauen kamen aber nur selten hierher oder nur, um Briefe zu holen oder zu überbringen; sie gingen hier auch nicht spazieren, sondern setzten sich gegenüber den Wachposten ins Gras.

Die Psychologie der Fedajin, die den Auftrag hatten, das zu bewachen, was ihr Territorium war, aber von einem Feind kontrolliert wurde, der sich frei wähnte oder den Anschein gab, frei zu sein, obwohl ihn an jeder Wegbiegung eine Kugel treffen konnte. Von der Allenby-Bridge bis zur Brücke von Damia – bei diesem Namen muß ich an die realistische Sängerin Maryse Damia und an ihr Lied vom »Bösen Gebet« denken, in dem die Frau eines Seemanns, der sich auf große Fahrt begibt, die Jungfrau Maria bittet, ihn lieber Schiffbruch erleiden zu lassen, als zuzulassen, daß er ein Opfer der Sirenen wird –, lagen die Fedajin einem Feind – den israelischen Soldaten – gegenüber, der in einem solchen Maße mit der durch die jüdische Militärverwaltung kontrollierten palästinensischen Bevölkerung verschmolz, daß sie das Gebiet westlich vom Jordan nicht wahllos beschießen konnten. Die »Besetzten-Gebiete« wurden durch Scharfschützen bewacht.

Obige Bezeichnung hat im Lauf der Zeit nach und nach ihre ursprüngliche, fast heilige Kraft verloren, vergleicht man sie mit jener, die in Frankreich einst die Gemüter erhitzte: Elsaß-Lothringen. Der Bindestrich suggeriert eine gewisse Ähnlichkeit, doch heute wie damals bin ich weit mehr von der Komödie des Hasses und der Freundschaft fasziniert, jener zumeist vorgetäuschten

Gefühle, die immer wieder den Spielraum beiderseits der Grenze mal breiter mal schmaler erscheinen lassen. Eine als ideale Linie gedachte Grenze, die nicht zum Gegenstand eines Schachers werden darf, es sei denn, beide Seiten sind sich darin einig, wobei diese Grenze und ihre Übergänge *gleichzeitig* von beiden Seiten kontrolliert werden auf der Grundlage von Verträgen und Komödien, bei denen die Akteure sich in einem bedrohlichen oder auch sehr liebenswürdigen, fast einschmeichelnden Gebärdenspiel gegenüberstehen. Die Mark – das Grenzgebiet – ist schließlich der Bereich, in dem der mit sich in Einklang oder im Widerspruch stehende ganze Mensch seine optimalen Entfaltungsmöglichkeiten findet. Hätte man mich vor die schwierige Wahl gestellt, ein anderer als ich selbst zu sein, ich hätte mich für den Status Elsässer-Lothringer entschieden. Der Deutsche und der Franzose kommen weder dem einen noch dem anderen gleich. Was er auch sagen möge, jeder Mensch hört auf, ein Jakobiner zu sein und wird zu einem Machiavelli, sobald er sich einer Landesgrenze nähert; auch wenn nicht mit absoluter Sicherheit behauptet werden kann, daß das Grenzland jenes Gebiet ist, in dem die Ganzheit möglich ist, wäre es vielleicht ein Akt der Menschlichkeit, die Grenzräume auszudehnen, ohne jedoch die Kerngebiete zu zerstören, da es ohne sie diese Grenzräume nicht gäbe, und schon sehe ich da, ebenso stark wie Jünglinge von cherubinischer Gestalt, den unanfechtbaren Verrat, einen Fuß hier, einen Fuß da, einen dritten im Norden, den vierten im Süden und so weiter; einen Wald von Füßen, der jede Bewegung, jedes Vorwärtskommen unmöglich macht.

Die Besetzung von West-Beirut durch Israel im Jahr 1982 brachte zahlreiche Anekdoten hervor wie diese: Ein paar Kinder führten eine libanesische Bande durch ein Gewirr von unterirdischen Gassen zu einer Werkstatt, die Palästinenser vor kurzem verlassen hatten. Dort fanden die Libanesen nur ein paar Bündel falscher US-Dollar-Noten, die aber sehr gut nachgemacht waren. Sie füllten sich damit die Taschen, denn sie waren allesamt LKW-Fahrer. Damals wurden die Lastwagen durch Patrouillen daran gehindert, nach Norden, also auch nach Beirut zu fahren. Freie Fahrt hatten nur israelische Fahrzeuge, die auch in Israel geladen hatten. Das Spiel konnte beginnen: Die LKW-Fahrer zeigten einem israelischen Wachposten ihre Dollarscheine, der Soldat lehnte entrüstet ab, der libanesische Fahrer verdoppelte das Angebot, und schon ließ sich der Soldat erweichen, steckte rasch die Geldscheine ein und drehte sich um, um den Lastwagen nicht vorbeifahren zu sehen; so wanderten zur Freude der Soldaten, der LKW-Fahrer und der Bevölkerung von West-Beirut, die nicht mehr Obst aus Tel Aviv essen mußte, Tausende von Dollars über die Grenze. Der erste Lastwagen fuhr durch die Sperre, dann zehn weitere und schließlich alle. Die falschen Dollars gelangten in die echten Taschen von echten israelischen Soldaten, die es im Zivilleben zu etwas brachten oder ins Gefängnis wanderten.

In Beirut versicherte man mir, daß diese Geschichte wahr sei. Sie ist zumindest wahrscheinlich. Der Feind hatte in einigen Punkten eingelenkt: eine Art stillschweigendes Einvernehmen. Es war nicht die große Eintracht, aber doch eine Art Burgfrieden, wobei sich jeder im Glauben wiegte, er habe den anderen aufs Kreuz gelegt.

Als der Sturm auf die palästinensischen Stützpunkte einsetzte, gelang damals zahlreichen palästinensischen Offizieren, Unteroffizieren und einfachen Soldaten, die aus der Armee Husains desertiert waren, die Flucht, weil die ehemaligen Waffenbrüder angeblich nicht sahen, wer durch die Kampflinien schlüpfte; ich habe aber nie gehört, daß die Israelis und Palästinenser *»an der Basis«* einander solche Höflichkeiten erwiesen hätten; die politische Situation im Grenzland ist allerdings so subtil, so vielschichtig und so verwickelt, daß jeder, der sie zu begreifen sucht, dabei Verstand und Leben einzubüßen droht.

Im November 1970 aber – davon war hier schon die Rede – konnte man auf den Stützpunkten – und nicht in den Lagern – jungen Männern begegnen, die unter ihrer Kopfbedeckung langes Haar und buschige Koteletten wie die der Sizilianer oder von Oberkellnern trugen und die auf Hebräisch scherzten. Die älteren Fedajin waren etwas verstört und zugleich von diesen zwittrigen Wesen fasziniert, die mitten unter ihnen ihre Witze rissen und dabei ebenso über Moshe Dayan herzogen wie über Arafat. Es war bekannt, daß hier und da etwas Hebräisch unterrichtet wurde. Als die Fastenzeit vorüber war, langten die jungen Männer ebenso tüchtig zu wie die anderen Araber und wischten sich beim Essen die Finger, auf der Höhe der Oberschenkel, an ihren Hosen ab, nicht anders vielleicht, als es irgendein Jude in Tel Aviv tun würde.

Ein Papierschiffchen, ein Vögelchen, ein Pfeil oder ein Flugzeug, in der Art, wie Schulkinder sie auf ihren Bänken aus Papier falten, werden, wenn man sie vorsichtig auseinanderfaltet, wieder zur Seite einer Zeitung oder zu einem weißen Blatt Papier. Obwohl mich seit einiger Zeit schon ein gewisses Unbehagen plagte, war ich doch ziemlich verwundert, als ich endlich begriff, daß mein Leben – und damit meine ich die Wechselfälle meines Lebens, die, auseinandergefaltet und glattgestrichen, vor mir lagen – nur ein weißes Blatt Papier war, das ich durch unzähliges Falten in etwas Neues verwandelt hatte, das allein ich wie ein dreidimensionales Etwas zu sehen vermochte, das aber einem Berg, einem Abgrund, einem tödlichen Verbrechen oder Unfall glich. Das, was sich wie eine Heldentat ausnahm, war in Wirklichkeit nur ein Trugbild, ein mehr oder weniger gelungenes Abbild davon, das unaufmerksame Beobachter jedoch für die Tat selbst halten konnten, wobei diese überaus gerührt an meinem Arm die Narbe eines Streifschusses entdeckten, eine an sich recht harmlose Wunde, die ich mir selbst zugefügt hatte, in der sie aber das Zeugnis eines geplanten Abenteuers sehen wollten, eines Abenteuers mit einer verführten Frau und einem eifersüchtigen, bewaffneten Ehemann, dessen Namen ich verschwieg, der geliebten Frau gegenüber zu Treue und Respekt verpflichtet, aber auch um seelische Größe zu beweisen, die dem vermeintlichen, betrogenen Ehemann einen gewissen Schutz gewährte. So setzte sich mein Leben aus Belanglosigkeiten zusammen, die auf subtile Weise zu kühnen Taten aufgebauscht wurden. Als ich jedoch begriffen hatte, daß mein Leben ein einziges Hohlmuster war, erschien mir diese Hohlheit ebenso schrecklich wie ein Abgrund. Damaszierung ist eine Kunst, die darin besteht, in eine Stahlplatte ein Linienmuster einzuätzen und in die so entstandene, vertiefte Zeichnung Goldfäden einzulegen. In mir fehlten die Goldfäden. Meine frühe Auslieferung an die Sozialhilfe war eine Geburt, die sich gewiß von anderen Geburten unterschied, aber nicht schrecklicher war als diese; die bei Bauern als Kuhhirte verbrachte Kindheit war letztlich eine Kindheit wie jede andere; meine Jugend als Dieb und als Strichjunge gleicht der Jugend anderer, die stehlen und sich prostituieren, in der Wirklichkeit wie im Traum; mein sichtbares Leben bestand nur aus gut kaschierten Gaukeleien. Die Gefängnisse haben mir mehr noch als die heißen Straßen von Amsterdam, Paris, Berlin oder Barcelona eine gewisse Geborgenheit gegeben. In ihnen lief ich nicht Gefahr, getötet zu werden oder zu verhungern, ihre Gänge waren für mich der erotischste Ort der Welt und zugleich der erholsamste, den ich je erlebt habe. Die in den Vereinigten Staaten verbrachten Monate haben gleichfalls den Beweis erbracht, wie sehr mein Leben und meine Bücher mißverstanden wurden, zumal auch die Black Panther in mir einen Empörer sahen, es sei denn, es hat zwischen ihnen und mir ein Einvernehmen gegeben, von dem sie selbst nichts ahnten, denn ihre Bewegung, die eher ein poetischer und gespielter Aufruhr war als ein willentliches Streben nach radikaler Umwälzung, blieb ein Traum, der über dem Handeln der Weißen schwebte.

Läßt man nun diese Gedanken gelten, ergeben sich daraus die nächsten wie von selbst: Wenn mein ganzes Leben ein Hohlmuster war, während es doch bei den meisten als Relief erscheint, wenn die Bewegung der Schwarzen für Amerika und für mich vor allem eine Scheinhandlung war, wenn ich mich dieser Bewegung so ohne weiteres und unbefangen, wie ich war, angeschlossen habe und wenn ich von ihr so bereitwillig, wie ich schon sagte, aufgenommen wurde, dann lag das wohl daran, daß man in mir den *spontanen Simulanten* erkannt hatte; hatten nun die Palästinenser, als sie mich einluden, eine Zeitlang in Palästina, also innerhalb einer Fiktion zu leben, mehr oder weniger klar in mir den *spontanen Simulanten* gesehen? Sind ihre Aktionen letztlich nur Scheinhandlungen, in denen ich höchstens zugrunde gehen konnte? Doch ist das nicht schon durch mein Nicht-Leben im Hohlmuster geschehen? An all das mußte ich denken, und ich war mir dabei sicher, daß Amerika und Israel durch irgendwelche Scheinhandlungen nicht bedroht wurden, auch nicht durch Niederlagen, die als Siege gefeiert wurden, noch durch Rückzüge, die als Vorstöße dargestellt wurden, kurzum durch einen Traum, der über der arabischen Welt schwebte, der allerdings die Passagiere einer Linienmaschine zu töten vermochte – eine im Grunde genommen recht ungeschickte Tat. War ich nicht, als ich mich den Black Panther und später den Palästinensern anschloß und mein Träumerdasein in ihren Traum einbrachte, nur ein zusätzliches, wirklichkeitsfremdes Element in ihrer jeweiligen Bewegung? War ich nicht der Europäer, der daherkommt und zu dem Traum sagt: »Du bist ein Traum, wecke nur nicht den Schläfer auf?« Kaum hatte ich diesen Gedanken gedacht, da tauchten vor mir auf: Bonaparte, zitternd vor der Brücke von Arcole; die Fünfhundert, die ihn für vogelfrei erklärten, worauf der General in Ohnmacht fiel; welcher Marschall – und nicht der Kaiser – errang den Sieg von Austerlitz? David, der anläßlich der Krönung seines Sohnes dessen Mutter malte, die an diesem Tag fern von Paris weilte; wurde ihm die Selbstkrönung durch einen ungezähmten Papst aufgezwungen? Was war Hohlheit an der Gedenkstätte von Sankt Helena und wurde im nachhinein erhaben? Aus den ersten Gedanken hervorgehend müßte dieser folgen: Das, was wir über berühmte oder nicht berühmte Männer wissen, wurde vielleicht erfunden, um die Abgründe zu verhüllen, aus denen ihr Leben sich zusammensetzte. So hatten die Palästinenser vielleicht recht, als sie potemkinsche Stützpunkte und Trainingslager für ihre »Junglöwen« schufen; was konnten aber ihre armseligen Gewehre nicht verbergen oder vielmehr, was haben sie nicht ans Licht gebracht? Ist das Geschehen, durch das wir wahrgenommen werden, ein heroisches Auftauchen, eine Art vulkanischer Ausbruch, ein zeitweiliger Wiederaufstieg aus Tiefen, die weder Völker noch einzelne Menschen wahrhaben wollen? Möglicherweise hebt die Gemeinheit des *spontanen Simulanten* diesen auf eine höhere Stufe, so daß sein Rückgrat etwas übersteht und sichtbar wird. Von einer weiteren Ungeheuerlichkeit ist hier die Rede.

Nicht nur sich selbst sehen, aber sich berühren, sich selbst hören und riechen, gehört zum Grauen, ein Ungeheuer zu werden, und zum heimlichen Glück, es zu werden. Endlich außer der Welt sein! Eine Geschlechtsumwandlung besteht nicht allein darin, daß einige chirurgische Eingriffe am Körper vorgenommen werden, sondern auch darin, daß man alle Welt auf einem sprachlichen Umweg zur Anerkennung zwingt. Wo Sie auch sein werden, man wird Madame, Mademoiselle zu Ihnen sagen; man wird Ihnen den Vortritt einräumen, denn Sie werden die erste sein; wenn Sie aus der Droschke steigen, wird der Kutscher Ihnen die Faust als Stütze hinhalten; bei den Worten »Frauen und Kinder zuerst...«, wird Ihnen dämmern, daß die Schaluppe Ihre Rettung bedeutet, währenddessen die *Titanic* mit allen männlichen Passagieren untergeht; Sie werden sich im Spiegel betrachten und Ihr hochgestecktes oder kurzgeschnittenes Haar sehen und mit den Fingern berühren; Ihre ersten Schuhe mit hauchdünnen Pfennigabsätzen werden entzweigehen, und Sie werden ganz perplex sein, denn so viel ich weiß, gibt es für dieses Wort keine weibliche Form; Ihre noch ungezogene Hand wird sich auf eine bestimmte Stelle legen, um eine unmögliche Erektion zu verbergen, denn es wird nichts mehr dasein, was steif werden könnte... Im Grunde genommen werden nicht alle von diesen hormonalen, chirurgischen und rehabilitorischen Veränderungen überrascht sein, doch wird jeder in seinem Innern Ihre gelungene Umwandlung begrüßen, das heißt, den Heldenmut, den Sie bewiesen haben, als Sie es wagten, diese Metamorphose bis in den Tod und in der Schande zu durchleben. Die Transsexuellen – die weiblichen Transsexuellen, denn sie verdienen es, auch in der Mehrzahl weiblich genannt zu werden – sind Heldinnen. In unseren Andachtsübungen duzen sie die Heiligen, die Märtyrer, Verbrecher und Helden beiderlei Geschlechts. Die Aureole – oder der Nimbus – der Helden ist ebenso erstaunlich wie die der Transsexuellen. Wenn auch nicht jeder von ihnen stirbt, so wird doch jener, der zum Heldentum aufsteigt, bis an das Ende seiner Tage auf dem Haupt eine am hellichten Tag und auch bei Mondschein angezündete Kerze tragen. Unter uns befinden sich Transsexuelle aller Dimensionen. Im Vergleich zu Mata-Hari war Madame Meilland von recht bescheidenem Format. Manch ein Fidai ist ein Held.

Kraftstrotzend wie immer, schwarz, narbig und düster ging Mubarak neben mir her, und ich hörte nicht, was er sagte. Ohne allzu deutlich zu werden, hatte mich Abu Omar über meine Rolle hier ins Bild gesetzt: »Ihre Aufgabe wird ziemlich schwierig sein: Sie werden nichts tun.«

Ich hatte begriffen: Dasein, zuhören, schweigen, schauen, zustimmen oder so tun, als habe ich nicht begriffen; für die Fedajin der »Alte« sein und für die Palästinenser eben jener, der aus dem Norden kommt. Und jedermann verhält sich ebenso diskret wie ich. Hier habe ich zum erstenmal das Wort Maulwurf niedergeschrieben, um einen Mann oder eine Frau zu kennzeichnen, die (oder der) eingeschleust wird, um für den Feind zu spionieren; mir war wiederholt aufgefallen, daß gewisse Fedajin, die sich zeitweilig in Ajlun aufhielten, mir äußerst gezielte Fragen stellten, die mich stutzig machten: Hielt man mich vielleicht für einen solchen Maulwurf?

Gelegentlich wurde ich in dieser Annahme bestärkt, vergaß aber bald wieder mein Unbehagen, denn auch, wenn sie mir gegenüber noch gewiße Zweifel hegten, schickten sie mir doch so junge, so schöne Fedajin, mit so freundlichen Gesichtern, daß ich jedesmal über die getroffene Wahl schmunzeln mußte, die ich eher als eine Ehrung als ein Geschenk empfand, das folgendes besagen sollte: »Betrachte dieses Gesicht zwei Stunden lang und sei glücklich.«

Mubarak hingegen hatte kein Blatt vor den Mund genommen:

»Du wirst ein Buch schreiben, aber es wird nicht leicht sein, es zu veröffentlichen. Die Franzosen interessieren sich nicht für die Araber. Vielleicht ein bißchen für uns Palästinenser, weil man uns vorwirft, wir würden den Völkermord an den Juden im Südlibanon fortsetzen. Insgeheim stimmen uns dein Land und England, die beiden antisemitischsten Länder der Welt, zu, aber nur heimlich. Die Chance, daß dein Buch gelesen wird, ist äußerst gering; nutze aber diese Chance, schreibe eindringliche und knappe Sätze. Ich werde dir ein Bild vorschlagen: Ein schwächliches Kind, das Lebertran trinken muß. Lächelnd leert das Kind die ganze Flasche, weil es von der Stimme seiner Mutter verzaubert ist. Ihr zuliebe schluckt es das widerwärtige Öl löffelweise. Die Leser werden dir folgen, wenn du zu ihrer Mutter wirst. Sprich zu ihnen mit sanfter, unerbittlicher Stimme.«

»Mit eiserner Stimme im Samthandschuh?«

»Daß du von den Arabern nichts verstehst, verwundert mich nicht, aber von den Franzosen verstehst du auch nichts...«

Er schlug mir vor, ein Szenarium zu schreiben, das er selbst drehen würde.

»Bist du ein Araber oder ein Neger?«

»Natürlich, ich sollte einen Standpunkt haben und ich habe keinen.«

In der Zeit zwischen 1970 und 1982 bin ich nur einmal ins Kino gegangen. Den Film und die Bilder hatte ich gleich danach wieder vergessen. Geblieben ist die Erinnerung an einen Abend in der Art, wie ihn ein Tourist in Bangkok unter den Händen eines Masseurs verbringt. Erst versank ich in einem Liegestuhl oder einer Stuhlliege, deren weiche Rückenlehne einen gewissen Kontrast zu der nach oben kippenden Sitzfläche unter meinen Ellbogen bildete. Mit Entsetzen sah ich mich schon in einer wollüstigen Falle verschwinden. Jemand löschte das Licht. Mein Körper wurde in einem Bett aus Asche begraben – Erinnerung des Schülers, dem man damals erzählte, der Heilige Ludwig habe vor seinem Tod den frommen Wunsch geäußert, auf einem Lager aus Asche zu sterben –, das ihn zum Neureichen machte oder zum Emir vielleicht, und mein Auge hätte in diesem Augenblick vor Freude hüpfen müssen, denn die Kamera-Cameria kletterte – um sie mir zu zeigen – an steilen Wänden hinauf, überwand abgründige Tiefen, damit ich von meinem Aschelager aus das Nest und die Eier einer gewöhnlichen blauen Schwalbe bewundern konnte. Ein Fest fürs Auge zweifellos, doch reagierte ich prompt und setzte mich auf die Stufen einer Treppe in der Hoffnung, mein Arsch würde sich auf der rauhen Fläche des Holzes wieder erholen; aber selbst die Stufen waren weich, und meine Augen, die einst so großen Gefallen an festen Einstellungen gefunden hatten, entdeckten, ohne sie gesucht zu haben, die Einzelheiten, die in ihrer Totalität eine wahre Freude waren. Ich verließ das Kino. Dank Zoom und Drehkran würde das Kabelfernsehen die Zuschauer mit dem Tod der Fedajin bis zur Verzückung verzaubern. Die Niederlage der Palästinenser hatte andere Ursachen als ihren Wunsch, den Abendländern nur ihre Schokoladenseite zu zeigen.

Mubarak hörte mir zu.

»*Die Brücke vom River Kwai* – was hältst du davon?«

»Wenn man bei den Gefechten zwischen den Japanern und den schon besiegten, aber noch kampfentschlossenen Engländern nicht dabei war, kann man sie kaum mit dem Auftritt von Statisten vergleichen, die in Soho aufgelesen wurden.«

»Und die Kunst?«

»Ich habe mir unter Kunst nie etwas vorstellen können.«

»Hungerleider kennen Freuden, die ihr nie erleben werdet. Am Hungertuch nagen, um als Halbverhungerte vor euren Kameras zu posieren. Sie sind nützlich. Ihre Bedeutung liegt darin, daß sie euch als Spiegelbild dienen, wenn ihr zu häßlich seid. Hast du dich nie gefragt, was dein Spiegelbild von dir denkt, wenn du ihm den Rücken zukehrst?«

»Sollte ich mich selbst verabscheuen?«

»Du hast im Saal gesessen und bist dann hinter die Kulissen gegangen. Deshalb bist du von Paris hierher gekommen: Zu den Mitwirkenden wirst du aber nie gehören.«

Der Generator, der in meiner Nähe lief, war ausgegangen. Mich erreichten keine Schwingungen mehr.

»Ich würde mich ..., ihn zu sehen.« Hatte ich »schämen« oder »freuen« gedacht? Mubarak war verschwunden.

Berühmte Landschaften erscheinen oft wie abgenutzt von den vielen Blicken, die sie bewundert haben: die Pyramiden, die Alhambra, Delphi, die Wüste. In seiner ganzen Art, sich zu geben, war Oberleutnant Mubarak wie lädiert von der Bewunderung, mit der man ihn betrachtet hatte. Es kann sein, daß er es nur auf mich abgesehen hatte, wenn er auf den so züchtigen, so prüden Stützpunkten einen Charme entfaltete, mit dem er scheinbar alle und jeden betören wollte. Und wenn es nur ein junger oder ein alter Baum war, er versuchte auch an ihnen seine Verführungskünste. Da die Fedajin für die wohldurchdachte Zurschaustellung seines Körpers und der verschiedenen Teile seines Gesichts – Augen, Lächeln, Zähne, Haar – kein Interesse zeigten, vermutlich deshalb, weil jeder von ihnen die gleichen

Schätze besaß, wenngleich sie durch ihr sittenstrenges Leben wie ausgelöscht erschienen, mußte Mubarak wissen, daß er mich allein mit seiner Gegenwart verwirren konnte, vor allem dann, wenn wir uns im Wald verlaufen hatten. Er war sich seiner Sache so sicher, daß er jedesmal, wenn er sich ins Gras setzte, sehr geschickt seine Schenkel zur Geltung brachte, oder, wenn wir nebeneinander durch den Wald gingen, sich leicht von mir abwandte, seinen Hosenschlitz öffnete, pißte und, wenn er sich wieder zugeknöpft hatte, mir mit derselben Hand eine Zigarette reichte. Die Palästinenser hätten sich ins Gebüsch gestellt, um, wie sie auf Arabisch sagten, das »Wasser abzuschlagen«, und keiner von ihnen wäre auf den Gedanken gekommen, mir mit den Fingern, die das Glied hervorgeholt, gehalten und wieder reingesteckt hatten, eine Zigarette anzubieten.

Da Mubarak so offenkundig ein Lude war – Kasernenfetzen oder Bordellhahn – und darüber hinaus eine ausgepuffte Nutte, habe ich nie begriffen, was er unter den Fedajin zu suchen hatte und warum er vom Sudan hierhergekommen war. Wie manch einer von ihnen hatte auch er in Montpellier studiert.

»Als du mir die Regierung Pompidou vorgehalten hast, war dir das doch scheißegal?«

Er lächelte mild.

»Wenn ich ein neues Gesicht sehe, und vor allem ein weißes, dann muß ich unbedingt die ganze Aufmerksamkeit auf mich ziehen.«

Die Stammeskerben hätten es ihm nicht erlaubt, sich unsichtbar zu machen, genausowenig wie das Schwarz seines Gesichts, das wie ein Paar Lackschuhe glänzte.

Er verschwand für zwei, drei Monate.

Vielleicht hatte er wieder bei Numeyri den Dienst als Offizier angetreten. Ich hoffte es; seine Gefallsucht bewahrte ihn davor, umsonst unerbittlich zu sein.

Nun zu den Umständen, unter denen ich zum erstenmal Hamza begegnete. Im Kampf gegen die jordanische Armee hielt die Stadt

Irbid an der syrischen Grenze besser stand als Amman zum Beispiel, und das palästinensische Lager an der Peripherie der Stadt länger und besser als die anderen palästinensischen Lager in Jordanien. Diesen zähen Widerstand haben manche mit der besonderen geographischen Lage erklärt: Da Irbid nahe an der syrischen Grenze lag, konnte es mit Waffen, Munition und Lebensmitteln besser versorgt werden. Eine plausible Erklärung, die aber nur teilweise zutrifft. Die Gefahren, denen die Bevölkerung im Grenzgebiet ständig ausgesetzt war, förderten gewissermaßen den Egoismus und schwächten den solidarischen Zusammenhalt vor allem nach der Besetzung der Golanhöhen durch Israel. Der Egoismus wurde jedoch durch ein ausgeprägtes Heimatgefühl der Grenzbewohner wieder wettgemacht, was auch den Syrern auf der anderen Seite zustatten kam.

»Im Grunde sind wir weder Jordanier noch Palästinenser, sondern Syrer. Im Interesse unserer Heimat, die durch Tsahal und den Panarabismus bedroht wird – letzterer floriert übrigens nicht nur in Amman, sondern auch in Kairo –, müssen wir auf der Hut sein und neutral bleiben.«

Diese vom gesunden Menschenverstand diktierte Überlegung bestärkte vermutlich Hafis al-Assad in seiner Bestrebung, »ein Groß-Syrien zu schaffen und zu diesem Zweck erst einmal den Hochmut der Palästinenser zu brechen«.

Was ist die Heimat, wie entsteht dieses souveräne Gebilde? Flandern war lange Zeit eine unabhängige und dazu eine burgundische, holländische, französische Provinz, schließlich ein souveränes Königreich, das einen besonderen Menschenschlag hervorbrachte und die Schaffung eines neuen Typs ermöglichte: Den Belgier. Wie ist man Belgier? Wie ist man Jordanier, Palästinenser, ja selbst Syrer nach fünfundzwanzig Jahren französischen Mandats und fünfhundert Jahren türkischer Herrschaft?

Was nun die Bewohner von Irbid anbelangt, so beruhte ihre Ausdauer auf ihrer Unerschrockenheit, auf der Originalität ihrer Verteidigungsanlagen und vor allem auf dem Scharfsinn der palästinensischen Führer, die besser und früher als die von Amman oder Jerash, wennschon nicht die exakte Stunde, so doch den genauen Tag kannten, an dem Husains Tscherkessen und Beduinen angreifen würden. Die Stadt Irbid und das palästinensische Flüchtlingslager legten solche Wasser-, Mehl- und Ölreserven an, daß diese noch reichlich vorhanden waren, als die Beduinen offiziell einmarschierten. Mehrmals bekam ich die englische Übersetzung des Tagesbefehls zu sehen: Angriff um vier Uhr morgens am Sternplatz Maxim in Amman. Dieser Befehl kam, wie man mir sagte, vom Palast. Niemand würde wohl den Heldenmut der Männer und Frauen und ebensowenig das Ingenium der militärischen Führer in Abrede stellen, aber benutzt man diese Begriffe, um das Geschehen in Irbid zu charakterisieren, straft man damit Amman, das sich früher dem Feind ergab. Mangelnde Phantasie der Führer, Kopflosigkeit und Disziplinlosigkeit in der Abwehr und der Bevölkerung sind ebenso schwache Wörter wie edle Tapferkeit und hoher Genius. Im Grunde zeigt sich in ihnen, wie gefühlsbetont die Worte sind, die einem kommen, wenn man ein Ereignis zu beschreiben versucht, das uns tief bewegt, wobei man all die Jahre vergißt, gegen die sich die Revolte richtet und die den Worten, die uns heute über die Lippen kommen, ihr ganzes Gewicht geben. Deshalb werden wir hier und anderswo stets Worte verwenden, die ihrem Sinn nach unbestimmt, unscharf sind.

Gegen einen Widerspruch waren die Palästinenser wohl nie ganz gefeit: Mit den Jahren, mit den Jahrhunderten beladen sich die Worte mit Emotionen, mit dem Glanz der sich widersprechenden, vieldeutigen Ereignisse, die wie Zinseszinsen einem Kapital hinzugefügt werden: Die Worte werden von Mal zu Mal reicher. Wie mühsam erweist sich die Verwirklichung einer Revolution, wenn es nicht gelingt, jene zu bewegen, derentwegen man sie durchführt! Wenn es aber gilt, sie mit Worten zu bewegen, die mit Vergangenheit befrachtet sind, mit einer den Tränen nahen Vergangenheit, und diese Tränen einen besonderen Zauber ausüben – welch eine Plackerei!

Es hatte genug Vorzeichen gegeben, die damals auf einen bevorstehenden Angriff der Beduinen schließen ließen. Obwohl man wußte, daß jeder Widerstand zu guter Letzt erlahmen würde, mußte Widerstand geleistet werden; als eines dieser Vorzeichen möchte ich den endlosen Strom von Flüchtlingen nennen, die, zerlumpt, staubig und von Durst geplagt, die Lager von Amman, Baqa und Ghaza verließen und ihr Heil auf der Landstraße suchten. Die letzten Inseln von Ordnung zerbröckelten, das Durcheinander herrschte allenthalben in der Zoll- und Polizeiverwaltung, in die sich manch ein palästinensischer oder jordanischer Polizist rasch wieder eingliederte, während andere entschlossen der Fatah beitraten. Einige politische Führer – namentlich Khaled Abu Khaled –, die mich im Hotel Abu Bakr in Gefahr wähnten, riefen nach einem jungen Mann, der lächelnd zu uns kam. Wer wird schon behaupten können, daß er sich fünfzehn bis zwanzig Mal den Film »*Panzerkreuzer Potemkin*« angesehen hat und es kein einziges Mal mit dem Wunsch tat, neben dem Turm des Panzerkreuzers jenes freundliche, friedliche Gesicht des russischen Matrosen wiederzusehen, dessen Schönheit den Vorstoß der Soldaten auf der großen Treppe herauszufordern schien?

Der Soldat hatte selbstverständlich eine Kalaschnikow in der Hand; das war hier so alltäglich, daß ich sie nicht nur übersah, sondern nur oder fast nur das einnehmende Gesicht des Fidais und sein schwarzes Haar in mir aufnahm.

Mehr noch als einnehmend: erleuchtet von der Gewißheit, daß der Widerstand von Irbid die eigentliche Bestimmung seines Lebens sei. Er war zwanzig Jahre alt, trug eine Kaffija, hatte schwarzes Haar und den Anflug eines Schnurrbartes. Sein Gesicht wirkte blaß oder vielmehr matt trotz Bräunung und Staub.

»Ein freies Zimmer bei deiner Mutter?«

»Ja, meines.«

»Heute nacht?«

»Heute nacht. Ich bin im Einsatz. Er kann in meinem Bett schlafen.«

»Nimm ihn mit. Gott möge ihn schützen, er ist unser Freund.«

Abu Khaled, der palästinensische Poet, drückte mir die Hand. Ich sollte ihn nie mehr wiedersehen.

In der Ferne hörten wir das Grollen schwerer Geschütze. Sie standen vermutlich in der Nähe von Jerash, das 1970 ein sehr kleines Dorf war, mit Häusern aus Stampflehm, gleich neben einer römischen Stätte mit ein paar noch aufrechten Säulen; die anderen lagen am Boden. Aber die Bezeichnung »Römerstätte« genügt.

Hamza bot mir an, meinen Reisesack zu tragen. Im ersten Moment konnte ich an ihm nichts entdecken, was mir nicht schon an anderen Fedajin aufgefallen war: Er hatte deren heitere, lächelnde Art und eine so sanfte Stimme, daß sie fast gefährlich war, sowie eine gewisse Ungezwungenheit und einen plötzlichen, tiefen Ernst. Darin glich er den anderen und hatte wie sie absolut nichts von einem Prahlhans.
»Mein Name ist Hamza.«
»Meiner...«
»Ich weiß, Khaled hat ihn mir gesagt.«
»Er hat mir auch deinen gesagt.«
Er hatte verstanden, daß ich ein paar Worte maghrebinisches Arabisch kannte, und gebrauchte sie mit mir. Es war gegen zwölf Uhr mittags, mitten im Ramadan, dem Monat, in dem die Moslems erst essen, trinken, rauchen und vögeln, wenn die Sonne untergegangen ist. Nach dem Wort des Propheten sollte man voller Freude und nicht widerwillig und gereizt Gott einen Monat des Fastens schenken – von Sonnenaufgang bis zur Abenddämmerung –, eines Fastens, das durch nächtliche Feste wettgemacht wurde. Fast so sichtbar wie eine Schneedecke hatte sich Stille über die Stadt und über das palästinensische Lager gelegt. Die Männer, die Frauen und die Dinge zeigten einen Gleichmut, der auf tiefen Frieden schließen ließ oder auf eine so feierliche Entschlossenheit hindeutete, daß sie sich beim leisesten Knall in nichts aufgelöst hätte.
Das Vagabundieren und ziellose Umherirren des Islams oder der moslemischen Völker im Raum und in der Zeit, dieses Wandern, Umherziehen und tägliche Nomadisieren im Land, nach mir unbegreiflichen Regeln übrigens, fand seine Entsprechung im Umherziehen der Feste in einem beweglichen Kalender, der diese Feste, die Gebete, das Fasten im Ramadan ständig verschob, es sei denn, diese Umzüge im Kalender symbolisierten ein kosmisches Umherschweifen, dessen Sinn uns entging. Der scheinbaren Starrheit des Katholizismus setzte der Islam stets bewegte, wechselnde Bilder entgegen, im Himmel wie auf Erden.

Männer und Frauen jeden Alters gingen geschäftig umher, wissend, wohin und mit welchem Ziel. Jede Bewegung hatte ihr Gewicht, ihren Preis, der sich durch nichts änderte, weder durch die Nähe der schweren Waffen noch durch die des Notausgangs oder der Falle, zu der die syrische Grenze für die verfolgten Palästinenser werden konnte. Offene Tür oder geschlossene Tür – niemand konnte es wissen. Hielt man sie für offen, war sie seit fünf Minuten schon geschlossen. Oder umgekehrt. Man schrieb den Monat Oktober 1971, und mir fiel schon die merkliche Feindseligkeit auf, mit der das Volk auf den Straßen von Irbid, auch die Händler und Gastwirte, den Palästinensern begegnete.

»Ich werde ein Taxi kommen lassen, und du fährst morgen nach Deraa und übermorgen nach Damaskus.«

Vielen Lagerinsassen, vermutlich allen, war Hamza ein bekanntes Gesicht. Sie grüßten ihn im Vorübergehen, lächelten oder zwinkerten ihm zu. Er antwortete mit seinem Lächeln.

»Welcher Religion gehörst du an?«

»Keiner. Wenn du aber Wert darauf legst, dann bin ich Katholik. Und du?«

»Ich weiß es nicht. Vielleicht Moslem, ich bin mir aber nicht ganz sicher. Zur Zeit bin ich im Krieg. Heute nacht werde ich einen oder zwei Jordanier töten, also andere Moslems. Oder sie werden mich töten.«

Das sagte er mir grinsend, doch ohne jede List und ohne Selbstgefälligkeit, sein Blick und sein Lächeln blieben hell und klar. Der Lärm des Gewehr- und Artilleriefeuers war so beständig, daß er zu einem Teil der Temperatur geworden war. In einer der Straßen, durch die wir kamen, sahen wir Hünen mit dünnen Schnurrbärten, das Gewehr in der Hand; sie hatten alle langes, lockiges Haar oder genauer gesagt kastanienbraune bis fuchsrote Korkenzieherlocken, die ihnen bis auf die Schultern fielen. Sie standen, gegen die Hauswände gelehnt, im Schatten, der in der Mittagsstunde nur noch einen schmalen Streifen bildete, und jeder versuchte sich so dünn zu machen wie ein Plakat, als wollte er in die Tiefe der Wand hineinkriechen. Hamza wechselte ein paar Worte mit ihnen.

»Das sind Fedajin von der Saika«, sagte er.

Saika – der Name einer palästinensischen Organisation, die völlig unter syrischem Einfluß stand. Vor diesen stämmigen, schwer bewaffneten d'Artagnans im Kampfanzug und mit den leisen Kreppsohlen unter den Schuhen, klang dieses Wort für mich so frech wie: »Fedajin von der Paiwa.«

Bei dieser Wortverknüpfung, die mich auf einen merkwürdigen Gedanken brachte, mußte ich in der stickigen Luft der Straße lachen; es war ein stilles Lachen, das Hamza jedoch auffiel:

»Du lachst? Warum?«

Diese Frage und mein eigenes Lachen hatten mich so überrascht, daß ich zu ihm sagte:

»Wegen der Hitze.«

Das schien mir – und Hamza – eine endgültige Antwort zu sein.

Hamza, dessen Haar kurz geschnitten war, erzählte mir kaum etwas von den Soldaten oder nur, um mir mit wenigen Worten zu sagen, daß sie mutig waren. Er kannte sicher den Unterschied zwischen Mut und Tapferkeit und wußte, daß die Soldaten der Saika im Krieg tapfer waren und außerdem den Mut hatten, mit langem gewelltem Haar in den Kampf zu ziehen. So akkurat gewellt, mit hübschen Hängelocken, die ihr Gesicht einrahmten, daß ich mir diese Männer vorstellte, wie sie sich am Morgen, während sie ihren Tee tranken, mit einer auf der Glut erhitzten Brennschere gegenseitig die Locken drehten.

In meiner Vorstellung hatte ich mir folgendes Bild von ihnen gemacht: »Wenn sie ihren Mut im Kampf beweisen müssen, dann sind sie Löwen.«

Erst viel später, im Jahr 1976, als sie bei Tel Zaatar in Aktion traten, zeigten sie, was für Raubtiere sie waren, furchtbarer noch als Löwen. Sie blieben den Beweis nicht schuldig, doch diesmal waren ihre Opfer die Palästinenser der Fatah.

An dieser Stelle des Buches werde ich über den Tod von Kamal Adnuan, Kamal Nasser und Abu Jussef Nedshar, drei wichtigen Mitgliedern der Fatah, berichten. Kamal Nasser, den ich persönlich kannte, war mir von allen der sympathischere, Kamal Adnuan weit weniger, denn an ihm störte mich die Brutalität seiner Sprache. Sie waren darauf bedacht gewesen, anonym zu bleiben, aber mit der Zeit hatte ihre Vorsicht immer mehr nachgelassen, bis sie sie ganz vergaßen. Sie trafen sich oft mit Freunden und mit Journalisten im Strand-Hotel von Beirut; ich bin ihnen mehrmals auf dem Weg zur algerischen Botschaft begegnet, und jedesmal waren sie ohne Personenschutz, kein Bewacher ging ihnen voraus oder folgte ihnen. Sie rauchten unterwegs und waren allem Anschein nach ziemlich unbekümmert. In den Sechziger Jahren war, wenn ich mich recht erinnere, erst zaghaft und dann völlig ungehemmt die Mode der schulterlangen Haare unter den jungen Leuten aufgekommen. Jede Art von Frisur schien mit einem Mal erlaubt zu sein: langes Haar, halblanges Haar, Fransen über der Stirn, glattes, schwarzes, öliges Haar, wirres Haar, irres Haar, kastanienbraunes, krauses, blondes oder lockiges Haar, aber die feminine Note in der Haartracht mußte gewissermaßen durch eine sehr männliche Körperhaltung ausgeglichen werden, das heißt, durch eine kräftige, nicht nur sichtbare, sondern durch eine hypertrophe Muskulatur, die auch unter der Kleidung ins Auge fiel. Diese bis zur Rotglut, in England sogar zur Weißglut zelebrierte Mode kam erst in Kalifornien auf, quasi als Folge der Niederlagen der amerikanischen Armee im Vietnam-Krieg. Die ganze Erde, glaube ich, erlebte damals eine neue Blütezeit: Amerikanische Niederlage in Nordvietnam, lange Haare, sogenannte Unisex-Jeans, Diamanten im Ohrläppchen, Berberschmuck an Handgelenk und Hals, Barfußkult, Afrolook, langhaarige, bärtige Männerpärchen, die sich allzu zärtlich umarmten und auf der Straße küßten; Kiffen und LSD-Trips in der Öffentlichkeit und Joints, die neun bis zehn Lippenpaare berührten, langgezogene Rauchwolken, die von einem Magen zum weit geöffneten Mund des Partners wanderten, und dieselbe Dunstwolke, die, kaum dünner geworden, von Mund zu Mund, von Magen zu Magen eingesogen wurde, oder, um es knapper zu sagen, ein jugendliches, keineswegs frühlingshaftes, sondern sehr nahöstlich sommerliches Aufblühen, das fast schon im Herbst des Lebens stand und einem harten Winter entgegensah.

Die PLO-Führung hatte zwei Leibwächter im Treppenhaus direkt vor die Tür der drei genannten Funktionäre aufstellen lassen. Folgendes nun hat mir Daud darüber erzählt:

»Zwei englisch sprechende Hippies mit langen blonden Locken, die sich eng umschlungen hielten und gierig abküßten, hatten sich nach Einbruch der Nacht, lachend und torkelnd, den Wachen vor der Treppe von Kamal Adnuan genähert. Die Wachposten beschimpften die beiden schamlosen Schwulen, die daraufhin in einer Geschwindigkeit, die auf ein ausgezeichnetes Training schließen ließ, ihre Revolver zogen und die Posten abknallten; dann eilten sie die Treppe hinauf, drangen in Kamals Wohnung ein und töteten auch ihn. Das gleiche spielte sich etwa zur selben Stunde bei Kamal Nasser und bei Abu Jussef ab.«

Nach solcher Tat kann der MORD als eine HOHE KUNST betrachtet werden, sofern man diese Wörter mit den Großbuchstaben schreibt, die sie verlangen. Wie jedes Werk, das durch Kunst geadelt wird, muß der MORD durch einen oder mehrere Orden gewürdigt werden. Ich nehme an, das sie an sechs Brustkörbe geheftet wurden. Die Legende, beziehungsweise die ausführlichen Berichte besagen, daß die Wahl auf sechs blonde Männer fiel und daß diese Wahl und vor allem sie schwierig gewesen sein muß. Nicht, daß es an Blonden gemangelt hätte, im Gegenteil, aber man mußte sich gedulden und die Haare wachsen lassen, bis sie die richtige Länge erreicht hatten; dann wurden die längsten zu Locken gedreht, die bis auf die Schultern reichten, und die Stirnhaare, die immer wieder über die Augen fielen, zu Ponyfransen geschnitten. Es gab natürlich auch Stimmen, die meinten, man habe allen sechs die Schädel glattrasiert, wie bei den Fallschirmspringern, und eine Perücke aufgesetzt, deren Locken das Gesicht einfaßten. Wie auch immer, über die weiteren Maßnahmen war man einer Meinung: Damit die Zärtlichkeiten der als verliebte Paare handelnden jungen Männer auch glaubhaft erschienen, hatten sie das Küssen auf den Mund gründlich üben müssen. Die Geschmeidigkeit der Glieder, die Gewandtheit des Körpers, die Schnelligkeit der Beine, der unschuldsvolle Ausdruck der scheinbar bartlosen Gesichter – das alles mußte bis ins kleinste einstudiert werden, vor allem die weiblichen Stimmen, die aber keine Fistelstimmen sein durften. Während diesen Vorbereitungen hatten sie eine perfekte Kenntnis der arabischen Sprache wie auch der palästinensischen oder libanesischen Aussprache erlangt und einige umgangssprachliche Ausdrücke gelernt, die zwei Verliebte einander zuflüstern, um sich noch mehr zu erregen. Was mit den drei Funktionären der PLO und der Frau des einen geschah, ist bekannt. Nachdem die sechs Israelis ihre Revolver wieder eingesteckt hatten, rissen sie sich – wenn ich mich an die Verkleidungsvariante halte – die Perücken vom Kopf und rannten zum Treffpunkt mit den anderen, von wo aus sie mit ruhigen Schritten, wie auch die Falangisten sie geübt hatten, zum Strand gingen, wo ein Boot mit leisem Motor sie nach Haifa hinübersetzte. Ohne sie genau beschreiben zu können, kann ich mir jedoch gut vorstellen, wie diese vier athletischen Burschen, die vor ein paar Minuten noch Locken trugen, jetzt glatt rasiert und mit kristallklarem Stolz der Bootsmannschaft vorführten, wie sie sich Küsse auf den Mund gaben, um die Empörung der Leibwächter zu erregen, die ungeniert über sie lachten, da sie in ihnen nur arabische Schwuchteln sahen, und wie sie dann mühelos die drei palästinensischen Funktionäre abknallten. War ihr kristallklarer Stolz der Stolz, Jude zu sein, der Stolz also, nicht zum Rest der Menschheit zu gehören? In aller Welt berichteten die Zeitungen über diesen Mord, den niemand als terroristischen Akt auf fremdem, souveränem Territorium bezeichnete. Er wurde als ein Kunstwerk betrachtet und mit den ihm gebührenden Orden belohnt, die dann auch verliehen wurden. An blonden jungen Männern hatte es zweifellos nicht gemangelt, denn in Israel leben viele junge Sabras aschkenasischer Herkunft.

Hätte man mich nicht getauft, auch ohne zu wissen, daß meine Mutter eine Jüdin war, dann hätte das Sozialamt auf meinem Körper »jenes wenig tiefe, geschmähte Rinnsal« gelassen ... Im talmudischen Glauben erzogen, wäre ich heute ein alter betender und Tränen vergießender Rabbiner, der feuchte Zettel zwischen die Steine der Klagemauer steckt. Mein Sohn wäre ein hochgestellter Spion des Mossads oder Angestellter der israelischen Botschaft in Paris, und mein Enkelsohn Pilot einer Mirage, der lächelnd seine Bomben über Beirut-West abwirft.

Eine absurde Vorstellung, zumal ich dann nicht dieses Buch und diese Seite schreiben würde: Ich wäre ein anderer Mensch, hätte andere Gedanken, einen anderen Glauben und würde meine Vorfahren unter Pelzhändlern vermuten. Ich hätte schöne, schulterlange Locken getragen: Um sie tut es mir leid.

Das Kommando fuhr übers Meer zurück nach Israel. In der Nacht davor waren die Männer in Beirut eingetroffen und hatten, modisch gekleidet, die besagten Wohnungen in Augenschein genommen, wobei diese vermutlich vorher schon von anderen jüdischen Beobachtern mit belgischen Pässen ausgekundschaftet worden waren. Dann hatten sie drei Pärchen gebildet, die in perfekter Weise die verliebten Schwulen spielten, waren aber, dieses Spiel aufgebend, blitzschnell zur Tat geschritten, um gleich danach zu fliehen – zweifellos mit Hilfe scheinbar neutraler Kollegen –, waren schließlich in das Schlauchboot gesprungen, das sie unter dem schwarzen Himmel nach Haifa brachte. Wozu mußte ich, als ich die langen, gelockten Haare der Soldaten der Saika sah, gleich an das Massaker denken? Als Daud mir diese Episode erzählte, die von ihm selbst berichtet worden war, zeigte er eine gewisse Bewunderung für die Kühnheit, für die Reinheit des Stils und für die perfekte Durchführung der Tat, die auf einen großen Künstler schließen ließ, der allein und in einem einzigen Linienzug das Werk vollbrachte, es sei denn, es habe im verborgenen einen raffinierten Plan gegeben, bei dessen Verwirklichung die spektakuläre Tat von Beirut nur der letzte Schnörkel war. Mit dieser Bewunderung paarte sich, wie mir schien, höchstes Staunen darüber, daß eine so verwegene und so gewaltsame Tat gewissermaßen spielerisch und mit Hilfe langer blonder Locken auf Ringerschultern durchgeführt worden war. Es versteht sich von selbst, daß Israel den gelungenen Handstreich in der Jerusalemer Presse und anderswo gebührend feierte und das auch heute noch tut, zum Beispiel, wenn palästinensische Boote auf hoher See aufgebracht und versenkt werden.

Sechs blonde, gelockte Perücken, ein wenig Rouge auf den Lippen und etwas schwarze Wimperntusche hätten sicher nicht genügt, um auf den Straßen von Beirut eine solche Verwirrung zu stiften, auf die sicher niemand gefaßt war. Das stille Lachen der Transvestiten, die keine Sekunde aufgehört hatten, sich wie Männer zu fühlen, entsprach möglicherweise dem Schrecken der echten Transvestiten, die in ständiger Angst leben, wegen ihrer

Stimme entdeckt zu werden, die nicht plappernd ist wie bei richtigen Frauen, sondern etwas Eigenständiges sein soll wie ihre Gestik überhaupt, eine Stimme ohne Unterbau. Im Gegensatz dazu hatten die sechs Israelis nicht vergessen, daß sie für den Kampf trainierte Männer waren und einen Auftrag hatten: Töten. Das Sonderbare ihrer Lage kam von der Sanftheit, von der weiblichen Anmut ihrer Gestik, die von einem Augenblick zum anderen zum präzisen Handeln von Mördern und nicht von Mörderinnen wurde. Sie beherrschten die Technik des Zungenkusses und der inniglichen Umarmung mit geneigten Köpfen und sich anschmiegenden Geschlechtsteilen, doch waren dies einfache Gesten, die ihnen wie von selbst kamen. Mehr Mühe und Zeit hatte man sicher darauf verwandt, das gezierte Spreizen der Finger einzuüben, wenn damit eine Haarsträhne aus der Stirn des Geliebten gestrichen oder ein Marienkäfer von der Schulter des Partners geschnippt werden sollte ... Dieses Proben auf einer Straße in Israel hatte wahrscheinlich viel Zeit in Anspruch genommen: Ein Halstuch, das ordentlich in Falten gelegt werden mußte, das Lachen in hohen Tönen und das plötzliche Abwerfen der Vermummung, um wieder zum Krieger zu werden, dessen einzige Aufgabe das Töten ist. Wirkliches Töten, nicht nur jene theatralische Geste im letzten Akt eines gefeierten Dramas, sondern ein Töten, bei dem es Tote gibt. Ich frage mich, ob es nicht ein schönes Gefühl sein muß, in das sanfte Wesen einer Frau zu schlüpfen, und wie schwer es doch sein muß, sich wieder daraus zu befreien, um ein Verbrechen zu begehen. Aber auch darin zeigt sich das Heldentum. Als Karl V. sein Kaiserreich, seine königlichen und überseeischen Besitztümer aufgab, um sich ins Kloster von San Geronimo de Yuste zurückzuziehen ...?

Für den Weg zu Hamzas Zuhause brauchten wir eine knappe Stunde. Unser Kauderwelsch, das ich hier nicht wiedergeben werde, das uns aber schon so vertraut war, daß es uns wie eine Geheimsprache vorkam, die wir in einem früheren Leben erfunden hatten, gab uns die Illusion, daß wir uns so besser verstanden, als wenn wir den Sinn der benutzten Worte gekannt hätten, der sich scheinbar erst über die Fehler erschloß. Man sah immer weniger Menschen auf den Straßen. Entweder sie aßen oder sie hielten Mittagsruhe. Ich erfuhr, daß sie wachten: an den Fenstern, auf den Terrassen, wo sie ihre Waffen reinigten und einfetteten; sie bereiteten sich vor.

Zwei etwa sechzigjährige Männer, die vor einer Art Scheune hockten, winkten uns heran. Sie reichten uns sehr höflich die Hand. Jeder von ihnen trug eine Waffe, einen Lebel-Karabiner. Anscheinend ohne Hintergedanken fragten sie Hamza, ob er wisse, wer ich sei.

»Ein Freund, den ich beschützen soll.«

Es wurden keine weiteren Fragen über meine Herkunft gestellt. Ich fragte einen der Palästinenser, ob ich sein Gewehr in die Hand nehmen dürfe. Der eine wie auch der andere waren sofort bereit, mir ihre Waffe zu reichen, doch dann besannen sie sich gleichzeitig und nahmen das Magazin ab. Wir brachen alle vier in ein schallendes Gelächter aus. Ich erklärte Hamza, daß der Name Lebel sich für eine Annäherung zwischen uns bestens eignete; ich schrieb das Wort Lebel, und er las das Wort von links nach rechts und von rechts nach links und streckte mir dann die Hand hin, so wie das alle Araber tun, wenn sie ihre Zustimmung bekunden wollen. Ich brachte das Gewehr in Anschlag, zielte auf einen Ast, ohne jedoch auf den Abzug zu drücken, und gab das wertvolle Stück seinem Besitzer zurück. Beide Palästinenser waren Bauern, aber diese altmodischen Waffen hatten sie gewissermaßen verjüngt, ihren Feldern entrissen und wieder der Hast, dem Blut und dem Tod zugeführt. Darin ahmten sie niemanden nach. Ganz anders die Funktionäre, die in allem den Westen imitierten; anstatt die fröhlichen wie auch die traurigen Momente in ihrem Leben mit etwas Phantasie festlich zu gestalten, kopierten sie nur. Das Märtyrer-Denkmal, das im Lager von Beirut – für die Toten – aus Holz, etwas Schleiertuch und einer immer brennenden Birne ausgestaltet worden war, rührte mich irgendwie an durch seine bescheidene Ärmlichkeit. Der kubanische Arzt Alfredo wurde nicht nur nach Europa geschickt, um die nötigen Geldmittel aufzutreiben, sondern auch um den Marmor oder einen anderen harten Stein, einen Granit vielleicht, zu finden, aus dem dann ein Denkmal gemeißelt wurde, das ein Abklatsch der französischen Kriegerdenkmale von

1914-18 war. Als wir uns von den beiden Männern verabschiedet hatten, sagte ich zu Hamza:

»Ich habe Hunger. Und du?«

»Warte noch ein bißchen.«

»Ich könnte Konserven kaufen.«

»Warte.«

Wir hatten unseren Weg in der Sonne fortgesetzt. Das palästinensische Lager lag seitlich von der abschüssigen Straße, auf der wir liefen. Wir gelangten vor eine kleine weiße Mauer, in der eine ebenfalls weiß getünchte Tür eingelassen war. Hamza holte einen Schlüssel aus der Tasche und öffnete. Wir betraten einen winzigen Hof. Hamza schloß hinter uns die Tür wieder ab. Vor einem Raum, der, wie ich später erfuhr, der ihre war, stand eine lächelnde und bewaffnete Palästinenserin. Sie mußte um die fünfzig Jahre alt sein. Ihre Waffe, die sie geschultert trug, war vom gleichen Modell wie die von Hamza. Er stellte mich ihr auf Arabisch vor:

»Das ist ein Freund.«

Sie berührte meine Hand mit ihren Fingerspitzen.

»Er ist ein Freund – und ein Christ.«

Sie berührte schon nicht mehr meine Hand, lächelte aber noch immer und blickte mich unverwandt und belustigt an.

»Ich muß dich warnen, er ist ein Freund, ein Christ, aber er glaubt nicht an Gott.«

Hamza hatte mit ernster, aber sehr sanfter Stimme gesprochen. Ihr lächelnder Blick wanderte von seinem Gesicht zu meinem, überaus lebhaft jedoch, dann schaute sie wieder ihren Sohn an, und das Lächeln, das noch immer ihr Gesicht erhellte, erschien mir wie das blaße, kaum wahrnehmbare Echo eines gewaltigen Lachens zu sein, das ihren ganzen Körper schüttelte, obwohl nur dieses Lächeln zu sehen war. Sie sagte:

»Also, da er nicht an Gott glaubt, werde ich ihm wohl etwas zu essen geben müssen.«

Sie ging in ihr Zimmer hinein. Hamza führte mich in das seine. Diese Familie, die aus der zerbombten Stadt Haifa geflohen war, hatte, von einem Ort zum anderen ziehend, in Irbid eine Zuflucht gefunden. Im Jahr 1949 bestand das Lager noch aus zusammengeflickten Zelten. Dann kam die Zeit der Elendssiedlungen mit Wänden und Dächern aus Aluminiumplatten, Wellblech und Pappkarton, die hier das gleiche Bild des Elends boten wie im Lager von Baqa.

In dem soeben geschriebenen und nachgelesenen Absatz wird zwar Baqa, aber doch nur eine Seite der Wahrheit genannt, denn wo sonst herrschte eine solche Fröhlichkeit, die an nebelfreien Tagen auf den Hängen des unbarmherzigen Berges zu einem Fest einlud, das ohne Kinder in fast völliger Stille verlaufen wäre. Am Morgen besah ich aus der Nähe die Risse in den Zeltbahnen, die manchmal mit einem sehr ausgefallenen Stück Stoff geflickt worden waren, mit einem Streifen, der vielleicht von einem Hemdchen stammte, das von Limoges nach Beirut, Irbid oder Amman gelangt war. Zwischen den Zelten bewegten sich unbeholfene Gestalten in Schuhen, die, wie mir schien, noch aufgeschnürt waren. Eine halbe bis dreiviertel Stunde Arbeit im kleinen Sanitätsraum, den der Secours Populaire de France nach Baqa gesandt hatte, und das ganze erwachte Lager würde lachen. Auslagen mit echtem Obst und Gemüse und echten Blumen – ich meine solche, die nicht aus Plastik sind –, denn an jenem Morgen gab es allein dieses: das Rot, das Rosa, das Grün, das Gelb, nur diese Farben waren kostbar und echt wie auch das Fleisch des Obstes und des Gemüses. Die Sonne stieg höher, die Spiele der Kinder begannen, und ihr Lachen erschallte wegen nichts und wieder nichts, wie in Lissabon.

Das, was ich weiter oben über die Traurigkeit der Lager geschrieben habe, ist nicht falsch. Doch kein Palästinenser sah sein Elend, während er schlief, wenn er einschlief; kurz bevor er ausknipste, zählte er noch einmal die Mandarinen und die Auberginen. Wenn er morgens erwachte, dachte er sich eine neue Zusammenstellung der beiden Obstarten aus, so daß ihre Farben zueinander paßten und weil man sie eher zu Reihen ordnen als zu Pyramiden stapeln sollte. Jedes Unglück verneinte sich selbst durch ein einfallsreiches Inventar: In diesem Augenblick verschwanden der trostlose Anblick, den das Lager von Baqa bot, und auch die Traurigkeit von den Gesichtern. Doch nach und nach, und während die Familien irgendwo irgendwelchen Arbeiten nachgingen, wurde der Schrott durch Beton ersetzt.

Hamza zeigte mir sein Bett, in dem ich in dieser Nacht schlafen würde, denn: »Heute gehe ich ins Feuer. Ich habe einen niedrigen Dienstgrad.« (Wenn ich mich recht entsinne, war er Führer einer Gruppe von zehn bis zwölf Fedajin.)

Er zeigte mir ein Loch, das sich am Kopfende des Bettes im Boden befand:

»Wenn die Geschütze und Maschinengewehre von Husain näherkommen, holst du meine Mutter und meine Schwester hierher und steigst mit ihnen in den Schutzraum. Dort liegen drei Gewehre bereit.«

Seine Mutter kam herein und stellte das Tablett auf den kleinen Tisch. Außer mehreren Schichten Eierkuchen auf zwei Tellern bestand das Essen aus ein paar Blatt Salat, gevierteilten Tomaten, vier Sardinen und drei harten Eiern. Hamza und der gottlose Christ hielten Mahlzeit um drei Uhr nachmittags, im Fastenmonat, als die Sonne noch kaum untergegangen war.

Ich sehe noch sehr deutlich das Blau des kleinen Tisches, die darauf gemalten schwarz-gelben Blumen und viele Einzelheiten – Felsen, Bäume, Felder, Zeltbahnen aus der Nähe und weit weg, Tannen, stehende schwarze Gewässer, fließendes und stilles Wasser, die sich in meinem Blick und in den Augen der Fedajin spiegelten. Durch die leichte Schwermut, die mich überkommt, wenn die Verwirrung von mir weicht, weiß ich, daß diese Verwirrung nie aufhören wird. Selbst, wenn eine Kugel mich träfe, würde diese Verwirrung weiterbestehen, durch einen anderen empfunden, der dort sein wird, und nach ihm wird es wieder ein anderer sein und so weiter.

Es sei denn, die Landschaft wird eines Tages überschwemmt. Dann werden die Blicke auf einem See ruhen, auf einem Staudamm, auf israelischen Fischern ...

Weder Hamza noch seine Mutter haben Haifa je wiedergesehen.

Nach dem Essen begleitete mich Hamza zum Schulgebäude. Unterricht wurde nicht gehalten, die Schüler waren alle auf dem Schulhof versammelt, und die palästinensischen Jungen hatten Gruppen gebildet, in denen sie ohne Panikmache und ohne Prahlerei das Näherrücken der jordanischen Artillerie kommentierten. An der Schulter oder am Gürtel hingen zwei oder vier Handgranaten, paarweise also oder als Doppelpaare, und von einem algerischen Lehrer, der französisch sprach, erfuhr ich, daß in dieser Nacht keiner der Jungen schlafen würde: Sie warteten auf den Augenblick, da sie die Handgranaten scharf machen und auf die Beduinen-Soldaten schmeißen würden.

In diesem Buch und an anderer Stelle habe ich oft von der schlichten Tapferkeit der Palästinenser gesprochen. Sicher haben manche auch Ängste erlebt und vor dem Tod gezittert oder sind davongelaufen; auch Feigheit hat es gegeben – manch einem wurde weich in den Knien angesichts der Berge von Gold oder neuer Geldscheine, die wie Tanzschuhe aus dem Jahr 1920 knisterten. Die Verlockungen der Macht sind so groß, daß viel Mut dazu gehört, ihnen zu widerstehen, und dennoch habe ich selbst nur einen einzigen schwach werden sehen.
Weiter oben habe ich im Zusammenhang mit dem physischen Kampf der Palästinenser das Wort Mut benutzt und meine damit die Anstrengung und die Kraft des Verstands, während ich mit dem Wort Tapferkeit jene Situation charakterisieren möchte, in der dem Tod und den Gefahren getrotzt wird, die dem Körper drohen. Indem die Palästinenser sich gegen die Verachtung wehrten, die in den Worten Terrorismus/Terrorist steckt, indem sie mit Gleichgültigkeit – zu der sie sich erst durchringen mußten – den Vorwurf von sich wiesen, sie seien der Leibhaftige, der mit seinem Teufelswerk den Rest der Welt bedroht, bewiesen sie Mut und Tapferkeit.
Könnte man die Fedajin der Feigheit bezichtigen?
Ausgenommen jene Nacht der Panik, die ich versucht habe zu schildern, zu erklären – versucht habe, denn ich war nicht dabei –, scheint alles nur ein Spiel zu sein in den Augenblicken der höchsten Ungewißheit, wenn man den Tod unschlüssig über einem selbst und über dem Feind schweben sieht – denn dann ist er sichtbar – und wenn man nicht weiß, wen er sich holen wird. Dann wird die Revolution zu einem ziemlich komischen Spiel. Kampf bis in den Tod um ein Stück Land hier oder dort? Da ein

Verlieren in diesem Spiel mit dem Verlust des Lebens gleichzusetzen ist, ist es dann wirklich schlimm, wenn man verliert und lächelnd bezahlen muß?

Aber läßt man sich töten, um ein Stück Land zu bekommen oder allein des Sieges willen?

In der großen Galleria von Mailand findet man am Schnittpunkt zweier Ladenstraßen ein Mosaik auf dem Boden. Eine ziemlich kleine Stelle des schlichten Bildes ist abgenutzt. Es ist die bildliche Darstellung der Hoden eines Pferdes, des Pferdes von Colleoni (ein Spitzname, der so viel bedeutet wie »der gut Berittene«). Kein Mailänder, der mit Freunden durch die Galleria schlendert, wird es versäumen, mit dem Absatz seines Schuhes über der abgenutzten Stelle eine volle Drehung zu vollführen, damit ein Teil der Männlichkeit des Hengstes auf ihn übergehe. Wer einen dieser Auftritte erlebte, bei dem drei oder vier Männer Arm in Arm daherkommen, wird sich an das Menuett erinnern, das dann jeder von ihnen aufführt, um auf dem Hodensack des Pferdes seine Pirouette zu drehen. Keiner Frau war es bisher erlaubt, dergleichen auch nur andeutungsweise zu tun. Der Schulhof hatte sich in einen Marktplatz verwandelt, auf dem jeder Bengel, am Gürtel oder an den Schultern befestigt, die doppelten oder vierfachen monströsen Hoden zur Schau trug, als wollte er so ihre Tugenden preisen. Obszön und zugleich unschuldig war indessen der nackte metallische Glanz dieser Attribute.

Meine Hände wurden von der runden Form der Handgranaten an den Gürteln oder über den Schultern der Schüler wie magisch angezogen. Diese kampfentschlossenen jungen Krieger sprachen nur vom Krieg und taten dies in viel höheren Tönen als die Fedajin, die sich für den Kampf entschlossen hatten. Dachten die Fedajin an etwas anderes, an etwas Genaues? An die Schenkel einer Frau zum Beispiel? An jene bevorzugten Stellen der Lust, wo die Vernunft und die Gründe der getroffenen Wahl ins Wanken geraten: Haare, Augen, Brüste, Geschlechtsteil, Hintern? Waren sie, so wie man durch Nebel geht, in ein unbestimmtes Verlangen entrückt, wo jeder Fidai, obwohl er darin gefangen war, engelhaft blieb? Dem Tode ganz nahe sein, frei sein vom Wunsch, Leben weiterzugeben, auch frei vom Wunsch, das

Leben, das man hat und das mit einem Schlag vorbei sein wird, zu genießen und weiterzugeben? Dieses scheinbare Freisein von sexueller Begierde hatte sehr wenig mit dem Hin und Her jener jungen Mannsbilder zu tun, die vor Kraft strotzten, jedoch, wie mir schien, vom Geruch des Geschlechtlichen nur wenig berührt waren. In Texten der Romantik liest man zuweilen, daß der Held ein Bräutigam des Todes ist: Orgasmus ist ein sehr maskulines Wort, das jedoch im Französischen von den weiblichen Vokabeln *l'agonie, la mort, la femme, la guerre* (der Todeskampf, der Tod, die Frau, der Krieg) besiegt wird, da diese das letzte Wort haben. Zwischen den Grundstrichen des H, zwischen den mit Skulpturen bedeckten Pfeilern des Triumphbogens, zwischen den gespreizten Beinen des Fidaïs, zwischen den senkrechten Stäben des Namens Hamza müßten die siegreichen Bataillone und hinter ihnen ihre Geschütze und Panzer defilieren. Hamza und ich blieben im Haus seiner Mutter. Dieser letzte Satz scheint darauf hinzudeuten, daß die Mutter das Familienoberhaupt war, und wenn ich sie mir neben ihm vorstelle und an ihr Verhältnis zueinander zurückdenke, das durch ein stetiges Hin und Her gekennzeichnet war, erahne ich den beständigen, zwischen ihnen stattfindenden und damals unsichtbaren Austausch; die willensstarke Frau, Witwe und Mutter, die genauso bewaffnet war wie ihr Sohn und der Familie vorstand, delegierte in jeder Mikrosekunde, aber lächelnd, ihre Befugnisse als Familienoberhaupt an ihren Sohn, der ganz im Sinne der Fatah handelte, jedoch insgeheim von der Mutter gelenkt wurde und ihr damit die Herrschaft überließ. Erinnern wir uns ihrer und denken wir dabei an die Schwarze Madonna von Montserrat, die ihren Sohn, der stärker ist als sie, zeigt, zur Schau stellt, der ihr vorangeht, damit sie sei, aber das Kind, damit es bleibe.

Die Geste war nicht, wie ich bei der ersten Kugel erkannte, deren Gewicht und Form ich in meiner Hand spürte, nur irgendeine Geste, wie die beispielsweise, die darin besteht, einen Korb mit Auberginen zu füllen; als ich Hamza und seinem Schwager half, die Magazine ihrer Gewehre nachzuladen, nahm ich zum ersten Mal teil an den Mysterien des Widerstands. Die Kugeln, mit denen ich die Magazine lud, werden in dieser Nacht in Gewehrläufe gleiten, die auf Beduinen-Soldaten gerichtet sein werden. Die das nahe Ende des Ramadan anzeigende Mondsichel erschien am Himmel. Es wurde stockdunkel auf dem weißen Hof. Hamza und sein Verwandter ließen mich allein mit den beiden Frauen, und so viel Vertrauen ohne jede Kontrolle kostete ihn keinerlei Überwindung, denn es beruhte zweifellos auf dem grenzenlosen Vertrauen, das er zu Khaled Abu Khaled hegte, der zu ihm gesagt hatte: »Das ist ein Freund«, es sei denn, er fieberte nur seiner großen Bestimmung entgegen: die Verteidigung von Irbid oder – was vermutlich das gleiche war – sein Leben aufs Spiel setzen.

Man hat mir hier (in Beirut) erzählt, daß der CIA und der Mossad* – mal Gegner, mal Verbündete – es verstünden, die gefangenen Fedajin ordentlich in die Zange zu nehmen, zu zähmen und sogar zu verführen, was die Vermutung nahelegt, daß es in der CIA wie auch im Mossad empfindsame Agenten gibt; während die Freischärler unter der Folter stumm bleiben und bereit sind, unter ihr zu sterben, sind sie aber geneigt zuzuhören, wenn die Rede kunstvoll ist, wenn sie den poetischen Sinn des Fidais anspricht, der, nach einer Weile des Schweigens, schließlich spricht. Das ging so weit, daß die Ermahnung ausgesprochen werden mußte, sich vor den verführerischen und poetischen Fallen der Israelis in acht zu nehmen.

Der Titel Mutter Gottes, mit dem die Jungfrau Maria angeredet wird, wirft die Frage nach der chronologischen Ordnung in den Verwandschaftsverhältnissen der heiligen Familie auf, und auch, durch welches Wunder oder welche höhere Mathematik die Mutter nach ihrem Sohn kommt, aber vor dessen Vater gestellt wird. Dieser Titel und diese Rangordnung erscheinen weniger rätselhaft, wenn man zum Beispiel an Hamza denkt, wobei das Wort denken nicht das Wort Nachdenken ersetzen soll.

Der Lärm der Granatwerfer und Geschütze war nähergerückt,

---

* israelischer Geheimdienst

überlagert vom Rattern der Maschinengewehre und -pistolen und von den Gewehrschüssen der Fedajin in Irbid.

Ich lag voll angekleidet auf Hamzas Bett und lauschte auf den sehr heftigen Lärm des Feuergefechts, das anscheinend in eine entscheidende Phase getreten war. Als diese Entscheidung ausblieb und die Schlacht mit derselben Intensität weiter hin und her wogte, da hörte ich in diesem schallenden Aufruhr zwei leise, zaghafte aber nahe Klopflaute, die diesen zerstörerischen Aufruhr gewaltig überlagerten. Zwei friedliche Klopfzeichen nur, an der Tür meines Zimmers. In diesem Augenblick wurde mir alles klar: In der Ferne zerbarsten Eisen und Stahl, und nebenan klopfte ein gekrümmter Finger auf das Holz meiner Zimmertür. Ich gab keine Antwort, denn ich kannte damals noch nicht das arabische Wort für »herein«, und vor allem deshalb nicht, weil ich »gesehen« hatte; weil ich das, was geschah, plötzlich »gesehen« hatte. Die Tür ging auf, so wie ich es nach den Schlägen gegen das Holz erwartet hatte. Das Licht des Sternenhimmels fiel herein, und dahinter erkannte ich einen großen Schatten. Ich stellte mich schlafend, schloß die Augen aber nur halb, so daß ich durch den Schlitz alles beobachten konnte. Ließ sie sich durch meine List täuschen? Die Mutter war ins Zimmer getreten. Kam sie aus der jetzt ohrenbetäubenden Nacht oder aus jener frostigen Nacht, die ich überall in meinem Innern mit mir führte? Sie trug mit beiden Händen ein Tablett, das sie sehr behutsam auf das blaue Tischchen mit den gelben und schwarzen Blumen stellte, das ich schon erwähnt habe. Sie schob das Tischchen ans Bettende, so daß ich es bequem erreichen konnte, und ihre Bewegungen hatten die Präzision eines Blinden am hellichten Tag. Lautlos verließ sie wieder das Zimmer und schloß die Tür. Der gestirnte Himmel verschwand, und ich öffnete wieder die Augen. Auf dem Tablett standen eine Tasse türkischen Kaffees und ein Glas Wasser; ich trank beides aus, schloß die Augen und wartete in der Hoffnung, daß ich auch leise gewesen war. Wieder hörte ich zwei schwache Klopfzeichen an der Tür, ähnlich den ersten; im Licht der Sterne und des abnehmenden Mondes tauchte dieselbe lange, dunkle Gestalt wieder auf, vertraut diesmal, als sei dieser Schatten mein Leben lang jede Nacht, zur selben Stunde, bevor ich einschlief, erschienen, oder solcherart vertraut, daß er mehr in mir selbst war als draußen und seit meiner Geburt mir Nacht für Nacht eine Tasse türkischen Kaffees gebracht hatte. Zwischen meinen Augenlidern sah ich sie das Tischchen anheben und lautlos an seinen Platz zurückstellen, und mit derselben Präzision einer Blindgeborenen nahm sie das Tablett auf, ging hinaus und schloß die Tür. Meine einzige Sorge war die, daß meine Höflichkeit sich mit der ihren vielleicht nicht hätte messen können, daß eine Bewegung meiner Hände oder meiner Beine ihr verraten hatten, daß ich mich nur schlafend stellte. Da jedoch alles auf eine so eingeübte Weise geschehen war, begriff ich, daß Hamzas Mutter jede Nacht ihrem Sohn den Kaffee und das Glas Wasser brachte, lautlos bis auf die vier Klopfzeichen an der Tür und, in der Ferne, über dem gestirnten Himmel, das Donnern der Geschütze wie auf einem Gemälde von Detaille.

Da Hamza heute nacht im Feld stand, nahm ich in seinem Zimmer und auf seinem Bett seinen Platz ein und spielte vielleicht die Rolle des Sohnes. Für eine Nacht und für die Dauer einer einfachen, aber harmonischen Handlung war ein Greis, der älter war als sie, zum Sohn dieser Mutter geworden, denn »ich war, bevor sie lebte.« Obgleich sie jünger war als ich, wurde sie für die Dauer einer – im doppelten Sinne – familiären Handlung meine Mutter, und blieb doch die Mutter Hamzas. In dieser Nacht, die sich als meine persönliche und bewegliche Nacht erwies, hatte sich die Tür zu meinem Zimmer bewegt, geöffnet und wieder geschlossen. Ich schlief ein.

Im Jahr 1970 und auch noch 1984 lebte in Jordanien eine erstaunliche Vielfalt von Volksgruppen. Die zahlenmäßig bedeutendste von ihnen, die außerdem in der größten Bedrängnis lebte, waren damals wie heute die Palästinenser; gleich nach ihnen kam die einflußreichere, aber weniger zahlreiche Gruppe der Beduinen mit ihren Stämmen, Familien und dem König Husain treu ergebenen Soldaten; über beide erhob sich die Gemeinschaft der Tscherkessen, die sich fast ausschließlich aus höheren Offizieren, Generalen, hohen Staatsfunktionären, Botschaftern und königlichen Beratern zusammensetzte. Über diesen drei Ständen thronte die königliche

Familie, deren Oberhaupt, das seine Herkunft direkt auf den Propheten zurückzuführen pflegte, sich kaum um seinen buntgemischten Hausstand kümmerte, dem nacheinander eine ägyptische, eine englische, eine palästinensische, eine jordanisch-amerikanische Ehefrau angehörten und in dessen Kinderstube selbst die ausgepichtesten Genealogen sich nicht mehr zurechtfanden.

Etwa fünfzigtausend Tscherkessen leben im Königreich. Gehorsamst befehlen sie dem König: Sie bilden eine Gang, deren Chef nicht Husain ist.

»Wem sollten wir mehr Treue erweisen als dem direkten Nachfolger des Propheten, dem König Husain?« sagte mir eines Tages der Chef einer großen cirkassischen Familie (noch heute bezeichnet das französische Wort »circassien« die Tscherkessen, die sich im Nahen Osten niederließen, aber auch jene, die heute in der Sowjetunion leben). Er führte mich durch sein Dorf in Jordanien, einen Ort, an dem es viele Wasserstellen gab und der mit dem sicheren Blick der Benediktiner-Mönche des mittelalterlichen Abendlands ausgewählt worden war, als diese die Plätze bestimmten, auf denen sie ihre Klöster bauten: Klausur und Feldbau.

»Wir sind vor den Zaren geflohen, als sie uns zu einem Christentum bekehren wollten, von dem sie dreist behaupteten, es sei orthodox. Wir wurden vom Sultan Abd ül-Hamid aufgenommen und sind ihm zu Dank verpflichtet, weil er uns viel Land schenkte. Nicht Arbeit hat uns aus Rußland vertrieben, nicht Abenteuerlust hat unsere Vorfahren veranlaßt, ihre Berge zu verlassen. Wir haben unsere Reichtümer bewahrt, denn sie kommen alle von dort – unsere irdischen Güter und unsere Sprache. Ich könnte Ihnen unsere mit vergoldetem Silber und Goldfäden verzierte Sättel zeigen, unsere Sporen aus Gold und Silber, unsere Steigbügel aus Gold, unsere mit Goldfäden bestickten Stiefel.«

Er zeigte sie mir nicht, gab mir aber eine ausführliche Beschreibung. Sein Volk sei friedfertig.

»Ihre Sprache aber? Sie ist so gar nicht mit dem Arabischen verwandt. Es heißt, sie benutzen sie wie eine Geheimsprache...«

»Geheim?«

»Sie wird nur von den Tscherkessen gesprochen; mitten unter

arabischen und europäischen Sprachen macht sie aus euch, auch wenn ihr ein Volk seid, eine verschworene Gemeinschaft.«

»Wir sind ein Volk, ein friedliebendes Volk.«

»Welches Volk würde heute von sich behaupten, es sei streitsüchtig?«

»Es stimmt, wir waren ein wenig in Mode damals.«

Ungeachtet des friedlichen Bildes, das er mir von seinem Volk zeichnete, gab es auch dies: das Feuer, die Waffen, den Krieg, die Pferde, die Tänze, die Musik, die Gesänge, die höfische Liebe, die extreme Zurückhaltung gegenüber den Frauen, die kein Mann in der Öffentlichkeit berühren durfte, nicht einmal die Falte einer Schürze oder Kopfbedeckung, vor allem nicht die Schwiegermutter, die derart in den Himmel gehoben wurde, daß sie mir wie die unberührbarste aller Geliebten erschien... Die Beschreibung war so wortreich und so genau, daß alles, was er mit viel Schwulst aufzählte, mir wie etwas Erdachtes vorkam. Diese Art von Selbstdarstellung war hier wohl gang und gäbe. Über die Tscherkessen durften Außenstehende nur das erfahren, und es wurde mit offizieller Bestimmtheit vorgetragen, mit der gleichen Bestimmtheit, die uns in der Schule lehrte, daß Richelieu ein Kardinal war. Das Familienoberhaupt wiederholte sich einige Male hinsichtlich der vermeintlichen Reichtümer, *die im Kaukasus zurückgelassen* worden waren (dieser Versprecher unterlief ihm tatsächlich), und ich zog daraus den Schluß, daß die Tscherkessen in den Dienst von Abd ül-Hamid getreten waren, weil ihnen nach Ländereien und nach unverfänglichen Eroberungszügen gelüstete, vielleicht auch, weil sie seßhaft werden und allzu gern die Beduinenstämme bändigen und dressieren wollten.

»Wie kommt es, daß ihr nach so kurzer Zeit die Herrschaft über das ganze Land ausüben, daß ihr überall euren Willen durchsetzen und alle wichtigen Stellungen einnehmen konntet?«

Er lächelte liebenswürdig, und mir fiel auf, wie gut sein gepflegter und akkurat geschnittener weißer Schnurrbart zu dem glatten weißen Haar paßte.

»Aber, Monsieur, weil wir die besseren sind.«

»So viel Güte habt ihr gegenüber den Palästinensern nicht gezeigt.«

»Das sind Wilde! Richtige Wilde, die die Macht ergreifen wollten.«

»Die Macht habt ihr, und ihr werdet sie nicht hergeben. Ihr seit freiwillig aus Rußland gekommen, während die Palästinenser aus ihren Häusern vertrieben wurden.«

»Sollen sie doch ihren Kampf gegen Israel führen. Sie reden ja wie ein linker Franzose. Jordanien möchte in Ruhe leben.«

Hätte man ihnen gegenüber das Wort »Verrat« ausgesprochen, man hätte sie bestimmt so sehr gekränkt, daß derjenige, der dies gewagt hätte, des Todes gewesen wäre. Und doch werde ich dieses Wort gebrauchen. Seit ihrem Aufbruch in Rußland sind die Tscherkessen immer wieder ins feindliche Lager übergewechselt: das erstemal im türkischen Reich. Als der letzte Kalif ins Exil ging und das Reich auf die Grenzen der heutigen Türkei zusammenschrumpfte, boten sie ihre Dienste Glubb Pascha an, und später dem König Husain. Dieser Verrat erschütterte mich nicht: sie haben sich stets in den Dienst der Macht gestellt. Der Mangel an Anstand in ihren Unternehmungen, die stets dem Streben nach Macht dienten, hatte sie mir aber keineswegs nähergebracht, sondern mich, durch einen gewissen Abscheu, von ihnen nur entfernt. Ich werde noch einmal auf die Tscherkessen zu sprechen kommen.

»Was läßt sich aber über die Sursok-Familie sagen?«

»Freunde. Natürlich nicht alle Sursok. In der Familie gibt es ein paar schwarze Schafe, aber obwohl sie Christen sind, sind sie Freunde. Sie sind reich.«

»Sie haben sich auf eine ziemlich üble Weise bereichert.«

»Sie meinen, indem sie ihre Dörfer an die jüdische Gemeinschaft verkauften? Welcher Besitzer hätte das nicht getan?«

In der Morgendämmerung kehrte Hamza zurück, staubbedeckt, mit müdem Blick, aber frohem Lächeln. Er verstaute sein Gewehr im Schutzraum unter dem Kopfende des Bettes. »Glückwunsch, kleiner Bruder«, sagte er und grüßte militärisch die Öffnung des Kellerlochs, »heute nacht hast du gut geschossen; ich ernenne dich zum Gewehr erster Klasse.« Er lachte. Die beiden Kameraden, die mit ihm gekommen waren, blieben ernst. Er legte sich hin und schlief vermutlich gleich ein. Ich ging ins Zimmer der Mutter, um ihr guten Tag zu sagen, wollte aber nur kurz bleiben. Sie lächelte, als sie mich sah. Sie hockte auf dem Boden und knetete den Teig für das Brot am Abend. Sie stand auf, um mir Tee zu machen. In dieser Nacht war während der Gefechte das Wasser nicht rationiert worden. Die Stadt hatte sich gut verteidigt. Die Bevölkerung war sichtbar stolz auf das, was sie geleistet hatte. Anders als Paris im Jahr 1940 hatte Irbid dem Angreifer widerstanden.

»Die syrische Grenze ist offen.«

Wie ein Lauffeuer ging die Neuigkeit durch Irbid. Ich beschloß abzureisen, sobald das Gemeinschaftstaxi bereit stand. Zwei, drei Stunden lang ging ich durch die noch unversehrten Straßen spazieren. In wenigen Minuten änderte die Stadt ihr Gesicht: der Stolz verschwand, wie mir schien, mit der aufgehenden Sonne. Je höher sie stieg, um so besorgter wirkten die Mienen, und die Menschen sahen einander still, fast feindselig und voller Mißtrauen an; Irbid, vor ein paar Augenblicken noch eine fröhliche, stolze Stadt, wurde zu einem trostlosen Ort, in dem Funktionäre mit Chefallüren umhergingen. Es ging das Gerücht, in der Stadt würden israelische Spione frei umherlaufen. Auch Spioninnen. Eine junge Schweizer Journalistin, zum Beispiel, wollte in die Nähe der Kampflinien gefahren werden; der Chauffeur fand neben ihr oder an ihr eine Medaille in der Form eines Davidsterns. Als der Fahrer sie deswegen beschuldigte, beschuldigte sie ihn. Insgeheim bekam die Polizei aber die Wahrheit heraus: Die Journalistin war tatsächlich eine Schweizerin und Christin, und der Chauffeur ein Provokateur. Er bezog etwas Prügel, und die junge Frau wurde ohne Aufsehen über die Grenze nach Syrien gebracht, aber es wurden weiterhin Spionagefälle gemeldet. Diese Hysterie war eine Folge der Umzingelung von Irbid, des Heranrückens der Beduinen, die durch Tscherkessen befehligt wurden, und bald tauchte ein neues Gerücht auf und verdichtete sich zunehmend: Der Grenzübergang befinde sich in den Händen der Jordanier. Die palästinensischen Funktionäre gerieten in hektische Betriebsamkeit. Ich erlebte noch, wie die Militärs durch politische Führer ersetzt wurden; deren Alter und Umgangsformen waren das Alter und die Umgangsformen von europäischen Politikern. Großspurig und von der Wichtigkeit der Befehle, die sie geben würden, gewiß, also von ihren eigenen geistigen Fähigkeiten überzeugt wie auch von der Tatsache, daß sie die besten, geschicktesten und klügsten Unterhändler waren, ließen sie sich im Wagen zum Generalstab fahren, saßen neben dem Chauffeur mit schlecht gebundener Krawatte und sprangen vom Wagen, noch bevor dieser an der Bordsteinkante zum stehen gekommen war; die Fedajin bildeten prompt ein Spalier, damit sie in einem Schwung zu den hohen Militärs hinaufpreschen konnten.

Hält jede Revolution für den Ernstfall ein paar Graubärte und Grauköpfe in der Reserve? An ihren glänzenden Blicken erkannte ich, daß die, die »in der Blüte ihrer Jahre« waren, endlich gerettet werden würden, gerettet durch die kompromißbereiten Alten, während jene, die »in der Blüte ihrer Jahre« waren, kämpfen möchten.

Lag es an der Distanz oder vielmehr an der *Fremdheit* der islamischen Welt? Als ich während des Fastenmonats Ramadan mitten in ihr war, mitten in der Wüste, als die Zigaretten und mit ihnen das Lächeln von den Lippen verschwunden waren und die mohammedanische Verdrießlichkeit, die täglich auf die nächtliche Erlösung wartete, mich hautnah streifte und bedrängte, da fielen mir wieder ein paar Gleichnisse aus dem Evangelium ein, die ich allerdings auf meine Weise auslegte. Da die katholische Kirche ebenso die Macht verkörperte wie die biblische Moral, hatte ich aus den Vertretern dieser Supermächte meine Feinde gemacht. Die Episode mit der Geldmünze, die Christus dem Soldaten gibt, wird von der Kirche so interpretiert: »Gebet dem Kaiser, was des Kaisers ist, und Gott, was Gottes ist«; statt dieser Deutung, die mit dem Geist des Evangeliums im Widerspruch steht, müßte es heißen: »Erkenne die Politische Macht.« Jener junge Witzbold – er machte sich über den Feigenbaum lustig – sagte zum Apostel: »Paß bloß auf, daß dich die Bullen nicht kriegen, das wär doch zu blöd; wir werden beten, und mein Vater wird nicht länger warten. Steck dem Muschkoten eine Münze zu, und dann nichts wie weg!« Nur nicht auffallen, sondern dieser Reise im Orient den Anstrich einer etwas langen, aber gewöhnlichen Spritztour geben. Ich spreche hier von der Reise, die ich 1984 unternahm. Von meinem Versuch, die Mutter wiederzufinden. Ganz unauffällig – und

meinem Körper ein Bad gönnen, wenigstens die Füße waschen, ein sauberes Hemd anziehen, mich rasieren, ein wenig Feierlichkeit in diese Reise legen, anstatt nur anzukommen und wieder abzureisen, darin Christus nachahmend bis hin zu seinem Straßenjargon...
»Wie ein Dieb in der Nacht...« Ich habe mich weder aus Bescheidenheit noch aus Takt für einen alltäglichen Aufzug entschieden, sondern weil ich hoffte, auf diese Weise das Raubtier Fiasko zu zähmen. War ich wirklich so gutgläubig, daß ich unter einer Leiter durchgegangen wäre! Ich glaubte nämlich an die Objektivität der Leiter und nicht an die Gottes.
In ziemlicher Nähe des Reisebüros trugen sich sehr junge Männer in Zivil und ohne besondere Kennzeichen in eine Warteliste für Deraa oder Damaskus ein. Sie zahlten ihren Platz für das erste Taxi, das zu bekommen war. General Hafis al-Assad hatte soeben seinen Staatsstreich in Syrien erfolgreich durchgeführt. Die Panzer, die, dem Vernehmen nach, von Damaskus bis zur jordanischen Grenze den Palästinensern zu Hilfe geeilt waren, hüteten sich, die unbewachte Grenze zu überschreiten. Die irakische Armee hatte dagegen mehr Kühnheit bewiesen: Sie überschritt eines Morgens die Grenze und zog sich am selben Abend andernorts wieder zurück, ohne daß man erfuhr, wen sie eigentlich damit bedrohen wollte: Syrer, Jordanier, Palästinenser oder die unerreichbaren Israelis? Unterdessen blieben die Palästinenser ganz allein auf sich gestellt. Drei arabische Länder hatten sie kurzerhand fallengelassen. Nachdem Israel den Sinai, die Golanhöhen und das Westjordanland besetzt hatte, blieben den Palästinensern als letzte einigermaßen treue Verbündete die Länder vom Golf, vor allem König Faisal. Mich beunruhigte auch die Tatsache, daß palästinensische Widerstandskämpfer noch immer in syrischen Gefängnissen saßen, in denen auch Doktor Habasch einmal inhaftiert war.
  Das Gebiet Jordaniens, in dem man sich sicher fühlen konnte, schrumpfte von Stunde zu Stunde, und diese Redewendung trifft den Nagel auf den Kopf – auf die Minute genau. Als Mafrag fiel, wurde ich sofort darüber verständigt. Hamza lag im Bett, aber wach, und begrüßte mich mit einem Lächeln. In diesem Augenblick sah ich vermutlich, daß er mehr mit den Zähnen lächelte als mit den Augen.

»Du mußt heute morgen noch fort von hier.«

Es war vielleicht elf Uhr. Ich verabschiedete mich von der Mutter und von der Tochter. In Erwartung des Abends und der Nacht bereiteten sie gerade etwas Essen zu, die eine für den Sohn, die andere für ihren Mann. Und weil auch dies Teil meiner Erinnerung ist, muß ich es niederschreiben: Auf der Toilette des kleinen Hauses lernte ich, ohne Papier auszukommen und gebührlich von der Flasche Wasser Gebrauch zu machen. Ich hatte in diesem Haus gegessen und getrunken, meine Intimität mit ihm war nun vollkommen.

Außer der kleinen blau-grünen Ausweiskarte mit den abgerundeten Ecken, die tief in seiner Tasche steckte, trug Hamza keinerlei besondere Kennzeichen bei sich. Vorn neben der Wagentür, also nicht direkt neben dem Fahrer, war noch ein Platz frei. Hamza hatte ihn für mich reservieren lassen. Er wollte meine Fahrt nach Damaskus bezahlen. Wir sagten uns lebewohl. Genau gerechnet, hatten wir sieben Stunden miteinander verbracht und gesprochen. Am Vortage hatte mich Khaled Abu Khaled gegen Mittag ihm anvertraut, und als ich ihn heute verließ, war es gerade elf Uhr.

Das Taxi verließ Irbid. Ein weißes Viereck vor mir verdeckte mir die Sicht auf die Straße; es war die Rückseite eines Farbfotos von König Husain, das mit vier Pflasterstreifen an die Frontscheibe geklebt war. Der Fahrer hatte es aus dem Handschuhfach geholt und über die gewölbte Scheibe gespannt. Die ganze Haltung des Herrschers, der mich unter seinem schmalen Schnurrbart selbstgefällig anlächelte, verdroß mich.

»Die Palästinenser nehmen den Triumph der Amerikaner hin, ohne zu murren.« Da sich niemand im Wagen darüber zu wundern schien, hatte ich diese Worte wahrscheinlich zu mir selbst gesprochen. Das Gesicht des Fahrers war nicht zu sehen, aber unter dem schwarz-weißen Kaffija glänzte das Schwarz seines Schnurrbarts, der Brille und der Augenbrauen. Damals wurden in der Widerstandsbewegung die ersten Stimmen laut, die auf die gefährliche Hilfe Amerikas für Husain hinwiesen. Ein Ausspruch des Königs oder der ihm nur zugeschrieben wurde und den ich in einer französischsprachigen Zeitschrift las, hatte mich in Rage gebracht:

»In diesem Krieg (1967) verliere ich am meisten. Ein Drittel meines Königreiches wurde durch Israel besetzt und wird mir vielleicht nie wieder zurückgegeben.«

Dieser Satz – er kam ihm wahrscheinlich über die Lippen, als wäre der Ausspruch selbst und das, was er bedeutete, eine Selbstverständlichkeit –, der den Monarch als Besitzer des Königreiches von Jordanien ausweist, fügte sich so nahtlos in seine Rede ein, daß jedem, der ihn las, klar wurde, der Beduinen-König besitze einen riesigen Garten, der sich vom Roten Meer bis zur syrischen Grenze erstreckt und in den ein paar Strolche, die Palästinenser, eingedrungen waren: eine Bande von Strauch- und Hühnerdieben im Grunde, die sich heimlich in seine Besitztümer eingeschlichen hatten und die man verjagen oder denen man einen Denkzettel verpassen mußte.

Unbeschwert, fast so, wie man ein Liedchen summt, erzählten die Palästinenser jedem, der es hören wollte, sie hätten Husain auf einem Foto zusammen mit Golda Meir gesehen.

»Wo denn?«

»Auf der Jacht von Golda Meir.«

»Ich habe gefragt, wo sich das Foto befindet.«

»Top secret.«

»Der Mossad liebt derbe Späße. Wenn es das Foto gäbe, wäre es um die ganze Welt gegangen.«

Für Bechir Gemayel, der so leichtsinnig war, mit ihr zu speisen, hatten die beiden Spitzbuben Sharon und Begin gehörig die Werbetrommel gerührt. Das Abenteuer des Herrschers verwunderte niemanden: Sein Urgroßvater wurde als Emir von Mekka von den Engländern mit Gold überhäuft; sein Großvater war König von Transjordanien, später auch von Jordanien, und wurde von einem Palästinenser aus der Familie der Husaini ermordet, als er die El-Aqsa-Moschee von Jerusalem verließ. Der Vater Husains, Tallal, ein Feind der Engländer und Glubb Paschas, starb geistig umnachtet, so heißt es, in einer Schweizer Klinik.

»Ich werde also mit diesem Fahrer die Reise machen müssen, der feige ist, weil er dem Sieg hinterherläuft oder hinterherzulaufen scheint und doch dreist genug ist, um vor den Mitreisenden das farbige Konterfei des verhaßten Herrschers voller Dünkel an die Windschutzscheibe zu kleben«, dachte ich vermutlich und vergaß dabei, daß dieses Bild für die Mitreisenden *ebenfalls* Schutz bedeutete und daß ich zu ihnen gehörte. Während die amerikanische Musik gedämpft weiterlief, meldete der Rundfunksprecher, daß Irbid sich ergeben hatte. Wir erreichten den Grenzübergang, den der jordanische Zoll und die jordanische Polizei kontrollierten. Die Fedajin und die Bevölkerung von Irbid haben sich »tapfer gewehrt« und ihr Mut sei »größer gewesen als ihr taktisches Geschick«. Ein Mitfahrer übersetzte mir ins Englische diese Huldigung, die von einem redegewandten tscherkessischen General dargebracht worden war. Nicht ehrenvoll sei der Tod und ehrlos die Flucht, denn als der Prophet Mekka verließ, täuschte er vor, er wolle nach Süden ziehen, und konnte auf diese Weise seine Verfolger abschütteln: Unterwegs bog er dann plötzlich nach Medina ab, nach Norden. Eine heilige List, denn sie habe ihren Namen einer Ära gegeben, die seit über eintausendfünfhundert Jahren währt: Hedjira, die Flucht.

Fedajin, die in Irbid ihre Waffen versteckt hatten, überschritten die Grenze nach Syrien, manche retteten sich in das Gebiet um den Golan, das noch ein paar Jahre lang weder syrisch noch israelisch bleiben sollte. Kein einziger Fall von Flucht, unterzog man ihn einer genaueren Prüfung, hätte am Ausgang des Krieges irgend etwas geändert, wiewohl die Gesamtheit der Fluchten für die Widerstandsbewegung ein Makel darstellte. Eine peinliche Episode: Die Palästinenser wurden in der französischen und israelischen Presse und ganz allgemein in den westlichen Medien verhöhnt. Von Irbid bis zur Grenze herrschte ein betroffenes Schweigen unter den Mitreisenden des Taxis. Es war eine Fuhre von Taubstummen. An der Zollstation wurde niemand aufgehalten, kein Koffer wurde geöffnet. Die Beamten – Zöllner und Polizisten – gaben sich sogar übertrieben höflich, wie mir schien, und waren nicht überrascht, als sie meinen französischen Paß sahen. Der Fahrer brachte seinen Wagen wieder in Gang. In der neutralen Zone zwischen beiden Ländern hielt er aber plötzlich an. Er griff nach dem Porträt des noch immer lächelnden Königs Husain und löste es von der Windschutzscheibe, öffnete das Handschuhfach, holte das ebenfalls farbige Foto Arafats hervor und befestigte es an der Scheibe mit demselben Pflaster, das den

König gehalten hatte, der wieder im Handschuhfach verschwand. Ich lächelte. Fahrer und Mitreisende verzogen jedoch keine Miene. Ich dachte: »Unter den Reisenden sitzt sicher ein Spitzel.«

Ohne ein Fachmann für mittelalterliche oder Renaissance-Kunst zu sein, weiß ich, daß die ersten *Pietas* aus einem knorrigen, harten Holz geschnitzt wurden, das als unverwüstlich galt; der Künstler bemalte die fertige Gruppe so, wie man heute noch in französischen Gefängnissen kleine Zinnsoldaten anmalt. Die Bildhauer gestalteten auch in Marmorblöcken immer wieder dieselben Figuren: der sehr magere und nackte Körper eines Leichnams mit durchlöcherten Händen und Füßen, dessen Oberkörper und Kopf auf den Knien einer Frau ruhten, von der man nur das ovale Gesicht und die Hände sah, während der Rest des Körpers durch Stoffe verhüllt wurde, die mehr oder weniger geschickt – entsprechend dem Geschmack der Zeit und des Künstlers – oder ästhetisch in Falten gelegt waren.

Diese Gruppen, so kann man fast sagen, überschwemmten die christliche Welt, von den Karolingern bis in die Zeit Michelangelos, sowohl in geschnitzter als in gemalter Ausführung. Während das Gesicht des Leichnams eher ruhig wirkt – zuweilen noch vom Leid der Kreuzigung gezeichnet –, verrät das Gesicht der Frau, den Blick auf den Toten gesenkt und zwei tiefe Kummerfalten beiderseits des schlaffen Mundes, einen großen Schmerz. Meist scheint die Frau – Jungfrau Maria – älter zu sein als der Männerleichnam, der fast völlig auf ihrem Schoß liegt, und das erscheint uns auch völlig normal, doch auf manchen Vesperbildern ist die Heilige Jungfrau jünger als ihr toter Sohn. Es kommt vor, daß diese Jugendlichkeit des mütterlichen Antlitzes eine Folge zu fester, langer und inniger Küsse ist, die Generationen von Gläubigen der Jungfrau aufs Gesicht gedrückt haben, wodurch die Falten verwischt, die Gesichtszüge aus Bronze, Kupfer, Silber, Marmor oder Elfenbein geglättet wurden und somit vor vierhundert Jahren schon das Wunder der Verjüngung vollbracht wurde, das heute erst die plastische Chirurgie möglich macht.

Das Taxi erreichte die Straße nach Deraa. Ohne erkennbaren Grund hörte das Autoradio auf, Popmusik zu übertragen; was dann kam, war so fern von den zuvor gehörten Rhythmen und Instrumentalklängen, daß ich nicht anders konnte, als hinzuhören. Erst erkannte ich die neue Musik nicht, aber plötzlich und noch bevor ich den Namen fand, wußte ich es: Rimskij-Korssakow. Genau.

Jordanien, das ich hinter mir ließ, wurde zum überwachten Land, wie auch Syrien, in das ich hineinfuhr.

Aber kaum hatten wir Jordanien verlassen, ließ mich das Bild Hamzas und seiner Mutter nicht mehr los. Dieses Bild drängte sich mir auf eine sonderbare Weise auf: Ich sah Hamza, allein, sein Gewehr in der Hand, lächelnd und zerzaust, so wie ich ihn das erstemal in Begleitung von Khaled Abu Khaled gesehen hatte, und seine Gestalt zeichnete sich nicht am Himmel oder an Hauswänden ab, sondern über einem großen Schatten, einem Schatten, der sehr dunkel war und ebenso erdrückend wie eine Rußwolke, deren Umrisse oder Sättigungswerte, wie die Maler sagen, die schwere, riesige Gestalt seiner Mutter nachbildeten.

Rief ich mir dagegen das Bild der Mutter ins Gedächtnis, zum Beispiel, wenn sie allein die Tür zum Zimmer öffnete, dann war auch immer ihr Sohn da und wachte über sie, auch er als riesige Gestalt und mit der Waffe in der Hand. Schließlich gelang es mir nicht mehr, einen der beiden als Einzelfigur zu erinnern; sie bildeten jedesmal ein Paar, wobei der eine von normaler Größe war und alltäglichen Beschäftigungen nachging, während der (die) andere einfach nur da war und die Konsistenz und die Dimensionen einer mythologischen Figur hatte. Um diese Erscheinung mit knappen Worten zu beschreiben: Es war eine Gruppe, eine Monster-Gruppe, bestehend aus einer menschlichen und einer mythischen Gestalt. Mit diesen wenigen Worten läßt sich natürlich nur schwer ausdrücken, was wirklich geschah, denn die Bilder standen niemals still. Erst erschien Hamza ganz allein, und sein Haar bewegte sich, aber nicht, weil Wind wehte oder weil er den Kopf schüttelte, sondern damit seine Mutter oder vielmehr eine Art Berg, der die Gestalt der Mutter hatte, die Gelegenheit bekam, plötzlich hinter Hamza aufzutauchen, ohne daß sie von rechts, von links, von hinten, von oben oder von unten gekommen wäre. In dieser Welt, die mit ihrer Sprache, ihrer Bevölkerung, ihren

Tieren, Pflanzen und Landschaften den Geist des Islam atmete, war es aber das Gruppenbild der *Mater dolorosa*, das immer wieder vor mir auftauchte: Die Mutter und der Sohn. Nicht in der Art jedoch, in der christliche Künstler sie gemalt und in Marmor oder Holz gehauen haben, den toten Sohn auf den Schoß der Mutter gebettet, die jünger war als der vom Kreuz abgenommene Leichnam, sondern stets als zwei übereinander Wachende.

Jedesmal, wenn in diesem Bild eine der beiden Figuren vor meinem geistigen Auge erschien, rief sie unfehlbar die andere hervor, die sich wachend hinter die erste stellte, die ihrerseits stets normale menschliche Proportionen besaß. Die Zeit – die reale, meßbare Zeit –, die ich mit Hamza und seiner Mutter verbracht hatte, war zu kurz gewesen, um sicher zu sein, daß ich vierzehn Jahre lang immer nur ihre Gesichter gesehen hatte, doch konnte ich mich sehr genau an die Gefühle erinnern, die die Begegnung mit Hamza und seiner bewaffneten Mutter damals in mir hervorgerufen hatte. Jeder war der Schutzpanzer des anderen, der für sich allein zu schwach, zu menschlich war. Welches Bild, welcher Archetypus hatte jahrhundertelang den Bildhauern und Malern die Hand gelenkt, wenn sie das Drama der verletzten Mutterschaft so gestalteten, wie es offenbar im Evangelium beschworen wird? Und warum vor allem war es gerade dieses Bild, das mich vierzehn Jahre lang mit der Beharrlichkeit eines Rätsels immer wieder heimsuchte? Warum schließlich habe ich später diese Reise unternommen? Wollte ich den Sinn dieses Rätsels ergründen, oder wollte ich vielmehr erfahren, warum und auf welche Weise es mir aufgegeben wurde? Was aber war zuerst dagewesen: die oft als *Pieta* bezeichnete Gruppe der Heiligen Jungfrau mit dem Sohn Gottes oder, weiter zurück in der Zeit und anderswo als in Europa, Judäa und Palästina? In Indien, zum Beispiel, aber dann vielleicht in jedem Menschen? Und sollte man sich überhaupt vor dem Inzest in acht nehmen, wenn er ohne Wissen des Vaters in den konfusen Träumen der Mutter und des Sohnes stattfindet? Das ist sicher nicht wichtig, aber es birgt in sich ein großes Geheimnis: Das Siegel der palästinensischen Revolution war für mich niemals ein palästinensischer Held oder ein errungener Sieg (der von Karameh, zum Beispiel), sondern die fast anstößige

Erscheinung dieses Paares: Hamza und seine Mutter, und dieses Paar schwebte mir allein vor, denn ich hatte es in gewisser Hinsicht nach meinem Maß herausgelöst aus einem Kontinuum von Raum, Zeit und nationaler, familiärer, verwandtschaftlicher Zugehörigkeit, in das es so genau eingefügt war, daß ich die beiden für mich integrierbaren Bestandteile daraus isolieren – die Mutter und einen ihrer Söhne – und wie versehentlich die beiden anderen Söhne, die Tochter, den Schwager ausschließen konnte, obwohl auch sie Teil der Familie, eines Stammes, sogar eines Volkes waren, denn ich bin mir nicht mehr so sicher, daß die tiefen Antriebe der Revolution mich heute noch so berühren wie im Jahr 1970. Aber war ich nicht damals schon auf der Suche nach dem Siegel der Revolution, dem Siegel, wie er in Mohammeds Koran beschrieben wird, dem Siegel der Propheten?

Das ist jedoch nicht alles. Wie kam es, daß diese so oft dargestellte, ihrem Wesen nach zutiefst christliche Gruppe, dieses Sinnbild des unstillbaren Schmerzes einer Mutter, deren Sohn Gott war, mir so prompt erschien, so wie ein Blitz einschlägt, und für mich zum Symbol des palästinensischen Widerstandes wurde, was an sich ziemlich einleuchtend wäre, jedoch in dem paradoxen Sinne »*daß dieser Aufstand stattfinde, damit dieses Paar mich heimsuche*«?

Deraa, das ich seit 1973 nicht mehr besucht habe, ist wahrscheinlich heute noch die gleiche kleine Grenzstadt auf syrischem Territorium. In Deraa hatte ich 1970 auf der Durchreise von Damaskus nach Amman haltgemacht. Zwei Hände, die einen ständig neuen, improvisierten Rhythmus auf zwei Brettern trommelten, bestimmen meine Erinnerung an Deraa, wo Al Fatah ein Haus gekauft hatte, das in eine kleine Krankenstation mit acht Betten umgebaut werden sollte. Zwei Fedajin ohne Kopfbedeckung, aber im gefleckten Kampfanzug – so wie ich sie später immer wieder sehen werde – standen, die Ellbogen aufgestützt, vor zwei Holzkisten, die man übereinander neben der Tür abgestellt hatte. Mit ihren mageren, aber zähen Fingern trommelten sie auf den Brettern einen komplizierten, aber heiteren Rhythmus. Und sie sprachen lachend miteinander. Ich erinnere mich auch, daß in ihren kehli-

gen Stimmen neben den rauhen Tönen wie gefiltert eine sanfte Wehmut mitschwang. Die Silben und vor allem die Konsonanten legten sich in ihren Kehlen gleichsam quer, aber ihr Fall vom Mund in die Nacht hinein schien sie zu dämpfen. Da rief mich Mohammed El-Hamschari:
»Die Nachbarn laden uns zum Tee ein.«
Um zu ihnen zu gelangen, mußte ich an den beiden Fedajin vorbeigehen, und ich sah ihre Profile. Sie trommelten zunehmend kompliziertere, noch flinkere Rhythmen auf den zwei Särgen aus frischem, weißem Holz, das sie mit ihren schlanken, mageren Fingern in Schlaginstrumente verwandelt hatten. Ein dritter Sarg, den ich nicht gesehen hatte, stand offen und etwas geneigt an der Wand. Ich merkte mir vor allem die knorrigen Stellen im Tannenholz, um die durch die drei Särge, aber auch durch das immer lebhafter werdende Getrommel auf dem Holz hervorgerufene düstere Stimmung in Erinnerung behalten zu können. Während wir im Nachbarhaus unseren Tee tranken, sagte Mahmud zu mir:
»Ich habe Sie hergebeten, weil die Leichname inzwischen schon hier sind. Die Särge müssen für das Begräbnis noch zugenagelt werden.«
Er stellte die Porzellantasse wieder auf den Tisch.
Die beiden ersten Fedajin waren so schön, daß ich mich selbst darüber wunderte, kein Verlangen nach ihnen zu empfinden, und je mehr palästinensische Soldaten ich später kennenlernte, waffengeschmückt, getigert und das rote Barett schräg über die Stirn geschoben, um so mehr erschien mir jeder von ihnen nicht nur als die Verklärung meiner eigenen Wachträume, sondern als deren Materialisation, die hier auf mich wartete, so »*als würden sie*« mir dargeboten. Vielleicht war es auch so: Erst schrieb ich das Wort »geschmückt«, »*waffengeschmückt*«, und dachte es vermutlich auch – doch Waffen erfüllen einen Zweck. Sie sind Werkzeuge, nicht Schmuck. Die Fedajin wollten mir nicht gehorchen, sie erschienen und verschwanden nicht auf mein Geheiß, und das, was ich lange Zeit für eine Art Reinheit, für ein völliges Fehlen von Erotik gehalten hatte, war vielleicht nur der Ausdruck der Eigenständigkeit eines jeden dieser Soldaten. Um es kurz und bündig zu sagen – dennoch werde ich darauf noch einmal zurückkommen –,

werde ich das Wort Prostitution benutzen müssen. Sie fehlte hier so wie auch jede Art von Verlangen. Nur eines verwirrte mich: daß dieses Fehlen von Verlangen sich mit der »*Materialisation*« meiner eigenen Liebessehnsüchte deckte, es sei denn – wie ich schon sagte –, diese »*Realität*« hatte »*die in mir realen*« Wachträume zunichte gemacht. So war es mir auch mit den Black Panther in den USA ergangen.

»Je mehr Soldaten ich kennenlernte...«, dieser Teilsatz soll den ersetzen, den ich zuerst geschrieben habe: »...je tiefer ich eindrang...« Ich lege Wert auf diese Berichtigung weil ich niemals aus den Augen verlieren möchte, daß eine Art Selbstzensur ständig meine Feder führt, wenn ich über die Palästinenser schreibe.

Das plötzliche Auftauchen einer Horde fröhlicher, lebhafter, unabhängiger Infanteristen brachte mich in die Nähe der Reinheit: ein Engelsaufgebot, ein Wall von Engeln, der mich am Rand eines Abgrunds zum Stehen brachte – das plötzliche, freudige Erkennen, daß ich in einer riesigen Kaserne leben werde.

Die Folgsamkeit gegenüber meinen früheren Träumereien, die in mir aufstiegen, um mich zu vervollständigen, war in der Tat Folgsamkeit und Ergebenheit: Der jüngste, ungebildetste, formbarste unter diesen Fedajin wäre sicher in schallendes Gelächter ausgebrochen, hätte er erfahren, daß jemand ihn begehrenswert findet, daß jemand ihn brauchen könnte, um Blümchen zu suchen. In der Einsamkeit vielleicht oder wenn man dem Tod nahe ist und nichts mehr zu verlieren hat, weil alles schon verloren ist? Und nicht einmal das war sicher. Das absolute Gegenteil des weiter vorn beschriebenen Elendsviertels habe ich wahrscheinlich unter den bewaffneten Palästinensern entdeckt.

Habe ich schon gesagt, was dort, in Ajlun, mitten unter den Fedajin geschah? Obwohl kein Kampf stattfand, obwohl niemand es so nannte, kämpften wir. Glich nicht die Häufung von Fragen, Formeln, Antworten und so vielen rauhen oder feinen Manieren zwischen uns aufgerichteten Barrikaden, auf denen man sich mit Pflastersteinen und alten Matratzen bewirft – beim Wort Barrikade taucht sofort dieses Bild auf: Anhäufungen von Ziegelsteinen, Steinbrocken, Pflastersteinen, von harten Gegenständen also – und ihrem Gegenteil, das den Aufprall der ersteren dämpfen soll:

Strohsäcke, Matratzen, Kissen, alte Sessel, zerbrochene Kinderwagen, zerbrechliche Kisten –, und trugen wir nicht auf die gleiche Weise so viele Nichtigkeiten zusammen, um Barrikaden, Mauern, Wälle und mehr noch zwischen uns zu errichten, damit derjenige, den wir am ausgestreckten Arm am Ende der Welt halten, der Teufel, niemals erscheine, währenddessen die Verwundbarkeit der Barrikade sich immer deutlicher offenbarte?

Wir sollten akzeptieren, daß diejenigen, die ihr Terroristen nennt, von sich aus und ohne daß man sie darüber aufklärt, erkennen, daß ihr physisches Dasein und ihre Ideen nur kurze Blitze sein werden in einer Welt undurchdringlicher Prachtentfaltung. Fulminant – Saint-Just wußte um seine Fulminanz, die Black Panther wußten um ihre Brillanz und um ihr Verlöschen, Baader und seine Gefährten sagten den Tod des Schahs von Persien voraus; auch die Fedajin sind Leuchtspurgeschosse, die wissen, daß ihre Flugbahn augenblicklich erlöschen wird. Ich habe diese so rasch erfüllten Schicksale beschrieben, weil in ihnen eine Ausgelassenheit zum Ausdruck kommt, die ich auch im überstürzten Finale der Beisetzung von Gamal Abdel Nasser, in – der immer komplizierteren, »lebhafteren« Trance der trommelnden Hände auf den Sargbrettern und in dem fast heiteren Teil des Kyrie eleison von Mozarts *Requiem* erleben möchte. Es ist, als könnte ein so großer Schmerz sich nicht ausleben und müßte sich in seinem Gegenteil verbergen: in einem vergnügten Lachen, einem Jubel, deren Ausbruch allein die Kraft besäße, den Schmerz abzuschaffen und dessen Ursache zu tilgen.

Wenn man sechzehn Jahre alt ist, kann die Errichtung einer Barrikade zum schützenden Geländer werden, und wird nicht deshalb ihr Bild im Gedächtnis haften bleiben, weil man – selbst wenn es nur versehentlich geschah – an ihr teilgenommen hat, obwohl die Erinnerung daran meist verblaßt, aber wie ein Signal jedesmal wiederauftaucht, wenn man in Versuchung gerät, nicht nur Polizist zu werden, sondern sich in den Dienst einer Ordnung zu stellen, welcher auch immer, jedenfalls einer Ordnung mit großem O oder auch der des Gesetzes? Kaum hatte ich diesen Satz niedergeschrieben, da erinnerte ich mich wieder: Einige Tage nach dem letzten Massaker von Amman, als der Sieg der Beduinen Husains über die Fedajin schon feststand, trat ein Polizist palästinensischer Herkunft, der nicht nur von der jordanischen Polizei desertiert war, sondern sie auch mit der Waffe in der Hand bekämpft hatte, in diese wieder ein. Ich erinnere mich noch an unser Wiedersehen am Tag, an dem er zu den Bullen zurückging, und ebensogut weiß ich noch, was später mit ihm geschah: der Schmerz. Hatte er dank seiner Jugend und seines vielleicht klügeren Verstands bessere Chancen, zu einem nachdenklichen, von Herzen guten Polypen zu werden?

Etwas später werde ich über den jungen Schiiten Ali berichten, der im Falle, daß mir etwas zustieße, meine sterblichen Überreste haben wollte, damit sie eines Tages in Palästina begraben werden. Über die israelische Bedrohung sagte er 1971 zu mir:

»Vergiß vor allem nicht, daß viele Tabakfelder von den Israelis unterderhand aufgekauft wurden, und zwar bis zur Mündung des Litani.«

Ich habe diese Eintragung am 20. Januar 1985 gemacht, das heißt, zu dem Zeitpunkt, den die israelische Regierung abgewartet hatte, um ihre Truppen vom Ufer des Awali zurückzuziehen. Vielleicht auch von Saida, südlich von Saida bis zum Litani.

Ich hatte Daud Thalami, einem der führenden Männer der Demokratischen Volksfront für die Befreiung Palästinas (Naief Hawatmeh), von dieser Bemerkung Alis erzählt. Damals hatte Daud gelächelt:

»Israel hat es nicht nötig, durch Strohmänner Land zu kaufen. Wenn es beschließt, über die Grenze zu gehen, wird es einen Teil des Libanons einfach annektieren und dort israelische Siedlungen oder Kibbutzim gründen.«

Ali hatte aber recht: Im Grenzgebiet waren die Befürchtungen so groß geworden, daß sie zu wilden Käufen und Verkäufen Anlaß gaben.

Daud hatte auch recht: Unter dem Vorwand, die Palästinenser aus Beirut zu vertreiben, brauchte Tsahal nur die Stadt zu bombardieren. Danach würde ein Scheinrückzug in kleinen Etappen den Europäern die gewünschten Beweise für den guten Willen Israels liefern und den Eindruck von Bescheidenheit wecken; dieser Rückzug würde aber am Litani zu stehen kommen, wo eine stationierte Militärmacht das besetzte Gebiet zwischen der offziellen Staatsgrenze Israels und dem Litani kontrollieren würde. Danach wäre es nur noch ein Kinderspiel, den Kataster zum Vorteil der Israelis zu ändern.

Ungeachtet dessen, was mir an den Fedajin mißfiel – in erster Linie der Optimismus eines jeden Revolutionärs, der Freiheit, Unabhängigkeit, Selbstverwirklichung mit höchstem Komfort verwechselt, wohingehend ein Aufstand, eine Revolution Klarheit und Intelligenz voraussetzen –, verband mich mit den Fedajin eine tiefe Freundschaft, gepaart mit großer Bewunderung (Deraa. Heute fällt mir wieder ein, daß hier in Deraa der Oberst Lawrence durch einen Pascha der osmanischen Armee vergewaltigt wurde. So oft ich hier war, daran hatte ich nie gedacht). Seit Deraa kritisierten die Syrer ganz ungeniert die Palästinenser, meist in sehr aggressivem und unverschämten Ton. Der Taxichauffeur, der mich allein nach Damaskus fuhr, ärgerte sich über diese Unruhestifter, die den Verlust der Golanhöhen 1967 und damit die Annäherung der Grenzen Israels an Damaskus mitverschuldet hatten. Ich konnte die Ängste der Syrer in gewisser Hinsicht verstehen, aber ihre Worte und Argumente entsprangen der Feigheit von Krämern, die vor dem autoritären Regime Hafis el-Assad längst kapituliert hatten.

»Kennen Sie die Lager?«
»In Syrien gibt es welche. Was Husain fehlte, das war eine Politik der starken Hand. Er hat zu lange einen Staat im Staat geduldet. Hier, in Syrien, sind die Freischärler, die Fedaji, in der Saika organisiert und unterstehen den Befehlen von Zuher Mohsen, der wiederum dem syrischen Generalstab untersteht.«

Das Autoradio des Taxis übertrug nicht mehr Rimskij-Korssakow, sondern Skrjabin.

»Wenn Sie wollen, daß man Sie in Damaskus in Ruhe läßt, dann halten Sie den Mund. Zivilisierte Palästinenser sind bei uns stets willkommen.«

Weit mehr als ein Streben nach Territorien, die es zu erobern oder zurückzugewinnen gilt, ist ein Aufstand oder eine Revolution manchmal nur das tiefe Durchatmen eines Volkes, das fünfzig Jahre lang unter solchen stereotypen Vorurteilen zu leiden hatte.

Als ich im Juli 1984 nach Ajlun zurückkehrte, um die fünfzig *Dunum* von Abu Hischam (weniger als fünfzig Hektar groß) noch einmal zu sehen, bestieg ich auch einen der beiden Hügel, auf denen die Fedajin ihren Wechselgesang angestimmt hatten; ich suchte den Bach oder reißenden Wasserlauf, den ich in jener Nacht gehört hatte. Er war noch da, aber durch drei Rohre gezähmt – verstummt. Sein Wasser berieselte jetzt Salatbeete und Kohlfelder. Alles wurde zu Ewigkeit, allein die Vögel waren neu.

Der Bach sagt keinen Ton mehr, auch in der Nacht nicht.

Die Hühner von Ajlun gackern und singen.

In den Lagern der Palästinenser hat sich der Beton breitgemacht, am Boden, an den Wänden, überall.

Die Straße von Deraa nach Akka ist ein breites, geteertes Band.

Mein Auge unterscheidet die Gerstenfelder von den Weizenfeldern, den Roggenfeldern, den Bohnenfeldern. Die Landschaft hat aufgehört, grau und golden zu sein.

In den Jahren 1970, 71 und 72 vernahm jeder Fidai den fernen Widerhall eines Machtkampfes im Zentralkomitee. Da ich den Differenzen zwischen den Führern der verschiedenen Gruppierungen innerhalb der PLO kaum Beachtung schenkte und mich für die Fedajin und nicht für ihre Herkunft interessierte, geschah es, daß ich mich zwischen alle Stühle setzte, während ich doch bestrebt war, die Gegensätze zu überwinden. Eine in Damaskus erscheinende Zeitung hatte über meinen Aufenthalt in Syrien berichtet und auch den Namen meines Hotels genannt. So bekam ich den Besuch von zwei etwa zwanzigjährigen jungen Leuten. Sie aßen mit mir zu Mittag, und mir fiel irgendwie auf, daß sie sehr bemüht waren, von den anderen Gästen nicht gesehen zu werden, meist Bulgaren ohne Frauen und ohne Worte, die jeweils zu viert an den Tischen des Restaurants Platz genommen hatten.

»Es ist besser, man sieht uns nicht mit dir, Al Fatah hat ihr Büro hier im Hotel.«

Ich zeigte ihnen den Brief Arafats, der mir den Zugang zu den Stäben aller Organisationen erlaubte.

»Im Grunde bist du nur aus Versehen bei Al Fatah.«

Sie gehörten der Demokratischen Volksfront für die Befreiung Palästinas (DPFLP) an, deren Hauptverantwortlicher Naief Hawatmeh war. Seine persönliche Anwesenheit während der Kämpfe in Amman, die Tapferkeit und Opferbereitschaft aller Mitglieder seiner Organisation und ihr taktisches Geschick – Georges Habasch hielt sich zu diesem Zeitpunkt in Nordkorea auf – begründeten die Achtung oder gar Freundschaft, die Arafat für sie empfand.

»Wir sind eine andere Bewegung als Al Fatah, unsere Ideen haben sich noch nicht durchsetzen können, wir wollen aber innerhalb der PLO unabhängig sein; obwohl wir darin keine Mehrheit haben, hat unsere Organisation ihr Gewicht. Du hättest uns anrufen und über dein Kommen verständigen sollen.«

Mein Aufenthalt in Damaskus sei ebenso bedeutungslos wie anderswo, sagte ich ihnen. Angesichts des jordanischen oder israelischen Feindes stellte sich die Einigkeit derart schnell her, daß mir damals alles andere nur wie ein orientalisches Spiel vorkam, das rasch beiseite gelegt wurde, sobald die kleinste Gefahr sich zeigte. In ruhigen Zeiten waren Diplomatie und Politik nicht mehr als eine Partie Dame oder Schach, und ich betrachtete sie, von weitem natürlich, als ein Spiel.

Später sollte ich erfahren, daß die Rivalitäten zwischen den elf Gruppierungen, aus denen sich die PLO zusammensetzte, durch männliche Aggressivität geschürt, in offene Feindseligkeit umgeschlagen waren. Der Kampf um die reine Macht – das Wort rein steht hier im chemischen Sinne – kollidierte mit dem Kampf um das Geld, um die Dinge, die man sich mit Geld leisten kann. Ich meinte damals zwei Formen von Macht unterscheiden zu können: Die erste, die amerikanische, war auf Reichtum und seine Zurschaustellung gerichtet und stand im Gegensatz zur reinen, gleichsam sowjetischen, sicher mystischen, aber hochmütigen und absoluten Macht, die ein einziger, schwächlicher Mensch innehaben konnte, der ewig in einer pantoffelförmigen Badewanne saß.

Eines Tages schlugen mir die noch sehr jungen Funktionäre der

Demokratischen Volksfront vor, mich auf die Golanhöhen zu führen.

»Aber dieser Berg wird doch durch Israel besetzt.«
»Wir möchten dich dorthin führen.«
»Man muß mehrere Sperren der syrischen Armee passieren, und ohne Befehl des Generalstabs kommt man nicht durch.«
»Mach dir da keine Sorgen. Wir fahren morgen.«

Wir brachen gegen drei Uhr früh in Amman auf, zu Neunt – acht Fedajin und ich. Die Fedajin hatten für alle Kaffijas und dunkle Brillen mitgebracht. Vielleicht vertrauten sie der Erzählung von E. A. Poe, *Der gestohlene Brief*, und dachten an den Augenblick, da diese maßlose Vermummung, die uns unsichtbar machen soll, plötzlich im hellen Licht erscheinen würde – es sei denn, sie glaubten, die Soldaten würden angesichts eines derart dreisten Täuschungsmanövers in ein so heftiges Lachen ausbrechen, daß die Tränen ihnen die Augen verschleiern würden, so daß sie schließlich nichts mehr sehen würden oder ihr durch die linsenförmigen Tränen getrübter Blick ihnen den Betrug so unerhört erscheinen ließe, daß sie darin nur eine Posse, eine Fata Morgana, eine betrunkene Hochzeitsgesellschaft sehen würden, oder daß sie, unter den Schmerzen sich krümmend, die solche Lachanfälle verursachen, uns passieren ließen, durch ihr unbändiges Lachen nachgerade unfähig einen einzigen Befehl auszusprechen.

»Das ist Oberleutnant Ali«, sagte auf Arabisch ein Fidai zu einem syrischen Soldaten, der einen arabisch geschriebenen Passierschein mit drei oder vier Siegeln prüfte.

»Was für eine löcherige Armee«, dachte ich vermutlich. »Jede Golda Meir würde durch sie hindurchschlüpfen.«

Wir gelangten zu einem Bauernhaus, in dem wir noch etwas schlafen wollten, bevor wir zu Fuß zu den israelisch besetzten Golanhöhen aufbrechen würden. Wir tranken gerade Tee, als ich im Nebenzimmer Schritte, schlagende Türen und einen auf Arabisch geführten Wortwechsel vernahm, aus dem auch der syrische Akzent herauszuhören war. Hinter mir ging die Tür auf, und jemand sagte auf Französisch:

»Bonsoir, Monsieur. Der Hauptmann schickt mich und läßt fragen, ob Monsieur für die Nacht noch irgend etwas braucht.«

Ich sagte: Nein, danke. Der syrische Unteroffizier erwiderte: Sind Sie sicher? Ich sagte: Absolut sicher, mir fehlt es an nichts. Der Unteroffizier: Ich kann mich also zurückziehen. Ich: Ja. Er: O.K. Er grüßte militärisch und ging hinaus, ohne die anderen eines Blickes zu würdigen. Bis auf den Bauern, seinen Sohn und die Bäuerin waren alle ziemlich verlegen geworden.

»Gehen wir schlafen«, sagte unvermittelt Sarid, der dreiundzwanzigjährige Anführer.

Das unerwartete und ungestüme Auftauchen des Unteroffiziers brachte mir eine zusätzliche Gewißheit, gewissermaßen eine faßbare Antwort auf unsere psychedelische Reise durch die syrische Armee, und es bestand kein Zweifel mehr darüber, daß ich Mitwirkender in einem Betrug war. Doch wie weit würde er noch gehen? Ich war keineswegs beunruhigt, fand sogar Gefallen an der ganzen Sache – war die Verlegenheit der Fedajin vielleicht nur gespielt und der syrische Unteroffizier das gut geschminkte Mitglied einer Theatergruppe, das die Schauspielschule von Damaskus absolviert hatte?

Ich schlief ein. Im eiskalten Morgengrauen, noch vor Sonnenaufgang, machten wir uns zu Fuß auf den Weg und erreichten nach einem zweistündigen Marsch die Golanhöhen (die die Syrer Djolan nennen) und ein kleines, verlassenes Tscherkessen-Dorf. Auf dem Gipfel des ersten Ausläufers des Gebirges erhob sich eine von den Israelis in aller Eile errichtete Befestigungsanlage. Im dichten Frühnebel verdeckte sie recht gut das alte syrische Bauwerk, das wie Soueda aus Basalt- und weißen Marmorsteinen gebaut war, wobei die glatt behauenen Quader aus weißem Marmor – wie in Soueida, der Drusen-Hauptstadt in Syrien – mit den gleichgroßen und ebenso bearbeiteten, aber schwarzen Blöcken abwechselten. Ich erfuhr von unserem Anführer, daß die hochmoderne Radaranlage die Garnison des Forts sofort alarmieren würde. Die Stille, die Reglosigkeit waren vollkommen.

»Wir werden noch vier- bis fünfhundert Meter höhersteigen. Ich habe fünf bis sechs Korkeichen am Hang entdeckt. Sobald ihr einen Flugzeugmotor hört, sucht sich jeder einen Baum aus. Ihr rennt los und preßt euch gegen den Stamm.«

Die Sonne begann zu wärmen.

»Bist du müde?«

»Nein.«

»Wir legen jetzt eine kleine Rast ein, um etwas zu essen. Durch die Abstände, die wir zwischen uns lassen, sind wir gut vorangekommen. So riskieren wir nichts. Aber essen müssen wir auch.«

Ringsum sah man nur gelbes Gras, ein paar Bäume und natürlich Basaltfelsen. Und während wir an diesem Ort das sehr frugale Mahl eines Kommandos im Einsatz verzehrten, stellte mir ein etwa achtzehnjähriger Bursche, der Sohn eines Emirs vom Golf, der ein gutes Französisch sprach, das er auf einem luxuriösen Schweizer Gymnasium gelernt hatte, diese Frage:

»Sage uns ehrlich, was du von uns denkst. Sind wir richtige Revolutionäre oder Intellektuelle, die Revolution spielen?«

Die Mitglieder der Gruppe von Naief Hawatmeh entstammten sicher nicht alle nur reichen Familien, aber zweifellos die Teilnehmer dieses Kommandos; sie waren Scherife sozusagen, Nachkommen des Propheten Ali und damit Adelige: der eine als Sohn eines Emirs, ein anderer als Sohn eines berühmten palästinensischen Arztes; der Vater des dritten war ein gutsituierter Anwalt und einer von ihnen war sogar ziemlich direkt mit den Nashashibi verwandt; alle saßen sie da mit offenem Mund, außer dem Sohn des Emirs, den sein Vater enterben wollte, weil er – aus zwei Gründen: Abenteuerromantik und Sehnsucht nach dem Mittelmeer – aus seinem Schweizer Internat geflohen war. Da drängte sich förmlich der Gedanke auf, daß, so edelmütig diese Burschen auch sein mochten, ihre Eltern, sollten die Söhne jung sterben, aus ihrem Tod im Kampf für die marxistische Sache reichlich Kapital schlagen würden. Ich antwortete:

»Da du die Frage stellst, kann sie gestellt werden.«

Auf Arabisch klang die Übersetzung wie ein Hieb. Mir schien, daß ein Schatten über die acht Gesichter ging, aber der Führer des Kommandos kam ihnen zuvor und sprach ein Machtwort:

»Wir brauchen die Sache nicht auszureizen, der Franzose hat verstanden.«

Als wir von diesen Golanhöhen herabstiegen, an die ich nicht so recht glauben wollte, improvisierten meine Begleiter einen Gesang ähnlich dem schon beschriebenen, eine Art Kanon, bei dem jede neue Strophe mit dem Schluß der vorherigen begann, bevor diese zu Ende war, und sich dieser schließlich überlagerte. Ihr Lied beschrieb diesmal nicht München, es machte sich über Golda Meir lustig.

Bevor wir auseinandergingen, das heißt, bevor ich nach Damaskus zurückkehrte, machten wir noch einmal am Bauernhaus halt, wo wir geschlafen hatten. Der Bauer gab mir meinen Paß und mein Geld zurück, die ich auf Anraten der Fedajin bei ihm gelassen hatte.

»Wir müssen noch den Bauern bei der Ernte helfen. Du kannst ja so lange auf uns warten und Tee trinken.«

Als sie zurückkamen, sagten sie zu mir:

»Siehst du, Mao erklärt es so in seinem roten Buch: Auch als Intellektuelle müssen wir den Bauern bei ihrer Arbeit helfen.«

»Eure Hilfe hat eine halbe Stunde gedauert.«

Vierundzwanzig Stunden später passierten wir das Gebiet der syrischen Armee in entgegengesetzter Richtung, ohne Kontrolle und ohne Schwierigkeiten. Als ich wieder in Damaskus war, besuchte ich das *Institut Français*. Ich kannte dort einen Geographen, der mich aufklären würde. Er zeigte mir mehrere Generalstabskarten und die Straße, auf der wir Damaskus verlassen hatten sowie den Weg, der zwischen den Basaltfelsen zum Gehöft führte, den Bauernhof, das kleine Tscherkessen-Dorf, das Golaner Vorgebirge. Dann zeichnete er die neue israelische Wehranlage in die Karte ein:

»Sie haben dich tatsächlich zu den Golanhöhen geführt. Aber warum?«

Ich äußerte die Vermutung, daß sie mir einerseits ihren Kampfgeist beweisen und andererseits zeigen wollten, daß sie als gute Marxisten und Intellektuelle dem Volk mehr und besser helfen als Al Fatah, deren Gast ich war. Sie glaubten sicher, daß ich das, was ich gesehen hatte, auch aufzeichnen würde. Nur wußten sie nicht, daß der Geograph mir folgendes sagen würde:

»Du warst tatsächlich auf den Golanhöhen, aber in einer ziemlich neutralen Zone, in der die Palästinenser sich zwei bis drei Stunden am Tag frei bewegen können, denn würde man auf sie schießen, könnten auch syrische Bauern verletzt werden, die dort ihre Kühe und Schafe auf die Weide treiben. Außerdem liegt dieses Gebiet in der Nähe vom Drusen-Djebel, in dem sich Drusen aus Israel oft unangemeldet aufhalten. Man möchte ja Zwischenfälle vermeiden.« Er lächelte. »Gestern früh hast du einen morgendlichen Spaziergang gemacht. Anstrengend, aber ungefährlich.«

Dank einer Schachtel Havanna-Zigarren, die ich in Damaskus gekauft hatte und dem Chef der jordanischen Zollstation schenkte, gelang es mir, den jungen Fidai, der Französisch sprach, nach Jordanien über die Grenze zu bringen. In Amman traf er dann einige befreundete Mitglieder der Demokratischen Volksfront wieder. Er begleitete mich zum Büro der Fatah. Abu Omar, den man über mein Kommen verständigt hatte, umarmte mich, und als ich für den Fidai nach dem Büro von Naief fragte, antwortete er mir:

»Ich weiß es nicht. Soll er doch in Amman danach suchen.«

Zwei Tage später war der Sohn des Emirs in Damaskus. Das war 1971. Ich hatte ein neue Seite an der Persönlichkeit Abu Omars entdeckt: Sein Parteigeist hatte über den Kameradschaftsgeist, sogar über die einfache Höflichkeit gesiegt. Als er mir die großzügige Bescheinigung mit Arafats Unterschrift ausstellen ließ, hatte er wohl damit gerechnet, daß ich auch andere Organisationen der Fatah aufsuchen könnte, aber nicht, daß ich es wirklich tun würde. Da er seine schlechte Laune nicht an mir abreagieren wollte, mußte die ganze Demokratische Volksfront daran glauben.

Ein paar Tage später beobachtete ich an ihm wieder jene sonderbare Verwirrung, die ihn häufig reizbar stimmte. Eines Tages zeigte mir Abu Omar auf den Höhen von Aschrafieh bei Amman das Wasserschloß, die Kampfplätze, die zerschossenen Häuser und die Verstecke der Schußwaffen, doch weigerte er sich, mir zu sagen, wo sich die mittelschweren Waffen befanden. Wir gingen durch die Stellungen, von denen aus man den Eingang des Königspalastes unter Beschuß nehmen konnte. Abu Omar trat dann beiseite, ging auf eine Mauer zu, hob eine Decke an, und, nachdem er mich zu sich gerufen hatte, zeigte er mir die erste Katjuscha.

»Sie sind alle auf den Palast gerichtet.«

Er lächelte und schien erleichtert zu sein.

»Aber, Sie sollten sie mir doch nicht zeigen...«

»Es stimmt, ich hätte es nicht tun dürfen. Vergessen wir das«, sagte er zu mir in seinem Bemühen *wahrhaftig zu sein*, das ebenso stark war wie sein Bedürfnis zu lügen.

Vielleicht ist dieses Buch aus mir hervorgekommen, ohne daß ich es recht kontrollieren konnte. Es ist allzu gewunden in seinem Lauf, und man spürt darin wahrscheinlich die Erleichterung, die ich empfand, als ich die geschlossenen Schleusen der Erinnerung öffnete. Obwohl ich Zurückhaltung übte und Stillschweigen bewahrte, begann das Verdrängte nach fünfzehn Jahren durch die Risse zu sickern. In dieser Zeit der großen Liebe hütete ich weiter die Geheimnisse, während Abu Omar sich deswegen schon Sorgen machte.

Unmittelbar nach meiner Ankunft in Jordanien und nachdem ich ihm gesagt hatte, warum Mahmud Hamschari mich herbegleitet hatte, überraschte mich, befremdete mich sogar eine der ersten Entscheidungen Abu Omars. Sein Vorschlag, mich auf eine Reise durch Jordanien von Amman nach Irbid mitzunehmen, das keine fünf Kilometer von der syrischen Grenze liegt, gefiel mir sehr. Nun, während der Autofahrt, fragte ich ihn nach dem Verhältnis der palästinensischen Bauern zu den Beduinen, die ja, wenn man so will, Jordanier sind. Ausgezeichnet, meinte er. Damit wußte ich, daß diese Reise als eine propagandistische Unternehmung geplant war und die Gespräche mit der palästinensischen Frauenorganisation demonstrieren sollten, daß ein Franzose (und durch ihn ganz Frankreich) sich für Palästina interessierte. Warum sollte ich dieses kleine Spiel nicht mitmachen? Wir kamen nach Irbid. Zu diesem Zeitpunkt hielt sich zufällig auch der Dichter Khaled Abu Khaled in der Stadt auf; als er von unserer Ankunft erfuhr, kam er uns aus einer gewissen Neugier heraus besuchen. Er sprach französisch. Als ich ihm erzählte, daß wir mit dem Bund Palästinensischer Frauen verabredet waren, und als er hörte, daß Abu Omar behauptet hatte, daß beide Völker miteinander in trautem Einvernehmen lebten, packte ihn eine jähe Wut.

An Abu Omar gewandt:

»Warum bist du mit ihm hergekommen, und wozu diese Lügen?«

An mich gewandt:

»Die Dinge stehen sehr schlecht. Die Jordanier hassen uns. Das ist sicher eine Folge der offiziellen Propaganda, aber zu leugnen ist es nicht. Das Volk mißtraut unseren Lehrern, unseren Beamten, unseren Ärzten. Das jordanische Volk führt gegen uns Krieg, und Ihnen sagt man, daß alles in Ordnung ist! Abu Omar hat Sie angelogen. Die Palästinensischen Frauen wissen das, aber sie würden es Ihnen gegenüber nie zugeben.«

Abu Omar, der sehr blaß geworden war, konnte Khaled aber nicht widersprechen. Ich war verwirrt, sowohl durch Khaleds Ausfall als auch durch die Tatsache, daß Abu Omar mir die Wahrheit vorenthalten hatte; ich entschied, nach Amman zurückzufahren, um zur Ruhe zu kommen und meine Gedanken zu ordnen.

Die Rückreise verlief in ziemlich gedrückter Stimmung. Als wir an jordanischen Straßensperren angehalten wurden, gab mir Abu Omar, der keinen Ausweis hatte, weil er zwar ein hochrangiger Fidai, aber letztlich ein Fidai war, den Rat, meinen französischen Paß vorzuzeigen: Er würde uns beide beschützen. Als ich später erfuhr, daß Khaled nach Damaskus zurückgekehrt war, wo seine Sendungen bei Radio-Damaskus verboten waren, war ich einigermaßen verwirrt. Ich bin auch heute noch darüber verwirrt. Führende Funktionäre erklärten mir jedoch, daß er selbst es so gewünscht hatte, weil er Erholung brauchte. Das Wort Wahnsinn wurde dabei nie ausgesprochen, es waren abschätzigere Worte wie nervliche, psychische, intellektuelle Erschöpfung, Depressionen. Diese verhüllenden Ausdrücke erschienen mir weit kränkender als die krude Wahrheit. Mich wunderte aber, daß dieser Wahnsinn – an diesem Tag hatte Khaled offenkundig einen Anfall – ihm die Klarsicht, den Mut oder die Unbesonnenheit verliehen hatte, mir zu erklären, daß man für mich allein, für den naiven Neuankömmling, einen schwer zu erklärenden Sachverhalt in rosigen Farben dargestellt hatte. Khaled verfolgte damit eine doppelte Absicht: mich auf die Gefahren aufmerksam machen, die seinem Volk drohten, und eine deutliche Sprache führen, damit ich nicht auf irgendeinen Betrug hereinfalle.

Erinnert sich der Leser noch an mein Gespräch mit dem algerischen Offizier, das sich in meiner Erinnerung mit dem Frühjahr 1971 verbindet, und an mein Staunen angesichts der langen Raupenzüge des Prozessions-Spinners? Auf den Anfang dieses Gesprächs möchte ich noch einmal zurückkommen:

»Wer sind Sie eigentlich?«

»Ein Freund der Palästinenser – des Volkes und der Fedajin. Und Sie?«

»Ein algerischer Offizier. Was meinen Sie: Wie lange wird dieser Krieg zwischen Israel und den Arabern noch dauern?«

»Ich weiß nicht. Vielleicht noch fünf Jahre.«

»Sie können auch hundertfünfzig Jahre sagen.«

Nachdem ich bei meiner Ankunft durch die Fedajin so überaus herzlich empfangen worden war, war ich in meinem Kopf vermutlich nicht klardenkend genug gewesen, um zu erkennen, welche Kräfte hier einander gegenüberstanden, und auch nicht, um die Uneinigkeiten im arabischen Lager zu sehen. Ich hätte früher schon begreifen müssen, daß die den Palästinensern geleistete Hilfe eine Illusion war. Woher sie auch kam, von den Golfstaaten oder von den Ländern des Maghreb, sie wurde sichtbar und wortreich gewährt, doch sie war unzureichend. Ich erlebte, wie ich mich nach und nach veränderte, vor allem nach dem Krieg von 1973. Noch war ich gebannt, nicht überzeugt, und bezaubert, aber nicht geblendet; ich benahm mich wie ein verliebter Gefangener. Ich überlegte mir, daß drei Jahre leidenschaftlicher Liebe vielleicht eine angemessene Zeit sein dürften, vielleicht auch fünf Jahre, daß ich aber danach wie alle Liebhaber der Sache überdrüssig sein dürfte und daß nach den einhundertundfünfzig Jahren, die ich in dieser Region und in der Welt verbracht hatte, mein Tod und die Umwälzungen so unwiderruflich sein würden, daß alle Überlegungen, kaum daß sie gedacht waren, von selbst verlöschen würden. Und mir wurden hundertfünfzig Jahre aufgebrummt, während ich mir selbst naiv fünf Jahre zugeteilt hatte, von Erfolg zu Erfolg. So viel anfängliche Liebe konnte nur schwächer werden.

Das Antlitz der alten Palästinenserinnen, die Verschönerung der Häuser, die modernen Gegenstände made in Japan, wie man sie auch bei den Indianern des Altiplano findet, die erstarrten Ströme von Beton, mit dem das Elend des Bodens verdeckt werden sollte – das alles bewies mir nur, daß jeder Aufstand auf dieselbe Weise verkam: durch die Kapitulation vor den Verlockungen eines Komforts, der zum Überdruß führt.

Während der Fernsehübertragung, die ich am Anfang dieses Buches beschrieben habe, hat niemand – außer den Eingeweihten – das Begräbnis Nassers gesehen. Die Koran-Gesänge, die Nahaufnahmen von Fäusten und Augen, die sich anbietenden Bildschirm-Totalen – das alles war ein für unser Gedächtnis unfaßbares Schauspiel, wäre da nicht der vorangestellte Titel gewesen: »Begräbnis des Rais Gamal Abdel Nasser«. Im staubigen Gewühl der Arme, Beine und Männerröcke haben wir nur Männer gesehen; waren sie das Volk? Obwohl sie alle zu schwitzen schienen, sickerte von der palästinensischen Revolution nichts durch. Arafats Weissagung: »Sie« (für Arafat waren »sie« die Gesamtheit derer, gegen die er seinen Kampf führte), »sie« fotografieren uns, filmen uns, schreiben über uns, und durch »sie« sind wir. Sie könnten plötzlich aufhören, es zu tun: Für den Westen und den Rest der Welt wäre das palästinensische Problem damit gelöst, denn sie würden kein Bild mehr von uns haben.

In Europa hätte jeder Fernsehzuschauer durch einen Knopfdruck an seinem Schwarz-Weiß-Empfänger dieser Beisetzung ein Ende bereiten können. Aber die Bäume waren voll von Kindern, auch von Greisen, die mit letzter Kraft ins Geäst gekraxelt waren. Und als Arafat sich im September 1982 mit seinen Männern nach Griechenland einschiffte, bot sich das gleiche Bild: ein Trauerspiel auf fremden Schiffen und, im Geäst der Bäume, Kinder, die ihnen zujubelten. Alle Araber schienen begriffen zu haben, daß der Tod des Pharaons den des Imams vorwegnahm.

Das Volk, das mir der Erde, dem Lehm des Bodens, dessen Farbe es hatte, am nächsten schien, das wie kaum ein anderes mit seinen Handflächen und Fingern die Dinge sinnlich zu berühren verstand, dünkte mir zugleich das nebelhafteste zu sein, das nicht zu existieren schien. Seine Handlungen waren gleichsam Handlungsstummel. Allein die Geste – jene, die ein in Weiß gekleideter Papst ins Lächerliche gezogen hat, indem er, nach erlittenen Luftlöchern und Ängsten und seiner Luxuskanzel entsteigend, wieder festen Boden unter sich spürte und küßte –, diese Geste des Fidais, der gleich nach seiner Ankunft in Israel auf dieselbe Weise den Boden Palästinas küßt – obgleich man über sein Eintreffen durch ein ausgeklügeltes System elektronischer, elektromagnetischer und infraroter Detektoren, spontaner Lumineszenzstrahlungen und anderer geheimer Emissionen längst informiert ist –, anstatt auf der Hut zu sein, anzulegen, zu zielen und als Krieger zu sterben, wird ihm diese Geste zum Verhängnis, denn eine israelische Geschoßgarbe fixiert ihn für alle Zeit in der Pose des Papstes, der den Boden küßt. Manchmal aber, wenn die Helden am Abend zum Jordan hinabstiegen, sah ich sie schon als Stadträte, Bürgermeister oder Abgeordnete heimkehren, ich sah sie unerschrocken aufbrechen, um zum erstenmal ihren eigenen Heldenmut zu erleben, den ihr Tod am Fuß der Klippen besiegeln würde. Sie küßten nicht den Boden. Sie kehrten wieder vom Jordan wie Standbilder auf ihren gußeisernen Pferden.

Die Falangisten konnten wie die Sabras im Gleichschritt marschieren, und sie hatten deren kräftige Beine und deren Blick. Wir sind in Beirut, im September 1972.
  Die Fedajin haben sich aufgelöst.
  Die Frauen verstellen sich.
  Die Eisenbahnlinie, die über Deraa auf schmaler Spur von Damaskus nach Hidjas führt und von Lawrence so oft gesprengt wurde, sei, wie man mir sagte, wieder in Betrieb genommen worden. Die Frau des englischen Botschafters habe die Jungfernfahrt von Amman nach Mekka gemacht.
  So beweglich ich auch war, oder vielmehr so beweglich die Transportmittel – Flugzeug, Eisenbahn, Auto, Hubschrauber – wurden und so leicht ich mir auch die Mittel für die Reisen beschaffen konnte, in meinem Innern ruhte der Tote, der ich seit

langem schon war. Mich wundert indessen die Reglosigkeit dieses Toten in mir, der ich selbst war, seine Reglosigkeit ungeachtet der Luftlöcher, des plötzlichen Anfahrens, des hohen Wellengangs, der schwankenden Eselsrücken, des Stockens der Rotoren, denn das alles bewegte sich ruckartig vorwärts und mich mit, wobei ich nur ein Frachtstück war und dennoch ein Mensch, der meinen Namen trug und mein Grab, ein Frachtstück und ein Toter, die aßen, schauten, lachten, pfiffen, ohne Sinn und Verstand liebten. Um mich herum veränderte sich die Welt, wie mir schien, und ich ruhte in mir, in der Gewißheit, daß ich gelebt hatte. Die Erinnerungen, die ich hier aufzeichne, sind vielleicht das Ornat, mit dem man einst meinen Körper schmücken wird, wobei das, was ich schreibe, niemandem von Nutzen sein dürfte, aber dieser mein eigener Leichnam, den die katholische Kirche zweifellos auf dem Gewissen hat, wird durch den Paganismus die letzte Weihe erhalten. »Wozu ein Buch über diese Revolution?« Sie gleicht einem langen Leichenbegängnis, dessen Trauerzug ich mich hin und wieder angeschlossen habe. Die dicht aufeinanderfolgenden Wegstrecken habe ich in den Jahren 1970, 71 und 72 in Jordanien zurückgelegt. Mit sechzig waren meine Hände und Füße wieder leicht geworden und meine Finger imstande, ein Grasbüschel auf einer Böschung zu ergreifen und mit Hilfe meines Körpers, den ich mir schwerelos wünschte, die Unsicherheit eines Steines auszugleichen, auf dem ich Fuß faßte. Ich zog mich hoch *an einem schwächlichen Grasbüschel.* Ich kletterte ebenso hurtig hinauf wie die Fedajin und wollte die Hand, die sie ausstreckten, nicht ergreifen, als wir das baumlose Plateau erreichten, von wo man Jericho sehen konnte.

»Komm schnell, da sind die Lichter von Jericho.«

Abu X., der mir vorausgeeilt war, zeigte in die Ferne, jenseits der Schlucht, durch die der Jordan floß, auf Lichter, von denen einige sich bewegten.

»Da bin ich geboren.«

Vor seiner Ergriffenheit konnte ich nur schweigen. Später erfuhr ich, daß man in der Nacht, hoch oben über Ajlun, nur diese Lichter sehen konnte – die von Nablus.

Erinnern Sie sich an Omar, den jungen Fidai, der mir ins Französische dolmetschte, damit ich den propalästinensischen Vortrag der Bäuerin von Ajlun verstehen konnte? Er war der Sohn eines ehemaligen osmanischen Offiziers aus der Familie der Nabulsi. Ich traf ihn wieder in Deraa. Ziemlich unhöflich erkundigte ich mich nicht nach dem Befinden seines Vaters, sondern nach Ferraj.

»Jetzt wo er verheiratet ist, finde ich ihn etwas weniger marxistisch.«

»Ist seine Frau eine Palästinenserin?«

»Natürlich. Was die Frauen betraf, war er Internationalist; hinsichtlich der Wahl einer Ehefrau, die ihm Söhne schenken soll, ist er wie wir alle von einem krankhaften, das heißt arabischen Patriotismus.«

Aber wer erinnert sich noch an Ferraj, den verantwortlichen Fidai, der während meiner ersten Nacht in Ajlun mein bevorzugter – Lieblings-? – Gesprächspartner war? Doch als ich Omar sah, mußte ich nicht an Ferraj denken, als ich nach ihm fragte, sondern an den schwarzen, palästinensischen aber schwarzen Unteroffizier, der mir vor dem Ende des Ramadan ein Essen serviert und die Reste zwei anderen Freischärlern überlassen hatte. Dieser Mann und sein Benehmen hatten in mir ein unbehagliches Gefühl hinterlassen, ein Unbehagen, das ich nicht loswurde. Ich erzählte Omar von dem Zwischenfall.

»Abu Taleb ist tot, er wurde wahrscheinlich von einer jordanischen Kugel getroffen. Wir werden der Revolution zum Sieg verhelfen, damit der Geist von Abu Taleb nicht weiterlebt.«

»Wie ist das zu verstehen?«

»Er war der Enkel oder Urenkel eines sudanesischen Sklaven. Al Fatah hat aus ihm einen Unterfeldwebel gemacht, aber als Moslem hielt er sich streng an die Grundsätze des Glaubens und durfte erst nach dem Aufgang des Mondes essen. Für ihn, der von Sklaven abstammte, warst du der Gast. Du mußtest als erster bedient werden. Danach durften sich die einfachen Fedajin die Reste deiner Mahlzeit teilen.«

»Die Fedajin waren für ihn Diener?«

»Ein wenig schon. Sie waren Diener, denn sie unterstanden seinem Befehl. Was du übrigens nie erfahren hast: Dieses belanglose Ereignis hat auf dem Stützpunkt einen großen Wirbel verursacht. Den beiden Fedajin, die nach dir gegessen haben, war deine Verlegenheit nicht entgangen. Sie haben Abu Taleb die Meinung gesagt, und der hat das als Rassismus ausgelegt.«

»Gibt es rassistische Tendenzen innerhalb der Fatah?«

»Eigentlich nicht. Hautfarbe, Religion und soziale Herkunft spielen für die Fedajin keine Rolle, aber bevor wir Fidai wurden, welche Erziehung hatten wir da bekommen? Mein Vater hält sich für einen Aristokraten, mein Bruder in Deutschland auch...«

In diesem Augenblick begriff ich meine Taktlosigkeit.

»Wie geht es deinem Vater?«

»Für einen Greisen hält er sich gut. Er lebt in seiner eigenen Welt.«

»Wie meinst du das?«

»Du hast ihn ja am Abend seines Geburtstags erlebt, er ist ein Mann vom alten Schlag und hält sich für den Vertreter Frankreichs, der Fackel-der-Welt, seiner Welt, beim türkischen Sultan.«

»Er liebt Loti.« Über Monsieur Mustaphas Frauen hätte ich eigentlich nichts zu sagen gewußt, nicht einmal, wer sie waren, obwohl er sie so oft erwähnte, daß ich den Eindruck gewann, er benutzte sie wie einen Schutzschild oder eine kugelsichere Weste. Er fürchtete sich kaum vor einem Anschlag, aber davor, daß man eine alte Wunde sehen könnte, die er sich so sehr zu verbergen bemühte, daß sie sichtbar wurde.

»Weil er gewissermaßen derselben Generation angehörte und vor allem, weil er Marine-Offizier war. Mein Vater hat Männer wie Atatürk, Inönü, Hitler, Ribbentrop, Franchet d'Esperey und Lyautey gekannt. Er wird bis zum letzten Atemzug in seinen Klischeevorstellungen leben. Einige davon hast du ja kennengelernt: ›Die Stapelplätze der Levante‹, ›das christliche Abendland‹, ›die Kraft der Aufrichtigen‹, worunter er die Einfältigen versteht, zumal wenn er von den Kaffeehauskellnern spricht, ›die Alexandrinische Schule‹, ›das Schwert des Islam‹ um Napoleon zu kennzeichnen... ›die Seidenstraße‹.«

»Im Grunde genommen ist dir dein Vater schnuppe.«

»Völlig. Als wir uns trafen, hast du dich nach Feraj und Abu

Taleb und nicht nach meinem Alten erkundigt. Das mit Ferraj wußte ich, aber was war mit Abu Taleb?«

»Was wußtest du über Ferraj?«

»Am ersten Abend hast du nur mit ihm geredet und nur für ihn. Er hat es mir gesagt.«

»Hat sicher darüber gewitzelt?«

»Ein bißchen vielleicht. Er war auch gerührt. Es muß alles sehr schnell gehen, wenn der Tod einem auf den Fersen ist, ihr habt euch eine ganze Nacht geliebt, nur mit Blicken und mit Scherzen, er wird sich ewig daran erinnern.«

Daß der Rassismus auf eine verfeinerte, sublimierte Weise in der Fatah weiterlebte, gewissermaßen verborgen hinter übertriebenen Aufmerksamkeiten, diese Erklärung, mit der Omar seinen ersten Eindruck wiedergab, zerstreute eine Weile das Unbehagen, das ich jedesmal empfand, wenn ich an diese Mahlzeit dachte.

Sogleich erschien mir das Wort Rassismus in einem ungewohnten Licht, es *erschien mir* wirklich, harmlos und mörderisch zugleich, um so mörderischer, je harmloser es wurde; Madame G. wohnt noch immer in der Avenue Forch in Paris. Während des Algerienkrieges war diese reiche Frau sehr entschlossen für die Algerier eingetreten. Ihr Wohlwollen galt sogar den Terroristen.

»Das schwerste Unrecht tun wir ihnen damit an, daß wir sie als andersartig betrachten, weil sie andere Bräuche haben. Die Engländer fahren mit ihren Autos auf der verkehrten Straßenseite – für uns Franzosen (ich weiß noch, daß sie nie versäumte, an ihre englische Herkunft zu erinnern).«

Eine andere Dame, provinzieller als die eben zitierte, glaubte noch weitergehen zu müssen...

»Ich bin Jüdin, ich kenne den Rassismus. Trotz aller feierlichen Erklärungen des Vaticanum II betrachten uns die Christen noch immer als Gottesmörder. Die Christenheit wird dem Islam niemals verzeihen, daß er mit ihr konkurriert, in Afrika vor allem. Und in Asien. Jede Art von Rassismus ist zu verurteilen.«

Die wirklichen Damen sind aber jene wahrscheinlich, die das Wort »Asiate« allen anderen vorziehen... Was die Vermutung nahelegt, daß sie Montesquieu gelesen haben, wodurch ein Hauch von Aristokratie sie in die alterslosen Bereiche des Geistes entrückt; aber gleichzeitig klingt dieses Wort wie: Sieg über die Hunnen und deren Goldene Horde; oder wie Rikscha. Fräulein von B. meinte »Asiate«.

»Der Islam, das ist gar nicht viel, fünf Jahrhunderte vor Christus haben sie uns Buddha beschert. Wie können wir sie da Barbaren nennen? Sie rassistisch diskriminieren? Und überhaupt rassistisch denken?«

Nun war Madame G. mit einem französischen Großgrundbesitzer verheiratet, den man aus Algerien gejagt hatte. Der Vater der Provinzlerin, ein Divisionsgeneral, hatte als Offizier in den Kolonien gedient. Die Familie von Fräulein von B. verfügte vor der Unabhängigkeit Vietnams über einen Besitz von mehreren tausend Hektar Land in Indochina. Letztere war wirklich ausgesprochen nett zu allen Menschen aus der Dritten Welt, sie stellte den indischen Diener auf die gleiche Stufe wie den Maharadscha.

Diese drei Damen kannten sich nicht untereinander, aber in ihrer Definition des Rassismus hatten sie alle drei etwas Wesentliches vergessen: die Verachtung, und was sich alles daraus ableitet. Omar, dem ich diese drei Fälle beschrieb, meinte:

»Das wundert mich nicht. Hier (Deraa liegt in Syrien, er meinte aber Jordanien) gebrauchen die Jordanier, arme Leute wie auch Millionäre, das portugiesische Wort *compradores*. Und jeder lastet die Nöte der arabischen Welt nicht den Compradores an, die wir alle mal waren, und wir bezeichnen damit andere Menschen ohne Identität. Deine französischen Damen haben sich zu dritt auf eine Definition des Rassismus geeinigt, in der es keine Verachtung gibt. Sonst hätte das für sie gewaltige Folgen gehabt. Wenn man unter Rassist einen Menschen versteht, der in jedem Geknechteten einen Untermenschen sieht, den er verachten darf, wird er ihn immer mehr verachten, um ihn noch besser ausbeuten zu können, damit er ihn noch mehr verachten und knechten kann, und so weiter in alle Ewigkeit.«

Omar wurde in Tell Zaatar durch syrische Soldaten getötet. Der letzte Satz, den er zu mir sprach, lautete etwa so:

»Ohne einander zu kennen, haben deine drei Französinnen

versucht, einen Gedanken zu vertiefen, der eigentlich recht einfach ist, wobei der Nutzen, den sie dabei hatten, die Fehlleistung zu entschuldigen vermag, und dieses unsichtbare Band knüpfte sie aneinander: in drei Altersstufen die gleiche Weigerung, das verbotene Wort auszusprechen.

Mit einer barschen Antwort wird man die Freude, die man empfindet, niemals verbergen können. Wenn ich mit Mubarak zusammen war, konnte ich ihm noch so sehr böse sein, er weidete sich wie ein Fläz an meinem Groll. Er lachte aus vollem Halse wie damals Samia Solh, als sie die Blicke auf ihr Venushalsband lenken wollte.

»Ich kenne auch die französische Literatur. Sogar die Surrealisten: Baudelaire, Vigny, Musset, um nur einige zu nennen.«

So viel Frechheit störte mich überhaupt nicht. Zu meinem Entzücken kam hinter dem Offizier der Flegel zum Vorschein. Manchmal frage ich mich, ob er seine Examen vielleicht nur aufgrund seiner Fehler bestanden hatte. Wie auch immer, ein paar Geheimnisse kannte er bestimmt.

»Hast du den Eindruck, daß es bei den Palästinensern so etwas wie Rassismus gibt? Du bist schwarz...«

»Selbstverständlich.«

»Was heißt selbstverständlich?«

»Es gibt eine Art Rassismus hier. Ich bin schwarz, aber sauber, meine Fingernägel, zum Beispiel, sind rosa und deine, die du nie reinigst, sind schwarz, sie haben Trauerränder, wie ihr sagt, aber von einem anderen Schwarz als mein Gesicht. Der Rassismus äußert sich auf folgende Weise: Die meisten palästinensischen Offiziere sind hellhäutig, und sie haben die Kunst des ernsten Krieges selbst entdeckt. Es versteht sich, daß ich diese Kunst in Europa erlernt habe, denn für sie stecken die Afrikaner noch mitten in der Barbarei. Ihrer Meinung nach sollte ich mit meinen Zähnen gegen das lebendige Fleisch kämpfen. Aber nicht im Maghreb.«

»Bist du schon lange ein Moslem?«

»Seit meiner Geburt – und beschnitten, ich kann's dir zeigen, wenn du willst. Einer meiner Urgroßväter glaubte noch an den

Animismus. In meiner Familie gibt es drei Parteien: Moslems, Animisten und Christen. Drei Parteien, die sich gegenseitig verachten.«

»Sind sie alle so schwarz wie du?«

»So ziemlich.«

Ich schilderte ihm den von Abu Taleb inszenierten Zwischenfall mit dem Essen. Er dachte nach, aber nur sehr kurz:

»Hast du dich schon gefragt, warum ich so oft zu dir komme und mit dir rede?«

»Nein.«

»Weil ich dich verwirre. Und du bist der einzige. Den anderen Offizieren bin ich suspekt, und für die Fedajin bin ich ein Neger.«

»Verachten sie dich?«

»Für sie existiere ich gar nicht. Soll ich dir ein Geständnis machen: Durch Intelligenz allein wird uns die Existenz nicht gewährt. Daß wir existieren, wissen wir allein durch die Verwirrung, die wir möglicherweise auslösen. Du gehörst zu denen, die so sind. Den Grund dieser Verwirrung kennst du ja.«

»Abu Taleb hat mich nie verwirrt.«

»Wenn er sudanesischer Herkunft war, dann hat er diese Sensibilität vielleicht besessen. Indem er dich bevorzugte, rächte er sich in gewisser Hinsicht für die kleinen Gemeinheiten der hellhäutigen Fedajin und wollte dir auf seine Weise danken. Aber reden wir nicht mehr von meiner Hautfarbe. Durch sie und durch meine Muskeln verwirre ich andere, und ich verwirre gern, möchte aber nicht, das es gesagt wird. Freust du dich darüber, daß du jetzt bei den Palästinensern bist?«

»Sehr.«

»Die israelischen Soldaten sind jung. Würdest du dich über ein Zusammensein mit Tsahal freuen? Wenn du zu ihnen gingest, würden sie bestimmt sehr nett zu dir sein.«

»Auch wenn du mich für einen Weißen hältst, ich bin wie du, ich möchte auch nicht, daß man es sagt.«

Wir haben gemeinsam Lösungen berührt, einfache, sinnfällige Entdeckungen gemacht, die wir im letzten Augenblick wieder verwarfen, so wie man nachts haarscharf an einem Abgrund vorbeiläuft und sich nach Sonnenaufgang darüber wundert. So sah ich auch, in Amman, in der Nähe des Büros für Palästinische Forschungen, wie ein Fidai die hohle Hand beschützend um eine Blume legte, die ein Franzose ihm zwischen Ohr und Mütze gesteckt hatte. Ich machte auch die Entdeckung, daß der Kampf der Palästinenser sich mit dem Beschützen einer Laune verband, und daß es weh tun würde; ich sah darin weder Kraft noch Schwäche, begriff aber, daß *hier* alles ins Wanken geraten könnte. Schon das Aufwickeln des Saris im Nepal hatte mich eine Wahrheit gelehrt, die ich damals allerdings nur durch einen transparenten Spiegel sah, und diese Wahrheit wurde mir erst richtig bewußt, als ein Pakistani vor meinen Augen, in einem Dampfbad in Karatschi, ein sehr langes Band aus weißem Leinen entrollte, und ich begriff, welche Erkenntnis mich berührt hatte: Das ist das Gewand Christi, von dem man mir so viel erzählt hatte, das nahtlose Gewand.

Während ich nur an die meine dachte, packte mich Mubaraks Einsamkeit regelrecht an der Kehle. So sehr er seine Hautfarbe und seine Ritualnarben arrogant zur Schau trug, sie waren hier das Zeichen einer Singularität, seiner Einsamkeit also, die er nur in meiner Nähe ein wenig vergessen konnte.

»Du kannst dir nicht vorstellen, wie sehr die mich anöden mit ihrer Revolution, die ihnen das Häuschen mit Garten und Blümchen zurückbringen soll, und mit dem kleinen Friedhof, den die israelischen Dumper und Schaufelbagger zu Pulver gestampft haben.«

Meine Gespräche mit Omar und mit Mubarak habe ich nicht aufs Wort genau wiedergegeben, ich versuche, sie nachzuerleben mit Hilfe einiger Notizen und vor allem, indem ich mich wieder an den Klang ihrer Stimme und an die großen Züge ihrer Gestalt erinnere. Ich weiß aber nicht, ob die Menschen, die ich zu beschreiben versuche, so zum Leser sprechen, wie sie zu mir gesprochen haben.

Eine kleine Episode am Rande: Im Lager von Ghaza gab es eine junge deutsche Krankenschwester, die im winzigen Krankenhaus, das man dort eingerichtet hatte, rund um die Uhr Bereitschaftsdienst versah. Im einzigen Raum, der den Kranken und dem Arzt zur Verfügung stand, befanden sich acht Betten, Doktor Dieter schlief im ersten, im zweiten ein deutscher Pfleger, und im dritten, das für Notfälle oder für Gäste auf der Durchreise freigehalten wurde, habe ich selbst oft geschlafen. Manchmal belegte Nabila das Bett neben mir. Es waren, wie man sich denken kann, einfache Krankenhausbetten, die man eher als Tragen bezeichnen mußte. Die weiteren Betten, in denen drei bis vier Schwerverwundete lagen, standen nebeneinander an der gegenüberliegenden Wand, und im hinteren Teil des Raumes befand sich eine Art monumentaler Alkoven oder eher noch ein Bett mit Baldachin, an dem vier Decken herunterhingen, wobei drei davon zusammengenäht waren und die drei Wände bildeten – die vierte war die Zimmerwand – und eine vierte den »Himmel« darstellte. Gewöhnlich duzten wir uns alle, natürlich nicht, wenn wir englisch sprachen; wenn ich da war, sprachen Nabila, Doktor Dieter, der deutsche Pfleger, die deutsche Krankenschwester und Alfredo französisch. Ab und zu wurde ein ergänzendes Wort auf Deutsch, Englisch oder Arabisch gesagt. Dieters deutsche Krankenschwester lernte Arabisch. Sie war 1969 aus Jordanien gekommen. Jeden Morgen war sie als erste auf den Beinen und verteilte im Behandlungszimmer an alle Kranken harmlose Beruhigungsmittel: Aspirin, Hustensaft, Salben... Dann kam Doktor Dieter und hielt seine Sprechstunde ab. Er hatte bei den Fedajin und den Offizieren erwirkt, daß leicht Verwundete erst nach den schwerkranken Zivilisten behandelt werden.

Wir schliefen so: ohne Schuhe, aber bekleidet auf den Zeltbetten, und wir deckten uns mit einer oder zwei Decken zu. Männer und Frauen machten darin keinen Unterschied, nur die deutsche Krankenschwester, die, nachdem sie das Geschirr abgewaschen und ihr Arabisch-Lehrbuch zugeklappt hatte, uns auf Deutsch gute Nacht wünschte und im Alkoven mit dem Baldachin verschwand. Niemand stellte Fragen, wahrscheinlich weil alle außer mir bescheid wußten. Ich sagte zu Dieter:

»Was hat dieses Theater zu bedeuten, und wozu diesen monumentalen Aufbau?«

Er antwortete mir mit leiser Stimme:

»Sie betet. Sie ist eine Ordensschwester und hat die Erlaubnis, nicht im Ordenskleid zu arbeiten. Sie zieht es nur zum Schlafen an, und zum Beten.«

Ein merkwürdiges Gebaren, dachte ich und verglich es mit den Küssen, die der Stammeschef den Oberhäuptern des Pseudo-Stammes gegeben hatte.

»Sie betet.«

»Vor zehn Tagen warst du nicht da. Mitten in der Nacht stieß sie plötzlich einen furchtbaren Schrei aus. Dann erzählte sie uns folgendes: Sie schlief noch nicht, und ihre Hand hing vom Bett herunter, das, wie du weißt, kurze Beine hat. Plötzlich berührten ihre Finger einen haarigen Knäuel, und sie brüllte los.«

»Hatte sie einen Traum?«

»Es war der Kopf eines Kranken, der sich auf allen vieren mitten in der Nacht herangeschlichen hatte...«

»Um sie zu vergewaltigen?«

»Jeden Abend holt sie aus der Hausapotheke die zwei Flaschen mit dem neunzigprozentigen Alkohol. Erst hatte sie die Flaschen weggeschlossen. Die Verwundeten haben aber den Schrank aufgebrochen, und am nächsten Tag waren die Flaschen leer und die Soldaten so betrunken, daß man sie kaum noch wach bekam. Seitdem nahm sie die Flaschen mit in ihr Zimmer oder das, was sie ihr Zimmer nennt.«

»Und nach der Nacht mit dem Gebrüll?«

»Seitdem kommt der politische Verantwortliche des Lagers jeden Abend und holt beide Flaschen. Er ist ein strenger Moslem und trinkt nicht.«

Die Schwester verrichtete nicht nur voller Hingabe ihre tägliche Arbeit, sondern begleitete auch Doktor Dieter, als er im Lager von Baqa die Palästinenser behandeln wollte, die von der jordanischen Polizei geschlagen worden waren. Sie wurde beschimpft und geohrfeigt, weil sie Palästinenser pflege. Schließlich steckte man sie in ein Ammaner Gefängnis. Der Botschafter der Bundesrepublik Deutschland erwirkte jedoch, daß sie in ihr Kloster bei München zurückkehren durfte.

Damals dachte niemand, daß der Widerstand tödlich verwundet sei, aber gewisse Zeichen deuteten darauf, daß er viel Blut verloren hatte. Dafür sprachen die langen Schlangen von Kranken ohne sichtbare Verletzungen, die ins Krankenhaus kamen, um sich zu beweisen, daß sie nur eine Pille brauchten, um wieder die alten Krieger zu sein. Ein einfacher Rat von Dieter genügte manchmal:

»Bleib nicht zu lange im Bett. Geh spazieren.«

Keiner von ihnen zeigte andere Symptome als eine große Mutlosigkeit.

»Das gleiche habe ich erlebt, als ich Biafra verließ«, sagte er zu mir.

Eines Morgens, kurz vor meiner Abreise, brach die deutsche Krankenschwester in Lachen aus und sagte zu mir:

»Schau, wie sie das angestellt haben: Erst haben sie meinen Fingerhut geklaut, dann mit neunzigprozentigem Alkohol gefüllt, und jeder hat einen Fingerhut voll getrunken. Alles ganz gerecht. Und am Morgen waren sie alle sternhagelvoll!«

Und sie lachte wieder.

»Schreibt dir deine Ordensgemeinschaft bestimmte Stoffe vor oder bestimmte Farben?«

»Ja, Schwarz, sie rät allgemein zu dunklen Farben. Nur eins wird wirklich vorgeschrieben: flache Absätze. Und der Orden hat recht, denn nur mit flachen Absätzen sind wir wirkliche Dienerinnen.«

»Hast du schon einmal Schuhe mit Pfennigabsätzen getragen?«

»Sicher.«

»Wann?«

»*Ach, mein Gott!* Im Kloster war das, vor Hochwürden, in einem Stück, ich stellte Maria Magdalena dar und stand so hoch auf meinen Absätzen, daß mir schwindlig wurde. Ich konnte weder reden noch mich rühren. Jesus hat meine Verwirrung gesehen und mir einen Stuhl hingestellt. Zum Glück, denn ich glaubte schon, ich würde sterben.«

Über den Tod von Abu Omar weiß man nichts Genaues bis auf folgende, ebenfalls unsichere Mutmaßungen: Er und acht weitere Soldaten hatten sich entschlossen, übers Meer nach Tripolis zu fliehen und zu diesem Zweck ein Boot gemietet. Einem ersten Bericht zufolge wurden sie auf offener See und auf einem nicht bekannten Längengrad durch ein syrisches Schnellboot aufgebracht; man steckte sie ins Gefängnis von Damaskus, wo sie erschossen wurden. Nach einer zweiten Variante wurde ihr Boot durch eine syrische Granate versenkt, und die Männer ertranken noch in derselben Nacht. Oder auch: Die Syrer nahmen sie gefangen, übergaben sie den Falangisten, und diese brachten sie um. Einiges an diesen Erzählungen kommt mir seltsam vor: die unterschiedlichen Darstellungen, die fehlenden Zeugen, das beharrliche Schweigen; und in gewisser Hinsicht auch, wie mir schien, das Unbehagen der Verantwortlichen. Acht Mann und er, also neun. Abu Omars richtiger Name ist bekannt, er hieß Hannah. Während El Cid im Gedächtnis der Menschen blieb, wurde der Name des Aussätzigen für immer vergessen, obwohl der Großbuchstabe, mit dem man ihn versah, hätte hinreichen müssen, um seine Identität zu sichern. Wer nur eine Figur war, die dem Campeador die Möglichkeit gab, seelische Größe zu beweisen, indem er einen Kuß gab, mit einem so lauten Schmatzen, daß er durch die Geschichte, das klassische Theater, die Poesie, den Roman und bis in die Schulklassen meiner Kindheit widerhallte, der hatte nichts Besseres verdient. Die palästinensische Revolution besteht aus unzähligen Namenlosen, die sie vollbrachten, und da es uns nicht gegeben ist, sie alle zu nennen, haben wir aufgehört, ihre Taten zu kommentieren, ihre Gesichter vergessen, ihre Namen gelöscht. Einige Taten, deren Helden sie waren, sind haften geblieben. Es ist nicht ausgeschlossen, daß diese Taten eines Tages anderen zugeschrieben werden. Die Entscheidung, mitten im Krieg, in finsterer Nacht und auf finsterer See, von Beirut nach Tripolis zu fahren und dabei im Kugelhagel zu sterben, das alles wird vielleicht das Ende eines Soldaten verklären, der vor zwanzig Jahren gelebt hatte oder in dreißig sterben wird. Ich habe Abu Omar so kennengelernt: Nachdem ich ihn angerufen hatte, um ihm zu sagen, daß ich über Deraa nach Amman kommen würde, hieß er mich willkommen und verabredete sich mit mir am nächsten Tag in der Halle des Hotel Jordan. Ich trat gerade ein, als er von seinem Zimmer herunterkam.

»Kommen Sie, wir wollen einen Kaffee trinken.«

Die Bar war geschlossen.

»Ich habe vergessen, daß der Ramadan heute früh begonnen hat. Wo könnten wir jetzt unseren Kaffee bekommen?«

Durch seine Ratlosigkeit erfuhr ich, daß er Christ war. Ein christlicher Palästinenser. Und diese Anordnung der beiden Wörter sollte man niemals umkehren. Hier, der letzte Satz, den ich von ihm hörte:
»Als die Syrer den Libanon überfielen, haben wir, die Palästinenser, gegen sie Krieg geführt.«
Als die Syrer die sehr schwierige Einnahme von Tell Zaatar gelang, waren sie, so hieß es, durch israelische Spezialisten beraten oder zumindest beobachtet worden. Die syrischen Truppen wurden auf ihrem Vormarsch im Libanon aufgehalten, aber nicht gestoppt. Sie kamen bis nach Saida. In jenen Tagen kam zum letztenmal die ganze Persönlichkeit Abu Omars zur Geltung; vielleicht hatte er – wie auch andere verantwortliche Führer, vor allem Arafat – das Spiel der Syrer durchschaut.
Als ich zum erstenmal mit Mubarak ein längeres Gespräch über Abu Omar führte, sagte er mir dies:
»Sein ganzes revolutionäres Tun erschöpft sich in Analysen der Gründe, warum man zum Revolutionär wird und, wenn man es geworden ist, welche Haltung man einnehmen sollte.« Ich hatte bei ihm stets den Eindruck, ich sei nur das momentane Sammelbecken für seine intellektuellen Bedenken. Das war die eine Seite an ihm, eine sporadische sozusagen, die andere Seite war seine Zusammenarbeit mit Arafat und anderen Führern des ZK der PLO.
Er war es auch – wie man mir sagte – oder Abu Mussa allein – wie andere meinten –, der den Rat gab, die syrischen Panzer mitten in der Stadt Saida freundlich zu empfangen und bis zur Kaserne zu geleiten, wo man den Hof für sie vorbereiten wollte. Nach dem herzlichen Empfang der Panzer und deren Mannschaften durch die Fedajin-Truppen wurden sie dann auch bis zur Kaserne begleitet. Als die etwa sechsunddreißig Panzer auf dem Kasernenhof in Reihe und Glied standen und die Mannschaften aus den Luken steigen wollten, gingen die Panzer in die Luft und die Mannschaften mit ihnen.
Das Schlagwort von der »Splendid isolation«, das auf treffende Weise Großbritannien charakterisiert und beschreibt, kam einem zwangsläufig in den Sinn, wenn in den Jahren 1970 bis 1973 und

danach von der palästinensischen Revolution die Rede war. Alles, was man über sie in der Presse oder im Rundfunk erfahren konnte, mußte man hochtrabenden, komischen, zynischen und manchmal ergreifenden Berichten entnehmen, die letztlich nur dazu dienten, Israel, Husain und die westliche Demokratie zu stärken, aber nicht die PLO. Man befaßte sich mit ihr, das heißt, ein paar Leser befaßten sich mit ihr, erfuhren aber nichts über diese Revolution, die ein lebendiger Körper war, der ständig weiter wuchs, und dies trotz der spärlichen Hilfe durch die Sowjetunion, durch China und durch das Algerien von Boumedienne, trotz des Beistands der arabischen Staaten – ausgenommen die Finanzhilfe vom König Faisal von Arabien, ausgenommen den selbstlosen Einsatz von Ärzten, Krankenpflegern, Juristen, Anwälten aus der ganzen Welt, die meist mittellos waren; ich denke auch an das Verschikken von unbrauchbaren Medikamenten mit überschrittenen Verfallsdaten, nutzlosen Pülverchen, wertlosen, mitunter gefährlichen, lächerlichen oder lästigen Spenden, jener »Arzneimittel«, die gewitzte Apotheker dem palästinensischen Halbmond großzügig schenkten. Inmitten dieser Wirrnis blieb die Revolution isoliert und dennoch ein einheitlicher Körper mit fast unsichtbaren Organen, ein Körper, der nicht eine Zusammenballung der Körper von Palästinensern darstellte, sondern die stetige Verdichtung von Ereignissen. Die Prozesse in ihm gingen langsam vonstatten wie auch die Bewegung des Körpers selbst, von Schlacht zu Schlacht, von militärischer Niederlage zu militärischer Niederlage, die in den europäischen Zeitungen »politische oder diplomatische Erfolge« genannt wurden, aber wirkliche Niederlagen des Körpers waren, der von Jordanien nach dem Westjordanland oder in die umgekehrte Richtung wanderte, auf dem Weg nach dem Libanon ganz Syrien durchquerte, taumelnd unter den syrischen Angriffen, trotz Beirut und Schatila noch nicht bezwungen und noch nicht im asiatischen Tripolis begraben. Umringt von so vielen Feinden, die nach seinem Leben trachten, erhebt sich der Körper noch immer. Es gibt eine Archäologie jenes Widerstandes, der in den dreißiger Jahren zur Revolution wurde. Sie war noch jung damals. Den Revolutionären zu helfen, war immer leicht, doch ist es noch immer unmöglich, Palästinenser zu werden: Das Alleinsein ist glanzvoll, denn es ist das Wesen selbst dieser Revolution. Und mit Hilfe der arabischen Länder betreibt Amerika ihre Entwurzelung.

Zwei oder drei Sätze weiter oben habe ich den Einmarsch der Syrer 1976 in den Libanon erwähnt. Wer erinnert sich noch daran? An Tell Zaatar? Die Truppen des Alauiten Hafis al-Assad, den der Christ Pierre Gemayel zu Hilfe rief, stiegen die Hänge des Anti-Libanons hinab, rückten bis Saida vor, das glücklicherweise durch einen palästinensischen Oberst verteidigt wurde. Sein Plan wurde der Leitung der PLO vorgelegt. Mehrere Straßen, die von Norden kamen, trafen bei Saida zusammen. Sperren wurden auf all diesen Straßen errichtet, mit Ausnahme der einen, auf der die syrischen Sturm-Panzer geradewegs bis zur Kaserne rollten, wo sie zum Stehen kamen. Und als der letzte auf dem Hof stand, wurden sie alle in die Luft gesprengt. Es heißt, daß es zweiunddreißig bis sechsunddreißig waren. Den Verteidigungsplan für Saida hatte Abu Omar der PLO vorgelegt. Oberst Mussa führte ihn aus. Heute ist er der Führer der Abtrünnigen der Fatah und Hafis el-Assads Freund. Gegen Arafat.

Zusammen mit Mahmud Hamschari, der am Tag des Staatsstreiches von Hafis el-Assad aus Damaskus kam, glaubten wir, die Panzer wären auf dem Weg nach Jordanien, um den Fedajin zu helfen, so wie jener irakische Panzerverband, der – wie ich später erfuhr – umsonst die irakische Grenze überschritten hatte und am nächsten Tag wieder zurückgefahren war. Heute erklären Damaskus und Bagdad ihr aggressives Manöver von damals und ihren Rückzug am nächsten Tag mit Rücksichten gegenüber der Sowjetunion, so wie Husain heute sein Vorgehen gegen die Fedajin damit rechtfertigt, daß Israel sonst Jordanien besetzt hätte. Ich habe kürzlich die gleiche Frage einem Freund des Königs Husain gestellt:

»Richtig, der König hatte von Golda Meir ein Drohtelegramm erhalten.«

Auf die gleiche Frage wiederum hatte ein damals in Amman tätiger Diplomat so geantwortet:

»Ach was! Der Befehl zur Offensive gegen die Palästinenser kam aus Washington oder aus London.«

Für die Strecke von Amman nach Damaskus über Deraa braucht

man drei bis vier Stunden mit dem Auto. Um Nachforschungen anzustellen, fuhr ich zum *Institut Français* von Damaskus, doch hinein gelangte ich erst nach einer ausführlichen Befragung durch mehrere Polypen, die mich mit kaltem Blick musterten, und nachdem ich mich durch dicht an dicht stehende Gruppen bärtiger Reiter auf kleinen Pferden hindurchgedrängt hatte. Es waren Bergbewohner aus der Gegend von Aleppo, die seit langem schon mit Hafis el-Assad sympathisierten. Hier sah ich wieder die sehr breiten Steigbügel und die grünen Fahnen des Islams. Das Haus des neuen Präsidenten der Republik befand sich neben dem *Institut Français*. El-Assad sollte eine Ansprache halten. Ich wurde vom Direktor zum Mittagessen eingeladen, und wir saßen noch lange beisammen, plauderten und tranken Kaffee. Ich verabschiedete mich. Bis auf einige Nachzügler waren die Reiter abgezogen, doch stieß ich fast mit zwei von ihnen zusammen, die sonderbarerweise mit ihren Pferden auf den Bürgersteig ritten, auf dem ich gerade ging:

»He! Was soll denn das? Seid ihr verrückt geworden?«

»Ah! Sie sprechen französisch, wir auch. Wir führen unsere Pferde von den Autos weg. Sie haben noch nie so viele auf einmal gesehen. Das hat sie verschreckt.«

»Woher seid ihr?«

»Aus einem Dorf ziemlich weit weg von Aleppo, aber es liegt in derselben Richtung.«

»Und ihr sprecht französisch?«

»Ich war französischer Unteroffizier. Ich habe am Aufstand der Drusen gegen Sultan Attrasch teilgenommen.«

»Seid ihr aus den Bergen gekommen, um el-Assad beizustehen?«

»Natürlich. Er ist Alauiter wie wir. Er wird uns sicher die Revolutionäre vom Hals schaffen.«

»Welche denn?«

»Die Palästinenser.«

Ich war ergriffen. Ein der Nostalgie nicht unähnliches Gefühl hatte in mir Sympathie für diese Reiter geweckt, die vielleicht in meinem Alter oder sogar etwas älter waren. Die brüchigen, breiten Steigbügel berührten fast meine Schultern; beide Männer trugen osmanische Reithosen, Seruals mit weitem Boden. Der eine fragte mich, was ich in Damaskus tue. Ich antwortete wahrheitsgemäß auf Arabisch, ich sei als achtzehnjähriger Soldat in Syrien gewesen und habe auch die Stadt Aleppo kennengelernt. Mit einem Satz, oder fast, waren sie am Boden und schlossen mich in ihre Arme. In Deraa war ich durch einen Taxichauffeur, der die Palästinenser haßte, in gewisser Hinsicht gewarnt worden, doch war dieser nicht vom Pferd gesprungen und hatte mich nicht umarmt.

Nicht alle Syrer nährten solchen offenen Haß gegen die Palästinenser, doch weder in Damaskus noch in Latakia oder Homs habe ich je einen Menschen getroffen, der sie vor mir in Schutz genommen hätte. Die Saika, die unmittelbar dem Befehl der syrischen Generäle unterstand, war natürlich über jede Kritik erhaben.

In Syrien fühlte ich mich wohler, viel wohler als in Jordanien. Noch im Jahr 1971 war die osmanische Freundlichkeit hier überall zu spüren. Ich konnte stundenlang mit einem alten Schuhputzer plaudern, der sein Französisch nicht vergessen hatte. Durch ihn, der auf seiner kleinen Kiste hockte, während ich auf dem Stuhl saß, erhielt ich Kenntnis von der politischen Geschichte Syriens in den letzten dreißig Jahren, das heißt, von der Geschichte der syrischen Staatsstreiche. Das strenge Jordanien, das so nahe war, war weit weg, aber dort lebten und operierten die Palästinenser.

Wenn ich die Gesichter von bewaffneten Bauern betrachtete, erkannte ich mit einem Blick, daß sie vielleicht insofern Bauern waren, als sie Pferdeherden besaßen. Ihr ganzes Verhalten machte deutlich, daß sie in ihren Bergen Anführer waren. Die Art, in der sie mit nur einer Hand die Zügel ihres Pferdes und das für die Fantasia* bereite Gewehr hielten, und ihre weißen Bärte und Schnurrbärte ließen sie keineswegs friedlich erscheinen. Möglicherweise fragten sich diese Banditen, wie ich ohne Pferd und ohne Gewehr nur leben konnte. War es der Blick ihrer Augen vielleicht, wenn sie sich etwas gehen ließen? Ich sah in diesen kleinen Chefs nicht Soldaten, sondern stellvertretende Bandenchefs, von denen es bei Al Fatah mehr gab als anderswo: junge Burschen, denen der Sinn nach Waffen stand, nach Prügelei und

* arabisches Reiterspiel

Plünderung. Mit zwanzig sind sie sowohl Rowdies als auch Helden. Damals, als die Palästinenser ein Abkommen über ihren Verbleib im Libanon unterzeichneten, kamen viele von ihnen vom Südlibanon nach Beirut, um dort ein paar Tage zu verleben: Sie trugen tressenbesetzte Baretts, schwarze Lederjacken, Jeans, hohe Schnürstiefel und so dünne, frische Schnurrbärte, daß ich mich fragte, ob nicht jeder Soldat in seinem Beutel auch ein Stäbchen Khôl bereithielt. Wenn sie mich grüßten, hoben sie nur den rechten Arm, die Handfläche nach außen gekehrt, während der linke steif am Körper herabhing. 1982 verließ manch einer von ihnen Arafat, um sich Abu Mussa anzuschließen.

Abu Mussa und Abu Omar hatten den Hof der Kaserne folgendermaßen präpariert: Als bekannt wurde, daß die Syrer näherrückten, ließ Abu Omar in geringer Tiefe Drähte im Boden verlegen, die mit Zündern und Minen verbunden waren, die man im Sand des Hofes eingegraben hatte, wobei das geometrische Muster die Standfläche der zu erwartenden Panzern genau bestimmte, damit alles, der Stahl, der Eisenguß, das Gold der Armbänder und Uhren, die Muskeln und die Knorpeln, mit einem Schlag in die Luft gesprengt werden konnte. Mit einem Knopfdruck oder dem Umlegen eines Schalters war die Sache dann erledigt. Die Fedajin und ihre Anführer flohen in die Berge.

Ich habe den Vorfall so wiedergegeben, wie man ihn mir erzählt hatte. Professor Abu Omar hatte in Stanford bei Kissinger studiert; er sollte sich dabei als ein begabter Taktiker erweisen. Die gesamte Aktion wurde von ihm geplant und von Abu Mussa durchgeführt.

Die äußeren Gelenke der eingekrümmten Finger, die man zur Faust ballt, um gegen etwas zu klopfen, waren bei Mubarak mit kleinen Rissen – oder Falten – bedeckt, die etwas blasser waren als die darüberliegende Haut der Hand; an diesen lila schimmernden Rissen kam, wie mir schien, ein Menschsein zum Vorschein, das ebenso angstvoll war wie das Herz eines jungen, erschrockenen Hasen und mich tiefer berührte als der Gedanke an Worte wie Brüderlichkeit, Kampf gegen den Rassismus oder Beständigkeit im Anderssein. Als ich ihm eines Tages aus Unachtsamkeit, Leichtfertigkeit oder aus dem Wunsch, ihm zu sagen, wer ich war, von meinem Los als ausgesetztes Kind erzählte, ballte er die geschlossene Faust noch fester zusammen, die Risse verschwanden von den Gelenken, und die Haut über den Fingergliedern wurde sehr glatt und schwarz und ohne jede Spur von Lila. War ihm das Wort *Sozialfürsorge* nahegegangen? Ich sah ihm nicht ins Gesicht, sondern auf die Hände. Mubarak sagte zu mir, ich hätte Ähnlichkeit mit einem entfernten Verwandten in seiner Familie, der nach Djibouti verbannt worden war. Er erzählte mir folgende Geschichte:

»Wenn bei uns eine junge Negerin in einem unserer Stämme ein vaterloses Kind bekommt, nimmt sich der ganze Stamm seiner an. Wenn unsere jungen Mädchen von euren vietnamesischen, madegassischen und französischen Soldaten, aber vor allem von den Madegassen, die unter ihrem glatten, fetten Haar ziemlich hell und bronzefarben sind, vergewaltigt wurden, dann haben die Stämme sie mit der Frucht ihres Fehltritts verstoßen, doch ihr habt so viele Kinder gemacht, daß Frankreich dort und England hier (er meinte den Sudan) eine verhaßte Einrichtung schufen, eine Art Sozialfürsorge für doppelt und dreifach unliebsame Bastarde: uneheliche Mischlinge, Neger, deren Mütter von Kapos geschwängert worden waren, Hurenkinder also, aber gute Schüler. Sie lernten Englisch, Französisch, Deutsch oder Arabisch, und ich erfuhr, daß ich auch einen verfluchten Vetter hatte, den man mit seiner Mutter nach Djibouti verbannt hatte.«

Als Mubarak mir das Schicksal seines Verwandten schilderte, wurde mir klar, obwohl er dies nicht ahnte, daß er dabei auf Begebenheiten und Einzelheiten aus seinem eigenen Leben anspielte, und dies wurde mir später auch durch eine Anekdote bestätigt: Es war sein Fluch gewesen und der seiner Mutter. Daß sein Vater möglicherweise ein Madegasse war, hatte er zuerst an seinem fettigen Haar erkannt, später auch an seinem Teint, der eher kupfern als rußfarben war, und an einem Schimpfwort, das allein den Betsibokas galt. Die Auswanderung seines Vetters war in Wahrheit seine eigene gewesen, nur in entgegengesetzter Richtung, was auch sein ausgezeichnetes Französisch erklärte. Durch die Leichtlebigkeit seiner Mutter kam er in Khartum vom Regen in die Traufe und ging, so wie man Selbstmord begeht, zur sudanesischen Armee. Ich erzähle das alles, weil die Sache der Palästinenser, jener Kartenspieler ohne Kartenspiel, von Horden vertreten wurde, die den Europäern wie Zusammenrottungen von Außenseitern erschienen, ohne echte Identität, ohne juristische Anbindung an einen anerkannten Staat, vor allem aber ohne Land, das ihnen gehörte und dem sie angehört hätten, zumal sich auf einem solchen Gebiet gewöhnlich alle Beweise befinden: Friedhöfe, Kriegerdenkmale, Wurzeln der Familiennamen, Legenden und sogar – was ich später erfahren sollte – Strategen und Ideologen.

Wozu bin ich hergekommen? Wenn es den Zufall in der Welt gibt, dann ist Gott in ihr abwesend; die Freude, die ich an den Ufern des Jordan erlebte, verdankte ich dem Zufall. Das berühmte *Alea jacta est* führte mich zufällig hierher, aber ist nicht auch jeder Palästinenser nur zufällig Palästinenser? Ich kam hierher, geleitet durch eine Folge von Extravaganzen, und da ich neugierig war, beschloß ich, daraus ein Fest zu machen. Werde ich Hamza wiedersehen? Ist es aber *für mich* wichtig, ihn wiederzusehen? Seine Mutter dürfte heute schon durchscheinend sein, fast unsichtbar; würde ich, *für mich,* mehr von ihr sehen als die Trümmer eines Lebens? Hatten sie und ihr Sohn, ihre Liebe, meine Liebe zu ihnen nicht *schon alles über mich gesagt*? Sie hatten die palästinensische Revolution erlebt, war das nicht genug? Und diese hatte beide allmählich verzehrt. Da der Autor dieses Berichts sie nicht mehr braucht, wird ihr Tod mich nicht berühren, wenn ich erfahren sollte, daß sie starben. Die gescheiterte Seereise von Abu Omar konnte mich trotz ihres tragischen Endes nicht erschüttern, sie lag in allzu weiter Ferne, sie war zu oft erzählt und beschrieben worden. Das gleiche galt für die physische Auslöschung der anderen: Ferraj, Mahjub, Mubarak, Nabila, von denen ich nichts mehr hörte, von denen ich niemals mehr wissen werde, als das, was sie waren, als ich sie sah und sie mich sahen und zu mir sprachen, denn sie sind zu weit weg, um noch wahrgenommen zu werden, zu weit oder zu tot, ausgetilgt jedenfalls.

Die Gegenwart ist immer hart. Die Zukunft wird als noch härter angesehen. Die Vergangenheit, oder vielmehr die Abwesenheit, ist zauberhaft, und wir leben in der Gegenwart. Die palästinensische Revolution hatte in diese Welt der Gegenwart eine Milde gebracht, die der Vergangenheit, der Ferne und auch der Abwesenheit anzugehören schien, denn die Eigenschaftswörter, die sie zu beschreiben suchen, sind wie diese hier: ritterlich, zerbrechlich, tapfer, heroisch, romantisch, feierlich, durchtrieben, gerissen. In Europa wird alles in Zahlen ausgedrückt. Die Tageszeitung *Le Monde* brachte in ihrer Ausgabe vom 31. Oktober 1985 auf drei Seiten Finanzberichte. Die Fedajin zählten nicht einmal ihre Toten.

Auch die Dauer einer Revolution hat ihr Gewicht. Zur Not der Vertreibung, als die Palästinenser mit wenig Gepäck und vielen Kindern 1948 aus Palästina vertrieben wurden, kam der kühle Empfang durch die Libanesen, Syrer und Jordanier hinzu sowie die mangelnde Bereitschaft der arabischen Länder, alle wirksamen Waffen einzusetzen, um Israel Einhalt zu gebieten oder zumindest um eine weniger ungerechte Lösung zu erwirken als die der UNO aus dem Jahr 1947. Diese arabische Zurückhaltung hatte mehrere Ursachen: Schon bedrohten Rebellen die in Besitz genommenen Reichtümer; außerdem steckten alle arabischen Länder, Saudiarabien, die Emirate, Libanon, Syrien, mit Amerika und Europa unter einer Decke. Der Staat Israel bewies eine solche militärische und politische Vitalität, daß es wohl angeraten schien, ihn als gleichberechtigten Partner zu behandeln, und sei es nur unterderhand. Und schließlich: Warum sollte man für eine Bevölkerung eintreten, die immer nur eine Provinz gewesen war und niemals ein Staat: Eine römische, syrische, osmanische Provinz, zuletzt ein britisches Mandatsgebiet.

So blieben die palästinensischen Gebiete nach dem Eklat von 1948 in das Staatsterritorium Israels integriert, und die palästinensische Bevölkerung wurde mehr oder weniger betreut, das heißt, sie kam erst in »Übergangslager« für »Flüchtlinge« und wurde in den drei Ländern, die sie aufnahmen, unter Polizeiaufsicht gestellt.

Ich könnte nicht sagen, was bei der Entstehung des Widerstands den Ausschlag gab, man weiß aber, daß Jahrhunderte nicht ausreichen, um ein Volk endgültig zu vernichten: Der Ursprung des

Aufstands liegt vielleicht genauso im Dunklen, in unterirdischen Tiefen verborgen wie die Quelle des Amazonas. Wo liegen die Quellen der palästinensischen Revolution? Welcher Forscher wird zu ihnen vordringen? Ist das Wasser, das aus ihr sprudelt, wirklich neu und fruchtbar sogar?

Manche englischen Leserinnen schwärmen auch heute noch für das Romanhafte. Sie lesen viel. Die palästinensische Revolution scheint eine zusätzliche Aufgabe zu erfüllen: Sie gab der Welt ein anschauliches Beispiel ritterlicher Größe. Man fuhr nach Jordanien in der Hoffnung, Pardaillan zu begegnen.

Da es mir angesichts der verschiedenen Wechselfälle, die mein Leben und meinen Platz in der Welt bestimmten, versagt blieb, diese zu verändern, habe ich mich damit begnügt, sie zu beobachten und, nachdem ich sie entschlüsselt hatte, zu beschreiben, und so war jeder Abschnitt meines Lebens nichts anderes als diese leichte Arbeit des Niederschreibens – Wortwahl, Streichungen, Rückwärtslesen – einer jeden Episode, jedoch nicht wahrheitsgemäß und auf der Grundlage von Ereignissen, die ein transzendentes Auge festgehalten hätte, sondern so, wie ich sie auswählte, interpretierte und einordnete. Da ich weder Archivar noch Historiker noch irgend etwas Ähnliches bin, werde ich mein Leben nur erzählt haben, um eine Geschichte der Palästinenser zu schreiben.

Die Absonderlichkeit meiner Lage erscheint mir heute entweder im Dreiviertel-Profil, im Profil oder von hinten, denn ich sehe mich, mit meinem Alter und meiner Größe, niemals von vorn, sondern stets von hinten oder von der Seite, wobei meine Proportionen durch die Richtung meiner Gebärden oder die Gebärden der Fedajin bestimmt wurden; die Zigarette bewegte sich von oben nach unten, das Feuerzeug von unten nach oben, und die der Bewegung der Gebärden gehorchenden Schriftzeichen stellten meine Größe und meine Stellung in der Gruppe wieder her.

So wie sich in Afrika die Wüste allmählich ausweitet, breitete sich auf der ganzen Welt eine Art Wüste der einfallsreichen Schneidewarenindustrie aus, um – was möglich ist – die Hand vom Geschoß fernzuhalten, das den Tod bringen wird, aber erhalten blieb jenes Funkeln, der dreieckige Lichtreflex auf der Schneide; die Klinge und ihr Herabgleiten zwischen den »Säulen des Gesetzes« und das Zeremoniell im Morgengrauen reichten, um die von der Guillotine ausgehende Faszination zu erklären. In Romanen habe ich gelesen, daß manche Männer der Faszination eines Frauenblickes erliegen. In Châtellerault gab es eine Vitrine, in der ich ein Messer sah, so klein, daß man es noch ein Taschenmesser nennen konnte, dessen Klingen sich nacheinander langsam aufklappten und dann, nachdem sie sich bedrohlich in alle Richtungen der Stadt gedreht hatten – denn dieser Gegenstand drehte sich um die eigene Achse und sagte dem Norden, dem Westen, dem Süden und dem Osten den Kampf an –, bedrohten sie die Straße, in der ich war, die Auslage des Bäckers und, wenige Sekunden später, die Schneidewarenfabrik selbst. Jede Klinge – oder das entsprechende Teil – hatte ihre Funktion, von der tödlichen, die, wenn sie auf die Brust oder den Rücken gerichtet war, das Herz eines erwachsenen Menschen treffen konnte, bis hin zum Korkenzieher oder Öffner für die Flasche Rotwein nach dem errungenen Sieg. Dieser Gegenstand, dessen Griffschalen aus poliertem Horn waren und der an sich, im geschlossenen Zustand, harmlos aussah, blähte sich, wenn die Klingen aufklappten, wie ein Stachelschwein in Gefahr; dieses Messer (Kabinettstück en miniature spitzfindiger Provinztüftler), dieses Taschenmesser mit seinen siebenundvierzig gefährlichen Teilen erinnerte sehr an die palästinensische Revolution: eine Miniaturausgabe, die sich nach allen Seiten – eure Journalisten schreiben »nach allen Richtungen« – bedrohlich spreizt: nach Israel, Amerika, nach den arabischen Monarchien; und wie das Taschenmesser in der Vitrine drehte sie sich um die eigene Achse; und wie bei besagtem Taschenmesser dachte niemand daran, sie zu kaufen; es scheint, daß bis auf den Zahnstocher alle Teile verrostet sind. Neue Waffen stehen inzwischen bereit.

So lange sie lebendig und frisch war – ein mit vielen Lanzen bewehrtes neues, scharfes Taschenmesser mit tödlicher Klinge oder mit Korkenzieher – vermochte mich die palästinensische Revolution von Europa und Frankreich fortzulocken, so lange war die Operation gelungen; ich wünschte sie mir endgültig. Was aber wird jetzt aus dieser Revolution? Im Augenblick entzieht sie sich dem selbstgefälligen Werben der FLN. Vielleicht träumte Algerien davon, die islamische Welt aus den Angeln zu heben, doch gelang ihm wiederum nur ein kläglicher Schlag ins Wasser. Die palästinensischen Führer machen einen müden Eindruck. Mehr noch: Sie sind zermürbt. Die Kraft, die einigen verblieben ist, reicht gerade noch aus, um den Börsenkurs ihrer persönlichen Aktien zu verfolgen.

Die Reise, die ich im Juli 1984 nach Irbid unternahm, die Entdeckung der Stadt, des Lagers, des Hauses, der Mutter – diese ganze glorreiche Vergangenheit von Hamza gehörte tatsächlich schon der Vergangenheit an: Hochmut, Stolz und Selbstvertrauen waren aus der Stimme und aus dem Blick der Mutter gewichen. Ich betrachtete aufmerksam ihre welke Haut, die von hauchfeinen, aber gut sichtbaren Fältchen durchzogen war; das verschleierte Auge, wenn man Schleier nennen kann, was das Auge wie eine durchsichtige, vom Sand zerkratzte Glaskugel erscheinen ließ, eine Kugel, beziehungsweise zwei Kugeln, die mich anschauten und nicht sahen; die Sommersprossen und die Altersflecken, die Reste von Henna, die an den Schuppen zwischen den weißen Haaren klebten oder hafteten; der Verfall der modernen und billigen Geräte – aus Japan, wie mir schien –, die das Haus ärmer machten. Die vergangenen fünfzehn Jahre zeugten von der Eroberung des jordanischen Marktes durch japanische Waren, deren mindere Qualität durch den raschen Verschleiß und die schlechte Qualität der Bruchstücke bewiesen wurde. Radio- und Fernsehgeräte, Elektroherd, maschinengewebte Spitzendeckchen, Kühlschränke, Klimaanlage, das alles war aus Tokio oder Osaka gekommen und funktionierte nicht mehr, keine drei Monate nach dem Kauf, und so bot sich mir ein Bild der Verwahrlosung an diesem Ort, der einst Heiterkeit ausgestrahlt hatte mit seinen gekalkten Wänden und dem gelb-blauen Tischchen. In den palästinensischen Lagern leben noch immer junge Leute, doch ihre Augen leuchten nicht mehr auf beim Gedanken an die Eroberung von Jerusalem, sondern bei den langweiligen Erzählungen ihrer Väter, die nicht durch Taten, sondern durch Abwesenheit glänzten; von Amman aus waren sie über Amsterdam, Oslo und Bangkok durch die ganze Welt gezogen, um Jerusalem zu befreien. Drohte ein einziger Palästinenser in Vergessenheit zu geraten, fürchtete er gleich das schlimmste für all die anderen. Schon wurden sie von den sunnitischen und schiitischen Mitgliedern der islamischen Dshihad überflügelt, die ihnen die Schlagzeilen in den arabischen und europäischen Zeitungen streitig machten. Das Wort Palästina in der Überschrift einer Zeitung hatte einst für erhöhten Umsatz gesorgt, denn jeder hoffte, den Bericht über neue Heldentaten zu lesen; heute liest man sie in der Hoffnung, Neues über ihre Misere zu erfahren. Der Leser ist stolz auf seine Helden, gibt sich aber mit ihrem Sturz zufrieden.

Lautete eine der Losungen Rückeroberung Palästinas, so hieß die andere, gewissermaßen als Ergänzung zur ersten, totale Umwälzung der arabischen Welt und Beseitigung der reaktionären Systeme. Den verantwortlichen Führern gelang es, das Volk in den Lagern davon zu überzeugen: Verzicht auf Nahrungsmittel und dafür Kauf von Waffen für einen totalen Krieg. Wo sind die Waffen geblieben? Wann findet der Kampf gegen die parlamentarischen oder königlichen Monarchien statt? Was ist aus dem Geld geworden? Diese Fragen und andere werden in den palästinensischen Lagern so laut gestellt, daß sie alles andere übertönen.

»Der Aufstand war jung und wir waren es ebenfalls und haben vertrauensvoll und zu schnell und zu klar unsere Ziele formuliert; Brecht hatte recht, als er sagte, die List sei eine Tugend, die den Revolutionären helfen kann.«

Diese Antwort hatte mir eines Tages Abu Maruan gegeben, Vertreter der PLO in Rabat.

Weder Hamza noch seine Schwester und ihr Mann, noch die Mutter hätten allein zum Sinnbild dieser Revolution werden können: Für mich aber hatten sie gezählt – Hamza, seine Mutter, jene nächtliche Schlacht, der Zauber der nahen Waffen... Und alles wurde ausgelöscht.

Wenn ein guter Freund sich zum Abschied aus dem Zugfenster lehnte, ging man früher ein paar Schritte mit ihm mit und winkte wohl mit einem Taschentuch, aber dieser Brauch ist wahrscheinlich aus der Mode gekommen – und mit ihm jenes Stück Stoff, das durch ein akkurat geschnittenes Quadrat weichen Papiers,

Kleenex genannt, ersetzt wurde. Man wußte, daß der Reisende im Zug gut aufgehoben war und wartete auf eine Postkarte von ihm. Wenn ein guter Freund auf einer Straße oder auf einem Weg zu Fuß davonging, warteten seine Gefährten, bis seine Silhouette oder sogar sein Schatten verschwunden war, aber man behielt ihn in guter Erinnerung, und wenn man von seinem Tod erfuhr oder nur von den Gefahren, in die er geraten war, war man davon betroffen.

Ein Abtrünniger der Fatah erklärte mir dies:
»Historisch, geographisch und politisch haben sie sich als eine Ganzheit gesehen, und nach ihrer eigenen Überzeugung, nach dem Bild, das sie von sich hinterlassen wollen, bilden die Palästinenser, auch die in alle Winde verstreuten, einen unteilbaren und unerschütterlichen Block in der Welt des Islams und im Universum. Historisch: Sie betrachten sich als die Nachfahren der Philister, des »Volkes, das übers Meer kam«, also von nirgendwo. Geographisch: Durch zwei Küsten begrenzt, durch jene des Meeres und die der Wüste, hat dieses Volk lange Zeit das Nomadentum verabscheut; ein bodenständiges Volk, das vom Boden lebte; In sein Schicksal ergeben? Unter den letzten Römern wurde es christlich und unterwarf sich später, scheinbar ohne nennenswerten Widerstand, dem Islam und danach der osmanischen Herrschaft. Es erhob sich gegen Israel. Nun war es eingekeilt zwischen zwei großen und zwei kleineren Mächten: Amerika und UdSSR, Israel und Syrien. Politisch: Es möchte auf seinem Gebiet selbst bestimmen und unabhängig sein. Die von Arafat und der PLO geführte Revolution ist gescheitert; auf Betreiben der amerikanischen Juden setzt sich Amerika voll und ganz für Israel ein, aber vielleicht liegt es auch nur daran, daß Israel die nach Osten gerichtete Strategie Amerikas durchschaut hatte. Auch wenn die Palästinenser, die sich einmal blindlings auf den chinesischen Maoismus eingelassen hatten, heute von der Sowjetunion unterstützt werden, stellen sie für diese doch keine feste Stütze dar, eher ein abenteuerliches Moment oder eine abenteuerliche Bewegung, die man sich zunutze machen kann. Bleibt Syrien. Obwohl Palästina, so wie das Baskenland in Frankreich und in Spanien, seit

jeher eine stolze syrische Provinz war und sich, stolz auf seine Einmaligkeit, seine Traditionen und Legenden und im Bewußtsein seiner eigenen Geschichte, gegen die völlige Eingliederung in den Syrischen Staat gewehrt hatte, ruhen heute alle Hoffnungen Palästinas auf Syrien – und hier zeigt sich die Geschicklichkeit von Hafis el-Assad, der selbst einer alauitischen Minderheit angehört –, das mit Israel verhandeln kann, denn das Gewicht eines siegreichen Syriens könnte die UdSSR dazu bewegen, diese sowohl territorial als auch militärisch wichtige Stütze ernst zu nehmen.

»Hafis el-Assad, der rettende Engel?«

»Weder das Wort noch die Idee ist heute aktuell.«

Der Abtrünnige fuhr höflich fort:

»Was zwei Worte enthalten und verbergen: Die Verbitterung kann den Ehrgeiz anstacheln und der Ehrgeiz den Willen zu siegen. Durch ihn geht der Eroberer fast immer seinem Untergang entgegen, aber das Eroberte kann erhalten bleiben. Die Karten werden neu verteilt – diesen Sinnspruch haben eure Orientalisten aus den arabischen Chroniken entwendet, und eure Journalisten haben es von ihnen übernommen.«

»Willst du damit sagen, daß Assad den Ehrgeiz hat, Israel zu besiegen?«

»Die UdSSR könnte Hafis unterstützen, wenn er ein wirklicher Verbündeter wäre. Das würde ihm das Genick brechen, aber nicht der UdSSR. Ein neues Spiel könnte beginnen – nur ohne ihn...«

»Das hieße ja permanenter Krieg.«

»Ich weiß. Und die Palästinenser sind müde. Aber kannst du dir das Leben anders vorstellen als ein Krieg ohne Ende...«

»Wenn die Palästinenser nichts anderes besitzen als ihre Müdigkeit und ihre Passivität, um das zu retten, was sie am meisten lieben, nämlich ihre Einmaligkeit, dann werden sie ihre Müdigkeit und ihre Passivität einsetzen.«

»Das sind jüdische Waffen!«

Auf den meisten palästinensischen Freischärlern schien wie ein Widerschein die einstige Herrlichkeit der großen Familien zu liegen. Mit feierlichem Ernst begingen sie ihre Siege oder zelebrierten vielmehr ihre Waffengänge, da es nur wenige Siege zu feiern gab; aber Tapferkeit vor dem Feind galt noch immer als ein ritterliches Ideal, »altmodisch« zwar, aber von elementarer Bedeutung sowohl für die Moslems als auch für die Christen. Ein jeder, ob adliger oder niederer Herkunft, wollte sich auszeichnen in diesem hohen Wald, in dem es keine Gemeinen gab. Lag es vielleicht an der Nähe des Todes? Die Griechen sagten: »Möge die Erde dir leicht sein«, und bevor der Fidai starb, konnte man von ihm sagen, die Erde ist ihm leicht gewesen. Dies konnte Erstarrung bedeuten, archaische Rückbildung – tote Sprache oder remanenter Fortbestand eines Ehrenkodexes –, mir erschien das aber nicht sehr bedenklich: In der Bewahrung und dem quasi religiösen Respekt dieser heute fast natürlichen Autorität der großen Familien sehe ich nicht nur ein Mittel, das dazu dient, das Draufgängertum der Fedajin aus dem Volk zu dämpfen und den eigenen Söhnen und sich selbst alle Waghalsigkeiten zu erlauben. Was im heutigen Europa nie der Fall gewesen ist, galt hier und jetzt: Einige große palästinensischen Familien waren Zellen des Wagemuts und der Erneuerung.

»Mit großer Sorge sehe ich, wie die Söhne der Märtyrer besonders verwöhnt werden. Nicht jeder Märtyrer ist als Held gefallen. Die Qualitäten des Vaters – selbst, wenn er als Held starb – werden kaum auf die Söhne übergehen, wenn ihre Erziehung nur aus Vergünstigung, Bevorzugung und Nachsicht besteht. Hier entsteht kein neuer Geburtsadel im geheimen, sondern eine Kaste von Erben, die von einem Namen profitieren, ihn verschleudern und verderben.«

Doch um mich herum war Freude, weit weg von mir, aber um mich herum; wenn man so will, befand ich mich am Rand einer Woge des Glücks, deren Ausgangspunkt eine Ansammlung fröhlicher israelischer Flieger sein mochte, die blondgelockt aus ihren Jets gestiegen waren:

»Wir, jüdische Männer, die besten unter den besten, haben unsere Eier über Beirut-West gelegt.«

Mitten unter den Trümmern war ich wahrscheinlich der einzige Mensch, der die Erleichterung nicht nur einer Armee, sondern einer Waffe begreifen konnte, die gerade zum Einsatz gekommen war. Man denke nur an die Traurigkeit der Bomben, die in ihren

Silos begraben liegen und nicht eingesetzt werden – schrecklich und wertlos zugleich. Ein Messer ist zum Schneiden da. Eine Granate dazu, abgefeuert zu werden. Beide sind dazu da, zu morden und Opfer zu schaffen. Tsahal hatte getötet. Vermutlich hatte ein Zeichen gereicht, und die Bevölkerung hatte verstanden und verstummte, so wie man Andacht hält oder die Ohren spitzt, um der erste zu sein, der das Brummen des herannahenden israelischen Geschwaders hört: Dann war es endlich da und klinkte erleichtert seine Bomben aus, setzte seinen Flug fort, zog am blauen Himmel einen weiten Bogen über dem blauen Meer und kehrte zum vergnügten Lachen auf den israelischen Basen zurück.

»Die Waffen sind schrecklich, das stimmt. Sie töten Menschen. Araber. Hätten diese aber schon bei ihrer Befruchtung das Leben verweigert, wir hätten sie nicht getötet, als sie zehn oder fünfzehn wurden.«

Und fügte ein wenig melancholisch hinzu:

»Wie viele nicht benutzte Waffen in den Silos!«

Traurig und gelöst:

»Amerikanische übrigens. Gold im Gestein, Erdöl im Sand, Diamanten in der Mine, und weil wir es mögen, wenn uns schwindlig wird, wollen wir die Zukunft befragen: Wieviel Unerforschtes hält sie noch bereit; und unsere Hirne wägen: wie viele jüdische Zellen werden nötig sein, um das zu vollenden, was sich in Gleichungen, in noch nicht erfundenen Symbolen und ungeahnten geometrischen Figuren nicht fassen läßt...«

Das Erwachen begann vor dem ersten Lidschlag. Ein paar Sekunden Mattigkeit, und das Licht fiel auf die Schwelle und weckte das Auge, das, sich wiedererkennend, die letzten Bilder des Traumes mit dem Bild der Farne von Ajlun verwob. Alle Dinge auf der Welt warteten auf meine Rückkehr in die Wirklichkeit, auf mein Erwachen hier, wo mein Entzücken jedesmal eine Erwartung erfüllte. »Du würdest mich nicht suchen, wenn du mich nicht schon gefunden hättest.« Ein Geistesblitz von Jesus Christus, aber kostbar.

Um sie so zu beschreiben, wie sie nicht waren, griffen die Zeitungen, das heißt die Journalisten, zu Klischees. Als ich unter den Palästinensern lebte, mündete mein stets etwas ausgelassenes Staunen in diese beiden Erkenntnisse: Sie, die Palästinenser, ähnelten in keiner Weise den Porträts, die man von ihnen in der Presse zeichnete, sie waren so sehr das Gegenteil davon, daß ihre Ausstrahlung – und damit ihre Existenz – auf der Negation dieser Porträts beruhte. Jede vertieft dargestellte Eigenheit hatte ihre erhabene Entsprechung in der Wirklichkeit, von der geringsten bis zur dreistesten. So kann ich gleich gestehen, daß ich, als ich bei ihnen lebte – und ich weiß nicht wie oder auf welche Weise ich es sonst sagen könnte –, in meiner eigenen Erinnerung lebte. Mit diesem vielleicht kindlichen Satz will ich aber nicht behaupten, es habe für mich ein früheres Leben gegeben, an das ich mich erinnerte; mein Satz sagt so deutlich, wie ich es eben vermag, daß der palästinensische Aufstand zu meinen frühesten Erinnerungen gehörte. »Der Koran ist ewig, unerschaffen, wesensgleich mit Gott.« Bis auf dieses Wort »Gott« war ihr Aufstand ewig, unerschaffen, wesensgleich mit mir. Habe ich damit deutlich genug gesagt, welche Bedeutung ich den Erinnerungen beimesse?

Seine schroffe, borstige Art, Befehle zu geben, amüsierte und irritierte mich zugleich, und so beschloß ich eines Abends, im Lager von Baqa, ihn nachzuäffen.

»Jeha! Je-han, come in!« rief er meist, denn Befehle gab er am liebsten auf Englisch. Und ich rief: »Je-han!« und hob dabei den Finger, wie ich es bei ihm gesehen hatte. Da niemand zu lächeln wagte, begriff ich, daß man mich nicht komisch fand. Er schwieg eine Weile wie gedankenverloren, und nachdem er sich scheinbar nur mühsam aus seinem Dämmerzustand oder seiner gut gespielten Versunkenheit gelöst hatte, verkündete er:

»Jetzt werde ich Jean nachmachen, wenn er mich nachmacht.«

Die Selbstbetrachtung in einem Spiegel ist wirklich nichts außergewöhnliches, wenn man begriffen hat, daß die Linke rechts ist, doch als ich mich mit einem Mal selbst sah, unter den Bäumen und nicht im Spiegel, als agierende und sprechende Figur, die durch die Stimme, die Gestik der Arme, der Beine, des Halses, des ganzen Körpers und die Haltung der Füße eines Sudanesen dargestellt wurde, da brachen alle außer mir in schallendes Gelächter aus, und was mich besonders schmerzte, es war ein etwas herablassendes Lachen. Ich war dennoch voller Bewunderung. Er mimte mich, wie ich die Stufen einer in den Boden eingelassenen Treppe hinauf- und hinabging. Durch ihn sah ich mich als riesige Gestalt, die sich gegen den fast schwarzen Himmel abhob; oder ausschreitend in der Ferne und doch wieder sehr nahe, etwas gebeugt unter der Last der Jahre und durch die Anstrengungen des Aufstiegs oder Abstiegs von Hügel zu Hügel, mit meinem eigenen ins Märchenhafte überhöhten Gang zwischen Hügeln so hoch wie die Wolken über Nablus dem Abend entgegen humpelnd; dieses Hinken war sicher übertrieben, eine Karikatur und dennoch das getreue Abbild meiner Art zu gehen. Ich begriff, daß ich mich zum erstenmal selbst sah, doch nicht in einem Frisierspiegel, sondern mit dem Blick anderer, die mich durchschaut hatten, nicht so, wie ich von einem Hügel zum anderen wanderte, sondern in meiner Art zu gehen, wenn ich hinkend die in den Fels gehauene Treppe hinunterstieg. Jeder hatte mich also gesehen und konnte sich genau erinnern. Erst später wurde mir bewußt, wieviel Grausamkeit in diesem kurzen Einakter lag.

Mubarak benutzte recht häufig einen Toyota, um Verpflegung zu transportieren. Außer jenem Unteroffizier, der meine Speisereste den Fedajin zu essen gegeben hatte, war da noch ein alter Ägypter, der, wie man mir gesagt hatte, einem Stamm angehörte, der unweit vom Fessan siedelte. Damals, im Jahr 1971, waren die Rolling Stones noch nicht weltberühmt, aber doch schon ziemlich bekannt, und der Toyota hatte im Armaturenbrett ein Autoradio mit Kassettenteil, wenn ich mich recht erinnere. Der Wagen stand und die Rockmusik drang in voller Lautstärke aus dem Lautsprecher, während ich zusah, ohne gesehen zu werden. Mubarak hatte nur seine Hose anbehalten und tanzte barfuß, und er hätte sich dessen nicht zu schämen brauchen, denn er tanzte gut, Gesten der Rockmusik mit sudanesischen Tanzschritten verbindend, während der alte schwarze und leicht ergraute Krauskopf, ohne Mubarak anzusehen, auf einer nicht vorhandenen Gitarre spielte, die rechte Hand auf der Höhe, wo man die Saiten schlägt, und die linke hin und hergleitend auf einem imaginären Griffbrett.

»Großartig!«

Ohne ein Wort zu sagen, zog Mubarak sein Unterhemd, sein Hemd und seine Schuhe mit den weichen Sohlen wieder an, strauchelte, fiel fast hin oder über mich her; er stieg aber wieder in den Toyota und setzte sich neben seinen Kameraden; sie fuhren los, der Auspuff stieß eine dicke Wolke schwarzen Rauchs und einen Laut aus, der beleidigend sein sollte. Ich glaube, er hat mir nie verziehen, daß ich ihn bei seinem Afrika-Tanz beobachtet hatte. Ich selbst war wegen seines plötzlichen Aufbruchs etwas verstimmt, und der leichte Groll den ich eine Weile gegen ihn hegte, kam später in der Bemerkung: »Ich werde Mubarak nachmachen«, zum Ausdruck.

Die Musik der Rolling Stones war echt gewesen, aber nicht die Gitarre, und ihr Fehlen erinnerte mich an das Kartenspiel ohne Karten, und alles erschien mir noch ungereimter als zuvor.

Im Amerika der Weißen sind die Schwarzen die Zeichen, die die Geschichte schreiben; auf der weißen Seite sind sie die Tinte, die ihr einen Sinn geben. Würden sie verschwinden, wären die Vereinigten Staaten für mich nur noch das, was sie eben sind, und nicht mehr der dramatische Kampf, der von Mal zu Mal leidenschaftlicher wird.

Die Erben in absteigender Linie und immer weiter absteigend in der Negation, versinkend, entschwindend in der Droge, die sie nie in den Griff bekamen, diese Erben, die man für das Postament des weißen Amerikas hielt, zerbröckeln. Vor ihrer Grazie geraten die Grundsätze ins Wanken und mit ihnen die Gesetze und die Hochhäuser, die deren Verkörperung und Veranschaulichung waren. In Chicago, in San Francisco, wo trotz der schwangeren Frauen jugendliche Schwäche florierte – um ein paar welker Blüten willen –, in New York, wo der Dreck als Verzicht auf die recht und schlecht geratene Welt der legendären Pioniere, ihrer Söhne und Enkel verstanden wird, versuchte eine mit diesen Blumenkindern vermengte – von ihnen getrennte – rauhe und schwarze – wenn nötig aber strenge – Bewegung, diese Welt – die sie auch ablehnte – zu begreifen und eine neue zu schaffen – das war die durch die Wollust des Daseins verwandelte und widerlegte Negation –, und gegen diesen Sturz in das Nichts stemmte sich die Black Panther Party mit allen Mitteln, gab auch, wenn es sein mußte, ihr Leben hin, schuf um sich herum das, was nötig war, um dem schwarzen Volk eine Form zu geben. Während die Hippies ausflippten, abtörnten oder im Morast versanken, verweigerten die Panther die Welt der Weißen.

Sie werden das Volk der Schwarzen auf dem weißen Amerika gründen, das immer brüchiger wurde – mit seiner Polizei, seinen Kirchen, seinen Zuhältern, seinen Beamten –, doch schon bedeckte der Überfluß die Hippies – ein Haarrißmuster auf dem Block Amerika. Die Panther versorgten sich mit Waffen und vereinigten sich mit den Hippies an einem noch unbestimmten Punkt: im Haß gegen diese Hölle.

Die Black Panther Party war keine isolierte Vereinigung, sondern eine revolutionäre Vorhut. Die Merkmale, durch die sie sich vom weißen Amerika unterschied, waren ihre schwarze Haut, ihr krauses Haar und, obwohl die obligatorische schwarze Lederjacke eine Art Uniform darstellte, ihre ziemlich extravagante Art, sich zu kleiden: Mützen aus sehr bunten Stoffen, die sie nur leicht auf ihr federndes Haar setzten, Schnurrbärte und zuweilen ungepflegte Bärte, enganliegende Hosen aus Samt oder Atlasseide, blau, rosa, goldfarben, und so geschnitten, daß selbst dem Kurzsichtigen die männlichen Attribute ins Auge fielen. Dem ersten Bild, das die Schwarzen als eine Art Schrift zeigt, füge ich ein zweites hinzu: ein rußschwarzer Strom und mittendrin, von den Schlacken befreit und leuchtend schon: die Partei.

Gestiefelt und mit Männerhosen gekleidet bemühten sich die Frauen der Black Panther, die das gleiche Alter wie die Männer hatten, ihren Ernst zu verbergen.

Hier nun eine hastige Aufzählung von Merkmalen, die das Erscheinungsbild einer Gruppierung prägten, die sich ostentativ zur Schau stellte, anstatt sich zu verstecken? Die Black Panther waren vor allem ein Angriff auf den Gesichtssinn. Man erkannte sie sofort an jener eindeutigen und borstigen Handschrift, von der ich schon sprach, und an ihrer Art, sich mit allen und jedem zu solidarisieren, der unterdrückt, kastriert, geschlagen und beraubt wurde, vor allem seiner Geschichte und seiner Legenden beraubt wurde, die eng verknüpft sind mit dem, was, übrigens seit kurzem erst, das Abendland und damit eine entkräftete, aber noch immer unheilvolle Christenheit von sich wies. Um sie herum, um uns herum flattert eine evangelische Moral, die sich nur zögernd verflüchtigt, die aber war. Sich so schnell wie möglich von ihr lösen, das war das Ziel der Schwarzen und ihrer schärfsten Waffe, der Partei. Sie zerschmetterten Engel und ausgelaugte Gebote mit den Grundsätzen, die ihnen die christlichen Kirchen eingehämmert hatten.

Es herrschte in der Tat eine Art unerhörte Fruchtbarkeit, eine solche Überfülle von Haaren, Bärten, Gebärden und Schreien, daß diese Schwarzen an das üppige Wuchern von Farnen erinnerten, von Baumfarnen oder Farnen ohne Blüten und ohne Früchte, die sich durch ihre nach außen geschleuderten Sporen vermehren oder verbreiten; es stimmt, dieses Durcheinander schuf neues Durcheinander; nichts schien mehr festzustehen: Weder die Richtung noch die Richtungen, noch die Richtlinien, nichts war sicher für diese friedfertigen oder befriedeten Schwarzen, und auch nicht für die Weißen; es stimmt, diese Flammen und ihr Funkenflug konnten auch jene verbrennen, die das Feuer legten; ein Wirbel – und nicht Menschen – schien hier die Herrschaft auszuüben; es stimmt, ihre Bekenntnisse waren die von Narren und ihre Listen die von Raubtieren; es stimmt – »Er muß wachsen, ich aber muß abnehmen« (das Evangelium nach Johannes, des Täufers letztes Zeugnis). Ich möchte diesen Spruch so abwandeln: »Er muß wachsen, *damit* ich abnehme.« Es stimmt, wer ihre Gewalttätigkeit nicht erlebte, fand sie anarchisch, denn sie rochen nach Schweiß, wuschen sich nur wenig und aßen fette Speisen; es stimmt, die Black Panther verübten Überfälle auf Gebiete der Weißen und tauchten im Ghetto unter, fanden scheinbar zurück in die Geborgenheit der Hütte, aber alles um sie herum war eine einzige Herausforderung, der sie sich stellen mußten. Nichts wird je wieder so sein, wie es war. Bis 1793 hieß es: Der König = König; nach dem 21. Januar hieß es: Der König = guillotiniert, Prinzessin de Lamballe = aufgespießter Kopf, Souveränität = Tyrannei, und so weiter, die Zeichen, die Wörter – ein ganzes Wörterbuch änderte sich.

Die Bewegung der Black Panther, am Anfang noch ein scheinbar spinniges Benehmen, wurde zu einem Gemeinplatz, selbst für die Weißen. Volk = erhaben, and Black = beautiful.

Außer auf den jordanischen Stützpunkten der Fedajin habe ich nie wieder woanders bei den Toten gelebt. Vorausgesetzt, ich schließe mich dem mythischen Glauben an, wonach die Toten andere Beschäftigungen haben als die Diesseitigen. Es lag sicher auch ein wenig an der Hautfarbe der Black Panther, aber nicht nur daran. Die Tatsache, daß die Polizei sie derart hetzte, bewies, daß sie dem Tierreich angehörten. Um deren Treibjagd zu entgehen, konnten sie unversehens und auf der Stelle unsichtbar werden. Selbst das Mobiliar ihrer Büroräume war düster. Die Mahlzeiten ebenso. Einer der Gründe dafür war vermutlich die tatsächliche Todesgefahr – die Gefahr, zur Leiche zu werden – und ein gewisser Kult um die Toten, um die Eingekerkerten, um all jene, die sie auf Fotos, in Montagen und Gedichten auf unwiderrufliche Weise verewigten: düster, aber nicht trostlos. Ich habe die obigen Sätze geschrieben, möchte sie aber wie folgt berichtigen: Das ganz schwarze Volk Amerikas zählt zu den Toten durch seine Art zu sein, die in allem das Gegenteil zur Lebensweise der Weißen darstellt. Trotz aller Heiterkeitsausbrüche, trotz Gesängen und Tänzen ist das ganze schwarze Volk gleichsam in Verzweiflung gehüllt. Als privilegierter Zeuge eines Mysteriums hatte ich mich aus der Klarheit der Weißen herausgelöst. Als David Hilliard mir das erstemal zulächelte, die Hand und eine »H«-Zigarette im Wagen – dem ein Polizeiwagen folgte – reichte, stieg ich sehr zufrieden in die dunkle Welt hinab. Die Wärme der Körper, der Schweiß und der Atem schienen nicht zu existieren. Die Black Panther sind zäh: Sie bewegen sich in einem Milieu, in dem die Weißen nicht lange überleben würden.

Als David aus der prächtigen Villa eines Weißen herauskam, in der eine Pressekonferenz stattgefunden hatte, sagte er, daß er zum erstenmal in seinem Leben – er war neunundzwanzig Jahre alt – in einem solchen Haus war.

»Und wie ist dein Eindruck?«

Er lachte und sagte dann:

»Ich war sehr unruhig. Zu viele Weiße auf einmal. Ich hatte Angst, man könnte mich beschuldigen.«
»Wessen?«
»Daß ich schwarz bin.«
Er lachte laut.
Als Bobby Seale aus seiner Zelle im Gefängnis von San Francisco eine Fernsehansprache hielt, begriff ich nicht, was er sagen wollte. Zuerst begriff ich ihn nicht. Mich verwirrte die paradoxe Situation: Obwohl er des Mordes angeklagt war, durfte er an diesem Abend im Fernsehen sprechen. Das Ganze spielte sich wie folgt ab: Bobby war im Gefängnis von San Quentin inhaftiert; der Gefängnisdirektor gab, wahrscheinlich im Einvernehmen mit den Justizbehörden, einem schwarzen Fernsehkameramann die Erlaubnis, eine Erklärung des Insassen aufzuzeichnen. Dieser Fernsehreporter war eher ein junger Schwarzer vom Typ Onkel Tom als ein Black Panther, aber sehr bunt gekleidet, mit Bart und Schnurrbart und phosphoreszierenden Haaren; er stellte ziemlich dumme Fragen und leistete ansonsten eine hervorragende Arbeit. Ein Wärter der Strafanstalt führte Seale in eine Zelle, in der die Kamera stand, und blieb während der ganzen Aufzeichnung im Raum, doch ohne sich einzumischen. Bobby saß auf einem Stuhl und fing an zu reden. Zwischen ihm und dem buntgescheckten Kameramann im Afro-Look entwickelte sich zunächst ein Streit, der in Handgreiflichkeiten auszuarten drohte. Die Aufnahme fand dann schließlich doch in mehreren Abschnitten statt, und der Film wurde in die Dosen getan. Vielleicht waren sich die Behörden in einer Frage uneinig gewesen: Sollte man den Film fürs Fernsehen freigeben oder nicht freigeben? Ich habe das alles nicht recht verstanden. Danach wurde Bobby Seale von Kalifornien nach Connecticut (New Haven) verlegt. Ihm drohte noch immer die Todesstrafe, aber nicht mehr derselbe Tod: In Kalifornien war es die Gaskammer, und in New York erwartete ihn der elektrische Stuhl. Wer weiß, was die kalifornischen Behörden dazu bewogen hatte, die Ausstrahlung des Filmes zu erlauben? Bobby, der in einer Gefängniszelle von San Quentin sein Herz ausgeschüttet und gestritten hatte, saß nunmehr im Gefängnis von New Haven, und ich selbst sah und hörte ihn in San Francisco. Ich war entsetzt. Auf

die erste Frage des bunten Vogels, bezüglich der Gefängniskost, antwortete Seale, indem er von der Küche seiner Mutter und der seiner Frau erzählte und wie er früher, als er noch frei war, selbst gern gekocht hatte. Er schilderte ausführlich die Zubereitung eines Gerichts – seines Lieblingsgerichts –, sprach von den benötigten Gewürzen, der Garzeit und wie man es essen sollte: Der revolutionäre Führer produzierte sich als Chefkoch. Plötzlich – man muß schon plötzlich sagen – hatte ich begriffen: Seale sprach nicht zu mir, er sprach zu seinen Leuten im Ghetto. Ziemlich locker und vertraulich sprach er auch über seine Frau und meinte mit einem Lächeln, er müsse leider mit der Masturbation Vorlieb nehmen, die zwar tröstete, aber letztlich unbefriedigend sei. Plötzlich – wieder plötzlich – wurden seine Gesichtszüge und seine Stimme hart: Er richtete an alle Schwarzen, die ihm im Ghetto zuhörten, revolutionäre Losungen in einer Offenheit und Vehemenz, die um so schärfer klangen, als die zuvor empfohlenen Sossen mild waren. Die Botschaft war kurz. Bobby Seale hatte gewonnen. Insofern auch, als die Fernsehstation das Gespräch ein zweitesmal senden mußte.

Der Häftling, der sich außerhalb des Gesetzes stellt, weil man ihn für vogelfrei erklärte, tut dies nicht so sehr aus Trotz denn aus Stolz. Er liebt zwar seine Freiheit, aber auch das Gefängnis, denn er hat gelernt, seine Freiheit selbst zu bestimmen. Die Freiheit in der Freiheit, die Freiheit in der Haft: Die erste wird gewährt, die zweite muß man sich selbst abringen. Da jeder Mensch lieber den Weg des geringsten Widerstandes geht – Askese ist anstrengend –, bevorzugt er die gewährte Freiheit, liebt aber – insgeheim oder nicht – die Ächtung, die es ihm ermöglicht, in sich selbst die Freiheit der Haft zu entdecken. Die Haftentlassung ist auch ein sich Losreißen. Das Ghetto wird geliebt. Eine Haßliebe sicherlich. Die aus der Welt der Weißen ausgestoßenen Schwarzen haben es verstanden – sich in der Not des Ghettos einzurichten, wäre zu wenig gesagt –, eine Freiheit zu finden, zutage zu fördern und auszubauen, die mit ihrem Stolz verschmilzt.

Da ich eine Rasur nötig hatte, führten mich David und Jeronimo zu einem Barbier im Ghetto, und dieser Barbier war eine etwa fünfzigjährige Frau mit fliederfarbenem Haar. Sie hatte noch nie einen Weißen rasiert. Die Männer – Schwarze natürlich –, die auch darauf warteten, bedient zu werden, sprachen mit mir über Bobby Seale, dessen Interview sie am Abend zuvor gesehen hatten. Es waren ausnahmslos ältere Männer, und sie schienen von der Fernsehansprache nicht besonders begeistert zu sein: Eigentlich sei es nur einer von ihnen gewesen, der gesagt hatte, was den Schwarzen gesagt und den Weißen unter die Nase gerieben werden mußte. Der Sprecher hatte gute Arbeit geleistet: Haarspalterei wäre sicher fehl am Platz gewesen.

»Sind Sie aus Frankreich gekommen, um ihn reden zu hören oder um ihm zu helfen?«

»Es ist sowieso die Sache der Schwarzen, ihn da herauszuholen.«

»Seine Freilassung dürfte er nicht den Weißen verdanken: Das wäre ein weiterer Sieg über uns.«

Ich fragte sie, ob sie mit dem, was er gestern gesagt hatte, einverstanden waren.

»Der Wärter war ein Weißer. Die Genehmigung hatten Weiße gegeben. Aus seiner Zelle heraus konnte er nur das sagen, was er gesagt hat, und wir haben ihn verstanden, im ›höheren Sinne‹.«

Bobbys Vortrag war also kodiert gewesen, und seine Hörer hatten ihn dechiffriert.

Bobbys List war von derselben Art wie die Listen der Sklaven auf den Plantagen: Mit Hilfe ihrer afrikanischen Klänge, aus denen später der Jazz hervorgehen sollte, gaben sie zuweilen Flucht- oder Aufstandsparolen weiter. Wenn sie abends oder morgens ihre rhythmischen, sehr eingängigen und für sie selbst sehr klaren Lieder anstimmten, in denen sie zum Sammeln am Fluß aufriefen, von wo aus sie nach Norden fliehen wollten, dann bestimmten sie als Sänger stets Männer oder Frauen mit sehr sinnlichen, erotisch warmen Stimmen, die ebenso verlangend »rufen« konnten wie erregte Männer; Ziel und Inhalt des Gesangs war die Flucht oder die Hilfe für andere flüchtige Neger, oder das Feuer, der Krieg, aber der Ruf wurde stets durch eine Stimme hinausgetragen, aus der die Schwarzen die Verheißung einer Vermählung heraushörten.

Als Bobby Seale mit viel Humor und tiefem Ernst den Männern

und Frauen draußen Rezepte für die Zubereitung von Gerichten zusammenstellte, von denen er in seiner Zelle geträumt hatte sowie Marmeladenrezepte, an die er sich noch erinnerte, als er über seine Frau sprach und von seinen Nächten ohne Liebe erzählte, da »rief« er sie, und die Schwarzen zu Hause vor den Bildschirmen hörten die Botschaft.

In jenen Jahren, als die Black Panther zum Kapitol von Sacramento marschierten, um es zu besetzen, als ihre Leichtathleten in Mexico-Stadt auf dem Siegerpodest sich weigerten, die amerikanische Hymne und Fahne zu ehren, als sie ihre Haare, Bärte und Schnurrbärte wild wachsen ließen und frech zur Schau trugen, da war Johnson an der Macht und ließ Vietnam bombardieren, während in Kalifornien eine Gruppe schwarzer Männer und Frauen – die Black Panther – immer mehr Aktionen durchführten und Zeichen setzten, nach denen nichts mehr so sein würde wie früher.

Die schwarzen Wörter auf der weißen Seite Amerikas sind hier und da durchgestrichen, ausradiert. Die schönsten sind verschwunden, doch bilden sie – die verschwundenen – das Gedicht oder vielmehr das Gedicht vom Gedicht. Wenn die Weißen die Seite sind, dann sind die Schwarzen das geschriebene Wort, das einen Sinn gibt, aber nicht der Seite oder nicht nur der Seite. Die weiße Üppigkeit bildet den Träger für das Geschriebene und den Rand, das Gedicht jedoch – dessen Sinn, aber nicht dessen Realität mir entgeht – wurde durch die abwesenden, namenlosen Schwarzen – durch die Toten, wenn man so will – geschrieben.

Man muß die Abwesenheit und Unsichtbarkeit der Schwarzen, die wir tot nennen, richtig verstehen: Sie bedeuten noch immer Aktivität oder vielmehr Radioaktivität.

Als ihnen, den Weißen, die Afro-Look-Frisur der Black Panther mitten ins Auge, ins Ohr, in die Nase, in den Hals, unter die Zunge, unter die Fingernägel stach, da wurden sie von Panik ergriffen. Wie sollten sie sich auch, in der Metro, im Bus, im Büro und im Fahrstuhl, gegen ein solches Wuchern von drahtigen Haaren wehren, das nicht nur ein in die Länge gewachsenes Kopfhaar war, sondern die Verlängerung von elektrisiertem Schamhaar und ebenso elastisch wie dieses? Lachend trugen die

Panther auf ihrem Kopf ein dichtbehaartes Geschlecht. Darauf hätten die Weißen nur mit einem Erlaß über Sitte und Anstand antworten können, den es jedoch nicht gab. Hätten sie sich vielleicht Beschimpfungen ausdenken sollen, die demütigend genug waren, um die struppigen Bärte aus den schwarzen, verschwitzten Gesichtern zum Verschwinden zu bringen, da jedes Barthärchen, das aus einem schwarzen Kinn sproß, gepflegt, gehegt und gehätschelt wurde, als hinge davon das ganze Leben ab?

Ein in den Ghettos von Alabama oft erzähltes Drama: Eines Tages oder eines Nachts sieht ein Schwarzer auf einem menschenleeren Platz einen Weißen aus dem Schatten eines Ahorns treten, dann noch einen und einen dritten, vierten, fünften. Ihr blondes Haar ist kurzgeschnitten und sie wiegen sich in den Schultern und nicht in den Hüften wie die Schwarzen. Sie kommen näher – lässig? – und bilden einen Kreis um ihn. Er möchte davonlaufen, aber die Beine versagen ihm den Dienst, er möchte schreien, aber aus seiner Kehle kommt kein Laut. Da brechen die Weißen in Gelächter aus und entfernen sich. Sie haben dem Neger, der es wagte, allein auszugehen, gezeigt, wo »sein« Platz ist. Als in der Yale University die Gruppe der sieben Black Panther eintraf, um an einer Pressekonferenz über die Verhaftung von Bobby Seale teilzunehmen, war der Saal mit dreitausend Weißen gefüllt – mit dreitausend Angreifern. Der Ring schloß sich um die Black Panther, aber statt mit Fäusten schlugen die Weißen mit Argumenten zu, die sie in Europa am tausendjährigen Christentum geschärft hatten. Die Panther ließen sich diese Spielregeln nicht aufzwingen:

»Auf eure Argumente werden wir jetzt nicht mit Gegenargumenten eingehen, wir werden feixen und euch beschimpfen. Ihr seid gnadenlose Streithähne, schon eure eisernen Theologen haben Körper und Seelen gebrochen. Die unseren. Wir werden euch beleidigen und danach erst mit euch sprechen. Wenn ihr am Boden vernichtet und zerschlagen seid, werden wir euch ganz ruhig unsere Argumente sagen. Ruhig und souverän.«

Ein zweiter Schwarzer:

»Es geht nicht darum, daß eine neue Theorie ›wahrer‹ wäre als die alten, aber indem man diese zum Verschwinden bringt oder auch nur an einen anderen Platz setzt, verschafft man sich die gleiche Freude, die man empfindet, wenn jemand, der lange lebte, endlich stirbt. Wenn alles ins Schwanken gerät, wenn die Wahrheiten, die als unumstößlich galten, zu Fall kommen, dann kann man nur lachen: und es wird was zum Lachen geben! Die Revolution ist die fröhlichste Zeit im Leben.«

Das gekrauste, gelockte und nach allen Seiten abstehende Haar, die Bärte, die Behaarung, das Lachen, die Schreie, die stahlblauen Blicke und die tropische Ausgelassenheit, die ihnen sichtlich Spaß machte, stärkte ihr Selbstbewußtsein und hinderte die anderen daran, sie zu negieren.

»Wir haben beschlossen, so zu sein, und ihr werdet uns so erleben, wie wir uns zeigen. Ihr werdet von uns das hören, was wir über uns mitteilen wollen. Vor dem Ohr kommt das Auge. Am Anfang war die schwarze Farbe, dann kam unser Schmuck und danach erst die amerikanische Sprache, so wie wir sie umgeformt haben, um mit ihr zu spielen und um euch das Leben sauer zu machen. Nichts wird gesagt werden, das nicht erst durch das Schwarze ging.«

»Wir werden versuchen, neue Wahrheiten über die alten zu schieben. Ihr werdet sehen, wie komisch das ist...«

Es wäre leichtfertig zu behaupten, daß Sankt Pauli schön wurde, als man das Vergnügungsviertel wieder aufbaute. Ich empfand eigentlich keinen richtigen Ekel, es sei denn, er wurde durch mein noch größeres Staunen verdrängt: Um die Manege herum reihten sich die Tische und Stühle der Gäste. In der Manege trotteten fünf erschreckte und betrunkene Esel, denen man Bier zu trinken gegeben hatte und auf denen Reiter saßen, manchmal auch eine Reiterin. Und noch ein Detail: Die Manege war mit einer dicken Schlammschicht bedeckt. Jedes betrunkene Tier versuchte, seinen Reiter abzuwerfen, der fast immer ein Teutone war. Unter dem Gejohle der Zuschauer, die Unmengen von Moselwein in sich hineinkippten, aber sturzbachartig wie der Pinkelstrahl von Halbwüchsigen, wurde der Reiter vom stockbetrunkenen Esel in den Schlamm geworfen. Ich glaube, daß der Ekel mein Staunen keinen Moment zu durchdringen vermochte. Von diesem Viertel, aber vor allem von jenem Stadtteil von Hamburg wollte ich erzählen, das man, von Sankt Pauli kommend, auf der Höhe des Bismarckdenkmals erreicht, ziemlich nahe am Zentrum, unweit vom alten Polizeigebäude. Hier begann der zerbombte Teil von Hamburg. Mit ihren nach oben gereckten Armen stützten die Kariatiden – zwanzig Meter hohe nackte Männer aus rosafarbenem Marmor, wie ich glaube, oder auch aus Granit – nur den Himmel oder die Leere, wenn man so will. Die Kugeln und Granatsplitter waren an ihnen vorbeigeflogen, ohne einen einzigen Kratzer auf den Muskeln der Beine und der Brust zu hinterlassen. Im Vergleich dazu erschienen mir die zwanzig Etagen der Hochhäuser von Beirut wie aus Pappe oder Sperrholz gebaut. An den rosa Granit von Hamburg mußte ich denken, als ich die schlechte Qualität des Baumaterials sah, das man in Beirut verwendet hatte, wo von den Häusern niemals mehr übrigblieb als die Eisenstäbe, die aus den sicher zerbrechlichen Betonwänden ragten. Der Anblick von Beirut und die Erinnerung an Berlin und Hamburg (1947) überzeugten mich von zwei Tatsachen: Die Israelis waren bestimmt ebenso gute Piloten wie die der Royal Air Force, und die Libanesen bauten so, daß man die Trümmer leichter wegräumen konnte. Die Ruinen in den drei Städten waren sich nicht gleich, sie waren einander nicht einmal ähnlich, aber was davon übrigblieb, war der Beweis dafür, daß zwei entgegengesetzte Zivilisationen sich gegenseitig aufgezehrt hatten, wenngleich eine gewisse Verwandtschaft zwischen den Soldaten der RAF und denen Israels zu bestehen schien: die gleiche präzise Arbeit, auf den Millimeter genau, was vielleicht auf dieselben Methoden ihrer Nachrichtendienste schließen ließ.

Ich habe schon einmal gesagt oder werde es später sagen, daß der Ausdruck: *»entre chien et loup«*[*] eine bestimmte Tageszeit anzeigt, aber auch einiges mehr: das Dämmergrau, so wie man auch vom grauen Alltag spricht, die Stunde, da der Abend so unaufhaltsam naht wie der Schlaf, das Wiederkehrende und das Ewige, die Stunde, da in der Stadt die Straßenlaternen angehen

---

[*] Zwischen Hund und Wolf – Übergang vom Tag zur Nacht, Abenddämmerung

und die Kinder kein Ende finden, noch ganz in ihre Spiele vertieft, obwohl ihnen die plötzlich wieder aktiven Augen fast zufallen, die Stunde – hier benutze ich das ortsbestimmende Adverb, weil diese Stunde eher ein räumliches als ein zeitliches Geschehen kennzeichnet –, wo jedes Wesen zu seinem eigenen Schatten wird, der anders ist als er selbst, die Stunde, da man den Hund nicht mehr vom Wolf unterscheiden kann, die Stunde der Verwandlungen, wenn der Hund zum Wolf wird, wie man fürchtet und zugleich hofft, die Stunde, die gewissermaßen von weit her kommt, mindestens aus dem Hochmittelalter, als es auf dem Land bald mehr Wölfe gab als Hunde, eine unerquickliche Zeit, von der ich so sprechen sollte, wie man ein paar Schritte zurück macht und Anlauf nimmt, um einen einfachen Gedanken auszudrücken, dessen bloße Erwähnung, als er mir so nebenbei, versehentlich entschlüpfte, die verantwortlichen Führer wild aufschreien ließ, da ich ihn äußerte. Was war das für ein Gedanke? Mehr als alles andere befürchtete ich logische Überlegungen, zum Beispiel die unsichtbare Metamorphose eines Fidais in einen Schiiten oder Moslem-Bruder. Niemand in meiner Umgebung sah in einer solchen Wandlung etwas Selbstverständliches, möglicherweise zu recht, sofern sie sich plötzlich, nach außen und für alle sichtbar vollzog; da aber jeder Mensch mit einem inneren, latenten Widerstreit und Zwiespalt geboren wird und aufwächst, war nicht auszuschließen, daß ein Moslem-Bruder heimlich von einem Fidai Besitz ergriff. Anders als das Wort Abenddämmerung bezeichnet hier der Ausdruck »zwischen Hund und Wolf« – also hier und für mich – jeden Moment, möglicherweise alle Momente des Lebens, die ein Fidai durchlebte und die sich fortwährend in jener Stunde vollzogen, zu der man, zumindest in den ländlichen Gegenden von Frankreich, »zwischen Hund und Wolf« sagt.

Für uns besitzt dieser Ausdruck einen vielleicht etwas verstaubten Zauber, zumal wir wissen, daß bei uns auf dem Land alle Wölfe getötet wurden, mit den Läufen zwischen den scharfen Zacken der berüchtigten Wolfsfallen gefangen oder bei Wolfstreibjagden gehetzt und erschlagen, so daß das Wort *loup*, im Französischen nicht besonders häufig vorkommt, sich nur in zwei bis drei Wendungen wiederfindet, von denen das eine, der *grand louvetier** einen ziemlich harmlosen Jägermeister bezeichnet, das zweite, *louper*** zur alltäglichen Umgangssprache gehört und *louveteau****, das noch harmloser ist; kurzum, das ist alles, was von den Wölfen übrigblieb, und an die Verwandlung eines Hundes in einen Wolf glaubt niemand mehr. Im Nahen Osten bestand aber die Gefahr, daß ein Palästinenser von einem Bruder belauert wurde, so wie der Wolf den Hund belauerte. Aber da mir heute, am 8. September 1985, ein führender Funktionär versichert hat, daß eine solche Gefahr nicht besteht, wollen wir das eben geschriebene und gelesene einfach vergessen.

In den Vereinigten Staaten war es zu einer ähnlichen Erscheinung bei den Black Panther gekommen. Nicht, daß die Partei etwa durch die Nixon-Polizei unterwandert worden wäre, aber die Rivalitäten zwischen schwarzen Männern (männliche Eitelkeit) und zwischen schwarzen Frauen (Starallüren) sind vom FBI immer mehr ausgenützt worden, um durch eine Art Phagozytose eine irreversible Zersetzung der Panther zu bewirken, was offenbar gelang.

In den Straßen, aber vor allem in den Gassen von Beirut konnte man im Jahr 1982 zu jener Stunde, mit der ich mich so eingehend beschäftigt habe, oft braungebrannten jungen Männern begegnen, an denen die weiße Partie über der Oberlippe besonders ins Auge fiel; daran konnte man einen Palästinenser erkennen. Er hatte geglaubt, er würde durch das Abrasieren seines Schnurrbartes unerkannt bleiben, doch die Blässe der Haut an dieser Stelle verriet seine wahre Herkunft. In den Vereinigten Staaten erwiesen sich die Schwarzen als die Zeichen, die diesem fahlen Kontinent einen Sinn gaben. In Jordanien konnte man den Eindruck gewinnen, daß alles, was hier geschah, der Aufruhr und die Revolution, ein einziges, mehr oder weniger ausgedehntes, mehr oder weniger blutiges Fest wäre, das zu Ende gehen würde, wenn die Kräfte nachließen.

In dem Rechteck um Ajlun hätte ich verschwinden können, und niemand hätte davon erfahren. Da es in dieser Armee überall

---

* Großer Wolfsjäger
** verpassen, danebentreffen
*** »Wölflinge« bei den Pfadfindern

Löcher gab, fielen sie niemandem auf; wir konnten uns, so schien es jedenfalls, überall frei bewegen; um einen Soldaten vom anderen zu unterscheiden, vertrauten die Posten eher einer gewissen Familienähnlichkeit – Gesichtszüge, Verhaltensweise – als der Uniform, die auch jeder feindliche Beduine aus amerikanischen Restbeständen hätte kaufen können, denn es handelte sich um den berühmten gefleckten Kampfanzug, auch Tarnanzug genannt. Alle Fedajin, also alle Mann – außer mir, mit meinem weißen Haar, meinem Alter, meiner Kordhose und vor allem mit meiner Gewißheit, daß ich ein Teil dieser Rinden und dieser Blätter war –, alle Welt trug also diese Tarnkleidung.

Jedesmal, wenn ich die Stützpunkte verließ – es geschah zwei- oder dreimal –, um nach Damaskus, nach Beirut oder nach Paris zu reisen, wurden die Verantwortlichen davon unterrichtet; ich weiß aber, daß niemand über mein Verschwinden eines schönen Tages beunruhigt und überrascht gewesen wäre.

Niemand und nichts, auch keine besondere Erzählweise kann wiedergeben, was die sechs Monate Verbannung in den Bergen von Djerasch und Ajlun für die Fedajin bedeutet haben, vor allem die ersten Wochen, bevor die starken Winde und Fröste kamen. Gewiß, ich könnte über die Ereignisse selbst berichten, eine Chronologie herstellen, die Erfolge und die Fehler der Fedajin aufzählen, das Wetter, die Farbe des Himmels, der Erde und der Bäume beschreiben, aber niemals jene leichte Trunkenheit spürbar vermitteln, den schwebenden Gang über dem Staub und den trockenen Blättern, den Glanz der Augen, die Transparenz der Beziehungen der Fedajin untereinander und zu ihren Anführern. Sie waren die Gefangenen dieses Rechtecks von sechzig mal vierzig Kilometer, und ihr Benehmen erinnerte an die Pose junger Edelleute auf alten Wandteppichen. Wenn man sie sah, konnte man meinen, sie wären Gefangene auf Ehrenwort. Alles und alle waren freudig erregt, vergnügt und begeistert von dieser für alle, auch für mich, neuen Art zu leben, doch in dieser Erregung lag eine seltsame Starre, ein Lauern, eine Art Zurückhaltung und ein sich Zurücknehmen wie bei jemandem, der zuschaut und kein Wort sagt. Alle waren mit allen befaßt, und doch war jeder in sich gekehrt, nicht trunken, aber allein. Vielleicht auch nicht. Im Grunde heiter und verstört. In der Gegend Jordaniens, in die sie sich zurückgezogen hatten – ich werde je nach dem Zeitpunkt entweder von Rückzug oder von Flucht sprechen –, war das Leben unter den Bäumen so herrlich, daß die Bessergestellten in der arabischen Welt die palästinensische Revolution für nichts mehr als eine gewöhnliche Empörung hielten. Auf besagtem Gebiet befanden sich Wälder, kleine jordanische Dörfer, in denen man nur wenige Bäuerinnen sah, die sich rasch wieder versteckten sowie kärgliche Anpflanzungen oder genau genommen nur schlecht bestellte Felder, denn mir war aufgefallen, daß der Boden fett und fruchtbar, aber oberflächlich gepflügt und die Aussaat ohne Sorgfalt erfolgt war, wobei der Hafer und der Roggen an manchen Stellen sehr spärlich und an anderen zu dicht gesät standen. Die jungen Soldaten pflegten ihre Waffen geradezu liebevoll und mit einem so durchsichtigen Fett, daß ich zwangsläufig an Vaseline als Schmiermittel denken mußte. Alles deutete darauf, daß sie in ihr Gewehr verliebt waren. Es war wie ein Zeichen siegreicher Männlichkeit, das sonderbarerweise die Aggressivität dämpfte. Wenn wir uns zum Tee versammelten, oder auch am Abend, baten sie mich, von Amerika und seinen Wolkenkratzern zu erzählen. Sie waren wohl auf die tollsten Absonderlichkeiten gefaßt, denn sie staunten nicht, als ich ihnen sagte, daß die Hochhäuser in den Städten im Stehen scheißen. Aber nicht zu geregelten Zeiten wie gesunde Menschen etwa, sondern immerzu, am Tag wie in der Nacht, und aus mehreren Ärschen gleichzeitig. Der in Schüben aus ihnen hervorquellende Kot entleerte sich einfach auf die Straßen. Tag und Nacht schieden die New Yorker Wolkenkratzer aus ihrem Gedärm wahre Massen von Menschen aus, die zusammengepfercht in ihren vielen Etagen hausten, und wie nach einer Verstopfung erfolgte die Entladung jedesmal mit einer solchen Heftigkeit, daß gleich nach dem ersten kräftigen Schiß das Gebäude sich erleichtert streckte, bereit für einen neuen, ewig wiederkehrenden Durchmarsch.

»Und hat das gestunken?«

»Kaum. Die Exkremente der Amerikaner sind blaß und geruchlos.«

»Aber hör mal«, sagte Khaled Abu Khaled zu mir, »du hast mir erzählt, daß Amerika früher von Wäldern bedeckt war, und daß sie dort mächtige Werkzeuge haben. Anstatt diese vielen Wolkenkratzer zu bauen, die wie Kartoffelquetschen im Stehen ihren Schiet ablassen, warum haben sie da nicht tiefe Schächte gegraben, so breit wie die Wolkenkratzer, aber unter der Erde? Dann wären die Eichen stehengeblieben, und die Leute wären mit Fahrstühlen hinabgestiegen.«

»So wie Bergleute, aber mit Stollen und Zimmern aus rosa Marmor?«

»Zum Beispiel.«

»Hoch lebe also das Leben der Neger in Südafrika?«

»Und der elektrische Stuhl, ist das ein richtiger Stuhl?«

»Eher ein Thron. Der Verurteilte setzt sich drauf und legt Arme und Hände auf die Lehnen.«

»Könnte man ihn denn nicht im Liegen hinrichten? Oder stehend? Vor wem sitzt er denn auf dem Thron?«

Revolutionäre sterben oft sehr jung, sie haben kaum Zeit, sich New York zu erträumen. Sie überqueren das Meer, den Himmel, die Gärten. Nachts dringen sie in Zimmer ein, töten oder verstecken sich und stoßen sich dabei an den Möbeln, und selbst ihre friedlichste Gebärde ist noch ein Blitz. Die diesseitige Welt, unsere Welt, für die sie ihr Leben hingeben würden, lebt im Alltag. Sie bereitet ihre Mahlzeiten zu, sie schläft: Übermenschen halten Wache und essen eine Kleinigkeit, wann es sich gerade ergibt. Der Ernst der Revolutionäre heißt spielen, also immer wieder neue Kombinationen ersinnen, die sie später lösen werden. Hier ist alles eine Frage des Stils.

Mubarak, der stets seinen Tarnanzug trug, tauchte auf, tauchte unter. Wenn er nicht in Ajlun war, auf welchem Stützpunkt war er dann? In einem Lager? Aber in welchem? Und was tat er dort?

In meinem ganzen Leben werde ich nur ein Stück Radium gesehen haben: Abu Kassem. Ich erlag sehr bald seiner Ausstrahlung, und damit meine ich, daß ich *einem ständigen Beschuß durch Teilchen* ausgesetzt war. Das hatte auch mit Erotik zu tun, jedoch mit einer ausgelöschten Erotik, es war wie das Fehlen einer Entladung, die als solche erlebt wird, oder einer Detonation. Eine gewisse Zeit lang glaubte ich oder gab vor zu glauben, er sei das Geschenk der Verantwortlichen oder seine bloße Gegenwart sollte mich, noch bevor ich seine Argumente gehört hatte, von der Wichtigkeit des Widerstands überzeugen. (Es war die Zeit, da man sich noch unschlüssig war, wie man die Bewegung nennen sollte: palästinensische Befreiung, palästinensischer Widerstand oder palästinensische Revolution.) Er war der erste, der mich damals begrüßte, zusammen mit einem anderen Fidai, der französisch sprach. Ich war nicht so sehr von seiner Schönheit, das heißt, von der Schönheit des Antlitzes, des Blickes und des geahnten Körpers beeindruckt als vom harmonischen Zusammenspiel dieser verschiedenen, sehr unvollkommenen Teile an ihm, das letztlich seine äußere Erscheinung bestimmte: ein gedämpfter Elan.

»*Salem Allah alaikum!*«

»*Alaikum Salam!*«

»Kommst du aus Frankreich? Und woher?«

Urplötzlich fühlte ich mich wie in einer samtenen Falle gefangen. Zum erstenmal hatte mich jemand auf diese Weise begrüßt. Statt des banalen *Salam alaikum* hatte er den feierlichen Gruß *Salam Allah alaikum* gesprochen.

»Aus Paris.«

»Ich habe dich gehen gesehen, du hinkst ein bißchen.«

»Eine kleine Wunde an der Ferse. Erinnerung an einen Sturz in England.«

»Ist es in England kalt?«

Als ich meine Jacke an einen Nagel hing, war Abu Kassem plötzlich verschwunden. Sein Kamerad schien sich ebenso darüber zu wundern wie ich.

»Wo ist dein Freund geblieben?«

»Rausgegangen. Mußte scheißen.«

»Was will er denn?«

»Ich kenne ihn nicht. Ich habe ihn auf dem Asphalt (der Landstraße) getroffen. Er hat mit der Hand auf dich gezeigt: ›Ist das der Franzose?‹, und ist mitgekommen.«

Neben uns tauchte Abu Kassem wieder auf, still und mit einem leisen Lächeln.

»Das wird dir helfen, beim Gehen.«
»Danke.«

Ich nahm den Stock, von dem er mit einem Taschenmesser die Blätter, die Knoten und sogar die Rinde entfernt hatte. Zum Fidai sagte er:

»Übersetz ihm. Wie alt bist du? So alt wie mein Vater oder der Vater meines Vaters? Du hast nicht mehr viel Zeit, um in Frankreich die Revolution durchzuführen.«

Abu Kassem war unerträglich. Er weihte mich feierlich und mit großem Ernst in den Leninismus ein. Schon als siebzehnjähriger kannte er auf Arabisch ganze Passagen aus Lenins Werken auswendig. Er zitierte sie mir am Abend mit der Ehrfurcht eines *Fqi*, der den Koran spricht. Sein Kamerad, der Französisch konnte, dolmetschte und dachte – in den Atempausen, die Kassem ihm ließ – an zwei Dinge: in seinem Gedächtnis den richtigen Satz oder vielmehr Lehrsatz Lenins zu finden und in seiner Revolvertasche einen Kamm, um seine Locken aus der Stirn zu kämmen. In jedem Kämpfer, der so stolz ist, ein stählerner Block zu sein, hätte ich das Schaudern eines Menschen wahrnehmen müssen, der sich vor dem Licht mehr fürchtet als vor der Finsternis.

»Und deine Chefs?«
»Welche Chefs?«
»Deine. Warum gehorchst du deinen Chefs?«
»Man braucht immer jemand, der die Befehle gibt. In der Sowjetunion gehorcht man Kossygin, oder nicht? Du verstehst das nicht, du bist ein Franzose. Warum haben die Franzosen de Gaulle verraten?«

»Sie haben ihn durch Pompidou ersetzt. De Gaulle mußte nach Hause gehen.«

»Ich heiße Raschid«, sagte zu mir der Dolmetscher-Fidai, indem er mir ins Wort fiel. »Überfordere Kassem nicht, er ist sehr jung. In seinem Alter glaubt man an die Treue gegenüber einem Menschen, und die Dummköpfe glauben noch daran, wenn sie vierzig oder fünfzig sind. Ich werde ihm das alles ganz sachte und auf Arabisch erklären. Ich bin dreiundzwanzig. Schlaf jetzt.«

»Sardina, Sardina, immer nur Sardina!«

Ein Fidai, der Küchendienst hatte, brachte die Tunfischdosen und öffnete sie. Für die Freischärler und vor allem für Kassem waren alle Konservenfische Sardinen. Kassem war in der Nähe von Mafraq geboren und hatte noch nie das Meer gesehen. Jeder von uns gab seinen Senf dazu, und so erfuhr er fürs erste, daß das Meer blau sei.

»Blaues Wasser!«

Wir zeichneten auch in den Sand die Gestalt von Fischen, die anders aussahen als Sardinen und größer waren.

»Und ihre Stimme, wie ist die?«

Niemand traute sich, die Stimme von Fischen nachzumachen, und ich sagte:

»Wir sollten was für Mubarak aufheben.«

Da merkten die anderen in der Gruppe, daß Mubarak verschwunden war. Halb ironisch, halb interessiert fragte mich Kassem:

»Du hast von den Erscheinungen der Jungfrau Maria, der Frau von Jesus gesprochen...«

»Nicht der Frau, der Mutter.«

»Die Mutter? So, wie du es erzählt hat, war sie jung. Und was für eine Sprache hat sie gesprochen? Die der Sardinen?«

»Weiß man, wo sie ist, wenn sie erscheint? Und wo ist sie, wenn sie nicht da ist? Was weißt du darüber? Zum Beispiel, wo ist Mubarak?«

Das waren Kassems letzte Worte.

Das Gespräch plätscherte leicht dahin und jeder dachte an sein eigenes Verschwinden auf der anderen Seite des Jordan.

Ich war nicht der einzige, der die Eigenschaften von Abu Kassem, dieses radioaktiven Blocks neben mir, kannte. Sein sehniger Körper lachte allemal jedem zu, aber ein Wort, eine Gebärde konnte seine Reize noch erhöhen, dann zeigte sein Körper die Zähne. Wie viele andere Fedajin wurde auch er für einen Einsatz am Jordan ernannt. Scheinbar gelassen machte er sich auf den Weg, seiner Schönheit bewußt und des Ruhmes, der ihn umgab und seinen Tod verklären würde. Half ihm seine Schönheit zu sterben? Damit meine Frage vollständig sei, hier noch deren Kehrseite: Welcher Fidai, der keinen Charme besitzt – doch schon frage ich mich, ob er welchen besaß? –, der ohne besondere Reize ist und den Befehl erhält, in die Jordanniederung hinabzusteigen und damit in den Tod zu gehen, sieht sich nicht als ein Geopferter, möchte nicht aufbegehren gegen sein in Demut und ohne Glanz verbrachtes Leben und in Israel eine Heldentat vollbringen, die ihn zum Schrecken der Juden machen würde?

Während eines meiner Aufenthalte in Syrien, unweit der libanesischen Grenze, sah ich einen ziemlich unrasierten Kaffija aus einem Haus kommen, ein paar Schritte nur von meinem Taxi entfernt, das durch syrische Sodaten an der Weiterfahrt gehindert wurde, und in diesem Augenblick glaubte ich, Arafat wiederzuerkennen. Er schritt zwischen den Fedajin hindurch, von denen sich kein einziger erhob. Er war es nicht. Doch als der Wagen an meinem Taxi vorbeifuhr und ich sein anderes Profil erblickte, wußte ich, daß er es doch war, obwohl die Zeitung, die vor mir lag, ihn in Algerien zeigte, und ich sagte mir, daß dieser Mann seine Zeit damit verbringt, hier und da abwechselnd sein linkes und sein rechtes Profil zu zeigen. Gewisse Königinnen verfahren ebenso: auf Eselsrücken durchreisen sie ihr Land, schön langsam, damit die Photographen genug Zeit haben, die respektvollen Hochrufe von Bauern aufzuzeichnen, welche sich gewöhnlich in Warenhäusern einkleiden, aber an diesem Tag ihre alten Kostüme angelegt haben. Das Ganze lief wie folgt ab: Der Rolls-Royce blieb neben einem Esel stehen, die Königin stieg aus usw. Arafat verschwand, bevor er in den Wagen stieg, von der Menschenmenge regelrecht verschluckt. So viele Menschen schienen mir die Skrofeln zu haben, daß es ein Verbrechen gewesen wäre, den Platz eines einzigen Kriegers einzunehmen, der die Chance hatte, davon geheilt zu werden.

Seit seinem aufsehenerregenden Empfang bei der UNO schien Arafat immer mehr zu verblassen, in die Bedeutungslosigkeit zu versinken. Die Palästinenser wurden nervös. Trübsinn machte sich breit auf den Gesichtern, den Körpern und in den Reden. Die Angst, man könnte sie übersehen oder vergessen, hatte in den

Jahren zwischen 1965 und 1974 die Fedajin und das palästinensische Lager aufrecht gehalten. War nun die Zeit gekommen, da Arafats Befürchtung sich bewahrheiten sollte, die ihn eines Tages sagen ließ: »Europa, die ganze Welt spricht über uns, fotografiert uns, hält uns damit am Leben. Wenn aber diese Fotografen, die Rundfunk- und die Fernsehreporter nicht mehr zu uns kommen und die Zeitungen aufhören, über uns zu schreiben, dann wird Europa, dann wird die Welt denken: Die Palästinensische Revolution ist am Ende, das Problem wurde durch Israel oder durch Amerika gelöst und zu ihren Gunsten.« – War diese Befürchtung eine böse Vorahnung? Ich glaube, die Mehrheit in der PLO wollte von sich ein ehrsames Bild vermitteln.

»In den Jahren 1970–1971 habe ich auch Fedajin erlebt, die froh waren, ohne viel zu riskieren, Autos, Fotoapparate, Schallplatten, Bücher und Hosen zu klauen. Um sich vor moralischen Vorwürfen zu bewahren, sagten sie zu sich selbst und zu den anderen: ›Ich bin ein Revolutionär.‹ Sie waren im doppelten Sinn der Wörter, frei zu stehlen, denn eine höhere Instanz und Autorität (die Revolution), die über all den anderen stand, beschützte sie, mehr noch: Sie animierte sie zu diesen Fehltritten, zum Diebstahl sozusagen – denn nicht zu stehlen, hätte den Zaghaften vielleicht den Vorwurf eingebracht, sie seien ›keine Revolutionäre‹; die Revolution begann mit der Aneignung oder Beschlagnahme des Besitzes der Reichen. Erinnere dich an die Losungen des Aufstandes, in denen die drei Feinde genannt wurden: Israel, Amerika und die Regierungen der arabischen Polizeistaaten.«

Und durch die Existenz derer, die hier an dritter Stelle genannt werden, umgab die Fedajin, jene helle Gloriole, mit der die Jugend der Welt sie entdeckte. Wenngleich sie nicht den Heldenmut einer Leila Khaled aufbrachten, die in der El-Al-Maschine eine Handgranate scharfgemacht hatte, waren sie doch bereit, ein unannehmbares Bild von sich gelten zu lassen.

Ich will gerne glauben, daß es unter den führenden Köpfen Haie gegeben hat, die zwar keine Flugzeuge entführten, aber dafür Gelder der Widerstandsbewegung unterschlugen, und das ist der Grund, warum mir einige Palästinenser, einfache Leute, Namen und Beweise nannten und für die Umgebung Arafats voller Verachtung waren.

Um dies nicht ständig vor Augen zu haben – vielleicht auch, um ihr eigenes Gewissen zu beruhigen –, haben sich verantwortliche Funktionäre wie auch einfache Fedajin einer höheren Idee verschrieben: »Für den Sieg der Revolution...« – »Besser als ich selbst haben die Fedajin zugesehen, wie riesige Summen in die Hände von Verantwortlichen, ihrer Frauen und Kinder übergingen...«

Die Söhne der »berühmten Märtyrer« wurden verhätschelt. Es entstanden die Generationen der Erben, die schon in ihren Anfängen den Keim neuer Rivalitäten in sich trugen: zwischen den Sippen, den Städten, den Dörfern, den Familien, den Anhängern und den Bündnispartnern. Ich frage mich sogar, ob die Gelder aus den Golfländern, und überhaupt die Hilfe der Arabischen Liga, nicht ganz gezielt den Funktionären zugesteckt wurden, um sie in Versuchung zu bringen und letztlich zu korrumpieren?

Die Familien, die auf eine reiche und vielleicht auch legendäre Geschichte zurückblicken konnten – Mekka, Medina, Damaskus als Residenz der ersten Omajjaden, Jerusalem zur Zeit Titus', oder ein Dorf in Galiläa vor Christus, also von den Anfängen bis zu Lawrence –, rühmen sich bis heute in der Umgebung Arafats einer Herkunft, deren Chronologie nicht gesichert ist. Die besten unter ihnen, die Großen Familien, haben aber der Revolution einige ihrer eifrigsten Verfechterinnen geschenkt: Nabila, Leila und viele Namenlose.

Die »Larven«, die ich nicht anders nennen werde, jetten im Concorde von London nach Rio und von Los Angeles nach Rom und wohnen in der Avenue Foch und am Monte Parioli.

Bis auf ein einziges Mal ist Abu Omar vor mir nie in Wut geraten; aber an diesen einen Zornesausbruch kann ich mich gut erinnern. Sein Gesicht wurde mit einem Mal ganz weiß, seine Heiterkeit wich tiefstem Ernst, und sein rundes Gesicht wurde lang. Er nahm so hastig seine Brille von der Nase, daß er sie nachgerade herunterzureißen schien. Ich hatte gesagt:

»Daß für Euch Gott ein Postulat ist...«

Fassungslos schwieg er einige Sekunden lang, doch dann jagte sein Zorn in die Höhe wie die Quecksilbersäule eines Thermometers, das man in siedendes Wasser steckt.

»Gott ist kein Postulat! Gott ist...«

»Was?«

»Er ist das Erstseiende, der Unerschaffene.«

»Und das Zweit-Seiende?«

»Die Revolution.«

Gott, Anfang und Ende, der Ewige, der Unerschaffene, ist, war also für ihn eine absolute Gewißheit. Die zornige Ablehnung des vielleicht hochtrabenden, aber harmlosen Wortes Postulat, die Bekräftigung der Existenz Gottes und seiner Eigenschaften, der Zorn, das alles paßte zu dem, was sich der Islam herausnahm. Abu Omar kannte schon lange meinen Unglauben und meine mangelnde Ehrerbietung gegenüber dem Allvater. Wurde sein Zorn, sein Aufbrausen durch die Unbeholfenheit meiner Worte ausgelöst, die ihn verwirrt hätten, wenn er sich nicht dagegen gewehrt hätte? Ich glaube, daß sein Blick, seine Blässe und das Zittern seiner Stimme mehr als nur dies eine verrieten. Aber was? Über den Zorn hinaus – das Entsetzen? Was wäre, wenn Gott eine variable Größe wäre, von der man Abstriche machen kann, ein beweglicher Gott also...?

Es kommt vor, daß ein Schüler sich genau zu erinnern vermag, wie er dem Lehrer gehorchte. Mit dem Schwamm, der an einer Schnur befestigt war, hatte er die Buchstaben von der Tafel gewischt. Er hatte das, was geschrieben stand, wirklich weggewischt, und ähnlich dieser von rechts nach links und zurück ausgeführten Handbewegung, die unablässig wiederholt wurde, erwiesen sich der Abschiedsgruß, die wegwischenden Bewegungen der Hand und die Begleitworte »bye bye« als so wirksam, daß die Gesichter der Freunde, die man für den Abstieg zum Jordan bestimmt hatte, für immer verschwanden.

Wenn der Schüler den Text, von dem er genau weiß, daß er ihn mehrmals weggewischt hat, wieder auf der Tafel auftauchen sieht, dann weigert sich der Fidai, der lächelnd an einem Baum lehnt, daß Gesicht des »Märtyrers« wiederzuerkennen, das er, wie er wußte, mit einer Handbewegung weggewischt hatte. Mit etwas Reaktionsvermögen und Geschick wird er aber Freude vortäuschen und durch die Herzlichkeit seiner Begrüßung seine Bestürzung überspielen, denn niemand kehrt unbeschadet aus dem Reich des Teufels zurück, wenn er mit diesem nicht einen Pakt geschlossen hat, der ihm den Aufstieg erlaubt. Aus Israel gibt es keine Wiederkehr. Ich habe oft diesen Abschiedsgruß gesehen und, wie er ein Gesicht und einen Körper auslöschte. Doch am nächsten Tag tauchten Gesicht und Körper wieder auf. Die Bewohner des Lagers setzten dann, ich weiß nicht warum, eine schelmische Miene auf. Abu Kassem kehrte nie vom Jordan zurück. Er war zwanzig Jahre alt.

In unseren Gesprächen haben Abu Omar und ich stets jedes Wort gemieden, das nur im entferntesten an meine kurze Verwirrung erinnern konnte.

Wenn er an so manchem Ort in Jordanien lächelnd und sehr genau meine theologischen Debatten übersetzte, zu denen mich überzeugte Moslems immer wieder nötigten, dann tat er dies mit sehr viel Verstand und sehr viel Mut. Ihm verdanke ich es, daß ich in überaus kurzer Zeit das schlichte Lagerleben der Palästinenserinnen kennenlernte. Das Langzeitgedächtnis der Palästinenserinnen, das in gewisser Hinsicht an das Stickmuster von alten Kleidern erinnert, setzt sich aus Inhalten und Eingebungen des Kurzzeitgedächtnisses zusammen, die aneinandergereiht ihnen sagen, wann es Zeit ist, Zwirn kaufen zu gehen, drei Knöpfe anzunähen, einen Hosenboden zu stopfen, noch einmal zum Krämer zu laufen, um Salz zu holen, und welche Zeit nötig ist, um im Dickicht des Vergessens die erlebte Not zu verdrängen und zusätzlich zu all den Pflichterinnerungen, zum Salz, zum Zwirn und zu den Knöpfen auch dem Denken an die toten und die kämpfenden Freischärler, an die Eier und den Tee Raum zu geben – welch ein ununterbrochenes Leben! Und dabei gilt es auch, sehr aufrecht zu bleiben in der Not der Witwenschaft, inmitten von dreizehn Kindern. Sein Kummer war aufrichtig, als er eines Tages zu mir sagte:

»Jean, es gibt Augenblicke, da zittere ich, da zittere ich wirklich, vor allem an der rechten Hand und seitdem ich weiß, das Arafat die Absicht hat, Frangie einen Besuch zu machen. Ich zittere bei dem Gedanken, ich werde die Hand dieses Menschen drücken müssen, der sich Christ nennt, vor allem an dem Tag, als er siebzehn Bauern in einer Kirche ermordete, in seiner Kirche und der ihren.«

Ich weiß, daß dies die Worte eines Ertrinkenden sind oder genauer gesagt meine Worte, die ich einem Ertrinkenden in den Mund lege. Gedacht als die einzig richtige Lösung eines schwierigen Problems, war die Revolution eine absolute Kunst und nicht Träumerei, sondern geistiges Bewältigen – Gewißheit, Zögern, Verzweifeln – durch einen Menschen, der sich mit Leib und Seele der palästinensischen Revolution verschrieben hatte. Jeden Tag und mehrmals am Tage mußte er sich dazu zwingen, Freude zu zeigen, wenn ein leichtsinniger oder perverser Fidai ihm von einem Sieg über Beduinen berichtete, der auf eine Weise errungen wurde, die er unter anderen Umständen als ein gemeines Verbrechen bezeichnet hätte.

»Wie viele Tote?«

»Mindestens fünf. Der Kopf des Beduinen hatte sich völlig vom Rumpf gelöst und war auf der Treppe von Aschrafiah alle Stufen hinuntergerollt.«

Damals beherrschten die Fedajin die Höhen von Amman in der Nähe des Wasserturms und, mit ihren Geschützen, den Haupteingang zum Schloß.

»Der Kopf rollte die Treppe hinunter?«

Er heuchelte Freude über diese Tat, denn er glaubte, daß es seine Pflicht war, sich als Intellektueller abzuhärten. Der Kopf eines Feindes, der über die Stufen einer Treppe kullert, war sicher ein spaßigeres Bild als das einer Wassermelone, die auf die gleiche Weise und am selben Ort von Stufe zu Stufe springt, zumal Wassermelonen niemals blutig sind. Wenngleich mich diese fragwürdige Heiterkeit nicht wirklich traurig stimmte, fragte ich ihn doch, ob er ebenso herzlich lachen würde, wenn ich mit blutigen Händen zu ihm käme, nachdem ich einen Jordanier mit einem Säbelhieb geköpft und zugesehen hätte, wie dessen Kopf hüpfend eine Treppe hinunterrollt.

»Grauenhaft!«

Sein Gesicht und vor allem seine Augen und sein Mund drückten starken Abscheu aus.

»Sie finden das gleiche aber lustig, wenn es von einem Fidai erzählt wird.«

»Ich bin das Morden nicht gewöhnt und auch nicht Berichte darüber. Es ist an der Zeit, daß ich mich abhärte.«

Wir kannten beide einen Führer, der durch eine Briefbombe ein Auge verloren hatte.

»Aber sagen Sie mal, auf welchem Auge wurde er eigentlich blind?«

»Das weiß ich nicht mehr. Auf dem linken, glaube ich.«

»Wann haben Sie ihn das letztemal gesehen?«

»Gestern früh.«

»Und Sie haben es vergessen?«

»Ja, es stimmt. Ich bin kein guter Beobachter. Ist dieses Detail denn so wichtig?«

»Und welches Auge ist Dayan geblieben?«

»Wollen Sie die beiden miteinander vergleichen? Der Palästinenser mit seinem heilen Auge links und der Israeli auf der rechten Seite? Sie werden doch nicht über diese Sache in Ihrem Buch schreiben? Das ist zwar komisch, aber...«

»Arafat?«

»Arafat würde mir verbieten...«

»Er würde nur eines verstehen: daß Sie sich mit sonderbaren Dingen beschäftigen.«

»Empfinden sie Bedauern für den Verantwortlichen?«

»Natürlich.«

»Für Dayan?«

»Natürlich nicht.«

Er lachte wieder, ein sehr helles Kopflachen. Doch plötzlich hielt er inne und sagte zu meiner Verblüffung:

»Wir müssen die Gespräche von Salt abwarten.«

»Und warum Salt?«

Salt war eine kleine christliche Stadt in Jordanien, die ihr osmanisches Gepräge erhalten hatte und früher einmal die Hauptstadt von Transjordanien war. Ein Keller in Salt, ein romanisches

Gewölbe, Rundpfeiler aus behauenen Steinen, elegante, schlanke Marmorsäulen mit Kapitellen, deren Skulpturen im Laufe der Zeit durch Abnutzung und Feuchtigkeit bröcklich geworden waren, ihre Eleganz aber von der Massigkeit der dicken Pfeiler bezogen, die sich neben ihnen ganz klein zu machen suchten. Rechts daneben lag ein Haufen Wassermelonen, links Auberginen, dahinter Apfelsinen. Blitzartig ging mir der Gedanke durch den Kopf, daß diese Früchte als Rahmen wohl eine byzantinische Architektur verdienten. Währenddessen antwortete er auf die Frage, die ich ihm gerade gestellt hatte: »Da Arafat eingeladen ist, wann wird er nach Moskau reisen?«

Abu Omar hatte auf die SALT-Verhandlungen (Strategic Arms Limitation Talks) angespielt. Als er begriff, in welches Mißverständnis wir uns verstrickt hatten, begann er erneut zu lachen, und zwar so sehr, daß er die Brille abnehmen mußte, um sich mit dem Ärmel die Tränen aus den Augen zu wischen; da er heute tot ist, werde ich nie erfahren, ob es der über die Treppe rollende Kopf des Beduinen oder unser doppelter Irrtum war, der seine Heiterkeit erregt hatte. Ich glaubte sogar, aus seinem vornehmen Lachen ein paar schrille Töne herauszuhören, wie bei einem Menschen, der sich am Rand der Hysterie befindet. Wie sollte ich wissen, ob das Lachen über die Verwechslung Abu Omar in diesem Moment nicht sehr gelegen kam, um sein künstliches, affektiertes Lachen zu überspielen, das ich ein Kopflachen nennen würde, wenn der Anlaß, der ihn zu seinem unverzeihlichen Lachanfall gereizt hatte, nicht ein vom Rumpf getrennter Kopf gewesen wäre, der eine Treppe hinunterrollte – oder sich gar in die romanische Architektur eines Kellergewölbes einfügte?

Unter diesem grotesken, aber sichtbaren Monument, hinter dem peinlichen Lachen, das noch immer das Bild des Geköpften erregte, unter der gut gespielten Grausamkeit in dem kindhaften und mitunter schrillen Lachen (angeheiterte Engländerinnen lachen manchmal so, abends in den Pubs) ahnte man jedoch einen ernsten, wachsamen und hellen Verstand, einen Geist, der ständig auf der Hut war, unablässig über die brennenden Fragen der Zeit nachdachte, und auch, wenn man näher hinsah, eine absolute Hingabe an die Sache. Fünf Jahre vor seinem Tod auf See war Abu

Omar schon ein Ertrinkender. Habe ich schon gesagt, daß dieser Mensch gütig war?

Wie alle anderen auch, doch nicht mehr und nicht weniger als jeder andere Funktionär, erhob sich Abu Omar jedesmal, wenn ein Fidai das Büro von Arafat betrat. Diese aufgesetzte, vordergründige und schaurige Höflichkeit erschien ihm wie eine Ziermanschette oder ein rasch zugeknöpftes Kleidungsstück, denn der Kämpfer, der ein Telegramm, eine Tasse Kaffee oder ein Päckchen Zigaretten brachte, konnte dieses Gebaren nur so verstehen: Du bist ein Held, also bist du tot, und wir werden dir die einem Märtyrer gebührende Ehre erweisen und um dich trauern. In den Stühlen, auf denen wir mit unseren Ärschen sitzen, befindet sich eine Feder, und jedesmal, wenn ein Held hereinkommt, zwingt uns dieser Schleudersitz, zum Zeichen der Trauer aufzustehen.

Wer hatte diese Mode aufgebracht? Und wie lange dauerte sie? Wann immer ein einfacher Fidai ins Zimmer trat, standen die führenden Funktionäre, Männer wie Frauen, hastig auf, und der Tote, der eine Zeitung brachte, blickte in sein offenes Grab und auf die darum stehenden Funktionäre, die auf den Held und auf sich selbst stolz waren und auf das andere Ufer zeigten. Abu Omar mußte über dieses Ritual lachen, das er in der ersten Zeit arglos, später aber nur noch widerwillig vollzog.

Gewiß, da es sich um ein militärisches Zeremoniell handelte, wurde es mit der Eleganz des an die Hosennaht gelegten kleinen Fingers vollzogen, und der wie wir auch geehrte Fidai wurde für die Dauer von zwei Sekunden zur Majestät erhoben – eine Majestät im Grabe. Auf ein Detail möchte ich noch hinweisen: Ich hatte erst »der Grabstein« geschrieben, das Wort aber wieder gestrichen, denn davon abgesehen, daß der Stein aus Granit oder Marmor erhaben ist, trägt er auch eine Inschrift, und da die Grube, die ich meine, tief und damit nichtig war, stand darauf weder ein Name noch eine Jahreszahl.

So, wie es sich gehört, wenn man einen guten Witz gehört hat, schlug er sich mit flacher Hand auf den Oberschenkel. Dann sagte er sogar, halb ironisch, halb ernst:

»Heute früh bin ich einer bürgerlichen Versuchung erlegen.«

»Wie denn das?«

»Ich bin zu meiner Tante gegangen, eine Palästinenserin, aber königstreu, und ich habe bei ihr geduscht.«

»Eine Dusche ist heute nichts Bürgerliches mehr. Auch nichts Revolutionäres. Duschen gibt es heute in jedem Fußballstadion. Ein Bad dagegen...«

»Ich habe mich nicht getraut, es Ihnen zu sagen: Ich habe ein warmes Bad genommen. Eine Schande – diese bürgerlichen Gelüste«, fügte er lachend hinzu.

»Aber warum bürgerlich?«

»Ich konnte den Geruch an mir seit vier Monaten nicht mehr ertragen. Nach langer Zeit mal wieder Wasser! Außer wenn's regnet, kommt ein Fidai damit nie in Berührung.«

Das Wort Palästina, wie auch das Wort Frankreich, kennzeichnet eine Wirklichkeit, die von den Bauern, dem Adel, der Finanzaristokratie, den Fedajin, den Großen Familien und der neuen Bourgeoisie jeweils anders erlebt wird, wobei jede dieser genannten Gruppen von den unterschiedlichen Realitäten der anderen nichts ahnt und niemand sich darüber Gedanken macht, daß die ihm unbekannten Gegensätze gesellschaftlich aktiv sind; daß sie ihre spezielle Dynamik besitzen, die Konflikte und Kämpfe heraufbeschwört, und daß dieses Wort »Palästina« eines Tages nicht mehr für die Übereinstimmung stehen wird, die es zu umgreifen schien, sondern für einen erbitterten Kampf zwischen Kräften, die man wohl Klassen nennen muß.

»Aber wie schön ist doch das Gebirge!«... Bevor sich das Gebirge dem Verstand als ein komplexes geologisches Gefüge zu erkennen gibt, stellt es sich dem Bergsteiger als eine persönliche Herausforderung dar, dem Bergbewohner als der Widerhall seiner Stimme, Cézanne als etwas anderes und anderen als was weiß ich was! Aber das Gebirge ist in erster Linie eine Person, zu der sich jeder gemäß der Beziehung verhält, die sich zwischen ihm und diesem Gebirge herstellen läßt, und jeder, der von ihm spricht, spricht letztlich nur von sich selbst. Abu Omars Tante gehörte der besseren christlichen Gesellschaft an, in der man eine Badewanne nicht als Luxus betrachtet und ebensowenig als einen sanitären Artikel, sondern als etwas, das sich auf einleuchtende Weise mit dem Wort Palästina verbindet. Sie verachtete die Fedajin – zutiefst. Wäre da nicht das goldene Gewicht der Anrede »Your Majesty« gewesen – denn sie sprach nur englisch und gebrauchte, aus Snobismus, höchstens ein paar Ausdrücke aus einem arabischen und beschissenen Dialekt sowie zwei oder drei vulgäre palästinensische Flüche –, hätte sie die Fedajin vielleicht akzeptiert, doch ihre Verehrung für die jordanische Königin war berauschender als alle Revolutionen, vor allem, wenn diese als Aufstände der Habenichtse aus der Tiefe der Erde kommen. Von seinem Beitritt zur PLO bis zu seinem Tod ließ sie ihren Neffen alle Vierteljahre einmal ihre Badewanne benutzen.

Abu Omars akademische Bildung kam ihm sehr zustatten, doch anstatt sie für die Erhaltung seines Seelenfriedens zu gebrauchen, ließ er sich ständig durch neue Ungewißheiten verwirren, die ihm das Leben und die Revolution unwirklich erscheinen ließen.

Es gibt Wanzen, die unsichtbar auf dem Ast eines Baumes sitzen. Als Kind hatte ich einmal, ohne es zu merken, meine Hand auf ein grünes, braunes oder holzfarbenes Tierchen gelegt. Erst der Geruch machte mich darauf aufmerksam, daß ich eine Wanze zerdrückt hatte, deren einziger Schutz ihre völlige Bewegungslosigkeit ist sowie eine phänomenale Anpassung an die Farbe des Astes und, vielleicht als letzte Rache, der Geruch eines Furzes, der aus meiner Hand kam.

Ein junger Fidai erzählte uns nun schon zum zweitenmal diese Geschichte: Als die jordanischen Panzer aus ihrer Kaserne gerollt kamen, war er ins Krankenhaus geflohen, um sich bei den Kranken zu verstecken; um nicht gefangengenommen zu werden, wollte er eine schwere Verwundung vortäuschen, denn die Panzer steuerten direkt auf das Krankenhaus zu. Als sie vorbeifuhren, feuerten sie auf alles, was sich bewegte. Sie töteten dreißig bis vierzig Mann: Kranke, Verwundete, Pfleger und Ärzte; die Leute, die sich in eine Vorhalle geflüchtet hatten, wurden alle getötet. Wie schon in seinem ersten Bericht, erzählte uns der Fidai, wie er sich gleich nach den ersten Schüssen mit seinem Gewehr auf den Boden geworfen hatte. Er stellte sich tot und lag völlig starr da, schlief vielleicht sogar eine Weile zwischen den Toten und im frisch vergossenen Blut. Sprach er die Wahrheit?

Eine alte Palästinenserin hatte einmal zu mir gesagt: »Nur eine Tausendstelsekunde gefährlich gewesen sein, das Tausendstel einer Tausendstelsekunde schön gewesen sein, das sein, das oder glücklich sein oder irgend etwas anderes sein, und sich dann ausruhen – was braucht der Mensch mehr? Wir sind nur ein paar Minuten in Oslo gewesen? Vielleicht? Hätten wir sechzehn Jahre lang Norwegen besetzt, wir hätten die Welt zum Frieren gebracht. Wir sind aber vernünftig gewesen. Und ein paar Sekunden lang gefährlich.«

Als der Fidai erwachte, war es dunkel geworden, wie in seinem ersten Bericht. Kein Laut war mehr im Saal zu hören. Nach dem erdrückenden Gewicht über ihm zu urteilen, hatte er eine kurze Zeit unter einem Berg von Toten geschlafen. Er öffnete vorsichtig die Augen. Die Beduinen-Soldaten schenkten dem Ergebnis ihres Gemetzels keinerlei Beachtung, sondern rauchten seelenruhig ihre Zigaretten. Ist ihm in diesem Augenblick der kluge Einfall gekommen, sich wie jene Wanze zu verhalten, von der ich weiter oben sprach? Besaß er die Geistesgegenwart, sich trotz eines lästigen Juckens oder eines Krampfes im eingeklemmten Bein einfach nicht mehr zu rühren, vollkommen still dazuliegen wie eine Wanze, die ein kleines Blatt oder ein Stück Rinde vortäuscht? War der Fidai so schlau, als einzig wirksamen Schutz seinem Körper das Aussehen eines Toten zu geben, der starr wie ein Stück Holz daliegt und dem man sich ungern nähert, weil er bald stinken wird? Wähnte sich der Fidai dank dieser Vorkehrungen unverwundbar und sicherer als eine Festung?

Der Fidai nahm das Gewehr, das neben ihm lag, und zielte auf einen der Beduinen, und dieser fiel tot um. Seine Kameraden begriffen nicht, woher der Schuß gekommen war. Im Schutz der Leichen die über ihm lagen, erschoß der Fidai vier weitere Beduinen, die zwar auf dem Quivive waren, aber immer mehr in Panik gerieten.

»Fünf Tote insgesamt.«

Abu Omar sah mich an, nachdenklich und die Stirn in Falten gezogen.

»Fünf? Gestern waren es nur vier.« Dieser Rechenfehler hatte den ehemaligen Kissinger-Schüler stutzig gemacht.

Ich antwortete ihm auf Französisch:

»Er ist jung. Das ist sein erstes großes Erlebnis, und er erzählt es immer wieder. Dabei schmückt er es zwangsläufig mit neuen Einzelheiten aus, erhöht die Zahl der Soldaten, die er zur Strecke brachte, und malt seine Erlebnisse in den grellsten Farben aus, um dabei selbst nicht einzuschlafen. So halten es die meisten Jäger und Angler, auch die französischen. Der Fidai igelt sich unter diesen Einzelheiten so ein, wie er sich unter der Masse der Toten vergrub.«

Abu Omar zweifelte – wie ich deutlich sehen konnte – weit mehr an meiner Erklärung als an dem Bericht des Fidais, der möglicherweise geschlafen hatte, doch mit einem offenen Auge, um auch in der Nacht zielen zu können. Der Fidai erzählte uns noch, daß er das Krankenhaus unbehelligt verlassen konnte. Dank dieser Nacht schreibe ich nun über diesen Tag. Abu Omar tat so, als würde er auch dieser Geschichte Glauben schenken, und heuchelte sogar Freude. Die Fedajin haben sich niemals wie gemeine Söldner verhalten, eine Art lächelnde Lauterkeit und Vornehmheit hinderte sie daran. Auch Abu Omar war alles andere als ein Söldner, doch frage ich mich manchmal, ob ein besonders empfindsamer Mensch, ein Verstandesmensch vor allem, nicht versucht, diese Empfindsamkeit, die er für eine weibliche Eigenschaft hält, hinter einer betont schroffen Art zu verbergen. Um hier eine Redewendung zu benutzen, zu der sich im weiteren keine Gelegenheit mehr finden wird, würde ich, in Anlehnung an das Urteil von Schauspielern über einen allzu ausdrucksstarken Kollegen, sagen: »Er trägt ziemlich dick auf.«

Das, was im Gedächtnis der Menschen haften bleibt, was sie aus ihm tilgen und was von ganz allein verloren ging – ein Sachverhalt, ein Vorwand, eine Gelegenheit oder ein Anlaß, denn es ist schwer zu sagen, wer oder was den Ruhm oder die öffentliche Anerkennung bewirkte –, das gleicht jedenfalls einer Art Straucheln der Erinnerung, wenn man, mit lauter Stimme oder zu sich selbst, diese Worte spricht: *Der Kuß dem Aussätzigen*. Unter seiner Kapuze verborgen entschwindet schon der Aussätzige vor dem Cid. Auf die gleiche Weise tritt ein Toter, aus Höflichkeit, vor Antigone in den Hintergrund, und auch der Verwundete tritt zurück vor seinem Retter, der Ertrinkende vor dem Rettungsschwimmer, der Schäferhund vor Hitler, doch was sage ich, er verschwindet angesichts der Hand, die das Fell des Tieres streifte, aber wohin entschwindet ein Tier, wenn nur noch die ewig sichtbare, fast haltlose Liebkosung bleibt, die seelische Größe, der Beweis, durch den diese seelische Größe ewig leben wird. Und denke ich an die palästinensische Revolution, sehe ich die unzähligen in die Tiefe gerissenen Leichen und ihre in alle Winde verstreuten Glieder – damit ein paar geflügelte, absurde und heroische Erinnerungen für die kurze Dauer von zwei bis drei Generationen erhalten bleiben. Über den Bettler, in dessen Hand ich zwei Dirham fallen ließ, weiß ich nichts zu sagen, weder seinen Namen noch seine Vergangenheit, noch seine Zukunft. Vom Cid wurde uns allein der Kuß überliefert, den er dem Aussätzigen gab – sieht man von der unsterblichen Tragödie ab, die ein paar Jahrhunderte überlebte –, und sonst, was war sonst? Hitler, der Juden vergaste oder vergasen ließ und seinen Schäferhund streichelte, hat überdauert. Vom Bettler heute früh habe ich alles vergessen außer den zwei Dirham, doch was hat das mit einem Schäferhund zu tun, der einen griechischen Hirten in die Wade beißt? Nun, eine zweite Erzählung drängt unter der ersten nach oben und möchte das Licht der Welt erblicken. In zwei oder drei Krankenhäusern werden heute noch Aussätzige gepflegt; aber werden sie wirklich gepflegt? Vielleicht werden sie auch mit dem Virus infiziert, damit künftige Cids ihre Weihe erhalten mögen und damit alle wissen, wie schwer diesem Araber Heldentum und christliche Nächstenliebe fiel: Durch die Lepra, die einen anderen auslöschte, trotzte er der Vergessenheit.

Erinnerungen II

Mir war schon damals klar, daß man einmal die palästinensische Revolution in dem apokryphen Satz, sie sei »*für eine tausendstel Sekunde gefährlich gewesen*«, zusammenfassen würde.

Als ich zum ersten Mal auf der Landstraße von Deraa nach Amman kam, schien mir, als kehrte ich im rosigen Dunst des Morgens in das Bagdad des Jahres 800 unter Harun al Raschid ein, während gleichzeitig in mir sehr hartnäckig die Gewißheit wach blieb, ich ginge in Saint-Ouen oder in jenen Stadtvierteln um das Jahr 1920 spazieren. Die Palästinenser, die am Achrafieh, dem höchsten Hügel von Amman, lebten, sprachen in scherzhaftem Ton von diesem so hoch gelegenen, für sie so schwer zu erreichenden Ort, als wären ihre Nägel und Fingerspitzen auf den Höhen dieses Mount Everest im Schnee erfroren und abgestorben. Die Mauern der Häuser um Achrafieh waren aus Bruchsteinen gebaut, zuweilen eingestürzt, ein wenig verkohlt, doch nie mit Blut beschmiert, letztlich ebenso schäbig wie die Mauern im Vorort einer europäischen Hauptstadt. Die große Moschee hatte man im ewigen, universalen arabisch-kolonialen Baustil aus dreihundertvierzig verschiedenen Marmorsorten errichtet.

Ich verbrachte ein paar Tage in einem dieser Lager und erfuhr auf diese Weise, wie man in ihnen lebte. Wurden hier Freudenfeste gefeiert? Mit Liedern, Tänzen und scharfen Schüssen aus Gewehren bereitete das Lager den Klempnern mit ihren Rohren einen stürmischen Empfang; sie waren gekommen, um in den nächsten Wochen alle Ebenen des Lagers von Baqa mit Wasser zu versorgen. Wenn im Winter 1970 eine Familie Wasser brauchte, mußten sich die Frauen, die jungen und auch die kleinen Mädchen in die Schlange vor dem einzigen Wasserhahn des Lagers einreihen, wo jede, eine nach der anderen, zwei grüne, rote oder gelbe Eimer füllte, auf die mit einer Schablone die Umrisse – und nie die gleichen – einer Mickeymaus gemalt waren.

In allen anderen mohammedanischen Ländern fließt noch in vielen armen Dörfern das Wasser aus einem einzigen Hahn, und die Frauen, verheiratet oder nicht, gehen gern zu dieser Quelle mit dem Kupferrohr, denn dort können sie sich beschimpfen, verhöhnen und wie Zirkusexilanten unflätige Schmähungen an den Kopf werfen. Jede Frau stellt ihren Eimer neben sich ab; ob voll oder leer, er bleibt am Platz seiner Besitzerin stehen, während diese ein langes Klagelied anstimmt, dessen Gegenstand meist der Ehemann ist, der die ganze Nacht hindurch versagt hat, bis die Rednerin plötzlich verstummt und, die Hände in die Hüften gestützt, auf das Gelächter oder die entrüsteten Rufe der anderen Frauen wartet. Die Palästinenserinnen waren immer schweigsam und zu erschöpft, um irgendein Wort hervorzubringen oder auch nur ein Bedürfnis nach Mitteilung zu zeigen. Die Gesten, mit denen sie nach dem Henkel griffen und den Eimer anhoben, waren deshalb so genau, so geübt, weil sie drei oder vier Mal täglich und dreihundertfünfundsechzig mal im Jahr wiederholt worden waren. Die Haltung des Armes war die zweckmäßigste, denn die Trägerin kannte das Gewicht jedes Wassertropfens. Eine einzige Zerstreuung war ihnen einmal im Monat vergönnt, wenn der Händler – ein Jordanier, der mit dem Pferdekarren aus Amman kam – seine Plastikware zum Verkauf anbot. Dann wählten die Frauen, zuweilen auch die Männer, mit bedächtigen, zaghaften Gebärden – und wie von höchstem Glück erfüllt – ihre grellgrünen, flaschengrünen, braunroten, granatapfelroten Eimer aus, auch tiefschwarze, die dem pornographischen Granatapfelrot sehr nahe kamen sowie ein, zwei, drei, vier, fünf, zehn verschiedene blau getönte Eimer, und auf jedem prankte die Schablonenzeichnung der Mickeymaus. Bei den aufgereihten Eimern hörte man nur das Rauschen des Wassers. Das war alles. Auch davon lebte das Lager.

Mit der Bemerkung weiter oben: »Jede Frau stellt ihren Eimer neben sich ab...« will ich nicht behaupten, daß jede Frau zum Wasserhahn ging, so wie sie früher zur Quelle ging, um sich über ihren Ehemann lustig zu machen, ich erwähnte es, um den ganzen Ernst der Palästinenserinnen hervorzuheben, denn ihre Männer werden heimkehren. Vielleicht.

Beim Durchlesen des Geschriebenen stelle ich fest, daß ich versäumt habe, das Tuch zu erwähnen, das sie alle auf dem Kopf tragen, das sie tief verhüllt oder höchstens ein paar Haarwurzeln frei läßt.

Zweites Versäumnis: Nicht jede Frau im Lager hat Zeit und Muße, die berühmten palästinensischen Kleider oder Kissen zu besticken, deren Seltenheit von den Damen der vornehmen Familien immer mehr beklagt wird. Wenn der Mann stirbt, dann nimmt die Frau das Gewehr, nicht die Nadel. Lebt wohl, ihr Kissen, heute werdet ihr mit der Maschine bestickt.

Die kleine, heute asphaltierte Landstraße, die Salt mit dem Stützpunkt der Fedajin in der Nähe des Jordan verband, führte an einem Hügel vorbei, auf dessen Höhe eine weiße Villa stand. Von der Straße aus gesehen war dieser Hügel, der die Form eines stumpfen Kegels besaß, insofern bemerkenswert, als er mit einem kurz gehaltenen Rasen bedeckt war, ähnlich einem englischen Rasen, und auf dieser Grünfläche, also dem gesamten Abhang von der Villa bis zur Straße, waren zu jeder Zeit Rollen von Stacheldraht in langen, silbernen Windungen ausgelegt. Von der Straße bis zur Schutzmauer waren weitere Stacheldrahtrollen aufgestapelt. Beduinensoldaten, Posten ohne Wachhäuschen, standen aufrecht da, die zweifellos geladene Waffe auf die Straße gerichtet, eine Kugel im Lauf. Der Stacheldraht hinter ihnen war so sanft gewellt wie die Haarrollen, die man als Korkenzieherlocken bezeichnet, wenn sie bis auf die Schulter fallen, wie ich es bei den Soldaten der Saika in Irbid beschrieben habe; weitere Posten hielten sich in Alarmbereitschaft und gerieten in Bewegung, sobald ein Pferdewagen, ein Auto, ein Bauer oder eine Bäuerin vorbeikam. Die Mauer, die die Villa umgab, wirkte von der Straße aus wie ein Bunker mit Öffnungen oder Schießscharten, die es einer mittelschweren Waffe, einem Maschinengewehr oder der berühmten Katjuschka ermöglichte, ein beachtliches Schußfeld von der Landstraße bis zur gegenüberliegenden Landschaft zu kontrollieren. Hinter all dem Wirrwarr blieb die Villa selbst unsichtbar. War sie dennoch einladend? An den Wochenenden beschützte sie das Leben des Chefs der jordanischen Polizei. War dessen Anwesenheit, so nahe beim Stützpunkt der Fedajin, der Grund für die Vorsichtsmaßnahmen ihres Führers, Doktor Mahjub? Wir erreichten den kleinen Stützpunkt von Malijub nach Einbruch der Nacht. Als Doktor Mahjub Nabilas Anwesenheit im Raum bemerkte, fuhr er zusammen, als habe ihn ein Stein mitten auf der Stirn getroffen. Ich glaube, daß er rot wurde. Dieser siebenunddreißigjährige, braungebrannte, vom Wüstenwind und von der Sonne gegerbte Mann mit den athletischen Schultern, der hochgewachsen war, doch leicht gebeugt sich auf einen Stock stützte, der eisenbeschlagen war wie ein Eispickel, errötete vielleicht zum ersten Mal in seinem Leben. Nabila war sehr schön. Mit fünfzig Jahren wird sie vielleicht noch schöner sein. Während der drei Monate dauernden Belagerung von Beirut, im Sommer des Jahres 1982, arbeitete sie unter dem Hagel der Bomben als Leiterin der Einrichtung für Präventivmedizin im Libanon. Außer Nabila ergriffen wir alle die Hand, die Doktor Mahjub uns entgegenstreckte; aber Nabila gab mir schonend zu verstehen, daß das, was nun folgen würde, selbstverständlich wäre und mich nicht überraschen sollte. Sie versuchte, mich zu beruhigen. Wir hatten uns nebeneinander hingesetzt.

»Paß auf, du kannst das nicht verstehen. Du bist Franzose.«

Vierzehn Jahre später verstehe ich noch immer nicht die Angst, die sie damals empfand, und ebensowenig das Verhalten Mahjubs. Er traf eine Entscheidung: Sobald wir etwas gegessen hätten, würde man Nabila wieder nach Salt zurückbringen, von wo wir gekommen waren. Als ich sie dann in die stockfinstere Nacht hinausgehen sah, war dies für mich wie der Abgang der Iphigenie, der Mata Hari, deren letzter Weg zur Richtstätte führt, weil ein gutherziger Mann, der sich eher von seinen Befehlen leiten läßt als von seiner Mildherzigkeit, den Tod als einzig mögliche Strafe verhängt, wie ein letzter Akt, den es zu vollziehen gilt. Nabila ging zwischen zwei bewaffneten Fedajin hinaus.

Sie, die selbst Ärztin, aber gleichzeitig Mohammedanerin und somit, im etymologischen Sinne, folgsam war, empfand vielleicht weniger als ich die Grausamkeit dieses Gesetzes – und nicht die Mahjubs –, welches bestimmt, daß eine alleinstehende Frau (aber was bedeutete schon alleinstehend in unserem Fall?) in einem Soldatenlager nicht übernachten darf, wobei nicht sie gefährdet war, sondern die Soldaten, die in ihrer Nähe wie am Rande eines Abgrundes geschlafen hätten.

War Nabila zwischen den beiden bewaffneten Soldaten weniger allein? Sie war wohl nicht ihre Gefangene, aber alle drei waren sie die Gefangenen der Nacht, in der, bei dem ständigen Kommen und Gehen von Wachtposten, Fedajin und Beduinen, niemand unsichtbar blieb. Das Stück Landstraße, das am Fuß der festungsgleichen Villa vorbeiführte, war grell erleuchtet und von Posten bewacht, die, wie man leicht erkennen konnte, allesamt dem männlichen Geschlecht angehörten. Auf dieser Landstraße, auf der die Fahrzeuge von bewaffneten Soldaten bewacht wurden, die wiederum von den Augen und Gewehrläufen unsichtbarer palästinensischer Wachtposten verfolgt und belauert wurden, war Nabila allein.

»Niemand darf erfahren, daß eine Frau die Nacht auf einem Stützpunkt verbracht hat«, sagte Mahjub auf Französisch und laut genug, damit ich es hörte.

Zwei Stunden später kamen die beiden Fedajin zurück. Nabila würde die Nacht bei einer Frau verbringen, einer Zahnärztin in Salt.

»Bei einer Palästinenserin?«

»Unwichtig, sie ist eine Frau«, gab mir Mahjub zur Antwort. »Morgen früh wird man sie holen.«

Sie kam, ohne ein Lächeln, aber auch ohne offenkundigen Groll; sie bestand darauf, sofort zu Mahjub zu gehen, der ihr mit einem sehr sanften Lächeln die Hand reichte. Eine Sanftmut, die ich am Abend zuvor auf seinem ernsten und sonnenverbrannten Gesicht nicht gesehen hatte, die ich aber jedesmal an ihm wahrnahm, wenn ich ihm wiederbegegnete, und die mir noch heute, während ich diesen Satz schreibe, deutlich vor Augen steht.

»Es ist also schwierig, jungen Fedajin zu erklären, daß eine palästinensische Ärztin wegen der nächtlichen Gefahren auf den Straßen nach Salt hier schlafen muß?«

»Sie würden es verstehen. Das palästinensische Volk und auch Palästinenser bürgerlicher Herkunft hätten es akzeptiert. Die Beduinen hätten es erfahren und darüber geredet, und das Wort Bordell wäre gefallen. Nabila weiß das.«

Im Jahre 1984 konnten sich einige Stämme Jordaniens, die in der Nähe der Wüste siedeln, noch gut an ihn erinnern, und dies trotz seines Namens (Mahjub = der Verborgene). Er war Arzt. Er hatte Jahre in ägyptischen Gefängnissen verbracht, war groß, gutaussehend, anscheinend auch kräftig, obwohl sein Körper angegriffen schien, und um ihn rankte sich eine Legende. Mit Hilfe einiger

Männer machte er sich daran, in der Wüste und unter dem Vorwand, Kranke zu heilen, Bündnisse zu entwirren, die große Stämme auf dem Rücken der schwächeren abgeschlossen hatten, und bewegte jene dazu, die Schutzherrschaft Husains unmerklich abzustreifen, indem sie sich im geheimen mit den Palästinensern verständigten. Der Erfolg war ungewiß. Man hatte dem Nachkommen des Propheten sein Wort gegeben, blickte voller Geringschätzung auf die von Haus und Hof vertriebenen Palästinenser, die zu friedliebend waren und zu sehr an ihren Gärten hingen. Mahjub mußte mit allen möglichen Widrigkeiten fertig werden, aber er hatte Glück. Der Sohn eines Stammesfürsten erkrankte. Mahjub stellte eine einwandfreie Diagnose, pflegte und rettete den Knaben. Aus Dankbarkeit half der Vater Mahjub und seinen Männern, die von der Wüstenpolizei gesucht wurden. Der Scheich versteckte Mahjub, dem es bald gelang, einen geheimen Stützpunkt zu erreichen. Das ist in großen Zügen die Legende, vielleicht nur der Anfang davon, denn später knüpften sich weitere Legenden daran und weitere Wundertaten, da nur ein paar Körnchen Antibiotika zum Entstehen der ersten beigetragen hatten. Rechtzeitig. Fähige und der Monarchie ergebene Militärärzte bewirkten bei den Stämmen Wunderheilungen, die heute schon alltäglich sind. Die Wüste ernährte sich von Penicillin.

Wir verließen Salt in Richtung Ajlun, wo ich dann von Oktober 1970 bis 1971 blieb. Mahjub, ein weiterer Palästinenser und ich schliefen in einem unter den Bäumen in die Erde gegrabenen, höhlenartigen Unterstand. So revolutionär die Männer auch waren, sie hielten sich streng an das ungeschriebene Gesetz des taktvollen Wegsehens und bewiesen gegenüber dem Körper des anderen und gegenüber dem eigenen eine Art von Taktgefühl, wobei jeder für die anderen unsichtbar zu bleiben hatte. Vielleicht sagt man dazu Schamgefühl? Während eines nächtlichen Kontrollgangs rund um Ajlun, der uns von einem Wachtposten zum nächsten führte, sprach Mahjub mit mir über das Verbot des Kartenspiels und behandelte die Frage, wie man ein Unglück beschwört, das niemals eintreffen wird. Genauso, wie er Nabila lieber der Gefahr einer eher von Feinden als von Männern bevölkerten Nacht ausgesetzt hatte, verlor er in bezug auf die Spielkarten den Verstand.

»Der Feind wird das Gerücht verbreiten, daß jeder Stützpunkt sich bei Anbruch der Nacht in eine Spielhölle verwandelt. Außerdem führt das Kartenspiel, *ich weiß nicht warum*, zu Streitigkeiten, manchmal mit dem Messer, bis das Blut fließt.«

So sehr mich das Wesen beinahe aller Männer und Frauen des palästinensischen Volkes bezauberte, die Verantwortlichen waren zum Kotzen. Die Wendigsten unter ihnen hatten es verstanden, sich einen Apparat aufzubauen, in dem es weder Marmor noch Kristalleuchter gab, dessen Ziel es aber war, die Wege, die zum Verantwortlichen führten, unendlich zu verlängern; bevor man schließlich den erreichte, der mit wenigen Worten und nach kurzem Nachdenken ein sehr einfaches Problem lösen konnte, mußte man alles den Wachtposten vorbeten, die über die Sache ebenfalls informiert sein wollten.

»Warte, ich werde nachsehen.«

Ohne sich zu beeilen, ging der Wachtposten fort. Nach einer Weile kam er langsam zurück.

»Komm mit.«

Hier konnte man am lebenden Beispiel studieren, was aus einem einfachen, liebenswürdigen, stets lächelnden und zu Späßen aufgelegten Fidai innerhalb von nur wenigen Stunden geworden war und was er noch einige Stunden lang bleiben würde. Gestern noch war er der Junge, der versuchte mit Steinen Vögel zu töten, die schneller waren als er; er pflückte sogar eine Blume, um an ihr zu riechen und sie mir schließlich zu schenken; und weil er heute Dienst hatte, marschierte er vor mir her, steif wie eine Leiche, mit einem Gang wie eine hölzerne Puppe.

Danach traf ich auf einen zweiten Verantwortlichen, dem ich unbedingt die ganze Angelegenheit vortragen mußte, obwohl er keineswegs befugt war, darüber zu entscheiden. Er ließ mich zu einem dritten Mann bringen, dann zu einem vierten, und nach einem Irrweg mit wechselnden Spielfeldern, einer Art Gänsespiel, stand ich schließlich dem gesuchten Verantwortlichen gegenüber, der in ein Feldtelefon sprach. Was sagte er zu dem Unsichtbaren?

»So Gott will ... aber wenn ich es dir doch sage, morgen wird er vollständig von seinen Zahnschmerzen geheilt sein. So Gott will ... nein du hast nichts zu befürchten, es ist nicht ansteckend ... jedenfalls glaube ich nicht, daß es das ist ... natürlich. So Gott will.«

Der Verantwortliche legte den Hörer auf:

»Ah, ich hab dich nicht erwartet. Geht es dir gut? Gute Nachrichten aus Frankreich? Spricht man über uns im ›Le Figaro‹?«

»Ich möchte...«

»Kaffee oder Tee?«

(zum Soldaten: »Bring uns zwei Kaffee. Ich habe mit Jean einiges zu bereden.«)

»Hör mal. Die Kinder haben, wahrscheinlich nur aus Spaß, Tabletten aus der Apotheke gestohlen. Einige dieser Tabletten sind gefährlich. Man sollte einen Wachtposten dort aufstellen, um sie daran zu hindern...«

»Kindern kannst du das Spielen nicht verbieten.«

»In großen Dosen sind die Tabletten manchmal tödlich. Ich schließe die Tür ab, aber nachts und selbst am Tag machen sie sie auf. Stelle einen Fidai ab.«

Der Verantwortliche nahm ein Blatt Papier, stellte den Befehl aus. Er gab das Blatt dem Wachtposten. Als ich zur Apotheke kam, wurde die Tür schon von einem Fidai bewacht. Ich hatte etwas mehr als eine Dreiviertelstunde gebraucht, um bis zum Verantwortlichen vorzudringen, der mich nur ein paar Minuten aufgehalten hatte.

Die gefährlichsten waren nicht diejenigen, die schwierige Hindernisstrecken aufbauten, voller verborgener Stolpersteine, sondern jene, die in ihren Köpfen einen Katechismus bewahrten, dessen deutliche, aber harte Sätze einem auf die Füße fielen. Am meisten mußte man sich zweifellos vor Thalami in acht nehmen, denn dieser hatte sich, wie ich glaube, in den Kopf gesetzt, aus mir einen vollendeten Marxisten-Leninisten zu machen. Der Koran hat für alle Gelegenheiten seine Suren, seine Verse. David hatte für alles und jedes das passende Leninzitat parat. Er war aber nicht der einzige. In der ersten Zeit, die ich dort verbrachte, sagte ich mir: die Revolutionäre sind schließlich noch jung. Mit überlegener Miene rezitierte mir einmal ein Junge völlig unvermittelt einen deutschen Satz.

»Was ist das?«

»Lukács. Was kannst du mir darauf erwidern?«

Diejenigen, die zum Kotzen waren, waren es ungemein, unsagbar. Mahjub kam mir dagegen so empfindsam vor wie ein junges Mädchen, nur nicht so verderbt.

Nach den Blutbädern von Sabra und Chatilah im September 1982, baten mich einige Palästinenser, meine Erinnerungen niederzuschreiben. Ein Problem beschäftigte mich sechs Monate lang und hielt mich davon ab: Arafats Situation in Tripolis und innerhalb der PLO selbst. Während meines Aufenthalts in Wien sprachen mich weitere Palästinenser an, die auch eine Veröffentlichung des Buches wünschten.

»Beschreibe genau, was du gesehen und was du gehört hast. Versuche zu erklären, warum du so lange bei uns geblieben bist; warum du gekommen bist, und daß es zufällig war, wenn man so will; daß du für eine Woche gekommen bist und warum du zwei Jahre geblieben bist.« Im August 1983 begann ich mit der Niederschrift, versetzte mich in die siebziger Jahre zurück und sah, daß meine Erinnerungen bis ins Jahr 1983 reichten. Mit Hilfe der zahlreichen Akteure und Zeugen der Geschehnisse, über die ich hier berichte, stürzte ich mich in die Strudel der Vergangenheit. So erlebte ich auch das erfrischende Gefühl, nicht mehr in Frankreich zu sein. Das Land war weit weg und sehr klein. Der kleinste Finger eines Fidai nahm mehr Platz ein als ganz Europa, und Frankreich war eine ferne Erinnerung an meine frühe Jugend.

Wenn auch der Kongreß von Basel schließlich dem Vorschlag zustimmte, seinen Sitz nach Palästina zu verlegen, nachdem man auch an Argentinien und Uganda gedacht hatte, bin ich mir doch gar nicht mehr so sicher, daß dies aus höheren Gründen geschah. Schließlich war das sogenannte »Gelobte Land« der Juden ein solches zunächst einmal für den Landstreicher, der zu Fuß aus Chaldäa gekommen war, dann für einen anderen, der aus Ägypten kam. Das sogenannte »Heilige Land« hingegen wurde berühmt durch die Ereignisse, die uns im Neuen Testament überliefert sind. Statt es zu lieben, müßten die Juden dieses Land hassen. Es hat jene hervorgebracht, die zu ihren schlimmsten Feinden wurden, vor allem den Heiligen Paulus. Wer würde sich schon, hätte es ihn und Jesus nicht gegeben, an Jerusalem, an Nazareth und an den Zimmermann erinnern, an Bethlehem, an Tiberiades. Im gesamten Evangelium ist immer nur von diesen Orten die Rede.

»Dieses Land haben die protestantischen Engländer im Alten Testament kennengelernt.«

»Haben sie schon einmal ausgestopfte Tiere gesehen? Im Alten Testament ist die Geographie ausgestopft. Man kennt die biblische Geschichte, die jüdischen Geschichten, aber nur selten spielt die Natur darin eine Rolle. Nur bei den Vertreibungen: Es werden Ninive, Ur, Ägypten und der Sinai beschrieben, doch werden sie uns niemals so lebendig sein wie der See von Tiberiades und selbst der Berg Golgatha.«

Mustapha, den ich im Café kennengelernt hatte, sprach so wortreich von seinem Haß auf England, daß ich mich fragte, ob er damit nicht vielleicht den Verdruß des zu gewissenhaften jungen Mannes beschwören wollte, der sich nicht getraut hatte, die Goldstücke in den Truhen zu berühren, deren Deckel weit offen standen. Ungeheure Reichtümer sollen den Offizieren der türkischen Armee unangetastet durch die Hände gegangen sein: Aus der heutigen Sicht dürfte der einzige Grund für ihre Zurückhaltung wohl in einer sehr hohen Moral zu suchen sein. Jedesmal, wenn Mustapha mich sah, redete er in einer so altertümlichen Sprache mit mir, daß sich das Türkische Reich in eine goldene Fabelwelt verwandelte, bedeckt mit Sperma und Blut, alles in allem das, was in Romanen darüber zu lesen steht, mit jenem pikanten Detail allerdings, das mir aber glaubwürdig erscheint: Die schönen Sklavinnen waren enorm beleibte Frauen, die ihrer Schenkel und Brüste wegen bei den Kalifen sehr beliebt waren; aber die mit Edelsteinen zu bedeckenden Körperflächen waren so groß, daß man der Lieblingsfrau der letzten Nacht das Geschmeide wieder abnehmen mußte, um den Körper der neuen damit zu schmücken.

»Es war eine Frage des Klimperns«, erklärte mir Mustapha.

Als ich diese letzte Bemerkung lachend an Omar weitergab, antwortete er:

»Siehst du, der Klang des Goldes in den englischen Tresoren ist ihm in den Ohren geblieben, und er wird ihn erst loswerden, wenn er sich die Trommelfelle durchlöchert.«

Wenn ich den Syrern beim heimlichen Kartenspiel zusah, entzückte mich ihr Spiel, das Rad und vor allem die Schwerter, das ganze Kartenspiel. Wie unter den Lauben Ajluns im arabischen oder spanischen Stil hatten sie in Damaskus eine bestimmte Art, die Spielkarten der Länge nach zu knicken, so daß die leicht geknickte Karte etwas instabil war, sich auf die Seite legte wie ein offenes Ruderboot am Strand, und die gleich danach ausgespielten Karten mal dargebotene Weibchen waren – selbst wenn die erste Karte ein Herzbube war –, mal Männchen, mit denen – die Karte mit der Kreuzdame – gestochen wurde. Und diese Art, die Spielkarten zu knicken, erscheint mir im Nachhinein – während ich dies schreibe – noch wie ein erotisches Spiel, wie ein Kerl mit offenem Hosenschlitz, ganz im Gegensatz zum ehrlichen und neuen Kartenspiel, das hervorgeholt wird, um Bridge zu spielen.

Das fast wie eine Erklärung vorgebrachte *ich weiß nicht warum* zwingt mich nachgerade, die Frage zu stellen, ob Mahjub nicht Nabilas Gegenwart für sich selbst gefährlich empfunden hatte (durch ein Gesicht aus der Fassung gebracht, hinderte ihn ein Schwächeanfall plötzlich daran, nachzudenken), wobei die Tatsache, daß Karten gespielt wurde, alles noch verschlimmerte. Wenn dem so ist, sehe ich nicht den Zusammenhang, der möglicherweise zwischen dieser sehr schönen Frau und dem Kartenspiel bestanden hatte, nein, ich sehe keinen Zusammenhang außer dem folgenden, doch ist der so sehr persönlicher Art, daß ich ihn in einer Art Halbdunkel aussprechen muß: Manon Lescaut, die nach Le Havre de Grâce reiste, um dort den Chevalier des Grieux zu treffen, hinterließ in Paris einen geliebten Bruder, der seinen Lebensunterhalt als Falschspieler verdiente.

Das alles: die Orte des Geschehens, die Dame, der König, die Buben, die Schwerter, alles und alle bewegen sich noch immer in mir und nur in mir, nur Mahjub selbst ist davon nicht betroffen. Wobei jeder aus den anderen hervorgeht und ein Doppelgänger oder zugleich ein Double von sich selbst und von den anderen Gestalten ist, während einzig Nabila ungetrübt und leuchtend dasteht. Ein Konflikt, für den die mohammedanischen Theologen möglicherweise eine Erklärung haben, verfolgt mich noch immer: kann ein in solchem Maße einmaliger Gott (denn so lautet doch sein Name: der Eine, der Einzige) mit dem Zufall koexistieren? Wenn nicht, ist dann das, was wir als Zufall bezeichnen, gottgewollt? Und trägt das Ergebnis eines Kartenspiels seinen göttlichen Stempel?

Eines Abends saßen wir allein beieinander und Mahjub lächelte wie immer sehr mild, beinahe zärtlich. Er reichte mir eine Gitane. Die hellen Zigaretten, die von den Emiraten gespendet wurden, verschmähte er.

»Ich war einmal verliebt, wahnsinnig verliebt in ein kleines achtjähriges Mädchen.«

Ich glaube nicht, daß er sich den Augenblick, da er mir dies sagte, bewußt ausgesucht hatte. Nutzte er vielleicht die Gunst der Stunde?

»Ich machte Umwege von mehreren Kilometern, um sie anzusehen. Ich habe ihr nie etwas Böses getan, sie mir aber sehr viel.«

»Wie?«

»Zum Beispiel, indem sie meine Geschenke zurückwies. Indem sie mit mir schmollte. Ich glaube, sie hatte ihre Macht über mich erkannt. Sie spielte mit mir, um mir wehzutun.«

»Eine Achtjährige?«

»Sie benahm sich manchmal wie eine Frau von vierzig. Sie wohnte in einem abgelegenen Dorf und wußte, daß ich den weiten Weg von Kairo nur machte, um sie zu sehen. Nur um sie zu sehen.«

»Ging das lange so?«

»Sie wurde neun, dann zehn und elf; mit zwölf war sie eine Frau. Sie interessierte mich nicht mehr.«

»Sie waren gerettet.«

»Nein. Meine Liebe zu ihr tat immer noch weh, aber ich war sehr glücklich.«

Zwischen uns trat eine Stille ein, als trennte uns eine noch größere Weite. Oder auch nicht, was ich aber nicht glaube, denn das hätte mich bedrückt; es hatte sich eher eine Art Kluft zwischen uns aufgetan.

»Seien Sie nicht traurig«, sagte er, als er sich von dem Erdhaufen erhob, auf dem wir saßen.

Ich blieb, um meine Gitane zu Ende zu rauchen. Und ich fragte mich, warum er gerade mir und gerade an diesem Tag dies alles erzählt hatte.

»Jean, ich habe den Namen dieser Kirche vergessen, aber wenn ich mich recht entsinne, war es nicht Notre-Dame-des-Fleurs.«

L'Orient le Jour, eine in Französisch erscheinende Zeitung, hatte einen mokanten Artikel über meine Anwesenheit bei der Fatah und an den Ufern des Jordan geschrieben, an denen einst Johannes der Täufer weilte, doch den einzigen Kommentar dazu hörte ich von Ferraj:

»Die Hauptsache, du bist bei uns.«

Die Fedajin, dachte ich, beschäftigt nur diese eine Frage: Wie wird das Fest ausgehen? Denn diese palästinensische Revolte an den Ostufern des Jordan war ein einziges Fest.

Ein Fest, das neun Monate dauerte. Wer die Tage der Freiheit im Mai 1968 in Paris erlebt hat, möge eine gewisse körperliche Anmut hinzu denken und eine allgemeine Höflichkeit, die alle und jeden einbezog, aber vor allem möge er vergleichen, denn die Fedajin waren bewaffnet. Ohne daß ich ihn kommen hörte, war Mahjub im März plötzlich wieder da. Ich war derart beeindruckt, daß ich neben ihm die Stimme senkte, denn seine Gegenwart war wie eine innere Stille.

Möglicherweise war es das Fluidum eines Moralisten in der Art eines Saint-Just, das ihm ein solches Prestige verlieh, denn jedesmal wenn ich auf ihn zu sprechen komme, überkommt mich die Gewißheit, daß ich die fehlenden Seiten der »Legenda aurea« schreibe.

»Haben Sie die Knospen gesehen?«

»Sie haben sich viel Zeit gelassen, aber jetzt sind sie da. Sie sind noch klebrig, und wenn ich die Zweige schüttle, bin ich gleich mit

Blütenstaub bedeckt. Die Mandelblüten werden bald aufgehen, und dann kommen auch die Blätter.«

»Die Sonne ist schon wärmer, und die Fedajin sind fröhlicher; März und April sind zwei ziemlich leichte Monate. Wenn wir sie überstehen, wenn wir so lange durchhalten, wird die Revolution siegen.«

»Die Mini-Stellungen entlang der Waldwege, die nach Ajlun führen, erscheinen mir etwas schwach ausgebaut.«

»Das finde ich nicht. Sie werden halten. Taktik geht mich zwar nichts an, aber die verantwortlichen Genossen sind da zuversichtlich.«

»Sie sind wie Naief Hawatmeh.«

»Inwiefern?«

»Er redet immer nur von Wissenschaft: wissenschaftliche Taktik, wissenschaftlicher Sozialismus...«

Er lachte. Da trat ein anderer Verantwortlicher an ihn heran und sprach sehr rasch auf Arabisch mit ihm. Ab und zu zeigte der andere mit der Hand auf mich. Dann ging er, ohne sich zu verabschieden, scheinbar in Eile.

»Ich soll Ihnen sagen, daß er der neue Verantwortliche des militärischen Bereichs ist und daß Sie schon zweimal an ihm vorbeigegangen sind, ohne ihm die gebührende Achtung zu erweisen.«

»Na und?«

Mahjub lächelte.

»Er hat in Sandhurst studiert. Er möchte, daß alle und auch Sie wissen, daß er hier der militärische Chef ist. Er weiß, daß Sie von Arafat die Erlaubnis bekommen haben, sich überall frei zu bewegen. Er möchte aber, daß Sie das auch mit seinem Einverständnis tun. Vergessen Sie ihn und tun Sie, was Sie für richtig halten. Die Fedajin haben wieder etwas Farbe bekommen, sie bewegen sich, setzen ein bißchen Fett an, und man hört sie wieder singen und pfeifen.«

Während unserer häufigen Treffen in diesen zwei Jahren erlebte ich Mahjub immer wieder in diesem Wechsel zwischen Erschrockenheit und stiller Dienstfertigkeit, zwischen übertriebener Vorsicht und unglaublicher Kühnheit in seinen Plänen, doch wenn er mit seinen langen Beinen ein Gelände abgelaufen und abgesteckt hatte, dann hatte darauf eine Frau nichts mehr zu suchen. Mit einigen anderen war er der beliebteste Führer. Seine kindlichen Anschauungen, die auf eine herkömmliche Moral schließen ließen, hatten die Schärfe jenes salomonischen Urteils, das ein Kind der Länge nach teilen wollte. Er trat ein, und man freute sich, ihn zu sehen, er ging, und alle waren bestürzt; dieser feinfühlige und unberechenbare Mensch vermittelte jedoch allen ein Gefühl großer Sicherheit. Die christlichen Priester Südamerikas, die nach den strengen Grundsätzen einer konventionellen Moral erzogen wurden, befinden sich, ohne es zu wollen, gewissermaßen in Einklang mit den Guerilleros, und wäre Mahjub kein Moslem gewesen, er wäre einer der ihren gewesen.

Er hatte sich eine Argumentation zurechtgelegt, mit der er mir beweisen wollte, daß dem Kartenspiel ein Geruch von Spielhölle anhaftete und daß sie ein Zeitvertreib für Ruheständler sei, die zu Hause oder in ihren Zelten damit die Zeit totschlugen. Hätte ich noch eine Weile dagegengehalten, er hätte mich davon überzeugt, daß Karten spielen der Gesundheit schade. Als Arzt wußte er ja einiges über Körperhygiene.

Eines Tages gestand er mir, daß alle militärischen Kader Karten spielten.

»Ja und?«

»Ich habe mich dran gewöhnt.«

Nehmen wir, als erstes Bild, die Hand. Der hocherhobene Arm streckt die Hand gen Himmel, sie klappt nach unten, die noch starren, krampfhaft zur Faust geballten Finger öffnen sich plötzlich, und die Hand erinnert an einen Vogel, den eine Windbö auf dem Rücken davongetragen hätte und der sich in einer jähen Drehung nach unten öffnet und auf den Marmortisch die Würfel fallen läßt. In der Literatur finden sich mehrere Schilderungen eines Adlers, der über dem ahnungslos grasenden Lamm seine Kreise zieht; mal segelt und gleitet der Adler über Delphi, und aus seinem Schnabel fällt der Omphalos herab; ein andermal entführt der Adler in seinen Fängen den schon beschwipsten Ganymed in den Olymp und setzt ihn auf einer Wolke nieder. Während ich diese Ereignisse in Erinnerung bringe, wird mir klar, daß sie alle vom Göttervater gewollt waren; die Hand des Würfelspielers hebt sich weit in die Höhe, bleibt – wie die Hand des Konzertpianisten, bevor er eine schwierige Passage beginnt – einen Augenblick in der Schwebe, kippt um und wirft das Schicksal auf den Tisch des Kaffeehauses, die Zahlen auf die Marmorplatte. Sie prasseln nieder mit einem schrecklichen Knall, wie ein Trommelwirbel. Die Finger des Spielers entspannen sich und kehren auf die Tischplatte zurück, da nun das Schicksal gesprochen hat. Die Karten hatten wahrscheinlich die gleiche Funktion wie das Würfelspiel. Man kennt die Gerissenheit der Spieler, die ihr Spiel vor den anderen geschickt zu verbergen wissen, während das Spiel durch Zeus entschieden wird. »Que Dieu ne joue pas aux dés avec le monde« (Gott würfelt nicht mit der Welt), dieser auf Französisch geschriebene Satz bedeutet nicht viel, denn wenn Gott Ist, dann Ist Er Alles, das Würfelspiel wie auch der Rest der Welt. Dann trägt der Zufall den Namen Vorsehung, hokuspokus fidibus. Indem der Koran die Glücksspiele für sündhaft erklärt, will er mit dem Verbot nur etwas bemänteln und die Spieler wortreich von der Frage ablenken, die dahinter auf der Lauer liegt: Entscheidet Gott über den Ausgang der Partie, dann hat er mich erwählt, aber warum? Man wird verstehen, daß mich hierbei ein beklemmendes Gefühl beschleicht. Oder hat der Zufall an seiner Statt entschieden, war der Zufall schneller als Gott? War Gott zufällig?

Über die Spieleinsätze hat Mahjub mir gegenüber nie ein Wort verloren, doch habe ich erfahren, daß sie manchmal dreißigmal höher waren als der Sold eines Spielers. Da die Offiziere seiner scheinbaren Arglosigkeit, seiner Aufrichtigkeit nicht ganz trauten, waren sie so schlau, in seiner Anwesenheit nur mit Bohnen zu spielen.

Er lebte unablässig in einem Zustand scheinbarer Furcht und Unschuld. Fehlten ihm vielleicht nur noch die Wundmale und die Auferstehung, um zum Heiligen des Ortes und der Zeit erhoben zu werden? Aber, noch ist er nicht tot. Er lebt in Kairo.

Im Grunde fehlte ihm der wahre Glaube, aber er war voller – vielleicht weltlicher – Bewunderung für die Schönheit und Güte dieser Welt. Diese Unschuld machte ihn nicht zum wirklich glücklichen Menschen, doch durch sie war er in der Lage, seinem

Gefühl so lebhaft Ausdruck zu verleihen, daß es wie Spontaneität wirkte.

»Schauen Sie, wie zart doch das Gelb dieser Knospe ist! Wie kräftig diese Blätter sein werden!«

Aber diese Worte über die vitale Kraft der Natur sollten mich wohl darüber hinwegtäuschen, daß um ihn herum, unter der strahlenden Sonne, eine tiefe Finsternis herrschte.

Menschen niederer Herkunft, heißt es, versuchen oft, diese hinter einem beeindruckenden Wortschatz zu verbergen, so wie auch die Leichtfertigkeit der im Wohlstand aufgewachsenen Jugend trotz ihres verspielten revolutionären Engagements immer wieder zum Vorschein kam.

Niemand schien zu ahnen, daß es die übelsten Intrigen waren, die einst den heute noch verheerenden Reichtum begründet haben, wobei das viele Gold die Grobschlächtigkeit der Manieren nachgerade charmant erscheinen ließ, wie auch die abgründige Frivolität der Kämpfe, die eher als eine Art Zeitvertreib betrachtet wurden. So weit man auch zurückblickt – Allianzen mit Kreuzrittern, mit den neuen Königen, mit den Raubrittern des Kleinadels, Erbschleicherei und rücksichtslose Aneignung fremder Güter, die mit Hilfe gefälschter Siegel aus goldenem oder blutrotem Wachs legalisiert wurden; und selbst die Kreuzritter: Schaffung von Herrschaftsbereichen, Oberhoheiten und Apanagen, Ehen mit den Töchtern der Nachkommen des Propheten, Erbschaft der Familienannalen von Byzanz, Versklavung unter den Osmanen, und ich lasse vieles aus, unter anderem die Verkettung von Niedertracht und Anmaßung, von Tapferkeit und gebotener Unterwürfigkeit, die von Clovis bis Weygand und vom Propheten bis Husain niemals abriß. Die Zeit und vor allem eine gewisse Beständigkeit in der erfolgreichen Ausübung der übertragenen Ämter haben sicher den Großen Familien einen gewissen Glanz verliehen, und so pflegen deren Nachkommen diese Tradition, indem sie neue Ehen mit den Adelsfamilien des Libanons, Syriens, Jordaniens und von Kuweit eingehen oder, wenn man so will, die Vermählung der fetten Pfründe zelebrieren. Welches schöne Wort unter all diesen Worten könnte man für sie gelten lassen: Gewissensbisse oder Reue, oder Reumütigkeit, die wohl länger währt?

Da ich dieses Buch schreibe, obwohl ich weiß, daß es niemals ins Arabische übersetzt und weder von Franzosen noch Europäern gelesen werden wird – an wen wendet es sich dann?

Das ist der Grund, warum der elegante Bau aus dem 18. Jahrhundert, der heute dem Serail von Istanbul als Bibliothek dient, seine Türen und Fenster geschlossen hält und warum die höchsten Würdenträger aller Herrenländer, die einst, ohne es recht zu wissen, zum Osmanischen Reich gehörten, streng darauf achten, daß alle Öffnungen auch verriegelt bleiben. Urkunden, in allen Sprachen verfaßt, werden hier unter Verschluß gehalten. Doch noch in dieser sicheren Verwahrung beängstigen sie die alten griechischen, illyrischen, bulgarischen, jüdischen, syrischen, montegrinischen Familien, sogar die französischen. Auch die palästinensischen. Das Wort »Nacht breitete sich aus über der Welt« muß man in dem Sinne verstehen, daß jedes Ding einen Augenblick lang in eine so enge Beziehung zu den anderen trat, daß ich einige Sekunden lang das erlebte, was man die Einheit der Welt nennen könnte; aber sehr bald erkannte ich wieder den jähen Bruch zwischen den Dingen und den Lebewesen. Ein leichter Nasenstüber hatte genügt, um das Osmanische Reich einer befreienden Lächerlichkeit preiszugeben und dem Untergang zu weihen. Was davon übrigblieb, jener fast lautlose Schrei eines alten Weibes, das Mohammed VI., der zum Wrack verkommene letzte Sultan, zusammenraffte und beruhigte, der schrille Klageruf dieses Furunkels – des Eunuchen –, der auf der Brücke des englischen Kreuzers, der sie davontrug, dem Schatten Gottes auf Erden, dem Fürsten der Gläubigen Trost spendete, dieser Schrei war vielleicht der meine, den ich selbst nicht vernahm, den aber alle Palästinenser während meines über einjährigen Aufenthalts nicht nur aus meinem Mund, sondern aus meinem ganzen Wesen zu hören glaubten. Die Bibliothek des Serails gut verschlossen halten: Denn stünden die Türen zu dem Archiv nur einen Spaltbreit offen, ein pestartiger Gestank würde sich über die ganze Türkei verbreiten.

In diesen Büchern, geschrieben mit den Schriftzeichen des unerschaffenen Korans, ist die ganze Verworfenheit, die Verkommenheit, der Verrat und die Käuflichkeit der größten osmanischen Familien verzeichnet. Die Allmacht eines Großwesirs wurde oft um den Preis zweier Hoden erkauft: Was die vielen ins Ohr geflüsterten Befehle erklärt, damit dieses den verräterischen Sopran nicht hörte; was auch erklärt, warum die Baß- oder Baritonstimme heute noch als ein wohlklingendes, imposantes Organ gilt, als Beweis echter Männlichkeit; was überdies die Kühnheit gewisser türkischer Beamten erklärt, die im Rundfunk die vom Staat bezahlten Denunzianten als »liebe Spione« titulierten. In welcher osmanischen oder nicht osmanischen Familie hat es nicht mindestens einen, einen einzigen Eunuchen und die Konkubine eines Emirs oder Sultans gegeben? Doch es ist alles in sicherer Verwahrung, die Pest ist unter Verschluß.

Daß ein ganzes Volk auch heute noch ein anderes Volk, das ihm schweres Unrecht zufügte, als verbrecherisch und unmenschlich verteufelt, wird wohl jeder verstehen, aber daß dieses unterdrückte Volk dem Peiniger immer ähnlicher wird, betrachte ich als eine enorme, fast unmenschliche Herausforderung gegenüber dem Rest der Welt. Entweder ein schwer vollbrachtes Heldentum oder ein Freibrief der in diesem Fall sehr menschlichen Natur.
  Eine beispiellose Herausforderung? Oder Schwäche?

Eine – vielleicht verbitterte – Palästinenserin hat mir gestern nacht erklärt, daß die ältesten Familien Palästinas, die alle ihre Verwandtschaft mit der Familie des Propheten beweisen können, auf die Revolution noch immer einen großen Einfluß ausüben.
  Könnte die Zugehörigkeit zu einer alten palästinensischen Adelsfamilie, die mit den Husaini rivalisiert, mit denen Jasir Arafat wiederum entfernt verwandt ist, für ihre Nachkommenschaft von Bedeutung sein? Die Adelsfehden im Westen, in Marokko, sind mitunter blutig, hier nicht. Ein Teil der Familie von Nabila, die sich mit ihrer Treue zum direkten Nachkommen des Propheten (König Husain) herausredete, versorgte diesen mit königlichen Beamten. Aber sie? Sie war sicherlich das schönste

junge Mädchen des Königreiches, bevor der Krieg gegen Husain offen ausbrach, als die Stützpunkte der Fedajin lediglich Israel bedrohten. So wie Fürsten sich mit allerlei Kaprizen die Zeit vertreiben, bekriegten diese vornehmen Familien einander und machten sich, unter dem kühlen Blick der Osmanen, die Macht streitig, und damit die Reichtümer, oder sie teilten sie untereinander auf. Zuweilen begehrten ihre Sprößlinge auf, aber selten gegen die Privilegien – ich erinnere daran, daß keine dieser *Aschraf*-Familien, die sich vom Propheten herleiten, Steuern zahlte. Die vom Stand her niederen, aber vermögenden Familien hingegen ja: Titel, Grundbesitz, Geld (es wäre auch noch anzumerken, daß kein einziger Erbe je eine Erbschaft verweigerte, und wenn das Vermögen auf noch so schamlose Weise und durch Betrug erworben worden war); die Nachkommen regten sich aber auf, als *ihre* Bauern, die zu Kämpfern geworden waren, von Männern abgeschlachtet wurden, denen sie nicht gehörten: durch die Juden und die Beduinen Husains. Man sollte aber, angesichts der Entrüstung dieser Söhne, zwischen der Betroffenheit unterscheiden, die wahrem Edelmut entsprang, und jener, die sich erst zeigte, als Aufruhr und Widerstand einem neuen Adel, dem Waffenadel, Geltung verschafften. Den stets etwas verrückten Umständen verdanke ich meine Begegnung mit einem nicht sehr reichen Araber, der aber, wie er meinte, den Nachtwächter seines Hauses als seinen Besitz betrachtete und der mit diesen Worten einen anderen Araber zurechtwies:

»Schämst du dich nicht, so mit meinem Wächter zu reden? Ich bin sein Herr. Wenn er dir ein Unrecht getan hat, dann ist es meine Sache, ihn zu strafen, und nicht deine. Du bist nicht sein Herr.«

Als palästinensische Bauern durch Juden verwundet wurden, war in den vornehmen Familien die Empörung groß, aus patriotischen Gefühlen vielleicht, aus Mitleid oder auch aus einem Vorgefühl dessen, was noch alles kommen würde, aber vor allem, weil ein Fremder sich an ihrem Besitz vergriffen hatte.

Da diese Familien ebenso wie die anderen, und zuweilen mehr noch als diese, Nachkommen des Propheten Mohammed, des Stammvaters aller Adelsgeschlechter waren – in Marokko zeigte man mir gleich zwei Stammbäume eines Familienoberhauptes; der eine ging auf Mohammed zurück, dessen Name in goldenen oder mit Gold bestäubten Lettern im Kopf des Pergaments stand; der zweite reichte bis Ibrahim, und sein mit violetter Tinte geschriebener Name war ebenfalls mit Gold bestäubt –, waren diese Familien schon lange in Palästina seßhaft und zum Islam bekehrt, als der ziemlich brutale Einfall der fränkischen Kreuzritter erfolgte. Für die Adligen Palästinas waren die Lusignan nur eine elende Räuberbande aus dem Poitou, Männer ohne Frauen, außer den Flittchen in ihrem Troß, die in den Augen arabischer Prinzessinnen nur gewöhnliche Freudenmädchen sein konnten, zumal sie zu mehreren in einem Zelt hausten und Kasserollen, Tassen und Teekannen an ihren vergoldeten Gürteln trugen – für die Fürsten der Wüste.

Der Name der Lusignan war Nabila ebenso unbekannt wie deren rätselhaftes Verschwinden in der Gestalt einer geflügelten Schlange. Erzählen die *Chimären* von der Frau Guidos? Diese fränkische Rotte, die jenseits der Meere in Jerusalem und auf Zypern eine zweihundertjährige Königsdynastie gründete, unterhielt Geschäfts- und Liebesbeziehungen zu den muselmanischen Würdenträgern und ihren Töchtern. Je nachdem, ob sie blond oder dunkelhaarig waren, versicherten die Palästinenser, lächelnd, sie stammten von Ali, Fatima, Friedrich II. von Hohenstaufen oder von Guido von Lusignan ab, und das fügte sich so wunderbar in die Legende, das heißt, in die Geschichte ein, daß wir nicht darauf verzichten wollten, es noch zu erwähnen. In Palästina und im Libanon reichen die Ahnentafeln von den Normannen bis zu den Söhnen von Saladin, immer wieder und in stetiger Folge mit jüdischen und persischen Geschlechtern vermischt. Nabila wurde in einer moslemischen Familie geboren. Im Juli 1984 habe ich das Stadtviertel, in dem das Haus ihrer Eltern steht, nicht besucht, und ich hoffe, daß es stehengeblieben ist, denn es war alt und sehr schön und von einem Garten umgeben, unweit des Stadtzentrums. In diesem Haus, bei ihrer Mutter, hatte ich Nabila im September 1970 kennengelernt.

Als sie in Washington, wo sie als Ärztin lebte, im amerikanischen Rundfunk von den Massakern hörte, hatte sie das nächste

Flugzeug bestiegen. Sie trat dem Roten Halbmond bei und ist bis heute dabei geblieben.

Als ich diesen Teil meines Buches begann, wollte ich wissen, ob diese Familien wichtige Posten im palästinensischen Widerstand bekleideten. Dazu sagte mir Leila, die Tochter von Madame Schahid:

»Sie haben nicht mehr das Ansehen und auch nicht den Dünkel der großen Führer von einst. Wenn Arafat dem einen von ihnen einen Posten anvertraut, dann wählt er ihn unter den Mitgliedern bekannter oder auch berühmter Familien aus, um die Kontinuität des Kampfes gegen die Besatzer zu demonstrieren, und knüpft damit an eine historische Tradition an, in der die alten und berühmten Familien sich durch ihre Großtaten auszeichneten. Nichts anders erwartet Arafat von ihnen. Etwas anderes würde er auch nicht erlauben.«

In einer, wie ich meine, berühmten Varieté-Nummer, wurde folgendes dargeboten: Mit weitem Reifrock gekleidet, der bis zum Boden reichte und damit die Knöchel und sogar die Füße bedeckte, kam eine Tänzerin mit so winzigen Schritten und ohne den Rock mit den Knien zu berühren, vom Fond der Szene auf die Rampe zu, daß sie in einer einzigen gleitenden, öligen Bewegung zu schweben schien und die Zuschauer sich fragen mußten, ob sie unter der Krinoline, die auf den Brettern schleifte, nicht Rollschuhe anhatte. Vorn angelangt, verbeugte sie sich lächelnd unter den Bravorufen, hob die Krinoline und zeigte die beiden Rollschuhe, die niemand gesehen, aber jeder geahnt und gefürchtet hatte. Das deutsche Fernsehen zeigte uns das gleiche Bild von Mitterrand anläßlich der Beisetzung von Sadat: Seine Leibwächter beschützten ihn so hautnah in vier dichten Gruppen, während er selbst steif in seinem kugelsicheren Etui steckte, daß er von diesen Bewachern eher getragen als beschützt wurde und sich scheinbar, ohne zu gehen, vorwärtsbewegte, entweder gleitend, mit Rollschuhen an den Füßen, oder stehend auf einem Skateboard, jenem Brett auf vier Rollen, mit dem die Kinder heute spielend umgehen und mit dem der Staatspräsident der Franzosen vielleicht auch sein Spiel trieb, auf einer höheren Ebene jedoch, denn die Schnelligkeit der Kinder, die jähe Wendigkeit ihrer Figuren und ihre Eleganz – hier muß ich dieses Wort benutzen – hatte man für den hohen Würdenträger, von dem hier die Rede ist, durch eine weihevolle und drollige Langsamkeit ersetzt. Bei Begräbnissen erster Klasse sieht man zuweilen auf dem Bildschirm Pferde, die, mit langen schwarzen Stoffbahnen behangen, den Kastenwagen mit dem königlichen Leichnam ziehen. Wie ein schon etwas müder Gaul rollte der Präsident der Franzosen ins Bild: Großaufnahme. Doch dieses karnevaleske Bild, das auf seinen schwarzen Rock gezeichnet oder auch nicht gezeichnet war, wurde in mir durch ein anderes Bild überlagert: Die manschettenartig verlängerten Kostüme von Handpuppen oder Marionetten, in die der Puppenspieler Hand und Oberarm steckt, um auf einer winzigen Bühne kleine Figuren kunstvoll zu bewegen, denen er auch seine donnernde Stimme verleiht; so erschien mir der Präsident wie eine Handpuppe, deren untere – geschlechtslose – Körperpartie durch eine riesige Manschette aus Kattun verdeckt wurde, während Mitterrand mit steifem Oberkörper die ihn tragenden Leibwächter oder Polizisten um einen Kopf überragte; und der von der Polizei wie eine Marionette bewegte Präsident erhielt von dieser seine Macht; die dröhnende Stimme der Polizei wurde wohl durch Trommelwirbel übertönt, denn ich hörte sie nicht, aber durch dieses Bild eines rollenden, durch die Polizei in Gang gesetzten Präsidenten wurde mir klar, daß dieses Bild selbst mehr noch als irgendeine Theorie den Beweis erbrachte, daß Kraft vor Recht geht; und da es das Fernsehen war, das mir zu dieser Erkenntnis verholfen hatte, war ich beruhigt. Die Kraft hatte also den Vorrang vor dem Recht, das sich, dank der Manschetten aus Kattun, aus ihr ableitete. Abu Omar, der sich – ob tot, erhängt, erschossen oder ertrunken – dank meiner Manschetten aus Kattun noch bewegt und mit meiner Stimme spricht, lege ich Worte in den Mund, die er wahrscheinlich nicht gebilligt hätte, doch ich tue es in aller Seelenruhe, denn ich weiß, daß die Scheinheiligkeit des Lesers mit der meinen konform geht. In den Worten, die ich ihn sprechen lasse, wird Abu Omar *wieder lebendig*.

Daud Thalami arbeitete im Beiruter Zentrum für Palästinensische Forschungen. In einem Brief, den er mir aus Paris schickte, teilte er mir mit, daß Hamza 1972 in einem Lager in Zarka interniert war, in der Nähe der Stelle, auf der man drei Maschinen der Swissair zur Landung gezwungen hatte. Er habe dies, wie er mir schrieb, vom Dichter Khaled Abu Khaled erfahren. Nach den Massakern von Ajlun und Irbid sei Hamza von der jordanischen Armee gefoltert worden: Er sollte gestehen, daß er der Anführer mehrerer Fedajin war. Sie haben ihn übel zugerichtet, vor allem die Beine. Obwohl ich eine annähernde Vorstellung vom Foltern hatte, wußte ich nur wenig Konkretes darüber, aber sehr viel über die Rachsucht und den Haß der Beduinen und der Tscherkessen; über die Perversität des Königs hatten mich die Palästinenser aufgeklärt.

Wer waren die Kerkermeister von Abu Hamza? Welchen Foltern hatten sie ihn unterzogen? Die ständige Beschäftigung mit Hamza und seiner Familie und mit dem von mir erdachten Mutter-Sohn-Verhältnis hatte genügt, um die Beständigkeit dieses Doppellebens in mir zu sichern, so daß es mir ebenso unerläßlich geworden war wie ein lebenswichtiges Organ, dessen Amputation oder Absterben ich nicht zugelassen hätte; daß sie in mir fortlebten und mich auf diese Weise in meiner Treue zum Widerstand bestärkten, dessen war ich mir nicht völlig sicher, doch war es nicht ganz auszuschließen; daß die Entität von Hamza und seiner Mutter – oder genauer gesagt ihr Verhältnis Mutter-Sohn und Sohn-Verantwortliche – in mir weiter gedieh, ja sogar ein Eigenleben führte, etwa wie ein eingedrungener Fremdkörper, ein Fibrom, das zu wuchern beginnt, dies schien mir geradezu in den Bereich des tropischen Tier- oder Pflanzenlebens zu gehören; daß sich in mir das Schicksal dieses Paares weitererfüllte, konnte mich nicht erschrecken, denn es symbolisierte für mich den Widerstand, zumindest jenen Widerstand, der in meinen Gedanken und Betrachtungen über ihn Gestalt angenommen hatte.

Als Sinnbild, das ich nicht zu deuten wußte, vereinigte und kondensierte dieses an einem Abend und einem halben Tag erlebte Paar in sich oder fast in sich allein den ganzen Widerstand, und blieb dennoch für mich jenes einzigartige Paar: Hamza und seine Mutter. In jenen Tagen, als ich Dauds Brief las, wurden die beiden getrennten Teile dieses Paares gefoltert, jeder da, wo er sich gerade befand, und mit jeweils anderen Mitteln. Die Monarchie konsolidierte sich dermaßen, daß die über den Straßen und Plätzen prangenden Schablonen und Attrappen der Königskrone, die früher aus einem so dünnen Aluminiumblech gefertigt waren, daß sie mir zweidimensional erschienen, jetzt immer häufiger aus versilbertem und manchmal sogar vergoldetem Material gestanzt wurden und sich zu Kuppeln mit einem fünfzackigen Stern auf der Spitze aufblähten. Selbst der König, einst so dünn und flach wie ein nicht beschriebenes Blatt Papier, bekam zunehmend Gewicht, Dichte und eine dritte, vielleicht sogar eine vierte Dimension, wurde schließlich zu Schrift und Sinn.

Die Klammer, die ich hier aufmache, wird rasch akzeptiert und wieder geschlossen werden. Das Verhalten von manchen erwachsenen Palästinensern erinnerte mich zuweilen mehr an die Regsamkeit einer Mutter als an das Gebaren eines wirklichen Soldaten. So kontrollierte ein Verantwortlicher von zwanzig Fedajin, der in Syrien verheiratet war, abends die Verteilung der Decken und ging erst schlafen, wenn alle gut versorgt waren; ein anderer eilte von Gruppe zu Gruppe, bis zu den Schluchten des Jordan, um die Post an seine Leute auszuteilen. Diese ausgesprochen mütterliche Fürsorge, die ich nicht weiblich zu nennen wage, war wohl auch der Grund, warum die Verantwortlichen diese jungen Soldaten mit dem ersten Anflug eines Bartes oder eher noch mit einem Hauch zarter Asche zwischen Mund und Nase, wie ebenso viele geliebte Söhne behandelten und nicht als Untergebene, wie dies im Westen gang und gäbe ist. Sie mannhaft zu nennen, wäre zwar dem Sinn nach richtig, aber nicht das Wort, das die Mutter verdiente. Hamza wurde von ihr erzogen, doch kann man annehmen, daß der Mann, und er allein, weiß, was für ihn gut und richtig ist; und: die Frauen in den Lagern erwiesen sich als so hervorragende Strategen, daß dieses Wort in der weiblichen Form gebraucht werden sollte. Als Amerikas junge Männer Hanoi und Nordvietnam bombardierten, hätte die Phantasie der Frauen, so sagte man, das Schlimmste verhindert. Ein Zuviel an Zärtlichkeit oder ein allzu ausgeprägtes Zartgefühl schien in diesen, den Frauen verbotenen Bergen die fast liebevolle Freundschaft zwischen zwei jungen Burschen zu besiegeln, was Wunder also, daß die glatte Haut des einen die etwas rauhere des anderen zu verwirren vermochte, zumal im Norden wie auch im Süden der Horizont des Kampfgebiets von stählernen Waffen strotzte, die jeden Augenblick losgehen konnten? Es läßt sich nicht leugnen, der Tod lag auf der Lauer und drängte alles, was mit ihm nichts zu tun hatte, in den Hintergrund. Welches Urteil sprechen über ein plötzliches Verlangen, das wie eine letzte Ölung empfangen wird? Was hatte sich in Zarka zugetragen? Wie lebte Hamza an jenem Ort, wenn er noch lebte? So erfindungsreich die Phantasie im Ersinnen von Folterungen auch sein mag, sie versagt letztlich, wenn es darum geht, den Hexensabbat der Folterknechte und Gemarterten in allen Einzelheiten auszumalen. Sind die Folterwerkzeuge durch ihre Form an den Erkundungen beteiligt, in deren Verlauf Körper und Seele gedemütigt und bis hin zur Lust zerrissen werden? Hat der Mensch die Formen ganz allein mit seinem Verstand ersonnen? Seit den Befreiungskriegen ahnen wir etwas von den Grenzen zwischen der – oft sexuellen – Lust und dem reinen Schmerz. Man ahnt sie nur, weiß aber nichts Genaues darüber, und bisweilen irrt man sich. Darüber sollte man schweigen, denn was wissen wir schon über das Einvernehmen, über die komplizierte Beziehung zwischen den manchmal sehr sanften Peinigern und ihren gemarterten Opfern, deren Klagen oft kunstvolle Gesänge waren.

In den achtziger Jahren nahm die Zahl der Fernseh-Werbefilme in Europa sprunghaft zu, und auch wenn sie sich nicht allzu offen über den Orient oder die arabische Welt lustig machten, waren doch viele der gezeigten Bilder ironische Anspielungen auf islamische, persische oder ägyptische Legenden; in einem dieser Streifen sah man zum Beispiel eine Karawane mit vier- bis fünfhöckrigen Kamelen; jedesmal, wenn ein Tier seinen Kot fallen ließ, verschwand ein Höcker, und über dem Fladen in der Wüste erschien ein riesiges Päckchen Camel; ein anderer Film zeigte vier Scheichs, die sich auf ihre Teppiche schwangen, um an einer Beerdigung teilzunehmen; sie jagten in einem wilden Rennen über Städte und Minarette dahin, wobei der ungeschickteste von ihnen als erster ans Ziel kam und den Teppich, der ihn getragen hatte, als Preis gewann. Solch freies Schweben läßt sich mit den Mitteln des

Filmes leicht bewerkstelligen und kann witzig-spöttisch sein. Irgend etwas an den Bildern im Fernsehen hatte mich aber so irritiert, daß ich dieser Irritation auf den Grund gehen wollte. Wenn nun alle Phantasien in den Märchen nur Projektionen – dieses Wort bietet sich förmlich an – all dessen sind, was wir in uns selbst nicht sehen wollen? Am meisten störte mich wohl die Kraft des Paares Mutter-Hamza, das mit der Einheit Pieta-Gekreuzigter fest verbunden war. Die Bloßlegung dieses Unbehagens, jener befreiende Einschnitt in den bösen Finger waren für mich Grund genug, meine letzte Reise Paris-Amman zu unternehmen, eine Reise, die ich mir wüstenartig vorgestellt hatte, das heißt, wie eine unbelebte, wüste, unendliche Ödnis, in der es von so viel Trugbildern und Erscheinungen wimmeln müßte, von den Dschinns bis zum Trappistenmönch Foucault, daß einem die Kehle und das Gehirn austrocknen würde; eine letzte Reise aber, die ich im Glauben unternahm, es gäbe dafür einen realen, von mir unabhängigen Grund, obgleich mich in Wirklichkeit nur ein Traum beschäftigte, den ich als schon Fünfjähriger geträumt hatte; es sei denn, ich wollte angesichts des nahenden Todes noch ein letztes Reisebuch verfassen. Das erste habe ich, im Gegensatz zu diesem hier, unter dem Eindruck des strahlenden Blickes zweier Fedajin geschrieben, die auf dem Tannenholz zweier Särge trommelten, auf frisch gezimmerten Särgen für zwei frische Tote auf dem Weg zu ihrer letzten Grube; von diesen Strahlen getragen habe ich meine Reise fortgesetzt, und ein blendender Fidai löste den anderen ab, fort und fort bis hin zur völligen Erschöpfung, doch nicht der ihren, sondern der meinen; so bin ich wie ein Scheich auf fliegenden Teppichen, auf Blicken, auf Zähnen und auf Beinen gereist. Wie ein Scheich in der Hocke kam ich schließlich gerädert an, und heute frage ich mich in bezug auf diesen Aufenthalt in Palästina: Habe ich eine regungslose Reise gemacht? Denn mir scheint, daß während meiner ersten Reise von Paris nach Beirut nichts Außergewöhnliches geschah, bis auf ein unerhebliches Staunen, als Mahmud Hamschari mich nach Deraa begleitete. Mir mißfiel die fast feierliche Art, in der mich ein »Junglöwe« – stramme Haltung, englischer Gruß mit gestrecktem Arm auf Höhe der Augenbrauen – vor dem ersten Märtyrer-Denkmal im damals noch unbekannten Lager von Schatila begrüßte; damals ahnte niemand, daß dieser Ort bald eine traurige Berühmtheit erlangen würde, rivalisierend mit dem französischen Oradour-sur-Glane und beide in dieser Pose erstarrt: Wer ist der bedeutendste? Doch mein Aufenthalt, der länger als ein Jahr dauerte, stand von Anfang bis Ende im Zeichen jenes Strahls, der von den Augen der beiden lächelnden Fedajin ausging, die unermüdlich ihre Rhythmen auf die Särge trommelten; es ist nicht auszuschließen, daß während dieser langen Reise und jedesmal, wenn ich Müdigkeit verspürte, irgendwo ein zwanzigjähriger Fidai seine Wäsche aufhing; meine Knochen haben wollte; mir eine ganze Nacht zuhörte; während ich ihm zuhörte; sich höher als ein Minarett vor mir aufrichtete; lächelnd mit mir eine Sardine aß. Und überall empfing mich der Lichtstrahl ihrer Augen wie eine stetige Weiterführung der Strahlen jener Fedajin von Deraa, die lachend auf die beiden Särge eingehämmert hatten; ich wurde von diesen Lichtstrahlen getragen, und so frage ich mich heute noch, ob nicht ein großer Teil meines Glücks daher rührte, daß ich in eine wandernde Kaserne versetzt worden war.

Bunte Fransen: Die jungen Schwarzen schwankten zwischen Aufruhr und Onkel Tom. In ihrer extravaganten Aufmachung waren sie bald überall zu sehen: langes, steil abstehendes Haar, Kordhosen in den Farben Rosarot, Lila, Violettblau, Kirschrot, goldfarbene Lederstiefel, wild gestylte Bärte und Schnurrbärte, paillettenbesetzte Westen, seidene Mützen, die leger auf ein paar hochstehende Haarbüschel gesetzt wurden, knallenge Kleidung, die sich um das Geschlechtsteil schmiegte, hämische Ausdrucksweise, die die Weißen verletzen und zugleich verwirren sollte – sie bildeten gewissermaßen den bunten Saum der Black Panther, deren Sprache und Dreistigkeit sie nachahmten, ohne jedoch deren Mut zu besitzen und auch nicht deren strenge Hingabe an die Sache des schwarzen Volkes. Der Unterschied zwischen dem Bild, das ich von den Panthern hatte – ein von der Presse vermitteltes Bild, das ich hier und da mit Korrekturen versah –, und der erlebten Wirklichkeit war so groß, daß ich sehr bald erkannte, daß dieses jugendliche Auflodern nur eine Randerscheinung war. Zwischen den Black Panther und diesen bunten Vögeln wußte ich zu unterscheiden: Diese waren Büroangestellte oder gingen tagsüber anderen Beschäftigungen nach und verwandelten sich am Abend in Harlekine. Doch wenn sich einer dieser jungen Leute zufällig in ein weißes Wohnviertel verirrte und erlebte, wie ein paar Silhouetten sich von den Ahornen am Platz lösten und auf ihn zukamen, dann packte ihn jener unheimliche Schrecken, der Augen, Beine und Körper lähmt und in den Worten von David zum Ausdruck kommt: »Es stehen noch zu viele Bäume.« So groß ihr Abstand zu den Black Panther auch sein mochte, sie standen ihnen weit näher als ich, denn sie kannten Ängste und Fieberträume, von denen mich höchstens die ironische Übersetzung erreichte.

Wäre die Black-Panther-Bewegung nur eine Gang junger Schwarzer gewesen, die plündernd in die Bereiche der Weißen einfielen, Diebe, die »nur« von schicken Wagen, Frauen, Bars und Drogen träumten, hätte ich mich da zu ihnen auf den Weg gemacht? Auch wenn sie Marx lasen und drohten, mit seiner Lehre das freie Unternehmertum kurz und klein zu schlagen, waren sie noch immer nicht frei von ihrer Gier nach Ausstoßung. Asozial und apolitisch, aber aufrichtig in ihrem Wunsch und Versuch, eine Gesellschaft zu errichten, deren Ideale und Realität sie als freudlos voraussahen, wurden sie von »-a-«Kräften beherrscht, und während der ganzen Zeit, die ich mit ihnen verbrachte, schienen sie mir irgendwie in einer verwirrenden Spannung zu leben: strikte Ablehnung jeder Art von Ausgrenzung wie auch dringendes Verlangen nach Ausgrenzung und nach dem eigenartigen Schwindelgefühl, das sie bewirkt.

Revolutionäre laufen Gefahr, sich in allzu vielen Spiegeln zu verirren. Es muß aber auch Momente des Raubes und des Plünderns geben, in denen sie mit dem Faschismus in Berührung kommen, ihm zeitweilig verfallen, sich von ihm wieder losreißen, um sich ihm dann noch stürmischer wieder hinzugeben. Diese Momente sind an und für sich nicht avantgardistisch zu nennen, eher wegbereitend; es ist die Tat schwarzer Jugendlicher, die von ihrer Sexualität ebenso beherrscht wurden wie von den Ideen, die sie hervorbrachten. Vielleicht waren sie, mehr noch als von ihrer Sexualität, von einem Todesgedanken besessen, der in ihren Plünderungen zum Ausdruck kam. Die echten Black Panther haben eine ähnliche Entwicklung durchgemacht. Gelegentlich haben sie sich mit einer fast elementaren Gewalt gegen die Brutalität der Weißen gewehrt, doch lag ihre Bedeutung auf einer anderen Ebene. Gewalttaten: Demonstrationen mit offen zur Schau getragenen Waffen, Polizistenmorde, Banküberfälle – um sich zu behaupten, mußten die Black Panther Ausfälle wagen, Breschen schlagen, Blut vergießen. Ihre Geburt wurde mit Schrecken und Bewunderung begrüßt. Noch Anfang der siebziger Jahre besaß die Partei eine Geschmeidigkeit und Festigkeit, die an ein männliches Glied erinnerte – Erektion statt Wahlen war die Devise. Sexuelle Assoziationen drängen sich hier förmlich auf, außerdem war die sexuelle Bedeutung der – sich aufrichtenden – Partei offenkundig. Nicht, daß sie nur aus jungen geilen Männern bestanden hätte, die es Tag und Nacht ihren Frauen besorgten, es war vielmehr so, daß ihre Ideen, obwohl sie summarisch erschienen, ebenso viele derbdreiste Vergewaltigungen darstellten, mit denen die sehr alte, verstaubte, farblose, aber zähe viktorianische Moral ramponiert wurde – amerikanischer Abklatsch jener Moral, die hundert Jahre früher in England, im Kabinett von Saint James, geboren wurde. In einem gewissen Sinne war die Partei eine Art Jack the ripper.

Nein? Nein, denn dieser hier war befruchtend. Jeder seiner Vorstöße verursachte ein Gelächter. Black is beautiful, weil es befreite. Selbst, wenn die Aktionen der Black Panther am hellichten Tage stattfanden, erzeugten sie einen dunklen Nebelkreis – um die Weißen.

Aber auch das: Ihr Erscheinen im Ghetto war wie ein Licht, das den Schleier der Drogen ein wenig zerriß. Ihre derben, ätzenden Flüche, mit denen sie die Weißen geißelten, entlockten den jungen Schwarzen ein dünnes Lächeln, das sie ein paar Sekunden lang den »Entzug« vergessen ließ.

Sie mußten lachen, als ich zu David, der wegen meiner Grippe unbedingt einen Arzt rufen wollte, einmal sagte: »Du bist wie eine Mutter zu mir.«

Oft machten sie sich einen Jux daraus, das Geschlecht der Wörter zu verwechseln, die Grammatik des Sexismus zu überführen, und zugleich bevorzugten sie Hosen, die Schwanz und Klöten gut sichtbar zur Geltung brachten.

Der gezielte Einsatz gestalterischer Mittel fand ziemlich spät statt. Damit meine ich den Einsatz der Gestalt als Machtmittel. Die natürliche – und für die Weißen exzessive – Männlichkeit der Schwarzen wirkte wie ein Exhibitionismus, der gegen den Exhibitionismus der weißen Brüste auf Partys gerichtet war, die den Panther zu Ehren gegeben wurden. Dem war eine Periode eher viktorianischer als sozialistischer Prüderie vorausgegangen. Selbst jene so berühmte Theorie, die den Anbruch eines erotischen, skatologischen und obszönen Zeitalters verkündete und zu extravaganten Kopulationen von brodelnder Kraft aufrief, verkümmerte zu einem züchtigen Instrument, das stereotyp immer wieder und allein gegen den Dämon eingesetzt wurde: Nixon oder der weiße Imperialismus. Können die Geschlechtsteile ebenso wie der Ausdruck »lüsterne Schlangen« einem Zoologen bei der Bestimmung weiterhelfen? Zu guter Letzt bekamen die Hosen einen fast florentinischen Schnitt und die Lehre wurde ostentativ vorgetragen. Wie man sich denken kann, und wie nicht anders zu erwarten war, waren die Schwarzen von der Kunst des Radierens zu der des Bossierens übergegangen.

David Hilliard hatte ich anläßlich einer Vorlesung vor Studenten an der Universität von Connecticut kennengelernt. Nach der Vorlesung hatten uns die schwarzen Studenten in ihren Bungalow auf dem Campus eingeladen. Ich war erst nach David eingetroffen. Er saß da, umringt von Studenten, schwarzen Jungen und Mädchen, und sprach zu ihnen. Am stärksten berührte mich die stumme Frage, die in diesen schwarzen Gesichtern zu lesen war, den Gesichtern von Söhnen und Töchtern aus bürgerlichen schwarzen Familien, die einem ehemaligen Lastwagenfahrer zuhörten, der nur wenig älter war als sie. Er war hier der Patriarch, der zu seiner Nachkommenschaft sprach und ihr die Hintergründe des Kampfes und den Sinn der Taktik erklärte. Ihre Beziehung zueinander war politischer Natur, und dennoch beruhte ihr Zusammenhalt nicht nur auf gemeinsamen politischen Interessen, sondern auf einer sehr starken, subtilen erotischen

Anziehung, die so stark war, so offenkundig und so verhalten zugleich, daß ich kein einziges Mal Verlangen für jemanden verspürte: Mein Verlangen galt der Gruppe insgesamt und wurde durch die Tatsache befriedigt, daß diese Gruppe existierte.

Welchen Sinn aber hatte meine weiße und rosige Anwesenheit in ihrer Mitte? Und auch dies: Zwei Monate lang sollte ich der Sohn von David sein. Mein Vater war ein Schwarzer und um dreißig Jahre jünger als ich. Meine Unkenntnis der amerikanischen Probleme, vielleicht auch meine Verletzbarkeit und meine Arglosigkeit zwangen mich dazu, David als Bezugsperson anzunehmen, doch ging er selbst sehr behutsam mit mir um, als verliehe mir meine Schwäche einen besonderen Wert.

Es ist schon nicht leicht, über die Anziehungskraft und die Erotik zu schreiben, so wie sie in einer revolutionären Gruppe wirken, doch noch schwerer ist es, die Abneigung oder den körperlichen Widerwillen zu beschreiben, den man gegenüber scheinbar reizlosen Jungen oder Mädchen empfindet. So etwas kommt vor und ist manchmal unerträglich. Bei den Fedajin erregte Adnan (er wurde von den Israelis getötet) in mir solchen Ekel. Meine Homosexualität war ihm wohl zuwider.

Sexualität ist wahrscheinlich, noch bevor sie ins Bewußtsein tritt, das weitverbreitetste Phänomen in der lebendigen Welt. Sie ist, was vielleicht noch zu beweisen wäre, die unmittelbare und einzige Ursache des Willens zur Macht; die Demonstration von Macht, selbst wenn sie nicht immer einem Willen entspringt, läßt sich wohl selbst noch im Pflanzenreich nachweisen. Eine weitere, vielleicht nicht so allgemeingültige Erscheinung ist das mehr oder weniger bewußte Bedürfnis eines jeden Menschen, von sich selbst ein Bild zu entwerfen und für dessen Verbreitung zu sorgen, nach überallhin und über seinen Tod hinaus, damit dieses Bild ohne Zutun eines fremden Willens Macht ausübe oder vielmehr eine zugleich sanfte, machtvolle und matte Wirkung ausübe: ein vom Menschen oder von der Gruppe oder von der Tat losgelöstes Bild, das als beispielhaft bezeichnet wird. Hier heißt Beispielhaft vor allem, daß es sich um ein einzelnes, einmaliges Exemplar handelt, das nicht als Beispiel dienen soll. Es ist eine Art ironische Aufforderung: »Was Sie auch tun mögen, meiner Einmaligkeit wird es keinen Abbruch tun.« Diese ziemlich weit verbreitete Funktion hängt möglicherweise mit der Todesangst zusammen, so daß jeder sie noch zu Lebzeiten erfüllen möchte: Er hegt diesen Wunsch, da er in einem Bild von sich selbst fixiert wird, und er weist ihn von sich, indem er dieses Bild zu seinen Lebzeiten wünscht. Der junge Mann, der sich fotografieren läßt, ordnet seine Kleidung oder bringt sie in Unordnung, verändert sie jedenfalls, zwingt sich in eine bestimmte Pose, und dieses Kirmesbild wird vielleicht sein letztes sein.

Nicht eine oder zwei Anekdoten müßte ich erzählen, es ist vielmehr an der Zeit, die Ausstrahlung und Weiterverbreitung von einem oder zweitausend Bildern und ihre Funktion zu untersuchen. Mythomanie, Wachtraum, Megalomanie sind die Wörter, mit denen man die Situation eines Menschen beschreibt, dem es nicht gelingt, das Bild, das er sich von sich selbst macht, korrekt nach außen zu projizieren, zumal dieses Bild ein Eigenleben haben sollte, das zweifellos mit den Handlungen dieses lebenden Menschen ergänzt würde, aber auch mit seinen Wundertaten – oder seinen Wundern –, wenn er tot ist; doch damit erklärt man nicht die soziale Funktion dieser Bilder und dieser Versuche, Bilder zu schaffen, die beispielhaft, das heißt, einmalig sein werden, voneinander getrennt zwar durch die unüberbrückbare Kluft zwischen den einzelnen Projektionen, aber dennoch in Einklang miteinander, da sie das Gedächtnis und die Geschichte sind. Es gibt wahrscheinlich keinen Menschen, der nicht im großen oder kleinen Maßstab sagenhaft sein möchte, der nicht ein namengebender, weltbekannter Held sein möchte, exemplarisch und damit einmalig, da er seine Geltung der Augenscheinlichkeit und nicht der Macht verdanken würde.

Von der Antike bis zu den Black Panther wurde die Geschichte durch das Bedürfnis geprägt, mythische Bilder zu schaffen, Bilder, die gewissermaßen in die Zukunft projiziert wurden, wo sie über große Zeiträume und über den Tod hinaus wirken sollten: Der Hellenismus entfaltete seine ganze Macht erst nach dem Untergang Athens; Jesus rüffelt Petrus, weil dieser ihn – anscheinend – daran hindern will, ein Bild von sich selbst zu entwerfen, und von

Anfang an versäumt Jesus keine Gelegenheit, um in der Öffentlichkeit gebührend aufzufallen; als Saint-Just durch Fouquier-Tinville schon verurteilt war, hätte er noch fliehen können, aber... »Ich verachte diesen Staub, aus dem ich geschaffen bin und der zu euch spricht, doch niemand wird mir dieses unabhängige Leben nehmen können, das ich mir in den Jahrhunderten und im Himmel geschaffen habe...«

Wenn der Mensch ein Bild schafft, das er verbreiten oder gar gegen sich selbst austauschen möchte, begibt er sich auf die Suche, geht in die Irre, entwirft Abartiges und zahllose lebensunfähige Ungeheuer, Bilder von sich, die er zerreißen müßte, wenn sie sich nicht von selbst wieder auflösen würden; denn am Ende muß das Bild, daß sich nach dem Abgang oder nach dem Tod darbietet, wirksam sein: Das Bild von Sokrates, von Jesus, von Saladin, von Saint-Just... Jene, deren Namen ich hier aufführe, haben es verstanden, in ihrer Zeit ein zukunftsträchtiges Bild von sich zu zeichnen, deckungsgleich oder auch nicht mit dem, was sie wirklich darstellten – was jedoch nichts zur Sache tut, da es ihnen überhaupt gelang, ein so ausdrucksstarkes Bild in die Welt zu setzen –, ein exemplarisches Bild, das heißt, einzigartig und aktiv, doch nicht, weil es zu positiver Nachahmung, sondern vielmehr zu Taten anregte, die gegen sich selbst gerichtet waren, während man glaubte, sie wurden durch das Bild und dafür vollbracht. Vor allem ist dieses Bild die einzige Botschaft aus der Vergangenheit, die sich bis in unsere Gegenwart hineinkatapultieren konnte. Das Quellenstudium und die Auslegungen der Historiker werden an dieser Tatsache nichts ändern können: Das Archetypus genannte Bild möchten sie am liebsten durch andere Bilder ersetzen. Die der Wahrheit näher sind? Sie wären weder wahrer noch weniger wahr, da auch sie Bilder aus der Vergangenheit wären. Den einsamen, sagenhaften Held, dessen – zutreffendes oder nicht zutreffendes – Bild bis in unsere Zeit gelangte und fasziniert, den werden die Historiker auseinandernehmen, austilgen und durch Erklärungen und Fakten ersetzen, die für uns in dem Maße annehmbar – brauchbar – sein werden, wie sie als leicht faßbare Bilder unser oberflächliches Geschwätz nicht stören.

Das Theater wird vielleicht eines Tages in seiner heutigen mondänen Form verschwinden – die heute schon in Frage gestellt wird –, Theatralität hingegen ist von Dauer, wenn sie sich als ein Bedürfnis versteht, nicht etwa Zeichen vorzuführen, sondern komplette, dichte Bilder zu schaffen, die eine Wirklichkeit verbergen, welche vielleicht als ein Mangel an Sein zu verstehen ist. Die Leere. Um das endgültige Bild zu schaffen, das er in eine Zukunft projizieren möchte, die ebenso abwesend ist wie die Gegenwart, ist jeder Mensch zu endgültigen Taten fähig, die ihn ins Nichts befördern werden.

Ferraj besaß alle Attribute eines Menschen und Kämpfers, den man gesund nennt. Als ich ihn kennenlernte, war er dreiundzwanzig Jahre alt. Er war derjenige, dessen Körper, dessen so lebendiges Gesicht und lebendiger Geist mich in der ersten Nacht, die ich mit den Fedajin bis zum Morgengrauen durchwachte, bezaubert hatten, und um ihn wiederzusehen, war ich zu den Bäumen zurückgekehrt. In diesem Augenblick kam er in Begleitung eines jüngeren Fidais aus einem Unterstand heraus. Durch mein Erscheinen überrascht, konnte er nicht mehr verhindern, daß zwei seiner Bewegungen ihn in Verlegenheit brachten: das Hochziehen seiner Hose und das Glätten seines Pullovers, zwei aufschlußreiche Gesten, die von den anderen so verstanden wurden: er bringt seine Kleidung in Ordnung; doch die Gesichter der beiden sagten an sich schon alles, hochrot das Gesicht von Ferraj, hochrot auch das des jungen Fidais, aber triumphierend. Was war wie ein Blitz auf Ferraj, den heiteren und großmütigen Chef, herabgestoßen und hatte in ihm, angesichts des jungen Burschen, die reine Lust entfacht? Wo lag die Perversität? In Ferraj urplötzlich, im etwas tückischen Blick des jungen Burschen oder am sehr klaren Himmel, wo die Begierde über den Opfern ihre Kreise zog? In mir vielleicht, der dies alles sah oder zu sehen glaubte?

Welche Rolle sollte ich unter dem goldenen Laub spielen?

Die einzige und sehr bedeutende Aufgabe, die man mir übertrug, war diese: Meist gegen Abend wurde ich zum Mittelpunkt einer Versammlung von müden, aber vergnügten Fedajin. Die erste Zusammenkunft dieser Art wurde, wenn ich mich recht entsinne, durch Ferraj angeregt, dem ich erklärt hatte, daß meine weißen Haare mir schon bis zu den Schultern reichten.

»Da ein Fidai alles kann, setz dich hier auf diesen Stein, ich werde aus dir einen Hippie machen.«

Um mir das zu sagen, hatte er einen eloquenten Satz gebildet, in dem zwei französische Wörter, »Stein« und »setzen« mit englischen Vokabeln und literarischen Metaphern aus dem Arabischen verschlungen waren.

Wir bildeten beide sogleich den Mittelpunkt des Interesses einer Gruppe von zehn bis zwölf Fedajin. Sie rauchten wie immer ihre hellen Zigaretten, ließen aber Ferrajs Finger, die mit der Schere um meinen Kopf wirbelten, nicht aus den Augen. Sie waren von der geleisteten Arbeit sichtlich beeindruckt. Ich benutzte die gleiche Sprache, um Ferraj eine Frage zu stellen:

»Warum hast du gesagt, daß du mich in einen Hippie verwandeln wirst?«

»Einmal im Monat werden deine Haare auf deine Schultern fallen.«

Alle lachten. In der Tat, meine Schultern und sogar meine Knie waren mit weißen Haarlocken bedeckt. Am blaßvioletten Himmel erschienen die ersten Sterne in noch zaghaften Scharen, und alles war viel schöner, als ich es sagen könnte. Und Jordanien ist nur der Nahe Osten! Bis zu meinen Schultern fiel mein Haar.

War das Verhältnis zwischen Hamza und seiner Mutter Ausdruck der Einzigartigkeit dieser beiden Menschen oder unterlagen auch sie nur dem ungeschriebenen Gesetz, wonach in Palästina der geliebte Sohn und die Mutter eine Einheit bilden? Heute, nachdem ich dieses Paar in mir getragen und genährt habe, hatte eine Art Inzest sich seiner bemächtigt.

Die gemordeten Palästinenser und Fedajin bekamen einen immer kleineren Teil meines Hasses gegen Husain, gegen seine Tscherkessen und Beduinen. Die durch die Folterungen schwarz gewordenen Beine von Hamza, die Wunden, die diese nie gesehenen Beine für mich jetzt waren, waren genug für mich, obwohl ich wußte, daß zwei gemarterte Beine mehr der palästinensischen Gemeinschaft gehörten als mir.

Der richtige Augenblick kommt stets, wenn man ihn für gekommen hält, und noch ist nicht die Stunde gekommen, da ich nachdenken werde über den Sinn des palästinensischen Widerstandes in dieser Welt und über das, was er in mir auslöste, über diese Revolutionen, für die wir nur Zuschauer sind, bis zum Hals im samtweichen Sessel einer italienischen Loge versunken. Wo sonst als in einer Loge sollte man diesen Revolutionen beiwohnen, da sie in erster Linie Befreiungskriege sind? Von wem wird man sich dort befreien?

Hat Mahjub mir alles über dieses achtjährige Mädchen erzählt, in das er einmal verliebt war? Ich glaube, er sprach auch von Musselin, er beschrieb den Stoff und die Farbe der Kleider, die bis zu den Zehen reichten. Was ist aus ihr geworden? Er erinnerte sich nur an das Kind. Ist sie gestorben? Hat er mit einer Toten gelebt und deren Leiche versteckt? Mahjub auf diesem Weg folgen, hieße vielleicht, einem Leichenzug folgen. Die kleine Angebetete war kalt, wie war die Frau? Hat er mit mir darüber in Metaphern gesprochen?
 Tell Zaatar, *der Thymianberg*, der heute einer Weide gleicht, auf der normannische Milchkühe grasen könnten, war das am dichtesten bevölkerte Lager von Beirut. In ihm lebte auch Ali mit anderen Mitgliedern der Fatah. Er war in seinem Leben noch nie geflogen. Wenn sich eine Flugzeugkatastrophe ereignete, da sang, lachte und tanzte er viel.
 Das Territorium existiert, und sein Verlust, der als eine Depression erlebt wird, macht beklommen. Ganz Palästina und jeder Palästinenser *»hatte seinen Abgrund, der sich mit ihm mitbewegte«*. Es galt, die Nation und die Gesundheit wiederzufinden.
 »Geht's bald los?«
 »Ja, in einer Stunde.«
 »Mit dem Flugzeug?«
 »Ja.«
 »Und wenn dein Flugzeug abstürzt?«
 Oft las man in den Zeitungen Berichte über Flugzeuge, die in den Bergen, auf dem Meer abstürzten oder die über dem Nordpol verschwanden und deren Passagiere Tote aßen. Ali war zwanzig Jahre alt und sprach Französisch.
 »Wir wollen jetzt nicht daran denken. Wenn es sich nicht vermeiden läßt ...«

»Aber, wir möchten deine Knochen haben.«

Niemand wußte im voraus, wo er seine Toten begraben würde, Friedhöfe fehlten den Palästinensern fast ebenso wie urbares Land.

»Wie heißt du?«

»Ali.«

»Nein, ich meine den Namen, den dein Großvater dir gegeben hat?«

Heute sagte zu mir ein Führungskader der Fatah:

»Ali ruht unter den Toten von Tell Zaatar. Einzelgräber gibt es kaum. Dort haben wir ganze Stubenbelegschaften in eine Grube getan. Kein toter Soldat kann ein Loch für sich allein beanspruchen, nicht einmal, wenn sie nur flach gegraben werden. Wir haben auf den Toten herumgetrampelt, um gleich vier mit einem Mal begraben zu können, mit dem Kopf in Richtung nach Mekka. Aber warum fragst du mich das alles? Warum um einen einzelnen trauern? Wozu willst du in deinem Buch über ihn schreiben? Warst du oft mit ihm zusammen?«

»Dreimal.«

»Nur. Du kannst doch nicht um einen einzigen Fidai trauern. Ich zeige dir Sterberegister mit Tausenden von Namen, und du kannst dann Kilometer von Trauerflor bestellen.«

Palästina war kein Gebiet mehr, sondern ein Lebensalter. Jugend und Palästina waren Synonyme.

1970 sagte Ali zu mir:

»Warum möchtest du eigentlich mit mir reden? Alte Leute – verzeih mir – unterhalten sich gewöhnlich untereinander. Uns geben sie Befehle. Sie wissen über Dinge Bescheid, die die Jungen erst mit den ersten Rheumabeschwerden wissen dürfen. Früher, wenn die Leute weise wurden, legten sie den Turban um, und das eine zeigte an, daß das andere verdient war. Schau dich mal gut um.«

»Stellen dir die Verantwortlichen denn keine Fragen?«

»Nie. Sie wissen alles, und immer.«

Die Vorstellung, daß man sich mit einem noch so kleinen Gebiet zufrieden geben könnte, auf dem die Palästinenser ihre Regierung, ihre Hauptstadt, Moscheen, Kirchen, Friedhöfe,

Ratshäuser, Märtyrer-Denkmale, Rennplätze und Flugplätze haben würden, auf denen eine Ehrenformation zweimal am Tag vor ausländischen Staatschefs die Waffe präsentieren würde, diese Vorstellung war so ketzerisch, daß allein der hypothetische Gedanke daran einer Todsünde gleichkam – ein Verrat an der Revolution. Für Ali – und alle Fedajin dachten wie er – war die Revolution etwas Grandioses in der Art eines glanzvollen Feuerwerks, ein Brand, der von einer Bank zur anderen, von einer Oper zur nächsten, vom Gefängnis zum Justizpalast übergreifen und nur die Bohrtürme auf den Erdölfeldern verschonen würde, weil sie dem arabischen Volk gehörten.

»Du bist sechzig Jahre alt, du bist noch nicht völlig gebrochen, aber ein bißchen wacklig. Vor einem Greis hält jeder Moslem seine Kraft im Zaume und den Atem an. Hier wird also niemand wagen, dir etwas anzutun. Ich bin zwanzig Jahre alt, ich kann töten und ich kann getötet werden. Wenn du heute zwanzig wärest, wärest du dann bei uns? Körperlich? Mit einem Gewehr? Weißt du, ob ich schon getötet habe? Ich weiß es selber nicht, aber ich habe gezielt und geschossen, in der Absicht zu töten. Obwohl du schwach bist und wegen deiner schlechten Augen nicht zielen kannst, hast du noch genug Kraft, um auf den Abzug zu drücken; würdest du es tun? Du bist hierhergekommen, und du bist durch dein Alter geschützt; könntest du dich nur eine Sekunde lang davon freimachen?«

Meine Antwort war so nichtssagend, daß ich lieber den Mund halte. Den Jahren und meiner Schwäche verdankte ich die Immunität, an die Ali mich erinnert hatte.

»Ich habe dir das gesagt, weil ich weiß, daß ich mich nicht für junge Leute, sondern für Rheumatiker opfern werde. Oder für drei Monate alte Kinder, die weder von meinem Leben noch von meinem Tod je etwas erfahren werden.«

Daß ich hier die Worte eines jungen Toten wiedergebe – wenn er 1976 in Tell Zaatar fiel, dann war er gerade sechsundzwanzig Jahre alt –, die Worte eines Toten, dessen Knochen zusammen mit den Knochen von mindestens drei weiteren Fedajin unter der Erde vermodert sind, stimmt mich nicht traurig. Ali ist nicht einmal eine Stimme mehr unter vielen oder höchstens eine tonlose Stimme, die durch die meine verdeckt wird.

»In Tell Zaatar unterhalten sich die Chefs – er sagte »die Chefs« und nicht die Verantwortlichen – immer nur miteinander und sehr leise, manchmal sehr laut, als würden wir sie nicht verstehen. Sie reden über hoch spekulative Dinge, in denen Spinoza trotz seiner Herkunft einen wichtigen Platz einnimmt. Auch Lenin. Und über die Gesetzessammlungen von Hammurapi. Wir, die einfachen Fedajin, wir schweigen, damit wir die Befehle der Chefs hören können: Pfefferminztee zubereiten oder türkischen Kaffee.«

»Was würdest du mit meinen Knochen machen? Und wohin damit? Ihr habt doch keine Friedhöfe.«
»Es wäre überhaupt kein Problem, sie vom Fleisch und von den Knorpeln zu befreien, denn du hast weder Muskeln noch Fettgewebe; wir würden kleine Päckchen machen, die in unser Marschgepäck passen, und würden sie dann in den Jordan werfen.« Er lachte freudlos.
Dann lächelte er wieder, und dieses Lächeln bedeckte anmutsvoll den Witz, der ihm und mir sicher eingefallen war.
»Wenn der Krieg vorbei ist, werden wir sie mit ein bißchen Glück wieder aus dem Toten Meer fischen.«

Ich durfte mich nicht in Ali verlieben. Die Schönheit seines Körpers und seines Gesichts, aber vor allem der Samt seiner Haut verwirrten mich, aber Genossen, wo bleibt da die Ideologie?
Er wußte, daß ich ihn mochte, bildete sich aber nichts darauf ein; er war von einer rührenden Freundlichkeit, doch ohne jede übertriebene Zuneigung. Er wußte allerdings, daß ich junge Burschen mochte.
Eines Nachts wurde ich in meinem Zelt von schallendem Gelächter und lauten Stimmen geweckt; es war zwei Uhr früh: Mehrere Fedajin hatten sich im Unterstand versammelt und aßen wie die Scheunendrescher, tranken und rauchten, denn sie hatten bis jetzt das Fasten des Ramadan eingehalten. Ich bat sie um etwas zu trinken und zu rauchen. Abu Hassan mußte über meine

verschlafene Miene lachen und erläuterte mir die Frage, an der die Gemüter sich so erhitzt hatten.

»Wie denkt man in Paris über die sexuelle Freiheit?«
»Das weiß ich nicht.«
»Und über Brigitte Bardot?«
»Weiß ich nicht.«
Als ich das sagte, mußte ich sicher gähnen.
»Und du, wie denkst du darüber?«
»Ich bin schwul.«
Er übersetzte. Alle lachten darüber. In ruhigem Ton sagte Abu Hassam zu mir:
»Na, dann hast du keine Probleme mehr.«
Ich legte mich wieder schlafen. Da sie jeden Augenblick zu einem Einsatz am Jordan ernannt werden konnten, würden sich die Soldaten mit dieser Frage höchstens eine Minute aufhalten. War ich damals in Ali verliebt? Oder in Ferraj? Ich glaube es nicht, denn ich nahm mir nie die Zeit, von ihnen zu träumen. Außerdem war jeder einzelne Fidai so präsent, daß er die Schatten der geliebten Abwesenden stets verdrängte.

Jeder Frisör weiß, was ein Wirbel ist: ein widerspenstiges Haarbüschel. Es wächst wild nach allen Seiten, nur nicht so, wie man es gern hätte. Man stelle sich nun einen Haarschopf vor, der nur aus Wirbeln bestünde, aus rebellischen Büscheln, und darunter einen ähnlichen Bart aus ebensolchen Wirbeln, die weder gelockt noch gekraust waren, sondern strahlenförmig nach allen Seiten hin wachsen konnten. Eine solche Haartracht ist an sich schon ein lustiges Bild, doch denke man sich noch einige Scheitel hinzu, die ebenfalls nach allen Richtungen streben; dann hat man ein strahlendes Gesicht vor Augen, das Gott in dieser Weise nach seinem Bild geschaffen hat und über das man lachen sollte, um Gott zu ehren, denn nur allzu schnell kommt einem das Wort Affenmensch über die Lippen, wenn man von einem dicht behaarten Menschen spricht. Er erinnerte an eine sehr vornehme Engländerin, besonders wenn er aß – mit den Fingern natürlich. Während sein Kopf- und Barthaar und seine Augenbrauen nie geschoren wurden, stutzte er gelegentlich seinen Schnurrbart, unter dem sich eine weitere Überraschung verbarg: sein Lächeln. Und mitten in diesem Gestrüpp von Haaren waren zwei schwarze Augen, die ernst blickten und oft lachten, und zwei hellrote Lippen, die sich zu einem breiten Lächeln verziehen konnten und gleich darauf zu einem Lachen, das die Zähne entblößte und den Blick auf eine rosarote Zunge freigab, die sich zu verstecken suchte – sein Körper blieb ein Geheimnis. Gott, der die Menschen schuf, hatte vielleicht mit diesem hier gespielt, indem er ihm unter den Kleidern einen unbehaarten Körper gab. Ich glaube, daß niemand davon wußte.

»Wer ist dieser Kämpfer, der da drüben ißt und der mir ständig zu folgen scheint?«

Ich saß zusammen mit mehreren Fedajin an einem Tisch im Freien, und vor uns standen drei bis vier Schüsseln, aus denen sich jeder was angelte.

Ich hatte mir gerade diese Frage gestellt, als ich mich wieder erinnerte, und da sah ich schon diesen Haarschopf und den schwarzen, rebellischen Bart auf mich zukommen. Zwei Arme drückten mich: Es war der moslemische Syrer, der mich im Zelt umarmt und mit mir über theologische Fragen diskutiert hatte. Er erzählte mir, wie er von Ajlun nach Irbid gerannt war, verfolgt von einem Gefechtsfeuer, das ihn immerzu verfehlte. Wir aßen zusammen etwas Hühnerfleisch, ein paar Früchte. Er machte sich wieder auf den Weg.

Das Feuer kam vom Himmel.

Zweigeteilte Stadt. In beiden Teilen von Beirut geschäftiges Treiben: der eine Teil wollte essen, der andere wackelte mit Bauch und Hintern über gebohnertes Parkett. Beide Teile, die an einem unergründlichen Ort zusammentrafen, bildeten ein einziges Beirut, aber anderswo; das organische Band zwischen den Elendsvierteln und dem Palast war sichtbar: Spitzel und Nutten. Da sich dieses Nebeneinander wie von selbst verstand, waren die Götter zufrieden. Die Hurerei stand mit dem Elend auf trautem Fuß und dieses wiederum mit dem Tanz. Niemand vergaß niemanden, so wie auch der Palast das Elendsviertel nicht vergaß, und umgekehrt. Glück herrschte weder hier noch dort, es gab nur den Orgasmus, die durch den Anblick der Goldbarren und durch den

Schmerz der anderen gerissene Wunde. Wen wundert's heute noch, daß der Schiffshalter den Hai führt, daß ein Vogel auf dem Rücken des Büffels dessen Zecken frißt, daß sich im Bauch des Hechtes ein nur wenig kleinerer Hecht befindet, dessen Bauch einen weiteren Hecht enthält und so weiter, wobei die Dimensionen immer kleiner werden, nicht aber der Appetit und die Gefräßigkeit, ohne jede Grausamkeit, aber ewig auf der Suche. War dies die Wahrheit, die Abu Omar entdeckt hatte, worauf er, um seine Tränen und seine Übelkeit zu verbergen, in schallendes Gelächter ausbrach, als ein Fidai ihm den abgeschnittenen Kopf mit den geöffneten Augen beschrieb und wie dieser hüpfend und Stufe um Stufe die Treppe hinuntergerollt war? Hatte Abu Omar geglaubt, er würde hoch zu Roß, wie durch das schmiedeeiserne und vergoldete Tor eines adligen Herrensitzes, in der Revolution seinen Einzug halten?

In Petra sah ich, im Freien, vor der imposanten Kulisse der in den Fels gehauenen römischen Felsengräber, zwei Reiter, Jungvermählte vom Vortage oder Brautleute des Morgens. Sie sahen mich nicht, ich war zu alt auf meinem müden Pferd, und sehr artig löschte ihre Idylle die Welt um uns herum aus, die Felsen, die zweimal tausendjährigen Skulpturen, die Revolutionen, die Hingabe eines Mannes an ein Kind. Als der Schatten und das Licht, bevor sie sich miteinander vermischten, eine Weile in der Schwebe lagen, reglos auf der geraden und gebeugten Linie des Horizonts, wobei die Dämmerungslinie dem Kuß auf die gesenkten Augenlider entsprach, stiegen der junge Mann und die Amerikanerin von ihren Pferden. Das, was die Palästinenser damals empfunden haben, als sie um 1910 in Palästina die ersten Ungarn und Polen hörten, habe ich wohl auch empfunden, denn die Wegweiser zwischen Beirut und Baabda waren in Hebräisch geschrieben.

Eine Mundart, die sich eine Schnörkelschrift schuf – so ist das Arabische, das ganz aus Rundungen und Schleifen besteht. *Einzelteile* sagten die Libanesen, um die hebräischen Schriftzeichen zu charakterisieren. Auf dem Weg von Damaskus nach Beirut hatte ich an den Straßenkreuzungen die gleiche Mühe, die Hinweisschilder zu lesen, wie damals die gotische Schrift in Paris während der deutschen Besetzung. In Anlehnung an den Stein von Rosette waren die Aufschriften in drei Sprachen, in Englisch, Arabisch und Hebräisch, verfaßt. Verschiedene Symbole wiesen einem den richtigen Weg: nach links, nach rechts, zum Stadtzentrum, zum Bahnhof, nach Norden, zum Hauptquartier. Die drei Schriften wurden kaum gelesen. Das Hebräische, das eher gezeichnet als geschrieben scheint und eher geschnitzt als gezeichnet, verursachte ein Unbehagen etwa wie der Anblick einer friedlichen Herde von Dinosauriern. Diese Schrift war nicht nur die des Feindes, sie war wie ein bewaffneter Wachtposten unter anderen, der das libanesische Volk bedrohte; ich erinnere mich, in meiner Kindheit diese Schriftzeichen gesehen zu haben, ohne deren Sinn zu verstehen, eingemeißelt auf zwei länglichen Steinplatten, die seitlich aneinander geklebt waren und Gesetzestafeln hießen. Eingemeißelt dem Anschein nach, denn die Vertiefungen der Buchstaben wurden durch einen dunklen und einen hellen Strich vorgetäuscht, was einen Eindruck von Relief hervorrief. Die meisten Zeichen waren eckig, quadratisch und wurden von rechts nach links gelesen, wobei sie eine horizontale, aber unterbrochene Linie bildeten. Das eine und andere Zeichen trug einen Schopf wie den des Kronenkranichs; drei dünne Griffel, auf denen drei gewulstete Narben sitzen, die auf die Bienen warten, die die Welt mit einem mehrfach tausendjährigen oder mit einem originären Pollen bestäuben werden; und diese Schöpfe über dem Zeichen, das wie »sch« gesprochen wird, verliehen weder dem Wort noch dem Duktus eine besondere Leichtigkeit, sie kündeten lediglich vom zynischen Triumph Tsahals, und die drei Punkte auf der Krone besaßen die etwas dümmliche Majestät eines Pfauenkopfes, dümmlich auch wie eine Schnepfe, die auf das Sperma wartet. Als ich das Wort Leichtigkeit schrieb, schwebte mir der Ausdruck »leicht bedrohlich« vor.

Die Spitze mancher sehr hochwüchsiger Bambuspflanzen scheint sich zu bewegen, und sie bewegt sich tatsächlich, wie auch der Eiffelturm sich bewegt; der Stiel dieser Zeichen bewirkte dasselbe Schwindelgefühl, denn keines davon bewegte sich. Nicht nur aus der Kindheit stieg sie auf, diese Schrift, denn obwohl sie der Welt auf dem Gipfel eines Berges gezeigt wird, stieg sie aus einer tiefen und dunklen Höhle empor, in welcher Gott, Moses,

Abraham, die Gesetzestafeln, die Thora, die Gebote eingesperrt waren und hier, an diesem Kreuzpunkt einer Vorgeschichte vor der Vorgeschichte – und ohne je Freud gelesen zu haben –, spürten wir den gewaltigen Druck, der in zweitausend Jahren diese Rückkehr des Verdrängten ermöglicht hatte. Aber vor allem wurde unsere Überraschung, unser Ekel noch immer durch dieses erschreckende Diskontinuum hervorgerufen, denn zwischen den Zeichen verdichtete sich ein nicht meßbarer Raum und eine so zusammengepreßte Zeit, daß dieser Raum aus der Überlagerung mehrerer Zeitschichten hervorging; ein so weitgedehnter Raum zwischen den einzelnen Zeichen, daß man ihn »tote Zeit« nennen mußte, denn sie war ebenso wenig meßbar wie der »Raum« – aber ist es der Raum? –, der zwischen einem Leichnam und dem Auge des Lebenden lag, der ihn betrachtete. In diesem unermeßlichen Raum, der alle hebräischen Zeichen voneinander trennte, wurden unzählige Generationen geboren, schwärmten aus. Und mehr noch als der Lärm der Kugeln und Granaten zehrte die Stille an uns in diesem Raum.

Als wieder Friede war, nahm ich Ajlun, diesen über alles geliebten Ort, in Besitz. Der kleinste Spatz kannte hier meinen Namen, und wie von selbst führten mich die Wege; die sonst so launischen Dornen waren freundlich zu mir. Diese letzten Worte sind eine Übertreibung, doch machen sie deutlich, wie sehr ein Mensch und ein Ort miteinander fraternisierten. Im Umkreis von Ajlun vernahm ich, ziemlich nah, den dumpfen Lärm des Krieges und die verräterischen Machenschaften, sah ich die sich auftürmenden und mit Feuer beladenen dunklen Wolken, und trotz oder wegen dieser Bedrohungen erschienen mir die Hänge der Berge wie ein sicherer Schoß. In den Gesten, dem Benehmen und der Entschlossenheit der Fedajin zeigte sich, trotz der Niederlage, jene optimistische Begeisterung, die den um seinen Sieg gebrachten Held wieder etwas aufrichtet und freundlicher stimmt. Etwas erschüttert war ich in meinem Glauben, daß der Aufstand, jener Verlust an Gelassenheit, der jeden zornerfüllten Menschen – oder jedes Volk – wie eine Welle erfaßt, eine schwierigere, höhere Gelassenheit bedeutete und die Aufständigen Schande verdienten und nicht das Gegenteil.

Indem ich die Anmut der bewaffneten Soldaten als eine Art

Theater im Freien umschreibe, möchte ich verbildlichen, was in jedem Fidai vor sich ging. Auch ohne das Wesen dieser Ausstrahlung der Revolution genau zu kennen, hätte sich jeder Fidai angeschaut und wiedererkannt. Aus großer Ferne und möglicherweise verzerrt, zumal der Abstand uns alles in einem anderen Licht erscheinen läßt. Seine Leuchtkraft schützte den Soldaten, beunruhigte aber die arabischen Regierungen.

In bezug auf jede Nation, die in der Geschichte auftauchte, vor allem in bezug auf jede religiöse oder politische Bewegung könnte man diese eine Frage stellen: Was fehlte dem Nahen Osten, der arabischen Welt, den Nationen, den Aufständen, was hatte die arabische Welt so dringend nötig, damit der palästinensische Widerstand so zwingend in Erscheinung treten konnte? Zwanzig Jahre sind seit 1967 vergangen und dieser Widerstand, der sich als eine tiefgreifende Bewegung versteht und keineswegs nur als ein oberflächliches Streben nach verlorenen Gebieten, hat an Frische nichts verloren. Der Widerstand keimte und entwickelte seine Triebe, weil der Boden fruchtbar war. Wenn man weiß, welcher Platz ihm in der Paginierung der europäischen Tageszeitungen eingeräumt wird, bekommt man eine Ahnung davon, was uns fehlen würde, wenn der Widerstand aufhörte zu sein. Anfänglich schien es, als habe eine sehr heimliche, sehr versteckte Irritation gegenüber Israel das Interesse für den Widerstand begünstigt. Keine Kritik am Verhalten Israels – seit vierzig Jahren hatten die Europäer zu schweigen gelernt, wohl wissend, daß die jüdische Haut empfindlich und reizbar ist; das Stacheltier, das Wappentier von Ludwig XII., könnte ebensogut das Wahrzeichen von Begin sein. Es ist gut möglich, daß die Welt, um freier atmen zu können, so wie Frankreich in der Zeit von 1854 bis 1872, einen Mann aufbaute, der die Temperatur der französischen Prosa bis zur Weißglut bringen würde, der den Aufstand der palästinensischen Jugendlichen, oder, wie er sagte, eine »logische Revolte« wollte, die nicht dulden würde, daß irgend etwas sich ihrer Poesie in den Weg stellen würde.

Unter der Nase weg schnappte mir eine sechzehnjährige Österreicherin das Eigenschaftswort, das die Gewalt der Black Panther am besten charakterisierte, und wagte, es vor mir und vor ihnen und ohne zu lächeln auszusprechen: »Die Black Panther sind zärtlich.«

Und indem ich mich an sie, an ihr resolutes Gesicht und an den Klang ihrer Stimme erinnere, sage ich: »Die Palästinenser sind zärtlich.« Vielleicht greife ich gerade zu diesem Wort, weil ich damit treffend sagen kann, warum ich bei ihnen blieb. Aber warum kam ich hierher? Das ist eine andere, in Dunkel gehüllte Geschichte, die in meinem Innersten ruht, die ich aber noch enthüllen möchte, trotz des Rätsels, das hart und flüchtig zugleich ist, das auftauchend und wieder verschwindend sein Spiel mit mir treibt.

Wer die des Verrates nicht kannte, weiß nicht, was Wollust ist.

Wenn ich an sie dachte, kam Hamzas Heiterkeit mich besuchen. Verdankte er sie nicht dem Kampf, diese Heiterkeit? Mit ihr verband sich eine gewisse Großzügigkeit des Körpers. Seine Gesten waren nie so weit ausholend, so hochtrabend und eindringlich wie die der Südfranzosen oder der Libanesen, doch selbst wenn sie bescheiden ausfielen, waren sie breit und großzügig. Die fernen oder nahen Kanonenschüsse machten ihn nicht großzügiger, als er war, aber sie steigerten seine Heiterkeit. Mehr noch als ein Held war er ein kleiner Junge.

Es gab Zeiten, da wäre ich vor Wörtern wie Held, Märtyrer, Kampf, Revolution, Befreiung, Widerstand, Mut und anderen zurückgeschreckt. Ich schreckte wahrscheinlich vor den Worten Heimat und Brüderlichkeit zurück, die mir noch immer denselben Widerwillen einflößen. Die Palästinenser haben zweifellos eine Umwälzung meines Vokabulars verursacht. Ich habe mich damit abgefunden und versuche, aus der Not eine Tugend zu machen, doch weiß ich, daß sich hinter diesen Wörtern nichts verbirgt und daß nur wenig Substanz in den anderen steckt.

Ich gewöhnte mich an die Fedajin und war davon überzeugt, daß es ihnen um ein besseres Leben ging oder, wie sie auch sagten, um Gerechtigkeit; solche Beweggründe gab es gewiß, doch im stillen wurden ihnen weit zwingendere Gebote auferlegt, über die sie sich keine Rechenschaft ablegten, die aber mehr zählten als ihre trügerischen oder berechtigten Hoffnungen und über die ihre Bücher schwiegen: die Kampflust, die Konfrontation mit einem real existierenden Feind und darüber hinaus eine Bereitschaft zur Selbstvernichtung, zum gelungenen Tod, wenn der Sieg ausbleibt. Mit Sieg meinte man zweifellos das, was nur angenehme Assoziationen hervorrief: Sieg als die völlige Zerschlagung des Feindes, wobei man sich erst danach auf eine höhere Gerechtigkeit berufen würde und auch das nur in den offiziellen Erklärungen. Ein Spiel mit zwei Worten – Sieg oder Tod, die Floskel, mit der Arafat jeden seiner Briefe, die persönlichen wie die anderen, unterschrieb.

Die Revolution als Höhlenforschung oder als Kletterpartie auf einer der unbezwungenen Seiten der *Jungfrau*.

»Ich zögere noch.«

»Womit?«

Doktor Alfredo, der einsame und vielleicht noch unwissende Sohn der kubanischen Revolution, antwortete mir:

»Soll ich bei dieser Revolution weitermachen oder – es lebe die Kletterei?«

Die Knappheit des Ausdrucks hatte mir gefallen. Seit zwei Wochen schon sah ich, wie unschlüssig er war und wie er unter Arafats Schweigen litt. Als der Präsident der PLO ihn nach seiner Nationalität gefragt hatte, hatte Alfredo ein einziges Wort gesagt:

»Palästinenser.«

Die Antwort fand keinen Beifall. An der Stille, die plötzlich im Empfangsraum Arafats eintrat, erkannte auch ich, daß der Präsident es mißbilligte, wenn jemand sich mit diesem Wort schmückte. Der Palästinenser war viel zu stolz auf sein Volk, um zu dulden, daß ein Freund, und sei er der beste aller Freunde, sich als sein Landsmann ausgibt.

»Du hast es gesehen. Er akzeptiert mich nicht als Palästinenser. Entweder ich platze jetzt vor Wut oder ich kämpfe hier weiter bis zu meinem Tod.«

Die Fedajin waren nur insofern Übermenschen, als sie ihre persönlichen Wünsche den Erfordernissen der Gemeinschaft unterordneten, bis hin zum Sieg oder zum Tod, obwohl jeder von ihnen dabei ein einzelner Mensch blieb mit all seinen Gefühlen und Wünschen, und in diesen Augenblicken wahrscheinlich lauerte die Versuchung, Verrat zu begehen.

Denke ich an die Reichtümer, die von so manchem palästinensischen Führer angehäuft wurden, frage ich mich manchmal, ob die gehorteten Möbel, Teppiche und Kleider etwas anderes sind als eine Art Illustrierte mit schönen Bildern von Schlössern, Sofas und Lehnstühlen, in denen man träumen kann. War das Blättern in solchen Heften schon Verrat? Sie durchblättern, aber so, wie man durch die drei Dimensionen eines Apartments wandelt, was auf dem Glanzpapier gewiß schwieriger ist als das Blättern in einem Magazin. Also ein paar Tage im Jahr darin wandeln? Warum sollte das sträflicher sein als sich einzubilden, man sei ein Fidai, aus freien Stücken und für ein paar Stunden im Leben, mit Uniform und Kaffija und sogar im Kopf? Was unterscheidet schon dieses Ausspannen des Abendländers vom Ausspannen des Kriegers in einem Schloß, das schließlich nur auf Hochglanzpapier existiert? Sich für einen Augenblick zum Fidai zu machen, wenn man den Fluch, es zu sein, nicht erdulden mußte, heißt, sich mit einem Schein-Fluch schmücken.

Und was ist mit dem, der diese Reichtümer besitzt und Geld unterschlägt, um die Versuchung des Verrats abzuwehren, und dabei weiterhin die Gefahren und Pflichten der Revolution auf sich nimmt? Wehe dem, der veruntreute, um die Versuchung des Selbstverrats abzuwenden, oder: Wehe dem, der sich für den Reichtum entscheidet?

Der Leser erinnert sich gewiß an Abu Omar und an dessen Verlegenheit, als er bei der Vorstellung des abgeschlagenen Kopfes eines jordanischen Soldaten lachen mußte, an sein schrilles, übertriebenes Lachen, das ihm, Abu Omar, gewissermaßen nicht mehr zu gehören schien, als ich die als SALT bezeichneten Abrüstungsgespräche mit dem Namen der Stadt Salt verwechselte und er mir daraufhin das von niemandem erwartete, plötzliche Wachstum der Fatah und deren Bedeutung erläuterte.

»1964 war die Fatah noch ein sehr bescheidenes Bächlein. Da beschloß der Ingenieur Arafat, Full-time-Revolutionär zu werden und hing seinen Beruf an den Nagel. Die Schlacht von Karameh wurde sowohl von den Palästinensern als auch von der gesamten arabischen Welt als Sieg gefeiert. Al Fatah erlebte einen Zulauf, der ihre Mitgliederzahl auf das fünf- bis sechsfache anwachsen ließ. Es wurden neue Organisationen gegründet, die bald miteinander konkurrierten, rivalisierten, die sich zuweilen sogar bekämpften. Aus den *Flüchtlings*lagern wurden Ausbildungslager. Auftrieb bekam Al Fatah vor allem in Jordanien, wo zahlreiche Beamte des königlichen Staatsapparats ihr wohlgesonnen waren, und wir (es spricht noch immer Abu Omar) bekamen Unterstützung von allen Einwohnern der besetzten Gebiete und von palästinensischen Studenten und Professoren in Europa, Amerika und Australien. Wußten Sie, daß wir in Melbourne Studenten haben? Der jetzige König erklärte sich zum ersten Fidai im Lande. Schon damals war er einer der letzten. Al Fatah, heute ein internationales Meer, war 1964 ein sehr kleiner Bach.

Aber der kleine Bach war frei, auf dem Meer kreuzen die amerikanische und die sowjetische Flotte. Wir schlugen zu, wo und wann wir es für richtig hielten. Die Verantwortung dafür trug ganz allein die Organisation. Niemand, weder die Fedajin noch deren Führer, scherte sich um die Großmächte USA, UdSSR, Großbritannien, Frankreich. Ich wollte auch China sagen, aber nein, China verfolgte seit 1948 sehr aufmerksam das Geschehen in der Welt und hatte die Zeichen der Zeit erkannt: die Rückgewinnung der Gebiete, von denen man uns vertrieben hatte.

Außer Arafat und ein paar anderen Verantwortlichen war kaum jemand imstande, mit Fingerspitzengefühl und fester Hand dieses in Aufruhr geratene Volk zu führen. Ein Aufruhr, der sich sicher wieder gelegt hätte, denn nicht wenige Unabhängigkeitsbewegungen in der Welt sind bald in Vergessenheit geraten. Wir hatten das Glück, unsere drei Hauptfeinde ihrer Wichtigkeit nach zu erkennen: die reaktionären arabischen Staaten, Amerika und Israel.«

»Für Sie kommt Israel erst an dritter Stelle?«

»Ich weiß, daß Sie sich Notizen machen, obwohl Sie nicht mitschreiben. Ich spreche also zu einem Mann, der ein Buch schreiben wird, und so will ich lieber die Wahrheit sagen. Sie können das, was ich Ihnen sage und was Sie hier zu sehen bekommen, anhand der Kommentare nachprüfen, die Sie in französischen Zeitungen oder im Institut de France in Damaskus lesen werden. Die reaktionären arabischen Staaten, vor allem die vom Golf, haben ein großes Geschrei erhoben und Israel lauthals verurteilt, zum einen wegen der Aggression gegen ein arabisches Land, aber vor allem wegen so nichtiger Dinge wie die unterschiedlichen Riten beim Gottesdienst; im Endeffekt sind sie aber alle treue Verbündete der Vereinigten Staaten. Und Amerika? Unterstützen die Staaten Israel oder bedienen sie sich der Israelis, um in der Region an Boden zu gewinnen, unter anderem auch, um östlich von Aden die Ölfelder zu beschützen? In gewisser Hinsicht hat uns Israel vorm Ersticken bewahrt. Sie kennen ja die Fakten: Die auf der ganzen Welt verstreuten Juden, Volk ohne Land seitdem die Römer sie aus dem gelobten Land vertrieben hatten, das Gott Abraham verheißen hatte, das Joshua aber mit den Waffen eroberte, diese Juden haben nach zweitausend Jahren Diaspora, Not und Leid, das sie vor allem in Europa erlitten hatten, das gelobte Land – unser Palästina – zurückgefordert und an sich gerissen, ohne darauf zu warten, daß Gott es ihnen wiedergibt, und dabei die jetzigen Bewohner vertrieben, weil sie Moslems und Christen waren. Das war in großen Zügen die Geschichte, und was wir im einzelnen sehen, das sind die von den Engländern geschaffenen Tatsachen.«

Zwischen ihm und mir trat ein längeres Schweigen ein, in dem mir folgende Frage durch den Kopf ging: »Wer bewohnte Palästina, wer besetzte das Land, menschlich gesehen, nach der Zerstörung des Tempels und nach der Vertreibung der Juden durch Titus? Waren es die übriggebliebenen kanaanitischen Stämme? Oder Juden, die im Lande geblieben waren, sich zum Christentum und um 650 zum Islam bekehren ließen?«

Ich habe deshalb so viel Platz den Betrachtungen von Abu Omar und M. Mustafa eingeräumt, weil ich während meiner Aufenthalte im Nahen Osten, in Jordanien, Syrien und im Libanon, immer wieder erlebte, daß die Palästinenser nicht nur ihr Anrecht auf dieses Gebiet zu begründen suchten, sondern ständig auf der Suche nach ihrem Ursprung waren, was sogar eine Palästinenserin zu diesem Ausspruch bewegte:

»Die wahren Juden sind wir. Denn wir sind nach dem Jahr 70

im Land geblieben und haben uns später zum Islam bekehren lassen. Und die Verfolgungen, die wir erdulden, werden uns von unseren heimatlosen Vettern aufgezwungen.«

Abu Omar fuhr fort:

»Die Psyche der Juden wurde vielleicht durch ihr zielloses Umherirren im Abendland geprägt, als sie nicht nur den Reichtum, die Macht und die Verachtung der Christen kennenlernten, sondern Zugang zu den Wissenschaften erhielten, und so denke ich mir oft Einstein als einen deutschen Wissenschaftler jüdischen Glaubens, mit den Ängsten des Ghettos und mit dem, was man *das Ressentiment des Ghettos und die Sehnsucht nach dem Ghetto* nennt; dieses Ressentiment war wohl der Grund dafür, warum sie über die Palästinenser herzogen, noch bevor es zu den offenen jüdischen Revolten kam. Israels Bereitschaft, zu unserem Vorteil die Werbetrommel zu rühren, kam uns sehr gelegen. Was für ein Resonanzboden! Wenn die Tamilen einen ähnlichen bekommen hätten, wo wären jetzt die Bataver? Der Staat Israel ist derart auf Propaganda versessen, daß er bis in alle Ewigkeit für sich selbst die Werbetrommel rühren wird. Nach Frankreich natürlich. Und nach der Kirche. Das hat uns geholfen. Doch wären wir nicht wachsam geblieben, hätte das den Ruin unserer Bewegung bedeutet, seine Irrealisierung. Wenn es das Wort im Französischen nicht gibt, sollte man es erfinden, denn es wird gebraucht. Arafat befürchtete und befürchtet auch heute noch, wie er mir eines Abends sagte, vor allem dies: ›Seit einigen Monaten ist unsere Revolution sehr in Mode gekommen. Das haben wir Israel zu verdanken. Journalisten, Fotografen, Fernseh- und Kameraleute aus aller Welt kommen zu uns, um Bilder und überschwengliche Berichte über uns zu machen. Stellen wir uns einmal vor, sie bauschen uns mit all ihren Bildern auf. Die palästinensische Revolution wird aufhören zu existieren, weil sie keine Bilder und keine Berichte mehr hervorbringt‹.«

»Arafats Ziel – unter all den anderen natürlich – besteht also darin, immer mehr spektakuläre Ereignisse zu provozieren, um scharenweise Fotografen, Klageweiber und Lobhudler anzulokken. Epiker.«

»Sie sind doch immer zu Späßen aufgelegt, was ich Ihnen

übrigens nicht verüble. Das bringt mich auf freundlichere Gedanken, auch wenn es die Revolution ist, über die wir uns lustig machen.«

»Das ist die hohe Kunst!«

»Ja. Die hohe Kunst. Kehren wir zu den ernsten Fragen zurück. Ich sagte, daß die Revolution durch ein Übermaß an rhetorischer Verklärung – durch Fernsehbilder, durch Metaphern und hyperbolische Phrasen in der Alltagssprache – Gefahr läuft, sich zu *irrealisieren*. Unser Kampf droht, zur *Pose* zu verkommen, zu scheinbar heroischen, aber perfekt *gemimten* Posen. Und mit unserem Spiel könnte es mit einem Mal vorbei sein, man würde uns vergessen und...«

Er hielt rechtzeitig inne, lächelte und vollendete seinen Satz:

»... wir würden im Mülleimer der Geschichte landen.«

»Aber Sie machen doch die Revolution, um Ihre Gebiete zurückzugewinnen?«

»Wohin ich wahrscheinlich nie zurückkehren werde. Ich möchte Ihnen erklären, warum die Revolution, obwohl sie notgedrungen über die Rückgewinnung der verlorenen Gebiete führt, es dabei nicht bewenden lassen kann. Gestatten Sie mir noch eine Bemerkung über Israel. Die Schmerzen und Drohungen, die die Juden, wie sie behaupten, wegen unserer bloßen Existenz in ihrer Nähe und wegen unserer Verbitterung erdulden müssen, werden durch Israel gehörig aufgebauscht, indem es die entsetzlichen Schreie und Wehklagen über Lautsprecher und Verstärker bündelt – Sie sagen im Französischen einfach »*amplis*« dazu, eine schöne Sprache, in der man ein Wort einfach so verstümmeln darf – und über Boxen ausstrahlt – ein treffendes Wort –, die überall in der sogenannten »Diaspora« aufgestellt wurden. Wir werden uns später weiter unterhalten, und ich werde Ihnen sagen, warum es für uns ein Glück ist, daß wir Amerika zum Feind haben. Übermorgen, wenn Sie wieder in Ajlun sind. Aber werden Sie hierher zurückkehren, Ferraj wird nicht mehr hier sein?« fügte er lächelnd hinzu. »Ein Wagen der PLO wird Sie nach Jerasch fahren. Und halten Sie Ihren französischen Paß bereit, wenn Sie durch eine jordanische Kontrolle kommen.«

Es war nicht die Hamra, nicht einmal eine der vornehmen Straßen von Beirut, sondern eine eher gewöhnliche Geschäftsstraße mit zwei Reihen parkender Autos vor jedem Laden, und plötzlich war die Straße verstopft. Erst durch einen sehr teuren Wagen, älteres Modell, mit zwei schnurrbärtigen Männern auf den Vordersitzen und drei weiteren hinten. Der Wagen hielt auf der rechten Straßenseite, doch die fünf Männer stiegen nicht aus, sondern blieben scheinbar stumm darin sitzen. Ein zweiter Wagen, letztes Modell von Cadillac und fast so breit wie die Straße, blieb weder links noch rechts, sondern in der Mitte der Straße stehen. Drei Frauen entstiegen ihm, zwei von ihnen in arabischer Tracht, und eine Europäerin; der Fahrer blieb hinterm Lenkrad sitzen, und ein etwa vierzigjähriger Mann mit schwarzem Bart und Schnurrbart, allem Anschein sehr kräftig und vielleicht bewaffnet, stieg ebenfalls aus. Ganz zuletzt erschien eine große, sehr schöne Frau, eingehüllt in ein schwarzes, knöchellanges Kleid und das Gesicht hinter einem kleinen Schleier verborgen, der ihr von der Stirn bis über die Augen reichte. Sie lächelte, denn alle Prinzessinnen lächeln der Menge zu, die dieses Almosen dankbar entgegennahm. Sie betrat ein Geschäft, in dessen Auslage ich mir zuvor schwarz auf gold oder goldfarben auf schwarzem Lack geprägte Koranverse angesehen hatte. Der schnurrbärtige, bärtige Mann versperrte allein mit seiner Körperfülle die Ladentür. Was die Prinzessin im Geschäft tat, konnte ich leider nicht sehen. Sie kam nach kurzer Zeit wieder heraus, und ihre Begleitung bildete prompt eine Art Spalier bis zum Wagen, in den sie als erste wieder einstieg. Eine alte Frau, die nicht schnell genug zur Seite gegangen war, wurde vom Muskelmann am Arm gepackt und so heftig zurückgestoßen, daß sie gegen eine Gruppe von Schaulustigen prallte. Niemand protestierte, aber es lächelte auch niemand über die Schmach der Frau. Der erste Wagen, in dem vermutlich Polizisten oder V-Leute saßen, bekam dann vom Muskelmann auf Arabisch den Befehl, zur Botschaft zurückzufahren. Er sagte: zur Botschaft; der Cadillac fuhr hinterher. Auf der Straße setzte wieder das normale Alltagsgetriebe ein.

»Wer war das?«

Nur dies: Eine Bewegung, die des Leibwächters, der die alte

Frau in eine Gruppe von Schaulustigen stieß, war aus Abu Dhabi gekommen, um hier stattzufinden, in einer gewöhnlichen Straße von Beirut im Libanon.

Und das ist von der Erzählung M. Mustafas übriggeblieben:
»Der Ursprung unserer Familie liegt natürlich weit vor deren Übertritt zum Islam, der etwa zwischen 670 und 700 eurer Zeitrechnung erfolgte. Es waren vor allem Bauern und Händler.«
»Welche Art von Handel?«
»So weit man zurückgeht, haben sie mit Wolle, Henna und mit Linsen gehandelt ... Die Bevölkerung lebte von dem, was der Boden und das Meer hergaben. Über die Zeit zwischen dem Jahr 700 und 1450 ist nur wenig überliefert. Die Osmanen, die dann kamen, haben ihr Reich nicht allzu straff regiert. Wären da nicht einige Große Familien gewesen, die gegeneinander Krieg führten, hätte Frieden geherrscht in Palästina.«
»Wie wird man eine Große Familie?«
»Als wirklicher Nachkomme von Ali oder indem man geschickt genug ist, um es den anderen einzureden. Glauben Sie, daß gefälschte Wappen nur in Europa möglich sind? Das Pendant zu euren *Ducs de Levis,* die angeblich von der heiligen Jungfrau abstammten, hat im ganzen Islam wahre Verwüstungen angerichtet. Unsere Großen Familien bekriegten sich auch, um sich die Zeit zu vertreiben, unsere Bauern ...«
»Sklaven.«
»Sie irren sich. Wenn Gott den Propheten auserwählte – ›Ich habe einen unter euch auserkoren ...‹ –, dann auch, damit ein Mensch die Sklaverei anprangere. Und das tat Mohammed. Er allein erreichte genausoviel wie der Wiener Kongreß. Aber es stimmt, ob als Sklaven oder Freie mußten die Bauern für die Feudalherren arbeiten, die meine Vorfahren oder angenommenen Vorfahren waren ...«
»Ist die Legitimität nicht gesichert?«
»O Monsieur Genet, Sie reden hier von Legitimität! Wer kann schon mit absoluter Sicherheit sagen, daß die Mutter ihrem Mann immer treu gewesen ist? Nach 1453 haben die Türken, nachdem sie Syrien, Arabien und einen Teil Europas außer Marokko

erobert hatten, aus Palästina, das eine syrische Unterprovinz war, eine türkische Kolonie gemacht. Diese Eroberung fand nach...«

»... den fränkischen Königsreichen statt?«

»Ach, vergessen Sie ihre Melusine, Bouillon, Lusignan, Foulques Nerra, denen Sie eine allzugroße Bedeutung beimessen. Abenteurer. Sie müßten eigentlich wissen, daß die Geschichte der Melusine wahrscheinlich aus jenem Märchen von ›Tausend und eine Nacht‹ hervorging, in dem eine Schlange mit Menschenstimme über den Propheten nachdachte, zweihundert Jahre, bevor der Prophet den Islam predigte. Es war eine sprechende Schlange – sie sprach selbstverständlich arabisch, ein sehr schönes Arabisch – lange vor der Geburt Ihrer Lusignan.

Die türkischen Beamten waren äußerst zurückhaltend, die Erhebung der Steuern fand jährlich zweimal statt, glaube ich, und mit ihren christlichen Soldaten haben sie uns kaum behelligt. Wir waren den Türken tributpflichtig, aber sie waren so kühn, uns unsere Freiheit zu lassen. Wir, die Großen Familien, hatten unsere Häuser in Jerusalem, in Hebron, in Akko, wir hatten Paläste am Bosporus und diebische Verwalter, die wir aufknüpfen ließen, vor allem um den alten Brauch zu pflegen. Zu Lebzeiten beaufsichtigten sie unsere Güter, vor allem die Maulbeerplantagen und die Seidenzucht.«

Sein Haus bestand nur aus einem Hochparterre, in das man über ein paar Stufen gelangte; das Innere erschien mir wie ein einziger, riesiger, mit Marmorfliesen ausgelegter Saal: Wohnraum, Speisezimmer und Küche in einem. M. Mustafa lebte und lebt wahrscheinlich noch immer wie ein Türke; er rauchte seine Wasserpfeife und verachtete alles, was an ihm selbst arabisch war – vor allem aber seinen Sohn, den wissenschaftlichen Fidai. Er las nur türkische Dichter, das heißt, Dejalal od-Din Rumi, sonst nichts.

»Und nach so langer Zeit, in der dieses Volk annehmen konnte, daß der Boden auf dem es lebte und den es seit zwölfhundert Jahren bestellte, ihm gehörte, wurde ihm dieser Boden weggenommen, erst langsam, so wie man einen Teppich wegzieht, ohne die Sessel umzuwerfen, die darauf stehen; langsam zog man ihn unter ihren Füßen weg. Verzeihen Sie mein Französisch, ich hoffe, daß mein Arabisch besser ist. Konnte es im 14., 15., 16. Jahrhundert wissen – es sind *eure* Jahrhunderte, denn nach dem Raum habt ihr die Zeit kolonisiert, und weil Sie sagten, Sie würden ein Buch schreiben, das sich an die Christen wendet – ja, konnte unser palästinensisches Volk wissen, daß Menschen, die russisch, deutsch, polnisch, kroatisch, baltische Sprachen, serbisch und ungarisch sprachen, hier die *Liebenden von Zion* schaffen würden; daß Zion das mystische, aber auch das geographische Zentrum ihrer Männerträume in Kiew, Moskau, Köln, Paris, Odessa, Buda, Krako, Warscho, London war? Weder unsere Bauern noch wir, ihre Herren, wußten, daß weit weg von unseren Nächten und während wir schliefen und von etwas anderem träumten, ein Plan in anderen Träumen zu reifen begann. Knorpel wurde zu Knochen, und immer schneller, als wir ahnen konnten, ging es unserem Untergang entgegen. Erst 1917 begannen wir langsam zu begreifen, daß der Plan Gestalt annahm in dieser Fäulnis: dem Niedergang des Reiches.

Die ersten sporadischen oder scheinbar sporadischen Einwanderer, bunt gekleidete Männer und Frauen, die verbittert waren, weil sie ihre Karpaten, den Schnee und den Regen hatten verlassen müssen, erstaunten uns erst. Die Juden Europas hatten von Zion geträumt, und niemand hier hatte uns gesagt, daß El Kods dort Zion heißt! Olivenhaine, Tempel Salomos, Hohelied, Sonne, Weizenfeld, Weintrauben und Beeren das ganze Jahr, fünf Kilo schwere Trauben, aber Geigerträume und Bankierspläne. Die Palästinenser an ihren Ölpressen und auf ihren Äckern wußten nicht, daß man von ihnen träumte, und auch nicht, daß um sie und um ihr Land herum ein tausendmaschiges Netz gespannt wurde. Als der junge Ali, von dem Sie mir erzählten, Ihnen einmal sagte, daß die Zionisten unterderhand die Tabakanpflanzungen von der jetzigen Grenze Israels bis zum Litani aufgekauft haben, war das theoretisch nicht ganz falsch. Die jüdischen Geiger wurden zu zerstreuten und zugleich treffsicheren Jägern: Ihre Geige war die von Zigeunern, und ihr Karabiner war israelisch. Die meinen, meine Leute wußten noch immer nicht, daß man sie seit zweitausend Jahren belauerte – denn, was bedeutet sonst die Drohung: »Jerusalem, wenn ich dich vergesse ...?« –, daß ihr Leben, daß sie, wie sie glaubten, allein ihrer Treue zur Erde verdankten, die sie genährt hatten, daß dieses Leben seit zweitausend Jahren ihnen nur geliehen worden war von diesen slawischen Zutreibern, die nur darauf warteten, mit Hörnern, Getöse und Geschrei die Jagd zu beginnen. Die Palästinenser haben niemals von den, durch Pogrome gehetzten europäischen Juden geträumt, als die ersten Opfer eintrafen, Bauern, die ihre sozialistische Gesinnung herauskehrten und von Theologie mehr verstanden als vom Getreideanbau; die Palästinenser träumten nicht von diesem gelobten Land. Erst später und ganz allmählich erfuhren sie, daß sie nur geträumte Gestalten waren, nicht ahnend, daß ein brutales Erwachen sie auf einen Schlag ihrer Existenz und ihres Seins berauben würde.

Diese Distanz, ähnlich den Einbrüchen in den weit zurückliegenden Generationen polnischer, ukrainischer, ungarischer Juden, hinderte die Palästinenser daran, vollkommen real zu sein, machte aus ihnen eher ein Traumvolk, ein Schattenvolk eher als ein Volk aus Fleisch und Blut, und vielleicht glaubte jeder Israeli, der sie bekämpfte, er bräuchte nur eine Bauernschaft zu verdrängen und danach eine nicht existierende Armee zu besiegen. Die Fedajin waren aber dermaßen existent, daß mir der Gedanke kam, sie wollten mit ihrem Aufstand sich selbst, und auch den Zionisten, den Beweis erbringen, daß sie als Palästinenser Menschen von Fleisch und Blut waren, die sich beim Erwachen der träumenden Aschkenazim nicht in Wohlgefallen auflösen würden. Mir schien, als trennte diese störrischen Menschen eine unendliche Entfernung, die in dem Maße weiter wuchs, wie wir, die Palästinenser, frei sein wollten und unabhängig vom Schlaf und vom Erwachen der Zionisten, und diese Distanz zwischen einem Traum-Volk und den real existierenden Fedajin war auch der Beweis für die Entstehung eines völlig neuen Elements, das für den Nahen Osten, für alle moslemischen Völker und ihre vor allem nach den Bedürfnissen des Westens eingesetzten Regierungen nur von Schaden sein konnte. Unsere Freiheit wuchs in dem Maße, wie sich der Abstand zwischen den Schatten, die wir für die westlichen Länder waren, und den Quälgeistern, zu denen wir uns entwickelten, größer wurde. Die Freiheit, der Reichtum unserer Freiheit waren in diesem Abstand enthalten, der sich ständig vergrößerte. Er schien nachgerade der Speicher dieses Reichtums zu sein. Die wirkliche

Gefahr, die niemand gesehen hatte, war also ein nordischer und gelenkter Traum.«

»Ihre Familie hat doch in der Vergangenheit den Kalifen von Konstantinopel treue Dienste geleistet?«

»Natürlich.«

Sein Schwager kam herein. Der Moslem M. Mustafa hatte eine Deutsche geheiratet und danach eine Tscherkessin. Sein Schwager, ein hoher Staatsbeamter, der französisch sprach, hatte eine sehr helle Haut und blondes Haar. Obwohl Mustafa selbst nicht sehr dunkel war, fiel mir dieser Kontrast zur Blässe der slawischen Haut besonders ins Auge, und ich wunderte mich weniger darüber, daß die Europäer eher für sowjetische Dissidenten als für schwarze Amerikaner eintreten, bis auf jene, die sozialen Randgruppen angehören: Tänzer, Sänger, Springer, Jazzmusiker. Die Gegenwart des Schwagers milderte ein wenig die Schärfe der Attacken M. Mustafas gegen die Abendländer.

»Natürlich sind wir vor allem Moslems, und auch sie sind Moslems; danach kommt Syrien, denn ich bin auch Syrer, wie Sie wissen, da ich die türkische Nationalität habe, und sowohl Syrien als auch Palästina wurden vom Reich respektiert. Auf diese Weise sind bei Ihnen die Provence und die Narbonensis zu römischen Provinzen geworden. Die Eigenständigkeit Palästinas wurde anerkannt. Die Osmanen? Das Reich, dieser fünfzig Tonnen schwere Koloß und ebenso beweglich wie ein solcher auf einem Gebirgspfad, ließ den Griechen ihre nationale Autonomie wie auch den Römern, den Serben, den Slowenen, den Syrern, den Libanesen, den Palästinensern, den Albaniern. Das große Verbrechen des Türkischen Reiches bestand darin, daß es den Arabern nicht die türkische Küche aufgezwungen hat. Der Hauptvorwurf galt dem aus christlichen Söldnern bestehende Heer...«

An dieser Stelle wagte er nicht weiterzugehen. Die Tscherkessen, in erster Linie Russen, hatten sich im Reich auf dieselbe Art niedergelassen wie die christlichen Söldner, von denen er sprach. Aber sein Schwager mit den Porzellanaugen hörte zu.

»Und Israel?«

»Bis zum Ende des vergangenen Jahrhunderts hatten wir gewissermaßen vergessen, wer wir waren. Die israelischen Invasionen haben uns unsere Seele wiedergegeben. An Ihrer Reaktion kann ich erkennen, daß Sie die Existenz einer Seele bezweifeln, aber die unsere hat uns mit einer solchen Heftigkeit überfallen, daß wir viel mehr unter ihr den Rücken krümmten als unter den Eindringlingen. Ich wollte Ihnen damit unser Zugehörigkeitsgefühl zum Volk von Palästina erklären. Würde es Sie schockieren, wenn ich eine Amme zum Vergleich heranziehe? Als Kinder hingen wir an ihren Brüsten voller Milch, wir mochten sie wie ihr eure holländische Milchkuh, und wir hätten sie auch verkauft oder verpachtet. Nimmt man sie uns aber weg, erinnern wir uns nicht mehr an die Milch, sondern an ihren Namen, an die schwarzen Flecken auf ihrem Kleid, an ihre Hörner. Wir sind dann bereit, für sie zu kämpfen. Die palästinensischen Bauern haben uns als sehr harte Herren erlebt, sie mußten uns ernähren. Israel leugnet die Existenz von Palästina, möchte sogar den Namen des Landes tilgen ...«

»Aber Israel!« – ich ließ nicht locker. Wie hatten sich die polnischen Juden die Palästinenser vorgestellt? Als die Erde flach war, welchen Namen trug da Palästina auf der Krim? Und wie waren seine Bewohner gekleidet? Wußten sie damals schon, daß ihr Marsch begonnen hatte und daß er der Anfang einer Invasion war?

»Wenn die Israelis nicht nach Jerusalem gekommen wären, sondern ihren Staat auf Sizilien oder in der Bretagne gegründet hätten, hätten wir laut gelacht, und ich glaube, daß die Israelis heute unsere Freunde wären. Dann gäbe es bei ihnen nicht diese Verachtung gegenüber den Arabern, die sie heute auszeichnet und die stärker ist als das Gefühl, Teil des Judentums zu sein. Stellen Sie sich einmal vor, die Bretagne würde durch Kibbuzim okkupiert werden, Brest, Quimper, das ganze Land würde hebräisch sprechen! Die Bretonen wären nach Wales, nach Irland, nach Galizien in Spanien und nach Galiläa geflüchtet. Da hätten Sie sicher auch gefeixt. Auch wenn die Palästinenser nicht mit Sicherheit von sich sagen können, daß sie von den Kanaanäern oder den Philistern abstammen, wird Miss Golda Meir noch weniger von sich behaupten können, sie wäre die Ururenkelin von Moses, David oder Salomo.«

Diese Darlegungen von M. Mustafa erschienen mir fragwürdig und ohne Überzeugung vorgetragen. Während eines weiteren Treffens mit M. Mustafa, unter vier Augen diesmal, bat ich ihn, auf jenen Traum der Israelis aus Norwegen noch einmal zurückzukommen.

»Was ich Ihnen erzählt habe, war keine genaue Beschreibung. Ich habe deren Traum nicht geträumt, ich wußte auch nicht, daß ich geträumt wurde. Was so viel heißt wie: neugierig betrachtet, aus weiter Ferne im Raum und in der Zeit. Die Traumbilder waren sicher verschwommen. So glauben wir, die palästinensischen Familien, daß die Flut im Traum zu uns kommt. Was haben jene berichtet, die von Jerusalem nach Uppsala, Buda, Kiew und Warscho zurückkehrten? In welcher Sprache haben sie sich in Jerusalem verständigt, da keiner von ihnen arabisch, griechisch oder Latein sprach?«

»Kopernikus schrieb in Latein.«

»Er war kein Jude. Was erzählte man sich an den Ufern der Ostsee? Denken Sie nur an die Hafenbücher des 14. Jahrhunderts, mit ihren Ungeheuern, Menschen und Tieren, den Ausgeburten der Phantasie. Die Pilger und Händler waren Fabulanten, sie erfanden märchenhafte Völker, Tiere und Pflanzen.«

»Wurde auch von Eroberungen geträumt?«

»Welchen Nutzen haben schon Träume und Träumereien?«

»Träume von militärischen Eroberungen?«

»Wenn jemand dünn und schwach ist, dann sind für ihn Eroberungen nur Träume. Ich bitte Sie zu glauben, daß ich nichts gesagt habe. Seit zweitausend Jahren werde ich beobachtet, mein Land ebenfalls, und wir wußten nichts davon, das Auge war im Schnee. Von Generation zu Generation haben Strategen Fäden geknüpft oder vielmehr Fallen gestellt, die mir geduldig zugedacht waren.«

»Das ist das Los der schwachen Völker. Sie wissen nichts von den Räubern jenseits der Meere.«

»Dieser Gedanke kann niemanden trösten. Träumereien hören niemals auf. Manchmal frage ich mich, ob unser Gehirn nicht ein Organ ist, dessen einzige Funktion darin besteht, unser Leben zu träumen. Monsieur, Sie und andere haben mir erklärt, wie froh sie sind, bei den Fedajin zu sein, und über Tsahal, über den man sich viel erzählt, weiß ich nichts, ebensowenig vom Geist und von den demokratischen Gepflogenheiten in dieser Armee, ihrer Soldaten und Offiziere; wären Sie ebenso froh, bei Tsahal zu sein?«

»Wenn ich Jude wäre...«

Erst vier, dann fünf alte Palästinenserinnen hockten am Boden auf einem neuen unbebauten Gelände bei Jebel Husain. Mit »neu« meine ich: gerade erst entstanden, am Vortage vielleicht oder am Vorvortage, ein neu entstandenes Baugelände infolge eines Brandes durch Napalmbomben. Sie baten mich, neben ihnen Platz zu nehmen.

Auch in den Anden sitzen die Indianer in der Hocke, den Hintern auf den Fersen, die Hände am Boden abgestützt, um das Gleichgewicht zu bewahren oder um wach zu bleiben, fluchtbereit; es gibt auch jene, die, den langen Stock in der Hand, Tag und Nacht unterwegs sind, bis der Augenblick kommt, da sie sich hinhocken: Marokkaner, Berber, Araber, auch Türken. Eine Fürstenfamilie – nur Männer – war aus der Wüste nach Amman gekommen, um König Husain, der dem Tod entgangen war (1972), die Reverenz zu erweisen. Ich wohnte im Hotel Jordan und saß ihnen gegenüber. Die Familie baute sich wie folgt auf: Urgroßvater, Großvater, Vater, Sohn und sieben Enkelsöhne. So setzten sie sich auf die schwarzen Sofas. Eine Weile lang rührten sie sich kaum und schwiegen. Nach fünf Minuten spannte sich nur noch ein Bein des Vaters vom Sofa zum Boden, das andere lag angewinkelt unter seinem Gesäß. Nach und nach begab sich die ganze Familie in die Hocke, auf den Sofas, als säßen sie, wie auf japanischen Drucken, am Rand eines Abgrunds. Sie rauchten und spuckten auf den Fußboden; Chomeni zeigte uns, daß die Iraner dieselbe Sitzhaltung bevorzugen, die Inder ebenfalls, wobei diese aber nur auf einer Pobacke sitzen, wie die Japaner. Diese unterschiedliche Ruhestellungen, mal lauernd wie auf der Flucht, mal reglos ermattet und jenseits von Zeit und Raum, schienen eine Girlande von Männern zu bilden, die im Epizentrum eines Erdbebens zu Boden geschmettert worden war. Diese Duplizität gefällt mir. Ich hebe sie hervor, weil sie mich an einen jungen Amerikaner erinnert, dem ich diese Frage stellte:

»Warum reist du um die Welt?«

»Ich möchte den Stuhl zimmern, der noch nie gebaut wurde, also alle bestehenden Stühle sehen, um den zu bauen, den es noch nicht gibt.«

Die älteste – rangälteste? – war trotz ihres Lächelns durch ihre Gesten die gebieterischste.

»Wir sind in meinem Haus.«

Die anderen lächelten und stimmten zu.

»Welches Haus?«

»Siehst du es nicht?«

Mehr noch als ihr Haus, über dem ihre Handbewegung nicht verhielt, zeigte sie mir mit gestrecktem und beringtem Finger vier kleine Haufen kalter Asche, um die jeweils vier geschwärzte Steine lagen.

Wer hatte den beiden Französisch sprechenden Fedajin den Befehl gegeben, mich vor drei Stunden in eine kleine Villa zu begleiten, die inmitten eines kleinen Gartens unweit von Jebel Husain stehengeblieben war?

»Du wirst eine offizielle Persönlichkeit kennenlernen; sie ist die Präsidentin der palästinensischen Frauen in Amman. Sei sehr höflich zu ihr, sie ist eine Bürgerliche, wir müssen sie schonen.«

»Ist sie zerbrechlich?«

»Sie leistet uns Dienste.«

Wahadat und Jebel Husain waren die zwei Lager in Amman, die von den Beduinen nach allen Regeln der Kunst zerstört worden waren. Auf einem niedrigen Tisch im Empfangszimmer lag ein Kartenspiel und wartete vermutlich darauf, daß ich es abhebe und austeile. Die Präsidentin trat herein, gab jedem die Hand, setzte sich, forderte uns auf, ihrem Beispiel zu folgen, griff nach dem Kartenspiel, lächelte uns zu, und dieses Lächeln verwüstete das von Natur aus rundliche Gesicht. Die Gesichter der Dora Maar haben leider zu oft schon herhalten müssen, so daß ich einen Vergleich mit dem der Präsidentin nicht wagen möchte. All ihr Blut schien sich in ihren Beinen und Füßen zu stauen, denn ihr Gesicht war plötzlich leichenblaß geworden. Mich ins Auge fassend begann sie grausam oder vielmehr brutal einen unsichtbaren Text kauend zu zerfasern, so wie man eine Geheimschrift durch den Reißwolf schickt, und klärte mich auf über die Gründe des palästinensischen Widerstands.

»Denn wir haben unsere Rechte. Die UNO-Resolution 212 ist unmißverständlich, und ich werde niemals zulassen, daß Israel oder Jordanien der UNO ihre Resolutionen vorschreiben oder sich ihnen widersetzen.«

Ich stand auf.

»Ihr Gesülze ist allgemein bekannt. Behalten Sie es für sich.«

Da sie hinlänglich Französisch konnte, hatte sie im Gegensatz zu den Fedajin, das Wort Gesülze verstanden.

»Ich spreche die Wahrheit.«

»Wenn es die Verantwortlichen von Fatah waren, die Sie ernannten, dann sind sie genauso dumm wie Sie.«

Die beiden Fedajin trösteten die Präsidentin, die in Tränen ausgebrochen war. Dann begleiteten sie mich hinaus, ließen mich aber entrüstet stehen.

»Du hast da etwas Schreckliches angerichtet; wir hatten solche Mühe, sie zu diesem Posten zu überreden.«

Sie zogen ab, und erleichtert entdeckte ich mitten unter den verkohlten Trümmern die alten Frauen, die lächelnd auf ihr Unglück blickten. Da ein Herd ein Herd ist, symbolisierten jene, die ich hier sah, die Häuser, die wie die vier Feuerstellen heruntergebrannt waren, umgeben von vier rauchgeschwärzten Steinen. Die Frauen trugen zwar Kopftücher, unter denen ein paar, mit Henna gefärbte Haarsträhnen hervorschauten, aber keinen Schleier. Sie lachten, verzweifelt, aber ganz Dame. Was sie mir erzählten, dolmetschte ein palästinensischer Funktionär, der ihr Alter hatte, doch glaubte ich sie zu verstehen, bevor die Übersetzung kam. Sie entblößten bis zum Mark ihre Verlassenheit.

»Woher kommst du?«

»Wir sollten für ihn Tee warm machen!«

»Ist das weit, Frankreich?«

»Zieht es dort?«

Eindringlich, fast unbeschwert und voller Anmut erzählten sie mir, wie ihr Hab und Gut nach dem Napalmangriff der Beduinen niederbrannte.

»Da steht der Kocher, siehst du ihn?«

Ein magerer, brauner Finger wies auf vier schwarze Steine und ein Häufchen Asche. Sie zeigte mir eine sehr feine, blaue Porzellantasse.

»Man hat mir gesagt, sie sei aus China. Schau her, nicht einen Kratzer! Sie ist in die Asche gefallen: Blau auf Grau, das paßt doch.«

Dieser würdevolle und drollige Umgang mit der Not stand den alten Frauen gut zu Gesicht. Auch der Himmel war blau. Die Sonne brannte, und selbst das erloschene Feuer glühte. Außer der unversehrten Tasse hatte nur ein rußschwarzer, zerbeulter Teekessel – aber nicht zerbeulter als vor dem Brand – den Artilleriebeschuß und das Napalm überlebt. Sie bestanden darauf, mir einen Tee zu bereiten.

»Es wird kalt heute nacht.«

»Wir sind aber nicht allein. Wir haben alle unsere Verwandten. Viele Verwandte. Die Nacht verbringen wir bei den einen oder anderen. Und tagsüber sind wir hier, in unserem Haus. In unserem Alter ist es am Herd am schönsten.«

Jede Alte hatte ihr Haus.

»Wird Husain bleiben?«

»Du bist wohl übergeschnappt?«

Lachend fragten sie mich, ob ich ihn nicht mitnehmen könnte, um ihn lebend den Franzosen zu zeigen.

»Einen solchen Mann haben sie sicher noch nie gesehen!«

»Bevor du herkamst, wußtest du, das sie so ist, die Revolution?«

Das Wort fiel zum erstenmal. Vielleicht saß die Präsidentin der palästinensischen Frauen jetzt allein in ihrem Haus und legte, immer noch weinend, eine Patience? Ahnte sie nur, daß keine fünfzig Meter von ihrem Garten entfernt, ein paar palästinensische Frauen ihren letzten Trumpf ausspielten: die Heiterkeit, die nicht mehr zu hoffen wagt? Die Sonne zog weiter ihre Bahn. Ein Arm oder ein gestreckter Finger warf einen immer dünneren Schatten auf den Boden, aber auf welchen Boden? Es war ein jordanischer Boden aufgrund einer politischen Fiktion, die England, Frankreich, die Türkei und Amerika beschlossen hatten.

»Husain hat Brandbomben werfen lassen. Mein Mann war unter den ersten Opfern.«

»Wo ist er?«

»Dort!«

Sie streckte den Arm aus, doch zaghaft nur und matt, als sei sie dieser, für ihr Alter zu großen Bewegung, die sie seit drei Tagen zu oft wiederholt hatte, überdrüssig.

»Dort ist er. Hinter der Mauer. Wir haben ihm zusammen eine Grube gegraben, aber nicht sehr tief, bis zum Fels. In einer Woche werden wir einen Friedhof für ihn gefunden haben, Al Fatah hat es versprochen. Wie eine Fackel hat er gebrannt, mein Mann. Erst die Haare, die Augen. Das Feuer ist dann rechtzeitig ausgegangen. Mein Alter ist jetzt so blank wie eine Fischgräte.«

Sie hatten alle sehr glatte Gesichter. Enthaaren sie sich? So wie die jungen Araberinnen sich heute noch das Geschlecht enthaaren? Unter ihren schwarzen Röcken hatten sie noch einen schwarzen Rock und noch einen, deren Monogramm allein der Mann kannte oder gekannt hatte und die wie das Kopftuch von wem auch immer vererbt oder geschenkt worden waren. Ich konnte mir nur magere und nie gewaschene Körper vorstellen, zumal die Wasserleitungen ständig defekt waren. Frei von Begierde und so völlig absorbiert von den Sorgen eines zertrümmerten Haushalts, von den Nöten des Krieges und den vergeblichen Schutzmaßnahmen, hatten diese Körper schon die Farbe der Erde angenommen. Die Probleme der buntbemalten Siebzigerinnen in den vornehmen Familien kannte man hier nicht.

Was den Friedhof anbelangt, von dem sie sprachen, konnte ich mir nur einen Wanderfriedhof vorstellen, in der Art wie jener, den Ali meinte, als er den Vorschlag machte, meine Knochen nach meinem Ableben unter mehreren Fedajin aufzuteilen, bis man einen richtigen Friedhof gefunden hätte, wo man sie verscharren könnte, doch noch vor dem Toten Meer. Ein zerlegbarer Friedhof wahrscheinlich, eine einzigartige und feierliche Vergegenständlichung der nie im Sand gegrabenen Gräber, da man die Leichname den Schakalen überließ, und ziemlich ähnlich den Kriegerdenkmalen, die bei Regen und Wind, unter der sengenden Sonne und manchmal bei Mondschein eilends zerlegt werden mußten, damit man sie in Einzelteilen mitnehmen konnte: Goldene Papiergirlanden, in Goldbuchstaben geschriebene Worte des Gedenkens an die Märtyrer des Widerstands, Koranzitate, naive Gedichte, eine oder zwei batteriebetriebene Birnen. Gräber, Grabmale, Friedhöfe, Denkmale, alles mußte zerlegbar sein, angepaßt an das Nomadenleben.

»Die Beduinen können gut schießen. Sie haben das Napalm aus ihren Panzerfäusten abgefeuert.«

Angenommen ich wäre vor siebzig Jahren schon, um 1910 etwa, ein einigermaßen verständiger Mensch gewesen, dann hätte ich Ausdrücke wie »Haben Sie den ›Zaster‹?«, »aus der Mottenkiste«, »macht zweiundzwanzig Eier« ganz sicher nicht mit einer Dame von Welt in Verbindung gebracht. Das Wort »Panzerfaust« kam ganz selbstverständlich und klar über die Lippen einer zahnlosen alten Palästinenserin, und dreimal hörte ich das Wort »Napalm« aus dem Mund einer anderen, ebenso alten Frau. Das Kriegsvokabular war diesen Frauen ziemlich vertraut. Mich wunderte eigentlich, daß sie nicht auch von den »High Tech-Waffen« aus dem Arsenal des Pentagons sprachen.

Ein besonderer Vorzug des Alters und der Emigration liegt darin, daß man fast ohne jedes Risiko lügen darf, weil mögliche Zeugen verstorben oder unauffindbar sind. Kurz nach dem Ersten Weltkrieg war fast jeder Taxichauffeur in den europäischen Hauptstädten ein russischer Fürst, und in den Flüchtlingslagern leben heute unzählige Familien, die in Palästina Glück und Wohlstand aufgegeben hatten!

Diese fünf alten Frauen, deren Namen ich nie erfuhr, hatten einen Boden, doch kein Darüber und kein Darunter, sie lebten in einem Raum, in dem jede Bewegung sich als eine falsche erweisen konnte. War der Boden fest unter ihren zehn nackten Fußsohlen? Immer weniger fest in Richtung Hebron, das in der Ferne lag, wo ihre Freunde und Verwandten lebten, doch hier war der Boden hart, und jeder machte sich leicht und lebte sinnlich bewegt in der arabischen Sprache.

Die Palästinenser waren unausstehlich geworden. Sie hatten die Beweglichkeit entdeckt, das Gehen, den Lauf, das Spiel der Ideen, die fast täglich neu verteilt wurden, für ein neues Spiel oder für eine neue Phase des gleichen Spiels.

Wenn Ferraj guter Laune war, kehrte er den Bruder Lustig hervor, und um besser mit mir reden zu können, stellte er sich breitbeinig vor mich hin, bog das Kreuz durch und schob die Hände in die Hosentaschen, die Daumen nach außen; und in dieser Haltung hatte er etwas von der zärtlichen Herablassung eines James Dean, den er in einem Film gesehen hatte. Ich fragte ihn, wie er zum Atheisten geworden war.

»Um dir darauf zu antworten, muß ich erst einmal die richtige Körperhaltung finden. Einen Moment! So, jetzt ist es gut. Atheist? Ich muß es sein, wenn ich erreichen will, daß das Erdöl dem Volk gehört. Du hast schon begriffen, das sehe ich dir an deinen Augen an.«

»Ich habe gar nichts begriffen.«

»Das wundert mich nicht. Seitdem Pompidou an der Macht ist, leben die Franzosen irgendwie hinterm Mond. Die Emire, die Könige, selbst der kleinste, erbärmlichste Scherif verdanken ihr gegenwärtiges Prestige allein ihrer Herkunft. Sie sind, wie sie sagen und mit Hilfe von Fälschern beweisen, die Nachkommen des Propheten – Gott hab' ihn selig – über Ali und Fatima. Wenn es uns Palästinensern gelingt, die Araber davon zu überzeugen, daß Mohammed ein ausgefuchster Schwindler war, dann wird der Prophet zusammenkrachen. Und seine Nachkommen, Könige, Emire und Adlige, werden ihr ganzes Prestige verlieren.«

»Der Koran wird in Millionen Exemplaren gedruckt und von allen Fernsehstationen der islamischen Welt ausgestrahlt. Dein Plan, dem Islam das Wasser abzugraben, wird noch zweitausend Jahre warten müssen.«

»Also, verlieren wir keine Zeit.«

Er holte die Hände aus den Taschen, spreizte seine Oberschenkel und zündete sich eine amerikanische Zigarette an wie ein netter Ganove, der sich selbst eine Lulle anbietet.

»Wolltest du mich sonst noch was fragen?«

Ich kam pünktlich zur Verabredung mit Abu Omar im Büro der PLO und erzählte ihm von meinem Auftritt im Empfangszimmer der Präsidentin der palästinensischen Frauen, vom Kartenspiel auf dem Tisch, von den UNO-Resolutionen, vom guten Recht der Palästinenser, von den tröstenden Worten der Fedajin und von meinem ungenierten Weggang.

»Schade, daß ich nicht dabei sein konnte, wir haben selten was zu lachen. Im Komitee hatten wir uns schon überlegt, was wir tun könnten, um diese bürgerliche Schwätzerin und Faulenzerin wieder loszuwerden.«

Er hörte eine Weile auf zu lachen, um seine Brillengläser zu putzen, die bei der geringsten Erregung derart beschlugen, daß ich mich fragte, ob die Revolution – da die Welt ihm gleichsam verschleiert und verschwommen erscheinen mußte – für ihn eine dringliche Aufgabe war oder eher eine Angelegenheit, die seine Augen berührte. Er rieb seine Augengläser, und dabei kam mir dieser gehässige Gedanke: »Sein Lachen bedeutet sicher, daß er sich freut, bei dem Treffen mit der Präsidentin nicht dabeigewesen zu sein.«

Bombenangriffe erkennt man an ihrer Sanftheit. Zwölf Jahre danach beschrieb mir ein palästinensischer Freund sein Haus in Beirut, in dem alle wertvollen Bücher und alle Aufzeichnungen auf den Regalen verbrannt waren. Als er in das Zimmer getreten war und mit seinem Körper die Luft bewegt hatte, waren sämtliche Bücher, die darauf senkrecht gestanden hatten, zu Staub zerfallen und auf den Fußboden gerieselt, während eine zauberhafte chinesische Porzellantasse, ähnlich jener, die ich in Jebel Husain gesehen hatte, unversehrt auf dem weich gepolsterten Bett lag. Wer zwinkerte hier wem zu?

»Ich möchte etwas über die erfreulichen Untaten der Nixon-Amerikaner gegen unser Volk sagen. Wir wußten, daß wir bezwingbar, besiegbar waren. Vietnams Sieg hatte uns wieder Mut gemacht.

Als die Fedajin im Fernsehen erlebten, wie der amerikanische Botschafter in Saigon die Fahne seiner Vertretung achtmal zusammenfaltete und damit zum Hubschrauber der Marines lief, der auf dem Rasen des Gartens ungeduldig wartete, als sie sahen, wie er die zusammengefaltete Fahne in den Hubschrauber warf, hinterherstieg und sich auf einen Flugzeugträger vor der Küste fliegen ließ, da konnten sie mal wieder herzlich lachen. Vielleicht hat diese Genugtuung über das Fiasko der USA in Saigon in den Völkern der Dritten Welt die wilde Hoffnung aufkommen lassen, die Palästinenser könnten in kurzer Zeit zu einer revolutionären Avantgarde werden.

Wir kannten aber nur zu gut den Starrsinn der Regierung oder vielmehr des Regimes, das, um seine Herrschaft zu sichern, sich mal dieser, mal der anderen Partei bedient. Zur Zeit werden die Vereinigten Staaten von Nixon regiert. Wir können uns ihrer Listen nicht bedienen. Wir können nicht New York bombardieren...«

»Sie würden es doch nicht wagen, ihre Bomben hier abzuwerfen...«

»Das kann man nie wissen. Ich glaube sogar, daß Sie hier irren. Wenn wir uns den Russen zu sehr annähern...«*

»Dann würden sie ihren Schutz genießen.«

»Darauf kann ich Ihnen diesmal mit einem klaren Nein antworten. Die Sowjets sind Verbündete. Sie werden sich unser bedienen, nicht umgekehrt.«

»Sie hatten unser Gespräch mit den Worten: *die erfreulichen Untaten* begonnen...«

»Zwischen Israel und uns findet ein Kampf um das Überleben eines Volkes statt, und das ist ein sehr lokaler Kampf. Niederlagen werden als vernichtende Niederlagen erlebt. Der Krieg zwischen den Beduinen und uns konnte manch einem Beobachter als ein Rückschritt erscheinen. Zwei Stämme, zwei Sippen, wenn man so will, bekämpften sich, und ein großer Stammeshäuptling, Nasser, befahl uns dann, den Friedenskuß zu geben und anzunehmen. Was Arafat und Husain dann auch getan haben. Ich weiß, daß Sie persönlich von Führern nicht viel halten, Sie müssen aber zumindest zugeben, daß sie es verstehen, sich in der Öffentlichkeit zu umarmen. Ich glaube, die Amerikaner mögen keine Könige, die für sie nichts anderes als Medizinmänner sind, und deshalb übt

---

* Das Gespräch fand 1972 statt. Abu Omar hat die Verwüstung Beiruts zehn Jahre später vorausgesehen und geahnt, daß kein Land, weder ein arabisches noch ein anderes, helfend eingreifen würde.

sich Husain in der schlichten Rolle eines Präsidenten. Israel hatte eine Weile gefürchtet, viele Jordanier würden sich weiterhin mit der PLO solidarisieren. Israel hatte auch die Gefahr einer jordanisch-palästinensischen oder palästinensisch-jordanischen Republik erkannt; erinnern Sie sich an unsere Debatten über den Namen, den wir dieser Republik geben wollten, die nie geboren wurde. Mit Englands Hilfe überzeugte Israel die Amerikaner davon, Husain zu unterstützen, und das hat den Triumph des Königs ermöglicht. Das Abkommen von Kairo, die geheimen Verhandlungen zwischen Husain und Golda Meir, vor allem aber die zionistische Unterwanderung des Libanons und der jordanischen Hauptstadt Amman. Vergessen Sie nicht, daß wir zu Beginn des ersten Jahrtausends Byzantiner und mehr oder weniger auch Schismatiker waren.«

»Ihre Vorfahren?«

»Waren wahrscheinlich Monophysiten. In meiner Familie gibt es keine absoluten Gewißheiten, am allerwenigsten hinsichtlich der verschiedenen Religionen, durch die sie hindurch mußte. Ich fahre fort: Die Einmischung der Amerikaner machte aus uns Kriegsteilnehmer, erst einmal hier im Nahen Osten. Wir müßten bald denselben politischen oder territorialen Status haben wie die Philippinen, Formosa, Israel, Südvietnam, Südkorea, Guatemala, Honduras oder die Dominikanische Republik. Den schlafenden Revolutionen droht ein jähes Erwachen. Wenn die UNO Partei ergreift, dann bekommen wir sozusagen die Weihe, und der Rebell wird zum Gegner der Vereinigten Staaten. Dann treten auch die Sowjets auf den Plan; sie warten nur darauf.

Die Hilfe der USA für Husain hat uns aus der Bedeutungslosigkeit der Stammesfehden mit Pfeil und Bogen heraustreten lassen. Die umfangreichen Waffenlieferungen nach Amman in diesem Winter 1970, die für Husain bestimmt waren, hatten zur Folge, daß wir in die große Familie der Feinde des Kapitalismus aufgenommen wurden. Das Ergebnis können Sie seit Ihrer Ankunft hier selbst sehen. Das alles hat uns berauscht und zugleich in Gefahr gebracht. Das Scheinwerferlicht war zu oft auf unsere Gesichter gerichtet. Gegenwärtig müssen wir uns davor hüten, nicht zu Stars hochstilisiert zu werden. Unser häufiges Erscheinen, vor allem unsere kostümierten Auftritte könnten uns zu Mimen der Revolution verkommen lassen.«

(Dieses Fragment eines Gesprächs habe ich seit 1972 aufgehoben. Abu Omar wollte mir später noch von der Revolution und von ihrem Verhältnis zu den Emiren und den Königen erzählen.)

Zum Ruhme seines Chefs konnte mir Abu Omar Arafat und die PLO so darstellen, wie er es auch tat, doch ich habe allzuoft Gefechte erlebt, die plötzlich entbrannten und wieder verklangen, ohne daß die Fedajin genau erfahren hätten, auf wen sie schießen. Ein Maschinengewehr, ein Karabiner, zwanzig Karabiner gingen los, hier und heute und in diesem Augenblick, während das Ziel vor drei Tagen ins Auge gefaßt worden war und der Schießbefehl vorgestern an einem zweihundert Kilometer entfernten Ort ergangen war. Die Kugeln trafen ins Schwarze, während man den Befehl, sie abzufeuern, *dort* längst vergessen hatte; die Durchschläge des Befehls wanderten in die Aktenablage, währenddessen die Männer, die soeben auf Schatten geschossen hatten, bis zu ihrem Todestag nichts von den Gefahren ahnen würden, in denen sie drei Tage zuvor geschwebt hatten. Man kann sagen, daß die Karabiner der Basis-Soldaten an einem anderen, zweihundert Kilometer entfernten Ort angelegt worden waren. Bei genauem Hinhören hätten einige Fedajin den Preis der »Suiten« in den verschiedenen Hilton-Hotels Europas und Afrikas erfahren können, bescheidene Summen zwar im Vergleich zu den heutigen Preisen, doch wurde darüber auf den Stützpunkten schon damals gemunkelt. Die Fedajin erregten sich über gewisse Funktionäre, die sie als »*Diener zweier Herren*« bezeichneten. Aber verwandelt sich nicht jede Macht in Gold und alles Gold in Herrschaft?

Die Armeen des Italienfeldzugs setzten sich zweifellos aus jungen Rekruten zusammen, aber vielleicht auch aus den Soldaten des Jahres II.* Zwischen dem Massenaufgebot der Revolution und der Ernennung des Generals Bonaparte waren fünf Jahre vergangen. Man kann davon ausgehen, daß die Soldaten der Siege von Fleurus und Jemmapes die gleichen waren wie die der Schlacht bei Arcole.

---

* 1793–94 nach dem französisch-republikanischen Kalender

Die Begeisterung, die sie zu Rettern der Nation erhoben hatte, machte aus ihnen bald Eroberer im Namen der Freiheit der Völker. Bis auf die Offiziere gingen sie alle zu Fuß. Wie gründlich die Plünderung Italiens vonstatten ging, davon zeugen das Familianarchiv der Murat und ihre Schätze. Der glorreiche Sieg förderte nicht nur die Karriere der Generäle; auch der Halunke, der sich in jedem Soldaten mit dem Helden paart, konnte sich weidlich austoben, und als noch wirkungsvoller sollte sich der Befehlshaberstab in den festen Händen von Lannes erweisen. Die Französische Revolution und vor allem ihre Rhein-Armee waren zur Brutstätte einer neuen Aristokratie geworden. Der Fürst von der Moskwa verdankte vielleicht seinen Titel einer Brustwunde des Pferdes, auf dem der Marschall reitend von seinem Fürstentum träumte? War es vielleicht das Pferd des Küfersohns Michel Ney? Die großen Träume von Samt und Gold erfüllten sich unter Napoleon III., der mit seinem Hof aus der belanglosen Revolution vom Februar 1848 hervorgegangen war. Die großen Warenhäuser gereichen diesem Kaiserreich bis heute zum Ruhm. In Algerien übte von 1962 bis 1985 die FLN ihre Macht aus, in der Regierung, der Verwaltung, der Polizei und der Justiz. An den nackten Füßen, den brennenden *Meschtas** und den phantastischen Wagnissen berauschen sich heute die Emporkömmlinge – ich denke da an die algerischen Diplomaten –, die bürgerlichen Emporkömmlinge, möglicherweise in Anlehnung an jenen Vorgang, bei dem die Könige von Jerusalem und Zypern in einer kläglichen Nacht von einer Schlange geboren wurden.

Die Fedajin träumten. Da es ihnen aber verwehrt war, sich mit Luxus und Prestige, die sie nicht kannten, zu umgeben, erträumten sie eine solche Welt. So sagte einmal ein Fidai, als er mir eine Ansicht des Königspalastes zeigte:

»Und das alles gehört einem einzigen Menschen.«

Was so viel hieß wie: »Mir selbst gehört ein Achtel einer Elendshütte, und dieser kleine König...«

Ein anderer Fidai legte den Finger auf das Bild der Königin und meinte:

---

* Algerische Dörfer

»Die möchte ich vögeln...«

Ein dritter Fidai zitierte mir eine Stelle aus dem Koran, der Stimme Gottes: »Ich habe einen unter euch auserwählt« und fragte dann:

»Warum hat er den Propheten Mohammed auserwählt, warum Mohammed und nicht mich?«

Sah sich der Fidai in diesen bürgerlichen Wachträumen als ein gefeierter Held? Sah er sich, betäubt von seiner Müdigkeit, vom Staub und von der Langeweile, wie zuweilen auch von Haschisch oder Opium, als ein Plünderer, der sich an den Schätzen eines Emirats bereicherte, wie einer, der von Dienstrang zu Dienstrang immer höher stieg, bis hin zum Staatsbegräbnis und zur feierlichen Einweihung seines Standbildes?

Aus welchen Wunschträumen nährt sich die Opferbereitschaft? Diese Wunschträume verlaufen stets nach dem gleichen Muster.

»Möchtest du, daß ich dir den Palast schenke?«

»Das einzig wahre Glück ist das Glück zu geben. Es wäre ein zu großes Glück, ihn mir zu geben. Ich könnte es nicht annehmen.«

»Du führst also die Revolution für die anderen durch?«

Er lachte und sagte:

»Niemand will sich opfern. Es werden immer weniger. Du siehst es selbst.«

Er war dreiundzwanzig Jahre alt; wie könnte ich so viel Verwirrung seiner Jugend zuschreiben, da ich selbst dreimal älter und noch immer nicht klüger bin? Er träumte vom Zertrümmern vergoldeter Sessel, er träumte auch von den Worten, die man sagt, wenn man darauf angesprochen wird.

Amüsiert und traurig zugleich sah ich vor einigen Tagen einen palästinensischen Dichter, dessen Namen mir natürlich entfallen ist, vertieft in ein Gespräch mit dem Vertreter der PLO in Rabat. Während 1971 noch alle Fedajin und ihre Führer lange Beine, hohle Wangen und nach innen gewölbte Bäuche hatten, waren die Bäuche der beiden nach außen gewölbt: von Angesicht zu Angesicht schienen die Knöpfe ihrer Hosenschlitze sich zu beschnuppern, wie Hunde, die ihre Nasen aneinanderreiben. Das wirkliche Gespräch fand auf dieser Höhe statt, von Bauch zu Bauch, während die Gesichter sich nichts zu sagen hatten.

Gerste und Roggen waren neben Oliven und Bohnen die Grundnahrungsmittel der jordanischen Bauern. Als ich eines Morgens, noch etwas benommen, vor das Zelt trat, in dem wir alle schliefen – etwa dreißig Soldaten und ich –, sah ich in der Nähe des Weges, an dem unbeaufsichtigt ein paar halbschwere Waffen standen, mehrere Fedajin, die sich lachend an einem Schauspiel weideten, das sie, nach dem Verlassen ihrer von den letzten erotischen Träumen noch warmen Schlafsäcke, gleich als erstes entdeckt hatten. Diese Soldaten waren zwischen vierzehn und zwanzig Jahre alt. Vor ihnen lag ein fast reifes, je zu einer Hälfte mit Gerste und Roggen bebautes Getreidefeld, in dem sich ein paar übermütige Ziegen trampelnd und kauend über das gefundene Fressen hermachten. Der vielleicht zehnjährige Hirte drosch wahllos auf die Rücken der Tiere ein, um sie wieder aus dem Feld zu jagen. Er besaß keinen Hund, denn Ziegen sind keine Schafe. Da er zu fest zuschlug, wich die Herde in eine andere Ecke aus, so wie sich die Federn eines Kopfkissens unter den Schlägen in der anderen Ecke bauschen. Die launischen Ziegen ließen sich aus dem grün-gelben Paradies einfach nicht vertreiben. Das waren die beiden Farben des Feldes, und die hatte ich oft schon in dieser Gegend von Jordanien gesehen. Das Blau des Himmels zwischen dem dunklen Grün zweier Palmen, zwischen zwei herbstlichgelben Bäumen und zwischen dem blassen Grün von zwei Frotteetüchern auf einer Wäscheleine war niemals dasselbe; in Ajlun hatte ich mir angewöhnt, den Himmel im Lichte dieser drei Farben – zwei Grundfarben und ein aus Blau und Gelb zusammengesetzter Farbton – zu betrachten, gewissermaßen zu lesen. Sicher, ich gehorchte hierbei einer etwas simplifizierenden Symbolik, der ich mich aber nicht entziehen konnte. Die Freischärler, die nur wenig älter waren als der Hirte, ergötzten sich am Triumph der Ziegen. Sie standen wohl deshalb auf der Seite der Tiere, weil diese genau das taten, wonach ihnen der Sinn stand, aber sicher auch, weil sie mit den gebündelten Ähren quer im Maul einen köstlichen Anblick boten, und überhaupt, weil es Spaß machte, zuzusehen, wie sie beim Kauen die Kinnladen hin und herbewegten, während der Kehlkopf unter dem Bärtchen bei jeder Schluckbewegung auf und ab hüpfte. Waren die Ziegen, im Gegensatz zu den Schafen, das Sinnbild einer agilen und zügellosen Freiheit, der Rebellion, des Anarchismus, im Grunde so wie sie selbst sein wollten oder zu sein glaubten, wobei die Ziegen und Zicklein sich nie Zeit nahmen, zwischen zwei Büscheln zu rülpsen, oder freuten sich die Fedajin einfach nur, weil es in dieser ländlichen Gegend nur wenig Abwechslung gab, und übersahen sie so die Not des Hirten und die Angst, die sich auf seinem Gesicht malte – wie groß muß dann die des wahren Hirten sein, der ein ganzes Volk zu einem oder mehreren Zielen zu führen hat, ohne es in seinen individuellen Freiheiten zu beschneiden? – Es waren übrigens dieselben Fedajin, die mich ein paar Tage zuvor zur jordanischen Bäuerin geführt und dieser ehrfürchtig zugehört hatten; ihr gehörte auch das verwüstete Feld, und der Hirte war einer der wenigen Freunde der Palästinenser. Der Junge sah zu, wie seine Ziegen die Ernte zunichte machten, und wußte, daß ihn die Schuld dafür traf. Der Spott der Fedajin hatte auf die Ziegen keine Wirkung, er deprimierte nur den kleinen Bauern. Sie, die Fedajin, die zuweilen in der Wüste oder in einer Stadt der Golfstaaten geboren wurden, kannten allein ihre Waffen und, auswendig auf Arabisch, ein paar Schlagworte von Marx oder Lenin, seltener von Mao, und so sahen sie keinerlei Zusammenhang zwischen den Gersten- oder Roggenfladen, die sie dreimal am Tag zu ihrem Tee aßen, und dem zertrampelten, verlorenen Getreide, das so gründlich vernichtet worden war, wie selbst ein siebenstündiger Hagelschlag es nicht geschafft hätte. Als ich ihren Anführer aufforderte, dem kleinen Hirten doch zu helfen, lachte er noch lauter als alle seine Soldaten-Kinder zusammen. In diesem Moment erkannte ich, was den Vagabunden, der ich noch war, von dem Ordnungshüter trennte, der ich zu werden drohte, sollte ich der Versuchung erliegen, für die Ordnung und die damit verbundene Sicherheit einzutreten. Hin und wieder sollte ich wohl auf den Kampf zurückkommen, der gegen all die Verlockungen zu führen ist, doch nicht die eines Lebens in Frankreich – angesichts der Nüchternheit dieser Nation läge die Antwort auf der Hand –, sondern gegen die, die mir von den Aufständen auzugehen schien, in denen die überaus sichtbare Poesie den latenten Hang zum Konformismus verdeckt.

Dieses durch vier Hecken, ein Gerstenfeld und eine Ziegenherde klar umgrenzte Durcheinander vermittelt einen gewissen Eindruck von der Art der Schäden, die die Palästinenser im südlibanesischen Grenzgebiet anrichteten. Der Zorn der Schiiten hat sicherlich andere Ursachen als die Albernheiten der Fedajin. Warum habe ich »Zorn der Schiiten« geschrieben? Weil diese Worte in den Zeitungen stehen, in denen aber niemals von dem Zorn der Besitzer großer Agrumen- und Tabakplantagen im Südlibanon die Rede ist. Auf diese Frage werde ich in einem späteren Band näher eingehen.

Sehr schöne Frauen, die zu viel Charme besitzen, zum Beispiel der Typ der Circe, müssen ziemlich unausstehlich sein. Männer, die zu ihnen einen gebührenden Abstand halten und nur gelegentlich von ihrem Zauber berührt werden, ertragen ihn wohl besser und länger. Vollzieht sich jedoch die Wandlung unter unseren Augen – das Anlegen der verführerischen Accessoires –, dann werden wir zu Molières Magd, an welcher der Dichter, wie es heißt, den Zauber seiner neuen Komödien ausprobierte. Sie wußte, er hatte wieder Geniales ersonnen, war es doch für ein abwesendes Publikum bestimmt, das mit Gold und Cabochons geschmückt ins festliche Licht treten würde, während sie die Magd bleiben würde – mit den Tüchern zum Abschminken ihres Herrn. Er brauchte auch ein Bad, das gerichtet werden mußte.

»Setzt es mindestens drei Meter zurück. Dann steht es noch immer auf der Böschung, wird aber durch den Hang gedeckt, und die Schützen können sich der Länge nach hinlegen und gefahrlos ihre Arbeit tun. In dieser geschützten Lage werden die Fedajin eine höhere Schußgenauigkeit erzielen und sich weniger anstrengen müssen. Jetzt, wo der Baum nicht mehr im Weg steht, wird das Maschinengewehr jeden Beschuß von vorn erwidern können. So viel für das erste. Das zweite MG wird von rechts das ganze Tal bestreichen, einschließlich der Hecke entlang des Weges, wo sich Beduinen verstecken könnten.«

Mubarak, der sudanesische Oberleutnant, stand neben mir mitten unter den Fedajin, als befände er sich auf einem offiziellen Inspektionsgang. Der Charmeur, dessen Nähe ich suchte, die mich zugleich bedrückte und froh stimmte, hatte, wie ich schätzte, mit einem Blick die Schwachstellen der Batterie entdeckt: Keine der beiden Grundplatten befand sich in der Waage, die Schützen waren schlecht gedeckt und hätten bei einem Angriff das Feuer nur aufs Geratewohl erwidert. Als geborener Soldat, dachte ich mir, hat er im Handumdrehen die Verteidigungsanlage neu geordnet, und ich erkannte, daß er natürlich wegen seiner Hautfarbe, aber auch durch seine Beherrschung des Kriegshandwerks dem erwachenden Afrika angehörte. Das sagte ich zu ihm.

»Was du hier siehst, das ist Sandhurst. Ich habe nur die Lehren der klassischen Artillerie in die Praxis umgesetzt. Ich habe Napoleons Taktik vor der Saint-Roch-Kirche studiert.«

Um mich wahrscheinlich zu erschrecken, hatte er einmal lachend zu mir gesagt:

»Sieh mich an. Ich flöße Schrecken ein. Ebensosehr wie ein Engländer. Ich bin ein Afrikaner, und Afrika ist eine Insel wie England, seitdem euer Lesseps, der sich mit Forzeps reimt, uns von unserem siamesischen Zwilling Asien trennte. Diesem Witzbold haben wir es zu verdanken, daß Afrika euch durch die Lappen ging und davonsegelte. Sieh mich an, siehst du nicht, wie ich mit vollen Segeln dahinfahre?«

Als Offizier wußte er in jeder Situation, welche Art von Abwehr geboten war.

»Es ist Krieg, also wird gekämpft, gesiegt. Das ist die ganze Bestimmung des Menschen.«

Mit einem Mal stand er sehr rein und makellos vor mir, von allem Flitter befreit; nicht, daß dieses Flitterwerk weiblich gewesen wäre, im Gegenteil, es war derart männlich, daß es schon kindisch wirkte, wie ein aus bunten Flicken zusammengesetztes Patchwork, das aus einer Handtasche zu kommen schien. Plötzlich waren der Stenz und die Kokotte in ihm wie weggezaubert, und er war nur noch Jäger oder Wild. Nicht sein Auge, sondern die Form seiner Nase, seine Nackenmuskulatur zeigten ihm an, woher eine Gefahr drohte. Die Fedajin hatten ihn sofort begriffen.

Auf der Stelle waren sie nicht mehr die in einen Ziegenhirten verliebten Kinder, sondern gehorsame Soldaten. Die Zweckmäßigkeit der neuen Aufstellung sprang einem regelrecht ins Auge. Selbst ich, der in Sachen Wehranlagen völlig unbelecht war, verspürte eine Art glückliche Erleichterung, als ich erkannte, daß die Schwachstellen beseitigt waren. Also hatte ich zuvor die Anfälligkeit der Anlage dunkel erahnt. Die neue Anordnung besaß den Vorteil, daß sie die Hauptwaffen, die Maschinengewehre, voll zur Geltung brachte. Von diesem Tag an betrachtete ich Mubarak mit neuen Augen. Er hatte sich neben das erste MG ins Gras gesetzt, und wenn ich heute an ihn denke, sehe ich ihn noch da sitzen. Er erklärte gerade dem Gruppenführer, welche Ziele er im Halbkreis bestreichen sollte, wenn der Feind anrückte. Dann ließ er sich mit dem Rücken ins Gras sinken, zog an seiner Zigarette und schloß die Augen. Neben mir lag ein Afrikaner. Seine dunkle Hautfarbe, ein Teil seiner Nacktheit, seine Muskeln, seine trotz der Stammesnarben weichen Gesichtszüge, das alles war, wie mir schien, schon dort in Afrika für den Kampf, den Angriff, die List oder die Flucht entwickelt worden.

Der Mann der Bäuerin, der das Feld gehörte, ritt auf seinem Maultier an uns vorbei.

»Die Ernte wird diesmal nicht gut sein. Er wird sicher Schadenersatz verlangen, und Al Fatah wird zahlen. Wäre ich ein gewissenhafter Mensch, ich würde ihm den Rat geben, den Schaden mal zehn zu nehmen. Kuweit kann ruhig blechen.«

»Meinst du das wirklich?«

»Ja, aber er weiß das auch, deshalb brauche ich mich nicht zu bemühen.«

Es erscheint mir angebracht, von Mubarak, dem »Krauskopf« mit den glatten Haaren, eine genaue Beschreibung zu geben. Mit fünfundzwanzig Jahren war er Leichtathletikmeister in seiner sudanesischen Offizierschule. Manchmal tauchen vielfarbige Träume in meiner Erinnerung auf, und ich sehe ihn violett und mit einem kräftigen Schuß Preußischblau. Seine Hände, sein Hals und seine Arme waren muskulös; ein Metzger von La Villette hätte, bevor er ihn eingewickelt über den Ladentisch reichte, dazu gesagt: »Gut gewogen!« Da sein Haar nicht kraus war, trug er einen dünnen Schnurrbart und Koteletten wie der König von Marokko. Aus dieser muskulösen, gelenkigen Masse von Fleisch und Knochen kamen Ideen hervor, deren melodische Reinheit mich bezauberte.

»Ein Territorium, das ist auch die Scholle, die man jäten muß; die Heimat oder den Garten ausjäten oder den Park oder die Böschung der Schmalspurbahn jäten, das ist eine schlecht bezahlte Straßen- oder Streckenwärterarbeit. Die Palästinenser wissen nicht, was sie erwartet und was das für eine Plackerei sein wird, wenn es darum geht, die Quecke rauszureißen, die die Israelis gesät haben. Die Fedajin sind die Herren der Welt, weil sie ein tödliches Spiel treiben.«

Ich hörte ein paar schrille Töne: In seinem tiefen Lachen nistete ein Kolibri.

»Haben die Fedajin Angst?«

»Sie sind glücklich. Du hast es mir selbst gesagt. Oder warst du nicht bei Verstand? Sie sind glücklich, weil sie Meister der Zerstörung sind. Der Aufstand tötet die anderen, aber für die Aufständischen bedeutet er Leben. Sie genießen das Leben in vollen Zügen, weil sie alles kaputt machen. Sie schweben über den Dingen. Vor allem durch die Begeisterung, die sie berauscht; durch den Heroismus und Patriotismus, die trunken machen; denn viele ihrer Auftritte finden in der Luft, in Flugzeugen statt. Du meinst wohl, ich rede zu dir wie ein ungebildeter Neger? Aber was für eine Scheißarbeit wird das sein, wenn sie eines Tages, wie man so schön sagt, die wiedergewonnenen Gebiete nutzbar machen müssen! Zur Zeit leben sie in einem Traum, in ihrem palästinensischen Traum, aber wie lange noch? Wahrscheinlich bis zu dem Tag, wo... wo... Jean, wie heißt es richtig, wo oder an dem...?«

»Laß dich nicht aufhalten. Nur Mut.«

Ich hörte noch ein paar Kolibris.

»Sie träumen den palästinensischen Traum so lange, bis die Sowjetunion irgendwo auf der Erde ihren Finger auf einen Berg legt und aus ihm einen Star macht. Der Aufstand wird weiterhin palästinensisch sein, aber man wird ›Anden‹-Aufstand dazu sagen. Es ist immer noch besser, eine aufständische Bewegung zu sein, eine totale Erhebung in einer ganz kleinen Provinz, als irgendeinen kleinen Garten hegen zu müssen.«

»Warum?«

»Zum einen, weil eine aufständische Bewegung ewig dauert und weil man auf die ewige Wiederkehr hoffen muß. Wer ein Teil der palästinensischen Bewegung ist, ist damit ein Gehilfe des unsterblichen Satans, der seit jeher gegen Gott Krieg führt und weiter führen wird. Wenn die palästinensische Bewegung eine Bewegung in der Zeit ist, dann darf sie sich nicht die Eroberung eines lächerlichen Stück Landes zum Ziel setzen.«

»Das gilt vielleicht für die Fedajin, wenn sie sich als Einzelne für dieses Spiel entschieden haben, aber gilt es für die Palästinenser in den Lagern, die sich an ihre Dörfer in Palästina erinnern?«

»Ideologische Wahnvorstellungen, Ehrgeiz der sogenannten Verantwortlichen.«

»Du hast dich den Palästinensern angeschlossen. In Jerasch hast du mich einmal zusammengestaucht. Du hast mir unterstellt, ich würde Pompidous Politik unterstützen, und heute spielst du den Hanswurst.«

Er lächelte entzückend und erwiderte:

»Du gibst also zu?«

»Was?«

»Daß (er nahm sich Zeit und wiederholte feierlich das daß), daß ich ein in Kitt und Zimt verliebter Neger bin. Aber paß mal auf, denn für einen Weißen bist du ja nicht völlig auf den Kopf gefallen. Die Welt und vor allem die arabische Welt ist deshalb sauer, weil der Traum der Palästinenser genauso stark ist wie ihre Existenz. Der Aufstand ist für ihre Könige und Emire noch schwerer zu ertragen als die gewaltige Sättigung der Welt durch eine dicke Schicht Kohlendioxid. Dieses Kohlendioxid, daß die Thronanwärter, Könige, Emire und die Weißen Europäer atmen, ist Sauerstoff für die Palästinenser. Sie existieren. Wären sie in ihrer Verpuppung geblieben, würde man sie tolerieren. Sie sind aber aus dem Kokon geschlüpft und davongeflogen, und jetzt legen sie Bombeneier.«

Mubarak schäkerte. Er holte tief Luft und ging zum Strauch, von dem er ein paar milchige Haselnüsse pflückte.

»Ich mag die Araber nicht.«

»Du sprichst aber ihre Sprache.«

»Man hat mich, den Neger, dazu gezwungen, aber ich bin Animist. Die einzige Autorität, die ich anerkenne, ist ein Jude namens Spinoza. Den Arabern werfe ich vor allem vor, daß sie sich berauschen: Mit Wein, Kiff, Gesängen, Tänzen, mit Gott, mit Liebe, aber sie erwachen auch wieder, und ihr Rausch verfliegt. Dann haben sie einen schweren Kopf. Die Palästinenser sind noch nicht erwacht. Ihre Trunkenheit ist vollkommen. Poeten.«

Und, wie man so sagt, vom Hundertsten ins Tausendste kommend, fuhr er fort:

»Wenn man sich politisch für etwas entscheidet, dann muß alles klar sein; eine klare Entscheidung oder eher noch ein revolutionärer Taumel, und immer ein bißchen im Schatten. Versuche bloß nicht zu begreifen; Neger gebrauchen nicht ihren Verstand, sie tanzen.«

»Du gebrauchst aber deinen Verstand...«

»Was stelle ich für dich dar? Ich habe mich mit Lastern geschminkt. Wenn man unter der Folter gesteht, wer man ist, wenn man sich nicht mehr anders zu helfen weiß als dadurch, daß man sich mit Lastern schminkt, um den Schinder zu täuschen, wenn man diese Laster gesteht, ist das kein Geständnis, denn man gesteht nur, was man nicht ist. Mit deiner Beobachtungsgabe (da seine Stimme noch melodischer wurde, aber nicht honigsüß, im Gegenteil, eher kristallklar und schmeichelnd, machte ich mich auf eine Gemeinheit gefaßt) ist es gar nicht so weit her, denn du hast für mich nur einen Spitznamen gefunden, der für mehr als eine Milliarde Menschen auf der Welt zutreffen könnte: Mubarak, der Krauskopf; dabei ist mein Haar zwar fettig, aber glatt.«

»Die Krausköpfe werden die Welt beherrschen.«

»Erstens ist das gar nicht sicher. Und außerdem: Was für ein Schicksal! Die Welt beherrschen, weil man am Bart und auf dem Kopf Haare hat wie Uhrenfedern. Indem ihr uns mit eurer Blässe verfärbt, beraubt ihr uns unseres Charmes.«

»Hör zu, ich bin einmal von Brasilia nach Carolina am Zusammenfluß von Tocantins und Amazonas geflogen. Es war eine kleine Maschine mit zwanzig bis fünfundzwanzig Sitzen und die Reise dauerte von elf Uhr vormittags bis zwei Uhr nachts. Wir überflogen Berge, und das Flugzeug sackte immer wieder in tiefe Luftlöcher. An Bord befanden sich nur Weiße: Plantagenbesitzer, ein Tierhändler mit kleinen Raubkatzen, winzigen Panthern, die nur ein paar Monate alt waren, ganz sicher einige Polizisten in Zivil und ein Arzt.«

»Da ich nicht in der Lage bin, das Ereignis in der sogenannten *gesprochenen Sprache* wiederzugeben, werde ich in der Erzählform darüber berichten. Also: Die Sonne brannte ungeheuer auf die Kiste, und wir fielen tausend oder zweitausend Meter tief in ein Luftloch, vielleicht auch nur dreiundzwanzig Meter, was weiß ich. Und da war die Angst, nicht die des phantasiereichen Gehirns, sondern die stumme Angst der Organe: Leber, Nieren, Dickdarm, Herz, Lungen, Blut, Hypophyse, Magen, die wie ebenso viele Wesen schweigend über der Erde hingen und auf die nächste Zwischenlandung warteten, um wieder aufzuleben; die Angst hatte sich in mir eingenistet. Die Pflanzer, von denen keiner unter fünftausend Hektar besaß, sagten ein paar Worte zu mir, doch ohne zu lächeln, denn sie legten Wert darauf, ihren Vorfahren, den europäischen Portugiesen, zu gleichen, deren blasse Haut eine Herausforderung an die Tropen und den Äquator war. Sie trugen alle schmale Schnurrbärte, und das, was sie mir mit unbewegten, langen Mienen – wie die eines Michel Leiris – erklärten, war sehr banal.«

»Wer ist das?«

Ich zuckte mit den Achseln und sagte:

»Wer weiß das?«

Ich sprach noch immer zu Mubarak.

»Sie zeigten keinerlei Neugier hinsichtlich meiner Person und auch nicht in bezug auf das Ziel meiner Reise, und jedesmal, wenn wir in ein Luftloch gerieten, machte ich mir ihretwegen Sorgen. Verstehe mich recht, unten auf der Erde hätten mich ihre von schwarzen Arbeitern bewirtschafteten Güter von ihnen ferngehalten; im Himmel aber, unter dem Dach der von der Sonne aufgeheizten Kiste, waren sie nur noch solche Bettelsäcke voller

Organe, die sich in der Nacht des Körpers krümmten, und dies eine Mal nur habe ich brüderliche Gefühle für andere Menschen empfunden. Wäre das Flugzeug abgestürzt und ich selbst zufällig am Leben geblieben, ich hätte für ihren Seelenfrieden gebetet. Der weißeste, strengste und reichste dieser Pflanzer sagte zu mir:

›Die Europäer – denn ich fühle mich von Kopf bis Fuß als Amerikaner, Amerikaner vom Kopf bis zum Fuß von Amerika: seine Füße, seine Wespentaille, seine Schultern und sein Kopf. Wir haben nichts gegen die Neger, und ich, wir alle, wir trinken kalifornischen Champagner, wenn König Pele ein Tor schießt, und ich gebe ein Fest, wenn Brasilien dank seiner Tore den Weltcup gewinnt. Verstehen Sie mich, Señor? Mein Französisch ist nicht das beste, aber Sie verstehen mich; ich habe es in China gelernt.‹

›Auf Formosa?‹

›In Rotchina. Damals. Ich schätze Pele, das werden Sie verstehen; die drei Kollegen hinter uns verstehen das nicht. Sie sind Deutsche und wahrscheinlich Juden; aber vor den Negern müssen wir uns in acht nehmen. Sie haben überhand genommen.‹

›Die Schwarzen bedrängen die Weißen?‹

›Ja, Señor. Die Invasion hat schon vor langer Zeit begonnen. Wenn Sie nach Carolina del Norde kommen, werden Sie sehen, die Neger sind am Flußufer geblieben, und die Amerikaner sind auf den Hügeln. Bahia aber, das ist schon Afrika.‹

Die Landung war, wie überall in Brasilien, ziemlich brutal. Ein kurzer Aufenthalt, um die zwei Deutschen aussteigen zu lassen und den Postsack abzuladen, dann starteten wir wieder.

›Ich werde Ihnen was sagen‹, fuhr der Brasilianer in seiner Rede fort, ›man redet immer nur von unseren natürlichen Reichtümern: Die Tierfänge für die zoologischen Gärten, die Edelhölzer, unser Kautschuk, der Felsen von Rio, der Strand von Copacabana, unsere Schlangen; sicher, die Handvoll Amerikaner, die daran verdienen, davon leben, die können überleben. Aber die Neger und die Mulatten werden uns noch totquetschen.‹

Wir erreichten unseren Bestimmungsort, und die Maschine kreiste über einem kleinen Kohlfeld; und während es in Spiralen tiefer ging, sah ich, wie die Kohlköpfe größer wurden, wie ihre

Stiele sich streckten und die Kohlköpfe zu einem Wald von Königspalmen wurden.

Auf den Feldern in dieser brasilianischen Provinz, sagte man, wurde vor allem Hanf angebaut für die Gewinnung von Marihuana. Ich war vom Anblick der Königspalmen und der Rabengeier derart gefangen, daß ich aber davon nichts merkte. Wenn die großen schwarzen Vögel sich auf das Blatt einer Bananenstaude niederließen, geschah das mit solcher Leichtigkeit, daß das Blatt sich kein bißchen bewegte; wenn sie aber mit weit gespannten Schwingen aufflogen, bog sich die ganze Staude unter der plötzlichen Last. Ich hatte den Eindruck, daß der Bomber B52 bei seinem Start in der Umgebung weniger Wirbel verursachte. Als ich später nach Brasilia zurückgekehrt war, schlugen mir Freunde vor, mit mir an die Ufer des Tocantins' zu fahren, um einen befreundeten Indianer zu treffen, einen sehr schönen, siebenundzwanzigjährigen Indianer mit mandelförmigen Augen, hohen Backenknochen und glattem Haar. Er begrüßte uns sehr freundlich und stellte uns seiner *Familie* vor: Seiner Frau, einer Negerin, und den vier, krausköpfigen Jungen. Es fällt mir schwer, anders von seiner Traurigkeit zu sprechen als mit den Worten, die er selbst sagte und die mich an eine Todesanzeige erinnerten:

›Sehen Sie sich ihre Hautfarbe und ihre Haare an. Ich lebe inmitten von Fremden und so ist meine ganze Familie. Um sie zu ernähren, gehe ich auf Fischfang. Als ich auf die Welt kam, zählte mein Stamm ungefähr fünfhundert Leute. Heute sind es noch fünfzig. Ich habe nicht das Gefühl zu altern, aber es ist, als würde ich lebend sterben, nicht indem ich älter werde, mit Falten und grauen Haaren, sondern indem ich immer weniger Platz einnehme in der Familie, die ich gegründet habe; indem ich schmaler werde und mich auflöse, weil die Indianer um mich herum Negern das Leben schenken. Noch stehe ich und wache über dem Sterben meines Stammes.‹«

Die jungen Kolibris meldeten sich wieder im rauhen Lachen von Mubarak.

»Willst du damit sagen, daß meine Mutter Indianerfleisch gegessen hat? Ich müßte dann Korkenzieherlocken haben, aber mein Schnurrbart ist glatt. O wie gut du mich kennst! In meinem

Lachen singen keine Kolibris. Wenn du ein feines Ohr hättest, würdest du sie seufzen hören. Als du mir vom palästinensischen Unterfeldwebel erzählt hast, vom Schwarzen, der dir allein ein Essen vorsetzte und den Fedajin erlaubte, die Knochen abzunagen und den Rest Soße von deinem Teller zu lecken, hast du doch geglaubt, ich würde die große Gefahr, die uns droht, nicht sehen? Obwohl wir noch eine gewisse Achtung für die Sklavenhalter haben, hat der Unterfeldwebel, an diesem Abend und ohne es zu wollen, dem gut genährten Schönredner, der du bist, nicht Reste vorgesetzt, sondern gezeigt, was Gleichheit ist.«

»Hör bloß auf damit.«

»Wir selbst sorgen dafür, daß die Sklaverei erhalten bleibt, weil dies, mehr oder weniger offensichtlich, aber eher weniger, weder die Zeit noch der Ort für einen kriminellen Zynismus ist. Die Neger! Du weißt gar nicht, wie sehr das Weiß, das sie verehren, für sie einen absoluten Wert darstellt.«

»Du bist plump.«

»Und vulgär. Ich kenne mich. Ich sehe mich an und höre mir zu. Habe ich dir schon mein Testament gezeigt?«

»Nein, noch nie. In deinem Alter macht man kein Testament.«

»Willst du es sehen?«

Er fuhr mit der Hand in die Tasche.

»Nein.«

»Sieh es dir mal an.«

Aus dem Futter seiner kakifarbenen Hose zog er etwas hervor, das nicht größer war als ein Fingernagel. Er hielt es eine Weile in der rosigen Mulde seiner Hand, dann faltete er es auseinander.

»Kannst du Arabisch lesen?«

»Schlecht. Ich sehe, daß es datiert und unterzeichnet ist.«

»Ich übersetze es dir: Ein Leichentuch muß genügen. Spart die vier Bretter für den Sarg, Wenn ich tot bin, möchte ich schnell verwesen.«

Er faltete das winzige Testament wieder zusammen.

»Wo hebst du es auf?«

»Neben meiner linken Hode: Ein Testikel-Testament. Aber sag mal, hast du die Portugiesen im Flugzeug über Brasilien wirklich geliebt?«

»Im Französischen ist das Wort lieben zu stark. In diesen Luftlöchern war das Flugzeug unsere einzige Welt. Ihr da unten, ihr wart für uns entweder Überlebende oder Tote. Weniger existent jedenfalls als der Propeller des Flugzeugs. Wir mußten uns mit unserer Welt abfinden. Alles, was mich von diesen Leuten trennte, die ihre Neger für sich auf den Plantagen arbeiten lassen, war verflogen: Im stählernen Rumpf waren sie ebenso elementar geworden wie ich.«

»Aber warum wolltest du für sie beten?«

»Der einzige Dienst, den ich ihnen erweisen konnte. Du hättest dasselbe gedacht.«

Was er mir darauf antwortete, hörte ich nicht mehr. Die große, violette Masse war noch sichtbar, aber unhörbar, sie sprach jetzt zu mir mit der fernen Stimme der Ameisen.

Man möge verstehen, daß ich einen Menschen noch einmal zu Wort kommen lassen wollte, der damals fünfundzwanzig Jahre alt war und lange schon tot ist: seit zwölf Jahren, glaube ich. Der Leser wird sagen, ich rede dummes Zeug mit schwerer Zunge, und meine Kinnlade sei irgendwie eingerostet; nun, jede dieser Erinnerungen ist wahr. Ein Hauch frischer Luft erweckte noch einmal den Augenblick zum Leben, der für immer vorüberging. Eine Erinnerung ist weniger als ein Tröpfchen Parfüm, aber sie ruft den zerronnenen Augenblick noch einmal wach, sicher nicht in seiner damaligen Frische, doch anders, als durchlebte man ihn in einem anderen Leben. Ein Buch der Erinnerungen ist ebensowenig wahr wie ein Roman. Ich werde Mubarak nicht von den Toten erwecken. Jener Tag und die vielen folgenden sowie das, was er zu mir sagte, werden niemals wieder sein. Sicher, für meinen Aufenthalt im brasilianischen Carolina habe ich Worte gefunden, wie anders aber sollte ich zu einem Toten sprechen als mit rhetorischen Floskeln oder indem ich schweige?

Vielleicht ist es so mit allen Worten, aber ganz sicher mit Worten wie Opfer, vor allem Selbstaufopferung, Entsagung, Selbstlosigkeit. Sie zur Ehrung dessen niederzuschreiben, der in diesem Geiste lebte, um zu sterben, ist ebenso taktlos wie all die Kriegerdenkmale, vor denen sich Opfergaben häufen, die nicht weh tun.

Fallschirmspringer, sagt man, sehen die Erde in einer Geschwindigkeit auf sich zukommen, die mit der Beschleunigung ihres freien Falls immer größer wird, und da ich im Begriff bin, jene Worte zu schreiben, die ich eben anführte, muß ich darauf achten, weder die Naivität noch die Verlogenheit des Wortes Gebet zu verschleiern, die übelste aller Huldigungen. Das Wort Aufopferung zu schreiben, ist etwas ganz anderes, es ist zunächst einmal das Opfer, das man damit bringt, aber noch schwerer wiegt das Opfer des eigenen Lebens, das heißt, wenn man mit der Geschwindigkeit, mit der der Erdball auf den Fallschirmspringer zukommt und ihn vernichten wird, die Vernichtung der Welt erlebt. Der Mensch, der lebend sein einziges Leben opfert, der verdiente einen Grabstein des Schweigens und der Abwesenheit, der ihn dadurch beschützen würde, daß er jedweden zur Unwirklichkeit verurteilt, der den Namen aussprechen oder die Heldentat nennen sollte, die für immer nur Schweigen gebietet.

Eine Frage fällt mir wieder ein, die Mubarak mir einmal stellte: »Jean, ein Postillon ist doch der Mann, der früher auf dem Kutschbock saß und die Pferde lenkte – welchen Zusammenhang gibt es da zwischen ihm und den drei, vier Speichelspritzern, zu denen man auch ›postillons‹[*] sagt?«

Zwei Wochen nach der veränderten MG-Aufstellung durch Mubarak kam der Feind, das heißt, es kam die Beduinen- und Tscherkessen-Armee, doch nicht von vorn und auch nicht durch das unter Beschuß liegende Tal, sondern von hinten.

Mehrere Fedajin fanden den Tod, die anderen wurden von den Beduinen gefangengenommen und später in das Wüsten-Camp von Zarka gebracht, währenddessen der moslemische Syrer mit dem borstigen Haar- und Bartwuchs sein Heil in der Nacht und der Flucht suchte. Das erzählte man mir nach meiner Rückkehr aus Beirut.

Zwölf Jahre später, im Juli 1984, kehre ich nach Ajlun zurück. Das Haus der Bäuerin stand noch immer, doch man sagte mir, daß

---

[*] Das Wort »Postillon«, der Postkutscher, hat im Französischen diese Nebenbedeutung: Speicheltropfen beim Sprechen.

jetzt andere darin wohnten. Es erschien mir zu umständlich, den Bauern zu erklären, wie und warum ich 1971 hierhergekommen war. Ich nehme an, daß ihre Vorgänger, die beiden alten Leute und Freunde der Palästinenser, alles im Stich gelassen und mit den Palästinensern geflohen waren, vielleicht auch getötet oder von ihren Nachbarn gefoltert wurden. Hat man sie neben ihrem Haus begraben? Oder in der Fremde? Vielleicht waren sie auch, als ich sie kennenlernte, so geschickte Spione wie jener Israeli, der in Beirut den geistig Umnachteten gespielt hatte und später in der Uniform eines Oberst der Tsahal-Armeee in die libanesische Hauptstadt zurückgekehrt war.

Mubarak lebte in Beirut auf großem Fuß und ahnte vielleicht nichts von der Tragödie, die sich in Ajlun abspielte.

Entzückt schaut das Kind im Winter und in Frankreich auf die ersten weißen Eisblumen am Fenster und sieht staunend zu, wie sie unter Einwirkung der warmen Zimmerluft oder seines Kinderatems vergehen; die Schnelligkeit, mit der die Fedajin am hellichten Tag plötzlich hinter einem Strauch oder im Geröll eines Hanges verschwinden konnten, verblüffte mich ebenso wie die Ironie eines Eichhörnchens, das auf einem Moospolster saß, mich musterte und zugleich die ganze Umgebung im Auge behielt, sich dann auf dem schwächsten Ast des Baumes zufrieden niederließ und mich narrte. Alles lachte: das Tier, seine Schnelligkeit, sein Schwanz, der Baum, die Steine, und ich war mit ihnen im Bunde. Hatten die Fedajin mir einen Streich gespielt? Heute erst kam mir der Wunsch, ein Baum gewesen zu sein, damit ich erlebt hätte, wie sie wirklich mit mir waren. Wer bin ich unter ihnen gewesen?

Wenn die vierte Wand der Szene wieder steht, werden die Gestalten zu Personen werden; da steht ein Mitwirkender vor mir, seinen Rücken sehe ich nicht mehr. Die Schaupielerin auf der Leinwand hat eine Handtasche, aber was ist darin? Was befindet sich unter oder hinter dem Taschentuch? Jedes Schauspiel ist eine von den anderen losgelöste Handlung. Die Fedajin, die Verantwortlichen, ihre Aktionen, die palästinensische Revolution, das alles war ein Schauspiel, das heißt, ich sah die Fedajin, *als ich sie sah*, doch als sie aus dem sogenannten Sehwinkel heraustraten, waren sie nicht mehr da. In Luft aufgelöst, wäre das genaue Wort dafür. Doch wohin? Um wann wiederzukehren? Von wo? Und um was zu tun? Diese Art, wie Gespenster aufzutauchen und wieder zu verschwinden, verlieh ihnen die überzeugende Kraft einer Existenz, die stärker war als Gegenstände, deren Bild erhalten bleibt, die sich niemals verflüchtigen, und das heißt, daß die Existenz der Fedajin so stark war, daß sie augenblicklich aus meinem Gesichtsfeld verschwinden konnten, aus Höflichkeit gewissermaßen, um micht mit ihrer hochgradigen Präsenz nicht zu ermüden. Die Vibrationen dieser Kämpfer waren so schnell, sie erfolgten in einer so hohen Frequenz, daß das Nervensystem eines Sechzigjährigen sie nicht ertragen hätte. Noch heute, wenn das Wort Palästinensische Revolution ausgesprochen wird, umfängt mich rasch eine tiefe Dunkelheit, in der sich helle Bilder in lebhaften Farben bewegen, wobei sie einander fast böswillig verdrängen. Ferraj, zum Beispiel, kam als dreiundzwanzigjähriger auf die Welt, er saß im Gras und fragte mich lächelnd, wie ich schon erzählte, ob ich ein Marxist sei, und während des ganzen Abends wurde seine Existenz augenscheinlich und so sehr durch mich bestimmt, daß einer seiner Kameraden, Abu Nasser, den dieser fast physiologische Austausch zwischen Ferraj und mir zutiefst verwirrte, mit der Hand auf uns zeigte und murmelte:

»Ich habe gleich gesehen, daß diese beiden sich verstehen werden.«

Dieses Einvernehmen, das niemals ausgesprochen wurde, weder von mir zu ihm noch von ihm zu mir, noch den anderen gegenüber, war nur unser Geheimnis.

Es sprang allen Anwesenden in die Augen und verstimmte besonders Abu Nasser, der aus diesem Einvernehmen ausgeschlossen blieb. Als ich an diesem Abend zu den versammelten Fedajin sprach, sprach ich in Wirklichkeit nur zu Ferraj, der übrigens, als ich ihn für gewonnen hielt, nur belustigt war, und während ich noch glaubte, er spräche nur zu mir, weidete er sich am Mißmut seiner Kameraden. Nun, Ferraj verschwand, als ich den Stützpunkt verließ. Das war der erste Abgang von Ferraj, und der Mensch, der dann deutlicher an seine Stelle trat, hieß Abu Nasser, sein Gegenspieler.

Ich habe das Gefühl eine black box zu sein, die Diapositive ohne

Untertitel zeigt. Ich lüge nicht, wenn ich behaupte, daß meine Aufenthalte unter diesen Soldaten durch allzu plötzliche Abtritte bestimmt wurden, aber diese Abgänge, wie auch die Auftritte, kann ich nur mit diesem Adjektiv versehen: vibrierend.

Für Sie, für mich war Israel – das ich nie gesehen habe – eine Art Schießplatz mit ein paar Banken hier und da, mit Computern und großen Hotels, in denen man koscher essen kann, mit Fallen allerorts, mit Bussen voller niedergemähter Kinder, ein Hin und Her von Panzern unter dem wachsamen Blick junger, kurzsichtiger Philosophen, bartloser dazu, mit hellblauen Augen und Bifokal-Brillen, lila geblümten T-Shirts und kurzen Ärmeln über ihren dünnen, behaarten Armen – denn so erschienen mir, ab 15. September 1982, die Infanteristen von Tsahal an den Toren von Beirut, genau an der Straße, die zum Schloß Beit Eddine führt.
Plakate und Werbeanzeigen in der Presse, die Touristen zum Besuch Israels einladen, rühmen vor allem die Anpflanzungen von Bäumen in der Wüste. Pfiffig wie Shakespeare ließ Eretz Israel die Wälder ins Land wachsen. Der eine kam vor dem Dorf Maaloul bei Nazareth zum Stehen. Die Häuser der Palästinenser wurden erst vermint, dann in die Luft gesprengt, wie das in jener Zeit üblich war. Und der Wald konnte sich weiter ausbreiten. Kratzt man ein bißchen mit den Fingernägeln am Fuß der Bäume, stößt man auf Kellermauern, knapp unter dem Erdboden. Am Tag der Befreiung, wie es dort heißt, strömen die Israelis herbei, um ihre Bäume wachsen zu sehen, die jeweils den Namen dessen tragen, der sie pflanzte. Auch die ehemaligen Einwohner des Dorfes kommen her – zum Picknick. Die ersteren, die die letzten waren, lachen und sind betrunken. Die letzteren, die die ersten waren, erzählen, wer sie waren. So gut sie können und in wenigen Stunden – die Toten des Obon-Festes in Japan haben dafür mehr Zeit – erwecken sie das verschwundene Dorf wieder zum Leben. Für die Jungen erinnern sie sich an diese oder jene Einzelheit, und da ihr Gedächtnis trügt, verklären sie ihr einstiges Dorf, schaffen ein neues, das so reizvoll, so heiter ist, so fern von ihrer Traurigkeit, daß alle davon noch trauriger werden, und in dem Maße, wie das neue, imaginäre Dorf zu leben beginnt, schwindet ihre Trau-

rigkeit. Dann beginnen die Alten und die Jungen, recht unbeholfen, die alten Tänze zu tanzen. Sie haben auch Töpfe mit Wasserfarben mitgebracht; auf den Boden, die Bäume und auf die gespannten Tücher zeichnen und malen sie damit die Wirklichkeit von einst, ein Phantasiegebilde von heute. Dieser Tag der Wiedergeburt im Leben der Palästinenser von Maaloul ist ein Totenfest. Für einen Tag lang taucht das Dorf aus der Versenkung auf, wie ein unwirkliches, aber doch so lebendiges Faksimile einer gewesenen Wirklichkeit – das in Schutt und Asche gelegte Dorf von Maaloul, das sich nicht damit zufrieden gibt, nur gewesen zu sein, wie New York, das sich als Duplikat der Stadt York verstand. Um in ein Haus zu treten, mußte man um einen Baum herumgehen, auf den man die Tür gemalt hatte, um in die obere Etage zu gelangen, stiegen die jungen Palästinenser mit ihren Jeans ins Geäst; kurzum, zwei Gedanken bestimmten das Geschehen: Auferstehung, die einen Tag lang einen Sinn bekam, und Heimweh, der sehnsüchtige Wunsch, heimzukehren, der zum Kampf für die wirkliche Rückkehr jedoch nicht befähigte; auf diese Weise entstanden wohl auch in der Bretagne und an allen keltischen Kultorten, im Dickicht neben den Quellen, jene geselligen Feen, die erst von den Römern und später vom christlichen Klerus verjagt wurden. Anläßlich gewisser Feste kehren die Feen alle Jahre wieder, und nicht wenige Menschen erschrecken bei den Gesängen, dem Gelächter und den Possen, von denen sie ein paar Worte und manchmal ganze Sätze verstehen, die mitten in einer Art kunterbunt zusammengefügten Dorf erklingen. Der sehr reale Staat Israel führte so ein gespenstisches Doppelleben. Das alles erzählte mir eines Tages Madame Shahid. Und ein junger Palästinenser hat über dieses Dorf und dieses Fest einen Film gedreht. Er heißt Michel Khleifi.

Der Vergleich der Bestattung eines Moslemführers mit einem Rugbyspiel, bei dem der Ball ein wahrscheinlich leerer Sarg war, reicht nicht aus, um junge Freischärler zu kränken, doch wie sollte man verschweigen, daß ihr Kampf selbst einem todbringenden Fest glich, das die abendländischen Zuschauer das Fürchten lehrte?

»Diese Hornochsen werden den Erdball noch in Brand stecken!«

Sich als Brandstifter verkleiden, die die ganze Welt in Schrecken versetzen, war das Spiel jener Jungen, denen man jede Art von Spielzeug verwehrt hatte. Einen zehn Zentimeter langen Zerstörer versenken oder unterm Absatz zertreten, um die Bruchstücke wie flache Steine übers Wasser des Planschbeckens schnellen zu lassen, ist ein feines Spiel, aber noch schöner ist es, den TGV* zum Entgleisen zu bringen, den Absturz einer Linienmaschine herbeizuführen, letztlich all das zu tun, was die Kinder mit der Nickelbrille und dem heiteren Gesicht tun, die zugeben, daß es Laune macht, aus dem geschlossenen Kampfraum eines Merkeba-Panzers auf die zwanzig Stockwerke hohen Gebäude in Beirut zu schießen, und zuzusehen, wie diese Gebäude – wie jemand, der sich vor Lachen biegt – zusammenklappen, und festzustellen, daß der Zement, die Eisenträger, die Balkons, der Marmor und all das, was das Bauwerk zusammenhielt und ihn so dünkelhaft erscheinen ließ, von miserabler Qualität war. Wenn das Hochhaus dann auf der Höhe der Fundamente zu einer weißen, grauschimmernden Wolke wurde, erhellten sich die kurzsichtigen Mienen.

»Kaum war ihm der Gedanke zu schießen durch den Kopf gegangen, die Rakete noch im Rohr, als das Gebäude sich aus seiner Erstarrung löste, zusammensackte, er hatte Bauchschmerzen, indes, stumpf waren unsere Augen längst geworden über den Kommentaren zu einem Häkchen, einem diakritischen Zeichen, das mit der Lupe in einem heiligen Text entdeckt worden war.«

Den palästinensischen Widerstand auch als eine Art Spiel und Fest zu sehen, geschah nicht aus Geringschätzung. Den Palästinensern wurde alles genommen: Haus, Hof, Boden, Paß, Land, Nation! Aber auch das Lachen und der Glanz ihrer Augen?

Und wenn dieser letzte und einfache Satz: »Sollen doch die Fedajin beweisen, daß sie Humor haben, wenn sie das Abendland Stück für Stück auseinandernehmen« wahr sein sollte?

---

* Hochgeschwindigkeitszug in Frankreich

Die an Fäden geführten oder auf den Fingern des Puppenspielers unter ihren Seidenkostümen bewegten Marionetten sind vielleicht die einzigen Figuren, die ein wahrhaft zwielichtiges, düsteres und letztlich makabres Spiel aufführen. Der Name dieser Art Schauspiel soll eine Mahnung sein: Schattentheater. Die Figuren aus Pappe oder aus Holz, stumme Stoffpuppen, in denen zehn als Prinzessinnen oder Feen verkleidete Finger stecken – denn in diesem Fall verbirgt das bewegte Spiel der zehn Gestalten zehn Finger aus Fleisch und Blut, die keinen Fingerhut als Kappe tragen, sondern ein anderes Kostüm –, verkörpern auf eine fast natürliche Weise den Tod, vor allem die Toten selbst und das ganze Totenreich, denn gegen die Sprachlosigkeit ist kein Kraut gewachsen, zumal jeder Tote, der mit Namen aufgerufen wird, sich verwandelt. Und diese Gestalten aus Pappkarton, diese kostümierten Finger, die sich auf den Friedhofsmauern von Pisa wie gebrochene Knochen regen – könnte man tanzen sagen? –, diese Figuren, so winzig klein wie jene Puppen, die man in den ägyptischen Prachtgräbern fand, befinden sich an fernen Orten, unerreichbar für die Stimme, die eine Geschichte erzählt oder ihnen eine Stimme zu verleihen versucht und dabei versichert, Stimme und Geschichte seien die der Puppen.

Angesichts ihrer Gleichgültigkeit gegenüber dem Erzählten und gegenüber den Stimmen wird eines klar: Das sind nicht die ihren oder: Wenn wir tot sind, wird nicht nur alles, was man über uns sagen wird, falsch sein, sondern auch falsch klingen. Unter allen Dingen, die uns das Nichts des Todes erahnen lassen, sind die Marionetten vielleicht das allerdeutlichste Signal. Zwischen der dumpfen Stimme des Vorführers und der eckigen Gestik der Puppen wird es trotz der Effekte, die Wirklichkeitstreue suggerieren, niemals eine Übereinstimmung geben. Selbst nackt und unvermummt besitzen meine zehn Finger ein Leben – einen Tanz –, schon unabhängig von mir. Was wird sein nach meinem letzten Seufzer? Diese Zeilen, die ihm vorausgehen, schreibe ich, um zu sagen, daß ich die Entfernung gemessen habe – wie ungenau sind diese Worte, denn kann man eine Entfernung messen, die nur ein Gefühl ist? – zwischen dem Menschen, der Abu Omar war, und dem, was ich über ihn, den Ertrunkenen, zu berichten wußte.

»Zwischen den arabischen Feudalherren«, erklärte er mir im September 1972, »sollte man noch differenzieren. Es gibt Emire, die Besitzer der Ölfelder, und sie sind alle Freunde von Amerika und Israel. Wir haben einen schwierigen Stand. Wer scheinbar die Religion und den Besitz in Frage stellt, wer scheinbar eine neue Moral erfindet, der lädt natürlich den Zorn des Volkes auf sich. Die moslemische Religion und die Grundbesitzer zuerst und dann auch die Besitzer des Untergrunds haben unseren Befreiungskampf unterstützt: Gegen die Engländer, die Franzosen, die Italiener, die Spanier, die Holländer und selbst gegen die Amerikaner. Wir – wir, das sind die Araber, und ich sage das trotz Ihres Unwillens, wenn man in Ihrer Gegenwart die Begriffe Arabität und Arabertum benutzt...«

»Diese beiden Wörter bedeuten nicht dasselbe. Ich habe nichts gegen das Arabertum, wenn sie darunter die Zugehörigkeit zu einer Religions- und Sprachgemeinschaft verstehen. Was soll ich Ihnen aber antworten, wenn Sie mir von der *Arabität* sprechen! Latinität, Franzität? Und Judaität für Israel?«

»Darüber werden wir ein andermal miteinander reden. Das *wir* schließt *uns beide* ein, Sie und mich, aber dieses *wir* wird Sie ausschließen; *wir*, die Araber, haben an der Stelle derer, die wir verjagten, Fürsten gewähren lassen, die sich, ohne den Koran oder das Volk zu befragen, in den Dienst des Imperialismus stellten. Die Erdölströme sind seit langem schon in Tausend-Dollarscheine oder Goldbarren umgemünzt – in beiden Fällen spricht man von Liquidität –, die in den Stahlkammern der Vereinigten Staaten sicher ruhen. Unser Kampf richtet sich nicht gegen die Fürsten, weil sie Moslems sind, sondern weil sie keine sind. Sie sind nie welche gewesen. Gott ist für sie nicht einmal ein Wort. Auch kein Name natürlich. Unsere Fürsten kennen das Wort GOLD und nur dieses.«

»Wie könnte man ihnen beikommen?«

»Sachte. Sie haben Waffen und eine ergebene, weil gut bezahlte Leibwache. Sie haben als Alleinherrscher Abkommen mit unseren ehemaligen Unterdrückern geschlossen.«

Ich werde mich nicht daran gewöhnen. Sein geistiges Bild ist immerzu da, nicht sichtbar, doch jedesmal gegenwärtig, wenn mir

Abu Omars Worte wieder einfallen oder wenn ich mich wieder an sie zu erinnern glaube. Ist es sein Schatten, der zu mir spricht? Möglicherweise habe ich aus ihm eine Marionette gemacht und bewege wie ein Vorführer und Lügner seine weichen Lippen. Man wird zwangsläufig zum Bauchredner, wenn man einen Ertrunkenen oder Erschossenen zum Sprechen bringt. Heute früh habe ich die jüngste Variante seines Todes erfahren. Sie waren neun, die in einem Boot von Beirut nach Tripolis auf dem Meer zu entkommen suchten, als sie von einem syrischen Schnellboot entdeckt wurden. Sie wurden gefangengenommen und an Land gebracht, wo die syrische Armee Abu Omar und acht palästinensische Führer, deren Namen ich nicht kenne, der Kataeb auslieferte, die sie tötete. Dieser Name Kataeb hat einen sonderbaren Klang: Es sind die Falangisten des Christen Pierre Gemayel. Abu Omar als Marionette auftreten zu lassen, wäre vielleicht ein dramaturgisch kluger Einfall; die Toten, von denen erzählt wird, sind dazu geworden, und der Erzähler wurde zu einem Vorführer von Schatten. Hier die letzten Gedanken, die Abu Omar über die Emire äußerte: »Spricht man von ihrem Reichtum, entweiht man damit ihr geheimes Leben, spricht man nicht darüber, würdigt man sie herab, und sie haben recht, so zu denken, denn nur durch ihr Vermögen sind sie. ›Ich bin ein Moslem wie du auch, kann ein Moslem einem anderen Böses antun?‹ Das ist ihr stereotypes Argument, das von A bis Z das Verhältnis zwischen einem Emir und einem Fidai charakterisiert.«

In der Not sind die Moslems voller Mitleid und Furcht vor diesem strengen Gott, der die Emire schützt.

»Haben Sie gesehen, Jean, wie viele Arbeiter die Emire verzehren? Viel mehr als euer Dassault. Keine Mahlzeit ohne einen gargekochten Schiiten.«

Bei unserem letzten Treffen nahm er mich mit zu einem Mittagessen in einer Villa aus Naturstein in Schebel Amman. »Der Mann, der uns einlädt, heißt Zaahruh. Er ist ein Palästinenser, ehemaliger Bürgermeister von Ramallah. Er ist stolz, wenn man ihn als Flüchtling bezeichnet.«

Abu Omar war sein Gast, weil er ein Vertrauter Arafats war, aber vor allem als ehemaliger Professor und Student Kissingers.

Der Koch war ein Schweizer, und so aßen wir ziemlich köstliche Sachen.

»Wer sind die vielen Männer in Ihrem Salon?« fragte ich ihn.

»Beauftragte von König Husain. Er möchte mich in seiner Regierung haben. Nie im Leben! Lieber greife ich zum Gewehr und schieße ein paar Jordanier nieder.«

Drei Monate später war er Transportminister in König Husains Regierung. Er blieb es drei Jahre lang. Hatte er diesen Posten im Einvernehmen mit der PLO angenommen? Diente er als Verbindungsmann zwischen der Organisation und dem König, und über diesen hinaus zu Amerika?

Diese Personen, die ich zum Leben zu erwecken glaube, indem ich die Ohren spitze, um ihre Botschaft zu hören, bleiben leblos. Das literarische Gaukelspiel ist jedoch nicht vergeblich, zumindest nicht ganz, auch dann nicht, wenn der Leser über diese Dinge besser Bescheid weiß als ich, denn eines der Anliegen des Buches ist es, unter der tarnenden Hülle der Worte, der Ursachen, Kleider, und selbst unter der Trauer, das Skelett und den Staub des zerfallenen Skeletts sichtbar zu machen. Auch der Verfasser ist tot, nicht anders als jene, über die er schreibt.

Die Erfüllung einer Prophezeiung oder vielmehr die plötzliche prophetische Verkündung und ihre plötzliche – sehr viel spätere – Erfüllung sind vielleicht die erhabene Entsprechung dessen, was in einem Puppenspiel hohl erscheint. Im Leben, dem begrifflichen Gegenteil von Sterben, verstärkt sich unweigerlich die Illusion eines Gebärdenspiels, das um so stummer ist, als die Stimme des Vorführers sich um Echtheit bemüht, und das hat mich lange Zeit davon abgehalten, über Hamza zu sprechen oder ihn sprechen zu lassen, zumal mehrere Verantwortliche mir seinen Tod in der Wüste, sein verbissenes Schweigen im Tod, bestätigt hatten. Ich hielt es nicht nur für statthaft, sondern für geboten, über Hamza im Imperfekt zu schreiben – der Konjunktiv ist ein äußerst kleidsamer Trauerschleier. Bei den Moslems ist Weiß die offizielle Farbe der Trauer. Aber konnte ich ihm meine Stimme leihen?

Auf welche Art hatte man seine Beine gefoltert, bis sie schwarz wurden? Zu viele Unbekannte nötigten mich, so gut ich konnte, meiner Phantasie Einhalt zu gebieten. Man hatte mir erzählt, daß die Polizisten des Königs und die der Beduinen Meister ihres Fachs seien, was mich nicht verwunderte, denn ich kannte die große Sanftmut der jordanischen Bevölkerung – mit dieser Behauptung erregte ich meist den Zorn der Palästinenser –, und so war ihre Polizei ein subtiles Destillat von Grausamkeit. Was an sich keinen Widerspruch darstellt.

Aus der eigentlichen Bevölkerung hatte sich eine zweite herausdestilliert und die Macht ergriffen: die Polizei. Es sei denn, was ebenso wahr wie einfach ist, Sanftmut und Grausamkeit lebten miteinander in Frieden in ein und demselben Menschen; möglich war auch, daß die Grausamkeit ihrer selbst in dieser Form überdrüssig war und sich bis zur Sanftmut oder Gutmütigkeit abgekühlt hatte, um kurz darauf wieder die Zähne zu zeigen.

Außer den durch die Folter schwarz gewordenen Beinen wußte ich nichts über die Qualen, die Hamza erlitten hatte. Daud hatte mir nur dies geschrieben: »Er hat bis zuletzt nicht geredet. Die Beduinen wollten ihn zum Geständnis zwingen, er habe an Kämpfen gegen sie teilgenommen. Er leugnete.«

Über sein Begräbnis, sein Grab und die gesprochenen oder nicht gesprochenen Gebete habe ich nichts erfahren. Es erscheint mir undenkbar, aus ihm eine stumme Marionette zu machen, aber undenkbar auch, Hamza lebend oder tot zu vergessen. Sollte ich ihn in mir vergraben? Doch wie?

Als ich von Ali erzählte und ihm französische Worte in den Mund legte, die er vielleicht nicht kannte oder an deren Tonfall ich mich nicht erinnern konnte, nahm ich in Kauf, daß er zur Marionette wurde; und wie würde ich Ali von Hamza trennen, und warum?

Fakten, die durch Worte, Zeichen, Wortserien, Serien von Zeichen und Wörtern verwandelt wurden, sind neue Fakten, die mit den ersten, über die ich berichten wollte, nicht mehr übereinstimmen. Diese Grundwahrheit mußte ich aussprechen, um mich selbst zu ermahnen. Lügen oder nicht lügen ist für mich im Sinne der geltenden Moral eine belanglose Frage, doch komme ich nicht umhin festzustellen, daß es *meine Augen, mein Blick* waren, die das *gesehen* haben, was ich zu schildern glaubte, und *meine Ohren*, die es hörten. Die Form, die ich von Anfang an dem

Bericht gegeben habe, diente niemals dem Zweck, den Leser über das, was die palästinensische Revolution war, wirklich zu informieren. Auch wenn der Aufbau des Berichts, seine Gliederung und Gestaltung keinen vorsätzlichen *Verrat* an den objektiven Tatsachen darstellen, ordnen sie doch das ganze Geschehen nach einem Muster um, das mich wahrscheinlich als den bevorzugten Zeugen erscheinen läßt – oder gar als Arrangeur? Das, worüber ich berichte, habe ich vielleicht auch erlebt, doch sicher auf eine andere Weise, denn durch die Kontinuität der Zeit war die Widersprüchlichkeit meiner Existenz in der Kontinuität des palästinensischen Lebens aufgegangen, allerdings nicht ohne mir Einblicke zu gewähren, Spuren zu zeigen und manchmal sogar Überschneidungen mit meinem Vorleben, wobei die Ereignisse in dem einen so stark waren, daß ich davon wach werden mußte: Ich lebte in einem Traum, den ich heute zu begreifen lerne, indem ich die Bilder, die man liest, rekonstruiere und neu zusammensetze. Manchmal frage ich mich sogar, ob ich dieses Leben nicht so durchlebt habe, daß ich die einzelnen Episoden nach der scheinbaren Unordnung von Traumbildern ordnete.

So viele Worte, um dies eine zu sagen: *Das ist meine palästinensische Revolution*, erzählt in der von mir bestimmten zeitlichen Abfolge. Neben dieser gibt es die andere, viele andere wahrscheinlich.

Die Revolution mit dem Verstand begreifen zu wollen, ist, als wollte man nach dem Erwachen die wirren Bilder des Traums in einen logischen Zusammenhang zwingen. In Zeiten der Dürre wird man umsonst über Mittel und Wege nachsinnen, wie man einen Fluß überqueren könnte, der Hochwasser führt. Wenn ich in einer Art Dämmerzustand an die Revolution denke, erscheint sie mir so: Der Schwanz eines eingesperrten Tigers schwingt sich auf zu einem hyperbolischen Schnörkel, der sich in einem schlaffen Bogen zur Flanke des noch immer eingesperrten Tigers neigt.

»Haben die Palästinenser eigentlich immer noch vor, den Juden das Gebiet wegzunehmen, das heute Israel heißt, oder führen sie einen Kampf, um das zu erhalten, was ihre Andersartigkeit und Einmaligkeit gegenüber den anderen arabischen Völkern ausmacht?«

»Ihr zweiter Gedanke scheint mir der richtige zu sein. Die jetzige Generation wird die Rückkehr nach Palästina nicht erleben. Israel wird nicht in Frieden leben, und Palästina wird das Wahrzeichen bleiben, das man wie einen Familienschmuck aufhebt und anläßlich einer Hochzeit oder eines Todesfalls hervorholt. Es wird leichter sein zu sagen, ›wir sind Palästinenser‹ als ›wir sind Jordanier‹.«

»Warum?«

»Als Palästinenser habe ich einen mythischen Ursprung, stamme ich von den Philistern ab. Als Jordanier bin ich eine Schöpfung vom britischen Reißbrett.«

»Sie sagten: *diese* Generation. Und was ist mit den folgenden?«

»Manche Historiker behaupten, daß Napoleon auch ohne die Revolution Europa zu dem gemacht hätte, was es heute ist. Die arabischen Nationen hoffen auf einen Mann...«

»Von der Vorsehung bestimmt?«

»Der auf Biegen und Brechen das arabische Volk vereinen wird.«

»Glauben Sie daran?«

»Ja.«

»Und Sie warten auf diesen Messias?«

»Sagen Sie nicht Messias dazu. Ich bin ein Atheist, das wissen Sie genau. Gaddhaffi war seinen eigenen Ambitionen nicht gewachsen, den offen verkündeten ebensowenig wie den geheimen.«

»Kennen Sie ihn?«

»Ja. Er ist ein anständiger Mensch. Aber von der Kindheit bis zum Sturz der Senussi hat er eine konventionelle Erziehung erhalten. Er hat sich nicht geändert. Nach dem Tod von Nasser, der sein Temperament zu zügeln wußte, sah er sich als sein Erbe. Er wußte von Anfang an nicht, daß Sadat der Bourgeoisie am Nil zur vollen Entfaltung verhelfen würde.«

»Haben Sie auch Nasser gekannt?«

»Der war viel raubgieriger und niemandens Erbe. Er war farbloser als Gaddhaffi und besaß nicht dessen fast feminine Rasse. Juni 1967 war sein Verderben. Und jetzt werden Sie mit den Achseln zucken – den Todesstoß hat ihm 1967 de Gaulle versetzt. Eines Tages werden wir noch einmal auf die ›casus belli‹ zu sprechen kommen.«

»Was meinen Sie mit konventioneller Erziehung?«

»Der Glaube an das Gute und das Böse – beide Wörter mit Großbuchstaben. Gaddhaffi ist ein Naivling. Das erklärt sein Scheitern. Und was für ein Naivling! Er wollte sich mit Sadat verbünden!«

Dieses Gespräch habe ich mit einem Vertreter der Großbourgeoisie geführt, einem hohen Tier des Widerstands. Es war in Beirut im Jahr 1982. Eine Woche zuvor hatte sich dieser Mann mit Assad getroffen. Ich glaube, er sah in ihm den Vereiniger der arabischen Staaten. Er war also ein Dissident der PLO.

»Wir haben gute Feen in den Lagern.«

»Gute Feen? Was ist das? Wie kann man eine gute Fee sein?«

»Das ist ein Mensch, der Gutes tut. Ein Mensch, der ins Holyland kommt, will Gutes tun.«

»Ich verstehe nicht, wovon Sie reden.«

»Weil Sie ein Fanzose sind.«

Bei meiner Ankunft in Beirut 1984 wurde ich vom Direktor der Weltbank und seiner Frau empfangen, die Amerikanerin oder, genauer gesagt, Jordanierin war. Sie verbesserte das mehrmals. Sie verbesserte sich selbst.

»Wir kommen gerade vom Abschieds-Cocktail bei der algerischen Botschafterin. Haben Sie ihr Buch gelesen?«

»Nein.«

»Dabei ist viel darüber gesprochen worden.«

»Woher wissen Sie das?«

»Sie hat mir ihr Pressedossier gezeigt.«

»Und was hat das mit den guten Feen zu tun?«

»Sie ist selbst eine. Sie hat einen Teil ihrer Einnahmen den Armen des Königreichs geschenkt. Möchten Sie den König kennenlernen?«

»Nein.«

»Wir haben noch eine zweite gute Fee. Eine Heilige. Alle Welt spricht von ihr, in Amerika nennt man sie ›Die Heilige‹.«

»Wie macht sie das, um eine Heilige zu sein, das interessiert mich sehr.«

»Sie hilft den Leuten im Lager von Baqa. Jeden Vormittag beaufsichtigt sie die Maurer und Tischler, die dort Häuser bauen.«

»Werden in Baqa Häuser gebaut?«

»Ja. Mein Mann, der hier die Weltbank vertritt, leiht dem Staat Geld. Und der Staat leiht es jungen Ehepaaren.«

»Was ist das, die Weltbank?«

»Eine Wohltätigkeitseinrichtung. Wir selbst sagen World Bank dazu. Hat man Ihnen davon nicht erzählt?«

»Sie verleiht Geld? Und zu welchem Zinssatz?«

»Neuneinhalb Prozent. Die Summen belaufen sich auf umgerechnet einhundertfünfzigtausend französische Francs. Selten mehr. Zurückzahlbar innerhalb von achtzehn Jahren. Aber mit diesem Geld muß das Grundstück gekauft und ein Haus mit Erdgeschoß und einer Etage gebaut werden.«

»Wie kann man eine solche Summe zurückzahlen?«

»Die Bank sorgt für Arbeit.«

»Und sie kassiert ihre Raten?«

»Sicher, aber so bekommt das Familienoberhaupt eine für achtzehn Jahre gesicherte Arbeit und eine Wohnung.«

»Und wenn er vorher ausziehen möchte?«

»Das ist möglich, aber dann geht sein Anrecht auf das Haus verloren. Es sei denn, er kauft es.«

»Was ist, wenn er einer Gewerkschaft oder politischen Partei angehört?«

»Verstehen Sie mich recht, König Husain und die Königin Nour, die ich gut kenne, können Leute, die gegen sie sind, nicht dulden und ihnen schon gar nicht Geld leihen.«

»Ich verstehe, Madame, und was macht die Heilige?«

»Sie tut gute Werke. Wir haben vor zwei Wochen einen amerikanischen Schriftsteller hier empfangen, der über sie ein Buch schreibt.«

»Ist sie damit einverstanden?«

»Ja sicher.«

»Ah! Ich begreife: Darin besteht also ihre Heiligkeit.«

»Ich verstehe absolut nicht, was Sie damit sagen wollen.«

Zweifellos, daher, von der Versuchung, sich für eine Dauer von achtzehn Jahren kaufen oder auch mieten zu lassen, rührte die Traurigkeit, die ich in den Gesichtern ehemaliger Fedajin lesen konnte. Auch damit hatte Amerika Jordanien in der Hand.

»Die Weltbank leiht zu soundsoviel Prozent, und wir leihen dir das Geld zu soundsoviel Prozent. Mit diesem Geld kaufst du ein Grundstück zwischen hundert und hundertfünfzig Quadratmetern, zwanzig Kilometer weit weg von Amman. Das Haus soll nicht mehr als zwei Stockwerke haben. Ein Architekten-Büro hat Pläne gemacht, du suchst dir das aus, was dir am besten gefällt. Und noch etwas: Du hast achtzehn Jahre Zeit, um zurückzuzahlen, aber wir werden dir für achtzehn Jahre Arbeit geben.«

»Werde ich der Besitzer sein?«

»Ja, natürlich. In achtzehn Jahren, wenn du alles bezahlt hast.«

»Könnte ich Mitglied werden...«

»Der PLO? Nein. Das würde Israel nicht tolerieren. Die Weltbank auch nicht.*«

Im Jahr 1970, aber vor allem ab September desselben Jahres, wurde Palästina von einer ungeheuren Menge arabischer Publikationen regelrecht überschwemmt. Erst wurden verschiedene praktische Zeitschriften in geringen Auflagen gedruckt, manche auf feinstem Papier, weiß oder satiniert, auf dem weder Palästina noch das Volk und die Fedajin unter dem lyrischen Schwulst schöner Worte und Bilder zu entdecken waren. Eine Art fahle Düsternis, eine Schneenacht zum Beispiel, verdeckte alles, und der Schnee fiel ohne Unterlaß, so daß bald alles, absolut alles, vom Wiesenzaun, dem schweiß- oder blutüberströmten Fidai und der Frau im Wochenbett bis zum Tannenwald, den Lagern und den Konservendosen, mit einer Schicht von Worten, und immer denselben, zugedeckt war und alles, was mit Palästina zu tun hatte, darunter verschwand: Braut, ausgelassenes Fohlen, verwitwete Frau, schwangere Frau, unberührte Jungfrau, Königin der arabischen Welt, Buchstabe *alif*, Buchstabe Ba, mit dem die Fatiah-Sure beginnt, eine Menge anderer Wörter, anderer Bilder, anderer Gedichte, in denen Palästina stets weiblich war. Der

---

* Das war ungefähr im Jahre 1984.

Kampf wurde mit hyperbolischen Wendungen gefeiert, doch frage ich mich, ob damit nicht eher das Gegenteil erreicht und dieser Kampf derart der Wirklichkeit entrückt wurde, daß er nur noch als Vorwand für diese Art von Gedichten diente. Etwas Sonderbares passierte übrigens mit diesen Gedichten. In Marokko, Algerien, Tunesien und Mauretanien geschrieben und herausgegeben, hätten die Winde sie zu den Palästinensern tragen müssen, doch fielen sie zurück auf die Länder, in denen sie geschrieben wurden. Mit Ausnahme der Freiwilligen, die per Anhalter, allein oder in Gruppen aufbrachen und im Vergleich zu den vielen Poeten eine verschwindende Minderheit darstellten, fragte ich mich, ob die arabische Welt diese Art, den Kampf lyrisch zu verbrämen, nicht als eine willkommene Abwechslung empfand. Der Vorteile gab es viele: Man blieb von den Mühen des Schlachtfelds verschont, entging möglichen Verwundungen oder gar dem Tod, überzeugte die anderen und sich selbst von seiner Meisterschaft im Umgang mit dem Wort, entrückte den palästinensischen Kampf der Wirklichkeit und rechtfertigte damit seinen eigenen Verbleib an der Universität von Tunis: Für einen unwirklichen Kampf macht man sich nicht auf die Socken.

Nicht wenige dieser Publikationen waren auf so luxuriösem Papier gedruckt, daß ich mich fragte, ob dieses nicht von der PLO selbst zur Verfügung gestellt wurde. Oder noch deutlicher: Lebte nicht jeder Dichter von seinem Talent? Daud Talhami erklärte mir im Jahre 1972:

»Viele Araber bemühen sich um eine Veröffentlichung in den ›Affaires Palestiniennes‹. Die Honorare, die sie verlangen, sind astronomisch.«

Zu bemerken wäre noch, daß die Zahl der Gedichte sprunghaft anstieg, nachdem der Widerstand von den Beduinen zerschlagen worden war. Doch wurde darin nicht so sehr die Erneuerung der Bewegung besungen, als Husain in Grund und Boden verdammt. Die arabischen Dichter, die ich meine, zerfließen lieber in Tränen, als daß sie zum Kampf aufrufen. Die lyrische Produktion ließ allmählich nach. Die Ursache dafür sehe ich in dem plötzlichen Mangel an Japanpapier Format Imperial.

Erzählen oder schreiben, daß und wie die Welt vermessen

wurde, ist nicht die Vermessungskunde. Schreiben, daß die Palästinenser sich geographisch bildeten, indem sie von einem Flughafen zum anderen reisten, ist kein terroristischer Akt. Habe ich, solange die Revolution nicht vollbracht ist, das Recht und vor allem die Möglichkeit, über einen ihrer Abschnitte zu berichten? So erschöpft sie auch sein mag, sie kann jeden Augenblick wieder zu Kräften kommen. Ein nomadisierender Hirte in Ägypten oder in der mongolischen Steppe ist vielleicht ein Nachkomme der 18. Pharaonen-Dynastie. Er hütet seine Schafe und – ohne es zu wissen – das Geheimnis seiner Königswürde. Eines Tages könnte er seinen Thron und die Hand seiner Schwester zurückverlangen.

»Jean, nenne mir eine Zeit seit dem Tod des Propheten, in der die gerühmte arabische Einheit, die wirkliche Einheit, in Erfüllung ging. Unter den Omaijaden? Du weißt vom Kampf zwischen Ali und Moawija und wie nach dem Tode Mohammeds die Rivalitäten sich zuspitzten. Unter den Abbassiden? Das Kalifat der Omaijaden hat lange Zeit in Spanien geherrscht. Die arabischen Königreiche in Nordafrika haben endlose Kriege gegeneinander geführt, und die einen wie die anderen waren Moslems. Die Osmanen? Die einundzwanzig gegenwärtigen arabischen Nationen? Die arabische Einheit ist ein Wunschtraum. Man wird zwangsläufig an die drei Stände der indoeuropäischen Welt erinnert, die nie verwirklicht, doch bis zum Ausbruch der Revolution von 1789 angestrebt wurden.

Nimm Frankreich. Du hast mir doch von der sprachlichen Einheit der arabischen Welt erzählt, also nimm Frankreich, ein Land, in dem diese sprachliche Einheit seit langem schon verwirklicht ist; ich habe dir auch erklärt, wie sie zustande kam. Aber unter der Oberfläche, unter dem etwas einförmigen Lack dieser Einheit, siehst du da nicht die Kräfte, die ans Licht drängen? Die Bretagne, Korsika, Elsaß, Flandern ...! Ich bin wie Monsieur Homais, nicht wahr?«

Auch diese Worte sind von Oberleutnant Mubarak, den ich im Jahr 1972 im Beiruter Strand-Hotel wiedertraf. Denn es gab ein Wiedersehen mit diesem schwarzen Flittchen, bekleidet mit einem von Pierre Cardin entworfenen Tarnanzug. Der Oberleutnant war allein. Er hatte Ausgang. Er sagte mir guten Tag und fragte mich, wie es mir gehe. Ajlun hatte er wohl vergessen. Ich sah auch Kamal Nasser, begrüßte ihn freundlich und ahnte nicht, daß er ein paar Wochen später durch die Kugeln langhaariger Israelis sterben würde, die, wie es hieß, von Haifa übers Meer nach Beirut gekommen waren.

»Schreib auch das in dein Buch: Ob du es glaubst oder nicht, es gibt in diesem Land ein paar Stämme, die wissen – du wirst ›wissen‹ schreiben, nicht ›glauben‹ –, die wissen, daß man in Israel die Toten beseitigt, indem man sie ißt. Das erklärt die enorme Größe der Früchte, die so schwer sind, daß die Äste davon abbrechen.«

»Und was sagt uns das?«

»Die Qualität des Dungs. Das Ergebnis einer nährstoffreichen Kost ... Proteine im Überfluß.«

Sein Bruder, ein Oberst und Gegner Numeiris, ist heute[*] zweifellos ein mächtiger Mann in Khartum.

War Mubarak, der mir versichert hatte, er existiere – zumal als Schwarzer – allein durch meine Verwirrung, jenen Orten ähnlich, die uns Menschen so anrühren, weil sie nichts zu befürchten haben; ein Jahrhundert später vielleicht wird ein wachsamer Mensch an solchem Ort die gleiche Ergriffenheit verspüren. Den weiter oben geschriebenen Satz: »Wenn ich sterbe, wird nichts sterben« werde ich wohl näher erklären müssen. Das Staunen über eine Kornblume oder einen Felsen, die Liebkosung einer rauhen Hand, die Millionen Gefühlsregungen, aus denen ich bestehe – sie werden nicht vergehen, wenn ich vergehe: Andere Menschen werden sie wahrnehmen, und durch sie werden sie weiterbestehen. Ich glaube immer mehr daran, daß ich auf dieser Welt bin, um zusammen mit anderen Menschen als Träger zu fungieren und als Beweis dafür, daß es nur Gefühlsregungen gibt, die fortwährend die Schöpfung durchströmen. Das beglückende Gefühl meiner Hand im Haar eines Knaben wird eine andere Hand erleben, sie erlebt es schon, und wenn ich sterbe, wird dieses Gefühl weiterleben. »Ich« kann sterben, und das, was dieses »ich« möglich

---

[*] 1985

machte, was das Glück zu leben fügte, das wird auch ohne mich diese Freude am Leben verewigen.

Im Jahr 1972 nahm mich Mahmud Al-Hamschari mit zum italienischen Schriftsteller Alberto Moravia, um Wael Zuayter zu treffen, der ein Jahr später umgebracht wurde.

Seltsam, Italien – das einst so leichte – erschien mir diesmal bleiern im Vergleich zum unsteten Leben der Fedajin. Nun, zu ihnen kehrte ich Mitte Mai 1972 zurück, und meine Reise führte mich durch den europäischen Teil der Türkei, durch den asiatischen, durch Syrien und Jordanien. Auf den folgenden Seiten soll davon die Rede sein.

Sonderbare Trennung oder eher noch: eisige Zurückweisung, die mir die Annäherung an die anderen verwehrt. Mindestens fünf Jahre fern von ihnen, als suchte ich, wie eine in granitenen Musselin gehüllte Moslime, mit bloßem, eher lebhaftem als durchdringendem Blick in den Augen der anderen den dünnen seidenen Faden zu entdecken, der uns alle miteinander verbindet und die Beständigkeit des Seins anzeigt, sichtbar nur für zwei Blicke, die frei von Begierde ineinander ruhen. Fünf Jahre lang hatte ich in einem unsichtbaren Schilderhaus gelebt, von dem aus man jeden sehen und mit jedem reden kann, wobei ich selbst, oder etwas x-beliebiges, ein vom Rest der Welt losgelöstes Fragment war. Ich konnte mich in niemanden mehr versenken. Die Pyramiden hatten den Wert, die Kraft, das Ausmaß, die Tiefe der Wüste, die die Tiefe einer Handvoll Sand besaß; ein Schuh, ein Schnürsenkel deuteten auf nichts anderes oder nur darauf, daß eine auf die Kindheit zurückgehende Gewohnheit mich heute noch daran hinderte, die Pyramiden und die Wüste anzuziehen und den morgendlichen, rosigen Lichthof um meine Schuhe zu bewundern. Die schönsten Jungs hatten den gleichen Wert und die gleiche Macht wie die anderen auch, aber niemand hatte welche über mich. Oder vielmehr: Ich merkte es nicht. Vollkommen eingefügt in meine Gattung und mein Reich, verlor meine individuelle Existenz immer mehr an Flächigkeit und Volumen. Dennoch, seit einiger Zeit erkannte ich mich als Einzelwesen. Ich war ich und nicht irgend jemand oder irgend etwas. Um mich herum begann es von Individuen zu wimmeln – fast hätte ich Endivien geschrieben –, einzeln oder ungleichartig, einzeln und damit imstande, zueinander in Beziehung zu treten.

Es war Nacht und ich hatte mich hingelegt. Ich dachte an diese fünf Jahre – annähernd fünf, denn wie kann man eine Zeit messen, die wohl einen Anfang und ein Ende hatte, in der es aber keine nennenswerten Vorkommnisse gab, wie auch der Raum, den ich durchmaß, ohne Ecken und Kanten war? Hinzu kommt, daß der Beginn dieser Jahre zeitlich niemals festgehalten wurde, daß dieser Beginn niemals *stattfand* oder ohne jeden Bezug zu einem markanten Ereignis erfolgte, sozusagen im Bereich des Unbestimmbaren, wobei mir dieses Unbestimmbare so sicher erschien, daß es entscheidend war. Wenn ich an diese fünf Jahre zurückdachte, überkam mich eine so große Sehnsucht, daß ich den Entschluß faßte, zu jenem in der Gestaltlosigkeit verbrachten Zustand zurückzukehren, doch kaum hatte ich mich dazu entschlossen, als ein intensives, um mich herum aber diffuses Licht das Zimmer erfüllte, und ich hob die Decke an, um zu sehen, ob das Licht vielleicht durch das kleine Fenster über der Tür in mein Zimmer einfiel. Ich steckte den Kopf wieder unter die Decke, das Licht war da. Dann ging es aus, langsam jedoch und, wie mir heute noch scheint, sehr sanft. Heller Glanz wäre vielleicht ein passenderes Wort als Licht. Einige Sekunden lang wußte ich, daß in mir etwas zu phosphoreszieren begann, ich glaube sogar, daß es meine Haut war, schimmernd wie der Pergamentschirm einer erleuchteten Lampe. Wer hat nicht schon, bevor er darüber lachte, eine Art Scham und Stolz, ein Grauen empfunden, doch da kam mir dieser beruhigende Gedanke: *Der byzantinische Saum der mandelförmigen Aura* – stammte das Wort Aura von mir? Istanbul lag unter dem Schnee. Das Phlegma der zivilen Behörden erlaubte einigen Hippies, um die Moscheen, vor der blauen Moschee spazieren zu gehen. Barfüßig, denn sie hatten ihre Schuhe ausgezogen, und barhäuptig dazu, es sei denn, man konnte die Flocken auf ihrem schönen, langen blonden Haar als eine ausreichende Kopfbedeckung ansehen. Unter dem Schnee oder anderswo, allein oder paarweise, waren sie allein und jeder von ihnen so sehr in sich gekehrt, daß ich fest daran glaubte, sie übten nur, um eines Tages auf dem Wasser gehen zu können, doch noch versanken sie bis zum Kinn. Wenn die Übung eines Tages gelingen sollte, würde dennoch die Skepsis mit dem Lächeln wiederkehren, denn auch bei so viel Zauberei blieb der Islam mit dem Judaismus eine ziemlich nebulöse Religion. In Europa und in Nordamerika sollte bald ein neuer Wind durch die Gefängnisse wehen und das nächtliche Treiben gefährden, das von alters her dort Brauch war und in diesen Worten zum Ausdruck kommt: Schmachten, Seufzen, stöhnen, wimmern, winseln, röcheln, husten, einsam, aber voll Hochmut träumen. Die jungen und die alten Häftlinge werden plötzlich die Annahme der Suppe verweigern, sie werden sich in ihren Werkräumen verbarrikadieren, in denen die sinnvollste Beschäftigung darin besteht, Eisendornen und Weihnachtsbäume aus dunkelgrünem, dämmergrünem Plastik zu fertigen; sie werden alles in Brand stecken, was hell flammt und mit roter Glut verbrennt inmitten dichter Rauchschwaden; die Flammen werden aus den kleinen Fenstern lodern, deren Scheiben durch die Hitze bersten werden. Die eingekerkerten Männer glaubten, sie beteiligten sich an der allgemeinen Verkommenheit mit einer Inbrunst, die ich nicht als politische Überzeugungen zu formulieren vermochte, wie sie es gewünscht hätten, denn mein Wanderleben wollte ich nicht aufgeben, meine Zeit bei den Palästinensern war nur eine Etappe, eine Rast, ein Garten, in dem man sich etwas ausruht, bevor man weiterzieht, und wandernd erkannte ich, daß die Welt wahrscheinlich rund ist. An Gott glaubte ich nicht. Eine Welt des Zufalls, der aleatorischen Verkettung von Zwischenfällen und Ereignissen sogar, von Sternen, Lebewesen, die nur sich selbst verdanken, was sie sind, eine solche *Vorstellung* erschien mir eleganter und lustiger als die eines allmächtigen Gottes. Die Last des Glaubens erdrückt, während der Zufall erleichtert und lacht. Er macht uns fröhlich und neugierig, also freundlich. Auch wenn er sich weigerte, es klarer zu erkennen, so hat doch der gläubigste unter den französischen Dichtern, Claudel, es treffender formuliert: »*Die Jauchzer des Zufalls.*« Eine solche Gotteslästerung von einem Mann dieses Formats! Gäbe es nicht den Zufall, wären dann die Japaner mit all ihrem Lächeln und Lachen da, wo sie sind, und so, wie sie sind, ohne die unberechenbaren Fürze ihrer Vulkane?

Hunderttausendmal gebannt von berühmten Reisenden und berühmten Träumern: das Goldene Horn, Petra, Galata, die Hagia Sophia, St. Irene, der rote Sultan – das wimmelnde und lodernde Istanbul. Das, was man den Pöbel nennt, ist weder der Grund noch die Quelle der Städte, sondern ein dunkel schillerndes Band, das über ihnen weht; die Spielstraßen, die Schwarzmärkte, die unechten Lahmen, die falschen Archäologen, die Bordelle, das noch feuchte Mauerwerk der jahrtausendealten Festungswälle geistern durch die bourgeoise Traumwelt, die sogar nackt oder in kurzen Hosen oder schwitzend am Strand noch zugeknöpft ist. Die riesigen, bleichgesichtigen Nutten waren ebenso unwirklich wie die Kartenspieler von Ajlun. In der Türkei sind Bordelle Stätten der Sittsamkeit. Mit den Luden sitzen die Kunden am Ofen, erigierend blicken sie starr auf ihr Spiel und stellen Berechnungen an, in deren Genauigkeit der Fehler und damit der Verlust ihres Einsatzes begründet liegt. Wenn die Spieler sich erheben, durchpflügen sie die Luft, der Pöbel lebt diesseits und weiß nichts von Aufruhr und Luftzufuhr.

Noch wird in Istanbul überall gespuckt. Durch Atatürk ihrer osmanischen Gewänder beraubt, hatten die Türken gelernt, aufrechtstehend zu pissen – eine mit eiserner Strenge eingeführte westliche Sitte. So verlor die Stadt etwas von ihrer Traurigkeit unter den kräftigen, warmen und hellen Strahlen von Spucke und Urin, die zielgerichtet aus einem schnurrbärtigen Mund mit zwei Reihen von Zähnen und einem aufgeknöpften Hosenschlitz oder einem offenen Reißverschluß geschossen kamen.

Instinktiv, als gehorchte ich einem zweifelhaften Atavismus, führten mich meine Spaziergänge immer wieder und geradenwegs in die dichtbevölkerten, volkstümlichen Viertel der Stadt; war es aber derselbe Kompaß, der mir eines Tages den Weg zu den Fedajin gewiesen hatte?

Ich stieg hinauf nach Galata, nicht weit vom Turm, als ich folgendes Bild erblickte: ein junger Mann, der mitten auf dem Bürgersteig, fast auf der Straße, unter einem Schutzdach Apfelsinen verkaufte. Die Früchte waren zu einer Pyramide gestapelt, mit einer recht breiten Basis und einer einzigen Apfelsine auf der Spitze. Solche Obst- und Gemüsepyramiden sieht man im ganzen

Orient. Mit ein paar geschickten Handgriffen entnehmen die Händler die von einem Kunden gewünschte Frucht, oder die gewünschten Früchte, selbst aus der untersten Reihe, wenn ein gewitzter Kunde dies wünscht, und ersetzen sie sogleich durch eine neue, die sich dort wiedereinfügt, ohne die Konstruktion aus dem Gleichgewicht zu bringen. Lächelnd pries der junge Bursche, wie ich annahm, auf Türkisch die Qualität seiner Ware, und das Wort dafür mußte im Türkischen einen mehrfachen Sinn haben. Er tat dies mit einem ziemlich losen Mundwerk. Ich wollte gerade weitergehen, nachdem ich die dreifache Aufforderung der Hand bemerkt hatte, die geschwind von den Augen zu den Zähnen flog, von den Zähnen zwischen die Beine und von dort wieder sehr schnell hinauf zu den schwarzen Haarsträhnen und den Zähnen, wobei die glänzenden Augen nicht gefangennehmen wollten, sondern die Zuschauer zu verwirren suchten, aber da sah ich etwas, das mich anhalten ließ. Ich wandte den Kopf, um zu prüfen, ob ich mich etwa getäuscht hatte: Über der Apfelsine, die den Abschluß der Pyramide bildete, befand sich noch eine Apfelsine, frei schwebend etwa dreißig Zentimeter über der letzten, die auf der Spitze lag. Sie hielt sich so, ganz allein und reglos in der reglosen Luft trotz des Treibens auf der Straße. Wie ich schon in bezug auf die Hippies schrieb, beschäftigte man sich in diesem Land viel mit Fragen der Levitation, doch war es ein Ding der Unmöglichkeit für einen abendländischen Geist, selbst wenn dieser in einem Körper wohnte, der nachts plötzlich von einer inneren Glut erleuchtet wurde, daß eine osmanische Apfelsine Newton den Gehorsam verweigerte und sich dem freien Fall widersetzte? Doch vielleicht fiel sie und wurde nur von ihrer eigenen Unschlüssigkeit aufgehalten? Mein Staunen stand mir wohl im Gesicht geschrieben und war deutlich darauf zu lesen. Der junge Händler entblößte ein paar Zähne mehr, versetzte der herabfallenden emporsteigenden Apfelsine einen leichten Stoß. Sie pendelte aus, von rechts nach links. Zwei Lächeln wurden ausgetauscht. Die kleine Gruppe von Türken, die uns umstanden, brach in Lachen aus. Die Apfelsine hing an einem durchsichtigen, unsichtbaren Nylonfaden, der am Schutzdach des Verkaufsstands befestigt war.

»Hübsch ist das.«

Der junge Händler lächelte mir so zu, wie man eine Ohrfeige gibt.

»Americano?«

»No.«

»Deutsch?«

»No.«

»Fran...«

»...cais yes.«

In einer Art Kauderwelsch erklärte er mir das kleine Wunder, das er da gebastelt hatte. Der am meisten geliebte Sufi ist noch immer al-Halladj, der prächtige Schelm, Husain ibn Mansur al-Halladj, der sich bis zuletzt in Freundschaft zu dem Geliebten verzehrte, doch Bistami ist der Sufi, den ich verehre. Der Turm von Galata warf seinen Mondschatten, glaubten diese jungen Türken, daß man alte Männer durch den Mund befruchtet?

Träume von Macht, zerberstend in den Erzählungen, Legenden und Märchen, Wörter wie König, Fürst, Prinzessin, heldenhafter Führer oder Märtyrer, Sieger; die Wörter Tyrann, Diktator tauchen auf, als habe man sie gerufen, um die Not des Träumers, des Erzählers zu erfüllen, und jeder Zuhörer oder Leser macht sich diese Wörter so rasch zu eigen, als habe er nur deswegen auf der Lauer gelegen: in der gespannten Erwartung des Mannes, der im Gebüsch darauf harrt, das schönste und nackteste Mädchen möge auf der Straße vorübergehen, in höchster Erregung sogar, denn stellte man ihn vor die Wahl, dem schönen nackten Mädchen zu folgen oder die Straße zur Macht zu beschreiten, er würde das nackte Mädchen im Regen oder im Schnee stehenlassen, wobei ihm die Situation noch als Entschuldigung zu Hilfe käme, denn welchen Sinn hätte es schon, einer Toten zu folgen. So ist es wohl besser, ich eile zu meiner Mutter, heirate sie und werde König von Theben. Die Ehe des Herzogs von Windsor mit der geschiedenen Mrs. Simpson spricht keineswegs dagegen.

Man wähle die richtige Inspiration und einen unermüdlichen Sänger. Zwei übereinandergelegte und an einem Ende entzündete

Streichhölzer winden sich so vollkommen umeinander, daß die verkohlten Stäbchen sich nicht mehr trennen lassen, und so werden der Sänger und die besungene Herrlichkeit als eine Einheit in die Unsterblichkeit eingehen, wenn niemand auf den Einfall kommt, an dem zu rühren, was diese konfuse, aber prächtige Feuersbrunst übrig ließ.

Der Greis, der von Land zu Land zog, gleichermaßen abgestoßen von dem Land, in dem er sich befand, und angezogen von denen, die vor ihm lagen – als Kind sagte Mozart, wenn er in ein neues Land kam: Das Königreich von hinten betreten –, der selbst die Geborgenheit eines noch so bescheidenen Besitzes ablehnte, dieser Greis erlebte staunend den Sturz in sich selbst, er belauschte sich und sah sich leben. Unter Besitz verstehe man im Sinne eines fast allgemeingültigen Rechts eine gewisse Anzahl von Gegenständen oder Gebäuden, Grundstücken oder Menschen, außerhalb von einem selbst, über die man aber als Eigentümer verfügen und bestimmen kann, die man mißbrauchen kann. Ein Haus ist ein Gebäude, in dem man sich aufhält, ergeht und bewegt. Der Wunsch, von allen äußeren Gütern frei zu sein, wurde zur Lebensregel des Reisenden, und so konnte es nur eine Versuchung des Leibhaftigen sein, vom Teufel bis zu Gott, daß nach einer sehr langen Zeit, in der er sich frei von allen Dingen und von Besitz gewähnt hatte, ein plötzlicher Wunsch sich in ihm regte – man wird sich fragen, wie er in ihn hineingelangte –, der Wunsch nach einem Haus, nach einem abgeschlossenen und festen Ort, nach einem umfriedeten Obstgarten, und in weniger als einer Nacht wurde er zum Besitzer eines Landgutes. Nun, erst war es ein einfaches Haus, das er aber in sich trug, unterm Herzen, wie die Kirchenväter sagen, wenn sie von der heiligen Jungfrau und dem Jesuskind sprechen, in seinem Schoß, wiewohl es sich wahrscheinlich woanders befand, an einer Stelle des Körpers, die es nicht gibt, an einem nicht-räumlichen Ort. Es war sowohl in ihm als um ihn herum. Da sein Geburtshaus niemals gebaut worden war, konnte es dieses nicht sein, sondern eines, daß er als alter Mann bewohnte, in dem er hin und her gehen und von wo aus er durch ein offenes Fenster aufs Meer schauen konnte und, weit draußen auf dem Meer, Zypern liegen sah. Wie im Wahn flüsterte er diese Worte, die nie gesprochen wurden: »Und von dieser Stelle werde ich ungefährdet einer Seeschlacht am hellichten Tage zusehen.«

Diese Schlacht wurde geschlagen, aber erst später und als der ganze Zauber mit dem Haus, dem Fenster, dem Garten, dem Meer und den zyprischen Gestaden vorüber war; es war der türkisch-griechische Krieg.

Gott, der aus dem Nichts Erde und Himmel schuf, vollbrachte ein weiteres Wunder. Elisabeth der Heiligen, der Königstochter aus Ungarn, die als Landgräfin auch am prunkvollen Hofleben teilzunehmen hatte, schenkte Gott eine nur für sie und nach ihren Maßen gebaute Klosterzelle, eine für ihren Mann, für die Kurtisanen, die Minister und die Hofdamen unsichtbare, eine persönliche und geheime Zelle, die sich fortbewegte, wenn die Heilige sich fortbewegte, und deren vier Innenwände nur die beiden Augen der Landgräfin und die beiden Augen Gottes sehen konnten, so daß die vier zu einem einzigen wurden. Dieser Zyklop mußte sein einziges Lid senken. Allein der Dämon, der meinen Verstand verwirrte, hatte mein Haus an einem paradiesischen Ort errichtet, in der Ferne, aber sichtbar, das blaue Meer und eine Insel, die ihrer Schlacht harrte, und um sie herum einen blühenden Obstgarten mit Früchten und Stille. Ein durchsichtiger, absonderlicher Zustand. Ich lehnte weiterhin jeden wirklichen Besitz ab, mußte aber den abbauen, der sich in mir befand, mit all seinen Fluren, Zimmern, Spiegeln und Möbeln. Doch war dies nicht alles, denn um das Haus herum lag ein Garten, hingen Pflaumen an den Pflaumenbäumen, und letztere konnte ich nicht zum Mund führen, da schon alles in mir drin war. Ich befand mich in Gefahr, ich konnte an einer Verdauungsstörung eingehen, und ohne zu essen, Steine verschlucken, möglicherweise sogar dicker werden während dieses imaginären Hungerstreiks. Ich wartete auf die Seeschlacht, die vor mir stattfinden und mit solcher Heftigkeit toben sollte, daß ich während der ersten Sekunden schon verzaubert und vernichtet würde. Wo befand sich *diese wasserlose Wüste in einer wasserlosen Wüste*, die der dichtende Sufi nennt?

Dieser Zustand reizte mich zum Lachen und mein unbändiges Lachen reizte mich zum Lachen. Es ging mir besser. Sein Haus mitsamt den Möbeln in sich zu tragen, ist ziemlich beschämend für einen Menschen, der eine Nacht lang unter seiner eigenen inneren Morgenröte strahlte.

Dieses sehr bescheidene Wunder, das Wunder eines leuchtenden Menschen – Leuchtkäfer mit den Ausmaßen eines menschlichen Körpers, dessen Leuchten aber nur so lange dauerte wie das eines Glühwürmchens – ließ mich erneut nachdenken – denn ich war ein denkendes Wesen – über das Wunder der schwebenden Apfelsine, das ein Nylonfaden auf den Boden der Logik ganz ohne Mysterium heruntergeholt hatte, und ich spürte dunkel, daß der Augenblick näher rückte, da ich für dieses unerklärliche Glühen und diese Schwangerschaft mit Haus, Garten, Himmel und Meer eine rationale Erklärung erfahren würde.

Denn die Demütigung klärte mich auf über *mein* Haus, *meine* Möbel, *mein* Licht, *mein* Inneres. Ist mit diesem letzten Ausdruck das Innere meines Hauses gemeint oder jener unbestimmte, vage Ort, der nur dazu da ist, eine absolute Leere zu verbergen: *mein Innenleben*, mitunter ebenso genau *mein geheimer Garten* genannt?

Dieses Haus in meinem Innern machte aus mir weniger noch als eine Schnecke, die unter einem wirklichen Gehäuse, das sie umgibt, Schutz findet. Da ich nun weniger bin als eine Schnecke, die für ihre Fortpflanzung mit zwei Geschlechtern ausgestattet ist, wieviele davon besitze ich selbst?

Doch da dies alles sich in der Türkei zutrug, da ich meine Liegenschaften, die in mir waren, mit mir führen konnte, da ich mich in der Nähe von Ephesos aufhielt, wo die heilige Maria als achtzigjährige Mutter ein Häuschen bewohnt hatte, das von den Engeln in den Himmel emporgetragen wurde, sie selbst tot emporgetragen in ihrem Haus aus Natursteinen – was hatte ich da noch zu befürchten?

»Du hast das alles nicht erlebt«, sagte zu mir eines Tages Ferraj, dem ich mein Wunder erzählt hatte, das für mich ebenso erstaunlich war wie das *Mi'raj* für Mohammed.

»Im Juni 1970, am sechsundzwanzigsten, wurde ich auf der ersten Stufe der Rolltreppe im Flughafen von Kuwait sehr weit nach oben getragen, ohne ein Bein oder einen Fuß zu bewegen.«

»Du bist aber nicht zum Himmel gestiegen.«
»Um dorthin zu kommen, startet man nicht in Kuwait.«

Und wieder wurde ich in der Türkei heimgesucht. Ich hatte lange Zeit und so sehr gegen mich selbst und gegen den Besitztrieb Krieg geführt, daß ich zu guter Letzt nur noch die Sachen besaß, die ich am Körper trug, zu je einem Exemplar, Bleistifte und Papier waren zerbrochen, zerrissen, weggeworfen, das Reich der Dinge entdeckte die Leere und stürzte sich hinein. Es kündigte sich mit einem gewaltigen Lärm scheppernder Kochtöpfe an, denn das Haus und der Garten kamen nicht zu mir in Form einer fertig eingerichteten Küche, sondern ein Topf nach dem anderen, ein Wasserhahn nach dem anderen und verstopft, wie es der Brauch bei den Kalmücken, Hethitern und Türken verlangt. Als ich dem Dämon geopfert hatte, das heißt, ein Haus für einen jungen Araber bauen ließ, hörten die vermutlich betörten und besänftigten Gegenstände auf, mich zu peinigen. Von Antiochia kam ich nach Aleppo, von Aleppo nach Damaskus, und dann nach Deraa und Amman. Endlich war ich wieder in Ajlun.

Die Episode mit dem Haus, das sich in mir, auf meinem inneren Grundstück befand, wurde möglicherweise durch einen Vorschlag von Mahjub ausgelöst, dem ich das Haus von Salt im Sonnenlicht gezeigt hatte.

»Schauen Sie da, auf dem Felsen, wie schön es ist!«
»Wenn Sie es möchten, wird es die PLO Ihnen für sechs Monate mieten.«

Es wurde augenblicklich grau und schmutzig.

Das sehr schemenhafte Bild des türkischen Hauses im Sonnenlicht hatte in mir zunächst einen raschen Prozeß der Aneignung in Gang gesetzt. Im selben Augenblick, da ich es gesehen hatte, war ich zu dessen Besitzer geworden, der auch die Anordnung der Zimmer bestimmen durfte; ich möblierte sie nach meinem Geschmack, gestaltete den Garten, ließ Laubengänge bauen, Wein hochranken und blau-weiße Winden wachsen. Vor allem sah ich mich selbst von einem Zimmer in das nächste gehen, in einem Sessel Platz nehmen und auf das Meer schauen, hoffend auf die

Seeschlacht, die auf sich warten ließ, die aber auch die meine sein würde, da sie ein Teil des Dekors – der uneinnehmbaren Aussicht – des Hauses war. Die in der Wüste geborenen Fedajin hatten einen derart friedlichen Ort in ihrem Leben noch nie gesehen. Diese Ruhe, die sonst nur den Reichen vergönnt ist, gehörte nun auch ihnen. Sie mußten sie auf der Stelle genießen, ohne zu zögern, zumal sie wußten, daß dieser Friede das Vorrecht des Feindes war, das auch von diesem ausging und das sie deshalb bekämpfen mußten. Aber vor allem mußten sie ihn auskosten, um über ihn im Bilde zu sein, um seine Schwächen kennenzulernen und um besser dagegen ankämpfen zu können. Wie die Reichen machten sie es sich bequem auf den Ottomanen und in den Sesseln im Empirestil, und wie jene wußten sie, daß Luxus und Friede ewig dauern, es sei denn, Revolutionäre kommen und besetzen, trotz Wachsoldaten und Polizisten, die Häuser (mit ihrem herrlichen Ausblick auf eine Seeschlacht und auf die Toten, die sich auf der beruhigten See ausstrecken, oder auf die schlecht bezahlten Sklaven, die auf den Feldern arbeiten und selbst gekrümmt und müde einen ästhetischen Anblick bieten, der die Gäste am Geländer vor dem Haus froh stimmt), in denen sich die Fedajin ein paar Sekunden lang, in den Sesseln oder auf den Teppichen, wie die Herren dieses Ortes fühlen dürfen, in der genüßlichen Vorahnung, von den Revolutionären, die sie selbst sind, davongejagt zu werden.

Wie konnte ich, als ich noch in der Türkei war, so nahe bei Tarsus sein und abreisen, ohne die Stadt gesehen zu haben? Ich hoffte kaum, hier eine Familie namens Saulowitsch oder Lewy Bensaul zu finden. Es gab zwar ein altes jüdisches Viertel, aber ich sah nur Steinquader wie die von Saint-Denis-sur-Seine. Ich äußerte meine Enttäuschung gegenüber einem jungen Türken, der mich auf dieser Fahrt begleitete.

»Aber Cleopatra soll auch hier gewesen sein«, antwortete er mir auf Deutsch.

»Wann?«

»Vor zwei Jahren. Da wurde hier der Film *Antonius und Cleopatra* mit Liz Taylor gedreht.«

In Antakya waren alle Hotels belegt. In dem letzten, das ich aufsuchte und das auch das teuerste war, setzte ich mich in die Halle und bestellte mir einen türkischen Kaffee. Neben mir versuchte ein mit der Galabiah bekleideter Araber gleich in mehreren Sprachen mit mir ins Gespräch zu kommen: Englisch, Spanisch, Griechisch, Türkisch ... Ich gab ihm in meinem sehr schlechten Englisch zur Antwort, daß ich keine dieser Sprache beherrsche, worauf er sich auf Arabisch an den Verwalter wandte und meinte, ich sei ein Franzose, der nur seine Sprache spricht.

»Wenn das Gespräch nicht zu schwierig ist, kann ich Arabisch gut verstehen und mich selbst verständlich machen.«

Wir befanden uns in einer Gegend der Türkei unweit der syrischen Grenze, wo sowohl Türkisch als auch Arabisch gesprochen wurde. Der Saudi war ein Getreide- und Rosinenhändler. Er erklärte mir, daß es in seinem Zimmer zwei Betten gab, von denen er nur eines brauchte. Wenn ich wollte, könnte ich in dem anderen schlafen. Da ich nur wenig Gepäck hatte, schlug ich vor, mein Zimmer gleich für zwei Tage zu bezahlen. Der Saudi schien darüber erbost zu sein. Es sei ihm ein Vergnügen, sich mit einem Franzosen zu unterhalten, der ein paar Worte arabisch sprach. Er lud mich ein, ihn in Riad zu besuchen.

»Aber was tun Sie hier in Antakya?«

Meine Frage entlockte ihm ein Lächeln, und er antwortete:

»Wenn Sie nach Algerien fahren, wollen Sie doch sicher eine alte französische Kolonie besuchen? In meiner Kindheit habe ich etwas Türkisch gelernt, als das osmanische Reich das Gebiet besetzte, das heute Saudi-Arabien heißt. Aber ich habe auch arabische Vettern und Großvettern, die meinem Stamm angehören. Ich freue mich, sie wiederzusehen.«

»Waren sie ausgewandert?«

Er lachte noch lauter.

»Nein, nein! Wir gehören nur einem Stamm an, der sich in fünf Teile aufsplitterte. Er nomadisierte, wir waren alle Nomaden. Viele von uns blieben in Arabien, einige gingen nach Transjordanien – damals existierte Jordanien noch nicht –, und ein dritter Teil mußte im Irak bleiben, ein vierter in Syrien, und einige meiner Verwandten ließen sich im Senjak von Alexandrette nieder. 1937 wurde der Senjak an die Türkei zurückgegeben. Um die großen

Kirschbaumplantagen, die sie dort besaßen, nicht zu verlieren, lernten meine Eltern Türkisch.«

Außer der Grotte des Peters-Bistums habe ich nichts Erwähnenswertes in Antakya gesehen. Die meiste Zeit verbrachte ich mit dem saudiarabischen Händler. Eines Morgens erzählte er mir mit gespielter Traurigkeit vom eisigen Empfang, wie er sagte, den Tschou En-lai Präsident Nixon bereitet hatte. Er hatte es von einem Verwandten erfahren, der ihn aus Riad angerufen hatte. Ich war gerade im Zimmer, nur wenig bekleidet, als er die Nachricht mit derselben Gelassenheit aufnahm wie die Bestellung einer Ladung Nüsse. Im Grunde ging ihn das nichts an.

»Die Palästinenser haben begriffen, daß – selbst, wenn die Sowjetunion jetzt an die Stelle Chinas tritt – die Großmächte sich ihrer nur bedienen und sie als ein wertloses Geschenk betrachten, eine Halskette mit Zuchtperlen als Zugabe zu einem Geschäft, das viele Jahre lang ausgehandelt wurde.«

Seine schon gesetzten Umgangsformen, seine Fältchen an Schläfen und Stirn, die Mühe, mit der er sich jedesmal vom Gebetsteppich erhob, ließen ihn mir wie einen sechzigjährigen Mann erscheinen, und ich dachte bei mir, daß er über die nötige Lebenserfahrung verfügen dürfte, um zu wissen, was politische Eingeständnisse sind.

»Wie alt sind Sie?«

»Siebenunddreißig Jahre«, antwortete er.

Ich bringe es nicht übers Herz, seine Visitenkarte zu zerreißen, auf der sein Name, in Goldprägung, arabisch und englisch steht.

Später, in Beirut, schilderte mir Abu Omar den Empfang von Nixon und Kissinger bei den Chinesen. Sämtlichen Annalen, deren Auslassungen noch verzierter sind als die Annalen des Abendlandes und stets zu erhaben erscheinen – jene Bereiche des Schweigens, die so fadenscheinig sind, daß die Leere zum Vorschein kommt –, diesen Annalen zog Abu Omar eine klare politische Aussage vor, vor allem in bezug auf die Palästinenser.

»Wir sind hinter die ›Gedanken Maos‹ gestiegen. Ich habe sie lange Zeit als ein Feuerwerk betrachtet, das etwas verstecken sollte, und heute weiß ich, was.«

»Und was ist das?«

»Die Verneinung der UdSSR. Das heißt, vor allem das. Ansonsten?«

Das Wissen um diese Details: Die Abkehr Pekings und das Einspringen Moskaus bereiteten mir kein Kopfzerbrechen, im Gegenteil, ich entdeckte in mir, was schon lange da war, ein solches Debakel, daß ich von diesem Augenblick an die Gewißheit eines Schiffbruchs hatte, der sich in dunklem Wasser vollzog. Alles würde sich fortan unterm Wasser, unter den Wellen abspielen. Verzweifelt wie ein ins Meer gefallener Mensch, der nicht schwimmen kann, wird die palästinensische Revolution, halb untergetaucht, vergeblich um sich schlagen, wie Abu Omar vielleicht, als er ertrank. Moskau, Peking und Washington wissen, wie man sich von schlechten Karten trennt. Das rote Spanien wurde fallengelassen, und gleiches geschah mit dem aufständischen Griechenland. Alles, was nun folgt, schildert nicht so sehr einen Aufstand, sondern ein Ertrinken, obwohl die Hoffnung auf einen glücklichen Ausgang noch nicht aufgegeben wurde.

In den Jahren 1970, 71 und bis Anfang 1972, als die Fedajin noch unter Nassers Bann standen, der sich auch nach seinem Tod nicht völlig auflöste, waren sie fest davon überzeugt, sie wirkten in der arabischen Welt und auf sie, sogar auf den Koran, den man nur zu interpretieren brauchte (einige Moslembrüder waren in der Widerstandsbewegung aktiv, andere beobachteten sie wahrscheinlich von außen). Die Palästinenser ahnten nicht, daß so viel Extravaganz die Welt verwirren würde. Nach einer anfänglichen Gewogenheit für den Kampf der Fedajin um ihre verlorene Heimat wandte sich ein Großteil der Weltöffentlichkeit von ihnen ab, auch dann, als Begin diese Gebiete Judäa und Samaria nannte und zu *Bestandteilen* (das ist die Sprache der Journalisten, der Diplomaten und Begins) von Eretz Israel erklärte.

Die Flugzeugentführungen begründeten ihren Ruhm und zugleich die Abkehr von ihrem Kampf. Ich befand mich gerade in Beirut, als die Kommandos von Habasch drei Flugzeuge zur Landung in der Wüste bei Zarqa zwangen. Ich sehe noch die elenden Mienen von drei Führern der Demokratischen Volksfront (Habasch), die mit einem Schlag wieder strahlten, als ich ihnen erklärte, daß das Kapern der Flugzeuge, die sich nacheinander artig in den Sand gesetzt hatten, die Bewunderung der Jugend Europas hervorgerufen hatte. Jener Jugend jedenfalls, dachte ich, die gern und oft Comics liest.

Die Fedajin der Stützpunkte, die man nicht mit der Bevölkerung der Lager um Amman, in der Mitte und in allen Gegenden von Jordanien verwechseln sollte, die Fedajin der Stützpunkte überwachen den Ghor, die Schlucht, die Klippen des Jordantals, Israel, das gesamte Gebiet um Ajlun, sogar ganz Jordanien. Damals träumten alle noch von großen Umwälzungen in den arabischen Nationen und niemand ahnte, daß die Palästinenser von Jordanien bald nach Syrien ziehen würden, von Syrien zum Libanon, nach Tunis, zum Jemen, bis in den Sudan und nach Algerien, über Zypern und Griechenland. Niemand wußte damals, daß eine große Niedergeschlagenheit sie zu verschlingen drohte, daß sie aber neuen Mut fassen und vielleicht wieder zu sich finden würden.

Noch immer spricht Abu Omar zu mir:

»Seit Mehmed Ali in Ägypten hat sich die arabische Welt, wie Sie sie von Paris aus sehen, weder beugen lassen, noch ist sie in Passivität erstarrt. Mehmed Ali überwarf sich mit der Hohen Pforte und mit den Engländern. 1925 kam es zum Drusen-Aufstand, den Euer General Gouraud in Syrien niederschlug; dann der Algerien-Krieg; die marokkanischen Revolten; der tunesische Aufstand schlug die Franzosen in die Flucht und auch die Italiener, mit denen sie sich die berühmte ›Regenkarte‹ teilten; 1958 erhob sich General Kassem gegen die Engländer und gegen Irak Petroleum; Nasser und selbst Gaddhaffi haben dem Reich der Senussi arg zugesetzt. Unsere Welt hat sich mächtig geschüttelt, um ihre Flöhe loszuwerden, aber kein Krieg, keine Bewegung zuvor hatte das Ausmaß der palästinensischen Revolution erreicht.«

»Zu viel Reichtum tötet, und mehr noch denjenigen, der ihn nicht erworben hat. Vielfalt der Augen, windenblau, braun, blaugrau, hellgrün, flaschengrün; schwarze Johannisbeere, Mischmasch von Akzenten, Wirrwarr von Begrüßungen, Dialekten, die sich von der arabischen Sprache herleiten, haben der westlichen Welt ihre im Sand wohnende Energie aufgedrängt. Eine bis zur Obstruktion des Beckenausgangs kopulierende Bevölkerung, das Elend, in einer goldbestickten Not zu leben, der Arabismus im Aufschwung zur Arabität, zum nicht bewaffneten, aber mit großem Getöse proklamierten Panarabismus, der die Palästinenser selbst in den Schatten stellen soll, vor allem sie, es sei denn, sie eignen sich als Ruhmesstaub, aus Gold natürlich, zum überpudern der arabischen Welt, des Erdöls und der Emire, die sie weihen und rechtfertigen. Wenn der Ruhm, also der Tod der Palästinenser, für sie nur Kupferstaub wäre, glaubst du denn, die Emire würden ihnen dann eine einzige Kopeke geben?«

Das sagte mir Raschid im April 1984 in Amman, auf seinem Holzstuhl vor dem Hotel Salaheddin, und ich schrieb es auf.

Zu viel Reichtum tötet, vor allem den, der ihn nicht erworben hat – dieser Satz verspottet die Emire, die die wahren Herren des Öls *ertragen*.

Er nimmt aber auch die notleidenen Araber aufs Korn, die durch ihr Jammern über diesen Reichtum, der ihnen Unglück bringt, den Verstand verlieren.

Da mir schon die arme Bevölkerung von Mauretanien von der Sache ein anschauliches Beispiel gegeben hatte, wollte ich von den Palästinensern wissen, ob es auch bei ihnen in den Flüchtlingslagern so etwas wie Prostitution gab, im verborgenen zwar, aber gut entwickelt. Die nicht aufeinander abgestimmten Antworten waren einmütig. Und das überrascht mich heute noch.

»Nein. Nicht in den jordanischen Lagern. Vielleicht im Libanon, vor den Massakern. Ich glaube nicht, daß es in Beirut einen oder gar mehrere Prostituiertenringe gegeben hat. Die wären bald aufgeflogen. Es hat Einzelfälle gegeben, aber außerhalb der Lager.«

»Das ist erstaunlich.«

»Nein. Die Palästinenserinnen sind wegen ihrer Schönheit nicht gerade berühmt. Die Palästinenser dagegen ja.«

War diese Bemerkung nur für mich bestimmt?

»Obwohl es einmal eine weiße Schreckensherrschaft bei euch gegeben hat, hat das Wort selbst in eurer französischen Sprache keinen allzu bösen Klang. Jack the ripper und Bonmot waren nur zwei liebenswerte Herren, die London beziehungsweise Paris in Schrecken versetzten, das Wort Terrorist dagegen erinnert an fletschende Zähne aus Metall, an das aufgerissene Maul und den roten Rachen einer Bestie. Die Schiiten, so steht es heute morgen in den Zeitungen, haben auch solch einen unmenschlichen Rachen, den Israel zerschlagen muß, mit Schwanzschlägen, mit dem Gift im Schwanz seiner Armee, die aus dem Libanon floh. Wer auf die Israelis Jagd macht, ist kein Gegner und kein Feind, sondern ein Terrorist, und das heißt, daß der Terrorist wahllos mordet und deshalb zertreten werden muß, wo man ihn trifft. Israel, das wunderbare, trug den Krieg bis in das Herz der Sprache selbst, um in einem ersten Schritt – als eine Art Vor-Golan – die Begriffe Holocaust und Genozid zu annektieren – Anfang und Schluß des Kapitels, das wir erleben werden. Der Überfall auf den Libanon hat Israel weder zum Eindringling noch zum Aggressor gestempelt; weder die Zerstörung Beiruts noch die dort verübten Massaker waren Terrorakte mit Hilfe amerikanischer Waffen, es gab keinen drei Monate andauernden Luftangriff mit Tonnen von Bomben auf eine Hauptstadt mit zwei Millionen Einwohnern, sondern die Reaktion eines erzürnten Herrn, der einen widerspenstigen Nachbarn streng strafen mußte. Die Worte sind insofern schrecklich, als Israel ein erschreckender Wortverdreher ist. Die Verurteilung erfolgt nicht zwangsläufig vor der Ausführung, aber da diese zuerst stattfindet, wird sie durch die Verurteilung im Nachhinein gerechtfertigt. Wenn der israelische Staat einen Schiiten und einen Palästinenser tötet, verkündet er gleich, er habe die Welt von zwei terroristischen Bewegungen befreit.

Ungehalten über das, was sie die Anmaßung der Palästinenser nannten, die jedesmal israelische Repressalien nach sich zogen, empfingen die Schiiten im Südlibanon die israelischen Panzerjäger mit einem Regen von parfümierten weißen Reiskörnern, Dragées, Rosenblättern und Jasminblüten; heute, am 24. Februar 1985, verstehen sich die Schiiten als die Wachablösung der etwas müden und ramponierten Palästinenser und verfolgen die israelischen Soldaten bis an die Grenze.

Vielleicht erinnern Sie sich an den Syrer Abu Gamal, jenen gläubigen Moslem, den ich in Ajlun kennenlernte und der mich im Zelt umarmte, sich aber weigerte, diese Worte zu sprechen: »*Ich achte dich, weil du nicht an Gott glaubst*« – heute weiß ich, daß er recht hatte. Ungeachtet aller taktischen Listen, die natürlich nicht als Kriegslisten gedacht waren, und gerade wegen des zeitlichen Primats gegenüber allen Gründen hatte er recht, sich auf den Islam zu berufen, doch nicht, um sich den alten Glauben zum Verbündeten zu machen, sondern um ihn in der Treue zum Gesetz der Erde wiederzufinden, die so viele Jahrhunderte lang das Gesetz getragen und gedacht hatte. Ein solcher Rückzug in die Vergangenheit war wie ein Abstieg in die schwindelerregende Tiefe des eigenen Ichs und des Todes, um dort neue Kraft für den Kampf zu schöpfen.

Danach ... Aber warum sollte es ein gedachtes Danach geben? Es war an der Zeit zu kämpfen.

Mehrere Bilder tauchen vor mir auf, und ich weiß nicht, warum ich gerade dieses wähle und ein letztes Mal beschreibe: Eine vom Dunst einer Waschmaschine beschlagene Fensterscheibe, von der sich das wirklich vorhandene Kondenswasser nach und nach verflüchtigt, die Scheibe wieder durchsichtig wird und plötzlich den Blick auf die Landschaft freigibt, der das Zimmer vielleicht ins Endlose verlängert. Ein zweites Bild: Immer wieder gleitet eine Hand mit einem Schwamm über eine Tafel, um die mit Kreide geschriebenen Worte abzuwischen. Das genügt. Der Abschied der Fedajin, die in den Kampf ziehen, von denen, die später den gleichen Weg gehen werden, scheint dieselbe Wirkung zu haben; zunächst umarmen sie einander. Jene, die bleiben, stehen regungslos am Weg, und die für den Einsatz am Jordan bestimmten Fedajin gehen lächelnd rückwärts, wobei die einen wie die anderen zum Abschied mit der Hand winken, als wollten sie etwas auswischen. So wie die Schriftzeichen auf der Tafel und wie das Kondenswasser auf der Fensterscheibe lösen sich die Gesichter der einen wie der anderen auf, und die von allen Tränen bereinigte

Landschaft bekommt ihr vorheriges Gesicht zurück. Die geweihten Fedajin waren die beherrschteren. Das kindliche Winken mit der Hand war ihnen zuviel geworden, sie kehrten ihren Kameraden den Rücken zu.

In Abu Gamals Verhalten lag keinerlei streitbare Absicht, sondern eine Vorahnung, die in seinem Zögern, mit ja oder nein – aber schließlich mit nein – zu antworten, zum Ausdruck kam; es war die Vorahnung, daß er nur gewinnen konnte, indem er an seinem Glauben festhielt und ihn sogar in der Tiefe seiner selbst und der Jahrhunderte suchen mußte, in denen er sich entwickelt hatte. Ein wunderbarer Umweg über Gott, also über sich selbst.

Verdrängen* ist ein vielseitiges Wort. Außer der Sonne, die wir viel besser sehen können, wenn der Mond sie verdunkelt, erscheinen uns auch Ereignisse, Menschen und Figuren, die durch andere eine Weile verdeckt waren, wie neu, denn ihr Verschwinden, und sei es noch so kurz gewesen, hatte eine reinigende, glättende Wirkung. Vietnam verdrängte Japan, das zuvor Europa, Amerika, alles verdrängt hatte. Doch nicht alles vermochte alles zu verdrängen. Der tückische Zauber des Wortes *verdrängen* beschwört hier das alte chinesische, indische, arabische, persische und japanische Bild vom Drachen, der die Sonne verschlingt – die vom Mond verfinsterte. Selbst in der Redewendung *ich verschwinde* spürt man das unstete Hin und Her zwischen *entfliehen* und *durch den Glanz eines anderen in den Schatten gestellt werden*. Kein Wunschdenken wird dieses Verb, das in einem fort das Weite sucht, jemals festsetzen können. Beginnen wir im Osten, wo die Aufstände und Aufplusterungen der Jugend immer wieder durch etwas Neues in den Hintergrund gedrängt wurden und von der Bildfläche verschwanden, um anderswo in neuem Gewand wieder aufzutauchen. 1966 die Zengakuren in Japan, die Roten Garden in China, die Studentenunruhen in Berkeley, die Black Panther, 1968 die Mai-Ereignisse in Paris, die Palästinenser; diese die Erde umspannenden, lebendigen Ringe waren das Gegenteil jener ande-

---

* *Eclipser* bei Genet und im Französischen mit einem breiten Bedeutungsspektrum: verfinstern, überstrahlen, unsichtbar machen, in den Schatten stellen, überflügeln, verdrängen usw.

ren Gürtel, die über anderen Breiten liegen: die Verwerfungen und tektonischen Spalten. Das Bild vom sonnenverschlingenden Drachen illustriert, wenn man so will, das Naturgesetz, nach dem sich die Sterne bewegen – die Gravitation. Man hat kaum Zeit zu denken, daß das Gefängnis hohl, sozusagen voller Löcher ist, schon schafft sich jeder Mensch eine andere Zeit und einen anderen Rhythmus als die der Sterne. In der Mitte jeder Zelle, ein Lied mit einer einzigen Note oder nicht, ein Schrei. Die Gefängnisse sind hohl. Verdrängen, dieses listige, etwas furchtsame Verb, ermöglicht jedem Ding, ein Himmelskörper zu sein, der einen anderen verdunkelt.

Auch die Lüge vermehrt und breitet sich endlos aus, denn hinter einer Lüge steckt ein Lügner oder glaubt sich dahinter zu verbergen, er versteckt sich, wird von einer neuen Lüge verdeckt, versinkt in der Unendlichkeit der Flucht, und wenn der Imam im verborgenen bleibt, wer war er dann, daß er fürchtete, man könnte etwas entdecken?

»Du verschweigst deine Zugehörigkeit zum alauitischen Glauben und Kult, du verheimlichst sie aus Angst, man könnte herausfinden, was an dir noch anders ist, nicht alauitisch, aber vielleicht wahr ist, oder ist es vielleicht der Jude?«

Am 14. September 1982, gegen elf Uhr vormittags, liefen die französischen, amerikanischen und italienischen Schiffe vom Beiruter Hafen aus. Ich sah sie fliehen im Blau des Meeres und des Himmels, mit ihren Landsleuten an Bord. Sie bildeten die Abschreckungsmacht, die zehn Tage früher, trotz israelischer Präsenz, die Evakuierung Arafats und der Fedajin ermöglicht hatte.

Die Franzosen hatten den Hafen von Beirut besetzt, um den reibungslosen Abtransport der Palästinenser zu sichern, der wie eine eigenartige Zeremonie vonstatten ging, eigenartig, weil die Einschiffung einem richtigen Begräbnis glich, wobei mehr noch als dieser Mann und seine Männer ihr zerschmettertes Symbol diese Trauermesse mit einem hell schallenden Lied verdient hatte, aber die französischen Soldaten überwachten auch die israelischen Patrouillen und die Falangisten, und sie entminten die Museumsdurchfahrt, die einzige Gasse, die den Merkeba-Panzern einen raschen Vorstoß von Beirut-Ost nach Beirut-West ermöglichte. Ein paar Tage später, zwischen elf Uhr vormittags und dreizehn Uhr, stachen die französischen, italienischen und amerikanischen Schiffe mit ihren Soldaten in See.

»Warum ziehen sie so schnell ab?«

Auf der Terrasse der Wohnung von Madame Shahid stellten wir uns alle diese Fragen, während der Feldstecher von Hand zu Hand ging und wir kaum unseren Augen trauten. Am Dienstag, dem 14. September, trugen die Schiffe die Abschreckungstruppen weit weg von der Libanesischen Küste, und am selben Tag, um halb vier, verdrängte die Ermordung Bechir Gemayels in Beirut-Ost die Abfahrt der Schiffe; um elf Uhr abends rückten die israelischen Panzer und Infanteristen in West-Beirut ein und verdrängten den Tod von Gemayel; ein Tag später wurden die palästinensischen Lager Sabra, Schatila und Bourj Brajneh drei Nächte lang beschossen, die zivilen Lagerinsassen gefoltert und niedergemetzelt – eine jähe Verdunkelung, die Israels Image schwer trübte. Wir warten darauf, daß das erste, entscheidende Ereignis wieder erscheint – aber deutlicher: der Verrat Frankreichs an der zivilen Bevölkerung, als es seine Soldaten abzog, nachdem diese in Ost-Beirut die Museums-Durchfahrt entmint hatten.

Damals starben zwei- bis dreitausend Palästinenser und Libanesen, einige Syrer, einige Jüdinnen, die mit Libanesen verheiratet waren, allesamt umgebracht in den Lagern von Sabra, Schatila und Burdsch Brashneh.

Sie starben mit weit geöffneten Augen, in denen sich das Entsetzen über das ganze Geschehen spiegelte, über die Männer, Stühle, Sterne, Sonnen, Falangisten, die sie zittern, sich winden, verschwimmen sahen, wissend, daß sie sterben würden, da jene, die sie für ihre Opfer hielten, sie in den Abgrund stießen. Die Sterbenden sahen, rochen, wußten, daß ihr Tod der Tod der Welt war. *Nach mir die Sintflut* war hierbei ein absurder Spruch, denn das *nach mir* ist nur der Tod der Schöpfung. So betrachtet ist der Tod das Phänomen, das die Welt zerstört. Vor den Augenlidern, die sich nicht schließen wollen, verliert die Welt nach und nach ihren Glanz, verschwimmt, löst sich auf, verschwindet schließlich, stirbt vor der Pupille, die unverwandt auf eine Welt starrt, die zugrunde geht. Und das heißt? Das weit aufgerissene Auge erkennt noch das Blinken des Messers und der Bajonette, den Glanz des Lichts, das näherkommt, und dieser Glanz wird schwächer, trübt sich, verschwindet, das Messer, die Hand, der Griff, die Uniform, der Blick, das Lachen, das Gesicht des Falangisten haben aufgehört zu sein.

Als die Totengräber den Sarg an den Seilen herabließen, erst senkrecht, dann gerade, erscholl über mir der Abschiedschor der Kameraden: »Mit dem Atem, mit dem Blut ...« 1973 vibrierten die Stimmen noch wie Trompeten. Ich habe viele solche Beerdigungen erlebt, und wenn ich heute das Wort Palästinenser höre, überkommt mich ein leichtes Schaudern, und ich kann nur darüber sprechen, indem ich das Bild eines Grabes in Form eines Schattens beschwöre, der aufmerksam vor den Füßen des Kämpfers liegt. Dieses gedachte Bild habe ich allein für den Leser geschrieben, denn nur so kann ich sagen, welcher Art der düstere Schauder ist, der mich jedesmal überfällt, wenn ich diese Silben höre: Palästi... Der Fidai, der zum Jordan hinabstieg, aß, während er davonging, ein letztes Stück Schweizerkäse.

Ein antik eingerichtetes Büro, ein Lampenschirm über vier unechten Kerzen, ein paar Papiere auf der Schreibunterlage des Tisches, dahinter ein Kamin aus Marmor, eine Stutzuhr mit Säulchen, ein Spiegel, der bis zur Decke des Salons im Murat-Stil hochgezogen werden kann – den Franzosen reicht das. Auch der Führer dieses Volkes sagt ich weiß nicht was.

Der plebejischen Sprache das Feld zu räumen, ist eine banale Höflichkeit, das wissen die Adligen. Ob adlig oder bürgerlich, Worte haben vor dem Pöbelhaften fast immer das Nachsehen. Aber in der tiefen Nacht, zwischen den Laken im warmen Bett entwickelt sich zwischen zwei Liebenden eine Sprache, die fast ohne Worte auskommt oder den Sinn der Worte ins Gegenteil verkehrt. Zwei Liebende oder oft drei, aber dann ist ein bißchen Scharlatanerie mit im Spiel. Wo auch immer diese nächtliche Sprache zwischen zwei Liebenden möglich wird, sie schafft ihnen eine Nacht, in der sie eine Zuflucht finden, auch mitten unter tausenden oder hunderttausenden anderen, und die feuchte Wärme ihres Wiedersehens ist manchem vielleicht in die Nase gestiegen. Nicht, daß sie neue Wörter erfinden würden – sie sind so dreist, dies in Gegenwart ihrer Opfer zu tun –, sie geben vielmehr den Dingen, den Gegenständen, den Bildern, ihren Geschlechtsmerkmalen – aber was ist für zwei Liebende kein Geschlechtsmerkmal? – einen Sinn, den wir nicht verstehen, weil alle Dinge anders beleuchtet werden. Hundert oder zweihundert Fedajin zusammen bleiben höflich. Ob Sieger oder Besiegte, sie bilden eine Truppe. Mit einem Blick, der flinker ist als ein Augenzwinkern, hat die Menge aus zwei Fedajin zwei sich Liebende gemacht. Ihr rasches und dennoch sichtbares Zusammentreffen und ihre Art, miteinander zu sprechen, machen diese zwei Liebenden für uns zu einem einzigen. Glauben Sie nur nicht, daß ich jetzt, da ich mich von der Begierde entferne, über sie schweigen werde, die »Liebenden« bedeutet für mich an dieser Stelle das Gegenteil desselben Wortes ein paar Zeilen weiter oben. Wer immer BI und BII zusammen sah (es handelt sich um zwei Fedajin, die ziemlich sorglos zwischen den Grenzen hin und her pendeln, der eine Sunnit, der andere Schiit, und beide Palästinenser), erlebte zwei ernste und keusche Liebende. Jedes ihrer Worte ist ein Verweis auf Sprengstoffe, Silos, Fernsteuerungsanlagen oder Personen, die sie alle mit Währungseinheiten bezeichnen: Sterling A, Gulden E, Ecu X, Mark P, deren Bedeutung sie allein kennen und wirklich nur sie. Keusch sind sie natürlich, aber so eng miteinander verbunden, daß das Lachen des einen sofort die Leere des anderen ausfüllt, wenn dieser traurig ist.

Mit ihnen unterhielt ich mich über Amal.

»Du hast recht«, sagte BII zu mir, »Amal und viele Schiiten fordern eine immer striktere Einhaltung der Glaubenssätze – von einer Schiitin gelesen, ist der Koran, vor allem in seinen strafrechtlichen Suren, von einer unerträglichen Strenge, zumal wenn man gerade an den Busen der Liz Taylor denkt –, wir dagegen, wir haben mit Gewehren, mit Bomben, Plastik und Zündsätzen zu tun, und wir schießen entweder im Stehen, auf den Knien oder liegend, genauso wie das auch die Christen tun.«

BI flüsterte mir ins Ohr, aber ziemlich laut:

»Alle Schiiten stehen im Dienst des Mossads.«

BII lachte lauthals:

»Stimmt. Aber der Mossad, für den der Schiit, der ich bin, arbeitet, ist sehr stark, denn die Informationen, die ich an ihn weitergebe, stammen vom Sunniten, der du bist.«

»Wir raunzen uns ständig an, und niemand merkt es. Wir beide werden erst im Tod geeint sein.«

Als ich Kind war, haben die Schauspieler, die in den Filmen Legionäre spielten, in diesem Ton miteinander geredet.

Da der Flughafen von Beirut offen ist, werde ich nicht nach Aden fliegen.

Meine letzte Reise sollte theoretisch so verlaufen: Paris, Kairo, Damaskus, Beirut, Amman, Aden, Paris; praktisch sah es dann so aus: Paris, Rabat, Amman, Beirut, Athen, Ruhrgebiet, Paris.

Als ich mit Hamza telefonierte, war ich vor allem von der Sanftheit seiner Stimme überrascht und von der Verzweiflung, die in seinen Worten mitklang.

»Wirst du eines Tages in dein Land zurückkehren?«

»In welches?«

»Jordanien.«

»Das ist nicht mein Land. Jean, ich bin erledigt. Ich habe graue Haare an den Schläfen. Und meine Wunden tun mir oft noch weh.«

»Es sind alte Wunden ...«

»Nein, Jean. Jedesmal, wenn sie wieder aufbrechen, sind es dieselben Schmerzen und dieselbe Überraschung wie beim erstenmal, im Gefängnis von Amman.«

»Und dein Sohn?«

»Ja, Jean.«

»Wird er in sein Land zurückkehren?«

»Ja, Jean.«

Und noch mehr Verzweiflung lag diesmal in seiner Stimme.

»Welches Land?«

Zum erstenmal hörte ich etwas Heiterkeit aus seiner Antwort heraus:

»Palästina.«

Dieses letzte Wort beruhigte mich. Wir hatten unser Gespräch recht und schlecht auf Arabisch geführt; auch das letzte Wort hatte Hamza auf Arabisch gesprochen: »Flastin«, und ich glaubte einen familiären Ton herauszuhören, als spräche er den Namen auf Argot aus, unter Weglassung des »i«: »F'lastin«.

Ist Liebe etwas anderes als das, was uns wach hält, was uns lähmt? Sie ist besorgt? Wo bleibt er bloß? Was ist mit ihr, was ist aus ihnen geworden? Die Frage taucht auf, als habe sie auf den richtigen Augenblick gewartet: entweder eine große Mattigkeit, bei der man nicht mehr klar denken kann und in Träumereien versinkt; oder ein Moment der Lust. Und sie, in welcher Not leben sie? So war das, was mich so lange schon und so stark beschäftigt hatte, längst auf der Suche dessen, was sein Werk vollbrachte: ein paar Altersflecken auf einem schmalen, argwöhnischen Gesicht, ein paar weiße Haare, Hennaschuppen auf einer welken Haut.

Israel im Kaftan, Pailletten am Kragen – war es eine Mauer, vor der die palästinensischen Wellen anbrandeten und ihren Kampf führten? Und wenn dieses Buch nur eine Spiegel-Aufzeichnung wäre, damit meine Silhouette eine Zeitlang, die nicht sie, sondern ich bestimme, zu den anderen zurückkehren kann? Vielleicht brauchte ich diesen in der Vergangenheit verfaßten Bericht, um zu begreifen, welcher Platz und welche Zeit den in meiner Erinnerung kauernden Schatten zugeteilt waren, und damit ich im Prozeß des Schreibens den Kampf in seiner Gesamtheit besser begreifen konnte, mit seinen Vorstößen und Rückzügen, dem Willen und den Launen, der Habgier, der Hingabe, denn nur selten habe ich geradeamal einen Ausschnitt des Räderwerks gesehen, niemals das Ziffernblatt. Ich bin davon nicht klüger geworden. Ich sehe etwas anderes, das sicher nicht mit den Worten niedergeschrieben werden sollte, die sich unmittelbar aus den Ereignissen ergaben. Sie haben stattgefunden, und es ist weder schlimm noch pietätlos, wenn ich jetzt einen etwas unbefangeneren Ton anschlage. Ich hinterlasse auf dem Wasser schon verwischte Spuren, die sich die Kämpfer in Marmor gemeißelt wünschten. Das Buch, das ich

Mitte 1983 zu schreiben beschloß, wiegt weniger als die leichte Röte des Fidais, der aus Ajlun floh. Was weiß man schon von einem Wirbelsturm, wenn man sich in dessen Auge befindet, und wer begreift, was die Daunen eines Kissens zu bedeuten haben, die er auf dem Wasser schwimmen sieht, und nur das?

Niemand am Rand der Grube wußte, daß meine Schuhe durchnäßt waren und daß ich den Friedhof als Bronchitiker verlassen würde.

Es ist nicht zu leugnen, der metaphysische Kampf geht weiter zwischen der jüdischen Moral und den Werten – dieses letzte Wort kann auch im monetären Sinne verstanden werden, denn einige Palästinenser sind tatsächlich reich geworden – den Werten von Fatah und den anderen Teilen der PLO, bei denen die sichersten nach Bargeld riechen; zwischen den jüdischen Werten, sagte ich, und dem lebendigen Aufruhr.

An dieser Stelle – bevor ich diesen Band schließe – möchte ich eine der eindringlichsten Wahrnehmungen wiedergeben, die ich im Hinblick auf Oberleutnant Mubarak je hatte. Es geschah an einem Abend in Salt; ich erlebte zu meiner großen Überraschung, wie die Welt in zwei Teile geschnitten wurde. Sie erschien mir in der Gestalt eines Menschen in dem Augenblick, da sie in zwei Teile geschnitten wird, und dieser Augenblick, der sehr kurz zu sein scheint, wenn die Schneide des Messers scharf ist, dauerte diesmal länger, denn Oberleutnant Mubarak lief in der untergehenden Sonne vor mir her; somit war er das Messer, oder genauer gesagt der Griff des Messers, das die Welt zweiteilte; seine Linke das Licht, da er von Süd nach Nord ging, die andere seine Rechte. Vom Himmel her – denn die Sonne war hinter den jordanischen Bergen versunken – beschien ein rotes, rosa Licht, der letzte Schimmer der untergehenden Sonne, das linke Profil des Oberleutnants, sein Gesicht und den Körper, während die rechte Seite im Schatten lag, und mir schien, als würde diese dunkle Linie, indem sie breiter wurde, die Landstriche – also die Wüste – im Osten verdunkeln. Der vor mir herlaufende Oberleutnant sonderte die Finsternis vom Licht und war die Projektion in unsere Zeit jenes Papstes, der sich für das Messer hielt, mit dem die Welt in zwei Teile geschnitten wird, der eine in Portugal, der andere in

Spanien. So schwarz Mubaraks Gesicht und so schwarz vermutlich auch seine Haut war, die sich über Muskeln und Knorpeln spannte, als die Nacht herniedersank, wurde er doch zu einer eher erzengelgleichen als menschenähnlichen Gestalt. Sein Hinken verschwand fast vollkommen, als er diesen Weg hinaufstieg.

Ist Tapferkeit der Maßstab für die Existenzberechtigung eines Lagers? Wenn aber diese nun auf etwas Näherliegendem beruht, auf der Freude des Geistes, der seinen Körper in Gefahr weiß und auch die komplexen Gründe kennt, auf den Rivalitäten einer Männerbande im Vollbesitz ihrer jugendlichen Kraft, auf einem Patriotismus, der ebenso reizbar ist wie die Eifersucht eines Verliebten, auf uralten, überlieferten Stammesfehden und auf der unverhüllten Lust zu plündern und zu morden, die so gewaltig groß ist, daß der Plünderer noch vor dem Plündern in Todesgefahr gerät, daß der Folterknecht zur Hölle und zum Fest ja sagt, da sie auch ihm zuteil werden wird – dann wäre es ungerecht, Israel den Rausch der Tapferkeit, des Plünderns und der Folter zu verwehren.

Wenn das Wort Erinnerung schon im Titel dieses Buches steht, sollte ich das Spiel der Memoiren-Literatur freudig mitspielen und einige Fakten ans Tageslicht befördern. Als Achtzehnjähriger kam ich nach Damaskus, kurz nach dem Drusen-Aufstand. Die Stadt war verwüstet, und das war das Werk der französischen Armee, worüber ich mich nicht wunderte, denn diese Armee, der ich seit ein paar Wochen angehörte, kontrollierte die Stadt, umklammerte sie, ließ ihr aber ihre Exotik, verstärkte sie sogar, denn zum erstenmal in meinem Leben erlebte ich eine von jungen Soldaten eroberte Stadt. Exotik, Freiheit und Armee gaben Damaskus das Gepräge. Freiheit deshalb, weil ich seit kurzem aus einer strengen Erziehungsanstalt entlassen worden war, in der ich fast vier Jahre verbracht hatte. Es herrschte eine strenge Disziplin – trotz des Namens, der uns kennzeichnete, wobei das Wort hier den Sieger bezeichnete, und auch wenn ich in Damaskus kein Oberst war, war ich, vielleicht ohne es zu wissen, der Janitschar des Obersten. Da ich so gut wie nichts vom Maurerhandwerk verstand, wurde ich mit dem Bau eines Bunkers aus Stahlbeton beauftragt. Als ich eintraf, waren die Ausschachtungsarbeiten für das Fundament auf dem Hügel, von dem aus man Damaskus beherrschte, schon abgeschlossen. Die tunesischen Turkos waren ebenso unkundig wie ich, doch ein ferner, unsichtbarer Hauptmann hatte mich im Namen Frankreichs zum Verantwortlichen für diese Baustelle und für die gelungene Arbeit der Soldaten bestimmt, die alle älter waren als ich. Wie auch immer, sie gehorchten nicht so sehr mir als einem *gewissen Bild von Frankreich*. Kommt man von Beirut mit der Eisenbahn, erblickt man, kurz vor den Toren der Stadt Damaskus, vor denen der Prophet, wie es heißt, stehenblieb »Ich werde Damaskus nicht betreten, denn das Paradies betritt man nicht zweimal« –, den von den Römern kanalisierten Fluß Barada, der auf vier, manchmal sogar fünf verschiedenen Ebenen das Paradies bewässerte, die Aprikosenhaine rechts, und durch das Abteilfenster sah ich einen Hügel in der beginnenden Wüste und darauf den Unterbau eines Bauwerks, das die Franzosen Fort Andrea nannten. Zwei weitere Verteilergräben des Baradas, die höher verliefen als die drei Rinnen rechts, bildeten am Hang dieses Hügels eine Art Doppelkreis auf zwei Ebenen, kurz bevor der Zug in Damaskus einfuhr. Ähnlich wie in manchen Siedlungen an Seeufern sah man hier an den Bewässerungsgräben grün gestrichene Häuser auf Pfählen, vor denen junge Tscherkessen Raki in Gläsern ausschenkten.

Auf dem Nachhauseweg vom Stadtzentrum, von der Moschee der Omaijaden oder vom Suk Hamidiah, kam ich durch das Kurdenviertel. Auf dem Fort Andrea machten die tunesischen Soldaten dieselbe Arbeit wie ich als Soldat der Pioniere: Der Zement zerfraß uns die Haut und ein wenig auch die Lederhaut. In der Mitte des Forts sollte ein kleiner sechseckiger Turm stehen und zwar für ein Geschütz, dessen Kaliber ich vergessen habe. In dem Maße, wie das Fort in die Höhe wuchs, vollzog sich auch meine Lehre als Maurer. Während und nach unseren Kartenspielen in den kleinen Moscheen wurde mir General Gouraud – der Verantwortliche für die Trümmer der Stadt und für das, was der *wiederhergestellte Frieden* genannt wurde – so beschrieben, wie wir heute General Sharon beschreiben. Der Geschützturm nahm Gestalt an, und wie mir heute scheint, harrte er seit den ersten Verschalungen auf den Augenblick, da man ihn mit einem Küstengeschütz vermählen würde. Diese Ungeduld und diese Hochzeit waren mir ziemlich gleichgültig, so verbrachte ich meine Nächte damit, Karten zu spielen und etwas Arabisch zu lernen. Erst heute begreife ich meine Rolle bei diesem nächtlichen Spiel. Wie später unter Mahjubs Befehl war das Kartenspiel damals durch die französische Armee verboten worden; die Syrer mußten sich dafür verstecken, und ich durfte mich zu ihnen setzen und mitspielen; da ich nicht mehr besaß als den Sold eines Einberufenen, hätte ich bei einem richtigen Spiel um Geld – das sichtbar am Teppichrand lag – kaum mithalten können. Zwischen zwei und drei Uhr früh säuberte jeder Spieler seinen Platz von den Pistazienschalen. Ich kehrte spät, das heißt zu früher Stunde zum Fort zurück. Der Lebemann, der im Morgengrauen todmüde von Spielkasino nach Hause geht, – das war ich 1929 in Damaskus, elf Monate lang. Angenommen, eine vom Schein der Kerzen angelockte Patrouille hätte die syrischen Spieler überrascht, die im Spiel ebenso berühmt sind wie die Griechen, die Anwesenheit eines französischen Soldaten hätte die Gefahr vielleicht gebannt.

Der Hauptmann der Pioniere kam, um den von der Einschalung befreiten Turm zu begutachten, und wie Gott sein Werk, fand er gut, was er gemacht hatte. Er spendierte mir aus der Feldflasche, die an seinem Koppel hing, ein Viertel Rum. Der Branntwein war warm von der Sonne und von der schwitzenden Hüfte des Offiziers. Der Hauptmann nahm selbst auch einen Schluck, und etwas Rum und Speichel tropften auf seine himmelblaue Uniform; er schob sein dreifach mit Gold besticktes Käppi nach hinten, verschloß die Feldflasche wieder mit dem Korken, stammelte ein paar herzliche Worte, die ich für mich so übersetzte: »Saubere Arbeit, verdienen großes Ordensband oder Kriegsverdienstkreuz mit Palmenkranz.«

Seit eh und je hat dieser Palmenkranz das Kriegskreuz mit einer geheimnisvollen Aureole umgeben. Der Hauptmann war so gütig und so geistesgegenwärtig, mich davon zu unterrichten, daß die Marineinfanteristen in einer Woche das Geschütz heraufbringen würden. Und für dieses Fest – alle Mann an Deck, mit geputzten

Waffen, Schuhen und Füßen. Der bewußte Tag kam. Man teilte uns mit, daß Maultiere den Hügel hinanstiegen und auf dem Rücken oder an den Seiten die Lafette und – was die Tunesischen Pioniere ebenso befremdete wie mich – die Seele des Geschützes trugen. Der Hauptmann, der als erster eintraf, sagte es uns:

»Die Seele der Kanone ist unterwegs.«

Selbst, wenn es auf Eselsrücken transportiert werden mußte, blieb das Küstengeschütz eine noble Waffe, und wir waren nur Pioniere, die ihre Schanzarbeiten zu machen hatten, und wenn es bei der Artillerie Probleme gab, waren wir nur die Handlanger:

»Präsentiert ... Gewehr!«

Zu Ehren der in achthundertjähriger Arbeit herangereiften Bombarde präsentierten wir unsere Lebel-Karabiner. So hielt das in Lafette und Rohr mit Seele zerlegte Geschütz auf dem Rücken zweier Maultiere seinen Einzug in das Fort, zwischen zwei Reihen von friedlichen, aber bewaffneten Soldaten. Ich spüre noch heute den wohligen Schauder, der den Beton des empfangsbereiten Turms durchrieselte. Das Geschütz wurde ausgerichtet. Da niemand zu sagen vermag, was einem Marineoffizier an Land durch den Kopf geht, und auch nicht, auf welche Weise, wissen wir bis heute nicht, warum der Kapitänleutnant mich zu der geleisteten Arbeit beglückwünschte. Hätte ich nicht gerade die rechte Hand gebraucht, um den Kolben des präsentierten Gewehrs zu halten, er hätte mir mit seiner weiß behandschuhten Rechten die Hand geschüttelt. Seine Linke war ohne Handschuh, den er zwischen den Fingern hielt. Ich vernahm dies:

»Um den Oberst Andrea zu ehren, der als französischer Offizier auf dem Feld der Ehre fiel, um ihre ausgezeichnete Arbeit zu ehren, Hauptmann sowie die Arbeit des jungen französischen Pioniers und die Arbeit dieser braven Einheimischen, werden wir einen Schuß Salut abgeben, aber nur einen.«

Gibt es Bücher oder ein einziges Buch oder nur eine Seite über die Entstehung eines Spinnennetzes im Dunkel der Nacht? Ich bin mir nicht sicher, daß es wirklich irgendwelche Forscher gegeben hat, die sich versteckten, um in der Dunkelheit zu sehen, wie die Spinnen spinnen. Oder doch? Es gibt ein italienisches Buch, das Süditalien und Sizilien beschreibt und das Bild einer an einem

Faden der heiligen Jungfrau hängenden Ariane oder Ariadne beschwört. Aber wer hatte schon die Gelegenheit, in der Mittagszeit und unter der Sonne Syriens zu beobachten, wie ein dünner Speichelfaden ein Spitzenmuster webt, wie das Spinnennetz zu einem Kontinent heranwächst und vor allem, wo dieser nicht gerissene Faden das Licht der Welt erblickte?

Der Gedanke war dem Marineoffizier nicht spontan gekommen. In einer geplanten Affekthandlung hatte er die Maultiere der Marineinfanteristen auch eine Kiste mit Granaten heraufbringen lassen.

Dieses eine Wort genügte, um uns aus dem Häuschen zu bringen: Granaten! Ach je! Und so nahe bei uns? War denn der Krieg so nahe und der Ruhm zum Greifen nahe?

»Schützen, einen einzigen Schuß!«

Wir fühlten uns einigermaßen ernüchtert, zumal er sehr schlicht, fast ordinär, wenn auch etwas gespreizt den Befehl ergänzte:

»Knallsatz, natürlich.«

Diesem Wörtchen *natürlich* ließ er ein lautes, fröhliches Lachen folgen, um die Feierlichkeit des Augenblicks ein wenig zu dämpfen. Diese Seefahrer sind doch Kinder.

Der Befehl wurde ausgeführt. Es gab einen eher dumpfen Knall, und ein Geruch von Schießpulver hing in der Luft. Ich öffnete wieder die Augen. Sehr langsam, fast zu langsam, als sollte ich verschont werden und meinen Augen nicht trauen, erschien ein Spinngewebe. Hier und da zeigten sich Risse im Geschützturm, der mir zu beben schien und unzweifelhaft einstürzte, zu Schutt zerfiel; das edle Seegeschütz schwankte, fand auf diesem sandigen Hügel zur natürlichen Bewegung zurück, die es auf der bewegten See hatte; unverkennbar war die Ähnlichkeit mit dem wankenden Gang eines Tiroler Zugschaffners, wenn der Zug in eine Kurve fährt, und allein das erinnert noch daran, daß Österreich einst einen Seehafen besaß und damit Zugang zum Meer, zu allen Meeren hatte.

Das Geschütz ging unter im Stahlbeton. Das Militärlazarett, das die Syrer später ein wenig umbauten – ich habe es dieser Tage wieder gesehen –, war ein stiller Ort. Die Ärzte kurierten meine

Gelbsucht, die ich meiner Schande verdankte. Ich wurde nach Frankreich repatriiert, bekam noch einen Monat Genesungsurlaub, aber meine Militärkarriere war ruiniert. So werde ich nach meinem Tod nicht verewigt werden auf einem bronzenen Pferd, ich selbst oder mein in Bronze gegossenes Abbild, das nachts im Mondlicht seinen Schatten wirft. Dieser winzige, lächerliche, aber monumentale Schiffbruch war jedoch vielleicht der Auslöser für die Freundschaft, die mich später mit den Palästinensern verbinden sollte. Darauf werde ich im einzelnen noch zurückkommen.

Es war allein die palästinensische Tragödie, die mich dazu brachte, dieses Buch zu schreiben. Doch wie konnte es geschehen, daß ich die scheinbar wahnsinnige Logik dieses Krieges so vollkommen übernahm? Eine mögliche Erklärung sehe ich nur in dem, was mir wertvoll ist, das heißt in dem einen oder dem anderen meiner Gefängnisse, in einem bißchen Moos, einigen Halmen Heu und vielleicht in einem paar Wiesenblumen, die eine Betondecke oder eine Granitplatte anheben, oder – und das soll der einzige Luxus sein, den ich mir gönne – in zwei, drei Heckenrosen auf einem dornigen, dürren Strauch.

So gut gebaut das Gefängnis auch sein mochte, fest gefügt aus Granitblöcken, die der stärkste Zement und schmiedeeiserne Klammern zusammenhielten, es bildeten sich stets Risse unter der Wirkung des Regenwassers, und ein Samenkorn, ein Sonnenstrahl, ein Grashalm genügten, um die Quader zu sprengen – das Gute war vollbracht, will sagen, das Gefängnis war zerrüttet.

PALÄSTINA WIRD SIEGEN ist weit weg von *Israel wird leben*, groß ist der Abstand zwischen dem Säbelhieb und der Knospe, und dieser Glücksfall, der nur rhetorischer Art ist, ängstigt mich ebenso sehr wie eine militärische Niederlage.

Frankreich, wo ich mich im Alter zwischen sechs und acht Jahren als Femder fühlte, obgleich das Sozialamt sich in den Krankenhäusern der ganzen Welt für die Krebskranken einsetzte, Frankreich lebte um mich herum. Es glaubte, mich zu enthalten, währenddessen ich hier und dort weit weg war. Es kreiste um mich so, wie es um den Erdball sein auf den Weltkarten rosafarbenes Kolonialreich kreisen ließ, und in diesen rosafarbenen Übersee-Gebieten hätte ich ohne Paß, aber in Holzpantinen um die

Welt reisen können. Das so ungeheuer hochmütige Reich, das höchstens vom British Empire bedrängt wurde, dieses Frankreich wurde, ohne einen einzigen Schwertstreich – dieses Bild aus der feudalen Sprache zwingt sich hier geradezu auf – von einigen Bataillonen schöner und blonder Krieger überfallen. Von ihrer Schönheit, ihrem blondem Haar und ihrer Jugend besiegt, legte sich Frankreich nieder. Auf den Bauch. Ich war dabei. Von Entsetzen gepackt, ergriff Frankreich die Flucht, und meine Augen sahen dies: Ein Volk von hinten, davonlaufende Rücken, eingefangen zwischen so vielen Sonnen: der Junisonne, der Sonne des Südens, dem deutschen Stern. Und wohin rannte diese Herde von Rücken und Sonnen, man glaubt es kaum? Der Sonne entgegen. In diesem verwüsteten Tempel erschienen Moose, Flechten, manchmal die Güte und noch seltsamere Dinge, eine fast glückliche, elementare Verwirrung, frei von sozialen Klassen. Ich blieb davon weitgehend ausgeschlossen. In meinem Stolz, den ich von den ehemaligen Herren der Welt übernommen hatte, betrachtete ich voller Begeisterung die Wandlung, die sich hier vollzog, aber gleichzeitig trauerte ich insgeheim, weil ich davon ausgeschlossen war. Szenen wie diese trugen sich zu: Eine Dame, behangen mit Schmuck an den Fingern, den Armgelenken, den Ohren, dem Hals, betreute zwei arme und bösartige Kinder; im selben Zugabteil zweiter Klasse kümmerte sich ein mit verschiedenen Orden geschmückter Herr, der einen Eden-Hut trug, voller Hingabe um einen armen, verwundeten, erschöpften und schmutzigen Greis; eine junge Frau mit grün lackierten Fingernägeln half einer geplagten Alten, die sich mit vier Pappkoffern schleppte, und mit Geduld und zwei linken Händen entwirrte sie einen Knoten nach dem anderen, um aus dem Koffer graue, gestopfte Socken hervorzuholen, doch tat sie es so, wie dieses so taktvolle Volk seine Sprache pflegt, in welcher: Berber gleich Barbare ist, Hascher gleich Mörder, Andalusier gleich Vandale, Apache gleich Ganove, Engländer, Marokkaner gleich Dreckskerl, Wetche, Boche, Bruder, Kameltreiber. Die stolzen Franzosen, die so stolz auf ihre Kolonien waren, waren zu ihren eigenen Gastarbeitern geworden. Sie erlebten deren Mühsal und auch, in kurzen Augenblicken, deren Unschuld. Moos, Flechte, Gras und ein paar Triebe der

Heckenrosen, die Platten aus rotem Granit anzuheben vermögen – das ist das Bild des palästinensischen Volkes, das hier und dort aus den Ritzen drang ... Denn ich werde erklären müssen, warum ich zu den Fedajin ging, ich werde den wahren Grund nennen: aus Spaß. Der Zufall hat mir dabei entscheidend geholfen. Ich glaube, daß ich mich von dieser Welt schon abgekehrt hatte. Und sehr langsam, als litte ich an Auszehrung, starb ich endgültig – um was herzumachen.

Die Inkubation einer Viruserkrankung kann mitunter so lange dauern, so vielschichtig sein und so weit zurückliegen, daß der genaue Zeitpunkt der Zeugung, und nicht der Geburt, der Moment der histologischen Differenzierung unmöglich zu bestimmen ist; so wie die Anfänge einer Revolution sind auch die Geschicke einer Familie, der Beginn ihres dynastischen Schicksals infolge unmerklicher Richtungsänderungen in Vergessenheit geraten; ich bin nicht imstande, den Anfang dieses Buches exakt zu datieren. War es nach Schatila? Der 1. November 1954 war die Voraussetzung dafür, daß Frankreich 1962 zur Einsicht kam und in einem kleinen französischen Kurort die Kapitulation unterschrieb. Zwischen 1920 und 1964 (Gründung von Al Fatah) hat in den Zeitungen über die Palästinenser nicht viel gestanden, denn Europa und Amerika scheuten sich zu erfahren, daß der Kampf um Palästina schon begonnen hatte.

Das Wort Exotik könnte mich auf einen Weg führen, der nicht der richtige wäre, Exotik – dieses Staunen darüber, daß man endlich sieht, wenn man die Horizontlinie überschreitet, die ständig zurückweicht. Dahinter – ein Dahinter gibt es nie, außer der Horizontlinie, die sich ändert, und das ist zweifellos die Fremde. Dieser langjährige, vertraute Umgang gerade mit dem, was diese fortwährend überschrittene Linie mir verbarg, dieses immerwährende Unterwegssein, ja der fast unwiderstehliche Drang zu Reisen haben dazu geführt, daß ich nicht nur Frankreich, sondern auch das Abendland während der Niederschrift dieses Buches nur noch wie durch einen Dunstschleier sah. Sie lagen für mich in weiter Ferne, sie waren für mich zum Inbegriff des Exotischen schlechthin geworden, so daß ich nach Frankreich reiste, so wie ein Franzose nach Burma reist. Im Oktober 1983 begann ich dieses Buch zu schreiben. Und ich entfremdete mich Frankreich.

Vom 12. Juni bis zum 8. September 1982 wurde Beirut durch israelische Flugzeuge bombardiert, und das, was sie bei ihren Luftangriffen stehen ließen, wurde von den Falangisten dem Erdboden gleichgemacht. Aus den Trümmern wurde Staub. Eine in Schutt und Asche gelegte Stadt ist ein seltener Anblick: Ich habe Köln, Hamburg, Berlin und Beirut gesehen. Wieviel wird von Sabra, Schatila und Bourj Brajneh übrigbleiben? Durch die Hauptstraße von Schatila bin ich so gelaufen, wie man Bocksprünge macht, über die Toten, die auf dem Asphalt lagen. Hindernisspringen in meiner Karriere. Der Verwesungsgeruch war so stark, daß man ihn fast sehen und ebensowenig überwinden konnte wie eine Mauer. In diesem September 1984 erkannte ich den Ort nicht wieder. Die Hauptstraße war um einiges schmaler geworden. Die Autos kamen nur langsam und stockend voran. Der Lärm der Hupen und Motoren und das Geschrei brachten mir die Friedhofstille wieder in Erinnerung, und ich beging eine Blasphemie: Ich sehnte mich zurück nach jener Stille. Um die mit Obst und Gemüse beladenen Verkaufsstände drängte sich eine aufgeregte Kundschaft. Sie war palästinensisch und ebenso bunt wie die Auslagen.

»Man kann in Israel kaum noch atmen«, schrieb einmal der Rabbi Kahane und warf den israelischen Arabern vor, sie würden die Luft des hebräischen Staates vergiften oder verpesten. Die Gier zu leben, zu wachsen und in wilder Hast zu verbrauchen, um an der Welt zugrunde zu gehen, nachdem man sie heruntergeschlungen hatte – dieses Bild hatte ich vor Augen, als ich zwei Jahre nach den Massakern durch die Hauptstraße von Schatila ging.

Der Reisende, der vom Flughafen kommt und noch nie in Amman war, erlebt Jordanien als ein ausgesprochen reizvolles Land, besonders am Abend; ich überlasse es der Phantasie eines jeden Lesers, die Farben auszuwählen, die bei den meisten Reiseagenturen so beliebt sind; die Wasserstellen waren oft von Bäumen umstanden, und wenn sie nicht von Natur aus gegeben waren, wurden sie durch Bohrungen in steinigen Schluchten geschaffen;

sogleich begannen Lianen an den verrosteten Gerippen der alten artesischen Brunnen hochzuranken. Vierzehn Jahre nach meinem ersten Aufenthalt konnte ich nichts mehr wiedererkennen, aber ich begriff sofort, daß der Zauber der Hügel, der fernen, dunkleren Berge, der kleinen Täler, der Gärten und Villen von den gestrichenen Drahtgittern herrührte, hinter denen sich die grausame Trostlosigkeit der palästinensischen Lager verbarg.

Kenner der Tapferkeit und der taktischen Erfindungsgabe der Fedajin sollten jene Spezialisten konsultieren, die sich ihr Leben lang mit dem Kriegshandwerk beschäftigt haben: Bayard, Crillon, Turenne, Napoleon und Foch bei uns und, nach Meinung der Theaterleute, auch Lyautey.

Was mich betrifft, so erlebte ich die Fedajin als durchaus tapfere und mutige Männer, doch eines an ihnen ernüchterte und verwunderte mich sehr: sie hatten keine Scheu, weder zu töten noch getötet zu werden, Leid zuzufügen und Leid zu empfangen. Ihr besonderes Interesse galt zwar den Kriegslisten, doch gewann ich sehr bald den Eindruck, daß sie nicht zu töten aufhören würden, bis sie gesiegt hatten. Als Sieger hätten sie ohne Anmaßung und ohne Niedertracht den Israelis ein Territorium anbieten können, doch sie wehrten sich gegen den Gedanken, daß man sie für immer vertrieben hatte. Schmählich dazu, denn die Vertreibung hatte im Namen einer im Kodex der Eindringlinge festgeschriebenen Moral stattgefunden.

Was mich am meisten verwirrte und gelegentlich aus der Fassung brachte, war die Zwiespältigkeit, in der sie lebten: jeder von ihnen eine Kämpfernatur und in jeder Hinsicht motiviert: der Haß gegen den Feind, die gemeinen Schimpfwörter, mit denen man ihn belegt, das männliche Vergnügen am Kampf Mann gegen Mann, die Gewißheit, für die gerechte Sache der eigenen Sippe zu streiten, kurzum, das ganze Drum und Dran, dessentwegen man sich mit dem Dolch als allerletzter Waffe in den Nahkampf stürzt – und ist der Kampf vorbei, warum steht der Tote, Freund oder Feind, nicht auf und geht sich das Gesicht waschen?

Ich habe die Fedajin erlebt und sehe sie heute noch wie Menschen, die über die getöteten Israelis in Zorn geraten können, weil diese von den Toten nicht auferstehen wollen, Juden, die nicht begreifen können, daß der Tod eine Nacht nur dauern darf, weil die Kämpfer sonst zu Mördern werden.

»Einen Menschen töten heißt noch lange nicht, daß dieser ewig tot sein wird.« Die Grausamkeit der Beduinen, jener Soldaten, die einen so schönen Tanz aufgeführt hatten, konnte er niemals ganz verstehen. Er begriff nicht einmal das, was dem Fremden ins Auge sprang: die Eleganz in der Sparsamkeit der Mittel. Durch seine bloße, sogar reglose Anwesenheit zertrümmerte ein einziger Beduinen-Soldat das wunderbare Arragement der armseligen Möbel, die vom Ammaner Sperrmüll stammten.

Vielleicht stimmte die Behauptung Abu Omars, wonach zwanzig Jahre genügt hatten, um bei den Beduinen und Tscherkessen ein Gefühl der nationalen Zugehörigkeit zum jordanischen Königreich entstehen zu lassen – obwohl dieses Königreich erst 1959 und als Ergebnis so offenkundiger Machenschaften gegründet worden war, daß ich mich über dieses neuartige Gefühl bei den Beduinen nur wundern konnte.

Es sei daran erinnert, daß dieses Land aus dem ehemaligen Transjordanien hervorging, das England dem Emir Abdallah, Großvater Husains und selbst Sohn des Hidjas-Emirs, geschenkt hatte. Das Königreich von Jordanien erschien mir derart mißraten mit seiner in ihrer Mehrheit palästinensischen Bevölkerung – Auswanderer aus Palästina, wie sie sich selbst nannten –, mit den in den Städten – Amman, Zarka, Irbid und Salt – lebenden Jordaniern, den unsteten Beduinen und schließlich den Tscherkessen, daß man an eine Kolonie denken mußte, die in erster Linie den Interessen der Engländer diente und dann auch denen der Amerikaner. Als armes Land, mit Ausnahme der Jordanebene, Land ohne Bodenschätze, nach denen aber geschürft wurde, wurde es anscheinend nur zu einen einzigen Zweck geschaffen, nämlich Pufferzone zu sein zwischen Syrien und Israel einerseits und Saudiarabien im Süden. Wenn nun die Jordanier Jordanien als ihre Heimat betrachteten, mußte ihnen die versuchte Machtergreifung der Palästinenser wie ein Frevel vorkommen, und nicht nur wegen der Freiheiten, die sich diese dabei herausnahmen, sondern wegen des Staatsstreiches an sich. Legitimer König war allein der direkte Nachkomme des Propheten. In dem Rechteck, das den

Palästinensern aufgrund der in der tunesischen Botschaft in Amman unterschriebenen Verträge zugestanden wurde, benahmen sich die Palästinenser der Lager und die Soldaten der Stützpunkte wie Okkupanten. Im Abschnitt von Ajlun, in dem ich mich aufhielt, erlebte ich den Verdruß der Bauern, die den Haß, der in ihnen kochte, nur schwer zügeln konnten.

Die Palästinenser haben auch den Fehler begangen, manchen sicherlich unbedeutenden, aber jungen Beamten der Zoll- oder Polizeibehörde, des Post- oder des Gesundheitswesens, der bereit war, mit ihnen zusammenzuarbeiten, ziemlich feindselig zu begegnen. Abgeschnitten von der ländlichen Bevölkerung an den Ufern des Jordan, lebten die Palästinenser ab Juli 1971 isoliert in einem feindlichen Umland.

»Ich glaube, er wurde von den Beduinen gefangengenommen und gefoltert. Ich werde mich noch einmal erkundigen.«

Mit leiser Stimme hatte er auf Arabisch hinzugefügt, vermutlich, weil ich es nicht hören sollte:

»Hamza aus Irbid, der müßte doch tot sein.«

Der mir das sagte, hieß Hani El-Hassan...

Auch die Lager hatten sich geändert. Die Zeltplanen und trockenen Lehmwände waren durch einen sintflutartigen Beton ersetzt worden, der sich von Brasilia in die Lager, von La Paz in die Lager, von Osaka in die Lager, von Neu-Delhi in die Lager ergoß, nachdem er Indien überschwemmt hatte, unterentwickelte Wesen gebärend. Wie Moose erst, Flechten, zeigte sich dieses aufkeimende Leben in den Rissen einer stehengebliebenen Wand, im kaum sichtbaren Spalt zwischen zwei Kalksteinplatten, Grassamen, junge Bengel neben den Männern, waren in den Frauen den Ritze aufgegangen. Alle hier wurden aus dem rissigen Beton geboren. Sie besaßen das, was ich für immer ausgetilgt hielt durch Husains Beduinen, durch Dayans Piloten und durch die Vorkehrungen der Weltbank oder World Bank: den Glanz der Zähne und der Augen, mit dem Zittern. Werde ich mich daran gewöhnen müssen und auch daran, daß die Wirklichkeit erfindungsreicher ist als meine Alpträume und meine Erinnerungen?

Wie entsteht eine Reise? Welche Gründe macht man dafür geltend? Ebensowenig, wie ich nach Amman flog, um später in Frankreich über Husains Willkür zu berichten, war ich im Juni 1984 zu einer neuen Reise aufgebrochen, um etwas über die Lage der Fedajin zu erzählen, die weit verstreut zwischen Algier und Aden lebten. Der Fixpunkt, der Polarstern, an dem ich mich stets orientierte, waren Hamza, seine Mutter, Hamzas Verschwinden, seine Folterungen, sein fast gewisser Tod; tot und begraben also, während die Mutter überlebte, aber wie alt? Dieser Fixpunkt hieß vielleicht Liebe, aber von welcher Art war dann die Liebe, die einst in mir keimte, wuchs und vierzehn Jahre lang in mir fortlebte, für einen jungen Burschen und eine Alte, mit denen ich alles in allem nur vierundzwanzig Stunden verbracht hatte? Da ich seine Ausstrahlung noch immer spürte, mußte seine radioaktive Kraft in den Jahrtausenden gewachsen sein? In den vierzehn Jahren, in denen meine Reisen mich in mehr als sechzehn Länder geführt hatten, habe ich – unter welchem Himmel auch immer – die Erdoberfläche ausgemessen, die durch seine Strahlung bestrahlt worden war.

Ich wußte, daß Ajlun verschwunden war. Angenommen, nichts Neues wäre inzwischen gebaut worden, kein Baum wäre gefällt, keine Axt und keine Hüfte wäre gebrochen worden – es würde nichts mehr zu mir sprechen. Die einst gelben Kornfelder werden grün sein, in Wiesen verwandelt, und statt der Ziegen werden Kühe darauf stehen. Eine schwache Hoffnung stieg aber auf in meiner Träumerei: Fahre in die Umgebung von Deraa, biege vor der syrischen Grenze auf der Straße, die über Jerasch nach Irbid führt, links ab – dort wirst du zu Mittag essen, ganz ohne Aufsehen, von niemandem erkannt und in der Gewißheit, daß du nichts von dem wiederfinden wirst, was du in deinem Gedächtnis zu bewahren glaubtest.

»Um die Lager zu besuchen, brauchen Sie eine Genehmigung des Informationsministers. Sie wurde Ihnen schon erteilt, ich habe mit ihm telefoniert.«

Diese Erklärung fiel auf meine Reise mit einem dumpfen Geräusch wie eine Schaufel voll Erde. Im Jahr 1972 hatte Daud mir empfohlen, Petra in Jordanien zu besuchen, damit ich mit eigenen Augen sehe, wie sehr die jordanische und die palästinensische Bevölkerung noch immer miteinander verfeindet waren.

»Wir bemühen uns um Annäherungen zwischen ihnen, fast überall.«

So unauffällig meine Reise auch verlief – die Dienststellen des Informationsministeriums hatten allzu lange meinen Paß einbehalten, bevor sie mir die Reise nach Petra genehmigten; in Beirut dagegen hatte mir die jordanische Botschaft das Visum innerhalb von wenigen Minuten erteilt. Stolz zeigte ich es dem Pförtner des Hotels, einem Palästinenser.

»Sie haben es in zu kurzer Zeit bekommen. Ich an Ihrer Stelle würde nicht fahren.«

Ich fuhr. Vier Tage später wurde ich gebeten – ein schwaches Wort –, Jordanien zu verlassen und man begleitete mich zur syrischen Grenze. Vierzehn Jahre später war ich wieder hier. Der Direktor der Weltbank und seine Frau erwarteten mich am Flughafen. Sie hatten einen Anruf von Rabat bekommen, wo man befürchtete, ich könnte in Amman festgenommen werden.

»Jean und ich werden allein nach Irbid fahren. Sollten wir nicht in das Lager hinein dürfen oder verhaftet werden, verständigt ihr den Minister.«

So fuhren wir, Nidal, eine palästinensische Bekannte und ich, nach Irbid. Nidal ist der Name einer Frau, einer blonden und sehr schönen Libanesin, die arabisch und französisch spricht. Dieser weibliche Vorname kann auch der Name eines Mannes sein, ich vermute, daß Abu Nidal ein Mann ist.

Ich hatte viel von Hamza erzählt, über seine Zeit im Gefängnis, seine angenommenen Folterungen, die Wüste bei Zarka und über seinen wahrscheinlichen Tod, den ein PLO-Funktionär in Arabisch angedeutet hatte. Ich äußerte auch die Vermutung, daß er vielleicht in Deutschland lebte, und zwar deshalb vielleicht, weil ich trotz Dauds Brief nicht verstand, wie er nach Deutschland gekommen sein konnte, und vor allem nicht, warum. Oder für wen?

Der palästinensische Widerstand ist nie eine einheitliche Bewegung gewesen, er hat von Anfang an aus zahlreichen Strömungen bestanden. Man mußte der einen beitreten und so tun, als sei man gleichzeitig *auch* in all den anderen; aber erst mußte man sich für die eine entscheiden und dabei bleiben. Ich hatte mich für Al Fatah entschieden.

Al Fatah ist bis heute eine volkstümliche Organisation geblieben, aber in ihrer Mitte, die zum Befehlszentrum geworden ist, ist der bürokratische Teil des Widerstands zwar nicht der Komplize, aber doch der Gefangene einer anderen Fraktion des Widerstands: einer geschäftstüchtigen Kanaille.

Die Landstraße von Namur nach Lüttich, von Lüttich nach Brüssel und bis zum Ärmelkanal ist in tadellosem Zustand; die Autobahn, die den Golf von Aqaba mit Syrien verbindet, ähnelt ihr. Auf der Strecke von Amman nach Irbid fährt man zwei Stunden lang, rechts wie links, an hervorragend bewirtschafteten Feldern vorbei. In einem Tal erblickte ich das Lager von Baqa, in dem ich mich längere Zeit aufgehalten hatte, und zu meiner Verwunderung sah ich, daß es in einer Senke lag, während es doch in meiner Erinnerung die Hänge eines hohen Hügels bedeckte. Daß es mir nun wie ein Kleinod in der Landschaft vorkam, lag wohl an der Entfernung – und an der schnellen Fahrt des klimatisierten Wagens: Unter solchen Bedingungen neigt man zwangsläufig dazu, jede Not, in der man sich nicht selbst abmühen muß, malerisch zu finden. Als ich mit so hoher Geschwindigkeit dahinfuhr, ahnte ich auch nicht, daß die grünen Moospolster in Wirklichkeit Kaktushecken waren, zwischen denen der Müll sich häufte: alte Haar- und Zahnbürsten, verbrannte Bohnen. Die römischen Ruinen von Jerasch waren noch immer so unmenschlich, so hochmütig und harrten der Latinisten, die von Ulm kommen würden, um ihre zweitausendjährigen Inschriften zu entziffern. Wir wurden auf unserer Fahrt kein einziges Mal angehalten, und fast versehentlich landeten wir bei Irbid mitten im palästinensischen Flüchtlingslager, das sich nur wenig von der Innenstadt von Irbid unterschied, bis auf die Höhe der Häuser, die lediglich ein Stockwerk, das Erdgeschoß, hatten. Die Straßen besaßen ein fast ästhetisches Gefälle, waren ebenso sauber, aber ärmlicher. Die Vorstadt von Irbid schien mir aus vornehmen Häusern zu bestehen, die von Gärten umgeben wurden. Im Lager gingen alle Türen unmittelbar auf die Straße.

Um nach unserem Weg zu fragen, ging Nidal in das erste Haus, vor dem wir das Auto abgestellt hatten. Bevor die Frau, die in dem Haus wohnte, uns erklärte, wie wir zu fahren hatten, lud sie uns zu einer Tasse Tee ein. Sie lächelte: »Wir sind aus Nazareth«, war der zweite Satz, den sie sprach. Das Mißtrauen, vor dem man mich in Amman und in anderen arabischen Ländern stets gewarnt hatte, gab es hier nicht. Die Palästinenser versuchten gar nicht zu verschweigen, woher sie kamen. Ein alter Mann, der mich, ebenfalls lächelnd, ansprach, bestätigte uns, daß wir tatsächlich schon im Lager waren und daß alle Häuser, die wir sahen, Palästinensern gehörten. Hier klagte niemand über das Exil oder den Krieg, auch nicht über Geldsorgen oder die Not, Arbeit zu finden. Das Haus, das wir betraten, beherbergte eine Familie, die mir recht vielschichtig erschien: ein noch junges Familienoberhaupt, einen sehr jungen Schwager, der Soldat in der jordanischen Armee war, drei Frauen und viele Kinder. Ich mache diese Angaben, damit man sieht, daß die Besucher nach ihrem Eintreten über ihre Gastgeber sofort ins Bild gesetzt wurden; das war übrigens auch eine Aufforderung: Wer seid ihr? Wir sagten es ihnen, ohne etwas zu verheimlichen oder zu beschönigen. Die Anwesenheit eines Franzosen, der auf dem Teppich saß und sich auf Kissen stützte, befremdete niemanden. Es erschien ihnen auch ganz natürlich, daß Nidal alle ihre Worte ins Französische und die meinen ins Arabische dolmetschte. Hier erlebte ich wieder die spontane Vertrauensseligkeit der Palästinenser. Das, was ich jetzt sagen werde, heißt nicht, daß ich mich für einen Palästinenser hielt, aber: Hier war ich zu Hause. In Amman dagegen nicht. Im Nahen Osten und anderswo hatte man mir von den Lagern erzählt, in denen es von Polizisten und Spionen wimmele, von Menschen mit verschlagenen Gesichtern, die sehr umständliche Fragen in kurzen, inquisitorischen Sätzen stellen, es aber ablehnen, selbst auf irgendwelche Fragen zu antworten.

»Die Menschen sind dort sehr verschlossen. Wenn man sie ausfragt, sagen sie nichts. Wenn sie doch etwas sagen, dann nur, um herauszukriegen, ob du lügst.«

Sie aber sprachen bereitwillig über sich und erzählten frei heraus von ihrer gegenwärtigen Lage. Jede Unruhe – wenn eine solche überhaupt aufgekommen wäre – wäre längst wieder von mir gewichen, doch das ganze Mißtrauen, das die Ankündigung meiner Reise – selbst bei Vertretern der PLO in Westeuropa, die, wie ich weiß, fern von ihrem Volk leben – ausgelöst hatte, konnte ungeachtet einiger Bilder, die ebenso rasch verflogen, wie sie mir erschienen waren, den Frieden in mir nicht erschüttern, der wie ein breites Lager des Vertrauens gegenüber den Palästinensern war. Europäer, natürlich, aber auch Araber hatten mich belogen. Hier fühlte ich mich wohl. Es fehlte nicht viel, und die beiden Männer dieser Familie, die auch die jüngsten waren, hätten mir gesagt, wie lange sie bei den Fedajin waren. Ich lachte so, wie sie lachten und wartete wie sie auf die Erfrischungsgetränke, die nach dem Tee gereicht wurden.

Das Haus und vor allem der Raum, in dem wir alle auf dem Teppich saßen, erschien mir sehr sauber, doch in dem Lächeln und den sehr offenen Worten (1984) glaubte ich Zeichen der Resignation zu erkennen. Sie zeigte sich gerade in dem, was sie zu verbergen suchte, in einer heimtückischen Veränderung, die als eine Verbesserung ausgegeben wurde; dabei war diese nur ein Unglück mehr. Die kleine Straße und die Straßen, durch die wir später kamen, waren betoniert, und in der Mitte befand sich eine Rinne, in der zuweilen etwas klares oder schmutziges Wasser ablief. Die Häuser waren nicht neu, aber mit einem festen Putz aus Beton oder reinem Zement ausgebessert worden, und so schien das ganze Wohnviertel in eine Art Ewigkeit entrückt, in der sich die Dinge nicht weiter abnutzten, weil alles in dieser Not erstarrt war: Der Verfall war zum Stillstand gekommen, zementiert, aber vollkommen. Es war eine Momentaufnahme des Verfalls, festgebannt im Beton. Im Zimmer gab es statt eines Besens einen Staubsauger. Die Flügel des Ventilators drehten sich an der Decke, doch nicht zur Freude der Kinder. Die Coca-Cola war eiskalt und kam aus einem Kühlschrank, der sichtbar im Zimmer stand und summte. Es war nicht so sehr ein Leben im Komfort, als in der Resignation, diesen Komfort selbst kennengelernt zu haben. Was meine Augen sahen, war sauber, ärmlich und von jener spartanischen Eleganz, die von der optimalen, wohlüberlegten Aufstellung einiger weniger und billiger Möbel herrührte, die sie wohl beim

Eisenwarenhändler gekauft hatten. Ein Plastikeimer, der an der richtigen Stelle steht, kann ein Kunstwerk sein. Man möge mir diesen Gemeinplatz erlauben: Dieses Zimmer lächelte wie ein Palästinenser, aber voller Traurigkeit.

Der Kampf, so schien mir, war für eine Weile nur mitten im Geschehen unterbrochen worden. Diese Familie hier, die etwa zehn Mitglieder zählte, hatte einen Augenblick innegehalten, um ein wenig durchzuatmen. Besser, als die Not von 1970 es hätte ausdrücken können, wurde es mir durch diese scheinbare Endgültigkeit bestätigt: »Damit das Leben etwas erträglich wird, müssen wir in diesem dem Anschein nach ewigen Provisorium Zuflucht suchen.«

Niemand schien sich darüber zu wundern, daß wir nur ein paar Minuten bleiben wollten. Wir waren bei einem wortkargen Volk zu Besuch, Wichtiges wird hier im Stehen mitgeteilt. *Messeh* heißen jene frischen und leichten Vorspeisen, die in lockerer Atmosphäre vor einem längeren orientalischen Essen serviert werden. Und die wenigen bei dieser Palästinenser-Familie in Irbid verbrachten Minuten waren eine Art Messeh. Niemand kannte einen Hamza, der mit meiner Beschreibung übereinstimmte. Der junge Schwager, der schweigsame Soldat, stand auf, um uns zum Abschied die Hand zu schütteln, und lächelte zum ersten Mal. Mir war, als hätte er uns die ganze Zeit mißtrauisch beobachtet, doch als ich eine Bewegung machte, die meine Müdigkeit als alter Mann verriet, war er der einzige, der sie wahrnahm und mir sogleich ein Kissen unter den müden Arm schob. Auf der Straße, unter der Sonne, mußten wir ständig den Namen Hamzas aussprechen. Es war vielleicht zwölf Uhr mittags, Nidal betrat den Laden eines Gemüsehändlers. Um als Berühmtheit nicht erkannt zu werden, hatte sie eine dunkle Sonnenbrille aufgesetzt. Sie fragte, ob es in diesem Viertel einen Mann namens Hamza gab, dessen Mutter Witwe war.

»Er wohnt hier, mit seiner Frau. Seine Mutter ist verwitwet, sie hat aber wieder geheiratet.«

Ich enthielt mich jeden Kommentars, denn ich konnte der Antwort entnehmen, daß dieser Hamza nicht derselbe war wie der, den ich suchte.

Das ist der falsche, sagte ich mir, es gibt also richtige und falsche Hamzas. Einer jedenfalls *muß* der richtige sein. Alle anderen sind die falschen. Zu diesem Schluß war ich deshalb gekommen, weil die Vorstellung einer wiederverheirateten Witwe unvereinbar war mit dem Bild, das ich während des kurzen Besuchs bei Hamza und seiner Mutter, in den wenigen Stunden zwischen Begrüßung und Abschied, von ihr gewonnen hatte. Wenn man einen solchen Sohn hat, heiratet man nicht wieder. Das war meine erste Überlegung, dann kam mir diese, die trivial ist, aber voller Zweifel und Trauer: Als alleinstehende, fünfzigjährige Frau hätte sie sehr wohl wieder heiraten können, um die Not ihres Landes ein wenig zu vergessen und den Schmerz zu lindern, den ihr der Tod des gefolterten Sohnes bereitet hatte. Aber das eigentliche Oberhaupt der Familie war doch sie, und – braucht ein palästinensisches Familienoberhaupt überhaupt den Trost einer zweiten Ehe?

»Kannst du uns zu seinem Haus führen?«

»Natürlich, es ist gleich nebenan; ich weiß auch, daß Hamza zu Hause ist.«

So stürzte diese ideale Festung, in der das Abendland und die Araber selbst, ängstlich, hochmütig, furchtsam und stumm, die Palästinenser gefangenhielten, vor mir ein. Mit der gleichen Leichtigkeit, mit der ein Krämer aus dem Puy-de-Dôme über den nächstmöglichen Zahnarzt Auskunft geben würde, begleitete uns der Blumenkohlhändler in die nächste Seitenstraße. Er blieb vor einer Eisentür stehen, die ich nicht wiedererkannte, denn in meiner Erinnerung war Hamzas Tür aus Holz und weiß gestrichen. Zwischen dieser Eisentür und dem Haus sah man ein paar Äste eines Baums, die über die Mauer ragten und bewiesen, daß dahinter ein Garten lag und kein Hof. Denn ich vertraute meinem Erinnerungsvermögen und mehr noch der Dauerhaftigkeit der Dinge, die sich in meiner Erinnerung festgesetzt hatten, was auch so ausgedrückt werden könnte: »Da meine Erinnerung mir treu geblieben ist, ist auch die Welt mir treu.«

Der Händler schlug ein paarmal mit der Faust gegen das Tor.

»Wer ist da?«

»Ich bin's.«

Dieser Wortwechsel zwischen zwei verschiedenen Stimmen

kam mir wie eine Geheimsprache vor oder wie ein Witz. Wie kam es, daß er hier war und mit bewegter Stimme und so schlicht, so ruhig antwortete? Hatte man ihn ausgewechselt? Und warum? Wie?

Das Geschehen, von dem ich hier zusammenhängend oder scheinbar zusammenhängend berichte, um das Lesen zu erleichtern, hatte in der Wirklichkeit einen anderen Ablauf: flüchtige, ineinandergreifende Eindrücke, die ein Flimmern der Zeit und sogar des Ortes hervorriefen, eine Art Zementstufe und die Eisentür, an dem wir uns befanden, Nidal, der Händler und ich. Ein miserabler Erzählstil! Wenn ich schreibe: *Ich dachte, daß*, habe ich in Wirklichkeit gar nichts gedacht oder es war eine Flut von Gedanken, die einander jagten und von denen jeder einzelne so durchsichtig oder transparent war, daß ich ihre wechselseitige Verkettung erkennen konnte. So folgten einander diese Gedanken, die eher Bilder waren und fast gleichzeitig vor mir auftauchten: »Und wenn das eine Falle ist? Und der Gemüsehändler ein Spitzel? Mein Flugzeug nach Sanaa? Hat mich Nidal in einen Hinterhalt gelockt?« Ein Schock, der mich in allen Teilen traf, aus denen ich mich zusammensetze, klärte mich auf. Ich wurde durch diesen zum Organ gewordenen Schock ins Bild gesetzt, die Mitteilung erreichte ganz langsam mein Gehirn, als wäre sie von meinen Fußsohlen ausgegangen. Ein schöner junger Mann mit struppigem, sehr dunklem Haar, einem zwei, drei Tage alten Bart, doch ohne Schnurrbart und etwas schlaftrunken, stand in der halb offenen Tür. Er sah uns verwundert an, reichte uns aber die Hand. Nidal fragte ihn nach seinem Namen.

»Hamza.«

Ich betrachtete ihn, er war so schön, daß er wohl Hamza selbst hätte sein können oder sein Ebenbild, eine Kopie vielleicht oder ein Ersatz-Hamza; *ich war mir sicher*, daß dieser junge Mann nicht der Freund eines Tages war, bei dessen Mutter ich gewohnt hatte, doch fand ich auch diesen überaus anziehend trotz seines unerwarteten Auftauchens, trotz der Unordnung seiner Kleidung. Wenn der *andere* Hamza im Grab liegen sollte, würde ich, nach zwei Tagen der Trauer und der Gewissensbisse, diesem meine Zuneigung schenken. Er stand in der Tür. Sie wünschen?

Ein Bild stieg vor ihm auf, und es war wieder das des Fidais oder der Fedajin, die zu ihrem Einsatz auf israelischem Gebiet aufbrechen; aber das, was mich in diesem Augenblick so stark bewegte, läßt sich so ausdrücken: »*Eine jähe Grube in den Abmessungen eines menschlichen Körpers, die ihnen folgte, aber hinter ihnen blieb wie ein Schatten, der sie bald aufnehmen würde.*« Allein die Vokabel Palästinenser vermag auch heute noch eine ähnliche Trauer in mir auszulösen, und höre ich diesen Namen, sehe ich die Grube vor mir, oder genauer gesagt: Meine Verwirrung ist mit jener vergleichbar, die mich stets vor einem frischen Grab überkommt, und vielleicht war es auch das, was die PLO-Funktionäre dunkel empfanden, wenn sie sich bei Eintritt eines Märtyrers feierlich erhoben.

»Wie ein Schatten«, habe ich geschrieben, aber wie ein tiefer Schatten, ein viereckiger Schatten, der durch das Graben im steinigen Boden mit Hacke und Schaufel entsteht. Durch dieses Bild war es mir vielleicht vergönnt gewesen, eine der Eigenarten im Wesen der Palästinenser zu entdecken und auch festzuhalten. Alle Menschen sind sterblich – die scheinbare Plattheit dieses Spruchs stört mich nicht sonderlich, aber daß sie sterblich sind, wollen nur die wenigsten wissen, und noch seltener sind diejenigen, die dieses Wissen auch offen zeigen. Die Fedajin hatten nicht die in Europa verbreitete Gewohnheit, sich eine gedrehte Zigarette zwischen den Schädel und das rechte oder linke Ohr zu klemmen, aber man sah sie oft lächeln, die Zigarette im Mundwinkel und Schalk in den Augen; manchmal glaubte ich, in der rechteckigen Form, die ihnen wie ein Schatten folgte, eine Art Pendant zu diesem verschmitzten Augenzwinkern zu sehen. Die Welt der Weißen wandelt ohne Schatten. Und von diesem jungen Palästinenser sah ich zuerst die rechteckige Grube hinter ihm; ich wußte allerdings, daß die führenden Funktionäre aufgehört hatten, sich zum Zeichen der Trauer vor den Fedajin zu erheben.

»Erkennst du ihn wieder?« fragte mich Nidal auf Französisch.

Ich vermied es, mit nein zu antworten, damit dieser Hamza nicht zu einem Plüschbär wird, der, weil er mir nicht gefällt, wieder in sein staubiges Regal zurückgelegt wird.

Ich bin also ein Hamza zweiter Klasse, hätte er denken müssen.

»Frage ihn, wie alt er ist.«

»Dreißig Jahre.«

»Zu jung. Hamza müßte jetzt fünfunddreißig Jahre alt sein.«

Unsere Vorgehensweise glich sicherlich den Methoden von Baumwollpflanzern, die einen entflohenen Sklaven suchen, oder, in meinem Fall zumindest, dem Gebaren eines Pferdehändlers, dem man einen Gaul gestohlen hatte, an dessen Zaumzeug und Zähne er sich aber nicht mehr erinnern konnte. Er war sich nicht einmal seines Namens sicher. Welche Bedenken ließen diesen Hamza die Nase rümpfen? Nidal erklärte ihm, wen wir im palästinensischen Lager suchten.

»Sie befinden sich im palästinensischen Lager.«

Und plötzlich, als würde er erwachen, erkannte er Nidal und fand sie schön.

»In diesem Wohnviertel gab es drei Hamza: ich, ein Märtyrer (der tot ist) und ein Hamza, der etwas älter ist als ich und« – das war mein zweiter Schock – »in Deutschland arbeitet. Das Haus seiner Mutter ist gleich nebenan, eine Straße weiter.«

»Was hälst du davon?« fragte mich Nidal. Und an jenen gewandt, den ich in dieser Erzählung Hamza II nennen werde, sagte sie: »Führe uns.«

Um die Anwesenheit eines Franzosen zu rechtfertigen, erzählte ihm Nidal, daß ich vor vierzehn Jahren eine Nacht bei dieser Frau und ihrem Sohn gewohnt hatte; daß ich mich auf der Durchreise befand und sie, wenn sie noch lebte, wiedersehen wollte. Mein Alter und meine offensichtliche Müdigkeit bewiesen hinlänglich, daß ich kein jordanischer Beamter sein konnte, vor dem man sich in acht nehmen mußte.

»Da Sie mich nach Hamza und seiner Mutter fragen, kann ich Ihnen sagen, daß sie lebt. Und Sie werden es selbst sehen, wie lebendig sie ist.«

Es war fast, als hätte er voller Bewunderung gesagt: zu lebendig!

Er ging voll Vertrauen mit uns die abschüssige Straße hinunter, doch unser plötzliches Auftauchen, Nidals libanesischer Akzent, mein Französisch und unser Auftreten insgesamt hatten ihn etwas neugierig gemacht, vielleicht sogar ein wenig nervös, und ich befürchtete schon, daß ein offizieller Verantwortlicher des Lagers uns ausfragen könnte. Köpfe, sogar Körper drehten sich nach uns um. Ich machte mir Sorgen, weil dieser junge Mann sich so prompt entschieden hatte. Vielleicht führte er uns zum politischen Leiter des Lagers?

Diese in einem Satz angedeutete Unruhe war in diesem Moment in Irbid fast eine Art überflüssiges Schnörkel, denn ich war *sicher,* daß er ein Freund war. Um nicht vor Freude in die Luft zu springen, hatte ich imaginäre Bleisohlen unter meine Schuhe geheftet, die meine Beschwingtheit ein wenig dämpften.

Es kam zu keinem Menschenauflauf. Dabei bildeten wir zweifellos eine ungewöhnliche Gruppe: die beiden jungen Frauen, die nicht zum Lager gehörten (mir fällt auf, daß ich von dieser zweiten, etwas unscheinbaren Begleiterin, deren Anwesenheit aber später durch unser gegenseitiges Vertrauen bestätigt wurde, nur wenig gesprochen habe), der Franzose und der ungekämmte junge Mann, der uns führte und allem Anschein nach gerade erst aufgestanden war. Als wir die Straße hinuntergingen, die hier nicht sehr abschüssig war, hatte ich plötzlich das untrügliche Gefühl, eine mir vertraute Welt zu betreten. Ein Freund hielt mich an der Hand. Sicher, ich konnte niemanden erkennen, denn wen hatte ich im Jahr 1970 schon gesehen? Aber die Gesichter waren mir nicht fremd. Auch an die einzelnen Häuser konnte ich mich nicht wirklich erinnern, doch als ich schließlich einem dieser Häuser gegenüberstand, das ziemlich neu aussah, mit drei Stufen davor, aber ohne jenen Hof, den es vor Hamzas Haus gegeben hatte, war ich davon überzeugt, daß ich mich just vor dem befand, das ich vierzehn Jahre lang in meinen Wachträumen gesehen hatte.

Auf dem Weg hierher war mir alles klar geworden, gewissermaßen dank des Gefälles der Straße, durch den Winkel, den meine Schuhsohlen zum Boden bildeten, doch geschah es nicht auf einmal, sondern nach und nach, indem ich die neue Erkenntnis geduldig ertastete. Wenn Blinde an einen Ort zurückkehren, an dem sie nur einmal waren, hilft ihnen vielleicht auch ihr Gleichgewichtssinn, anhand von Signalen, die von der Fußsohle aus den ganzen Körper durchlaufen, den Raum wiederzuerkennen, in dem sie schon einmal gewesen sind.

»Das ist das Haus von Hamza. Seine Mutter ist da, ich glaube, daß ihr zu ihr könnt.«

Als ich diese Worte schrieb: *eine vertraute Welt... ich wußte, daß ich in ihr war,* hätte ich mich irren können, aber ich hatte mich nicht geirrt. Das Gefühl oder genauer gesagt die Warnung in mir, jener Hinweis, der ebenso deutlich war wie diese Worte: *hier befindet sich das Haus von Hamza, und seine Mutter ist da,* die in dem Bericht über meine Begegnung mit Hamza und seiner Mutter ihre Fortsetzung finden, das alles stimmte ganz genau. Es war dieses Haus, und es war hier trotz aller Veränderungen. Schlimmstenfalls hätte es eines der beiden Häuser rechts und links davon sein können, aber keines auf der gegenüberliegenden Straßenseite, denn wenn man die Straße herunterging, mußte es links liegen. Eine weitere Bestätigung erhielt ich aus einer anderen Ecke. Aus Deutschland. Wie ich durch Dauds Brief – und dann auch durch den Ausruf von Hamza II – wußte, arbeitete Hamza in Deutschland oder hatte dort gearbeitet, und ich könnte bis heute nicht sagen, was an diesem palästinensischen Haus im Lager von Irbid so deutsch war. Was ich hier niederschreibe, ist nicht das Ergebnis eines Denkprozesses, es entspringt eher einer Eingebung, so wie man mit einem Mal spürt, daß der Apfel, den man pflücken will, nicht reif ist, denn man hat das Grün gesehen, sogar erahnt, bevor man es sah. Das Haus setzte sich nicht aus Bauteilen aus dem Schwarzwald zusammen, aber zwischen ihm oder zwischen seinem Erscheinungsbild und dem Klang des Wortes Deutschland gab es, das spürte ich, eine Art Übereinstimmung, die tiefer ging, als ich es sagen kann. Ich erfaßte das alles, so wie man ihre Übereinstimmung spürt, wenn man von ihnen spricht: Deutschland und der Großmufti von Jerusalem. Die Haustür stand offen. Nidal ging als erste hinein, ich stieg die drei Stufen hinauf. Schon sprach Nidal mit einer älteren, gebrechlichen Frau mit sehr weißen, in der Mitte gescheitelten und nach hinten zu einem wahrscheinlich sehr dünnen Knoten gebundenen Haaren, die ein Kopftuch verbarg. Und das empfand ich in diesem Augenblick:

Wenn das Hamzas Mutter ist, dann befindet sie sich schon im Reich der Schatten. Durch eine etwas zu genaue Frage, mit der ich ihr vor den Kopf stieße, könnte sie vor meinen Augen plötzlich zerbröckeln, und ich stünde vor der seligen Mutter von Hamza.

Ich streckte ihr vorsichtig die Hand entgegen, sie berührte sie so, wie eine Katze ihre Pfote befeuchtet. Sie sagte auch:
»Setzen Sie sich.«

Mit der Hand wies sie auf das Zimmer, eine kleine Wohnstube, in der anstelle eines Teppichs mehrere Decken und Kissen eine gemütliche Ecke bildeten. Mit der Geschmeidigkeit, die auch sehr alten Araberinnen aller Länder noch eigen ist, kauerte sie vor uns auf dem Fußboden nieder, mit sehr geradem Oberkörper, senkrecht aufragend in dem Maße, wie ihre Beine sich unter ihr falteten. Nidal sagte:

»Erkennst du diesen Franzosen wieder?«
»Ich habe sehr schlechte Augen.«
»Er war hier, bei dir, 1970, mit Hamza.«
»Hatte er einen Fotoapparat bei sich?«
»Ich habe mein Leben lang keinen Fotoapparat besessen«, sagte ich.

Ihr Gesicht zeigte keinerlei Regung. Vielleicht hatte sie mich wirklich vergessen. Die Palästinenser hatten die Grausamkeit der Beduinen erlebt. Und da war auch die Sorge um Hamza, als er sich im Straflager von Zarka befand. Selbst ich war mir nicht ganz sicher, daß sie es war. Doch nach und nach gelang es mir, anhand der Anordnung der Räume in dem neuen Haus den Plan des alten zu rekonstruieren. Das Wohnzimmer, in dem wir uns miteinander unterhielten, war das Zimmer der Mutter, in das sie mich am Morgen hereingebeten hatte, um mir Tee einzuschenken, von dem sie selbst nichts trinken wollte. Uns gegenüber lag hinter einer Tür der Abort, geweißt und geschlossen; hier hatte ich gelernt, mich mit einer Flasche Wasser zu begnügen. Ebenfalls am Boden hockend und endlich wach, verfolgte Hamza II wie ein Kind voller Bewunderung unsere sonderbare Begegnung. Mit unseren spitzfindigen Fragen versuchten wir die arme Frau in Widersprüche zu verwickeln und dachten uns dabei: »Es geschieht zu ihrem Wohl.«

Während Nidal jede meiner Fragen ins Arabische übersetzte, die alte Frau darauf antwortete und Nidal die Antwort ins Französische übersetzte, blieb mir genug Zeit, um in mich hineinzuhorchen, neue Anhaltspunkte zu entdecken, weitere Einzelheiten des Hauses ins Gedächtnis zurückzurufen und zu prüfen. Das Gesicht der Frau befand sich auf meiner Höhe, es war sehr weiß, fast so weiß wie ihr Haar, in dem ich ein paar rosa Flecken, die runzlige Kopfhaut und Hennaschuppen sah, die von jenem Farbstoff herrührten, mit dem die Haare gefärbt werden und den man am Morgen des Hochzeitstags der jungen Braut auf die Handfläche reibt. Sie sagte mit sehr leiser Stimme:

»Ich erinnere mich, daß mein Sohn eines Tages, es war in der Zeit des Ramadans, einen Fremden mit nach Hause brachte. Vielleicht war es ein Franzose. Ich weiß es nicht mehr.«

»Wie heißt dein Sohn?«

»Hamza.«

»In welchem Jahr war das?«

»Es ist lange her. Zu lange. Das Jahr weiß ich nicht mehr.«

»Du erinnerst dich an den Monat Ramadan, aber nicht an das Jahr?«

»Ja, Ramadan.«

»Aber dann mußt du auch noch das wissen: Dein Sohn hat dir einem Franzosen vorgestellt, und du hattest ein Gewehr geschultert...«

»Nein, ich habe niemals ein Gewehr gehabt.«

Ich, wir alle sprachen zu ihr eher vorsichtig als mit wirklicher Milde, so wie Polizisten oder Untersuchungsrichter, die trotz ihrer Ungeduld langsam vorgehen müssen, abwägend, besänftigend und wie auf Eiern gehend, und ich meine, daß wir es dann fast geschafft hatten. Wir, Nidal, ihre Freundin und ich, waren drei richtige Polypen geworden. Ich fand sogar Vergnügen an unseren Täuschungen und glaube, daß die großen Inquisitoren von einst und die Polizisten und Untersuchungsrichter von heute das Fingerspitzengefühl von Vogelfängern besaßen, beziehungsweise besitzen. Aus ihrer Reaktion ging klar hervor, daß die Polizei sie des Waffenbesitzes beschuldigt hatte.

»Gut, keine Waffe. Dein Sohn hat dich dem Franzosen vorgestellt. Er hat dir gesagt, daß er ein Christ ist, aber nicht an Gott glaubt.«

Hamza II lachte laut auf:

»Hamza hat selbst nicht an Gott geglaubt.«

»Und du hast zu deinem Sohn gesagt: Wenn er nicht an Gott glaubt, muß ich ihm zu essen geben.«

»Ja, er hat sehr wenig gegessen. Eine Sardine ...«

»Zwei. Zwei Sardinen, zwei Tomaten und einen kleinen Eierkuchen. Das war nicht viel.«

Außer ihr lachten alle im Raum. Nidal sagte auf Arabisch:

»Diese Dame beschreibt Jean genauso, wie er ist. Seit einer Woche wohnt er bei uns zu Hause in Amman und hat kaum etwas gegessen.«

»Dein Sohn Hamza hat mich in sein Zimmer geführt. Er hat mir am Kopfende seines Bettes ein Loch gezeigt, wo wir uns verstekken sollten, du, deine Tochter und ich, wenn die Beduinen zu nahe herankommen ...«

Bei dem Wort *Loch* hielt Nidal inne und übersetzte nicht sofort weiter. Lag es daran, daß sie von Beruf Schauspielerin war oder verstand sie es einfach nur, dramaturgisch den richtigen Moment abzupassen? Jedenfalls hielt sie kurz inne, doch ihr Schweigen war nur eine Kunstpause, denn der erste Teil des Satzes klang aus, als schwebte er, und das war der Punkt, wo der sehr dünne Faden nicht reißen durfte. Nidal übersetzte dann weiter von *am Kopfende seines Bettes* bis zum Schluß *zu nahe herankommen*. Als sie fertig war, stand die Mutter auf und reichte mir die Hand.

»Komm mit, das Loch ist noch da, ich werde es dir zeigen.«

Dafür brauchte ich keine Übersetzung. Sie nahm mich an die Hand, und ohne die anderen dazu aufzufordern, mit uns mitzukommen – was sie normalerweise auch nicht getan hätte –, führte sie mich ganz allein in das Nebenzimmer. Dort sah ich eine Falltür, die sie hochklappte. Zwei junge Leute, die der Lärm auf der Straße alarmiert hatte, traten ein, als ich mich im ehemaligen Zimmer von Hamza über diese Öffnung zu dem Unterstand beugte, den ich seit vierzehn Jahren schon kannte und der das Symbol des Vertrauens war, das die Palästinenser – Khaled Abu Khaled, Hamza, seine Schwester und seine Mutter – mir entgegengebracht hatten. Ich richtete mich wieder auf, blickte um mich und sagte auf Arabisch:

»Das war das Zimmer von Hamza.«

»Ja«, sagte seine Mutter auf Arabisch.

Die beiden jungen Leute schlossen die Falltür, so daß sie kaum noch vom Fußboden zu unterscheiden war. Sie waren Enkelsöhne der Mutter und Hamzas Vettern und waren gekommen, weil sie fürchteten, es gäbe schlechte Nachrichten aus Deutschland.

Mir fielen die Worte von Hamza II wieder ein: »Auch Hamaza glaubte nicht sehr an Gott.« Ich dachte sehr schnell, daß er sicher mit seiner Mutter über Glaubensfragen diskutiert hatte; war sie in ihrem moslemischen Glauben brüskiert worden? Mit dem Unglauben ihres Sohnes, über den die Nachbarn zweifellos Bescheid wußten und der vielleicht eine Folge des Umgangs mit Khaled Abu Khaled war, hatte sich die Mutter schließlich abgefunden. Resignierend? Ich weiß es nicht. Die Tatsache, daß die Mutter damals und an mich gewandt und in bezug auf den Fastenmonat gesagt hatte: Dann muß er also was essen, bewies, daß sie über die Lebensgewohnheiten eines Kafirs, der auch im heiligen Ramadan aß, gut Bescheid wußte. Ihre Feststellung, die auf den ersten Blick von einem scharfsinnigen und freien Verstand zeugte, war in Wirklichkeit die logische Antwort auf das etwas saloppe Verhalten des zwanzigjährigen Sohns, der mit den Ideen des Aufruhrs den Atheismus entdeckt und sich dabei vom islamischen Brauchtum etwas abgewandt hatte. Jedenfalls waren die ersten an mich gerichteten Worte, die damalige Entgegnung der Mutter, gar nicht so brillant wie ich zuerst angenommen hatte und sicher nicht der Ausdruck einer von mir bewunderten Großzügigkeit. Sie hörten auf, ein Sinnbild einer Toleranz zu sein, die plötzlich oder allmählich entdeckt wird und in einer langen Auseinandersetzung eine praktische Intelligenz hervorbringt. Dennoch sank sie nicht in meiner Achtung, ich begriff einfach nur besser, auf welche Weise sie zu dieser verblüffend einfachen Antwort gekommen war. Sie war für mich noch immer eine Palästinenserin, aber sie hätte ebensogut die liebende christliche Mutter eines Jungen sein können, der mit der Pubertät seinen Glauben – vielleicht auch die Vernunft – verliert und am Karfreitag unbedingt Fleisch essen möchte.

»Er arbeitet in Deutschland.«

Sie sprach mit lauter Stimme, mal an Nidal, mal an unsere junge palästinensische Begleiterin gewandt, aber alles, was sie nunmehr sagte, war an mich gerichtet.

»In Deutschland«, wiederholte sie – als wollte sie, über die Entfernung hinweg, die uns von ihm trennte, den Sohn noch immer schützen und damit sagen, daß er zu weit weg sei, als daß man ihm noch ein Leid zufügen könnte. Sie schützte ihn mit den Mitteln der Magie.

»Du redest zu viel.«

Diese Bemerkung kam vom jüngsten ihrer Enkelsöhne, dem aufgewecktesten, wie mir schien.

»Aber weißt du noch, als es Nacht wurde und Hamza in den Kampf zog? Der Kanonendonner war ziemlich nah, und da bist du in Hamzas Zimmer gekommen, in dem ich schlief, und hast mir ein Tablett mit einer Tasse Kaffee und einem Glas Wasser gebracht.«

»Ich habe dem Franzosen eine Tasse Tee gebracht.«

»Nein, es war eine Tasse Kaffee, türkischer. War ein Glas Wasser dabei oder nicht?«

»Ja.«

»Zum türkischen Kaffee serviert man ein Glas Wasser, aber nicht zum Tee.«

»Du redest zu viel«, sagte wieder der Enkelsohn.

Die weit zurückliegenden, nächtlichen Erinnerungen der beiden Alten, in denen er wahrscheinlich eine verwerfliche Vertraulichkeit vermutete, waren ein Angriff auf seine Jugend und auf seine Hochachtung für Hamza. Die Augen der Mutter wurden noch glänzender, und in diesem Körper und dem Gesicht, die bald ihre letzte Reise antreten würden, spürte ich eine Kraft, die mit jeder Sekunde weiterwuchs und mit der sie mich in Schach halten wollte, denn wir tauschten mitnichten Schmeicheleien aus. Ich wollte meine Aufdeckung erfolgreich zu Ende führen, die Vergangenheit mußte der Vergessenheit anheimfallen.

»Jemanden, der schlafen soll, gibt man keinen Kaffee zu trinken.«

»Du wolltest, daß ich wach bleibe.«

»Die Beduinen kamen immer näher.«

»Du redest zu viel.«

Henna ist ein Farbstoff, den die arabischen Mädchen und jungen Bräute in großer Menge verbrauchen. Auf der Haut verblaßt die Farbe weit schneller als im Haar. Wie ich schon sagte, waren die Haare der Mutter von Hamza weiß und schütter. Meine Augen hatten mich nicht getrogen. Wenn ich mich Nidal zuwandte, sah ich sie, die Mutter, noch immer sehr deutlich vor mir. Dieser Kopf war in mir. Die kleinen Schuppen auf der rosigen Haut, die durch die Haare hindurchschimmerten, waren mit Henna bedeckt, das nie mehr verblassen würde – junge Braut, tote Greisin. Das alles ging mir durch den Sinn, aber ich beschäftigte mich damit, wie man sich mit einer Niederlage beschäftigt, und nicht mit einem Sieg. Der Sieg der Palästinenser über die Israelis in Karameh ist nicht in Vergessenheit geraten, doch fasziniert er weit weniger als die Niederlage von Deir Jassin, die mit allen Einzelheiten im Gedächtnis aufbewahrt wurde, Einzelheiten, die immer wieder hervorgeholt und unterm Mikroskop untersucht werden, und jener, der diese Einzelheiten ins Auge faßt, ist nicht so sehr davon betroffen, daß er besiegt wurde, als von der Entdeckung des Unausweichlichen, von der Entdeckung des oder der ersten Zeichen des Verfalls. Die Niederlage wird Wort für Wort noch einmal durchlebt, weil man sie überlebte, während der Sieg ein für allemal feststeht und nicht ständig rekapituliert werden muß. Beim Anblick dieses Kopfes gingen mir absurde Gedanken durch den Sinn und verschwanden ebenso rasch wieder:

»Wenn Doktor Bogomoletz...?«

»Ein neues Shampoo auf der Grundlage von Eiern und Honig oder Gelee royale...?«

»Eine Thalassotherapie...?«

Je länger ich die Falten um ihren Mund und auf ihrer Stirn betrachtete, um so weniger erkannte ich die Frau wieder, die ich damals als einen heiteren, starken Menschen erlebt hatte, und je mehr Beweise sie selbst für meinen kurzen Aufenthalt hier vorbrachte, um so mehr zweifelte ich daran, vor vierzehn Jahren wirklich hiergewesen zu sein. Zweifeln ist vielleicht nicht das richtige Wort. Es wäre ehrlicher und der Wahrheit näher, wenn ich es mit den Worten ausdrückte, die man spricht, wenn der Zweifel dem Staunen gewichen ist: »Das ist doch nicht möglich!«

Ein Stück Seife, das nach einem ausgiebigen Bad, bei dem es reichlich Verwendung fand und die Hälfte seines Volumen, seiner Substanz verlor, könnte diese Klage anstimmen: »Das ist doch nicht möglich!«

Damals hatte sich in meinem Gedächtnis das Bild einer Frau eingeprägt, die stark genug war, um eine Waffe zu tragen, sie zu laden, mit ihr zu zielen und zu schießen. Ihre Lippen waren mit den Jahren schmal und blutleer geworden und hatten denselben fahlen Ton angenommen wie die Hennaflecken auf ihrer Kopfhaut. Ich hatte den Verfall nicht miterlebt, ich konnte ihn nur ermessen. Hamzas Mutter war so schmal geworden, so flach, daß sie dem ähnelte, was allein in Jordanien ins Auge fiel – den zweidimensionalen Figuren.

Unter ihrem farblosen Kleid sah ich eine Art Schaufensterpuppe aus flachem Karton wie ich sie in den Modeboutiquen von Amman gesehen habe und die einem Kaftan Leben einzuflößen versuchte, der, so wie er da hing, starb, ohne die Zunge herauszustrecken: überraschend; Hamzas Mutter war so platt wie Husains Zinkkronen, die über den Plätzen und Straßen hingen; platt wie der erste tote Fidai, den ein Panzer überfuhr; platt auch wie die leere Uniform auf dem Sarg eines toten Soldaten; platt wie das Plakat...; sie war so platt wie ein Gerstenfladen; platt wie ein flacher Teller.

Doch wenn sie sich so gut an Einzelheiten erinnern konnte, die sehr weit zurücklagen, dann hatte sie sicher auch mit ihrem Sohn darüber gesprochen und gelacht. Wenn ja, warum? In welchem Ton?

»Er arbeitet in Deutschland. Er ist mit einer Deutschen verheiratet.«

»Du redest zu viel.«

Ihr Enkelsohn hielt sie für verkalkt, vielleicht wie alle hier im Lager, um sie und ihr Geschwätz nicht ernst nehmen zu müssen. Mit der ständigen Ermahnung, ihre Zunge zu hüten, wurde sie in die Einsamkeit des Alters verbannt. Ermattet stand sie auf. Sicher hatte sie genug vom Wühlen in alten Erinnerungen und von diesem zänkischen Enkelsohn mit seinen Verdächtigungen, es sei denn, dieser hatte nur den Mann herauskehren wollen vor der

Achtzigjährigen, als die sie erschien.* Hamza II betrachtete noch immer Nidal. Fand er sie schön, weil sie schön war? Oder weil sie berühmt war? Außerdem sprach sie ein so schönes Arabisch mit libanesischem Akzent, Arabisch und dann mit einem Mal eine unbekannte Sprache, eine Barbarensprache wahrscheinlich, Französisch. Jedesmal, wenn sie sprach, glaubte sie wie viele andere Frauen, sie denkt. Die Freundin von Nidal sagte zum erstenmal ein paar Worte auf Arabisch. Hamza II schien erstaunt zu sein. Sie und er hatten beide der gleichen Organisation angehört, ja sogar derselben Einheit und hatten an denselben Einsätzen gegen denselben Feind teilgenommen. Beide waren älter geworden, ihr Gesicht hatte sich geändert, sie hatten einen anderen Namen angenommen, führten ein anderes Leben, und nun waren sie hier wieder zusammengetroffen. Vor uns, die wir jetzt staunten, sprachen sie einander mit ihren Namen als Fedajin an und erzählten unverblümt von ihren Operationen. Sie waren keine neuen Freunde mehr, sondern alte Kameraden. Und während sie mit anderen Worten ihre Erinnerungen austauschten, schien sich die Zeit in diesem Zimmer zusammenzuziehen. Die Mutter kehrte zurück, als ihr Enkel – der mit dem zu oft wiederholten Tadel »du redest zu viel« – aufstand, um sie zu holen. Aber sie war da. Ihre rechte Hand war fest geschlossen wie eine Faust, in der linken hielt sie einen offenen Umschlag, den sie mir reichte. Ich sagte:

»Hamza!«

Und ich zeigte auf das Foto, auf dem er ungefähr zwanzig Jahre alt sein mußte. Nidal schaute. Ihre Freundin und Hamza II schauten.

»Er hat immer gelacht«, sagte Hamza II.

Was empfand er in diesem Augenblick? Er trug den Namen eines fernen Helden, der von so weit herzukommen schien, und er war nicht dieser Held, denn diese Nummer II entfremdete ihn so sehr von ihm selbst, mehr als es die totale Anonymität vermocht hätte. Er selbst zweifelte nicht mehr an der Nacht, die ich

---

* Ich möchte »erschien« stehenlassen; sie war achtzigjährig, denn die im Schmerz verbrachte Zeit läßt Menschen sehr viel schneller altern. Als Fünfzigjährige vor vierzehn Jahren, sah sie nicht wie achtzig aus, sie war achtzig.

vor so langer Zeit in diesem Haus verbracht hatte. Da erhob sich eine strenge Stimme, es war die des Enkelsohns:

»Aber in welcher Sprache habt ihr miteinander gesprochen, wie habt ihr euch verständigt?«

Ich war mir jetzt einigermaßen sicher, daß auch er bald einsehen würde, daß ich hier gewesen bin, als er kaum geboren war. Seine Ermahnungen gegenüber der Großmutter hatten nichts bewirkt, er würde keinen guten Polizisten abgeben, es sei denn, diese letzte Frage war eine Falle...

Man vergaß das Foto von Hamza, und alle sahen mich erwartungsvoll an. Ich antwortete in zwanglosem Ton:

»Hamza erzählte mir – Nidal, übersetze das bitte –, daß er in Algerien, in Algier, zehn Monate in einem Trainingslager verbracht hatte. Er hatte ein paar Worte Französisch und ein bißchen maghrebinisches Arabisch gelernt. In diesen Sprachen haben wir uns unterhalten.«

»Er hat dort acht Monate verbracht.«

»Zehn.«

»Ich kann mich nicht mehr erinnern, es ist so lange her.«

Sie wartete, bis Nidal ihre Worte übersetzt hatte, dann fügte sie hinzu:

»Seine Adresse kann ich dir nicht geben, ich habe sie nicht.«

Ihr rechter Arm streckte sich fast wie von selbst mir entgegen, und die Faust öffnete sich. Auf dem Stück Zeitungspapier, das ich in die Hand nahm, standen nur Zahlen, arabische Zahlen, wie man sie überall auf der Welt benutzt. An Nidal gewandt erklärte sie dann, ohne zu lächeln, und ihr Gesicht drückte keinerlei Regung aus, weder Niederlage noch Sieg:

»Das ist die Telefonnummer von Hamza. Sie können ihn heute Abend anrufen. Aus dem Münzfernsprecher.«

Mein Flug nach Aden war gebucht. Ich flog nicht. Aden, Sanaa, die beiden Jemen-Republiken lagen so weit weg, daß diese Reise mir wie ein endloser Schwanz vorgekommen wäre. Nach meiner Rückkehr nach Amman, wählte ich am Abend die Vorwahlnummer einer deutschen Stadt und die Nummer von Hamza. In Deutschland wurde der Hörer abgenommen.

»Hamza?«

»Ja (auf Arabisch:) Nam.«

Selbst, wenn ich den Klang seiner Stimme nicht vergessen hätte, ihre Sanftheit überraschte mich, und einmal mehr ging mir dieser Gedanke durch den Kopf: »Nicht die Gerechtigkeit dieser Sache hat mich berührt, sondern ihre Richtigkeit.« Mein Besuch in Irbid überraschte ihn nicht. Hamza war also nicht tot, wie man mich vielleicht hatte glauben lassen wollen. Wir wechselten ein paar Worte auf Arabisch und auf Deutsch, das er, wie mir schien, recht gut sprach. Er nannte mir seine genaue Adresse.

Aber weil das schlimmste der Tod war, der einsame Tod unter der Folter, war also das schlimmste nicht immer unausbleiblich; oder war das schlimmste geschehen, *weil Hamza nicht gestorben war?*

Mehrere Hypothesen waren möglich, ich sah sie deutlich vor mir. Schrecklich.

Aber kehren wir nach Irbid zurück.

Irgend etwas mußte die Mutter erschüttert haben, denn sie hatte mir nur das eine Stück Papier gereicht, damit ich es nehme, und darauf stand Hamzas Telefonnummer. Es war ein Stück Papier, auf dem viele Finger Spuren hinterlassen hatten; wenn ich es mitnahm, würden wir den Faden durchschneiden, der sie mit ihrem Sohn verband. Ich machte sie darauf aufmerksam, aber sie war wieder so ermattet, daß sie mir ihre Verwirrung nicht zeigen konnte; ich hatte den Eindruck, daß dieses Geschenk an mich sie völlig erschöpft hatte. Ich übertrug die Nummer in das Notizbuch von Nidal und gab der Mutter das schmutzige Stück Papier zurück.

Auf unseren Gang auf der abschüssigen Straße, der mir den Eindruck vermittelt hatte, ich betrete eine mir vertraute Umgebung, möchte ich noch einmal zurückkommen. Ich hatte immer wieder an diese Straße gedacht, an die weiße Tür zum kleinen Hof, und in meiner Erinnerung fiel die Straße nicht ab, sie war eben. So hatte ich sie auch 1972 dem Verwalter des palästinensischen Hotels Abu Bakr in Irbid, in der Nähe des Zolls, beschrieben. Er hatte mir damals davon abgeraten, dorthin zurückzukehren.

»Ich möchte wissen, was aus Hamza und seiner Mutter geworden ist.«

»Du bist nur mit größter Mühe über die Grenze gekommen. Für die Polizei bist du unerwünscht. Im Augenblick glaubt sie, du seiest schon in Amman oder zumindest auf dem Weg dorthin. Wenn man dich im palästinensischen Lager von Irbid findet, wirst du nach Syrien zurückgebracht, und für die wird die Sache damit erledigt sein. Aber indem du ein Haus betrittst, das sicher durch die jordanische Armee überwacht wird, gefährdest du Menschen, die ohnehin im Verdacht stehen, sie wären Fedajin, und du gefährdest die Fedajin, die das Risiko eingingen, dich rüberzubringen; auch mich gefährdest du damit, denn ich habe der Polizei versprechen müssen, daß ich dich bis zu deiner Abreise nach Amman im Auge behalte.«

Ich näherte mich also nicht dem Haus, beschrieb es aber dem Fidai vom Hotel, der mir versprach, er würde versuchen, etwas herauszufinden. Er fand nichts. Oder er hat das ganze vergessen. Zu viele Palästinenser hatten schon gebrummt.

»Er wurde lange Zeit im Lager von Zarka festgehalten. Er wurde verwundet, gefoltert. An den Beinen und an den Knien.«

Ein Teil des Briefes von Daud war also wahr.

Unvermittelt zeigte die Mutter lachend, völlig zahnlos, mit dem Finger auf mich:

»Wir haben über den Franzosen ganz schön gelacht! Hamza bot ihm seinen Kamm an, aber er sagte uns, daß er sich jeden Morgen mit einem nassen Handtuch kämmt.«

»Diese Antwort ist so blöd, daß sie nur von mir kommen konnte.«

In welchem Augenblick war mir dieser Gedanke gekommen? Ich weiß es nicht mehr: »Wenn sie sich so genau an diese Worte erinnern kann, muß sie auch wissen, daß ich keinen Fotoapparat bei mir hatte. Das Bild, das ich eben gesehen habe, zeigt Hamza im Alter von zwanzig Jahren, nicht mit zweiundzwanzig. Sie wußte, daß ich von Hamza kein Foto gemacht hatte, bevor ich ihr Haus betrat.«

»Wer hat dieses Foto gemacht?«

»Das war Khaled Abu Khaled.«

Nun war ich sicher, daß die Erwähnung des Fotoapparats als

Köder dienen sollte. Durch ihn sollte ich in die Falle gehen: Der Lügner wäre entlarvt, würde aber selbst nichts davon erfahren. Die Lüge bietet gewisse Vorteile, Reize, denen ich zuweilen erliege und beim Schreiben dieses Buches vielleicht sogar erlag; in Irbid wäre sie mir zum Verhängnis geworden. Hätte ich nur einen einzigen Augenblick lang gezögert, die Mutter hätte zu zweifeln begonnen. Ich sah nun mit anderen Augen dieses kleine bleiche Gesicht, das mit ihren Altersflecken und Hennaspuren so farblos war, als habe man es mit Bleichlauge abgewaschen, ein schmales und zugleich breites Gesicht voller Argwohn, Schläue, Furcht und Trotz. Während ich noch sehr deutlich an ihren so vertrauensvollen Empfang von damals zurückdachte, wurde mir bewußt, welche lange Zeit von 1970 bis 1984 vergangen war, Zeit des Leidens und der Abnutzung, die diesen klugen Verstand in sein Gegenteil gekehrt hatten – in argwöhnische Wachsamkeit. Wird sie, die derart vom Leben gestraft wurde, aber noch nicht erloschen ist, in der Zeit die ihr verbleibt, doch noch zu jener zurückfinden können, die sie früher einmal war?

Aber war das, was mit ihr geschah, wirklich ein Debakel? Sie litt offensichtlich unter Neuralgien, denn sie kratzte sich oft an der Hüfte. Aber warum hatte ich, als ich die Straße hinunterging, das Gefühl, in einer mir vertrauten Umgebung zu sein? Ich will versuchen, es zu erklären. 1970 hatte ich hier einen halben Tag und eine ganze Nacht in einer Art inneren Rausch verbracht, der jedoch den anderen um mich herum nicht aufgefallen war, und in diesem Zustand hatte sich mir dieser Ort wohl eingeprägt. Genauso wie manchmal ein bestimmter Gewinn zum Vorschein kommt, wenn man auf dem neuesten Schein der »Tac O Tac«-Lotterie ein weißes Feld kräftig reibt, tauchten der Ort und die Straße auf, doch nicht vor meinen Augen, die keine Einzelheiten erkannten, sondern in den Strukturen, die ich während meines Aufenthalts nicht bewußt aufgenommen hatte, die aber im Lager von Irbid erhalten geblieben waren. So kam es, daß mir erst vierzehn Jahre später, als ich die Straße hinunterging, zum Bewußtsein kam, daß ich damals die Straße hinaufgegangen war. Und alles, was ich hier schreibe, erscheint mir falsch. Doch vielleicht ist das hier der Wahrheit näher:

Nachdem ich an jenem Dezembertag 1970 – wie ich glaube – eine Tasse Tee im Zimmer der Mutter getrunken hatte, die gerade das Abendessen vorbereitete, war ich hinausgegangen. Befriedigt über meinen Schlaf, über die Rückkehr Hamzas, der müde, aber nicht verwundet war – der zweite Alarm stand noch aus –, ging ich die Straße hinauf. An einem Brunnen grüßte ich eine alte Palästinenserin, die in einem Eimer Wasser holte. Ich weiß nicht mehr, was sie mir antwortete, doch nachdem sie in ihr Haus zurückgegangen war, kam ein im Pyjama gekleideter junger Mann heraus, trat auf mich zu, erwiderte meinen Gruß und verlangte meine Papiere. Etwas befremdet kramte ich in meiner Tasche und reichte ihm den von Arafat ausgestellten Passierschein. Dieser überaus belanglose Zwischenfall – belanglos an einem anderen Ort –, den ich nach der Herzlichkeit in Hamzas Haus erlebte, machte mich mißtrauisch gegenüber der Bevölkerung, die selbst schon auf der Hut war. Als ich 1984 hierher zurückkehrte, habe ich vor allen Dingen die Brunnensäule an dieser Stelle wiedererkannt. Ich bin mir dessen nicht völlig sicher, aber dadurch würde ich vieles besser begreifen. Das Bild dieser Brunnensäule war mir stets gegenwärtig geblieben; jedesmal, wenn ich während der vierzehn Jahre an Hamza dachte, war dieser Brunnen da, wie in einem doppelt belichteten Film, denn die Spuren von Kränkungen oder von Handlungen, die uns gekränkt oder verletzt haben, sind beständiger als alle erwiesenen Freundlichkeiten. Selten nur erinnert man sich willentlich an solche Kränkungen, im Gegenteil, wir verdrängen sie. Denken wir an glückliche Augenblicke zurück, fällt uns aber sogleich auch eine kleine, vorübergehende oder sogar eingebildete Widrigkeit wieder ein, hartnäckig und meist unauslöschlich. Nicht jede Brunnensäule erinnerte mich an den alten Verdruß, doch dachte ich an das erlebte Glück, tauchte stets auch der Brunnen auf. Er stand noch da, in Irbid, und ich sah ihn wieder an der Gabelung zweier Straßen, von der man zur Straße von Hamza gelangte. Während ich dies niederschreibe, wundere ich mich darüber, daß ich nicht wie beim Anblick des Fotos von Hamza ausgerufen habe: »Die Säule! Der Brunnen!«

Fast gleichzeitig sagten wir:

Ich: Am nächsten Tag bin ich nach Damaskus gefahren.

Sie: Als Hamza, nachdem er den Franzosen weggebracht hatte, nach Hause kam, sagte er mir, daß er den Franzosen nach Damaskus verabschiedet hatte.

Sie hatte beschlossen, direkt in Arabisch zu mir zu sprechen, und Nidal dolmetschte leise.

»Siehst du, wie weit wir gekommen sind. Wir waren in Spanien, in Holland, in Frankreich, in London (Leila Khaled), in Schweden, in Norwegen, in Thailand, in Deutschland, in Österreich.«

Als ich diese Namen hörte, Spagnia, Landia, Francia, Gilterra, Teland, Magnia, sah ich sehr deutlich vor mir das jeweilige volkstümliche Symbol der Länder, die die Mutter aufzählte. Hatte sie, wenn sie diese Namen im Rundfunk hörte, versucht, den geographischen Standort dieser Länder zu erfahren, in denen die Fedajin ihre Einsätze durchführten und, wie sie annahm, in denen ihr Sohn Bomben legte?

Die Stierkämpfe, die Grachten von Amsterdam, der Eiffelturm, die Themse, der Schnee (*Telh* auf Arabisch, ein Wort, das sie wunderschön aussprach), das Eis des Nordpols, der goldene Buddha, Franco, Hitler, der Walzer... Sie hatte von ihrem Haus aus die Welt erobert, war ihrem Sohn überallhin gefolgt, und, wie Napoleon auf seiner Insel, erzählte sie einem Las Casas nach ihrem Maß von dieser eroberten und wieder verlorenen Welt. Sie fuhr fort:

»Italien, Marokko, Portugal, und wo sind wir jetzt? In Düsseldorf. Japaner sind aus Tokio nach Tel Aviv (wie viele Araber sagte sie Tel Habib) geflogen, um stellvertretend für uns Israelis zu töten.«

»Hamza hat dir einen Farbfernseher gekauft?«

»Er ist klein, und ich habe kranke Augen. Ich höre hin, sehe mir aber nur selten etwas an. Außer gestern, da habe ich mir trotz Schleier vor den Augen den Schlächter Husain angesehen, wie er hinkniete und für den Alten betete.«

»Für welchen Alten?«

»Sein Großvater Abdallah wurde getötet, als er in Jerusalem aus einer Moschee kam. Hörst du mir zu, Franzose? Lange nach seinem Tod wird noch zu Gott gebetet, damit er sich seiner Seele erbarme und sie trotzdem rette.«

Als ich das Haus verließ, wußte ich, daß ich in der Zeit um 1970 unter den Fedajin die Poesie erlebt hatte: ein absolutes Vertrauen, gepaart mit Wachsamkeit. Ich bekam Angst, als ich draußen die heiße Luft auf meinem Gesicht spürte. In diesem Haus hatte sich alles wie im Traum vollzogen. Ich hatte Angst um die Mutter, um ihre beiden Enkelsöhne, um Hamza II und um Hamza selbst. Unser Besuch im Lager, unser Hin und Her waren sicher nicht unbemerkt geblieben.

»An diesem vergessenen Ort taucht ein alter Mann auf, er kommt aus dem Norden und erzählt dieser Alten ein Märchen, sie freut sich, daß sie nicht in die Falle geht, die ihr der Fremde stellt, der behauptet, er hätte vor vierzehn Jahren hier übernachtet, und mit ihm ist eine junge schöne und blonde Araberin gekommen, nordischer Typ, die ein wunderbares Arabisch spricht mit libanesischem Akzent«, sagte zu mir Nidal.

Hatte ich Angst? Ja, ein Hauch von Furcht wehte mich an. Von dem Mißtrauen, das man mir in Beirut, Rabat und Amman eingeredet hatte, war nichts mehr zu spüren. Blieb das Bild – aber wo in mir befand sich die Matrize dazu? – vom Moospflänzchen, das in der Spalte einer Granit- oder Betonplatte keimte. Ein paar Sporen oder die Wurzeln eines Feigenbaumes, die sanft oder mit Gewalt Platten anheben und brechen; dieses Bild, das ich vor mir sah, war nicht deutlich, sondern ebenso verschwommen, wie mir früher im Geist die Brunnensäule erschienen war.

Von den Enkelsöhnen und von Hamza II begleitet, der uns diesmal lachend und eine Spur angeberisch gestand, daß er früher auch Fidai gewesen war, gingen wir durch das fast leere Lager, es war Mittagszeit. Einige junge Palästinenser grüßten Hamza, und dieser erwiderte ihren Gruß mit einem ungezwungenen Lächeln, so wie der echte Hamza vor vierzehn Jahren, aber wenn man im Vergleich mit dem Lächeln von Hamza I so sagen kann – mit dem Lächeln von II.

Am Wagen angelangt, übersah Hamza II ostentativ meine ausgestreckte Hand, faßte mich an den Schultern und küßte mich zweimal. Lächelnd vollzogen die Enkelsöhne, vielleicht noch etwas herzlicher, dieselbe Geste. Nidal und ihrer Freundin drückten sie die Hand.

Wie hatte sich nur so viel Trockenheit und Mißtrauen in dieser Frau ausbreiten können? Wenn man sich diese Trockenheit vage als einen ausgetrockneten Bach vorstellte – bei welcher trockenen Quelle hatte dann sein Lauf begonnen? Die Metapher taugt nichts. Kein Bild könnte das besser oder ebensogut veranschaulichen wie die Wörter »trocken« und »Trockenheit«. In ihnen ist absolut nichts, was an einen Fluß erinnert, an eine strömende Flüssigkeit, an ein fließendes Gewässer, das von seinem bestimmten Punkt aus ein Umland bewässert; im Gegenteil, alles in ihnen, wie auch in der Mutter, ist Stillstand und Erstarrung – Dürre. Keinen Augenblick strahlten ihre Augen; ein Schimmer hätte den Eindruck erweckt, daß irgendeine innere Regung den Blick zum Leuchten brachte. Von einer erloschenen Lampe hätte jedes Kind gesagt, der Saft ist raus, doch die Wörter trocken, und Trockenheit erinnerten an Dürre, an unfruchtbaren Boden. Die mühsame Suche nach Vokabeln, die Wahl der Wörter und der Mißbrauch, den ich mit ihnen trieb, sind Beweis genug für das Unbehagen, das ich mir nicht eingestehen wollte: Was ist nur geschehen in diesen vierzehn Jahren, das aus dieser so schönen und großmütigen Frau einen Menschen gemacht hat, der, uns gegenüber, nur aus List und Mißtrauen bestand? Nur List und... denn die Aushändigung des Papiers mit Hamzas Telefonnummer erfolgte letztlich nur aus Überdruß, wie mir schien. Dies letzte Wort müßte im Plural stehen. Früher war sie heiter in ihrer bewaffneten Abwehrbereitschaft und in ihrem Stolz auf den Sohn – heute ist sie versiegt.

War die Heckenrose früher einmal die Lieblingsblume der Romantiker und vielleicht sogar ihr Wahrzeichen, so liegt es fast in der Natur der Dinge, daß ich dem Blütenkelch die Frucht vorziehe; aus der rosafarbigen Blüte wird eine hellrote, schöne Frucht, die Hagebutte, im Französischen »Gratte-cul« (wörtlich: Afterjucken) genannt; dieser Name leitet sich von den kleinen behaarten Kernen ab, die in der etwas weichen Hagebuttenfrucht enthalten sind: ißt man zwei bis drei davon, juckt einem das Arschloch. Wenn die Blüten der Heckenrose abfallen, erscheint eine sehr kleine, aber gut sichtbare Frucht, die sehr bald so rot wird wie das Geschlecht eines verliebten Hundes, Stöpsel, der seine Hündin sucht. Die fünf Blütenblätter lösen sich nacheinander und einzeln von der Rose, jeden Tag eines, und fallen ab: ein stacheliger Zweig bleibt übrig. In dieser Weise hat sich die Kirche langsam meiner entkleidet, als ich erfuhr, daß das abgestandene Wasser in den Taufbecken nicht vom Jordan, sondern aus dem Wasserhahn kam; daß Jesus nicht im Jahr I geboren wurde; daß man mit ungeputzten Zähnen in eine Hostie beißen konnte, ohne daß ein entsetzliches Wunder passierte; und so weiter. Und so war es mit der Mutter. Ihr Sohn war nicht gestorben. Er war nicht der einzige. Er hatte selbst einen Sohn. Das, was ich für einen Trugschluß des Gedächtnisses gehalten hatte, war eine List, ein Rest von List. Hamza hatte zwei Brüder, die älter waren als er; da ich das nicht wußte, wußte ich auch nicht, wieviel Zärtlichkeit die beiden älteren Brüder abbekommen hatten; vielleicht ebensoviel wie Hamza? Woher kam Hamzas Unglaube?

Warum hatte er das nicht von seinen Brüdern gesagt? Nach langem Grübeln war von der Mutter nicht viel übriggeblieben: Ein paar von den hennaverfärbten Altersflecken, ein Knochengerüst, ein bleiches Gesicht, das ein weibliches Geschlecht verriet, eine graue Hemdbluse, der Dornenzweig der Heckenrose ohne Blütenblätter und die ihrer Vergoldung beraubte Kirche.

Der Goldrausch fand alle Augenblicke statt. Diese Entdeckung machte ich in der Kirche eines kleinen französischen Dorfes. Die Leuchter waren aus Gold, aus altem Gold, denn man konnte braune Rostflecken darauf sehen. Geweihte, weil für den Kult bestimmte Gegenstände aus einem Metall, das sich so gut für Metaphern eignet. Ein Dorfmaurer machte sich über mich lustig, und weil die Leuchter nur vergoldet waren, lernte ich in diesem Jahr den Unterschied zwischen plattiertem Gold, Blattgold, Goldauflage, vergoldetem Kupfer und massivem Gold kennen, doch der Pfarrer machte sich seinerseits über den Maurer lustig, indem er zugab, daß die Leuchter aus kupferplattiertem Weißblech waren. Dieser Ausflug in die Hölle des Goldes, in Gottes Bedürftigkeit, ernüchterte mich fürs erste, später ließ mich die Sache völlig kalt. Renaissance, Louis-treize, Louis-quatorze, Louis-quinze, Louis-seize, Empirestil, Biedermeier, Napoleon III. – Alle diese in Karatschi hergestellten Möbel waren aus Holz und mit Silber und Perlmutt verziert, aber von oben bis unten vergoldet: das Interieur des UNO-Beauftragten in Beirut. Er hatte das Mobiliar, innen wie außen, direkt aus dem Palast in Pakistan kommen lassen, schon vergoldet, wie ich annehme; es besaß eine gewisse Ähnlichkeit mit dem Goldenen Tempel der Sikhs. Der Botschafter bewohnte den elften Stock des Hauses in Beirut, ich wohnte im achten. Er lud mich zum Kaffee ein, und ich staunte sehr über so viel Gold auf so häßlichen Möbeln und über die Einladung. Doch wozu staunen über diese goldenen Möbel in jener Nacht, ich war gerade aus Karatschi zurückgekehrt, wo alles so aussieht, als würde es mit Drähten zusammengehalten, von den Bussen bis zu den Rikschas mit ihren zurückgeschlagenen Verdekken, ihrer Goldauflage oder ihrem Blattgold oder dem Silberpapier aus Aluminium, und wo das Grün vorherrscht, das Rot vorherrscht, das Gelb vorherrscht, wo eine Farbe die andere und das Gold alles übertönt. Diese vergoldeten Möbel, die in Beirut so glücklich waren, sich mir zeigen zu dürfen, hatten Blick aufs Meer!

Wenngleich er, wie jeder andere Einwohner Beiruts, sich vor herabfallenden Bomben fürchtete, gab er sich ziemlich ungezwungen, familiär. Ein Botschafter bei der UNO sollte mich niemals zu sich einladen.

Bei ihm wohnte eine ziemlich hübsche, junge Palästinenserin. Da sie mich in der arabischen Buchhandlung in Paris gesehen hatte, fürchtete sie, ich würde sie nicht wiedererkennen – die Einladung kam von ihr. Der Pakistani verstand kein Wort Arabisch, er sprach nur englisch und französisch. Sie war die erste und wahrscheinlich die einzige palästinensische Dirne, die ich je kennenlernte. »Nein, mit General Sharon habe ich nicht gesprochen. Er stand wahrscheinlich bei seiner Familie, ich bin nicht zu ihm hingegangen. Ihm die Hand zu drücken, gehört nicht zu meinen Funktionen«, erklärte er mir.

Im September 1984 kehrte ich nach Schatila zurück; das Haus, zu dem man mich führte, war zerstört und wieder aufgebaut worden und hatte einen neuen Anstrich bekommen. Die Frauen luden mich zum Tee ein. Ich kannte alle vier, die Hausherrin, ihre

Mutter, ihre beiden Töchter. Bis auf den zehnjährigen Jungen waren sie 1982 alle verwundet worden.

»Die Kugeln und die Granatsplitter sitzen noch immer in uns drin.« Durch sie erfuhr ich, daß die Schmach der Frauen weniger darin lag, daß sie verwundet wurden, sondern daß ihre Körper israelische Splitter beherbergten und schreckliche Mißgeburten zur Welt bringen könnten; sie wurden nicht nur verwundet, sondern für immer vergewaltigt.

»Die Splitter wandern. Sie leben ihr Leben in unserem Fleisch und – was noch schlimmer ist – mit ihm.«

Ein paar einfache Möbel, zwei Sessel von irgendwoher, zwei Sofas gleichen Ursprungs, ein niedriger Tisch, an den Wänden Fotos der Verschwundenen und naiv gezeichnete oder gemalte Porträts – in seiner Ärmlichkeit war das Haus nicht nur sauber, sondern sehr liebevoll und mit so viel Geschmack eingerichtet, daß man nur neidisch werden konnte, denn dieses aus den Massakern und Trümmern gerettete und mit Gerümpel möblierte Haus war ein Ort der Geborgenheit und des Seelenfriedens; Hamza und im allgemeinen alle Palästinenser schienen diesen Frieden in sich zu tragen; ihrer Art zu reden, ihren Umgangsformen und ihrem Verhalten verlieh er eine Art vornehme Würde, die nur das Erbe einer sehr alten, volkstümlichen Aristokratie sein konnte. Häuser und Familien wie diese habe ich in den zerstörten Lagern von Sabra und Schatila sowie in anderen jordanischen Lagern viele gesehen. Palästinensische Schlichtheit und Vornehmheit, norwegische Seen.

Im Jahr 1972, zwei Tage vor meiner Ausweisung aus Amman und Jordanien, wurde ich Zeuge eines Geschehens, das mir den Stoff für eine sarkastische Satire geliefert hätte, wenn ich in dieser Art schreiben könnte. Nach meiner Ankunft im Hotel – ich hatte an diesem Tag meinen Ausflug nach Petra gemacht –, mußte ich lange auf die Rückkehr eines Palästinensers warten, zu dem ich Verbindung aufgenommen hatte. Ich hatte den Salon des Hotels für mich allein, denn außer mir waren alle Gäste des Hauses zu zwei Cocktailpartys in den Räumen des Kellergeschosses geladen, die ich selbst nie aufsuchte. Die Absonderlichkeit des Ereignisses und der Lokalität zeigte sich schon in den beiden Schildern, die an der Doppeltreppe aufgestellt worden waren, über die man in zwei riesige Kellerräume gelangte, die wahrscheinlich festlich beleuchtet und mit Gold geschmückt waren; auf dem einen stand in Englisch und Vietnamesisch: Nationalfeiertag der Republik Südvietnam; auf dem anderen in Englisch und Arabisch: Nationalfeiertag des Scheichtums von Abu Dhabi, mit weichen Schriftzügen, die an das Persische erinnerten; auf zwei in Schönschrift gemalten Tafeln gaben sich zwei Länder die Ehre, von denen das eine in ein paar Monaten nicht mehr existieren würde, und das andere, das ich nie besucht hatte, für mich nur ein Stück Wüste war, in der ein paar Bohrtürme standen. Von meinem Platz auf dem schwarzen Sofa, den ich ausgewählt hatte, um das Auftauchen meines Palästinensers im monumentalen Eingang des Hotels nicht zu verpassen, erlebte ich den fast simultanen Auftakt der beiden Festveranstaltungen.

Zwei Botschafter, die einander zu ignorieren schienen (bestechend in ihren Gewändern: das vietnamesische mit einem vergoldeten Himmel, mit gestickten Verzierungen das weiße des Arabers), erwarteten die Gäste, denen sie, bevor sie auf dem doppelten roten Teppich die doppelte Treppe hinunterstiegen, die Hände schütteln wollten, und es stand zu erwarten, daß diese mit Medaillen und Bändern behangenen Gäste nach dem System der kommunizierenden Röhren von einem Fest zum anderen überwechseln würden, vom vergoldeten Keller der Araber in den goldbraunen der Vietnamesen, doch zwischen der Eingangstür zur Halle und den beiden Treppen, die zur Doppelhöhle führte, vollzog sich inzwischen ein nicht geplantes Zeremoniell, das die Botschafter der beiden zur Feier ladenden Länder daran hinderte, durch die Halle zu gehen. Botschaftssekretäre in bunt betreßter Uniform und Gattinnen im Seidenkleid, Konsuln mit Gattinnen im Spitzenkleid, linkisch wirkende Junggesellen im Cutaway oder im Frack – sie alle wurden von sechs Polizisten, die jeweils nur ein Paar in die Halle hereinließen, durchsucht. Als erster trat der Botschafter Italiens herein, beide Arme von sich gestreckt, als wünschte er, unter den Achseln gekitzelt zu werden. Ein jordanischer Polizist tastete ihn ab vom Kragen bis zu den Socken; nach ihm kam der

Botschafter Spaniens, den der Polizist jedoch kein einziges Mal mit den Händen berührte; er tat nur so, als wollte er seinen Anzug abstauben, eine huldigende Geste gegenüber der spanischen Regierung, die sich weigerte, den Staat Israel anzuerkennen; und ihnen folgten der Reihe nach: der Botschafter von Japan, gefilzt; der Botschafter der Elfenbeinküste nebst Gattin im *Boubou*-Kleid, gefilzt; der Botschafter der Niederlande, gefilzt; der brasilianische Botschafter, gefilzt; ganze Scharen von Botschaftern, alle gefilzt; und noch prächtiger geschmückte Herren kamen im Glanz ihrer flimmernden Krawatten und Bändern herein; die Polizisten sprachen kein einziges Wort. Ich saß auf meinem Sofa und sah von der Eingangstür hin und wieder weg, um die stumme Begrüßung zu beobachten, die beide Botschafter, der Südvietnamese und der Wüsten-Araber, einem diplomatischen Korps zukommen ließen, das von einem Polizeiaufgebot, das hier schon lange Stellung bezogen hatte, bis aufs Hemd visitiert wurde. Eine gewisse Ermattung hatte sich jedoch auf mein Schauspiel gelegt; sie kam aber nicht von den noch immer wendigen, flotten Bewegungen der Diplomaten und ihrer Damen, die äußerst ungezwungen hereinmarschiert kamen, als wäre es eine Selbstverständlichkeit, daß ein Botschafter sich zum alleinigen Vergnügen eines für ihn unsichtbaren Franzosen die Beine, die Arme und um Haaresbreite auch die Fußsohlen abtasten läßt; die Ermattung zeigte sich in den Gesten der schnurrbärtigen und athletisch gebauten Polizisten, die vom vielen Bücken und wieder Aufrichten und vom ständigen Abklopfen der Schuhsohlen, Beine, Taschen und Schultern müde geworden waren. Als hätten sie sich heimlich verabredet, bildeten sie plötzlich drei Zweiergruppen: Einer der beiden stellte sich vor den Botschafter hin und der andere nahm sich die Rückseite vor. Die sich selbst überlassenen Beamten hatten damit das Stachanow-System neu erfunden. Um ein gelungenes und vor allem auch ansprechendes Setzei zu erzielen, muß das Ei in eine heiße und mit Butter gefettete Pfanne geschlagen werden, wobei das Eiweiß sehr bald fest wird, seine Durchsichtigkeit und Klebrigkeit verliert und gleichsam zu einem weißen Email gerinnt, das ein schmaler, dunkler Rand säumt. In diesem Augenblick sollte es auf den Tisch. Wenn das Ei frisch ist, dann bekommt das Eiweiß eine Farbe zwischen dem sogenannten gebrochenen Weiß und dem Elfenbeinweiß. Aber nicht ihm allein verdankt es seinen milden, fast öligen Geschmack, sondern auch der Nähe zu einem anderen, grünlichen Email, das manchmal rot, aber vor allem grün ist. Das Email – wie auch das Eiweiß in der Pfanne – darf nicht blasig werden, höchstens ein bißchen gedunsen sein. Ein solches, sehr weißes Email umfaßt das grüne Email des Kreuzes von Karl II., das der Botschafter von Spanien trug. Etwas später sah ich ein etwas härteres Weiß auf dem Kreuz des Ritters der Ehrenlegion, das im August 1972 auf der Brust des französischen Botschafters in Amman prangte. Der Militärattaché hatte sich die Medaille der Resistance an die Brust geheftet. Mir fiel auf, daß die Feinheit der Emails, welcher Farbe sie auch waren, von zwei Besonderheiten herrührte. Zum einen die leichte Wölbung des Emails, das zum Rand hin abfiel, zum anderen ein sehr feines, kaum sichtbares Geflecht von Rissen, die wahrscheinlich beim Brand entstanden waren, so daß ein mit der Lupe betrachteter Ordensstern ebenso wertvoll und rätselhaft erscheinen mochte wie ein Bild von Chardin und Vermeer dem bloßen Auge. Im Kopf zählte ich so gut wie möglich mit, und weil der Ostblock Südvietnam nicht anerkennen wollte, befingerten gewaltige Hände den Botschafter Marokkos, den Botschafter der BRD, den Botschafter von Schweden. Der apostolische Nuntius wurde verschont, aber vielleicht weniger wegen seines Brustkreuzes als wegen der Verblüffung, die sein weißer Bart auf dem purpurroten Moiré hervorrief; dem Nuntius blieb sogar das fingierte Abstauben erspart, das man dem spanischen Botschafter zugestanden hatte. Da erschien der französische Botschafter, der, wie ich annehme, das ewige Frankreich vertrat. Seine Exzellenz erduldete – die Ehrenlegion um den Hals – den Kniefall des Polizisten, die an seinen Beinen und Schenkeln hinaufwandernden Hände und die Übergabe an den zweiten Polizisten seines an und für sich unberührbaren Rückens, während die Frau Botschafterin sich an ihrer Handtasche festhielt und im langen Kleid darauf wartete, daß ihr Mann von Kopf bis Fuß überprüft und für die beiden Cocktailpartys als ungefährlich befunden wurde. In Galauniform und ordensgeschmückter als eine neapolitanische Basilika erschien der Herr Militärattaché

Frankreichs in der Hoteltür und zögerte eine Sekunde lang, jene von Turenne verewigte Sekunde: »Du zitterst, Gerippe, doch wenn du wüßtest, wohin ich dich führe ...« und wie einst der Marschall von Frankreich stürzte er sich zitternd ins Getümmel, ließ sich unter meinen Augen von oben bis unten befummeln. Der pakistanische Botschafter, der tunesische Botschafter ... daß die Botschaftergattinnen allesamt in spitzenverzierter Abendtoilette, mit Smaragden und mit Rubinen erschienen waren, konnte mich nicht verwundern, aber woher hatten ihre Männer all das Lametta, das so viele Brustkörbe schmückte, die gewölbter waren als Victor Hugos Stirn, als wäre dies die einzige Bestimmung eines Botschafters: sich einen Brustkorb zuzulegen, auf dem Orden und Medaillen zur Schau getragen werden können?

Ich frage mich sogar, ob der Brustkorb nicht schon bei der ersten Medaille zu wachsen begonnen hatte, um zu einem kühnen Vorzeigeschild, einer Art Felsvorsprung zu werden, und dies auf Kosten der Beine und des Kopfes, die einen immer dünner werdend und der andere schwer aber leer? Der Brustumfang – Aufgeblasenheit?

Diese Zeremonie, von der ich sagen müßte, daß sie die Kehrseite einer riesigen Medaille ohne Vorderseite war, die für wer weiß welche Dienste verliehen wurde, fand ein Ende, möglicherweise, damit alle wieder zu Atem kommen konnten. Nach abgeschlossener Leibesvisitation und nachdem alle Diplomaten in die Empfangsräume hinabgestiegen waren und am Erdmittelpunkt weilten, um bei den Antipoden wieder zum Vorschein zu kommen, legte sich eine Art Friede auf mein Gemüt: Zwei Polizisten kneteten sich gegenseitig die Nacken, sie massierten einander so lustvoll, wie die Frauen um die Jahrhundertwende – ich habe es gelesen – ihre Korsette aufschnürten. Über den Polizisten in der Eingangshalle des Hotels erhob sich eine Dunstwolke, wie in einem türkischen Bad. Ein jeder streckte sich, riß gähnend den Mund auf, aber schon kamen aus dem Kellergeschoß die ersten, jedoch letzten Diplomaten die Treppe wieder hoch, gefolgt von ihren Gattinnen und ihren Militär- und Kulturattachés, oder vielmehr Kultur- und Militärattachés, denn die gute Sprache hatte hier den Vorrang, Grevisse rangierte vor dem Soldatenkodex, und schon stellten sich die zwei Polizisten wieder in Positur, um eine neue Durchsuchung vorzunehmen, kreuzlahm, mit müden Händen und schlaffen Armen, aber bereit, erneut sehr fieberhaft Schuhe zu filzen und Hosenbeine abzusuchen. In den Augen des Botschafters konnte ich Mutlosigkeit und Feigheit lesen, die gleichen Regungen, die mich im Gefängnis oft erfaßten, wenn Wärter mich durchsuchten: Der Botschafter wurde entblößt. Seine Frau, die mehr Stolz besaß, zeigte auf ihren Mann und seine Attachés und sagte dann in scharfem Ton auf Englisch:

»Genug gespielt heute nacht. Mich haben Sie schon durchsucht.«

Erleichtert richteten sich die Bullen wieder auf.

Als ich sie mir so alle ansah, die Würdenträger und die Polizisten, wußte ich, daß es nie etwas Schöneres geben wird als diese morgenländische Polizei, die mit ziemlich kruden Gesten den hochstehenden Männern Europas und der Welt den Befehl gaben, sich zu bücken, den Hintern vorzustrecken, die Arme auszubreiten. Talleyrands Gelassenheit und sein unmerkliches Lächeln kamen ihrer Lektion zustatten.

Die Botschafterpaare kamen aus dem vergoldeten und dem goldbraunen Keller der Treppe herauf und gingen stolz an den lendenlahmen, aber aufrechten Polizisten vorüber und stiegen fast stehend in ihre Karossen ein. Beglückt blickten sie auf die Krümmung der vertrauten Rücken vor ihnen: englisches Jackett bei dem einen, belgische, deutsche oder englische Livree bei den anderen. Die Damen und Herren stiegen in ihre Wagen mit der Würde von Menschen, die eine Duftwolke hinter sich lassen, die allein die Strenge der Maske Lüge straft.

Eine Zeremonie, dieses Fest, in der Tat...

Sicher, es ärgert mich, wenn mir ein ehemaliger Kriegsteilnehmer zum tausendsten Mal die Schlacht im Argonner Wald erzählt und wenn ich lese, wie Victor Hugo in »*Quatre-Vingt-Treize*« die bretonischen Wälder besingt, aber es wird mich nicht davon abbringen, immer wieder zu sagen und zu schreiben, daß die Tage und Nächte, die ich in den Wäldern von Ajlun, zwischen Salt und Irbid, und an den Ufern des Jordan verbrachte, für mich ein Fest waren, ein Fest in diesem Sinne: Das Feuer, das uns die Wangen wärmt, weil wir den Gesetzen zum Trotz, die unsere Verlassenheit erhoffen, zusammen sind; oder: Aus der Gemeinschaft fliehen, um einen Ort zu finden, an dem wir gegen sie Komplizen finden. Der Höhepunkt des Festes wird vielleicht dann erreicht sein, wenn tausend oder hundert, oder fünfzig, oder zwanzig, oder zwei Flammen so lange lodern, wie das für die Apotheose entzündete Streichholz verbrennt, und als einziger Gesang das theatralische Knistern des sich krümmenden, verkohlten und erlöschenen Streichholzes zu hören sein wird. Dieses letzte Bild legte den Gedanken nahe, daß Fest und Totenwache schließlich eins sind; tatsächlich, jedes Fest ist zur gleichen Zeit Jauchzen und Verzweiflung. Stellen wir uns den Tod eines Juden während der deutschen Okkupation in Frankreich vor: Er wird auf einem ländlichen Friedhof begraben, und aus sieben verschiedenen Richtungen kommen, mit sieben schwarzen Kästen in der Hand, sieben der schlechtesten jüdischen Solisten herbei. Dieses heimliche Septett spielt am Grab des Verstorbenen, schlecht aber großartig, eine Melodie von Offenbach und löst sich wieder auf, wobei jeder in seine Richtung davongeht, ohne mit den anderen ein Wort gesprochen zu haben. Für den Gott Isaias', der nur ein Windhauch ist auf einem Grashalm, war dies eine Festnacht. Als ich die weißen Haare und das weiße Gesicht der Mutter betrachtete und in mir die sehr leichte oder sehr feine Unruhe der Mukabarat spürte, wußte ich, daß diese unterschwellige Unruhe für die Zelebrierung des Mysteriums notwendig war, denn durch sie konnte dieses seltsame Zusammentreffen zum Fest werden.

Es versteht sich von selbst, daß die Wörter Nacht, Wald, Septett, Jubel, Verlassenheit, Verzweiflung dieselben Wörter sind, die ich auch gebrauchen muß, um das morgendliche Hin und Her im Bois de Boulogne bei Paris zu beschreiben, wo und wenn die Transvestiten nach ihrer mysteriösen Kulthandlung die Zelte abbrechen, Kasse machen und im Morgentau die Geldscheine glattstreichen. Jede mehr oder weniger wohlmeinende Organisation ist notgedrungen düster – nicht schaurig, sondern düster –, wie auch das Anbringen einer Lausprecheranlage in einer Fabrik, damit die Fließbandarbeit bei Musik leichter und produktiver von der Hand geht. Die Arbeitgeber versichern, daß Musik sogar Hähne zum Eierlegen bringt. Jedes zelebrierte Mysterium ist gefährlich; wird es verboten und findet es trotzdem statt, wird es zum Fest.

Mein palästinensischer Freund tauchte nicht mehr auf.
 Da es inzwischen Nacht geworden war, entschied ich, zu ihm nach Hause zu gehen, und fast instinktiv fand ich auch die Straße, in der das Geschäft seines Vaters noch geöffnet war. »Ich werde dich zu ihm begleiten«, sagte der Vater zu mir auf Arabisch. Meine Anwesenheit schien diesen lächelnden alten Mann nicht zu beunruhigen.
 Der Sohn lag im Bett und wurde von seinen beiden Frauen behandelt. Er war am ganzen Körper blau und grün von den Schlägen der Polizisten, die von ihm erfahren wollten, warum ich in Amman war.
 »Reisen Sie ab, verlassen Sie das Land.«
 »Morgen.«
 »Reisen Sie noch heute nacht.«
 Das Fest in den beiden Kellern war zu Ende. Ich vergaß zu erwähnen, daß ein paar Minuten nach dem nächtlichen Aufbruch der Diplomaten die von einem Polizisten bewachten Putzfrauen auf den Teppichen mehrere Auszeichnungen fanden, besetzt mit einfachen Edelsteinimitationen. Keine davon war besonders wertvoll, doch die Polizeikommissare konnten ihren Kindern damit eine kleine Freude machen, wie mir der Liftboy erzählte, der den Auftrag hatte, mich zu überwachen und meinen Koffer zu durchsuchen.
 In dieser Nacht gab es keine Explosion in den Gärten des Hotels Jordan, die Chauffeure rückten mit den nationalen Kennzeichen näher an die Haupttreppe heran. Anstatt mich in mein Zimmer ins Bett zu legen, schlief ich – eine Vorkehrung, die genauso wirksam war wie eine Rüstung aus Sperrholz – im Badezimmer auf einer Decke.
 Ohne weitere Zwischenfälle verließ ich am nächsten Morgen Jordanien mit einem Taxi, überaus zufrieden mit dem Schauspiel, das mir das diplomatische Korps geboten hatte. Die Grenze nach

Syrien war geschlossen, um mich durchzulassen, wurde sie geöffnet.

»*Is finish for you.*«

Vierzehn Jahre später, und ganz ohne Aufsehen, kam ich wieder.

»Ob sie intelligent sind? Aber sicher. Die Distanz zwischen den Palästinensern und den anderen arabischen Völkern ist auf ihre Niederlage zurückzuführen. Als sie aus ihren Häusern und ihren Gärten mit Lauch, Rosen, Kohlrabi und Schafen vertrieben wurden, haben die Israelis sie zu Teufeln gestempelt, die kämpfen, töten und sich töten lassen allein mit dem Ziel, nicht nur das verwegene Volk zu vernichten, das sie weggejagt hatte, sondern mit ihm alle anderen Völker auch. Die Fedajin haben der ganzen Welt den Krieg erklärt. Und sie haben sich den schönen Namen Revolutionär gegeben ...«

»Das Wort gefällt Ihnen nicht?«

»Sie wissen, daß dem nicht so ist. Aber in Algerien haben wir die algerische Revolution durchgeführt.«

»Eure Stützpunkte lagen in Marokko und in Tunesien.«

»Wir hatten welche in der gesamten arabischen Welt, in China und in der UdSSR. Auch Sie könnten dort welche haben.«

»Sie wissen, daß das nicht möglich ist. Die arabische Welt hat sich weder vor Ihrem Befreiungskampf noch vor Ihren Ideen gefürchtet. Die arabische Welt, die großen wie die kleinen Herrscher, haben vor den Palästinensern Angst.«

»Das haben sie zu Ihnen gesagt. Das sagen sie immer Menschen wie Ihnen. Den Moslems erzählen sie etwas anderes. Die Israelis hätten sie verweichlicht. Wenn der Islam schläft, macht er nur ein Auge zu. Wenn er erwacht, wird er sich stählen. Sehen Sie doch, wie die Moslem-Bruderschaft an Boden gewinnt.«

Er kannte sicher die einzigartige Arroganz der Moslem-Brüder! Doch 1972 war der algerische Offizier, der mich allzu oft besuchte, außerstande, den Aufstieg Chomeinis vorauszusagen. Die Sunniten waren allem Anschein nach die stärkeren, während die Schiiten noch sehr schüchtern auftraten.

»Wenn sie sich durchsetzen, werden sie einen heiligen Krieg führen, und Sie werden hier nichts mehr zu suchen haben. Die

Brüder würden Ihre Anwesenheit nicht dulden. Entweder tot oder bekehrt.«

»Ich würde mich bekehren lassen, aber machen Sie sich meinetwegen keine Sorgen. Was würden sie denn mit Ihnen machen?«

»Wenn ich nach Algerien komme, kann ich nicht einmal meinem sechzehnjährigen Sohn sagen, daß ich nicht an Gott glaube.«

»Würde er Sie töten?«

»Er würde mich nicht verstehen. Er würde nicht die Polizei anrufen, sondern die Irrenanstalt.«

Dieser Offizier trägt einen berühmten Namen, bei den Palästinensern wie auch bei den Algeriern, und dennoch lebt er nicht mehr. Warum kam er zu mir und sprach mit mir ein paar Worte? Ich habe ihn noch einmal, ein letztes Mal in Beirut gesehen.

»Sie dürfen nicht hierbleiben. Die Zerstörung wird hier bald beginnen. Bomben und Granaten werden alles zermalmen und durcheinanderwürfeln: Männer, Frauen, Kinder, Schafe, Pferde, Schrott, und *sie* werden daraus eher einen islamischen als einen palästinensischen Brei machen.«

Diese Worte hatte ich im September 1972 aufgezeichnet. Er ist vor mir gestorben, sein Wagen wurde von einer Bombe zerfetzt. War es eine israelische?

Von September 1972 an spürte man eine gewisse Schwere im Süden Libanons. Sie hatte sich bleiern auf die Bewegungen der Fedajin und vielleicht auch auf ihre Gedanken gelegt, als die Freude am Kampf und an der Zerstörung verklungen war. Mit einem Mal schien alles in einer Art Trägheit erstarrt, wie immer, wenn die Führer und ihre Untergebenen *ernsthaft nachdenken*, das heißt, wenn sie der recht seltsamen Gewißheit, daß ein Gott ihren Heimatboden den Nachkommen eines Vagabunden versprochen hatte, ihre eigenen Gewißheiten entgegenhielten. Das Wissen um die geringste Truppenbewegung war jetzt lebensnotwendig – und beklemmend. Glaubten die Verantwortlichen, wenn sie nach Peking, Moskau oder Genf reisten, daß sie das aus freien Stücken taten? Daß sie auch frei waren, zurückzukehren? Daß sie dort als gleichberechtigte Partner behandelt wurden? Die großen Reiche haben einen ziemlich kräftigen Atem, und in der PLO herrschte große Verwirrung. Das waren ungefähr die vorletzten Worte des algerischen Offiziers:

»Im Nahen Osten wird erst dann wieder Ruhe einkehren, wenn die Palästinenser aufhören, so furchtbar kluge Himmelstürmer zu sein, und nach denselben Zielen streben wie der Rest der gut unterrichteten Welt, das heißt, wenn sie ihre Bedürfnisse entsprechend ihrer Möglichkeiten gestalten, anstatt immer nur zu töten und zu sterben.«

Als ich 1984 nach Salt zurückkehrte – dort sah ich wieder die Häuser mit dem romanischen Portalvorbau und die auf vier kleinen Marmorsäulen ruhenden Rundbögen der Türen –, da überkam mich, von sehr weit her, aber geboren aus meinem Wunsch nach einem bewohnbaren Haus mit Garten und Blick aufs Meer und auf das ferne Zypern, eine dunkle Sehnsucht, von der ich nicht sagen könnte, ob sie ihren Ursprung in meinem Traum vom Schneckenhaus hatte oder in der Lust, meinen Geist im Roman wie einen Körper im Meer schwimmen zu lassen; letztere Erklärung wäre edler als die erste, aber nicht so wahr. Es war die gleiche Stunde etwa, doch nicht früher Morgen wie damals vor vierzehn Jahren, als Doktor Mahjub nach meinem Ausruf angesichts des kleinen, von der Sonne beschienenen Hauses bei Salt zu mir sagte: »Die PLO wird es Ihnen für sechs Monate mieten.« Mein Widerwille gegen dieses Haus hatte es mir sofort unbewohnbar erscheinen lassen, und alle Häuser, die ich in Salt sah, verkörperten so genau – zumindest glaubte ich das – die Architektur und Urbanität einer kleinen byzantinischen Stadt, daß ich bis zu meinem Tod darin hätte wohnen wollen, zwei, drei Stunden also, aber nicht länger; diesmal, im Jahr 1984, beschien die Sonne nicht die Vorderfront, sondern die Rückseite des Hauses, denn es war fünf Uhr nachmittags, und so lag der Portalvorbau im Schatten, was das mittelalterliche Gepräge der Stadt noch stärker betonte und mir erlaubte, in ihr zu übernachten, denn mit Einbruch der Dämmerung und des Alters mußte ich mich nach einem Obdach umsehen. Ein Seefahrerpaar bot mir ein solches an, das mich in der Tiefe des Raumes und der Zeit eingeschlossen hätte. Hinsichtlich des Hauses in der Türkei, des Gartens und des Ausblicks auf das Meer und die Ufer Zyperns bedauere ich nur eines: daß ich von meinem Fenster aus nicht die Seeschlacht habe sehen können und die Toten auf der wieder ruhigen See.

Als ich im September 1971 durch die Umgebung von Ajlun streifte, war ich vor allem vom Zusammenbruch des palästinensischen Widerstands betroffen, doch als ich nach den Gründen dafür suchte, fielen mir nur diese ein:

Bei dem, was ich über die Fedajin zu wissen glaubte, war ich zu der Ansicht gekommen, daß der Widerstand mit allen seinen, den Freischärlern eingebleuten Glaubensbekenntnissen der Verteidigung den absoluten Vorrang gab gegenüber dem Angriff. Der Akt des Tötens war in weite Ferne gerückt und durch eine solche Vielzahl von Riten vernebelt worden, daß er eher einer Schnepfenjagd gleichkam, für die man einen Jagdschein, ein Jagdgewehr, eine Flinte, Patronen und den passenden Schrot brauchte und um die ein Kult getrieben wurde, der die Brutalität des Tötens mildern sollte: Männertreffen, weidmännisches Vokabular, Anheizen der Öfen lange vor der Rückkehr der Jäger, Jagdlieder – was dazu führte, daß die ferngelenkte Tötung durch den Druck auf den Abzug des Gewehrs keine das Leben auslöschende Handlung mehr war, sondern eine Art gesellschaftliche Verpflichtung. Die Palästinenser hatten, wie mir schien, den unmittelbaren – den grausigen, aber wenn es ums Leben geht, auch notwendigen – Kontakt zum Opfer verloren. Dieser Abscheu gegen das Morden in einem schonungslosen Krieg erschien mir wie ein nachhaltiges Vergessenwollen oder wie der Widerwille gegen die in der Wüste geborenen Tänze der Ahnen, gegen jene keuschen Tänze, deren Erotik in der Wüste eine zwei- bis dreitausendjährige Stilisierung erfahren hatte, so daß ich in Baqa die Soldaten des Nebukadnezar tanzen sah. Es waren aber Beduinen, denen die Macht des Tanzes und der Jagd noch sehr vertraut war.

Unsere tägliche Nahrung kam aus Argentinien, in Blechdosen, und sie hieß Cornedbeef. Unser verbrecherischster Akt bestand darin, daß wir die in La Plata gemordeten Rinder mit einem Büchsenöffner freilegten. Die Beduinen – ihr Tanz bewies es – hatten noch ein persönliches Verhältnis zum Töten. Das Jagdwild wurde für sie zum Feind. Wer es nicht zur Strecke brachte, wurde von ihm gefressen, und wenn es eine Wachtel war. Der Palästinenser war der Feind. Es ist einfach, einen Feind zu töten. Doch die Palästinenser haben die Beduinen nie als Feinde betrachtet.

Ich darf in diesem Buch auf keinen Fall den Lastwagen unterschlagen, der uns die Brotfladen und Konserven nach Ajlun brachte. Er startete im Lager von Baqa, fuhr von einem Stützpunkt zum anderen, hielt als erstes in Ajlun, um unsere Ration abzuladen, und fuhr dann weiter zum nächsten Stützpunkt. Wie soll ich ihn beschreiben? Unter welchem Blickwinkel ihn betrachten? Die genauesten Beobachter waren zweifellos die Augen der Kinder im jordanischen Dorf. Sie hatten selbst Hunger. Ihre Eltern auch, und unser Lieferwagen fuhr an ihnen vorbei, ratterte die gewundenen Wege hinauf, stellte die Fedajin zufrieden, aber niemals die Augen dieser Kinder, die so rund waren wie ihre Bäuche. Die Blicke und Gesten der Beduinen waren sicher beeinträchtigt durch die Kompliziertheit und Unruhe der Palästinenser, die, indem sie ihnen wie Brüder glichen, den Vormarsch einer Welt darstellten, die lange Zeit durch eine früher tödliche und heute auf skandalöse Weise überwundene Wüste aufgehalten worden war.

Dies könnte der Ansatz zu einer annehmbaren Erklärung sein; aber bisweilen packte die Fedajin, zumindest vorübergehend, eine blinde Mordgier. Dieser Gedanke wird später wieder aufgegriffen werden.

Die Niederlage der Palästinenser von Salt bis nach Irbid – bedingt durch Bluttaten, Flucht oder Internierung und Folter in den Lagern – demonstrierte mir, daß das leichte Leben der Fedajin eine Folge des Todes war, der unablässig über ihnen schwebte. Eine abscheuliche Redensart, die dennoch zeigt, wie gut jeder Freischärler die Leichtigkeit des Seins kannte, denn er lebte in der Gewißheit, daß es für ihn keine Zukunft gab. Mahjub hatte mir einmal gesagt: »Um ein richtiger Kämpfer zu sein, denke ich niemals an das, was übermorgen sein wird.« Dieser Spruch stammt sicher aus dem Katechismus des perfekten Märtyrers. Die Ziele der Revolution lagen in so weiter Ferne, daß allein die Augenblicke es verdienten, erlebt zu werden.

Das waren meine Gedanken oder so ähnlich, und zugleich wußte ich, daß ich das eine nie verwinden werde: Die Fedajin, die meine Freunde geworden waren, wenngleich uns letztlich nie eine sehr enge Freundschaft verband, waren tot, interniert, auf der Flucht oder in anderen Ländern zu neuen Kämpfen angetreten. Die Bäume, Buchen, Hainbuchen und ein paar Pappeln, waren durch nichts in Bedrängnis geraten. Sie schwiegen. Es hatte keinerlei Tropismus stattgefunden. Ich ging, fast auf den Zehenspitzen, davon, so wie man sich aus einem Zimmer stiehlt, in dem sogar das Bett eingeschlafen ist.

Hier und da war auch von der *Grausamkeit der Fedajin* die Rede, doch handelte es sich meist nur um Gewalt gegen Gegenstände, niemals um Grausamkeit.

Das kaustische Vergnügen an der Entführung von Möbeln, die Wohlstand symbolisierten, entzückte mich: Solches geschah beispielsweise zwischen Ajlun und Irbid, bei Nacht und bei Mondschein, auf einem steinigen, unfruchtbaren Feld; ich befand mich inmitten einer Konklave von Lehnstühlen mit Velourbezug. Damals, im März 1971, hatten die Fedajin des Stützpunktes die wenigen Villen besetzt, die der König für seine Minister hatte bauen lassen. In kürzester Zeit wurden dreißig bis fünfunddreißig rote Sessel aus den Villen ins Freie getragen und in einem großen Halbkreis unmittelbar auf die gepflügte Erde gestellt. Ihnen gegenüber standen nebeneinander zwei gleiche, mit Samt bezogene Sitzmöbel, auf denen ein Dolmetscher-Fidai und ich selbst Platz nehmen sollten. Ich glaube, der Jordan lag weniger als ein Kilometer von uns entfernt. Die Palästinenser hatten einen Vortrag erwartet, aber wie von selbst kam es zwischen uns zu einem freien Austausch von Gedanken, Lächeln, Lachen und Anekdoten.

Hier eine Liste der winzigen Gegenstände, die den Besitzer wechselten: Feuerzeuge so groß wie ein Apfelkern, Transistorradios, Streichholzschachteln, Rasierapparate, Päckchen Gilette-Rasierklingen, Koran-Attrappen aus Kupfer, nicht größer als ein großer Zehnagel, aber hohl und mit dem gravierten Namen Gottes, Füller, Bleistifte, Paßbilder vom Automaten, Taschenspiegel, faltbare Scheren, kurzum alles, was nötig gewesen wäre, um ein streichholzschachtelgroßes Liliputanerhäuschen zu möblieren, weniger zu gebrauchen, als wäre es nur so aufgezählt worden, wie ich es eben getan habe, und gewissermaßen eine Ausgabe im kleinen des Waffen- und Zweiräder-Katalogs von Saint-Etienne. Jeder hatte sich von einem Streichholz getrennt, um es mir zu schenken.

Es wäre an der Zeit, eine Art Bilanz zu ziehen: freundlich aufgenommen hatte mich Griechenland von 1950 bis 1955; köstlich war die 1967 in Japan verlebte Zeit; Anfang 1970 liebte ich die Black Panther; von Ende 1970 bis 1972 mehr als alle und alles die Fedajin. Was war geschehen? Standen die Griechen, Japaner, Panther und Palästinenser damals unter einem glücklichen Stern? Es war so schön, daß ich mich frage, ob ich diese Lebensabschnitte am Ende nicht geträumt habe.

Wenn eine Zeichnung zu viele Fehler aufweist, wird sie vom Künstler wegradiert, und unter diesem mehrmaligen Schaben mit dem Radiergummi wird das Canson-Papier wieder vollkommen weiß; als ich auf diese Weise Frankreich und Europa wegradiert hatte, wurde das Weiß vor mir, das früher Frankreich und Europa enthalten hatte, zu einem freien Raum, in dem das von mir erlebte Palästina Gestalt gewinnen konnte, mit Nachbesserungen jedoch, die mir gravierend erschienen. Wie Algerien und wie andere Länder auch vergaßen die Palästinenser die Revolution in der arabischen Welt und dachten nur noch an das Gebiet, auf dem ein zweiundzwanzigster Staat entstehen sollte, mit allem, was man von einem Neubürger erwartete: Ordnung und Gesetz. Strebte dieser Aufstand, der so lange außerhalb des Gesetzes gestanden hatte, danach, selbst zum Gesetz zu werden, dessen Himmel Europa sein sollte? Ich habe versucht zu erzählen, was daraus geworden ist; doch Europa wurde wegradiert, weil es für mich zur *terra incognita* geworden war.

Die Massaker von Schatila im Jahr 1982 sind vielleicht nicht von entscheidender Bedeutung gewesen; sie haben aber stattgefunden; ich war bestürzt; ich habe mich dazu geäußert, aber das Schreiben darüber kam erst später, nach einer Zeit der Inkubation, bis der Augenblick gekommen war, da eine Zelle, eine einzige sich aus dem gewohnten Stoffwechsel herauslöste und die erste Masche zu einem Spitzengewebe oder einem Krebs webte, von dem niemand weiß, was aus ihm werden wird und ob er sein wird, und ich beschloß, dieses Buch zu schreiben. Der Wunsch zu schreiben wurde dringender, als einige politische Häftlinge mich bedrängten, keine langen Reisen mehr zu unternehmen und meine Aufenthalte in Frankreich zu verkürzen. Alles, was mit diesem Buch nichts zu tun hatte, rückte bald in weite Ferne, entschwand meinen Blicken. Es gab nur noch das palästinensische Volk, meine Suche nach Hamza und seiner Mutter, meine Reisen in den Nahen Osten, vor allem nach Jordanien, mein Buch schließlich; Frankreich, Europa, die ganze westliche Welt hörten auf für mich zu existieren. Durch die Reisen, die ich nach Afrika unternahm und durch meinen Aufenthalt in Ajlun lösten sich meine Bindungen an Europa und an die Europäer, die mir nur noch wenig bedeuteten. Mitte 1983 war ich dann frei genug, um mit der Aufzeichnung meiner Erinnerungen zu beginnen, die man wie eine Reportage lesen sollte.

Nach Nennung seines Namens und seines Alters, spricht der Zeuge etwa diese Worte: »Ich schwöre, die ganze Wahrheit zu sagen ...« Bevor ich sie niederschrieb, hatte ich mir geschworen, daß ich in diesem Buch die Wahrheit sagen würde, doch nicht, weil ich mich feierlich dazu verpflichtet hatte; jedesmal, wenn mich ein Palästinenser darum bat, entweder den Anfang oder eine andere Stelle vorzulesen, die eine oder andere davon in einer Zeitschrift zu veröffentlichen, tat ich mein möglichstes, um mich davor zu bewahren. Juristisch betrachtet ist der Zeuge weder der Widersacher noch der Gehilfe des Richters. Nach dem französischen Recht hat er geschworen, *die Wahrheit zu sagen*, doch nicht, sie *dem Richter zu sagen*. Der Zeuge leistet seinen Schwur vor der Gerichtsverhandlung, vor dem Gericht und vor der Zuhörerschaft. Der Zeuge ist allein. Er spricht. Die Richter hören zu und schweigen. Er antwortet nicht nur auf die gestellte Frage nach dem *wie;* um das *warum dieses Wie* vor Augen zu führen, beleuchtet er *das wie*, erhellt es auf eine Weise, die manchmal als kunstvoll bezeichnet wird. Da ein Richter niemals an den Orten ist, an denen Handlungen begangen werden, über die er zu richten hat, ist er auf den Zeugen angewiesen, der aber weiß, daß die Glaubwürdigkeit einer Darstellung niemanden einleuchten wird, auch nicht den Richtern, wenn er nicht jene Schatten und Lichter hinzumalt, die allein er wahrgenommen hat. Die Richter können ihn zum wertvollen Zeugen erklären, er ist es.

Aber wozu überhaupt diesen mittelalterlich anmutende, fast karolingische Schwur in einem Gerichtssaal leisten? Möglicherweise, weil der Zeuge damit in eine Einsamkeit versetzt wird, die ihm eine gewisse Leichtigkeit verleiht, *aus der heraus* er die Wahrheit sagen kann, denn im Gerichtssaal befinden sich vielleicht drei oder vier Menschen, die bereit sind, einem Zeugen zuzuhören.

Es gibt zweifellos eine Wirklichkeit außerhalb von mir, die an sich und für sich besteht. Die palästinensische Revolution lebt und wird nur durch sich selbst leben. Eine palästinensische Familie, im wesentlichen aus einer Mutter und einem Sohn bestehend, die zu den ersten Menschen gehörten, die ich in Irbid kennenlernte, habe ich woanders entdeckt. In mir vielleicht. Die Paarung Mutter und Sohn gibt es auch in Frankreich, überall auf der Welt. Habe ich dieses Paar auf meine Weise so gut erhellt, daß die beiden nicht wie Fremde erschienen, die ich beobachtete, sondern als ein Paar, das aus mir hervorging und das ich traumgewandt mit zwei Palästinensern in Deckung brachte, einem Sohn und seiner Mutter, die in einer Schlacht in Jordanien ein wenig aus der Bahn gerieten?

Alles, was ich gesagt und geschrieben habe, hat sich auch zugetragen, doch warum ist dieses Paar das einzige tiefe Erlebnis, das mir von der palästinensischen Revolution geblieben ist?

Ich habe mich bemüht zu begreifen, was diese Revolution so sehr von den anderen unterschied, und in gewisser Hinsicht habe ich sie auch verstanden, doch bleiben wird mir allein das kleine Haus in Irbid, in dem ich eine Nacht verbrachte, und bleiben werden mir die vierzehn Jahre, in denen ich zu erfahren suchte, ob diese Nacht auch wirklich stattgefunden hatte. Diese letzte Seite meines Buches ist durchsichtig.

Gabriel García Márquez
Der General in seinem Labyrinth

Roman

Titel der Originalausgabe:
El general en su laberinto
Aus dem kolumbianischen Spanisch von Dagmar Ploetz
Gebunden

Simón Bolívar, der glorreiche General des südamerikanischen Unabhängigkeitskrieges gegen die spanische Krone, ist der Held von Gabriel García Márquez' neuem mitreißenden Roman. Vom großen Ruhm bis zur bitteren Niederlage entsteht in einem spannungsreichen Geflecht historischer Ereignisse das faszinierende Leben dieses Liebhabers schöner Frauen und der Macht. Der kolumbianische Nobelpreisträger entwirft das ergreifende Porträt eines Menschen im Labyrinth seiner Leiden und verlorenen Träume.

Kiepenheuer & Witsch